Herkommen und Erneuerung *Essays für Oskar Seidlin*

Oskar Seidlin

Herkommen und Erneuerung

Essays für
Oskar Seidlin

Herausgegeben von
Gerald Gillespie und
Edgar Lohner †

Max Niemeyer Verlag
Tübingen

Die Drucklegung dieses Bandes erfolgte mit Unterstützung der Indiana University, Ohio State University und Stanford University

CIP-Kurztitelaufnahme der Deutschen Bibliothek

Herkommen und Erneuerung : Essays für Oskar Seidlin
hrsg. von Gerald Gillespie u. Edgar Lohner. –
1. Aufl. – Tübingen : Niemeyer, 1976.

ISBN 3-484-10245-4

NE: Gillespie , Gerald [Hrsg.] ; Seidlin , Oskar :
Festschrift

Satz und Druck: Bücherdruck Wenzlaff, Kempten. Einband: Heinr. Koch, Tübingen

Inhaltsverzeichnis

Vorwort

Lieber Oskar Seidlin,

Sie sind aufgrund Ihrer Verdienste als Interpret deutscher und europäischer Dichter schon häufig in Europa und in den Vereinigten Staaten öffentlich geehrt worden. Aber Ihre Freunde und Verehrer wollen mit dieser Gabe zu Ihrem 65. Geburtstag nochmals und nachdrücklich dem Mann danken, der hinter den vielen Titeln steht. Während ich dabei war, die im Anhang aufgeführte Liste wichtiger Auszeichnungen und Ehrungen zusammenzustellen (wie so oft bei solchen Angelegenheiten mit Henry Remaks getreuer Hilfe), hat Peter Horst Neumann in seiner Laudatio auf Sie bei der Verleihung des Oberschlesischen Kulturpreises des Landes Nordrhein-Westfalen den Sinn und Geist dieser häufigen internationalen Anerkennungen so treffend ausgedrückt, daß ich ihn auch hier stellvertretend wieder zu Wort kommen lassen möchte:

»Es gibt eine Meisterschaft des genauesten Lesens, des behutsamen Hinhörens auf die uns oft fremd und marmorn gewordene Sprache vergangener Dichtung; es gibt eine Kunst der Darstellung, der Mitteilung erkannter Zusammenhänge und eine Haltung der Hingabe an den Geist großer Werke, ohne Selbstverleugnung, aber auch ohne Selbstbespiegelung im fremden Text – und wer nicht gerade ein Stockfisch war, dem mußte etwas davon aufgehen, wenn er Seidlin über Schiller reden hörte oder über die Märchen des Clemens Brentano.
Ich habe da eben ein Wort gebraucht, das Wort ›Hingabe‹, von dem Sie mit einigem Recht vermuten, daß es wohl eher in religiös-erotische Sphären als in den Bezirk der Wissenschaft gehöre. Tatsächlich gilt heute, vor allem auch unter den Literaturwissenschaftlern meiner Generation, eine Haltung der Hingabe und Verehrung gegenüber Sprachkunstwerken als eine unkritische und darum verdächtige Haltung. Ein solcher Verdacht mag in vielen Fällen zu Recht bestehen, aber er droht sich zu verselbständigen und eine Möglichkeit der Erkenntnis zu ver-

spielen, die wesentlich auf der Verehrung beruht. Oskar Seidlin hat seine Berufsbezeichnung Philologe immer ganz wörtlich genommen und sich nie anders denn als einen Liebhaber des Logos verstanden. Diese Art Liebhaberschaft macht nicht blind, sie verleiht neue Augen, sie ist nicht unkritisch, sondern helle Aufmerksamkeit.

Sehe ich recht, so hat Oskar Seidlin nie über einen Autor oder ein Werk geschrieben, zu dem er sich nicht mit seiner ganzen Person hingezogen fühlte. Was seinen Schriften die unverwechselbare Eigenart gibt, ist die Verbundenheit von Kritik und Neigung. Immer ist bei der Wahl seiner Gegenstände, so scheint mir, eine Art Wahlverwandtschaft im Spiel. Vergebens sucht man bei ihm eine selbstgenügsame Wissenschaftlichkeit, wie sie zu den unheiteren Pflichtübungen des philologischen Handwerks gehört. Was wir Wissenschaft nennen, ist ihm immer nur ein Mittel, freilich auch niemals weniger; er weiß dieses Hilfsmittel meisterhaft zu gebrauchen. Wo es für ihn nichts zu bewundern gab – und er ist wählerisch – hat er lieber geschwiegen; verehrte er aber, so zwang er seine Hörer und Leser durch die Akribie seiner Analysen, die Sicherheit seiner Begründungen und durch die Eleganz seiner Darstellung, diese Bewunderung mit ihm zu teilen. So liegt ein Akzent des Bekennens auf seinen Schriften, und – das hängt wohl eng miteinander zusammen – sein Verhältnis zur deutschen Sprache ist von emphatischer Art. Dieser emphatische Zug, der keinem entgehen kann, der Seidlins Bücher aufmerksam liest, gibt sich in einer *nüchternen Feierlichkeit* und in der klaren Form schöner Rede zu erkennen, die in der Kontinuität jener Kultur steht, von deren literarischen Meisterwerken sie spricht.

Ob es diese Kontinuität des Denkens, der Sittlichkeit, auch der sprachlichen Diktion und der Formen nach allen Katastrophen und Zusammenbrüchen unserer bürgerlichen Kultur heute noch gibt, ist eine Frage, die der Zustand unserer Gesellschaft allerdings längst verneint. Dieses Nein bestimmt unsere Lebenswirklichkeit, gewiß, aber es wird weder unsere Geschichte noch die Meisterwerke einer Kultur widerlegen können, aus denen mehr zu uns spricht als eine nur temporäre Wahrheit abgelebter Zeiten. Wer diesen Meisterwerken emphatisch anhängt, ihre Form als Wesen begreift, ihren historischen Bedingungen und ihrer die Geschichte transzendierenden Wahrheit nachfragt, der erweist, möchte ich meinen, denen, die ein Kontinuum der Kultur nicht mehr wahrzunehmen oder wahrzuhaben imstande sind, einen unverzichtbaren Dienst. [...]

Seidlins Lebenserfahrungen sind die des Juden aus Oberschlesien,

Jahrgang 1911: das Elternhaus in Königshütte; das Realgymnasium in Beuthen; die Universitäten in Freiburg i. B., Frankfurt, Berlin, Basel und Lausanne; die Flucht vor Hitler, gemeinsam mit dem Freund Dieter Cunz, zunächst in die Schweiz, dann weiter nach Amerika; die Vernichtung der Familie in Hitlerdeutschland; dann der Krieg, der ihn in der Uniform des US-Soldaten nach Deutschland zurückführte; schließlich die Rückkehr ins Land seiner Zuflucht und der Entschluß, dort zu bleiben. Solche Daten markieren nur sehr notdürftig den Erfahrungsrahmen, in dem einer wurde, was er ist. Dieses Leben ist reich an Freundschaften und Begegnungen (Hermann Hesse, Klaus Mann, viele wären zu nennen); es ist überreich an Verlusten. Aber durch alle Gewinne und Verluste, diese so privaten wie geschichtlichen Erfahrungen hindurch, gibt es wohl eine Konstante im Leben dieses Mannes: *die Liebe zur deutschen Sprache.* [...]

Wer ins Exil gestoßen wird, nimmt seine Sprache mit sich und oft genug nichts als die Sprache. Sie bewahrend, rettet er seine Identität. Sie vermag Heimat nicht zu ersetzen, aber sie repräsentiert sie. Aus den Werken der Dichter klingt ihre Stimme; der Emigrant mag sie als Zuspruch und Tröstung, aber auch als Einspruch gegen seine Vertreibung, als Zustimmung und als Gegenstimme hören. Daran *muß* er sich halten, will er bleiben, der er ist. Aus solcher Erfahrung erwächst dann wohl auch ein auf die Sprache, aber nicht nur auf sie bezogener *Konservativismus.* Er kann, wenn die Trennung vom Lebensbereich des gesprochenen Wortes zu lange währt, antiquarische Formen annehmen; er kann aber auch, wie bei Oskar Seidlin und wie bei Paul Celan, eine besondere Wachheit, ja Überwachheit gegenüber den Bedeutungen und Klängen, besonders gegenüber den falschen Klängen der Worte gewinnen, wenn von der fremden Sprache her die eigene neu wahrgenommen wird.

Wenn das Fremde uns nahe tritt und das Vertraute in der Ferne steht, dann vertauschen nicht einfach ›fremd‹ und ›vertraut‹ ihre Positionen – das hieße vergessen, und auch dies kann geschehen –, nein, Ferne und Nähe gehen dann wohl ein Verhältnis ein, das sich als *dialektisch* bezeichnen ließe. Ich weiß, daß Oskar Seidlin dieses Wort nicht besonders schätzt, und ich will deshalb lieber das Wort eines Dichters zitieren, den er liebt, Verse von Clemens Brentano:

›So viel Fremde er umfangen hält,
So viel Heimat ist ihm Gewinn.‹

In diesen Versen ist Dialektik tröstlich geworden. Ein Lebensmut spricht aus ihnen, der Besitz und Umgrenzungen hinter sich läßt und dem Heimat dort zum Gewinn wird, wo ihr Verlust überhaupt erst gespürt werden kann: in der Fremde. Freilich, es heißt, man müsse die Fremde ›umfangen halten‹, um Heimat von ihr als Geschenk zu empfangen. Dann erst ist sie unverlierbar, ist sie in uns. Ich denke, wer zu solcher Heimatlichkeit nicht fähig ist, hat nie Heimat wirklich besessen. Das läßt sich bei Eichendorff lernen, vor allem bei ihm. So mag es denn wohl kein Zufall sein, daß das schönste Buch über diesen oberschlesischen Dichter im fernen Ohio geschrieben wurde, von einem emigrierten Juden aus Oberschlesien.«

Wenn nun die »Neue Welt« wieder das Wort ergreifen darf, so lassen Sie mich fortführend sagen, daß nach der Zuflucht in der Schweiz Ihr an weiteren Errungenschaften so fruchtbarer Weg Sie ins alte Neuengland, das Gebiet des eingewurzelten amerikanischen Neuansatzes, an das Smith College und später ans Middlebury College führte. Als angesehener Gast lernten Sie allmählich amerikanische Humanisten an beiden Küsten und in allen Gegenden unseres Landes kennen; nach Kriegsende entfaltete sich Ihre langjährige akademische Tätigkeit hauptsächlich in Ihrer Wahlheimat im mittleren Westen, unter einem sich ständig ausbreitenden Freundeskreis, zunächst mehr als zwei Jahrzehnte lang an der Ohio State University, wo Sie die höchste Ehrenstelle eines Regents-Professors erlangten, und danach an der Indiana University, wo Sie Ihr Amt als Distinguished Professor mit echter Würde bekleiden und sich die Achtung und Neigung neuer Jahrgänge von Kollegen und Studenten erworben haben.
Viele Gratulanten schließen sich dem Band in der Tabula gratulatoria an. Wegen der großen Zahl Ihrer Freunde war es von vornherein unmöglich, jede wichtige Gruppe vollständig mit Beiträgen zu repräsentieren (man denke zum Beispiel nur an die namhaften Forscher, die Ihr Interesse an den romantischen Dichtern teilen!). Deshalb haben die Herausgeber innerhalb des thematischen Rahmens ein vielseitiges Gleichgewicht angestrebt, damit sich sowohl amerikanische als auch europäische Stimmen am Gespräch beteiligen, und auf beiden Seiten des Atlantik auch jüngere Forscher, die die schöpferische Kontinuität beispielhaft vertreten, zu Wort kommen. Edgar Lohner und ich waren uns bewußt, daß es eines mehrbändigen Werkes bedurft hätte, um die ganze Breite und Tiefe lediglich Ihrer Wirkung als Lehrer, Mitarbeiter wissen-

schaftlicher Zeitschriften usw. in den akademischen Bezirken Amerikas, geschweige denn auf der internationalen Ebene, erkennen zu lassen. Ihr Name ist am engsten verbunden mit der Beständigkeit der Germanistik in zwei der führenden Abteilungen unserer Republik, gegenwärtig, wie gesagt, an der Indiana University (wer weiß jedoch, ob Sie als Weltbürger einem Ruf nach Europa oder anderswo in Amerika nicht doch noch einmal nachgeben werden?). Über den Aufstieg dieses von Ihnen mächtig geförderten Wissensgebiets in meinem Heimatstaat kann man Ihre (persönlich immer zurückhaltende) *History of the Department of German of the Ohio State University on the Occasion of the University's Centenary* lesen.

Im bescheidenen Umfang dieses einen Bandes kann man aber wenigstens einen Anstoß geben zur ernsthaften Erörterung jener Themen, die Sie in Ihrem Buch *Klassische und moderne Klassiker* behandelt oder angedeutet haben. Es wird Ihrem scharfen Blick kaum entgehen, daß unser (vom sorgfältigen Berater Egon Schwarz empfohlener) Titel den Ihrigen nachahmt, – ohne jedoch die Beiträger der Freiheit zu berauben, mit der allein schöpferisches Leben erst möglich wird. In den hier erscheinenden Essays über Grundbegriffe der Kritik und über Dichter der Klassik und der Moderne trachten Ihre Freunde, Kollegen und Schüler vor allem danach, den von Ihnen so oft bevorzugten Ausdruck *Versuche* in seiner primären ehrlichen Bedeutung aufrechtzuerhalten und zu bekräftigen.

Daß diese Fest- und Dankesgabe eine historische Perspektive mit einer analytischen kombiniert, werkimmanente Deutung mit älterer Geistesgeschichte und sogar mit neuerer Sozialkritik, wird niemanden überraschen, der Ihr Werk gründlich kennt. Ich erinnere mich an einen Tag im Jahre 1957 in Columbus, als Sigurd Burckhardt uns Anfänger auf Ihren Aufsatz »The Shroud of Silence« aufmerksam machte mit der Behauptung, diese bündige Überschau einer ziemlich langen historischen Entwicklung, diese kulturphilosophische Meditation sei nicht zu übertreffen. Wer hätte Burckhardt damals gerade diese »historische« Geschmacksrichtung zugeschrieben? Denn wie Sie selber in Ihrer »Apologia qua Praefatio« rückblickend dargestellt haben, erreichte Ihre Lehre des genauen Lesens einen weiteren lichten Gipfel mit seinem Beitrag »Zur Theorie der werkimmanenten Deutung«. Im gegenwärtigen Jahrzehnt weise ich auf den Aufsatz »Das hohe Spiel der Zahlen« hin, in dem Sie mit der feinsten Akribie eine strukturelle Konstante in Thomas Manns

Schaffen und Denken und damit eine zauberhafte Tür zu seinem *Zauberberg* erschließen.
Viele Ihrer Schriften sind übersetzt oder nachgedruckt worden. So war es höchste Zeit, das beigefügte Verzeichnis zusammenzustellen; jeder mag sich jetzt gemächlich an seinen Lieblingstiteln weiden und sich erwartungsvoll (wie viel war schon als »in Vorbereitung« anzugeben!) auf zukünftige freuen. Dieses Verzeichnis wird hoffentlich auch die vielfältigen Berührungspunkte zwischen Ihren Arbeiten und den hier vereinigten Essays über Klassik und Romantik, über Goethe, Fontane, Schnitzler, Hofmannsthal und die Brüder Mann und über die europäische Dimension in der deutschen Literatur noch augenfälliger machen.
Unmittelbar vor der Drucklegung dieser Festschrift erreichte uns die Nachricht von Edgar Lohners plötzlichem Tod kurz vor Weihnachten 1975. Diese Essays erscheinen in der von ihm gutgeheißenen Form auch als Dokument seiner aufrichtigen Bewunderung des »genauen Lesers« und Freundes Oskar Seidlin. Das von beiden Herausgebern noch gemeinsam skizzierte Vorwort schließt, wie er es gewünscht hätte, mit einem schlichten, herzlichen Gruß im Namen aller Beteiligten an unseren verehrten Freund, Kollegen und Lehrer.

Gerald Gillespie Edgar Lohner †

Hans Egon Holthusen

Kleines Divertimento über ein Thema von Plato und einen Satz von Dostojewski

Ansprache vor Studenten, Professoren und Ehrengästen der Nürnberger Akademie der Bildenden Künste, gehalten am 14.6.1974

Mein Thema lautet: »Aussichten einer Akademie in dieser Stunde.« Wer ein solches Thema ankündigt, wird gut daran tun, gleich anfangs zu erklären, wie er das Wort »Akademie« verstanden wissen will. Nur en passant möchte ich daran erinnern, daß es Akademien in allen möglichen Spielarten, für alle möglichen Interessenten und auf den verschiedensten Niveaus gibt; es gibt die Académie Française und die Sowjetische Akademie der Wissenschaften, es gibt Evangelische und Katholische, es gibt – laut Münchner Telefonbuch – Akademien für Arbeitsmedizin und für praktische Betriebswirtschaft, es gibt Akademien für die Kochkunst, für das Friseurhandwerk, für Weltraumfahrt und für landwirtschaftliche Hausfrauen und so weiter. Unterscheiden müssen wir vor allem zwei Grundtypen von akademischen Institutionen: die pädagogischen und die repräsentativen Akademien, d.h. diejenigen, in denen man als junger Mensch in dieser oder jener Kunst oder Fertigkeit, klassischerweise aber eben der »bildenden Kunst« – wie hier in Nürnberg – unterwiesen wird, und diejenigen, in die man auf Grund einer öffentlich anerkannten – künstlerischen oder wissenschaftlichen – Leistung berufen wird, d.h. die Gremien der sogenannten Arrivierten oder doch in einer bestimmten Phase ihrer Laufbahn dafür Gehaltenen, die aber deswegen über mögliche Skrupel, Selbstzweifel, Schaffenskrisen usw. nicht erhaben und vor den Wechselfällen des Glücks, insbesondere der Publikumsgunst, keineswegs sicher sind und oft genug das allzu frühe Verblassen ihres Renommés erleben und trotz ihres akademischen Ehrenstandes auf ein Alter in Not und Einsamkeit gefaßt sein müssen. Also die Hochschule auf der einen Seite, der Honoratiorenklub, um es einmal ein wenig bissig und in einem allgemeinverständlichen Jargon (mit dem ich mich nicht unbedingt identifizieren möchte) zu sagen, auf der anderen. Die Nürnberger Akademie der Bildenden Künste gehört zum ersten Typus, die Bayerische Akademie der Schönen Künste, als deren amtierender Präsident ich von Herrn Puchner eingeladen worden bin, zum zweiten. Zu bedenken wäre, ob bei einer Fragestellung wie der unsrigen – der Frage nach den Aussichten einer Akademie in dieser Stunde – der eine für den anderen Typus eintreten kann, ob also, was für die pädagogischen Akademien zum Problem werden kann, auch für die repräsentativen gilt, und umgekehrt. Die Frage ist aber vor allem zunächst: wo liegt das Problem?

Es gab Zeiten, wo die Wortverbindung »Schöne Künste« – beaux arts – fine arts – niemandem auf die Nerven ging. Schöne Künste, das war die Blüte der Kultur, eine Akademie der bildenden Künste gehörte in unbefragter Selbstverständlichkeit zur bürgerlichen Lebensordnung wie das Rathaus, der Justizpalast und das Grand Hotel. Man lernte auf solchen Akademien, was dann später in den Sezessionen in Frage gestellt werden konnte, aber die Sezessionen waren doch eigentlich nichts anderes als die Gegenakademien, der Sezessionismus von heute war der Akademismus von morgen: was beide verband, war ein gemeinsamer felsenfester Glaube an die Kunst. »Académie« kann übrigens auf französisch auch heute noch so viel wie Aktzeichnung oder plastische Darstellung heißen, der verstorbene Friedrich Sieburg hat vor Jahren einmal in einer Tischrede vor meist betagten Akademie-Mitgliedern darauf hingewiesen, daß man in Frankreich von einer jungen Dame »elle a une belle académie« sagen kann: sie hat eine entzückende Figur.

Unser Problem also, wo liegt es? Ein erster Blick auf die heutige Szene zeigt uns das Bild einer allgemeinen Desorientierung und Malaise. Die bewußte bürgerliche Lebensordnung ist eine entweder verhaßte oder nostalgisch geliebte Erinnerung. Wir haben nicht mehr die akademische – sogenannte – Elite von einst, wir haben jetzt Akademiker in Massen, haben eine akademische Massengesellschaft, die sich nicht mehr – im Sinne jenes »Vivat Academia!« aus dem alten Studentencantus »Gaudeamus igitur« – als grundsätzlich solidarische Gruppe, sondern potentiell immer schon als »Klassengesellschaft« versteht: auf der einen Seite das von Unsicherheit, Autoritätsverlust und allgemeiner Demoralisierung geplagte akademische »establishment«, auf der anderen Seite das aggressive Emanzipationsgeschrei der akademischen Jugend, die, soweit sie sich politisch artikuliert, immer noch, wie nun schon seit mindestens sieben Jahren, vorwiegend von revolutionären Ideologen beherrscht zu sein scheint, jedenfalls bei uns in der Bundesrepublik. Oder ist die Lage an unseren akademischen Instituten heute vielleicht schon nicht mehr ganz so eindeutig wie noch vor drei Jahren? Ist vielleicht schon eine wiederum neue Veränderung des intellektuellen Klimas im Kommen? Ein neues, vorläufig noch ziemlich planlos wirkendes Herumschieben der ideologischen Kulissen von gestern wäre zu vernehmen? Nun, meine Damen und Herren, es kann nicht meine Aufgabe sein, in dreißig Minuten eine zusammenhängende Theorie der gegenwärtigen Situation zu versuchen. Ein einzelner Aspekt des Problems soll uns beschäftigen: ein Aspekt, der Ihre Akademie der Bildenden Künste und unsere Münchner Akademie der Schönen Künste gleichermaßen betrifft und die immerhin mögliche Frage nach dem, was uns verbindet, schon hinlänglich beantwortet: das ist die mehr und mehr um sich greifende Verständnislosigkeit für den Sinn und Wert von Kunst überhaupt im Zeichen einer Art Hypertrophie der sozialkritischen Leidenschaft, es ist die Verdrängung des Ästhetischen durch das Politische – auch als einen Triumph des Prinzips Information über das Prinzip Einbildungskraft kann man es – mit einer leichten Veränderung des Blickwinkels – definieren, oder um es ganz kraß und herausfordernd direkt zu sagen: als eine radikale und feindselige Abwertung, wenn nicht Abschaffung der Kategorie des Schönen.

Wer sich orientieren will, muß auch einmal nach rückwärts schauen: es kann, meine ich, auch in unserem Zusammenhang ein kleiner Exkurs zur Geschichte des akademischen Gedankens nicht schaden. Es gab und gibt noch einen Sprachgebrauch, für den das Wort »akademisch« gleichbedeutend ist mit dem gravitätisch Etablierten und kanonisch Gesicherten, wobei immer mitzudenken ist ein mehr oder weniger stark ausgesprochener Nebensinn von einerseits »rückständig« und »lebensfern«, andererseits »elitär« und »exklusiv«. Demgegenüber möge daran erinnert werden, daß die Idee des Akademischen ursprünglich gewiß ganz anders gemeint war, nämlich als das genaue Gegenteil von »akademischer« Langweilerei, und daß diese Idee – nehmt alles nur in allem – recht eigentlich als Inbegriff von sittlich-musischem Enthusiasmus und pädagogischer Energie-Entfaltung durch die fast zweieinhalb Jahrtausende gewandert ist, die uns von Platons Gründung trennen, von jener ersten europäischen Hochschule, die vor den Toren Athens auf einem Grundstück nahe dem Hain des Heros Akademos und unter seiner Schutzherrschaft eingerichtet wurde. Diese platonische Tradition bedeutet nicht Aufspeicherung und Abzapfung kanonisierter Weisheit, sondern Wahrheitsfindung im sokratischen Dialog, wagende Freiheit zwischen Partner und Partner, Spontaneität des Erkennens: nirgends übrigens mit so befreiender, ja revolutionärer Wirkung wie in den Neugründungen des 15. und 16. Jahrhunderts, den Neo-Platonischen Akademien, in denen die Neuzeit erwachte, die Wiedergeburt der griechischen Humanität gefeiert wurde, vor allem in jener berühmten florentinischen Akademie, die auf Anregung des Byzantiners Georgios Gemistos Plethon im Jahre 1459 von Cosimo de Medici, dem »Alten«, ins Leben gerufen wurde. (Dieser Plethon stammte aus Konstantinopel, wirkte aber vor allem in Mistra, dem mittelalterlichen Sparta, wo er selber, viele Jahre vor dem Florentiner, die wohl allererste neuplatonische Akademie gegründet hat; es handelt sich um eben jenes Mistra, in dem Goethe, mit genialem Instinkt für symbolische Geographie, die Hochzeit zwischen Faust und Helena stattfinden läßt.) Die florentinische Akademie aber ist das eigentlich maßgebende Modell, in dem unsere neuzeitlichen Akademien, die pädagogischen sowohl wie die repräsentativen, ihr Vorbild zu erkennen haben, auch Richelieus Académie Française und die Londoner Royal Society, auch die im Jahre 1700 von Friedrich I. gegründete Preußische Akademie, genauer »Societät der Wissenschaften«.

Diese Berliner Institution war eine Tochter der Aufklärung, eine Konzeption des großen Leibniz, der in seinem Essay »Unvorgreiffliche Gedanken betreffend die Ausübung und Verbesserung der Teutschen Sprache« (1697) ihr Programm entworfen hatte. Was Leibniz wollte, muß aus den wahrhaft niederschmetternden Verhältnissen der deutschen Kulturlandschaft noch fünfzig Jahre nach dem Ende des Dreißigjährigen Krieges verstanden werden: »Am allermeisten aber«, so schrieb er, »ist unser Mangel, wie gedacht, bei denen Worten zu spühren, die sich auf das Sittenwesen, Leidenschaften des Gemüths, gemeinlichen Wandel, Regierungssachen und allerhand bürgerliche Lebens- und Staatsgeschäfte ziehen: wie man wohl befindet, wenn man etwas aus anderen Sprachen in die unsrige übersetzen will.« Was er bewirkte, war ein sprachgeschichtliches Ereignis, das von dem englischen Germanisten Blackall mit Recht als der Anfang einer Entwicklung, die in der Blüte der deutschen Klassik, in Goethe und Schiller, kulminieren sollte, gerühmt worden ist. Leibnizens Akademie hat während des ganzen 18. Jahrhunderts in besonders hohem Ansehen gestanden. Durch ihre Preisaufgaben hat sie nicht wenige deutsche Autoren von Rang zu Leistungen angespornt, die heute zur Literaturgeschichte gehören. Doch muß man leider hinzufügen, daß sie schon um 1730, als Johann Christoph Gottsched zum

Mitglied gewählt wurde, rein personalpolitisch etwas heruntergekommen war. Zum Präsidenten hatte sie damals einen Herrn namens Gundling, der ein notorischer Säufer war und im übrigen mehr ein Hofnarr als eine wissenschaftliche Autorität. Als er 1731 starb, befahl der König – es war das Rauhbein Friedrich Wilhelm I. –, man solle ihn in einem Faß begraben, das mit obszönen Inschriften zu verzieren sei. Auch so kann man als Akademiepräsident seine Tage beschließen, jedenfalls in Berlin.

Dieser kleine Exkurs zur Geschichte des akademischen Gedankens, was kann er uns lehren? Erstens: der »Sinn« einer Akademie, ihr konstituierendes Prinzip, ist nicht das Kapitalisieren von Verdiensten, sondern das Gespräch, sei es als der vom sokratischen Eros beflügelte Dialog zwischen Lehrer und Schüler, sei es als die Konversation, das Symphilosophein unter Gleichen, sei es als die »Diskussion« zwischen Gegnern. Läßt es sich wohl auf eine allgemeine Formel bringen, wovon in Akademien geredet wird? Ezra Pound zitiert in einem seiner Cantos die Antwort, die der italienische Humanist Bartolomeo Sacchi, genannt Platina, seines Zeichens Verwalter der päpstlichen Bibliothek, nach seiner Folterung durch die Inquisition gab, als man ihn fragte, worüber er mit Sigismondo Malatesta geredet habe. Dieser Platina war Mitglied einer römischen Akademie, der Accadémia Romana, die in den Katakomben tagte, um dort unbeobachtet das Lob des Zeus zu singen. Bei Pound also lesen wir:

> »Und Platina sagte nochmals
> als sie ihn in Eisen gelegt
> Samt der Accadémia Romana
> Darum daß sie Zeus' Lob anstimmten in den Katakomben
> . . .
> Und sie möchten wissen, was wir geredet?
> ›de litteris et de armis, praestantibusque ingeniis‹
> Vom Altertum und vom Heute, von Büchern, Waffentaten,
> Männern von hohen Gaben,
> Vom Altertum und vom Heute – kurzum, dem üblichen
> Gesprächsstoff unter denkenden Leuten.«

Die Übersetzung ist von Eva Hesse.

Zweitens: die Akademie erhebt nicht den Anspruch einer olympischen Besserwisserei, sie redet nicht im Namen etwa eines ungelüfteten Traditionalismus, der seine innere Senilität mit normativer Wertphilosophie verwechselt, über die Köpfe der Zeitgenossen hinweg, sondern sie ist selber Zeitgenossin. Sie steht in ständigem Wortwechsel mit sich selbst, insofern als sie mit sich selbst, mit ihrem eigenen Begriff niemals ganz kongruent ist, denn eine Akademie besteht oder sollte bestehen aus lebendigen Künstlern (oder Gelehrten), die ja nicht als Akademiker zur Welt gekommen sind, nicht im Hinblick auf eine künftige Akademiemitgliedschaft ihre Werke geschaffen haben. Die Akademie, mit einem Wort, ist in den geschichtlichen Prozeß verwickelt, sie kann ihm in glücklicher Stunde – siehe Leibniz – qua Institution Impulse geben; sie ist oder sollte sein in ihrer jeweiligen Verfassung ein – verzeihen Sie das Modewort – durchreflektierter Ausdruck der geschichtlichen Stunde.

Die Antrittsrede des ersten Präsidenten der Bayerischen Akademie der Schönen Künste, Wilhelm Hausenstein, gehalten im Jahre 1951, war eine Vertrauenskundgebung für die lebendigen, erzieherischen, beispielgebenden Werte der Tradition. Münchnerisch – bayerisch – deutsch und europäisch sollte diese Akademie sein: an einer ganz bestimmten Stelle des orbis terrarum zuverlässig zu Hause sollte sie sein und doch durch lebendige Wechselwirkung auf weitere und weiteste Zusammenhänge eingespielt. Der Begriff des Universalen aber fiel für ihn zusammen mit jener Idee, die damals, auf dieser Bewußtseinsstufe, noch allgemeine Glaubwürdigkeit genoß: der Idee des »Abendländischen«. Niemand konnte damals ahnen, daß der Tag kommen würde, da man unter deutschen Intellektuellen dies Wort nicht mehr in den Mund werde nehmen dürfen, ohne »reaktionärer« Neigungen verdächtigt und als ideologischer Steigbügelhalter der »herrschenden Mächte« denunziert zu werden. Für den damaligen Redner war das, wie er sich ausdrückte, »noch nicht untergegangene« Abendland »das kostbarste menschliche Gebilde, das uns verblieb und das wir aus gemeinschaftlichem Geiste verteidigen müssen«.

Seit 1951 aber hat sich die Lage, hat sich das intellektuelle Klima, in dem wir leben, auf eine schwindelerregende Weise verändert. Was wir einmal Abendland nannten, und was zu verteidigen – gegen wen? gegen Perser, Sarazenen und Türken, gegen die Barbaren, die Gottlosen, gegen Faschisten und Kommunisten – einmal ein geschichtlicher Auftrag sein konnte, dies Abendland ist zu einer Weltprovinz unter anderen geworden. Der Horizont, vor dem wir uns zu orientieren haben, fällt heute mit den Grenzen des bewohnten Erdkreises zusammen, er ist »global« geworden. Was vor viereinhalb Jahrhunderten, im Zeitalter der Entdeckungen begann, das hat sich, zu unseren Lebzeiten, im Zeichen der technischen Zivilisation, vollendet: die reale Einheit der modernen Welt. Dieses Zusammenwachsen der Völker zu einer geschichtlichen Einheit ließe sich unter ganz verschiedenen Aspekten studieren. So haben wir in den Künsten die Entstehung von Weltstilen erlebt, Weltstilen, die freilich national und regional modifizierbar sind, so zwar, daß die »nationalen Dialekte« wechselseitig aufeinander wirken und voneinander profitieren können; in der Musik, in der Baukunst, in der Malerei oder dem, was an ihre Stelle getreten ist, ließe sich das unschwer erhärten. Die Literatur ist ein Sonderfall, da sie ja im unabdingbar nationalen Element der Sprache zu Hause ist und sich um so eigensinniger in dies Element hineinwühlt, je rigoroser, experimentierender, »avantgardistischer« sie sich gebärdet. Auch in ihr gibt es internationale Stile, Moden, Motivbildungen, die oft weltweite Wirkungen tun, ja es gibt – womit wieder etwas anderes gesagt ist als mit bloßer Internationalität der Tendenzen – eine veritable Weltliteratur der Moderne, eine Literatur, die in allen Metropolen der Einen Welt als die maßgebende anerkannt wird.

Mit diesen Entwicklungen aber hängt aufs engste zusammen jene über die ganze Welt verbreitete geistige, moralische und politische Turbulenz, die man sich seit sechs oder sieben Jahren angewöhnt hat als die Unruhe oder den Aufstand der studentischen Jugend zu bezeichnen. Diese Generation, die so alt ist wie die Nachkriegszeit, hat, indem sie die 1945 errichtete Nachkriegsordnung verwirft, das Bewußtsein der Welteinheit nicht widerrufen, sondern bestätigt, ja sie hat es durch ihr weltweites Solidaritätsgefühl zum ersten Male mit einem heißen jugendlichen Pathos erfüllt. Es ist nicht undenkbar, daß man ihrer Initiative eines Tages eine periodisierende Bedeutung zuerkennen wird.

So viel zur Geschichte des akademischen Gedankens und zur Entwicklung des intellektuellen Klimas in der Welt der akademischen Jugend der letzten Jahre. Ich bin Ihnen aber noch etwas ganz Wesentliches schuldig geblieben, ich weiß es: eine Erklärung zu dem eingangs von mir bezeichneten Problem einer »Hypertrophie der sozialkritischen Leidenschaft« und dem damit zusammenhängenden Irrweg einer radikalen und feindseligen Abwertung der Kategorie des Schönen.

Das Pathos der Gerechtigkeit und das ästhetische Weltverhältnis des produktiven Menschen: sie hängen wesentlich und auf höchst delikate Weise miteinander zusammen, man soll nicht undialektisch und polemisch auftrumpfend das eine gegen das andere ausspielen wollen. Auch ich habe den tiefsten Respekt vor dem alten Tolstoj, der seine genialen Meisterwerke hinter sich und unter sich zu haben glaubte und in seinen letzten Jahren mit Formeln wie »Was tun?« und »Widerstehet nicht dem Übel« einem urchristlich gestimmten Anarchismus und Kulturnihilismus das Wort redete. Ich glaube zu wissen, daß die »Größe« Tolstojs in der ungeheuren Spannweite der inneren Antinomien seines Wesens liegt, daß aber sein gewaltiger Beitrag zum Schatzhaus der Überlieferung so gut wie ausschließlich in den Errungenschaften seiner erzählerischen Produktion zu suchen ist. Und ich glaube auch, daß es nicht schaden kann, wenn man darauf besteht, kategorial Verschiedenes auseinanderzuhalten und auf der Hut zu sein vor einer Sorte von Schwarmgeistern oder aber Demagogen und Agitatoren, die von Emanzipation reden und das Gegenteil meinen, die dem berühmten Elfenbeinernen Turm, wie oft und oft gehabt, den Krieg erklären, angeblich oder vermeintlich, um des »Menschen«, um seiner Gleichheit und Freiheit willen, in Wahrheit aber dieser Freiheit, wenn wir sie ganz präzis und praktisch als im Sinne des Grundgesetzes demokratische Freiheit verstehen, zuwiderhandeln. Ich habe seinerzeit, vor fast genau sechs Jahren, in meiner Antrittsrede als Sprecher der Bayerischen Akademie der Schönen Künste u. a. das Verhältnis der Akademie zum bayerischen Staat als der sie schützenden, garantierenden, ihr Freiheit gebenden Instanz erörtert und die sicher nicht ganz unproblematische Lage einer Akademie, die den Auftrag des Staates, eines demokratischen Staates, »oberste Pflegestätte der Kunst« zu sein, annimmt, zu interpretieren versucht. Es war, Sie erinnern sich vielleicht – kurz nach den Pariser Mai-Ereignissen des Jahres 1968, kurz nach der Notstandsdebatte der deutschen linken Intelligentsia, in der H. M. Enzensberger einen eher leichtfertigen Fernsehappell an die Nation richtete, demzufolge wir endlich, endlich auch in Deutschland »französische Zustände« schaffen sollten, und er sagte es einen Tag bevor de Gaulle nach Baden-Baden flog, um die Armee zu mobilisieren, zwei Tage vor der Millionenkundgebung der Gaullisten in Paris. Es war das Jahr, in dem uns im »Kursbuch« das Ende der literarischen Kritik verordnet wurde und wenig später auch das Ende der Literatur verkündet, ihre Ersetzung durch die »Aktionsmodelle der revolutionären Studentenschaft« empfohlen wurde. Ich hatte damals das Gefühl, daß in einer solchen Lage die Sache der Freiheit bei einem demokratisch verfaßten Staat besser aufgehoben sei als in den Händen derartig »progressiv« engagierter Literaten und Künstler. Ich habe deshalb – wenn Sie mir für einmal erlauben, mich selbst zu zitieren – damals folgendes gesagt: »... Die jüngste Entwicklung der Künste – ich denke hier vor allem an die Literatur – hat uns nun allerdings vor eine Situation gestellt, in der eine Gefahr für die

Freiheit der Kunst von der andern Seite zu drohen scheint, nicht vom Staat, sondern von der Kunst. Wo alle Welt auf Revolution versessen ist, wo der Protest gegen die ›herrschenden Mächte‹ – mit oder ohne Guitarrenbegleitung – zum Prinzip der Literatur geworden ist, wo selbst die Sprache, die wir sprechen, von manchen für ein Instrument der Manipulation durch die ›herrschenden Mächte‹ gehalten wird, wo es kein eigentlich persönliches Handeln und Entscheiden mehr geben soll, sondern nur noch soziale Verhaltensweisen, kein Schicksal mehr, sondern nur noch Produktionsverhältnisse, wo man gar nicht mehr verstanden wird, wenn man auch nur daran zweifelt, daß der Schriftsteller auf Grund seiner »gesellschaftlichen Funktion« verpflichtet sei, in Wort und Schrift die Vietcong-Fahne zu schwingen, da befindet sich die Kunst auf der Bahn einer totalen Politisierung, die, so befürchte ich, schon beinah dasselbe ist wie eine spiegelschriftliche Empfehlung totalitärer Politik.«

Zwei Jahre später luden wir unser Mitglied Werner Heisenberg ein, uns für die Öffentliche Jahressitzung, die am 9. Juni 1970 stattfinden sollte, den Festvortrag zu halten. Er sagte nach einigem Zögern zu und wählte ein Thema, das ich noch heute für eine geradezu geniale Entscheidung halte: er sprach über die »Bedeutung des Schönen in der exakten Naturwissenschaft«. Heisenberg zeigte am Beispiel von physikalischen Sachverhalten und mathematischen Relationen, daß das Schöne eine unmittelbar evidente Eigenschaft der Schöpfung ist, ein »Glanz des Wahren« – im ältesten Sinne der abendländischen Philosophie –; auf Plato und Pythagoras, auf Plotin und Kepler und Newton berief er sich, um zu erhärten, daß – ich zitiere –: »die Bedeutung des Schönen für das Auffinden des Wahren zu allen Zeiten erkannt und hervorgehoben worden ist«. Das Phänomen des Schönen wurde hier als eine hochwesentliche Naturerscheinung, als eine im Kosmos – und »Kosmos« heißt ja, wenn man es ins Deutsche übersetzt, nicht nur Ordnung, sondern auch Schmuck, in dieser Bedeutung z. B. bei Goethe oft und oft nachweisbar, denken Sie auch an das Wort »Kosmetik« – also im Kosmos selbst aufscheinende Haupt- und Staatseigenschaft der Wirklichkeit gesehen und gefeiert. Der Name Heisenberg war über jeden Verdacht, hier werde in literarisch-rhetorischer Weise ein Anachronismus wieder aufgewärmt, selbstverständlich erhaben, und das Wort »exakt«, auf das der Redner bei der Festlegung des Titels großen Wert gelegt hatte, wirkte wie ein Abwehrzauber gegen jede subalterne Argumentiererei. Dieser Mann, wenn irgendeiner, sprach mit Autorität, wobei das Wort

»Autorität« seinen ursprünglichen Sinn, nämlich von »Bürgenschaft«, »Gewähr«, »Garantie« unversehens wieder auszustrahlen schien. Oder um es mit den Worten des Berichterstatters einer Münchner Zeitung zu sagen: »Wer so viel exakten Fortschritt geliefert hat, kann es sich leisten, einen verlästerten Begriff wieder aufzugreifen und ohne den mindesten Redneraufwand, in der schlichten Form des Kollegs, glattzupolieren.«
Man hat das damals, diese Wiederaufwertung der Idee des Schönen auf dem Umweg über die Naturwissenschaft, man hat das als eine »taktische List« unsrerseits auslegen wollen, und so mußte es natürlich auch erscheinen, und vielleicht war es auch ein bißchen so gemeint. Nicht gemeint war es aber als eigensinnige und womöglich etwas marottenhafte Behauptung einer isolierten, vom Zeitgeist überholten Position, etwa als Rückzug in den famosen Elfenbeinturm oder als Absage an Politik und Gesellschaft. Die Anerkennung des ästhetischen Interesses als einer Erkenntnisweise sui generis hatte etwas mit Freiheit zu tun, nicht mit jener Art von permanenter und unersättlicher Emanzipation, deren Telos es ist, so lange und so gründlich und so restlos zu emanzipieren, bis nichts mehr da sein wird, von dem man sich emanzipieren kann, sondern mit Freiheit. Kurz vor Heisenberg sprach in jenem Jahr Hannah Arendt über »Macht und Gewalt«, und ein paar Monate vorher sprach der inzwischen verstorbene österreichische Ketzer-Kommunist Ernst Fischer über das Thema »Von der Freiheit der Kunst«. Damit sei die Weite des Problemfeldes angedeutet, das zur Diskussion stand, auch der Zusammenhang zwischen Ästhetik und Politik. Wenn wir die »Freiheit der Kunst« zur Diskussion stellten, so meinten wir buchstäblich Freiheit: Freiheit in der ganzen prekären Dimension ihres Bedeutens, als Freiheit wofür und wogegen, also meinten wir, unter obwaltenden Umständen, eine Freiheit, die nur im Schutze politischer Freiheit gedeihen kann. Wir meinten es, indem wir uns scheinbar auf ein nichtpolitisches Prinzip namens Kunst zurückzogen, entschieden politisch. Damit stellten wir uns gegen andere, die es nicht weniger politisch meinten und auch von der »Freiheit der Kunst« sprachen, aber was sie meinten, war nicht buchstäblich diese Freiheit, sondern es war die Freiheit der Propaganda gegen jene Art von politischer Freiheit, die wir als die wünschenswerte erkannt zu haben glaubten.
Aussichten einer Akademie heute? Ich glaube, daß die Alternative zur totalen Soziologisierung und Politisierung der Kunst und des Kunstbetriebs, zu dem, was man die Verwandlung des Kunsttriebes in soziale Gestikulation nennen könnte, daß diese Alternative, die wir in Mün-

chen über die schlimmsten Jahre der revolutionären Schwarmgeisterei hinweg wachzuhalten uns bemüht haben (obwohl wir deswegen oft und oft als ein Haufen von reaktionären Kaffeetanten beschimpft worden sind); daß diese Alternative heute von einer wachsenden Anzahl von Menschen, gerade auch der jungen Generation, schon wieder attraktiver gefunden wird als noch vor zwei, drei Jahren. Wenn man heute einer Akademie der Bildenden oder der Schönen Künste empfiehlt, sich auf das zu besinnen, sich wieder als das zu entdecken, was sie ihrem Namen nach ist, so befindet man sich in nicht ganz schlechter Gesellschaft, in der Gesellschaft, meine ich, der sogenannten Dissidenten der sogenannten sozialistischen Länder, die ja gewissermaßen die fortgeschrittensten von uns allen sind – ich meine die Dissidenten, nicht die Länder! –, denn sie haben die sozialistische Zukunft nicht mehr vor sich, sondern hinter sich und sie wissen, wovon sie reden. Lassen Sie mich also mit Alexander Solschenyzin schließen, dem berühmtesten dieser Dissidenten, durch dessen spektakuläre Verbannung im Februar dieses Jahres das Problem, von dem ich spreche, für Millionen und Abermillionen von Zeugen ad oculos demonstriert worden ist. In seiner nicht gehaltenen Nobelpreisrede aus dem Jahre 1971 hat Solschenyzin sich eindringlich und angelegentlich über die besondere Erkenntnisweise, ja über den eigentümlichen Offenbarungscharakter der Kunst – im Vergleich mit anderen Disziplinen menschlicher Kulturfähigkeit, insbesondere mit Wissenschaft und Philosophie – ausgelassen, und er hat in diesem Zusammenhang einen kurzen und einigermaßen rätselhaften Satz von Dostojewski zitiert, einen Satz, den er selber rätselhaft findet und nicht ganz erklären kann, aber hinreißend und einleuchtend findet er ihn. Es ist nicht ein Satz, der eine These enthält, es ist kein bonmot, es ist keine Anweisung zum Handeln, zur sittlichen Einkehr, geschweige denn zur Weltveränderung. Es ist – ich möchte sagen: ein Orakel. Aber warum soll man einen Vortrag über Kunstfragen nicht auch einmal mit einem Orakel zu Ende gehen lassen? Der von Solschenyzin zitierte, von Dostojewski gefundene Satz lautet: »Schönheit wird die Welt retten.«

Walther Killy

Über das Lesen

Im Jahre 1928 schrieb Walter Benjamin, ein geübter Leser und Büchersammler, die folgenden Sätze: *... ehe der Zeitgenosse dazu kommt, ein Buch aufzuschlagen, ist über seine Augen ein so dichtes Gestöber von wandelbaren, farbigen, streitenden Lettern niedergegangen, daß die Chancen seines Eindringens in die archaische Stille des Buches gering geworden sind. Heuschreckenschwärme von Schrift, die heute schon die Sonne des vermeinten Geistes den Großstädtern verfinstern, werden dichter mit jedem folgenden Jahre werden.*

Benjamin hat die Bewahrheitung seiner düsteren Prognose nicht mehr erlebt, die von der Geschichte übertroffen wurde. Denn auch die farbigen Lichtreklamen und bewegten Schriften im Berlin der zwanziger Jahre verblassen neben all den Zeichen, mit denen wir beschossen werden. Schriften auf den Straßen, über den Häusern, auf den Plakaten, an den Wänden der deutschen und französischen Universitäten. Dazu die andren Kommunikationsmittel, welche die Stille aus der Welt geschafft haben.

Da wird – nicht zuletzt den Kindern – von außen aufgedrängt, was sich vormals im Innern entfaltete. Merkwürdig, daß viele der Schriftsteller dieses Jahrhunderts, indem sie sich ihrer Jugend erinnern, die Intensität kindlichen Lesens beschreiben. Nochmals Benjamin: *Für eine Woche war man gänzlich dem Treiben des Textes anheimgegeben, das mild und heimlich, dicht und unablässig, wie Schneeflocken einen umfing. Dahinein trat man mit grenzenlosem Vertrauen. Stille des Buches, die weiter und weiter lockte! Dessen Inhalt war gar nicht so wichtig. Denn die Lektüre fiel noch in die Zeit, da man selber Geschichten im Bett sich ausdachte. Ihren halbverwehten Wegen spürt das Kind nach. Beim Lesen hält es sich die Ohren zu; sein Buch liegt auf dem viel zu hohen Tisch, und eine Hand liegt immer auf dem Blatt. Ihm sind die Abenteuer des Helden noch im Wirbel der Lettern zu lesen wie Figur und Botschaft im*

Treiben der Flocken. Sein Atem steht in der Luft der Geschehnisse, und alle Figuren hauchen es an. Es ist viel näher unter die Gestalten gemischt als der Erwachsene. Es ist unsäglich betroffen von dem Geschehen und den gewechselten Worten, und wenn es aufsteht, ist es über und über beschneit vom Gelesenen.

Bleiben wir im Bild, so müssen wir uns vorstellen, wie diese Schneeflocken der Phantasie dahinschmelzen, wenn das Kind den stillen Raum der Lektüre verläßt oder den dunkeln seiner Kindheit, um sich nicht mehr unter die Gestalten der Bücher zu mischen, sondern unter die Erwachsenen. In der Welt, die wir – vielleicht irrig – die »wirkliche« nennen, ist kein Platz für die Wirbelspiele der Imagination; es ist auch kein Ort für die Stille, die solche kindliche Art zu lesen im Gemüte hervorbringt. Gewiß liest das Kind ganz anders als die Erwachsenen, von deren Leseweise bald die Rede sein wird, es liest zugleich altertümlicher und ursprünglicher.

Denn für es ist das Lesen noch eine vor kurzem erworbene Kunst. Seine Weltabgeschiedenheit, welche sich die Ohren verschließt oder – wie Marcel Proust – ein Gartenversteck hoch im Baum sucht *(au fond de laquelle j'étais assis et me croyais caché aux yeux des personnes qui pourraient venir faire visite à mes parents)*, diese Abgeschiedenheit erinnert ein wenig an die mittelalterlichen Bilder von Lesenden, gebückt über die Schrift und ihrer allein inne, gleichgültig, ob draußen Sommer oder Winter herrscht. Und so ist oft genug die rückblickende Vergegenwärtigung des ersten Lesens eine *recherche du temps perdu.* Verloren ist dabei nicht nur die Kindheit, verloren ist wohl auch die Welt, in der man so las. Zur Intensität gehörte eine Distanzlosigkeit, ein Für-wahr-Nehmen und Sich-zueigen-Machen des Gelesenen, denn der kindliche Leser *ist ja viel näher unter die Gestalten gemischt als der Erwachsene.*

Benjamin wird sich dieser Erfahrungen erinnert haben, als er als Erwachsener »Du côté de chez Swann« übersetzte: *Qu'importe ... que les actions, les émotions de ces êtres d'un nouveau genre* (nämlich der Gestalten der Bücher) *nous apparaissent comme vraies, puisque nous les avons faites nôtres, puisque c'est en nous qu'elles se produisent, qu'elles tiennent sur leur dépendance, tandis que nous tournons fiévreusement les pages du livre, la rapidité de notre respiration et l'intensité de notre regard?* So nahm das Buch den Leser ganz für sich ein, ja versetzte ihn in einen Stand *où son livre va nous troubler à la façon d'un rêve mais d'un rêve plus clair que ceux que nous avons en dormant et dont le souvenir durera d'avantage ...*

Wie lange, das sieht man an diesen Erinnerungen, welche die Explikation eines ganzen Lebens auf die Erfahrungen des frühen Lesens gründen. Jean-Paul Sartre hat den ersten Band seiner Autobiographie in zwei Abschnitte geteilt, deren erster *Lire*, der zweite *Ecrire* heißt. Auch da ist von kindlichem Lesen die Rede, von einem weniger naiven, wiewohl gleich bedrängenden: *Absorbant le Verbe, absorbé par l'image, je ne me sauvais, en somme, que par l'incompatibilité de ces deux périls simultanés. A la tombée du jour, égaré dans un jungle de paroles, tressaillant au moindre bruit, prenant les craquements du parquet pour des interjections, je croyais découvrir le langage à l'état de nature, sans les hommes.* Aber dann kommt die Mutter herein und schafft der »Wirklichkeit« ihr Recht mit dem Ruf: *Mon pauvre chéri, mais tu t'arraches les yeux!* Wer hätte diese mütterliche Unterbrechnung, diesen Abruf in die Realität nicht in der Erinnerung! Aber nur ein derart wortbesessener, früh schon vom Denken geplagter Leser wird die Rückkehr in den Alltag der Kindheit mit diesem Satz begleiten: *Mais jusque dans cette enfance reconquise, je me tracassais:* de quoi *parlent les livres? Qui les écrit? Pourquoi?*

Das war eine Reihe von Fragen, wie sie der kindliche Benjamin und der junge Proust nicht gestellt hatten, damals noch nicht. Sie sind die neugierigen Vorboten einer anderen, nicht mehr kindlichen Weise zu lesen, derjenigen, von der heute die Rede sein soll. Dabei ist es gleichgültig, ob Sartre sie, wie zu vermuten, nachträglich in die Welt des Kindes projiziert hat als die Fragen, die der herangereifte Leser für den Anfang des Nachdenkens über Bücher hält. Wovon sprechen sie? Wer hat sie geschrieben? Warum? Daß die Antworten in den Büchern enthalten sind, ist deutlich; aber wie erlangt man sie?

Sie bezeichnen das ganze Geschäft des Philologen, der sich ihnen ein Leben lang hingibt. Je älter er wird, um so mehr weiß er, daß dies Wovon, Wer und Warum um so unerschöpflicher und herausfordernder sein wird, je besser und ehrwürdiger der Text ist, den es zu verstehen gilt. Ja all seine Tätigkeit ist darauf gerichtet, Lesen zu lernen und zu lehren, welches mehr ist als Buchstabieren, anders als die *façon d'un rêve;* ein Lesen, das Antworten eröffnet, die von der kindlichen Identifikation nicht erfragt werden können. Wie so oft ist auch hier der Verlust der Unschuld der Preis, den es zu zahlen gilt, wenn man die Pforte der Erfahrung durchschreiten will. Nie wieder lesen wir wie die Kinder, aber dafür warten auf uns Erfahrungsbereiche und Lesefreuden, um derentwillen Mühe, Übung und Arbeit lohnen. *Lesen,* so schrieb Friedrich

Schlegel, *heißt den philologischen Trieb befriedigen, sich selbst literarisch affizieren. Aus reiner Philosophie oder Poesie ohne Philologie kann man wohl nicht lesen.*

Wäre dieser Satz von einem Philologen, so würde der Vorwurf des Hochmuts nicht ausbleiben. Aber er stammt vom – wenigstens für eine Weile – wirksamsten Kritiker, den die deutsche Literatur hervorgebracht hat, und es mag geraten sein, zu fragen, was er meine, ob er mehr sei als ein witzig-romantisches Paradoxon. Denn paradox mutet zunächst die Behauptung an, man könne ohne Philologie, aus einem vorwiegend philosophischen oder vorzüglich poetischen Interesse nicht lesen. Wer liest denn, so scheint es, ausschließlicher als der aus reiner Poesie, um der Poesie willen Lesende? Sei es der »Grüne Heinrich«, wenn sich ihm für vierzig Tage die Tore der Außenwelt schließen, um eine innere zu öffnen, deren »Sesam öffne dich« enthalten ist in den 50 kleinen Pappbänden von Goethes Werken, Ausgabe letzter Hand. Als der Trödler die Bücher zusammenschnürt und fortträgt, war es, *als ob eine Schar glänzender und singender Geister die Stube verließen, so daß diese auf einmal still und leer schien . . .*

Und poetischer noch, so scheint es, war die Goethe-Lektüre, die zwei Generationen zuvor der junge, damals im gleichen Alter befindliche Karl Philipp Moritz, alias Anton Reiser, vor den Toren Hannovers pflegte: *Die feierliche Stille, welche in der Mittagsstunde auf dieser Wiese herrschte; die einzelnen, hie und da zerstreuten hohen Eichbäume, welche mitten im Sonnenschein, so wie sie einsam standen, ihren Schatten auf das Grüne der Wiesen hinwarfen. – Ein kleines Gebüsch, in welchem man versteckt das Rauschen des Wasserfalls in der Nähe hörte – am jenseitigen Ufer des Flusses der angenehme Wald . . . Dieser Sommer war also für Anton Reiser ein recht poetischer Sommer. – Seine Lektüre mit dem Eindruck, den die schöne Natur damals auf ihn machte, zusammengenommen, tat eine wunderbare Wirkung auf seine Seele; alles erschien ihm in einem romantischen bezaubernden Lichte, wohin sein Fuß trat.*

Es mag ein solches Lesen gewesen sein, das Schlegel »poetisch« nannte und als Nicht-Lesen-Können tadelte, weil ihm die Philologie fehlt. Was da Philologie heißt, sei noch dahingestellt. Aber daß das Reisersche Lesen einen ganzen Sommer »poetisch« gemacht hat, wird uns ausdrücklich versichert. Und daß es anderer Natur sei als jenes kindliche, da das Kind sich unter die Gestalten mischt, *dem Treiben des Textes anheimgegeben,* ist wohl deutlich. Nicht Neugier oder Spiel motiviert es, sondern jene (wie der Autor sagt) *wunderbare Wirkung* auf die *Seele*. Der Text ist Anlaß oder Vorwand für eine besondere, psychologisch pubertäre, im Fall des Anton Reiser zugleich geschichtlich bestimmbare Form des Selbstgefühls, die von dem *romantisch-bezaubernden Licht* bewirkt wird.

Romantisch meint hier im Jahre 1785 keinen literarhistorischen Sachverhalt. Es deutet vielmehr darauf hin, daß ein besonderes Verhältnis zum Text eingetreten ist, der nicht befragt, sondern poetisch erfahren sein will. Natürlich ist es der »Werther«, der da neben dem Wasserfall genossen wird; seine – wie es später in »Dichtung und Wahrheit« heißt – *romantisch-poetischen Fiktionen* ermöglichen dem Jüngling die gefühlvolle Identifikation mit Gemütszuständen, die seiner Erfahrungswelt unendlich fern sind. Um den Genuß solcher fiktiven Gefühle geht es, der schließlich ein Selbstgenuß ist; denn nur die *wunderbare Wirkung* auf die *Seele* ist gefragt; nicht der geschriebene Text interessiert, sondern die Rückverweisung auf den noch unreifen Leser, den er ermöglicht. *Ich kehre in mich selbst zurück,* so steht im »Werther« für ihn, *und finde eine Welt! Wieder mehr in Ahnung und dunkler Begier als in Darstellung und lebendiger Kraft. Und da schwimmt alles vor meinen Sinnen, und ich lächle dann so träumend weiter in die Welt.*

Das also ist das Lesen *aus reiner Poesie;* es ist eine noch ungebildete Form der Lektüre, die allein die Möglichkeit des Textes, das Gemüt zu erregen, in Anspruch nimmt; noch ungebildet nicht nur, weil sie von den andren Möglichkeiten absieht, sondern auch, weil sie von sich selbst nicht absehen kann.

Nicht viel besser allerdings steht es mit dem Lesen *aus reiner Philosophie.* Was damit gemeint ist, hat Hugo von Hofmannsthal, ein nicht minder erfahrener Leser, in den polemischen Satz gefaßt: *Deutsche tun sich viel auf die Tiefe zugute, die nur ein anderes Wort ist für nicht realisierte Form. Nach ihnen müßte uns die Natur ohne Haut, als wandelnde Abgründe und Wirbel herumgehen lassen.* Nach ihnen wäre vor allem Literatur der Fundort solcher Tiefe, ein nicht minder wirbel- und haltloses Wesen, Abgrund ohne Oberfläche, Ideenvorrat und sonst nichts. Es sei denn, man träfe auf den Zwilling des Deutschen, der sich auf Tiefe so viel zugute tut; das ist dann der Mann, der, auch aus allerreinster Philosophie lesend, angesichts der Iphigenie die Bertolt Brecht so empörende Frage stellte: *Gut, aber was beweist das?* Auch er will, wiewohl mit schlüssiger Evidenz, vom Text nur wissen, was dieser an sogenannter Bedeutung enthalte; sie wird sich ihm versagen, und beide

vergessen über ihren »philosophischen« Fragen die andern, besseren: *de quoi parlent les livres* (wohlgemerkt: wovon sprechen sie; das ist etwas ganz anderes als das »was bedeutet?«); *qui les écrit; pourquoi?*
Dies aber will, neben anderem, der philologische Leser in Erfahrung bringen, und es wird Zeit, sich ihm zuzuwenden. Wer ist er, und welcher Art sind seine Texte? Indem sie nicht rein philosophisch und nicht rein poetisch gelesen sein wollen, können sie doch jedenfalls *auch* philosophisch, *auch* poetisch gelesen werden, und der Schluß ist nicht unerlaubt, daß es das Geschäft der Philologie sei, beides, und zwar beides im Verein, zu ermöglichen. Das setzt einen Text voraus, der beides duldet, ja herausfordert, und ein Verständnis von Philologie, welches unter diesem Namen zunächst keine Fachwissenschaft, sondern eine Lesekunst begreift. Schlegel hatte ja auch keineswegs von Philologen gesprochen, sondern vom Lesen als einem philologischen Trieb, einem ursprünglichen und notwendigen Geistesbedürfnis also. Es wird hervorgerufen, hervorgerufen durch Literatur; und der Trieb, hat er erst einmal vom Leser Besitz ergriffen, wird sich immer aufs neue regen, denn auch bei ihm ist eine jegliche Stillung nur vorübergehend.
Das liegt nicht zuletzt am Gegenstand, auf den er sich richtet. Wenn es wahr ist, daß man poetisch *und* philosophisch lesen könne, so liest man sowohl um der Erkenntnis wie auch um des Genusses willen, den die ästhetische Erfahrung (aller modischen Antiästhetik zum Trotz) zu bewirken vermag. Gerade Brecht war es, der jenem in der Iphigenie Beweise fordernden Mann (es war ein Mathematiker) entgegenhielt: *Es wird sich herausstellen, daß wir nicht ohne den Begriff der Schönheit auskommen.* Damit rückt der – wiederum erfahrene – Leser der dreißiger Jahre, ein Kenner der antiken und der deutschen Literatur, in die Nähe des Begriffs der Lesekunst, welchen die klassische Zeit gehabt hat.
Wie eine Summe alles bisher Erwogenen, wie eine Erklärung des Schlegelschen Satzes mutet an, was der siebzigjährige Goethe über das Lesen schrieb, als eine Bemerkung, *welche einem alten Autor wohl ziemen mag. Es gibt dreierley Arten Leser: Eine, die ohne Urtheil genießt, eine dritte, die ohne zu genießen urtheilt, die mittlere die genießend urtheilt und urtheilend genießt; diese reproduciert eigentlich ein Kunstwerk auf's neue.*
Schon die Folge seiner Bemerkungen zeigt an, welchen Leser Goethe als den wahren im Sinne hat: nicht den nur genießenden »poetischen«; auch nicht den nur räsonierenden »philosophischen«. Vielmehr den, der bei-

des vereint, wobei er im Range dem einseitigen Leser übergeordnet, nicht aber Genuß über Urteil, Urteil über Genuß gestellt wird. Sie bedingen einander: nur wer zu urteilen weiß, wird genießen können; denn das wahre Vergnügen des Lesers gründet sich auf Einsicht. Und damit kommen wir zur Praxis der Lesekunst desjenigen, der – wie Schlegel sagte – *sich selbst literarisch affizieren* läßt. Auch in dieser Wendung ist die Duplizität des Lesens enthalten: literarische Gesinnung und affektive Erfahrung, nachdenkliche Zuneigung. Sie zielen alle auf das eine: darauf, daß der Leser das Kunstwerk reproduziere.

Damit ist von den Autoritäten formuliert und (wie sich noch zeigen wird) in den Zusammenhang einer bestimmten Kunstauffassung gestellt, was der gewöhnliche Leser im ersten Leserausch der Jugend noch nicht begreift, in Vorschreiten und Einübung aber immer mehr versteht: es gibt verschiedene Grade und Weisen in der Lesekunst. Die höchste ist diejenige, die den Text – sei es eine Erzählung, ein Gedicht oder ein Drama – in seiner Einheit, im Beziehungsreichtum seiner immanenten Zusammenhänge, sich selbst vergegenwärtigt.

Wir reden hier nicht von den Büchern, denen solcher Zusammenhang abgeht – nicht aus Hochmut, denn auch sie können und sollen Gegenstand der Wissenschaft sein.

Aber wir reden für diesmal von Werken, die das urteilende Genießen und das genießende Urteilen hervorrufen: das sind Werke der Kunst, solche, von denen Jean Paul in der Vorrede zum Siebenkäs meinte ... *in der That ist ein Buch, das nicht werth ist, zweimal gelesen zu werden, auch nicht würdig, daß mans einmal lieset.* Das erste Lesen ist noch keins, es ist wie ein noch unbekannter Weg, gewiß voller überraschender Wendungen und unerwarteter Ausblicke, an denen man gern einhält, um in eine noch verhängte Ferne zu blicken; vielleicht auch ein Weg, der mühsam oder gar langweilig anmutet, ermüdend und eher einem Umweg gleich, bis plötzlich die Neugier, wie das Ziel aussehen werde, oder auch das bloße Gleichmaß der Schritte den Wanderer zu dem Ende bringen, von dem zurückzublicken sich lohnt.

Um es weniger metaphorisch zu sagen: das erste Lesen ist ein vorwiegend stoffliches, dem bloßen Fortgang und der materiellen Kenntnisnahme verhaftet. Niemand wird leugnen, daß beides Freuden bringt. Aber (um in unsern Vergleich zurückzufallen) eine Kenntnis der Landschaft, ihrer Proportionen und Verhältnisse, der lebhaften Beziehungen ihrer Elemente bringt es noch nicht. Noch sind die ersten Kapitel wie Wegweiser, deren Inschrift zwar leserliche Namen trägt, aber es sind bloße Namen. So wie man in Fontanes »Effi Briest« beim ersten Lesen am Anfang den Ruf *Effi komm!* bloß als Namen lesen wird; zwei Backfische rufen ihn der Spielkameradin neckisch durch das *von wildem Wein halb überwachsene Fenster* zu.

Er kehrt, wie Sie wissen, später wieder. Auch da wird uns beim ersten Lesen nur das Stoffliche des Telegramms wichtig sein, das der alte Briest – die Regeln der frühwilhelminischen Gesellschaft mißachtend – der gefallenen Tochter schickt: *Effi komm.* Aber die zwei Worte bezeichnen mehr als die Heimkehr ins Elternhaus: eine Heimkehr zum Tod. Sie sind zugleich – obwohl an ihrer Stelle vollkommen realistisch und notwendig – eines jener beim Wiederlesen erkennbaren Elemente, die uns auf den Kunst- und Sinnzusammenhang des Werkes als Ganzes hinweisen. Zwischen dem gleichen Wortlaut am Anfang und am Ende liegen nicht 300 Seiten, sondern ein Leben. Der zufällige Ausruf erweist sich als Wegweiser: wir verstehen, daß der in die Konventionsehe vergebene Backfisch unschuldig auf den Weg geraten mußte, den das andere, schicksalsschwere *Effi kommt* zum Ziele hat. Der Autor hat eine Beziehung (eine von vielen) hergestellt, die den Lebenszusammenhang als Erzählungszusammenhang kenntlich macht.

Hier ist der Unterschied zwischen dem täglich Erlebbaren, aber auch zwischen der Kunstlosigkeit der Verbrauchsliteratur und derjenigen, zu der wir immer wieder zurückkehren. Alltag und Alltagsautoren geben uns bloß vermeintliche Tatsachen; mit den Worten der im deutschen Sprachbereich viel zu unbekannten Virginia Woolf in dem Aufsatz »How should one read a book?«: *They had not the artist's power of mastering and eliminating; they could not tell the whole truth even about their own lives; they have disfigured the story that might have been so shapely. Facts are all they can offer us, and facts are a very inferior form of fiction.*

Der geübte Leser aber, der von einem bedeutenden Werk literarisch affizierte, schärft im Wiederlesen seine Organe für die ganze Wahrheit, die in seinen Büchern enthalten ist; sie hat als fingierte Wahrheit in ihm Gestalt gewonnen, ist *shapely* geworden, zugleich übersehbarer und eindringlicher als alle Realität. Die Kunst des Autors hat dies bewirkt, *mastering and eliminating*, erkennend, trennend und verbindend, und es ist dem Leser aufgegeben, seinen Schritten nachzugehen. Dann wird er, wie Novalis sagte, *ein erweiterter Autor*, was auch nichts anderes heißt als Goethes Behauptung, er reproduziere *ein Kunstwerk auf's neue;* als sein Wort an Schiller, *daß sich der Leser produktiv verhalten muß, wenn er an irgend einer Produktion theilnehmen will;* oder als Schlegels *Lesen*, um den philologischen Trieb zu befriedigen. Erst mit jener Rechenschaft über den Zusammenhang des Werkes in sich selbst, über seine Architektur und sein eigenes Leben, in dem die Fiktion das alltägliche Leben aufhebt, werden die Fragen beantwortet *De quoi parlent les livres? . . . Pourquoi?*

Allerdings werden sie durchaus nicht für immer beantwortbar, und das ist auch der Grund dafür, warum das wirkliche Lesen erst beim Wiederlesen beginnt. Das Wiederlesen hat vielfältige Gründe, von denen der philologische des In-die-Sache-Eindringens, des Sich-Vergegenwärtigens und gesteigerten Wahrnehmens nur einer ist.

Ein zweiter, immer noch, wenn man will subjektiver, ist der, daß sich nicht nur unsere Einübung verfeinert und unsere Organe schärfen; daß wir, kurz gesagt, lernen, wie sich die Mühe lohne, und daß Lesen eine Kunst sei. Dies Bewußtsein geht um so mehr zurück, je weniger wir von früh an zum Lesen angehalten oder (was ich für erlaubt halte) verführt werden. Der Leser, der genießend wahrnimmt, muß erst einmal das Wahrnehmen exerziert haben, um in den Genuß, den unerschöplichen, den wahrnehmend genießenden zu kommen. Das erfordert Mühe von der Art, die Ernst Robert Curtius vermißte, wenn er das unbefriedigende deutsche Literaturverhältnis damit erklärt, *daß man dem Schwierigen ausweicht – der Aneignung der großen Meister und damit der Einformung einer großen Substanz in das liebe Ich.*

Und damit ist ein dritter Grund für das Lesen als Wiederlesen benannt. Im Lesen – und es ist nicht unbescheiden, dies zu vermerken – begegnen sich zwei historische Wesen. Das eine ist der Leser selbst, Kind einer bestimmten Umwelt, einer bestimmten Zeit und bestimmter komplexer sozialer wie persönlicher Bedingungen. Indem er das gleiche Buch wiederliest, wird er es jeweils anders lesen. Er wird sich selbst geschichtlich, wenn er sich erinnert, wie einst, mit 16 Jahren, die poetischen Worte über die Dichter und die unerreichbare Weiblichkeit der reizenden Philine für ihn am »Wilhelm Meister« das Wichtigste waren.

Später erst kommt die Wahrnehmung, daß er sich damit bei Einzelheiten aufgehalten habe – dann, wenn er bemerken wird, wie in dem Roman solche Einzelheiten als wiederholte Spiegelungen eines Ganzen miteinander korrespondieren, wie das Theater als ein ästhetischer Schauplatz nur den Vorwand abgibt für den größeren Schauplatz der Welt. Darauf ist, leider, den Philinen nur die Nebenrolle zugedacht. Das heißt: im Wiederlesen wird der Leser seiner eigenen Wandlungen ge-

wahr und erfährt so genau das Gegenteil der kindlichen oder pubertären Leseerfahrung, von der Benjamin und Moritz Bericht geben.
Aber auch das Buch, und je mehr es Kunstwerk ist, um so eher, ist eine individuelle geschichtliche Einheit. Novalis hat das – von der Entwicklung des historischen Bewußtseins her gesehen – früh formuliert: *Bücher sind eine moderne Gattung historischer Wesen – aber eine höchst bedeutende. Sie sind vielleicht an die Stelle der Traditionen getreten.*
Damit ist eine Eigentümlichkeit der Literatur ausgesprochen, die für den philologischen Leser, für den Leser der mittleren Goetheschen Kategorie große Bedeutung hat: die großen Zeugnisse der Literatur führen ein eigenes geschichtliches Leben. Das ist der dritte Grund fürs Wiederlesen, gewichtiger noch als Schopenhauers *repetitio est mater studiorum.* Nicht nur unser persönliches Verhältnis zu ihnen im Laufe des Lebens wandelt sich; auch sie, einmal lebensvoll in die Welt getreten, fordern jede geschichtliche Zeit zu neuer Beschäftigung heraus. In dieser erneuten Beschäftigung realisiert sich das Kontinuum einer Kultur, man denke nur an die Jahrtausende, da man sich über denselben Talmud, dieselbe Bibel beugte.
Das heißt keineswegs, daß die Beschäftigungsweise gleich bleibe. Indem jede Generation aufs neue den Kanon prüft, der ihr tradiert ist, prüft sie auch sich selbst. Sie erhält einen Bezugspunkt, der ihr die Bestimmung ihres eigenen Augenblicks erleichtert. Wiederlesend darf sie verwerfen, was den Alten bedeutend war, wenn sie es nur begründen kann; wiederlesend kann sie entdecken, was ihnen entgangen ist. *The poet is always our contemporary* (Virginia Woolf). Mit anderen Augen las Werther den Homer als Herder oder Wolf, mit andern Wilamowitz als Reinhard, allen war anderes wichtig, aber es war stets der gleiche Homer, und was sich in seiner Textur abbildete, war nicht nur die Beständigkeit menschlicher Verhältnisse, sondern auch der Wechsel dessen, was wechselnden Zeiten wichtig ist.
Nochmals mit Schlegel zu reden (die Zahl unserer Kritiker ist klein, und so muß man immer wieder zu denen zurückkehren, die nicht nur poetisch oder philosophisch, sondern eben philologisch lasen): *...ein unaufhörliches, stets von neuem wiederholtes Lesen der classischen Schriften, ein immer wieder von vorn angefangenes Durchgehen des ganzen Cyklus; nur das heißt wirklich lesen; nur so können reife Resultate entstehen und ein Kunstgefühl, und ein Kunsturtheil, welches allein durch das Verständniß des Ganzen der Kunst und der Bildung selbst möglich ist.*
Spätestens an dieser Stelle sollte, so meine ich, wenigstens die studen-

tischen Zuhörer dieses Vortrags ein Unbehagen ergreifen, dem ich Worte geben will. Die Zeiten sind vergangen, in welchen ein *Verständniß des Ganzen der Kunst und der Bildung selbst möglich* war. Zudem war der Zusammenhang nie ein Kennzeichen der deutschen Literatur, von der Hofmannsthal gesagt hat, sie bestehe, sehe man von Goethe ab, nur aus Ansätzen; ja schärfer noch: *An Goethe kann man sich bilden, wofern man sich an ihm nicht verwirrt; an der deutschen Literatur kann man sich nicht bilden, nur verwirren.*

Das Kanonische hat es im Bereich der deutschen Sprache schwerer als andernorts; unsere Literatur kennt nicht die Gleichmäßigkeit der Ranghöhe, die den Engländern schon vor Elisabeth und den Franzosen spätestens seit dem gleichen Zeitpunkt gegeben ist. Poetisch waren wir noch zu Beginn des 18. Jahrhunderts ein Entwicklungsland, das dann seine gegenüber den anderen westlichen Völkern um 200 Jahre verspätete Klassik zu einem geschichtlich-weltanschaulichen Zusammenhang hypostasierte, den sie kaum gehabt.

Mit anderen Worten: der Zusammenhang *des Ganzen der Kunst und der Bildung* ist für die deutsche Literatur noch fragwürdiger, als er für die moderne Welt ohnehin ist. Man akzeptiert nicht mehr, daß in einer Welt, deren Unzusammenhang täglich greifbarer und bedrängender erscheint, die fehlende Verbindlichkeit durch vergangene Literatur ersetzt werden soll. Das tiefe Mißtrauen gegen die eigene Gegenwart schlägt sich als Mißtrauen gegen die Vergangenheit nieder, aus der jene stammt. Überdies ist der Glaube des 19. Jahrhunderts an eine Identität von Kunstbeschäftigung und Bildungsfortschritt geschwunden, und all dies hat den Leser nicht unbeeinträchtigt gelassen. Benjamin hat wohl recht gehabt vor mehr als vierzig Jahren, *daß die Chance seines Eindringens in die archaische Stille des Buches gering geworden ist.*

Es wird also weniger gelesen, und ganz gewiß weniger in der Weise, von der hier als Lesekunst die Rede war. Die zur Schrift gewordene Vergangenheit ist nicht mehr, wie in den hinter uns liegenden Jahrhunderten, ein Versprechen für die Zukunft. Das ist ein Sachverhalt, den man hinnehmen kann oder gar zum Gegenstand von statistischen Untersuchungen machen, die dann am Ende über alles Aufschluß geben, nur nicht über ihren Gegenstand: Buch und Leser.

Man kann aber auch sagen, daß eine solche Zeit des Lesens bedürftig sei, so wie in den Jahrhunderten, da nur wenige lesen konnten, das Lesen selbst von besonderer Gewichtigkeit und selbst die Magie nicht ohne Schrift denkbar war. Von der Magie sind wir geschieden, aber vom Lesen sollten wir nicht lassen als der permanenten Konfrontation mit uns selbst, mit unserer Geschichte (eine andere Form der Konfrontation mit uns selbst), mit der Produktivität der Sprache, ohne die es keine Verständigung gibt.

Denn die höchste Funktion des Kanon, mag er noch so zweifelhaft sein, ist die Sicherung und Fortentwicklung der κοινη, die Gemeinsprache einer Kultur, die nicht nur aus Rede und Schrift, sondern auch aus dem Schatz gemeinsamer Exempel, Bild gewordener Erfahrung, vorbildlicher Hergänge und jenen Formulierungen besteht, in denen ein für allemal alles gesagt ist.

Das ist also ein Plädoyer für ein Trotzdemlesen, in einer Universität und vor Philologen – wo sonst sollte Lesen noch Platz haben? Und es will am Ende noch ein paar Hinweise geben, die der Lesekunst etwas von der Abschreckung nehmen, welche ihr, stellt man sie mehr als Kunst dar denn als Vergnügen, notwendig anhaftet.

Der eine Hinweis möchte dem oft gehörten Einwand begegnen, daß das philologische Lesen als ein bewußtes, sich selbst stetige Rechenschaft abforderndes die unschuldige Begegnung mit den Texten genauso zerstört wie deren Integrität.

Das sind faule Entschuldigungen solcher, die das Lesen noch nicht übers Buchstabieren hinaus gelernt haben. Goethe hat dazu in einem Brief an Knebel aus Anlaß des Lukrez Unwiderlegliches gesagt: *Laß dich nicht verdrießen, den Dichter ... gleichsam zu zerstückeln; ich kenne nur diesen Weg, um aus der allgemeinen in die besondere Bewunderung zu gelangen.* Dem so Lesenden wird die produktive Erfahrung nicht versagt bleiben, daß die *besondere Bewunderung,* welche im Detail ihren Ursprung hat, wie keine andere Geistesoperation zugleich geeignet ist, aus den Teilen das Ganze neu wiederherzustellen.

Und ein letztes: dem Neuling, der – vielleicht ohne seine eigene Schuld schlecht gerüstet – sich nun der unübersehbaren Fülle des Lesenswürdigen ausgesetzt sieht, der *eine* Literatur studieren soll und dann noch erfährt, daß dies ohne die Kenntnis einer anderen gar nicht gehe, sei ein wenig Mut zugesprochen, wiederum mit Hilfe erfahrener Leser. Denn es sind ja nicht nur die Bücher für uns angesammelt, sondern auch die Erfahrungen mit Büchern. Lassen Sie uns zum Schluß drei solcher Erfahrungen zur Kenntnis nehmen, aus den drei letzten Jahrhunderten je eine.

Den Vortritt geben wir Jacob Burckhardt: *Nichts ist der höhern Erkenntniß weniger förderlich, nichts wirkt zerstörender auf das wissen-*

schaftliche Leben als die ausschließliche Beschäftigung mit gleichzeitigen Ereignissen. Die ausschließliche wohlgemerkt; dahinter steht die Einsicht, daß das Eigentümliche jeder Zeit begreiflich wird erst im Hinblick auf seine Geschichte, so wie das Eigentümliche einer Literatur erst hervortritt im Hinblick auf andere Literaturen. Wenn der Satz *The poet is always our contemporary* stimmt, so verliert die rein chronometrische Zeitgenossenschaft an Bedeutung, an die man sich gerade um ihrer Nähe und vermeintlichen Übersehbarkeit willen gern hält. Und zugleich erweitert sich das Feld möglicher Lektüre erst recht ins Unendliche. Mancher Student läßt sich da schrecken, so manche Lektüreliste sucht vergebens, die unabsehliche Landschaft mit Hinweisschildern begehbarer zu machen, auf denen große Namen stehen. Aber folgt man ihnen, so geht man an anderen großen Namen vorbei. Was also tun?

Das ist eine Frage, die sich nicht nur für jeden philologischen Unterricht stellt. Sie bedrängt auch den, der recht lesen will und, älter werdend, immer mehr weiß, wie wenig er weiß; und immer lieber zu dem zurückkehrt, was sich stets aufs neue als ergiebig bewährt hat.

Wie so oft, erweisen sich auch in diesem Dilemma die pragmatischen Angelsachsen als hilfreich; einer von ihnen, Ezra Pound, Zeitgenosse und wohl einer der größten Leser unseres Jahrhunderts, hat im Hinblick auf die Poesie einen Rat bei der Hand, der für den Umgang mit jeglicher Literatur von Rang anwendbar ist: ... *it is my firm conviction that a man can learn more about poetry by really knowing and examining a few of the best poems than by meandering about a great many.*

Hinter dieser Überzeugung steht die Grunderfahrung, daß Poesie, daß Literatur überhaupt einen repräsentativen Charakter hat, nicht nur indem elementare Verhaltensweisen, ernste Zustände und befreiendes Spiel, im vergangenen Augenblick zu Wort gekommen, unseren Augenblick mitvertreten können. Auch in dem Sinne, daß die besten Werke eine repräsentative, das heißt eine exemplarische, an anderen nicht minder anwendbare Einübung der Lesekunst erlauben. Wer einmal ein Horaz-Gedicht begriffen hat wie Nietzsche: *Dies Mosaik von Worten, wo jedes Wort als Klang, als Ort, als Begriff, nach rechts und links und über das Ganze hin seine Kraft ausströmt, dies Minimum in Umfang und Zahl der Zeichen, dies damit erzielte Maximum in der Energie der Zeichen* ... der hätte damit mehr begriffen als Horaz – er hätte ein für allemal den Eingang in die »philologische« Lesekunst für die Lyrik entdeckt und würde deren Anwendung leicht finden, in welches Zeitalter und auf welches Werk (auch die unsrer Tage) er immer blickte. Und wer einmal, ganz entsprechend, den Einblick in den Kunstcharakter der »Effi Briest«, den Bau eines Romans von Stendhal oder auch »nur« Trollope gehabt hat, der wird um Maßstäbe und Wegweisungen in der zerklüfteten epischen Landschaft nicht mehr verlegen sein.

Diese Einsicht in den exemplarischen und erschließenden Charakter des Lesens ist geeignet, das Gewicht der Tradition zu erleichtern. Ihr kommt eine dritte Erfahrung zu Hilfe, die mit dem versprochenen dritten Zitat eines der größten Leser des 18. Jahrhunderts, des Dr. Johnson, umschrieben sei: *Idleness is a disease which must be combated* (das darf auch in der heutigen Universität gesagt werden); *but I would not advise a rigid adherence to a particular plan of study. I myself* – und welch ein gelehrter Autor war das! – *have never persisted in any plan for two days together. A man ought to read as his inclination leads him …*

Es ist schließlich das Lesen selbst, das wie nichts anderes in die Kunst des Lesens einführt. Und so sei mit einem letzten, nochmals Poundschen Rat geschlossen, in unsere Sprache übersetzt, damit sie in einer germanistischen Vorlesung das letzte Wort habe und zugleich die Gemeinsamkeit aller literarischen Beschäftigung ausdrücke: *Je eher man zu den Quellen geht, um so weniger Notwendigkeit wird bestehen, mir oder irgendeinem andern langatmigen Kritiker zuzuhören.*

Dann kann man zurückkehren in die archaische Stille des Buches, die hörbarer spricht als jede Stimme.

Edgar Lohner †

Die Problematik des Begriffes der Avantgarde

Die Analyse eines Begriffs, dessen Inhalt, Umfang und Funktion problematisch sind, steht zur Erörterung.[1] Es sind deshalb Sachverhalte in Erinnerung zu rufen, die zunächst zeigen sollen, welche Merkmale den Begriff bestimmen und innerhalb welches Bezugsrahmens der Begriff selber seinen Sinn erhält. Die Bestimmung der Merkmale leitet sich aus den Sachverhalten her, aus denen die Zugehörigkeit der Merkmale zum Inhalt des Begriffes konstatiert werden kann.
Um den in seiner Ambiguität schillernden Begriff Avantgarde zu bestimmen, ist er jenen komplizierten Sachverhalten zu entnehmen, wo Künstler mit dem Anspruch der Avantgarde auftreten oder als solche von der Kritik oder Literaturgeschichtsschreibung bezeichnet wurden.
Nachdem das Wort Avantgarde jahrhundertelang militärisch als Bezeichnung für die Vorausabteilung einer Truppe gebraucht worden war, tauchte es meines Wissens in übertragener Bedeutung zum ersten Mal 1825 auf. Olinde Rodrigues, neben Bazard, Enfantin und Duvergier, Freund und Jünger Saint-Simons, läßt einen Künstler in einem erdachten Gespräch einem Wissenschaftler sagen:

> »C'est nous, artistes, qui vous servirons d'avantgarde; la puissance des arts est en éffet la plus immédiate et la plus rapide. Nous avons des armes de toute espèce: quand nous voulons répandre des idées neuves parmi les hommes, nous les inscrivons sur le marbre ou sur la toile; nous les popularisons par la poésie et le chant; nous employons tour à tour la lyre ou le galoubet, l'ode ou la chanson, l'histoire ou le roman; la scène dramatique nous est ouverte, et c'est là surtout que nous exerçons une influence électrique et

[1] Dem Aufsatz liegt der gekürzte Text der am 30. Januar 1975 an der Johannes Gutenberg-Universität Mainz gehaltenen Antrittsvorlesung zugrunde. Die hier entwickelten Gedankengänge sind ein Teil einer in Vorbereitung befindlichen Arbeit über den Wandel des Modernitätsbegriffs in der modernen Literatur.

victorieuse ... et si aujourd'hui notre rôle paraît nul ou au moins très secondaire, c'est qu'il manquait aux arts ce qui est essentiel à leur énergie et à leur succès, une impulsion commune et une idée générale ...«

Und wenig später heißt es:

»... quand la littérature et les beaux arts se seront mis à la tête du mouvement, et auront enfin passionné pour son bien-être la société, que jusqu'ici on a tant de fois passionnée pour son malheur et pour sa ruine. Quel plus riche avenir, quel tableau plus propre à enflammer l'imagination et à étendre les sentiments que celui de l'espèce humaine pour jamais unie par la fraternité des jouissances et du travail, cette morale pratique de tous les temps! Quelle plus belle destinée pour les arts que d'exercer sur la société une puissance positive, un véritable sacerdoce, et de s'élancer en avant de toutes les facultés intellectuelles, à l'époque de leur grand développement!«[2]

Dies sei die Pflicht und die Mission der Künstler wie auch die der Wissenschaftler und Industriellen. Der erste metaphorische Gebrauch des Wortes dient also zur Veranschaulichung einer neuen Aktivität, die sich im künstlerischen wie im gesellschaftlichen Bereich manifestieren soll. Eine Priorität der sozialkritischen Bedeutung vor der künstlerischen jedoch zeigt sich drei Jahre vor der französischen Junirevolution. Gabriel Desiré Laverdant, ein Anhänger Charles Fouriers, veröffentlicht 1845 eine Schrift unter dem Titel: *De la mission de l'art et du rôle des artistes*. Dort heißt es:

»L'Art, l'expression de la Société, exprime dans son essor le plus élevé, les tendances sociales les plus avancées; il est précurseur et révélateur. Or, pour savoir si l'art remplit dignement son rôle d'initiateur, si l'artiste est bien à l'avant-garde, il est nécessaire de savoir où va l'Humanité, quelle est la destination de l'Espèce.«[3]

Aufgabe des Künstlers sei es, so heißt es auch bei Laverdant, alle Brutalität und allen Schmutz am Grunde der Gesellschaft mit starkem Pinselstrich bloßzulegen.

Drei Jahre später, in der Euphorie der Revolution von 1848, wurde die neue Morgenröte der Kunst durch die sich als Avantgardisten verstehenden Künstler verkündet. Die Zeitschrift *L'Artiste* pries am 12. März 1848 den »Genius der Freiheit«, der »die ewige Flamme der Kunst« neu

---

[2] L'Artiste, le Savant et l'Industriel. Dialogue. In: *Oeuvres de Saint-Simon et d'Enfantin*. Photomech. Nachdruck d. Ausgabe 1865–78. X (Aalen. Otto Zeller 1964), 210–11, 215 ff.

[3] Paris 1845, S. 4. Vgl. auch Renato Poggiolis *Theory of The Avant-Garde*, aus dem Italienischen v. G. Fitzgerald (Cambridge, Mass. 1968), 9.

entfacht habe. Doch schon eine Woche später beklagte sich Clément de Ris in der gleichen Zeitschrift, obschon er das Fallen der Barrieren im Bereich der Kunst, der Moral und Politik begrüßte, daß der erweiterte Horizont nur in mittelmäßigen Begabungen der befreiten Künstler Ausdruck finde.[4]

Das Verhalten führender französischer Dichter zu den gesellschaftlichen Umwälzungen der Zeit war zwiespältig. Baudelaire zum Beispiel, der den »Salon von 1846« noch »den Bourgeois« widmete, nahm als Revolutionär am Aufstand von 1848 teil. Um 1850 verkündete er in der Einleitung zu *Chant et Chanson* des linken Arbeiterdichters Pierre Dupont, daß fortan die Kunst nicht mehr von Moral und Nützlichkeit zu trennen sei. Jetzt verurteilt er »la puérile utopie de l'école de l'art pour l'art«, lobt Duponts »l'amour de l'humanité« und analysiert dessen *Chant des Ouvriers.* Nicht ohne Grund nennt Benjamin diese Einleitung Baudelaires »revolutionäres Manifest«. Wenige Jahre später, nachdem alle utopischen Hoffnungen des Republikaners und Sozialisten Baudelaire zertrümmert worden waren, vertritt er das l'art pour l'art. Zwischen 1862 und 1863 schreibt er in seinem Tagebuch *Mon coeur mis à nu* ironisch über die »prédilection des Français pour les métaphores militaires«. Er spricht herablassend von den »littérateurs d'avant-garde« und verwirft sie.[5]

Das Wort Avantgarde, von französischen Sozialphilosophen geprägt, wird in einem Augenblick manifest, als die nach der französischen Revolution etablierte Neuordnung der Gesellschaft zerrüttet ist. Ein neues gesellschaftliches Ideal wird propagiert. Die Idee des Sozialismus, der sozialen Revolution, der revolutionären Agitation liefert den Künstlern den Begriff. Avantgarde ist also in ihren Anfängen ein auf politischen, intellektuellen und künstlerischen Voraussetzungen fußender kollektiver, beweglicher Verband, eine Vorhut, die sich zum Ziel setzt, in neue, noch nicht erforschte Bereiche vorzudringen, um Marschwege für ein

---

[4] Vgl. Linda Nochlin: The Invention of The Avant-Garde: France 1830–1880. In: Thomas B. Hess and John Ashberry: *Avant-Garde Art.* Collier Books. Art News Series (New York 1967), 4 ff.

[5] *Oeuvres Complètes. Bibliothèque de la Pléiade* (Paris 1954), 960, 961, 967, 965, 1218 ff. Vgl. auch W. Benjamins *Gesammelte Schriften.* Hrsg. v. R. Tiedemann und H. Schweppenhäuser, I,2 (Frankfurt 1974), 514, 527, 528. Bei Sainte-Beuve findet sich meines Wissens der allererste literarkritische Hinweis auf den Begriff Avantgarde. Vgl. *Nouveaux Portraits et Critiques Littéraires,* III (Brüssel 1836), 323: »le rôle de critique actuel, de journaliste contemporain siérait mal à un maître illustre; il a mieux à faire qu'à s'employer à ces Fatigues d'éclaireur, à ces hasards d'avant-garde«.

erhofftes nachfolgendes Gros aufzuklären. Die Merkmale, die das aus Künstler und Revolutionären sich konstituierende Bündnis der Avantgarde historisch charakterisieren, sind: Aufklärung, Fortschritt, Polemik, Opposition und das Neue.

Doch die anfängliche Gleichsetzung von politischem und künstlerischem Fortschritt bleibt kein unangetastetes Credo. Das Verhalten der Künstler zur Aufforderung, die Gesellschaft zu verändern, ist ambiguös. Von der Mitte des 19. bis weit ins 20. Jahrhundert hinein läßt sich feststellen, wie diese Verbindung sich lockert, teilweise sich ganz auflöst, zum Teil aber auch wieder intendiert wird. Das Sozialkritische liefert bei einem Teil der Schriftsteller immer noch den Begriff, aber an revolutionären Veränderungen der Umwelt scheint ein anderer Teil sehr oft nur bedingt, wenn überhaupt interessiert.

Auf der Grundlage der bisher wichtigsten vorliegenden Schriften von Kritikern[6] verschiedener Observanz lassen sich im wesentlichen fünf zum Teil sich überschneidende, zum Teil sich widersprechende Ansichten über die Avantgarde skizzieren:

1. Das untrennbare Bündnis zwischen Revolution und Kunst, also die Gleichsetzung von politischem und künstlerischem Fortschritt. Diese Allianz manifestiere sich, so wird behauptet, praktisch in den verschiedenen avantgardistischen Bewegungen. In diesem Zusammenhang fin-

---

[6] Guillermo de Torre: *Historia de las literaturas de vanguardia,* Madrid 1925; Paul Goodman: Advance-Guard Writing, 1900–1950, *The Kenyon Review* XIII,3 (1951), 357–80; Georg Lukács: *Wider den mißverstandenen Realismus,* Hamburg 1958; Mario de Micheli: *Le avanguardie artistiche del Novecento,* Mailand 1959; Paolo Chiarini: *L'avanguardia e la poetica del realismo,* Bari 1961; Renato Poggioli: *Teoria dell'arte d'avanguardia,* Bologna 1962; Leo Kofler: *Zur Theorie der modernen Literatur,* Neuwied 1962; H. M. Enzensberger: Die Aporien der Avantgarde. In: *Einzelheiten* (Frankfurt/M. 1962), 290–315. H. E. Holthusen: *Avantgardismus und die Zukunft der modernen Kunst.* München 1964; ders.: Kunst und Revolution. In: *Avantgarde, Geschichte und Krise einer Idee* (Gestalt und Gedanke, XI, Hrsg. Bayerische Akademie der Schönen Künste) (München 1966), 7–44; Angelo Guglielmi: *Avanguardie e sperimentalismo,* Mailand 1964; Donald D. Egbert: The Idea of ›Avant-garde‹ in Art and Politics, *The American Historical Review,* LXXIII,2 (1967), 339–366; K. Chvatik: *Strukturalismus und Avantgarde.* Aus d. Tschechischen v. H. Gaertner. München 1970; Leslie W. Hedley: Retreat of The Avant-Garde, *Georgia Review* 24,4 (1970), 441–452; Peter Bürger: *Der französische Surrealismus. Studien zum Problem der avantgardistischen Literatur,* Frankfurt/M. 1971; William C. Wees: *Vorticism and The English Avant-Garde,* University of Toronto Press, Toronto and Buffalo 1972; John Weightman: *The Concept of The Avant-Garde. Explorations in Modernism,* London 1973. P. Bürger: *Theorie der Avantgarde.* Edition Suhrkamp. Frankfurt/M. 1974.

den die Jungdeutschen ebenso Erwähnung wie die Naturalisten der verschiedenen Literaturen, gleichviel wie unterschiedlich oder gar im Gegensatz zueinander die einzelnen Vertreter ihre Konzeption des Verhältnisses von Gesellschaft und Literatur artikulierten. Als Beispiel diene Zola. Er äußerte einmal, daß er, wann immer er eine neue Frage zu lösen in Angriff nehme, stets auf den Sozialismus stoße. Zola richtete seinen Zorn gegen Schablone, Konvention und die idealistische Phrase. Er verbannt das Übernatürliche und das Vernunftwidrige. Das Ausschweifende und die Gemeinheit seiner eigenen Epoche klagt er mit moralistischer Entrüstung und Veränderungspathos an. Dann Nikolay Černyševskij. Er kommt von Hegel, Feuerbach und Saint-Simon her, schreibt 1863 in der politischen Haft seinen Roman *Čto delat'*. Dieser enthält eine Darstellung und Verteidigung des neuen Menschen. Das Aufzeigen der Lebensbedingungen seiner Gestalten ist eine einzige Anklage gegen die herrschende Gesellschaftsordnung. Černyševskij glaubt, in Anlehnung an die westeuropäische Aufklärungsideologie, der Mensch könne die Aufgaben seines Daseins dadurch lösen, daß er zuerst die Hauptprobleme der Gesellschaft löst. Ähnliches, wenn auch politisch verschwommener, läßt sich beim frühen Hauptmann, bei Arno Holz, den meisten expressionistischen Aktivisten und bei manchen zeitgenössischen Schriftstellern beobachten.

2. Im Gegensatz zu dieser ersten Ansicht manifestiert sich eine zweite, nämlich die der Ablehnung einer sozialrevolutionären Lösung. 1864 erscheinen Dostojewskijs *Aufzeichnungen aus dem Untergrund*. Wir wissen, daß Dostojewskij diese Schrift in bewußt scharfer Opposition zu Černyševskij verfaßte. Dort läßt er den namenlosen, verbitterten, aber höchst sensiblen und intellektuellen »Antihelden« sagen: »Nun, meine Herrschaften, sollten wir nicht diese ganze Vernünftigkeit mit einem einzigen Fußtritt zertrümmern.«[7] Der Künstler betrachtet sich hier also nicht als Funktionär gesellschaftlichen Fortschritts, vielmehr scheint sein Werk sich zu isolieren.

Entschiedener wird diese Isolation in der französischen Literatur proklamiert. Im Protest gegen die Unterwerfung des Künstlers unter das Nutzbringende und Vernünftige, in der Ablehnung prosodischer und politischer Dichtung entwickelt sich seit der Mitte des 19. Jahrhunderts jene Art ästhetischen Glaubens, jenes andere avantgardistische Kunst-

[7] F. M. Dostojewski: *Aufzeichnungen aus dem Untergrund.* (Darmstadt 1965), 457 ff.

verständnis, dessen radikal-idealistische Grundkonzeption Mallarmé formuliert. Fast ausschließlich werden formale Probleme betont. Anläßlich der Arbeit an der *Hérodiade* schreibt Mallarmé an Cazalis:

»En verité, je voyage, mais dans des pays inconnus et si, pour fuir la réalité torride, je me plais à évoquer des images froides, je te dirai que je suis depuis un mois dans les plus purs glaciers de l'Esthétique – qu'après avoir trouvé le Néant, j'ai trouvé le Beau – et que tu ne peux t'imaginer dans quelles altitudes lucides je m'aventure.«

Und ein halbes Jahr später an François Coppée:

»Le hasard n'entame pas un vers, c'est la grande chose. Nous avons, plusieurs, atteint cela, et je crois que, les lignes si parfaitement délimitées, ce à quoi nous devons viser surtout est que, dans le poème, les mots – qui déjà sont assez eux pour ne plus recevoir d'impression du dehors – *se reflètent les uns sur les autres jusqu'à paraître ne plus avoir leur couleur propre, mais n'être que les transitions d'une gamme.*«[8]

Mallarmés ästhetischer Glaube scheiterte. Seine Konzeption jedoch, die in Frankreich ihren Ausgang nimmt, sollte sich über westliche und östliche Literaturen ausbreiten. Sie läßt sich, wie immer modifiziert, ablesen bei Valéry, Darío, Guillén, Stevens, an Werk und Leben Laforgues bis hin zu dem von Eliot und Pound, an dem von Nietzsche bis Benn, von Dostojewskij bis Aleksandr Blok, von Huysmans *A Rebours* und *Là-Bas* bis hin zum frühen George und frühen Hofmannsthal. Sätze aus der *Geburt der Tragödie* mögen stellvertretend für viele andere stehen:

»Die Kunst allein vermag jene Ekelgedanken über das Entsetzliche und Absurde des Daseins in Vorstellungen umzubiegen, mit denen sich leben läßt.«

Ihre höchste, »wahrhaftig ernst zu nehmende Aufgabe« sei »das Auge vom Blick ins Grauen der Nacht zu erlösen«.[9]

Die Kunst wird autonom, sobald sie sich aus dem sozialen Funktionszusammenhang löst. Das Auseinanderbrechen von Kunst und Leben demonstriere, so behauptet man, die gesellschaftliche Folgenlosigkeit der Kunst.

3. Auch der Surrealismus, so schreibt Peter Bürger, stehe in dieser Tradition, nur negiere er die Tradition der Kunst. Er stelle sie sogar radikal

---

[8] *Correspondance* I (Hrsg. v. H. Mondor und J. P. Richard) (Paris 1959), 220, 234. Hervorhebungen von Mallarmé.

[9] F. Nietzsche: *Werke in 3 Bänden*, Hrsg. K. Schlechta, I (München 1954), 48 ff, 108.

in Frage. »Im Surrealismus unternehmen bürgerliche Künstler den verzweifelten Versuch, das ihnen geschichtlich zugefallene Erbe einer vom lebenspraktischen Zusammenhang losgelösten Kunst wieder ins Praktische zu wenden.«[10] Der Surrealist, der keine illusionistische oder symbolistische Wiedergabe der Wirklichkeit intendiert, will die Kunst in Lebenspraxis überführen. Was aber heißt: die Kunst ins Praktische wenden? Es heißt einmal nichts anderes als den Versuch, künstlerische Produktions-, Distributions- und Rezeptionsbedingungen zu verändern. Der Funktionsmodus der Kunst ist so zu gestalten, daß der in der historischen Entwicklung sich herausbildende Gegensatz zwischen Kunst und Leben aufgehoben wird. Es heißt zum anderen die Postulierung eines nicht-organischen Kunstwerkes. Darauf weist schon, wenn auch in anderem Zusammenhang, Walter Benjamin hin.[11] Der Surrealist verzichtet auf das organische Kunstwerk, in dem Einzelteile und Ganzes eine dialektische Einheit bilden. Im surrealistischen Werk isoliert sich das Einzelteil. Die Teile entbehren der Notwendigkeit. Sie verweisen nicht mehr auf das Ganze, noch auf die Wirklichkeit, sondern sind Wirklichkeit. Ziel des surrealistischen Schaffens ist die Veränderung der Sensibilität. Der Mensch soll wieder in die Lage versetzt werden, sich der Totalität seiner Fähigkeiten zu bedienen, um eine vernünftige und humane Gesellschaft zu schaffen.[12]

4. »Avantgardeismus« als Dekadenz wird von Lukács vertreten. Seiner Theorie liegt die von Hegel modifiziert übernommene These vom organischen, im Gegensatz zum avantgardistischen Kunstwerk zugrunde. Der Höhepunkt der Literatur liegt für Lukács in der Vergangenheit. Nach der Revolution von 1848, welche für Lukács die Zäsur bedeutet, verliert der bürgerliche Schriftsteller zunehmend jene Fähigkeit, die Goethe und Balzac noch besaßen, nämlich den gesellschaftlichen Prozeß in der Totalität eines realistischen Kunstwerkes wiederzugeben. Der Verlust der Gesamtperspektive deutet auf Auflösung hin. Sie manifestiert sich in avantgardistischer Literatur. In ihr spiegelt sich, obschon

---

10 Peter Bürger: *Der französische Surrealismus,* a.a.O., 193.

11 Walter Benjamin: *Illuminationen* (Frankfurt/M. 1955), 265.

12 Peter Bürger: *Theorie der Avantgarde,* a.a.O., 66 ff., 125, 126, 132 ff., 72 ff., 110 u. ö. Bürgers Untersuchungen, die hier nur angedeutet werden konnten, sind, trotz seiner eigenen Vorbehalte und Einschränkungen, der bedeutsamste Beitrag, den die Literaturwissenschaft über Theorie und Problematik der Avantgarde vorzuweisen hat. Jede zukünftige Auseinanderlegung mit diesem Phänomen, das gewiß noch weiterer detaillierter Arbeit bedarf, wird bei seinen Thesen anzusetzen haben.

Lukács ihren Protestcharakter anerkennt, die Krise der Kunst, Verwirrung und Blindheit des bürgerlichen Künstlers gegenüber realen historischen Gegenkräften, die auf eine sozialitische Veränderung der Gesellschaft hinarbeiten.

5. In der Gegenwart weiß niemand mehr, wo die Avantgarde zu suchen ist. Der Begriff ist zur Formel geworden. Ihre Fragwürdigkeit verbirgt sich dadurch, daß jeder sie im Munde führt. Es gibt kaum einen künstlerischen Bereich, in dem sie nicht auftaucht. Die Wiederholung verfestigt sie als Institution. Ihre Popularität erklärt sich aus dem kollektiven Bedürfnis nach leicht eingängigen Fertigprodukten, über deren Verwendung kein Zweifel besteht. Die Kreativität richtet sich auf die Konsumgesellschaft. Praktiken und Techniken modischer Branchen werden auch bei der Umsetzung von Literatur angewandt. Dazu gehört, daß dem Leser die Entscheidung durch das Angebot abgenommen und ihm zugleich das Gefühl gegeben wird, immer schon die richtige Wahl getroffen zu haben. Die Forderung der Avantgardisten nach Aufklärung, nach Beseitigung der Trennung von Kunst und Leben ist jetzt, allerdings mit umgekehrten Vorzeichen, Tatsache geworden. Angesichts dieser Sachlage ist es nicht verwunderlich, sogar sehr bezeichnend, daß Peter Bürger die Frage aufwirft, »ob eine Aufhebung des Autonomiestatus der Kunst überhaupt wünschenswert sein kann, ob nicht vielmehr die Distanz der Kunst zur Praxis des Lebens allererst den Freiheitsspielraum garantiert, innerhalb dessen Alternativen zum Bestehenden denkbar werden«.[13]

Avantgarde wird also als ein in der Literatur ständig wiederkehrendes Phänomen beschrieben. Es wird von seinen Interpreten als »progressives« Phänomen behandelt, in Frage gestellt oder völlig abgelehnt. Seine gesellschaftlichen oder die sprachrevolutionären, also die formalen Elemente, werden entweder gepriesen oder verworfen. Angeschnitten werden Fragen der Tradition, der Sensibilität und des Geschichtsbewußtseins ihrer Träger. Was sich als verwirrendes Ergebnis feststellen läßt, ist die Spannungsstruktur von solipsistischem Ausdruck einerseits und sozialer Revolte andererseits. Alle Kritiker betonen in mehr oder minder klar definierter Form die für die avantgardistischen Strömungen erwähnten charakteristischen Merkmale. Übereinstimmung scheint nur in der Behauptung zu bestehen, daß avantgardistische Künstler mit dem

---

[13] *Theorie der Avantgarde*, 73.

Anspruch des Neuen auftreten, wobei beim Begriff des Neuen, der sich oft mit dem des »Modernen« deckt, dessen mangelnde Präzision auffällt.
Was ist nun, so läßt sich fragen, aus den hier in groben Umrissen skizzierten avantgardistischen Strömungen für die Literaturwissenschaft gewonnen? Es wäre einfach, wenn der Literarhistoriker das Phänomen der Avantgarde, wie das bisher oft der Fall war, in den Aspekt einer »Querelle des Anciens et des Modernes« einbauen könnte. Die etwas abgestandene These von Altem und Neuem erführe dann eine Neubelebung. Avantgarde wäre die Überwindung fortschrittsfeindlicher Skeptiker durch den revolutionären Geist der neuen Kunst. Angesichts einer solchen polaren Denkweise wäre der Literaturwissenschaftler in ein binäres Kategorienschema, auf einen Standpunkt des Entweder-Oder, gezwungen. Eine dritte Kategorie scheint es nicht zu geben. Unmöglich scheint es fast, sowohl dem einen Extrem wie dem anderen gegenüber gleichermaßen offen zu sein. Anders ausgedrückt heißt das, wer die späteren und gesellschaftlich reaktionären Aussagen eines Baudelaire oder T. S. Eliot ablehnt, muß auch ihre Werke verabscheuen. Wer Wallace Stevens oder Gottfried Benn anerkennt, muß notwendigerweise Brecht und Pablo Neruda verwerfen. Wer die traditionelle französische Literatur im ersten Drittel unseres Jahrhunderts, also beispielsweise Péguy, Montherlant und Mauriac als leblos, eben weil traditionell, betrachtet, muß Breton, Apollinaire, Aragon, Eluard, Cocteau und Michaux als allein progressiv und poetisch gültig, weil avantgardistisch, ansehen. Wohin gehört Proust? Ist Apollinaire wirklich Avantgardist, obschon er einer der letzten großen Balladendichter war? Und wie steht es mit Valéry? Ist er Avantgardist oder Epigone? Als Intellektueller, der der Intuition mißtraut, als Theoretiker des künstlerischen Schaffensprozesses, der einer seiner Hauptthemen war, gehört er sicher zur formalistisch orientierten Avantgarde. Andererseits läßt sich mit der gleichen Sicherheit sagen, daß kaum ein französischer Lyriker dem, was Mallarmé theoretisch und sprachlich formulierte, so gehorsam gefolgt ist, wie der Schüler Valéry dem Vorbild seines Lehrers Mallarmé. Und wie verhält es sich in diesem Zusammenhang mit dem Kunstideal des frühen George? Sind diese, Valéry und George, nun als Avantgardisten oder nur als Epigonen anzuerkennen? Wo liegen die Kriterien für solche Unterscheidungen?
Auf der einen Seite befindet sich also der Avantgardist, der von den gesellschaftlich-politischen Ereignissen seiner Zeit tief beeinflußt die

sich scheinbar selbstgenügende, zweckfreie Kunst ablehnt und diese einem durch Protest gekennzeichneten Engagement unterordnet. Er artikuliert seine Thesen im aufrichtigen Verlangen nach Veränderung von Wirklichkeit und Mensch. Auf der anderen Seite, im Gegensatz dazu, findet sich jener andere, der bewußt nicht an einer politischen Veränderung der gesellschaftlichen Verhältnisse interessiert ist. Dieser mag die Ansicht vertreten, daß die Freiheit der Kunst nicht, wie Holthusen formuliert, auf einen parteiisch angelegten Freiheitsbegriff begründet werden kann.[14] Oder unterliegt er vielleicht der sehr fragwürdigen Vorstellung, die sich einen Raum der Freiheit, jenseits aller gesellschaftlichen Zwänge, eine Welt des Spiels erträumt, um so einen von allen Bindungen losgelösten ästhetischen Genuß zu ermöglichen?

Ist man auf Grund dieser Polarität nun berechtigt zu schließen, daß das gesellschaftlich-politische Engagement auf Kosten der sprachlichen Aussagekraft geht? Und wird, umgekehrt, die Kühnheit sprachlicher Aussagekraft, die neue, völlig ungeahnte Bereiche der Sprache eröffnet, nur auf Kosten eines wie immer gearteten politischen Interesses erreicht? Und falls diese Fragen richtig gestellt sein sollten – und sie werden häufig gestellt – beweisen dann Heine, Whitman, Brecht, William Carlos Williams und Neruda nicht das Gegenteil?

Es wird offensichtlich, wie widerspruchsvoll und heterogen die in Leben und Werk vertretenen Anschauungen der Avantgardisten sind. Sie lassen sich sicherlich nicht von einer polaren Denkweise erfassen, die einerseits nur noch oder doch primär nach dem Nutzen oder dem Engagement, andererseits nur nach dem ästhetischen Rang fragt. Dies um so weniger, weil die der Avantgarde zugrunde liegende Polemik, wie Holthusen es richtig gesehen hat, kein »Konflikt zwischen kämpfenden Klassen im Sinne des Marxismus ist«, sondern sich als »inner-bürgerliches Spannungsverhältnis« äußert. Denn diese bürgerliche Klasse führte seit ihrer Emanzipation eine neue dynamische Konstante in die europäische Kulturgeschichte ein, nämlich die von Angehörigen des Bürgertums entwickelte antibürgerliche Rebellion. Und die bürgerliche Öffentlichkeit ist gegenüber allen avantgardistischen Renegaten des Bürgertums empfänglich[15] und empfindlich geblieben.

Anstatt nun in solchen starren Alternativen zu verharren, gilt es, so meine ich, die Avantgardisten in ihrem Selbstverständnis zu untersuchen. Dabei ist auch nicht, wie das bisher geschah, am Anfang des 20.,

---

[14] Holthusen: *Avantgardismus* ..., 14 ff.

[15] Ebd.

sondern vielmehr am Anfang des 19. Jahrhunderts anzusetzen. Ferner müßte die gesamte durch Untersuchungen avantgardistischer Strömungen aufgeworfene, vielfältige begriffliche Problematik präzisiert werden. Wenn es stimmt, daß sich in diesen, zum Teil nebeneinanderliegenden Strömungen ein Neues manifestiert, wenn weiter stimmt, was Peter Bürger als Ergebnis seiner Untersuchungen feststellt, daß nämlich die von avantgardistischen Künstlern intendierten Überführungen der Kunst in Praxis nicht gelungen und die Veränderung der Gesellschaft gescheitert sei, dann gilt es als vorläufiges Ergebnis zunächst noch einmal das festzuhalten, was vor Bürgers entscheidenden Einsichten bereits Benjamin, Adorno, Habermas u. a. erkannt haben:

a) Der Verlust eines kategorialen Bezugssystems, der zugleich Erfahrungsschwund und die Unmöglichkeit einheitlicher Sinngebung bedeutet.

b) Der auf sich selbst zurückgeworfene Künstler ist unfähig, den Zusammenhang der Wirklichkeit als einer in sich vernünftigen zur Darstellung zu bringen.

c) Der modernen Kunst (Literatur) wird demzufolge ein partialer Charakter zugeschrieben. Das Vertraute und je schon Verstandene wird umgebildet, ja verzerrt.

d) Die normativen ästhetischen Prinzipien haben sich aufgelöst, obschon nicht zu leugnen ist, daß es Autoren und Werke gibt, die weiterhin das für die Tradition kennzeichnende und sie beherrschende Einheitsprinzip als ein aus einem Gesamtbewußtsein resultierendes Element beschwören.

e) In Formbrüchen erfüllt sich die Intention avantgardistischer Literatur, die sich nicht, wie in traditionellen Werken, als neue Variationen innerhalb festgelegter gattungsmäßiger Grenzen vollzieht, sondern sich als ein Prinzip eigener Art mit bisher noch nicht abzusehenden und auch keineswegs erforschten Möglichkeiten manifestiert.

Daraus ergeben sich erhebliche Folgen für die wissenschaftliche Beschäftigung mit den Entwicklungstendenzen der Literatur des 19. und 20. Jahrhunderts. Die angenommene Veränderung des Gegenstandbereiches der Literatur läßt sich nicht verstehen durch eine nur formal immanente These. Sie läßt sich auch nicht durch Darlegung von allgemein gehaltenen Zusammenhängen zwischen Literatur und Gesellschaft bestimmen.

Die Forschungsmethoden sollten sich vielmehr folgerichtig aus der Komplexität ihres Gegenstandes entwickeln.
Sich mit dem Selbstverständnis und der Evolution avantgardistischer Strömungen dieser beiden Jahrhunderte zu beschäftigen, heißt dann zunächst einmal, sich aller nominalistischen, geistes- und kunstgeschichtlichen Periodisierungsbegriffe zu begeben. Statt dessen wäre der Literaturgeschichte ein dialektisches Modell zugrunde zu legen, das die vielschichtigen Beziehungen zwischen Literatur und Gesellschaft, von gegenwärtiger subjektiver Stellungnahme und vergangenem objektiviertem geschichtlichem Prozeß ständig berücksichtigt. Nur meine ich, daß diese Dialektik mit gleichsam umgekehrten Vorzeichen anzuwenden sei. Denn die in den letzten Jahren unternommenen Versuche, zunächst den soziohistorischen Ausschnitt der Realität zu bestimmen, der vom Schriftsteller oder einer Gruppe von Schriftstellern wahrgenommen wird, hat meines Wissens nicht viel eingebracht. Nicht nur beruhten diese Untersuchungen oft auf bloßen Vermutungen, sondern vielfach fehlte es ihnen auch an notwendigen gesellschafts-wissenschaftlichen Voraussetzungen. Nicht ist, wie ich meine, zuerst der Wirklichkeitsausschnitt zu bestimmen, sondern es sollte eine Beobachtungsweise vorherrschen, welche die literarischen, historischen und gesellschaftlichen Phänomene zunächst im Werk untersucht. Denn Geschichtliches ist in die Werke als deren Geschichtlichkeit eingegangen. Diese, wie auch das Gesellschaftliche, konstituieren sich, wie Peter Szondi schrieb, »aus der Auseinandersetzung, die in jedem Werk sich abspielt zwischen dem, was der Künstler vorfindet und dem, was ihm vorschwebt, zwischen der Intention und den Bedingungen ihrer Verwirklichung, zwischen der historisch überlieferten Form und dem historisch aktuellen Stoff«.[16] Der geschichtlich-gesellschaftliche Standort des interpretierenden Rezipienten wäre der Gradmesser, demzufolge vergangene Objektivationen für die Gegenwart nutzbar gemacht werden müßten. Damit erhielte die Literaturwissenschaft auch ihren gesellschaftlichen Bezug. Ihre »lebenspraktische« Dimension muß, ja kann meines Erachtens nur angesichts der im 19. und 20. Jahrhundert vorherrschenden gesellschaftlichen Bedingungen im Rückbezug auf die ästhetischen Faktoren der Literatur erörtert werden. Gegenstand der Untersuchung wäre die Dialektik zwischen in Werken einer Epoche angelegten Merkmalen und einem historisch und soziologisch bestimm-

---

[16] *Das lyrische Drama des Fin de Siècle* (Frankfurt/M. 1975), 16 ff. Vgl. auch Ingrid Strohschneider-Kohrs: *Literarische Struktur und geschichtlicher Wandel.* Aufriß wissenschaftsgeschichtlicher und methodologischer Probleme (München 1971), 6.

baren Publikum. Dabei bliebe der durch die bürgerliche Gesellschaft gegebene Funktionsmodus von Literatur zu berücksichtigen. Die Rezeptionsästhetik, die freilich noch des Aufbaus bedarf, hat einige dieser Probleme aufgeworfen. Nur auf diese Weise, scheint mir, ist der funktionale Charakter der Literatur, ihr Beitrag zu mitteilender Selbstaufklärung und zu emanzipatorischer gesellschaftlicher Aktivität zu bestimmen. Eine immense Arbeit des Verstehens ist hier zu leisten, um das Phänomen des »Neuen« überschaubar zu machen und auf den Begriff zu bringen. Es heißt nicht, normativen Prinzipien oder einer werkimmanenten Verfahrensweise das Wort reden. Es heißt, eine Theorie geschichtlichen Wandels ausarbeiten. Denn Wandel ist nicht geistes-, kunstgeschichtlich oder nur formal-literarisch zu begründen, sondern es sollte der Versuch gemacht werden, ihn empirisch zu erfassen. Dies setzt einen Literaturbegriff voraus, der weiter gefaßt ist als der traditionelle und der ebenfalls in der Empirie seine Begründung erfahren sollte. Mit anderen Worten, das Verstehen des Wandels muß überprüfbar sein, darf nicht mehr von einer individuellen Betrachtungsweise alleine abhängig sein, sondern müßte durch Zielsetzung und vernunftgemäße Argumentation die Bedingungen der Möglichkeit eines Verständnisses schaffen. Beobachtung, Analyse und Begründung von Werk und Epoche müßten so angelegt sein, daß sie im Hinblick auf den Begriff Avantgarde auf Ergebnisse abzielen, welche die Verbindung von literarischer Entwicklung und gesamtgesellschaftlichem Bezug deutlich machen und Schlüsse zulassen, die allgemeine Zusammenhänge aufhellen. Nur mit einem solchen kritischen Bewußtsein, das sich der Mühe unterwirft, die Spannung, ja das widersprüchliche Verhältnis von geistigen Objektivationen und gesellschaftlicher Wirklichkeit zu deuten, wird es meines Erachtens möglich sein, den vielschichtigen Prozeß der Ablösung von der Tradition und das spezifisch Neue dieser Ablösung angemessen zu formulieren.

René Wellek

Criticism as Evaluation

In many contexts, for many years, I have called for a return to criticism in the original sense of judging, to criticism as evaluation. Both main trends in the history of criticism, revived and redefined in this century, poetics and interpretation, have given up the problem of judgment, of ranking, of the decision about art and non-art. The scientists and would-be scientists, the statisticians and the devotees of text grammar and even, in theory, most of the French structuralist critics assembled around the magazine *Poétique* cannot make any value distinctions: they think that making them would violate their ideal of scientific objectivity. Since they are interested in devices and regularities, they can plead that these can be observed even in trash or subliterature, *Kitsch* and *colportage*. Also Northrop Frye, a critic quite apart from this scientific trend of linguistic poetics, argues in the "Polemical Introduction" to his *Anatomy of Criticism* that "the study of literature can never be founded on value judgments."[1] He conceives of literature as a system of fictions in which there is no qualitative difference between a fairy tale or a comedy of Shakespeare. Evaluation is relegated to the history of taste which, like the stock exchange, registers only whimsical fluctuations. What Frye calls "criticism" is a system, an all embracing timeless scheme in which any and all productions, good and bad, significant and trivial, have to find their place. The new interpreters, particularly the so-called Geneva school, have to come to a similar conclusion as they ask for complete identification with a consciousness behind the work, for an exchange of egos, for an "adhesion so total" to quote Jean Rousset, "that it precludes all judgment."[2]

But the task of evaluation is unavoidable as all students of literature

[1] Princeton, 1956, p. 25.

[2] *Forme et signification.* Paris, 1962, p. xiv.

do judge, whether they select their text by tradition and reputation or whether they do it in an individual act of sympathy or enthusiasm. But even after the selection of a text from the millions of books accessible today, constant decisions have to be made which of its innumerable traits or relations are to be selected for attention. Choices, explicit and implicit, are everywhere involved; what to exclude and what to ignore, what to single out and what, invitably, to appreciate and to value. The description of value cannot be divorced from evaluation. A work of literary art cannot be perceived, let alone understood, except as an object of value. Immanuel Kant, in the *Critique of Judgment* argued long ago that meaning is inseparable from value in the aesthetic transaction.[3] The ideal of a neutral scientific objectivity in literary studies is simply a chimera, a delusion.

Many literary historians recognize that evalution is inevitable but argue that evaluation is a historical process resulting in the "verdict of the ages," the formulation of a "canon" which can be studied like any other historical phenomenon. Thus Ernst Robert Curtius' immensely erudite *European Literature and the Latin Middle Ages* (1948) has made an impressive beginning in tracing the establishment of the canon of classical writers. No doubt, we can describe, say, the fluctuations of the fame of Dante who, for a time in the 18th century was, for instance, dismissed by Horace Walpole as "extravagant, absurd, disgusting, in short a Methodist parson in Bedlam."[4] Even Shakespeare's fame was not always secure: in spite of the high praise of Ben Jonson and of Dryden, Thomas Rymer could ridicule *Othello* as a "bloody farce without salt and savour"[5] and Voltaire could call Shakespeare a "village clown," a "drunken savage" though he admitted that he had found "some pearls in his enormous dunghill."[6] In recent years, the history of reception, *Rezeptionsgeschichte,* has been touted in Germany as the panacea for literary history. It seems to me only a reasonable plea for many old things: a history of criticism, a study of audience expectations and

3 See E. D. Hirsch, Jr. "Literary Evaluation as Knowledge" in *Criticism: Speculative and Analytical Essays,* ed. L. S. Dembo. Madison, Wisconsin, 1968, pp. 46–57.

4 Letter to William Mason, June 25, 1782 in *Correspondence,* ed. W. S. Lewis, New Haven, 1955, vol. 29, p. 256.

5 See *A Short View of Tragedy* (1692) in *Critical Works,* ed. Curt A. Zimansky, New Haven, 1956, p. 164.

6 "Appel à toutes les nations del'Europe" (1761) in *Œuvres* (Paris, 1877–83, ed. L. Moland), vol. *24,* 193–203 and letter to D'Argental, July 19, 1776, *ibid.,* vol. 50, 58. See my *History of Modern Criticism,* vol. 1, 33–37.

reactions. Its novelty is the use of Gadamer's theory of interpretation, of the idea of a "fusion of horizons," of the interplay between texts and recipient in which the text is assumed to be transformed by the reader. Hans Robert Jauss, its learned proponent, argues that the attitude of author to his public can be reconstructed not only from addresses to the reader or external evidence but implicitly: through the assumption, for instance, in *Don Quixote* of a knowledge and concern for chivalric romances.[7] But I do not see how Jauss can bridge the gap between the implied audience in a work and the actual reactions of an audience in history. His method is only a refinement of the history of taste which leads to the old relativism.

The view is widespread that we simply have to study the critical situation of bygone ages and have to recognize that there are so many diverse types and styles of literature that no rational choice among them is even possible. Every time had its own poetry and criticism justified in its place. Poetry cannot go wrong and apparently even criticism which is only a reflection or justification of contemporary taste. Frederick A. Pottle in his *Idiom of Poetry* (1941) propounded the view that there are profound "shifts of sensibility" in history and that there is thus a "total discontinuity" in the history of poetry.[8] Mr. Pottle thought mainly of what he considers the irreconcilable taste for either Alexander Pope or Wordsworth. This view would split the history of literature into a multitude of different periods and areas of sensibility if we push Pottle's idea to its logical conclusion and apply it on an international scale and in the whole extent of historical time. We end with complete relativism, with the "whirligig of taste" (the title of a book by E. E. Kellett published in 1929), the tyranny of flux.

Some erudite scholars have been content with this resigned solution. My late colleague at Yale University, Erich Auerbach, the author of *Mimesis,* formulated this historistic creed eloquently in a review of the first two volumes of my *History of Modern Criticism.* He argued there that we should not fear extreme relativism. "The historian does not become incapable of judging; he learns what judging means. Indeed, he soon ceases to judge by abstract and unhistorical categories; he even will cease to search for such categories of judgment ... It is from the material itself that he will learn to extract the categories or concepts which he needs for describing and distinguishing the different pheno-

---

7 See Hans Robert Jauss, *Literaturgeschichte als Provokation,* Frankfurt, 1970.

8 Ithaca, N.Y. 1941, new ed. 1947.

mena. These concepts are not absolute: they are elastic and provisional, changeable with changing history."[9] He and others want the critic to see himself historically, in his own limited space and time. The so-called "sociology of knowledge" propounded by Karl Mannheim, in *Ideology and Utopia,* has pushed self-consciousness furthest. But this merely raises the question of all knowing, it leads to universal skepticism, to theoretical paralysis. The case of knowledge and even of historical knowledge is not that desperate. The genesis of a theory does not necessarily invalidate its truth. Men can correct their biases, criticise their presuppositions, rise above their temporal and local limitations. I agree with Eliseo Vivas that value, aesthetic or otherwise, is "present only in a certain psychological perspective but it is still present *in* the thing for those endowed with the capacity and training through which alone it can be perceived."[10] Judgment refers to an objective character which is open to inspection. There are, in a work of literature, meanings which I would call obligatory, while other meanings may be only potential or even purely facultative, the additions and associations of the recipient. Most of the disagreements among evaluations are due to the fact that a literary work of art is an assembly of values which are not purely aesthetic. A work belongs to literature at least in the sense of imaginative literature, of *belles lettres,* because the aesthetic value is dominant. But this does not preclude the presence of other values for which it has been appreciated and praised. They may be moral, political, religious, national and of course intellectual values. Thus often differences of opinion are not due so much to different responses but simply to the selection of different values in the work.

I have called this view "perspectivism" — possibly a mistaken choice as the term is preempted by the different use by Ortega y Gasset — which must not be confused with relativism. I recognize the impossibility of upholding a rigid absolutism in view of the historical changes of taste and styles but I also reject relativism which has been considered the necessary consequence of these changes. "Perspectivism" is suggested by the analogy of our seeing, say, a house, very differently from diffe-

---

9 *Romanische Forschungen 62* (1956), 287–97, reprinted in *Aufsätze zur romanischen Philologie* (Bern, 1967, 354–63). Used without explicit reference to my work, in introduction to *Literatursprache und Publikum in der lateinischen Spätantike und im Mittelalter* (Bern, 1958). An English version, here quoted, in "Vico's Contribution to Literary Criticism" in *Studia philologica et litteraria in honorem L. Spitzer,* ed. A. G. Hatcher and K. L. Selig (Bern, 1958), pp. 31–37.

10 "The Esthetic Judgment" in *Journal of Philosophy,* Vol. 33 (1936), 58.

rent angles while we still must admit that there is a house out there of definite dimensions, lay out, material, colors, and so on, which can be ascertained accurately and objectively.

Often differences of opinions are due to shifts in the vocabulary of description and evaluation. Thus when in older periods critics did not call certain works of art beautiful or refused to think of the Alps as beautiful they assumed a narrow concept of the beautiful as the pleasant and agreeable. In the 19th century the term beauty took over functions reserved before for the "sublime," a word which seems to have almost disappeared from our critical vocabulary.

One should also realize that there is a recognition of value which may not agree with one's feeling of relevance to oneself. I might admire a work of art, value it even very highly, but feel that it does not say anything to me, personally, in my immediate situation or mood.[11]

As Roman Ingarden[12] has shown convincingly, a literary work of art must be conceived as a schematic construct which has places of indeterminancy, "white spots," which will be filled out differently by different readers. Ingarden speaks of "concretizations" or more simply of the "life" of a work of art, its accretions of meaning in the course of history. But this does not preclude the objective character of this construct and the conviction that ideally interpretations can be correct. If all interpretations or readings were equal we could not differentiate among them. But it is surely the experience of every teacher that he can and must reject wrong interpretations and that he even can, in concrete cases, refute a wrong interpretation by an appeal to the text or an appeal to the totality of a work while the perverse interpreter may have fastened on some detail or distorted the meaning of a phrase. The concept of adequacy of interpretation leads clearly to the concept of correctness of judgment. Evalution grows out of understanding; correct evaluation out of correct understanding. I have argued this so many times that I am ashamed of repeating myself. Logic, ethics and, I believe, even aesthetics cry aloud against complete relativism. It would lead to a dehumanization of the arts and a paralysis of criticism.

If we look at criticism in this century we soon discover that it has not given up the task of evaluation. In what follows I should like to show how critics in this century have judged by what criteria and shall

---

[11] Cf. Herbert Spiegelberg, *Antirelativismus*, Zurich, 1935.

[12] In *Das literarische Kunstwerk*. Halle, 1931.

attempt to provide a provisional classification of the criteria actually in use.

Much criticism judges by extra-aesthetic criteria: moralistic, or political and social in the widest sense weighing the presumed influence of a work of literature on society or the kind of ideal of life which can be judged for its usefulness or rightness. Thus moralistic ideas inspired the American Neo-humanists who believed in a sharp division between natural and moral man, between humanism and humanitarianism. Irving Babbitt and Paul Elmer More rejected Rousseau and romanticism, modern subjectivism and naturalism. Naturalism is to them an all inclusive term which allows them to condemn almost all modern literature. More's essay on Joyce speaks of the "moral slough" of *Ulysses*, its "weary and ugly art," its "philosophy of the inane" and even Proust is treated as a mere naturalist.[13] The article "The Cleft Eliot" belabors the dichotomy between the obscure poet, the "lyrical prophet of chaos" and the solid orthodox critic.[14] But we may judge with our hindsight that Paul Elmer More was not so far wrong in protesting against the overrating of such writers as Sinclair Lewis, John Dos Passos, and Joseph Hergesheimer.[15]

Also Yvor Winters — even though he contributed to the anti-humanist symposium and has very different modernist tastes in poetry — judges by moral standards. "Moral," however, is used by him in a very broad sense: it often means discrimination, a sense of truth and falsehood and not only a sense of right and wrong. Poetry achieves a unity of thought and feeling but, Winters insists, it is achieved only by an act of moral judgment. Winters tells us over and over again that "the ethical interest is the only poetic interest."[16] Criticism is a judgment of the judgment pronounced by the poem. It will and must appeal to constant principles, to a conception of absolute truth and rightness. The primary function of criticism is thus evaluation. "Unless criticism succeeds in providing a usable system of evaluation it is worth very little,"[17] says Winters strikingly and proceeds to supply us if not with a system, then with many examples of his own opinions that such and such a poem is better

---

13 *New Shelburn Essays*, Princeton, 1928–36, Vol. 3.

14 "The Cleft Eliot" in *Saturday Review*, November 12, 1932. Reprinted in *Design for Reading*, ed. H. S. Canby, New York, 1934, pp. 333–38.

15 "Modern Currents in American Literature," *New Shelburn Essays*, loc. cit. volume I, pp. 53–76.

16 *In Defence of Reason*, Denver, 1947, p. 505.

17 *The Function of Criticism: Problems and Exercises*, Denver, 1957, p. 17.

than that one or even that this stanza, this line, this metaphor or even this word is better than an alternative. Ranking is Winters' main and, among American critics, almost unique preoccupation. Winters has rewritten the whole history of English and American poetry from his point of view, severely condemning anything he considers primitivism or decadence. The romantics, including Emerson, Poe and Whitman are on his blacklist. Yeats cannot be taken seriously as he holds absurd philosophical and political views, and Robert Frost, an "Emersonian romantic," is labeled a "spiritual drifter."[18] Winters has the courage of his opinions, an amazing self-confidence in distributing precise praise and blame. But one wonders often why he praises a particular poem or line. One runs up against a final obscurity: the *ipse dixit* of Winters.

If we glance at France moralistic criticism is there prevalent too but it is often more definitely combined with political standards. Thus Julien Benda diagnosed what he considered the decadence of French literature as moral and political decadence and as the triumph of unreason. France is byzantine. The Bergsonian philosophy of flux, Gide, Valéry, and the surrealists, their worship of the dream and the unconscious, all serve to support the central thesis. A very different group of critics around the *Action française*, now discredited because of their flirtings with Nazism, illustrate the combination of moral and political criteria best. Charles Maurras, their leader, proclaimed himself the champion of order against barbarism, also in literature. T. S. Eliot sympathised with Maurras and increasingly applied the standard of social order and later of religious orthodoxy though he admitted that it should be invoked only after the aesthetic judgment has done its work. A distinction between "artness" and "greatness" with greatness decided by moral and religious criteria led to a return to the old distinction of form and content and introduced the problem of belief. To what extent, asks Eliot, must the reader share the beliefs of an author in order to appreciate him? Eliot answered his question by stating that we can give "poetic assent" only to poets whose views we can consider "coherent, mature and founded on the facts of experience,"[19] a criterion which allowed Eliot to disparage Shelley and D. H. Lawrence. It is finally a moralistic, didactic judgment: Shelley and D. H. Lawrence would not be good for the society Eliot envisages as ideal.

An early admirer of Eliot, F. R. Leavis, the most influential practical

[18] Ibid., p. 159, 163. The title of the essay on Frost.

[19] *The Use of Poetry and the Use of Criticism.* London, 1936, p. 96.

critic of the century in England, has developed also largely moralistic criteria based on an advocacy of tradition which is conceived as centered on Old England, civilised but still basically rural. "Maturity," "sanity," "discipline" are Leavis' key values which somewhat surprisingly are in his later writings modified by a worship of Life. Life, with a capital L, is understood in the sense of the Life force of D. H. Lawrence, considered the greatest writer of the century, the devastating critic of modern industrial civilization. Lawrence, we are told, "belongs to the same ethical and religious tradition as George Eliot."[20] The appeal to this incongruous pair allows Leavis to condemn almost all modern art: Joyce, Wyndham Lewis, Auden, Dylan Thomas and many others. He clings to the discoveries of his youth: Conrad, Lawrence, Gerald Manley Hopkins and the early Eliot.

If we now glance briefly at Germany we must conclude that ultimately didactic criteria inspired the criticism of the George circle though they are usually considered to be complete aesthetes. Friedrich Gundolf, in all his books, appeals to an ideal of sublime, heroic greatness, to discipline and order.

Marxism, in Russia and elsewhere, in so far as it is not merely descriptive and explanatory, must also be considered a form of didacticism. It requires "partisanship," it always judges whether a work or an author has contributed to the coming of socialism, either by being "progressive" in its or his time or by supporting the cause of Revolution today. Authors are asked not only to reflect reality but to depict it as anticipating the future. More subtly, Georg Lukács, the Hungarian Marxist, judged writers in relation to the historical process: they are valued for their insights into the structure of a society and its movement toward the socialist future. Lukács can, for instance, appreciate Sir Walter Scott because he supposedly saw the right turning points of history even though his professed political opinions were conservative.

Moral, political and religious criteria are often loosely bound up with nationalist ideas. We see this most clearly in the Germans. Max Kommerell, originally a disciple of Stefan George, wrote the most extravagant exaltation of the German classics as leaders of their nation (*The Poet as Leader in German Classicism*, 1928). Reading it one would not guess that Klopstock was a Christian or that Herder was a clergyman. The whole group of the German classics is subjected to a process of

---

20 *D. H. Lawrence: Novelist.* (New York, 1956), p. 120.

strange rarefication. Particularly Goethe and Hölderlin are treated with religious awe, Hölderlin is a seer who will create a new nation. "His poetry alone assures us that the same Fate rules over us [Germans] as over the Greeks." [21] During the Nazi period orgies of self-glorification coupled with a denigration of anything considered non-German were celebrated even in serious erudite works.

In other countries, nationalism is also often a main standard of criticism. The whole classicist trend in French criticism is oriented toward an ideal French spirit that contrasts with Nordic and Slavic murkiness. In Spain it is often assumed that *hispanidad* is a value demonstrated in its great writers as is the Latin or Italian spirit in Italy. This kind of argument Leo Spitzer has called "national tautology," as it implies the assertion that a Spanish or Italian work is great because it is genuinely Spanish or Italian and that it is genuinely Spanish or Italian if it is great.[22] England is comparatively immune, in its self-assurance, to the search for "Englishry" (a rare word) but some Americans have, for a time, cultivated "nativism" and judged works of literature for their specifically American flavor. Van Wyck Brooks attacked Mark Twain and Henry James as "defaulters from America." Even Marxist criticism, international in theory, manages often to appeal to the concept of nationhood *(narodnost)* which in the Slavic languages can easily be confounded with the people and even with the suppressed classes. The Czech Academy has sponsored a large scale *History of Czech Literature* which constantly exploits these ambiguities.[23]

Confronted with the many nationalisms one might appreciate the movement of "comparative literature," which has tried to overcome the limitations imposed by the study of a single national literature. Ironically enough, particularly in France, "comparative literature" often led, however, to a kind of bookkeeping in which the power of a nation for influencing others is exalted, or, more subtly, one's nation is praised for its receptivity to this or that great author of another nation. Still, with "comparative literature" and more generally with the growth of cosmopolitism, a consciousness of the unity of Western literature seems to be slowly spreading. Ideally, a universal poetics which would

---

21 *Der Dichter als Führer in der deutschen Klassik*, 2nd ed. Frankfurt, 1942, p. 470.

22 See review of Dámaso Alonso's *Poesía española* in *Romanische Forschungen 64* (1952), 215.

23 See my article "New Czech Books on Literary History and Theory" in *Slavic Review, 26* (1967), 295–301.

encompass all nations, Asian and African included, can be envisioned. Concrete work on a truly universal scale is, however, still very rare outside of folklore. The Chadwicks' three volumes, *The Growth of Literature* (1932–40) and Sir Maurice Bowra's *The Heroic Tradition* (1952) may serve as examples.

Such a universal theory of literature, "poetics," will inevitably appeal to aesthetic criteria. Criticism cannot be satisfied with even the most benign nationalisms, local moralisms, religious commitments or specific political ideals. But the isolation of the aesthetic factor presents a difficult philosophical problem. The Gordian knot was cut (though hardly untied) by Benedetto Croce when he appealed to intuition, to an almost instinctive recognition of what is poetry and what is not. In practice, his criticism is often a sensitive anthologizing, an apodictic selection of poetic moments, buttressed by a clearly formulated classification of the kinds of poetry ejected from the inner sanctum: oratorical, didactic, philosophical but also sentimental, confessional, poetry exploiting raw emotion. Croce displays in practice a specific taste which could be called a moderate classicism (he speaks of *classicità*), distrustful of the Baroque (considered a form of ugliness), the decadent and the experimentally modern. Moral and even political criteria easily fuse with his definitions of the leading sentiment of an author.

Most other critics in this century have developed criteria based on preference for specific historical types and styles of literature. Thus we can speak of a new classicism in this century: in France it was usually combined with political conservativism, with an appeal to order and thus was violently anti-romantic, as in France Romanticism is identified with the revolution and with Rousseau. Even André Gide spoke of his classicism which he interprets as a principle of modesty and understatement,[24] and Paul Valéry, whatever his practice as a poet, lauds classicism as discipline, purity, restraint, submission to even completely arbitrary conventions. Thus, he says, "the demands of a strict prosody are the artifice that confers on natural language the qualities of a resistant matter."[25] The "dance in fetters" allows the poet to achieve the ideal art-work, unified, non-temporal, imperishable, beyond the decay of nature and man, absolute. In England — partly under the influence of the French but also drawing on native sources such as Matthew

24 "Billets a Angèle" (1921) in *Œuvres complètes*. Paris, 1932 ff. Vol. 11, p. 39.
25 *Variété* (Paris, 1948) Vol. I,70, or in *Œuvres*, Pléiade ed. Jean Hytier, Vol. 1,480.

Arnold and the Neo-humanists — T. E. Hulme and T. S. Eliot proclaimed a new classicism. In Hulme it is combined with a contradictory enthusiasm for Bergson and flux while classicism was to him also admiration for abstract unorganic art: for cubism, and Epstein. Eliot's classicism is mainly ideological. He defines it "as a tendency toward a higher and clearer conception of Reason, and a more severe and serene control of the emotions by Reason" [26] and in support appeals to a heterogenous list of names: Sorel, Maurras, Benda, Hulme, Maritain, and Babbitt. Not a single poet is included. In practice, Eliot hardly ever discusses any classical or neo-classical author with the exception of Virgil whom he interprets as a forerunner of Christianity, as an *anima naturaliter Christiana*.[27] In English literature, Eliot cares mainly for Dryden in preference to Pope and declares expressly: "My opinion is, that we have no classic age, and no classic poet in English." [28] Eliot's classicism seems almost more a matter of cultural politics than of aesthetic preferences as his taste rather prefers Dante, the metaphysicals and the symbolists.

German academic criticism has been largely romantic in taste. Emil Staiger's *Grundbegriffe der Poetik* (1946) assumes as a matter of course that the German romantic mood lyric and the confessional poetry of Goethe provide the standard of true poetry. In asides he admits that "The Italian when he speaks of the lyric thinks of Petrarch" and that Horace could not be fitted into his categories.[29] Max Kommerell, a critic who grew up in the George circle, was one of the few Germans who raised doubts about these dogmas. He recognised that long ages of poetry and criticism got along without invention, spontaneity, lived experience and the other shibboleths of romantic criticism. He came to appreciate highly stylized, conventionalized art and devoted his last efforts to a study and translation of Calderón.

In England and America, under the impact of Pound's and Eliot's disparagement of Victorian and romantic poetry, romantic taste declined. F. R. Leavis and the American New Critics shared and developed Eliot's anti-romantic views more systematically and often more violently. Particularly Shelley suffered an eclipse compared to his exalted posi-

---

26 In *Criterion 4* (1926), 5.

27 *On Poets and Poetry*. New York, 1957, p. 147.

28 "What is a Classic?" London, 1945, p. 31. Also in *On Poets and Poetry*, loc. cit., p. 60.

29 *Grundbegriffe der Poetik*, Zurich, 1946, p. 245. Comment on Horace in 5th ed. Zurich, 1961, p. 246.

tion in the Victorian age, with Swinburne and many others. But in recent years a new reaction has set in, which has reinstated the English romantic poets by emphasizing their "visionary" power, their striving for a reconciliation between man and nature, subject and object. The writings of Northrop Frye on Blake, the books of Meyer Abrams, Harold Bloom, and Geoffrey Hartman have done most for this rehabilitation which seems, however, confined to American academic circles.

A taste for realism and particularly for the realistic novel of the 19th century informs other critics widely scattered over many countries. Lukács is the main exponent of this taste, based as it is on his firm commitment to a concept of literature as a reflection of social reality and a conviction that modern art, in rejecting realism, reflects only the decadence of the West. Realism in Lukács is sharply contrasted with naturalism which is concerned with the surface of everyday life and with the average while realism creates types which are both representative and prophetic. Officially in Russia, "socialist realism" is touted as "the fulfillment of all art and literature."[30] It requires adherence to a political ideology but also prescribes the use of the specific methods of realism and forbids the use of others though some Marxist schoolmen have interpreted socialist realism so broadly that it allows them to include Mayakovsky, Aragon, and Brecht among its practitioners. Harry Levin, in *The Gates of Horn: A Study of Five French Realists* (1963) has, in agreement with historical usage, discussed the realistic novel as a critical commentary on the greatness and decline of the bourgeoisie while Erich Auerbach in his *Mimesis: The Representation of Reality in Western Literature* (1946) has widened the concept to include Homer and the Bible at least in certain scenes. But also for him the culmination point of realism is the nineteenth century in France. Stendhal and Balzac are properly realistic, that is, both historistic and social. Though Auerbach thinks of himself as a historian and philologist closely involved with his texts and is averse to theory and criticism, he actually has a definite standard of realism. It must not be comic, it must not be didactic or ethical or rhetorical or idyllic. The Russians are excluded as didactic, the Germans (or rather Austrians and Swiss) of the later 19th century such as Adalbert Stifter and Gottfried Keller as idyllic. Realism must not even be only tragic. It must be tragic with

---

[30] E.g., L. I. Timofeyev, *Teoriya literatury*, 3rd ed., Moscow, 1948, p. 283.

a peculiar concreteness and historical particularity. It could be called existential realism which combines two elements: tragic depth and historical concreteness.[31]

To many critics classicist, romantic and even realistic tastes will, in this century, appear old fashioned. Much criticism has been deliberately in the service of the new movements of the twentieth century. In the English-speaking world the abrupt unargued pronouncements of Ezra Pound and the often epigrammatic essays of T. S. Eliot have most resolutely broken with the immediate past and created a new taste for the metaphysicals, the French symbolists and, slowly, for their own poetry. Pound also propagated those then little-known regions of world literature which he found compatible with his imagism: Propertius, Anglo-Saxon poems, the Troubadours, the *dolce stil nuovo,* Elizabethan translations, and Chinese poems. The role of the surrealists in France (in particular, of André Breton) and their manifestoes, of the expressionists in Germany, the futurists in Italy and the very different futurists in Russia needs only to be alluded to. We may think also of Robbe-Grillet who rejects the realistic and the psychological novel as deadends. All these movements often brusquely repudiate the past and exalt their particular brand of writing to the center of the literary stage. Sometimes, however, they looked for a pedigree in the past. The French surrealists found forerunners in Nerval, Lautréamont, and Rimbaud; the German expressionists in the *Sturm und Drang* and in Georg Büchner; the Russian Futurists in anyone who could play the game of language, from Edgar Allan Poe to Mallarmé and Khlebnikov.

Today we are confronted not only with critics who reject the past in order to create and justify the future or rather their own brand of poetry but we have to face a new nihilism, picking up motifs from Marinetti's futurism and Dada. Vociferously the death of literature is being declared as imminent both here and in France. Thus Norman Mailer tells us that "we have passed the point in civilization where we can ever look at anything as an art work"[32] and Jacques Ehrmann proclaims that "literature, a dumping ground of fine feelings, a museum of *belles lettres,* has had its day."[33] Logically silence is now being recom-

---

31 See my review in *Kenyon Review 16* (1954), 299–307.

32 *The New York Times,* 27 October 1968. Quoted from Ihab Hassan, *The Dismemberment of Orpheus,* New York, 1971, p. 253.

33 "The Death of Literature" in *New Literary History 3* (1971), 43. Also in *Textes suivis de La Mort de la littérature,* Paris, 1971.

mended as an ultimate solution of all critical problems: by George Steiner as when he asks "Is the poet's verse not an insult to the naked cry?" [34] and by Ihab Hassan when he denounces, with a quotation from D. H. Lawrence, the green dragon, the evil-smelling *Logos* and rhapsodizes on Pop and Op art, John Cage's music of silence, Rauschenberg's empty canvases in order to advocate a new critical language which would somehow expand man's consciousness of the ineffable and the inexpressible.[35] It is all very modish, vague and elusive, almost "psychedelic"; and finally almost comically paradoxical as all these apocalyptic prophets of doom and the death of literature continue writing and publishing.

What cannot be dismissed in all of these extravagancies is the general revolt against aesthetics which makes anything like agreement on criteria or even on the nature of art impossible. The very existence of the aesthetic response or experience has been denied in recent decades. The theory of empathy which reduced aesthetic feeling to the physical action of inner mimicry; John Dewey's *Art as Experience* (1934) which denies all distinction between aesthetic and other experiences assimilating aesthetic experience to a sense of heightened vitality; I. A. Richards' writings on literary criticism which abolish all distinctions between aesthetic and other emotions are just a few examples of this trend. I. A. Richards argues, for instance, that "when we look at a picture, or read a poem, or listen to music, we are not doing something quite unlike what we are doing on our way to the Gallery or when we dressed in the morning." But his abolition of the difference between art and life, between kinds of behavior — looking at pictures, listening to music, reading a poem and walking to the Gallery or dressing in the morning or, to continue in this vein, eating breakfast, doing sums, and so on — cannot surely satisfy anybody who has had the experience of art and who wants to clarify its nature. Even Richards has to invent a quantitative difference between art and life, to ascribe it to a "greater number of impulses which have to be brought into coordination with one another" in order to achieve "the resolution, inter-animation and balancing of impulses" [36] he considers the proper effect of art. He lands in extreme psychologism. The whole state of mind, "the mental condi-

---

[34] In *Language and Silence*. New York, 1967, p. 149. "A Kind of Survivor."

[35] Cf. *The Literature of Silence: Henry Miller and Samuel Beckett*, New York, 1967.

[36] *Principles of Literary Criticism*, London, 1924, pp. 16, 110.

tion *is* the poem,"[37] he tells us. In theory at least, the way is open to individual caprice, to complete arbitrariness.

But the existence or rather experience of the aesthetic state seems to me undeniable. Its negation seems to me like ignoring the existence of the color red or denying that snow is white. It is immediately evident and it can be and has been described phenomenologically as "the constitution of a structured self-sufficient, qualitative whole."[38] In this description is already implied a universal criterion: "unity" or "organicity" which must not, however, be interpreted narrowly as merely an endorsement of classicist standards. It is not merely coherence, harmony, the congruence of form and content or "style," even in the sense of Goethe, as above objective imitation and subjective manner. It must be seen as a unity which allows a supercession and organization of opposites. We may remember the *discordia concors* which Dr. Johnson sees in John Donne, the union of opposites of Coleridge and his sources and more recently the views of the New Critics exalting the tensions and paradoxes within a work of art or even Adorno's view that "the idea of harmony is expressed negatively by embodying contradictions, pure and uncompromised, in its innermost structure."[39] One can argue (as Louis Mink did ingeniously)[40] that even the most impersonal "found objects" can be salvaged for art if we assume that the fact of their being singled out gives them some unity, some allegorical or iconographic meaning. They do express a rudimentary feeling. But many of the latest developments of art amount to complete denial of art. Harold Rosenberg, in his aptly named book, *The De-Definition of Art*, complains, "No one can say with assurance what a work of art is — or, more important, what is not a work of art."[41] We can't distinguish between a masterpiece and junk. Nothing is left of art but the fiction of the artist.

Still, one could object that a criterion which merely identifies a minimal

---

37 *Practical Criticism*, London, 1929, p. 204.

38 Roman Ingarden, "Das aesthetische Erlebnis" in *Erlebnis, Kunstwerk und Wert*, Tübingen, 1969, p. 6. "Die Konstituierung des strukturierten, selbstgenügsamen, qualitativen Ganzen bildet das letzte Ziel der schöpferischen Phasen des ästhetischen Erlebnisses."

39 *Prismen*, Frankfurt, 1955. English translation *Prisms*, tr. Samuel and Shierry Weber, p. 32.

40 "Art without Artists" in *Liberations*, ed. Ihab Hassan, Middletown, Connecticut, 1971, pp. 70 ff.

41 *The De-definition of Art*, New York, 1972, p. 12.

requirement for what is art is insufficient as a standard of value. We may even wonder whether a higher organization, a tighter cohesion, necessarily constitutes greater artistic value. I believe, however, this is so in almost all cases. The multiple relations we discover in a great work of art, the implications and complexities *are* a measure of value. Criticism, particularly of the last 50 years, has done much in uncovering such relationships even in apparently simple works.

But one should grant that there may be other universal criteria though it seems difficult to arrive at any one on which there is a universal agreement. The frequently invoked criterion of sincerity, or its modern version, authenticity, genuineness, remains romantic in implication and derivation: it excludes much stylized, conventionalized art. "Intensity," "local quality," the poetic moment do not get much further. The standard of truth to reality — even if understood widely — seems to exclude most fantastic, symbolic, allegorical and Utopian art, as well as the purely decorative and playful. However difficult it has proved to isolate the quality of art, the specific "literariness" in literature, we cannot and must not dispense with the problem of artistic value. All relativism breaks down when we are confronted with the difference between very great poetry and pretentious trash, *Kitsch*. We should admit that the appeal to univeral criteria, while justifiable and necessary in theory, is in practice constantly obviated by the critic's individual procedures of discovering value and of formulating evaluation. It is an encounter which often need not even lead to an expressly formulated conclusion. Still, it is a discovery of values, a value response which will be necessarily specific and must vary from work to work. Very little has been donc to study the actual process by which great critics have arrived at their valuations of specific works of art. A study could be made of critics and criticisms which might throw light on this process in concrete instances while I have been here content to move on the level of general criteria: aesthetic and extraaesthetic. The relativistic argument that we enjoy the art of all ages and peoples can be turned against the defenders of critical anarchy. The fact that we can admire neolithic cave paintings, Chinese landscapes, negro masks, Gregorian chant, and Béla Bartók, Homer and James Joyce, merely demonstrates that there is a common feature in all art which we recognize today more clearly than in earlier ages, more encumbered by the burden of the past, more restricted by inherited prejudices and limiting tastes. A proper historical sense should not lead to relativism at all: it rather should enable us to perceive the fullness and variety of the world of art. There is a common humanity which makes all art, however remote in time and place, accessible to us. We can rise beyond the limitations of traditional tastes into a realm, if not of absolute, then of universal art, varied in its manifestations but still amenable to description, analysis, interpretation, and finally, inevitably, to evaluation.

Wolfgang Fleischhauer

Eigentümlichkeit: Ein Beitrag zur Wortgeschichte

Lieber Oskar!

Auf Deinen Geburtstagstisch will auch ich eine kleine Gabe legen. Ich möchte ein paar Dinge sagen zur Geschichte eines Wortes, das zu den Schlüsselwörtern der Romantik gehört: Eigentümlichkeit.

Schon lange hatte ich über dieses Wort handeln wollen. Der Anstoß, gesammelte Belege aus dem Zettelkasten zu erlösen und einige Gedanken niederzuschreiben, kam dann beim Lesen Deines schönen Brentanoaufsatzes in der Käte Hamburger Festschrift.[1] Ausgehend von Jacob Grimms »hellsichtiger Kritik« an Brentanos Märchen, einer Kritik, in der das Wort Eigentümliches fällt, erhellst Du dort meisterhaft das Wesen von Brentanos poetischem Schaffen, indem Du dieses Wort mit der Dir »eigentümlichen« Hellsichtigkeit deutest als »Die Quellen, aus denen seine Dichtungsweise und sein Dichtungswesen sich speisten«.

Daß Du dies Wort zutiefst und recht verstanden hast – und damit gehe ich zur Betrachtung des abgeleiteten Nomens Eigentümlichkeit über – zeigt z. B. Novalis. Im *Heinrich von Ofterdingen,* wo der Dichter versucht, die Quellen der schöpferischen Kraft im Menschen, das innerste Wesen des Künstlers zu definieren, nennt er es »die heilige Eigentümlichkeit«. Der Ausdruck fällt in Sylvesters Gespräch mit Heinrich über das Gewissen, »diese Sinn und Welten erzeugende Macht, diesen Keim aller Persönlichkeit«. »In ihm«, sagt Sylvester, »offenbart sich die heilige Eigentümlichkeit, das unmittelbare Schaffen der Persönlichkeit.«[2]

Das Novalis Zitat ist deshalb so interessant und wertvoll für den Wort-

---

1 *Probleme des Erzählens in der Weltliteratur. Festschrift Käte Hamburger* (Stuttgart 1971), S. 101–126. Wieder gedruckt in: Oskar Seidlin, *Klassische und moderne Klassiker* (Göttingen 1972), S. 38–60.

2 *Novalis: Schriften. Die Werke Friedrich von Hardenbergs,* hrsg. von Paul Kluckhohn und Richard Samuel, I (Stuttgart 1960), 331.

forscher, weil es schlaglichtartig deutlich macht, daß ein starker, fast religiöser Gefühlston dem Worte anhaftet. Wenn wir nämlich sehen – und darauf ist meines Wissens noch nicht hingewiesen worden – daß das Wort EIGENTÜMLICHKEIT vor dem letzten Jahrzehnt des achtzehnten Jahrhunderts in der deutschen Gemeinsprache unbekannt war, erkennen wir in diesem starken Affekt *die* Triebkraft, die verantwortlich ist für die ungeheuer schnelle Verbreitung und allgemeine Akzeption des neuen Wortes.[3] In den Schriften der Romantiker ist es bald allgegenwärtig und dann nicht mehr aus dem deutschen Wortschatz wegzudenken.

Noch etwas lehrt uns die Novalis-Stelle. Sehen wir nämlich weiter, daß Sylvester in demselben Gespräch »das Wesen der Dichtkunst« das »Geheimnis der höchsten Unteilbarkeit« nennt und sagt »Das Gewissen ist der Menschen eigenstes Wesen in voller Verklärung, der himmlische Urmensch ..., in lebendiger eigentümlicher Unteilbarkeit bewohnt es und beseelt es das zärtliche Sinnbild des menschlichen Körpers«,[4] so erkennen wir, daß EIGENTÜMLICH und EIGENTÜMLICHKEIT dem romantischen Erlebnis der »Individualität« Ausdruck geben: Die Romantik hat ihr eigenes Wort geschaffen für ihre besondere Auffassung des Individuums, indem sie die älteren, etablierten Wörter *individuell* (= unteilbar) und *Individualität* (= Unteilbarkeit) ersetzt und verdeutscht.

Daß wir nicht fehlgehen in dieser Deutung, nämlich der semantischen Gleichsetzung von EIGENTÜMLICHKEIT und »Individualität«, zeigen einmal die vielen Stellen, in denen EIGENTÜMLICHKEIT und *Individualität, individuell* in Konsoziation auftreten;[5] und andererseits spricht auch die Tatsache dafür, daß ein zweiter Lieblingsausdruck der Romantiker, die Individualität bezeichnend, »das eigentümliche Dasein (des Menschen)«, eine ältere Wendung, »das ungeteilte Dasein«, variiert und ablöst. Man vergleiche das folgende Zitat aus Friedrich Schlegels Essay »Über die Philosophie« aus dem Jahre 1799:

---

[3] Hans Sperber hat uns gezeigt, daß es der einem Worte anhaftende Gefühlston ist, der es aus seinen ursprünglichen Bedeutungsgrenzen hinaustreibt, und daß sich ein neues Wort, wenn es Träger starker Gefühlswerte ist, erfolgreich gegen Konkurrenten durchsetzt und von der Sprachgemeinschaft adoptiert wird. Vgl. vor allem: *Über den Affekt als Ursache der Sprachveränderung* (Halle 1914) und *Einführung in die Bedeutungslehre* (Bonn und Leipzig 1923).

[4] *Novalis: Schriften,* I,331 f.

[5] Über den Begriff der »Konsoziation« und ihre Funktion für die Feststellung der Bedeutung eines Wortes, vgl. Sperber, *Einführung,* Kap. 1.

»Denn wo einmal die Weiblichkeit vorhanden ist, gibts wohl keinen Augenblick, in dem sie nicht die Besitzerin an ihr Daseyn erinnert. Besonders wenn sie ein ganzes ungetheiltes Daseyn gewohnt ist wie Du.«[6]

mit Heinrichs Worten an Mathilde:

»Mein ganzes Wesen soll sich mit dem deinigen vermischen. Nur die grenzenloseste Hingebung kann meiner Liebe genügen. In ihr besteht sie ja. Sie ist ein geheimnisvolles Zusammenfließen unsers geheimsten und eigentümlichsten Daseins.«[7]

Von den übrigen mir bekannten Belegen möchte ich noch einen zitieren, denn er illustriert sehr schön den romantischen Glauben an eine notwendige Harmonie von Individuum und Gemeinschaft. Steffens sagt einmal, daß wir nur dann frei genannt werden können, »wenn die Unendlichkeit des Staats als Eins mit unserem eigentümlichen Dasein betrachtet wird.«[8]

Das letzte Zitat gibt uns wohl auch die Antwort auf die Frage: »Warum schufen die Romantiker ein Neues?« Ich glaube, weil *individuell* und *Individuum* Kennwörter waren des »absoluten Individualismus« des achtzehnten Jahrhunderts.[9] Die Romantiker brauchten jedoch ein Wort, das die Souveränität des Individuums, zugleich aber jene Harmonie von Persönlichkeit und Gemeinschaft zum Ausdruck bringen sollte: EIGENTÜMLICHKEIT!

Im einzelnen durch Belege zu erhärten, daß EIGENTÜMLICHKEIT ein Lieblingswort, ja ein Bannerwort, der Romantik ist, würde den Rahmen dieses kleinen Aufsatzes sprengen. Es genüge, auf den reichen Zitatenschatz mit vielen Belegen aus den Schriften der Romantiker, von den Schlegels bis Schleiermacher und Eichendorff, in Kluckhohns wegweisendem Buch *Persönlichkeit und Gemeinschaft* hinzuweisen.[10] Auch die Häufigkeit des Wortes bei Wilhelm von Humboldt und Jacob Grimm legt beredtes Zeugnis ab.[11]

---

6 Friedrich Schlegel, »›Über die Philosophie‹ an Dorothea«, *Athenäum,* II (1799), 2.

7 *Novalis: Schriften,* I,289.

8 Zitiert nach: *Paul Kluckhohn, Persönlichkeit und Gemeinschaft: Staatsauffassung der deutschen Romantik* (Halle 1925), S. 86.

9 *Individuell* ist seit dem Anfang des achtzehnten Jahrhunderts, *Individualität* zuerst bei Lavater nachgewiesen: Hans Schulz, *Deutsches Fremdwörterbuch,* I (Straßburg 1913), s. v. »Individuum«.

10 S. Anm. 8. Besonders ergiebig sind S. 1–11. Dort auch (S. 4 ff.) eine tiefschürfende Darstellung von Schleiermachers Erlebnis der »Eigentümlichkeit«.

11 Dafür zwei Hinweise: (1) Blättert man durch die vorbildliche Dissertation von

Suchen wir nun aber Auskunft über die Geschichte dieses Schlüsselwortes der Romantik, so lassen uns die historischen Wörterbücher im Stich. Nach ihnen hat EIGENTÜMLICHKEIT überhaupt keine Geschichte. Grimms *Deutsches Wörterbuch,* um nur ein Beispiel zu nennen, gibt keinen einzigen Beleg, nur den Bedeutungsansatz »proprietas« und einen Hinweis auf »eigenheit«. Erwähnen möchte ich aber doch, daß einer der zwei Belege für EIGENTÜMLICHKEIT, die *Trübners Deutsches Wörterbuch* dem Artikel »Eigentum« anhängt, in die Romantik führt – zufällig, oder ist es mehr als Zufall? Das Zitat stammt aus dem Jahre 1794, aus der Feder Sophie Mereaus, der späteren Frau von Clemens Brentano: »Überall läuft er Gefahr, daß eine fremde Vernunft ihr Siegel auf seine Eigentümlichkeit drücke.«

Daß die letzten Jahrzehnte des Jahrhunderts wirklich die kritischen Jahre sind für Entstehung und Entwicklung unseres Wortes, bestätigt uns indirekt Adelung, der 1774 in der ersten Auflage seines Wörterbuches kein Lemma »Eigentümlichkeit« hat, aber 1793 in der zweiten Ausgabe unser Wort anführt:

> »DIE EIGENTHÜMLICHKEIT, plur. die -en. 1) Der Zustand, da einem Dinge etwas *eigenthümlich* oder eigen ist: ohne Plural. *Die Eigenthümlichkeit eines Namens,* da er nur Einem Dinge allein zukommt. 2) Was einem Dinge vor anderen eigen ist; besser *die Eigenheit. Die Eigenthümlichkeiten der Niederdeutschen Mundart.*«

Die zweite Auflage zeigt außerdem, daß das Adjektiv EIGENTÜMLICH, das Adelung natürlich schon 1774 bucht, in der Zwischenzeit einen gewichtigen Wandel durchgemacht hat: in seiner übertragenen Bedeutung »typisch, charakteristisch« ist es »hoffähig« geworden. Den zwei Belegen für die ›figürliche Bedeutung‹ (*»Das ist ihm nun einmahl eigenthümlich,* das ist seine Art so. *Er spricht mit dem ihm eigenthümlichen Stolze«)* folgt 1774 die kritische Bemerkung: »Indessen wird diese Be-

---

Charlotte Evans, einer Schülerin Oskar Seidlins, über *Wilhelm von Humboldts Auffassung vom Ursprung der Sprache* (Ohio State University 1957), so springt einem in den vielen Zitaten immer wieder das Wort EIGENTÜMLICHKEIT in die Augen, und zwar gerade da, wo es um die ursprüngliche Quelle der schöpferischen Kraft im Menschen geht. Ähnlich in Humboldts Briefen an Schiller, *Briefwechsel zwischen Schiller und Wilhelm von Humboldt in den Jahren 1792–1805* (Stuttgart 1893): Zwischen dem 14. September und dem 27. November 1795 z. B. gebraucht er das Wort vierzehnmal. – (2) Beim Lesen der Schriften Jacob Grimms macht man eine ähnliche Erfahrung: auf vierzehn Seiten von Exzerpten aus seinen Werken in *Wert und Ehre der deutschen Sprache* (hrsg. von H. v. Hofmannsthal, Fischer Bücherei [Frankfurt und Hamburg 1957], S. 162–175) z. B. kommen EIGENTÜMLICH und EIGENTÜMLICHKEIT achtmal vor.

deutung in der guten Schreibart nur selten gebraucht.« Dieser Satz findet sich 1793 nicht mehr. Diese Tatsache, wie auch die oben gebrachten Belege für das Adjektiv aus Novalis, Schlegel und Steffens, die sich beliebig aus den Schriften anderer Romantiker vermehren ließen, machen deutlich, daß EIGENTÜMLICHKEIT jetzt in »guter Schreibart« zu Hause ist, aber noch mehr: es hat seine Bedeutung erweitert und ist so affektbetont, wie das Nomen EIGENTÜMLICHKEIT, und wie dieses dient es zur Bezeichnung des innersten Wesens des Menschen, seiner Individualität, seiner Persönlichkeit.

Adelung gibt uns noch einen Wink: In der ersten Auflage seines Wörterbuches findet sich am Ende des Artikels »eigenthümlich« eine klein gedruckte Anmerkung: »Das Hauptwort *Eigenthümlichkeit* ist im Hochdeutschen veraltet.« Sollte unser Wort also doch älter sein? Es fehlt in den Wörterbüchern der mittelalterlichen Sprache, ebenso wie in den zeitgenössischen Dictionarien von Maaler bis Adelung. Wenn auch nicht in der Gemeinsprache, so ist es doch in einer Sondersprache etwas früher belegt: gerade wie EIGENTÜMLICH, das bis ins achtzehnte Jahrhundert ein Wort der Rechtssprache war (= »als Eigentum« – alle Belege im *Deutschen Wörterbuch* gehören hierher), ist auch das Nomen ursprünglich juristisches Fachwort. Das *Deutsche Rechtswörterbuch* bringt zwei Belege in der Bedeutung »Eigentum(srecht)«, beide aus der zweiten Hälfte des achtzehnten Jahrhunderts, z. B.: »die aigentumlichkeit dieses hofes (1767)«. Ob die Romantiker diesen Terminus bewußt übernahmen, oder ob wir eine Neubildung vor uns haben, läßt sich nicht entscheiden. Auf jeden Fall haben wir es mit einem Akt der Wortschöpfung, einer Erneuerung aus deutschem Wortgut zu tun.

Zwei Punkte zur weiteren Geschichte des Wortes möchte ich wenigstens ganz kurz berühren.

(1) Wenn wir in Betracht ziehen, wie häufig bei den Romantikern EIGENTÜMLICHKEIT direkt den schöpferischen Genius bezeichnet – wir sahen es oben bei Novalis; August Wilhelm Schlegel gebraucht »schöpferischer Genius« und »Eigentümlichkeit« nebeneinander;[12] Wilhelm von Humboldt vergleicht Schillers »Eigentümlichkeit« mit der griechischen »Eigentümlichkeit« oder gebraucht unser Wort synonym mit »Geistesform«[13] – so wundert es uns nicht, daß Campe in seinem *Wörter-*

[12] »Etwas über Shakespeare bei Gelegenheit Wilhelm Meisters«, *Horen* (1796), zitiert nach: *Deutsche Literatur: Reihe Romantik*, II, hrsg. von Paul Kluckhohn (Leipzig 1937), 156.

[13] Brief an Schiller, 6. November 1795: »Sie scheinen mich in meiner Vergleichung

buch zur Erklärung und Verdeutschung der unserer Sprache aufgedrungenen fremden Ausdrücke (1813) vorschlägt, *Genie* könne verdeutscht werden durch »*Natur,* das *Eigenthümliche* oder die *Eigenthümlichkeiten,* wofür wir auch das Wort Geist gebrauchen können«. Zur Illustration bringt Campe folgendes Beispiel:

> »es ist wider die *Natur* oder den *Geist* der Deutschen Sprache, sich fremde Wörter einimpfen zu lassen; das *Eigenthümliche* oder die *Eigenthümlichkeiten* unserer Sprache gestatten die Aufnahme fremder Wörter nicht.«

Ähnlich heißt es in seinem *Wörterbuch der Deutschen Sprache* (1807), s. v. »Eigenthümlichkeit«:

> »Die *Eigenthümlichkeit* (der Genius) der Deutschen Sprache gestattet die Aufnahme fremder Wörter nicht.«

Die Bezugnahme auf die Sprache in diesen Beispielen ist nicht zufällig. Wir erinnern uns, auch das einzige Zitat bei Adelung ging auf die Sprache. Und so ist es auch bei dem Großteil der Belege in meinen Zettelkästen. EIGENTHÜMLICHKEIT ist *das* Wort der Romantik für den Genius der Sprache, und im Plural bezeichnet es das, was wir bis heute die »Eigentümlichkeiten« einer Sprache oder Mundart nennen. Besonders gerne wird der Terminus von Grimm und anderen auf die germanischen Sprachen und Dialekte angewandt.[14]

(2) Es ist leicht verständlich, daß man dann auch von der EIGENTÜMLICHKEIT der deutschen Stämme spricht; Jacob Grimm z. B. von der »Eigentümlichkeit« der »deutschen Volksstämme unseres Alterthums«;[15] und Eichendorff betont in einer seiner politischen Schriften, daß in Deutschland eine »frische Eigentümlichkeit der verschiedenen Stämme« sich lebendig gehalten habe.[16]

Ihrer und der griechischen Eigentümlichkeit nicht ganz richtig verstanden zu haben« (*Briefwechsel,* S. 176); »Wenn ich mir Ihre Eigentümlichkeit ohne die mannigfaltigen Hindernisse, welche Zeit, Gesundheit, Studium und Sprache Ihnen entgegensetzen, denke, so ist Ihre Geistesform reiner und notwendiger als irgend eines anderen gestimmt« (180).

14 Vgl. die Belege in *Wert und Ehre,* S. 170–175.

15 *Ebd.* S. 174.

16 *Sämtliche Werke des Freiherrn Joseph von Eichendorff,* Historisch-kritische Ausgabe, hrsg. von Wilhelm Kosch und August Sauer, X (Regensburg 1911), 19. – Nicht nur das politische, auch das geistige Leben der Nation wird, so glaubt Eichendorff, durch die »individualisierende Eigentümlichkeit« der »einzelnen Stämme« bereichert: *Sämtliche Werke,* IX (Regensburg 1970), 6. – An dieser Stelle sollte auch erwähnt werden, daß Campe schon 1794 in der Preisschrift *Dritter Versuch über die Reinigung und Bereicherung der deutschen Sprache* (Braunschweig 1794) *volks-*

Damit betritt unser Wort die politische Arena. Wie in der romantischen Staatsauffassung »zwischen dem einzelnen und seinem Volk oder Staat der Stamm« steht, hat uns Kluckhohn gezeigt.[17] In *dem* Sinne muß man das Eichendorff-Zitat verstehen, das aus seiner »Politischen Abhandlung über preußische Verfassungsfragen« stammt. In dem Kampf um die Erneuerung des Reiches unter der Führung Preußens wird EIGENTÜMLICHKEIT nun zu einem politischen Schlagwort und als solches schnell entwertet. Es teilt das Schicksal so vieler weltanschaulicher Wörter, z.B. *Verhältnis, Humanität* und *Menschenliebe:* es wird trivialisiert.[18] Um die Mitte des neunzehnten Jahrhunderts, besonders seit 1866, dem Jahre der Annexionen am Rhein, wird EIGENTÜMLICHKEIT zu einem billigen Propagandawort, gerne auch in der Zusammensetzung STAMMESEIGENTÜMLICHKEIT – ein Kompositum, das noch 1897 bei Bismarck belegt ist.[19]

Wie aus dem Protestrufe, »womit sich die deutschen Mittel- und Kleinstaaten gegen die drohende Suprematie Preußens verwahrten, in der sie eine Gefahr für die heiligsten Interessen der Stämme erblickten«, ein politisches Schlagwort wurde, läßt sich in Ladendorfs *Historischem Schlagwörterbuch* (Straßburg 1906), s.v. »Stammesgefühl«, leicht überblicken.

Die folgenden Sätze aus diesem Werk mögen meinen Aufsatz beschließen, weil sie sehr eindrucksvoll vor Augen führen, was aus der EIGENTÜMLICHKEIT der Romantiker, aus Novalis' »heiliger Eigentümlichkeit« geworden ist:

> »... die vom 3. Okt. 1866 datierten Patente der Besitzergreifungen von Hannover, Kurhessen, Nassau und Frankfurt durch König Wilhelm von Preußen beziehen sich ... auf die sogenannten *berechtigten Eigenthümlich-*

---

eigentümlich für »national«, *Volkseigentümlichkeit* für »Nationalität« gebraucht hatte, Bildungen, für die Jahn dann 1809 die kürzeren und erfolgreichen Prägungen *Volksthum, volksthümlich, Volksthümlichkeit* vorschlägt. Vgl. Kluge, *Etymologisches Wörterbuch*, s. v. »Volkstum«.

17 *Persönlichkeit und Gemeinschaft*, besonders S. 91.

18 Was die Entwertung gefühlsbetonter, populärer Wörter angeht, so hat Hans Sperber darauf hingewiesen, daß der häufige Gebrauch affektgeladener Ausdrücke immer wieder dazu führt, daß sie trivialisiert werden und in Mißkredit geraten und damit ihren Gefühlston verlieren. Vgl. z.B. *Einführung*, S. 40f., oder »The semantic development of *Verhältnis*«, *Language* 14 (1938), 167ff. Zu *Humanität* und *Menschenliebe* s. Wolfgang Fleichhauer, »Zur Geschichte des Wortes ›Menschenliebe‹«, *Monatshefte*, 57, 1965, 5ff., und die Anm. 11, die Herders Aussage über das Wort bringt. Tiecks Parodie des Schlagwortes *Humanität* (»Dazu die liebe Humanität, die jetzt in allen Kalendern steht«) ist wohl allgemein bekannt.

19 Grimm, *Deutsches Wörterbuch*, s. v. »Stammeseigentümlichkeit«.

keiten. Seitdem geben die ›Eigenthümlichkeiten‹ der verschiedenen deutschen Staaten ein vielfach variiertes Thema für politische Sticheleien ab. Unter anderem nennt der Kladd. 1866, 186 die körperliche Züchtigung eine ›*lieb-gewordene Eigenthümlichkeit*‹ Mecklenburgs, oder bemerkt ebenda S. 206: ›Zu den ›Eigenthümlichkeiten‹ *Hannovers* dürfe vor Allem das vor einiger Zeit nach London – *entfremdete* Hannoversche Staatseigenthum gehören, wenn nicht die Art der Entfremdung selbst so höchst – *eigenthümlich* wäre.‹«

Roger Bauer

Ein Beitrag zur Geschichte der *Deutschen Dunse* (Englisches in Joseph Schreyvogels *Sonntagsblatt*)

Als besonders verdienstvolle Leistung des »Hoftheatersekretärs« Schreyvogel gilt gemeinhin das von ihm auf- und zusammengestellte Répertoire des Burgtheaters: ein zugleich gefälliges (weil der dominanten Geschmacksrichtung der Zeit Rechnung tragendes) und ambitiöses (weil die »Klassiker« aller Epochen bevorzugendes) Répertoire.[1] Um die tieferen Wurzeln und Implikationen dieses klassizistisch gefärbten Eklektizismus haben sich freilich bis jetzt weder Literatur- noch Theaterwissenschaft gekümmert. (*Das Sonntagsblatt*, in dem Schreyvogel 1807 und 1808 seine heftigsten Fehden mit der »neuen«: romantischen Schule ausfocht, das längst in einer neuen, kommentierten Ausgabe vorliegen müßte, ist allerdings nur schwer, in wenigen Bibliotheken, zu finden.)[2]

Insbesondere blieben bis jetzt die zahlreichen Hin- und Rückverweise auf die *englische* Klassik des »augustan age« von der germanistischen Kritik unbemerkt und unerörtert, wie überhaupt die »englischen« Quellen der österreichischen Aufklärungsliteratur noch eingehender Studien harren.[3]

---

1 Zu Schreyvogels Leben und Werk, cf. Roger Bauer, *La Réalité, Royaume de Dieu*, München 1965, 85–96, 373–391, und passim; Bibliographie S. 571–572.

2 Zum vorliegenden Aufsatz konnten wir die Exzerpte benützen, die wir vor Jahren nach dem Exemplar der Theatersammlung des N.B. in Wien aufzeichneten: *Sonntagsblatt, oder Untersuchungen von Thomas West*, 2 Bde., 1807, 3 Bde. 1808, 1 Bd. 1809. (*SB.* 1807–II,100 = *Sonntagsblatt* 1807, Bd. II, S. 100.) Einige wichtige Aufsätze aus dem *S.B.* sind abgedruckt in: West, Thomas und Karl August, *Ges. Schriften*, 4 Bde. (I,1–I,2; II,1–II,2), Braunschweig 1829.

3 Cf. bereits Alexander von Weilen in seiner Rezension von J. Schreyvogel, *Tagebücher*, ed. Glossy (in: *Euphorion* XI, S. 608): »Der Zusammenhang mit den englischen Wochenschriften ist klar, es wäre jedoch dankenswert, genauere Forschungen anzustellen.«

Die Vorbilder des Sonntagsblatts

Wie ein evidenter Topos, oder wie eine keine Nachprüfung fordernde Charakteristik, kehrt seit Schönbachs Aufsatz von 1879 in der Sekundärliteratur die Behauptung wieder, das *Sonntagsblatt* sei bloß eine verspätete »moralische Wochenschrift«, eine der unzähligen, die seit Beginn des 18. Jahrhunderts, zuerst in England, dann überall auf dem Kontinent aber v.a. in Deutschland, gedruckt und vertrieben wurden. Selbst nach Jakob Zeidler – wohl vertraut mit englischer Literatur – »wohnt [Schreyvogel] unleugbar etwas Veraltetes inne«, wenn er die Konvention von einer »Sozietät« (bei ihm die »stillen Gesellschaft«) übernimmt, deren angebliche Gespräche er zu veröffentlichen vorgibt.[4] Rudolf Holzer entdeckt sogar in »Schreyvogels »journalistische[r] Technik ein[en] Rückfall um fünfzig Jahre«, und, die älteren Feststellungen Schönbachs fast wort-wörtlich wiederholend, fügt er hinzu: »Es war eine Nachahmung der alten englischen Wochenschriften; die zahlreichen Zitate, vornehmlich aus dem *Spectator*, beweisen, daß Schreyvogel das Unternehmen Addisons und Steeles beständig im Sinne lag; aus dem *Rambler* hat er zweimal, ohne die Quelle zu nennen, Stücke übersetzt.«[5]

Unbestreitbar ist in der Tat die Wiederaufnahme von seit Addison und Steele geltenden Konventionen z.B. der anonymen und meist kollektiven Autorschaft oder der »sittlich-lehrhaften Intention«. Selbst die wiederholten Rückverweise auf die englischen Modelle gehören zu den »Gattungseigenschaften aller moralischen Wochenschriften«.[6] Wortwörtlich genommen würde jedoch der von Rudolf Holzer behauptete »Rückfall um fünfzig Jahre« bedeuten, daß sich Schreyvogel v.a. an den Wochenschriften der Mitte des Jahrhunderts orientierte, d.h. an dem *Rambler* (1750–52) und möglicherweise an Sonnenfels' *Mann ohne Vorurtheil* (1765–67). Die beiden, bereits von Schönbach festgestellten Entlehnungen aus dem *Rambler* reichen jedoch zur Begründung nicht

---

[4] Cf. Anton Schönbach, *Gesammelte Aufsätze*, Graz 1900. (Der zuerst in der »Wiener Abendpost vom 4. bis 6. März 1879« erschienene Aufsatz »Joseph Schreyvogel-West« nimmt hier die Seiten 107–137 ein.) Zeidler in: J. W. Nagl – Jakob Zeidler – Eduard Castle, *Deutsch-Österreichische Literaturgeschichte*, 2. Bd. Von 1750–1844, Wien o.D. (nach 1914), S. 667.

[5] Ibid. S. 873 (in einem von Holzer redigierten Heft). Verweis auf Schönbach, a.a.O. 116, wo die Stücke *Über Kritik und ihren Ursprung* (1807–II,201) und *Der Tempel des Ruhmes* (1808–I,83) als Entlehnungen aus dem *Rambler* identifiziert werden.

[6] Wolfgang Martens, *Die Botschaft der Tugend. Die Aufklärung im Spiegel der deutschen Moralischen Wochenschriften.* Stuttgart 1968, S. 16ff.

aus, und noch weniger überzeugend ist der – implizite – Verweis auf den *Mann ohne Vorurtheil:* der Ton Schreyvogels, sein Humor und seine klare und gewandte Sprache lassen sich nicht mit der schulmeisterlichen und schwerfälligen Art Sonnenfels' vergleichen. Überzeugender ist denn auch Schönbachs Ausgangs- und Grundthese, nach der Addisons und Steeles »Unternehmen« als erste und wichtigste »Quelle« Schreyvogels anzusehen sei. Ähnlich weist Karl Glossy darauf hin, daß die »Sozietät«, deren Mitglieder sich verpflichten, für den *Spectator* Beiträge zu leisten, Schreyvogel als Modell diente für seine eigene »Stille Gesellschaft«.[7] Indem andere, spätere Exegeten – die gleichwohl sonst Schönbach fleißig abschrieben – den Akzent auf spätere Repräsentanten des Genres und sogar auf dieses Genre als Ganzes legten, verwischten sie die Proportionen und verwiesen sie – so Holzer – Schreyvogel in die Rolle eines bloßen blinden, passiven Epigonen. Plausibler (weil besser zum Schreyvogelbild passend, das sich aus einer unbefangenen Lektüre der Texte ergibt) ist somit auch die Annahme, daß Schreyvogel sich nicht so sehr an die Gattung, an ihre Regeln und Konventionen gehalten hat, sondern eher bestrebt war, die ältesten und die besten, d.h. »klassischen« Modelle auf eine eigene, persönliche Art nachzuahmen und sie seiner Gegenwart anzupassen. Nicht mit einem »Rückfall« haben wir es zu tun, sondern mit einem bewußten Versuch, eine klassische Form zu erneuern.

Für die Richtigkeit dieser Ansicht sprechen sowohl spätere Bemerkungen Schreyvogels wie die Parallelen, die sich überall in seinen Publikationen bzw. literarisch-theatralischen Initiativen entdecken lassen. Es ist vor allem wegen des späteren Datums sehr interessant, daß lange noch nach der Zeit des *Sonntagsblatts,* Schreyvogel erneut Johnson, Addison und Steele liest und noch einmal plant, sie für eine neue Publikation zum Vorbild zu nehmen. Die Eintragung ins *Tagebuch* vom Neujahrstag 1811 beginnt mit einem Zitat aus Addisons *Cato.* Am 13. November 1813 berichtet er nicht nur davon, daß er eben wieder den *Rambler* zu lesen begonnen hat, sondern auch von seinem Vorsatz, »nach und nach in [s]eine Lectüre die Ordnung [zu] bringen, die [s]einen literarischen Plänen am angemessensten ist«. Er fügt noch hinzu: »Ein Wochenblatt *(Winterabende von Th. West)* scheint noch immer das nächste zu sein, an

[7] Schönbach, a.a.O. S. 116; Karl Glossy, *Joseph Schreyvogels Projekt einer Wochenschrift* (in: *Jahrbuch der Grillparzer-Gesellschaft,* VIII, 1898, S. 304–324), S. 304, 312 ff., 316; Cf. Karl Glossy, Vorwort zu: J. Schreyvogel, *Tagebücher* (1810 bis 1823), 2. Bd. Berlin 1903, I. S. XLII.

dessen Ausführung ich denken kann.« Einen Tag später, am 14. November, kommt er noch einmal auf diesen Gedanken zurück: »Ich las den *Rambler*, mit dem ich auch fortfahren und so nach und nach die englischen Wochenschriften alle durchlesen will. Anwenden kann ich viel aus den englischen Wochenschriften; denn ich muß meinen *Winterabenden* einen ausgedehnteren Plan geben, wenigstens in den ersten Jahren, um mir Leser zu verschaffen.« Am 16. November notiert er: »Ich las im *Rambler*. Dieser Charakter einer Wochenschrift wird mir angemessener sein als der des *Spectator* [= des Vorbilds des *Sonntagsblattes*?]; ruhige Vernunft, Ernst, zuweilen Schärfe.« Bereits am 28. November berichtet er von der ersten Arbeit an den *Winterabenden*. Etwas später erwähnt er noch andere Werke Samuel Johnsons (2. Dez.). Dann (9.–10. Dez.) berichtet er erneut von der Lektüre des *Tatler:* des »älteste[n] Wochenblatt[s]«. Abermals fühlt sich Schreyvogel entzückt von »Addisons Humor« (10. Dez., 18. Dez.): »für die Kunst des Wochenschriftstellers [ist] viel von ihm zu lernen« (18. Dez.). Nur die »klassischen« englischen Wochenschriften, die für ihn, trotz des zeitlichen Abstands ihre volle Aktualität behalten, stehen ihm also vor Augen bei seinen neuen Plänen. Denn: »Die Deutschen haben nichts Ähnliches, die Franzosen ebensowenig« (5. Dez., nach Lektüre des *Rambler*).[8]

Die Tendenz, sich an klassische Texte anzuschließen mit dem Vorsatz, diese zu aktualisieren und zu lokalisieren, ist überhaupt typisch für die Arbeitsweise Schreyvogels. Bereits den ersten Kritikern, die sich mit ihm befaßten, ist dies aufgefallen. Anton Schönbach z. B. findet die »Haltung der Schrift« (gemeint sind die in Wielands *Teutschem Merkur* publizierten Fragmente des Romans *Der deutsche Lovelace*) »ungemein bezeichnend«: »Er [Schreyvogel] greift auf Richardson zurück in Stil und Costüm; die ›Neue Heloise‹ ist ebenso wie ›Werther‹ an ihm vorübergegangen, ohne daß durch Reminiscenzen ein tieferer Eindruck bekundet wäre.«[9] Rückkehr zum Ursprung also auch hier, zum ersten, besten, d. h. »klassischen« Text einer Reihe.

Die Achtung vor den »Klassikern« – man darf verallgemeinern: vor den Klassikern jeder Art, jeder Gattung – vereint sich bei Schreyvogel mit dem Bewußtsein, daß auch die ehrwürdigsten Texte (v. a. die dramatischen) der jeweiligen Situation und dem »reellen« Publikum angepaßt werden müssen. Als »Hoftheatersekretär« nimmt er sich, ab

---

8 Zitiert nach der unter 7 angegebenen Ausgabe der *Tagebücher*.
9 Schönbach, a.a.O. S. 113.

1814, vor, in das Repertoire des Burgtheaters die wichtigsten Dramen der Weltliteratur aufzunehmen. Zugleich aber ist er der Meinung, daß diese Stücke den »dramatischen« Erwartungen, dem ästhetischen Geschmack des Publikums und sogar den geltenden moralischen Konventionen entsprechend umgestaltet werden müssen. Kotzebue, den er als erfahrenen Theatermann schätzt, soll für sein Haus Gozzi, Farquhar, Congreve bearbeiten; er selbst »adaptiert« Shakespeare, Calderón und sogar jene Stücke der Weimarer Klassiker, die wegen ihrer zu freien Form eher als »Lesestücke« zu gelten haben und nicht, oder nur schwer, in ihrer ursprünglichen Gestalt spielbar sind.[10]

Ähnliches gilt für das *Sonntagsblatt:* obzwar konzipiert als »Nachahmung« der »alten« Wochenschriften (der besten englischen, dürfen wir hinzufügen), ist diese Publikation zugleich eine typisch wienerische. Die Mitglieder der »Stillen Gesellschaft« sind, trotz ihrer halb-englischen, halb-deutschen Namen: West, Brink, Solms, Palmer usw., Wiener und Österreicher. Sie debattieren und streiten über aktuelle und lokale Probleme, z. B. über die positiven und negativen Folgen der »Neuerungen«, d. h. jedes Eingriffs (reformatorischer oder restaurativer Natur) in bestehende Verhältnisse. Ein solcher Eingriff war z. B. die Säkularisierung der Abtei von Aschbach *(Die Karthause oder die Neuerungen).*[11]

Entsprechend der im *Spectator,* im *Guardian* und im *Tatler* geübten Praxis, die bezeichnenderweise sonst nur in wenigen »deutschen« Wochenschriften wiederkehrt,[12] nehmen im *Sonntagsblatt* die literaturtheoretischen und -kritischen Aufsätze einen ungewöhnlich breiten Raum ein. Es werden aktuelle Themen diskutiert, d. h. die neueren Produktionen mit den alten »klassischen« Modellen verglichen. So ist z. B. die Rede von Schillers (nach Schreyvogels Meinung) zu gewagter Auffassung der Funktion des Chors in der Tragödie. Und immer wieder beklagt Schreyvogel die drohende Degradierung und Verwahrlosung der Literatur: die Abkehr von den bewährten, guten Modellen, an der die »Neuerer« die Schuld tragen: die Romantiker und die Philosophen des Absoluten, v. a. Fichte und Schelling.

---

10 Cf. *Tagebücher,* passim; Roger Bauer: *La Réalité, Royaume de Dieu* …, S. 386–388.
11 *S.B.* 1807–I,53 ff., 69 ff. = *G.S.* I,2, 235 ff.
12 Martens, a.a.O. S. 442.

Die englische Klassik als Maßstab und Referenzgröße

In seiner Polemik gegen die Anmaßungen der neuen Poetik und Ästhetik beruft sich Schreyvogel wiederholt auf die bewährte Praxis: »Ich kenne keine Kunst als die ausübende«, heißt es im Aufsatz *Über den Chor im Trauerspiel.*[13] Immer wieder wird die Autorität der anerkannten »Kunstrichter von Aristoteles bis Lessing« angerufen,[14] wobei zu bemerken ist, daß die Verehrung des letzteren sich zuweilen zu einem Quasi-Kult steigert.[15]

Zum selben Komplex gehört Schreyvogels für die Zeit ungewöhnliche Hochschätzung des französischen Theaters. Den dadurch entstehenden Widerspruch zu seiner Lessingverehrung löst er, indem er die Verdammung Corneilles in der *Hamburgischen Dramaturgie* als verständliche Reaktion auf eine maßlose Gallomanie exkulpiert. Zugleich aber beteuert er seine Überzeugung, daß in der neuen Konjunktur Lessing die Partei Racines und Corneilles gegen die Schlegel ergreifen würde.[16]

Nicht minder bedeutend als die Autorität der Alten und der Franzosen ist die der englischen Klassiker des »augustan age«, zumal der zeitliche Abstand geringer ist. Schreyvogels Schriften liefern eine zusätzliche Illustration für die oft übersehene Tatsache, daß Autoren wie Pope, Swift, Addison, später Fielding und Sterne im Josephinischen Wien nicht nur ein immenses Prestige genossen, sondern die ganze österreichische Aufklärung entscheidend beeinflußten. Um nur einige wenige Beispiele anzuführen: Schreyvogels einstiger Lehrer und Förderer, Johann Baptist von Alxinger[17] übersetzte und überarbeitete verschiedene Stücke von Pope, Swift, Addison ...[18] Eine der bedeutendsten und heute noch lesenswerten Schriften der Josephinischen Ära, J. F. Ratschkys *Melchior Striegel,* ist sogar als eine originelle, sehr »wienerische« Erneuerung des englischen »mock-heroic poem« anzusehen.[19]

Vergleichbar mit dem Verhältnis Ratschkys zu Pope scheint auch dasjenige zu sein, das zwischen Schreyvogel und den von ihm verehrten

---

13 *S.B.* 1807–II,65 ff (Zitat S. 75) = *G.S.* II,2, 131 ff.

14 *S.B.* 1807–II,42.

15 *La Réalité, Royaume de Dieu* ..., S. 383.

16 *S.B.* 1807–I,131; 1808–I,305; Cf. *Tagebücher* II, S. 8 (anläßlich einer Lektüre Destouches'): »Was ist das deutsche Theater doch gegen das französische?«

17 Schreyvogel gab mit ihm die *Österreichische Monatsschrift* heraus. Dort veröffentlichte er einige seiner ersten Produktionen.

18 J. B. Alxinger, *Sämmtliche poetische Schriften,* Leipzig 1784, S. 109, 163, 149, 118.

19 Cf. unser Aufsatz: *Ein »mock-heroic poem« in deutscher Sprache: Joseph Franz Ratschkys »Melchior Striegel«,* in: *Festschrift Heinz Politzer.*

Addison, Steele und Johnson bestand. Aber auch Pope zählt zu seinen Gewährsleuten. D. h. de facto liefert ihm ein gesamt-europäischer »klassischer« Kanon die Maßstäbe für die Beurteilung der neuesten Produktion.

In einer Besprechung der gerade erschienenen Bearbeitung des Nibelungenliedes von Friedrich Heinrich von der Hagen werden die Fronten genau abgesteckt: auf der einen Seite stehen die Bewunderer und Parteigänger einer exklusiven »Nationalpoesie« und somit von Primitivismen und Irrationalismen aller Art, »der alten Schneider- und Wildschützlieder, der Hans-Sachsischen Plattheit, des Jacob-Böhme'schen Unsinns«, auf der anderen die der Tradition treuen Verehrer der *Ilias* und der *Odyssee.* Das heißt, im »Vertilgungskrieg, den das Athenäum, die Recensenten der Jenaer Literaturzeitung, die Herren Görres, v. Arnim, Ast, Brentano ...« gegen die guten Autoren aller Zeiten unternommen haben, stellt sich Schreyvogel auf deren Seite. Und in diesem Zusammenhang nennt er ihre Namen, mit den Deutschen beginnend: »Wieland, Engel, Garve, Mendelssohn, Voß usw.«. Diese Zöglinge der Alten, die zugleich als die Vertreter einer primär um die Moral und Glückseligkeit besorgten »Weltweisheit« anzusehen sind, werden dann – zu ihrer Bestätigung – mit den »Klassikern« verglichen: den alten natürlich, aber auch mit den neueren, in Frankreich und in England. In diesem Kontext werden folgende Namen nacheinander genannt: »Racine, Molière, Voltaire, Diderot etc., Pope, Addison, Swift, Richardson, Fielding etc., Virgil, Terenz, Cicero ..., Euripides, Menander, Aristoteles.« Einige Zeilen weiter werden abermals Pope, Addison, Voltaire genannt und in eine Reihe gestellt mit Uz, Engel, Wieland. Bemerkenswert ist noch, daß auf der Gegenseite dieser Kanon nicht weniger entschieden abgelehnt wird. Von der Hagen spricht seinerseits von einem »aftergoldne[n] Zeitalter der Franzosen und Engländer«, wofür ihn Schreyvogel natürlich rügt.[20]

Immer wieder wird auf das »augustan age« angespielt, z. B. wenn »Hans Stolidus« der Hoffnung Ausdruck gibt, daß man auch in Wien bald einsehen wird, »wie tief die Zeiten Ludwigs XIV., der Königin Anna [!] und des Königs Friedrich in Geschmack und Sprache unter dem Zeitalter Till Eulenspiegels und der Genoveva standen«.[21] Auffal-

---

20 *S.B. 1807*–II,384 ff (»Briefe an den Herausgeber«) = *G.S.* II,2,230–8 (»An den Herausgeber des Sonntagsblatt«).

21 *S.B.* 1808–I,111 = *G.S.* II,2,311 (in: »Zweiter Brief des Herrn Hans Stolidus an den Herausgeber«).

lend ist hier, daß neben dem »siècle de Louis XIV« und dem »augustan age« für Deutschland ein gleichermaßen beispielhaftes Zeitalter, dasjenige Friedrichs II. vindiziert wird: das Zeitalter Lessings, Wielands und Mendelssohns.

Duncen und Dunsen

Auch in dem Aufsatz über *Die Familie der Dunse in Deutschland, oder Die Dunsenstühle*[22] ist eine doppelte, englisch-deutsche, Bezugnahme (auf Pope und Lessing) bemerkenswert.

Die Kommentatoren sind sich einig, daß das Wort »Dunce« oder »Duns« auf den Namen des »doctor subtilis« Duns Scotus zurückzuführen ist, und wie es scheint, bedienten sich schon die Humanisten dieses Namens, um die Vertreter der älteren, überholten, antiquierten Wissenschaft und Philosophie zu verspotten.[23] Auch in Deutschland scheint das Wort früh geläufig gewesen zu sein. Wenn Schreyvogel selbst am Beginn seines Aufsatzes von den »Dunsen« spricht, die um die Mitte des Jahrhunderts »in Deutschland gelebt« haben und »mit dem Herrn Professor Gottsched in sehr vertrautem Verhältnis gestanden haben müssen«,[24] verweist er auf Lessing, der in seinem »Sinngedicht«: *Antwort auf die Frage: Wer ist der große Duns?* (1755) auf unmißverständliche Weise Gottsched als diesen identifizierte. Aber der Gebrauch des Wortes und des Begriffes bei Lessing und bei anderen, wie dem von Schreyvogel genannten Charles Palissot de Montenoy (seine *Dunciade ou la guerre des sots* erschien 1764) beweist zu guter Letzt nur das unerhörte Echo in ganz Europa von Alexander Popes *Dunciad*, einem »mock-heroic poem«, das einen seit langem in England geläufigen Topos variiert. (Um nur ein Beispiel zu nennen: bereits in Drydens *Mac Flecknoe* ist die Rede von einem Duncen als dem »dummen« Herrscher im Reiche der verkehrten Poesie.)

Daß Schreyvogel wirklich und unmittelbar an Pope dachte, beweist gleich zu Beginn seines Aufsatzes, die Erwähnung der »Katastrophe, die

---

22 *S.B.* 1808–I,3 ff. = *G.S.* II,2, 107–118. Wir zitieren fortan aus diesem Text ohne Seitenangabe (wegen der relativen Kürze) unter dem Titel: »Die Dunsenstühle«.

23 Cf. Aubrey L. Williams, *Pope's Dunciad. A Study of its Meaning.* London 1955, S. 109 ff: »with the humanists of the sixteenth century it [the name] had taken on the sense of ›cavilling sophists‹, ›hair splitting pedant‹.«

24 Cf. *Die Dunsenstühle.*

nach der Geschichte das Haus der Dunse um das Jahr 1742 in England erlitt«[25]. Ohne Zweifel wird hier angespielt auf die Publikation der vollständigen *Dunciad* im Jahre 1743, und zwar unter dem Titel: *The Dunciad in four Books. Printed according to the complete copy found in the year 1742.*[26]

Die anschließend erfolgte »Auswanderung mehrerer Abkommen dieses Hauses« nach Deutschland, von der Schreyvogel phantasiert, gibt Anlaß zu folgenden Bemerkungen. Das Wort erhält eine neue Bedeutung, es entstehen neue Konnotationen. Bei Pope tragen die sich ablösenden Herrscher im Reiche der Dullness – der Dummköpfigkeit – jeweils nach ihrer Thronbesteigung den Namen »Dunce«: »Dunce the second reigns like Dunce the first« (I,6) ... »High on a gorgeous seat« (II,1). Anderswo erscheinen sie – im Plural – als Söhne der Göttin Dullness: als »dumme« und schlechte Poeten, eben als »Dunce« (II,25 ff.; III,224 etc.). Im deutschen Kontext ergeben sich – schon vom Laut und Klang her – noch andere Verknüpfungen: »Dunse« erinnert an »Hanse«, vornehmlich in der Verbindung »deutsche Dunse«. Und wenn der Autor die »Dunse« noch als »Literarische Freimaurerei«[27] oder gar als »Literarische Vehme« verklagt, wirken solche Assoziationen nach.

Das Wort »Vehme« erscheint zuerst in einem vom Schreyvogel zitierten Satz von der Hagens: die »Autorität des allgemeinen Publikums, wie die des Aristoteles [verwerfend] appelirt [v. d. Hagen, dessen Worte wiedergegeben werden] dagegen an *ein gewisses höheres unsichtbares Publikum,* das in Deutschland, *gleich einer heilsamen literarischen Vehme,* zu existiren scheint, und welches *geheime Tribunal* aus den *größten* und *trefflichsten* Männern besteht, – die außer und über ihrer Zeit stehen«. Gerade dieses »geheime« Tribunal will der »Herausgeber«, d. h. Schreyvogel, entlarven: »Wir glauben von diesem höheren, unsichtbaren Publikum, dessen Spuren wir seit langer Zeit verfolgen, bessere Nachrichten zu haben, als Hr. von der Hagen, wie wir in unserer *Geschichte der deutschen Dunse* seiner Zeit darthun werden.«[28]

---

25 Ebd.

26 Zur Chronologie der verschiedenen Ausgaben der *Dunciad,* cf. die Ausgabe von James Sutherland (= »The Twickenham Edition of the Poems of Alexander Pope«, Vol. V, London ²1953) und Aubrey L. Williams, a.a.O. S. 87 ff. – Die Angabe Payer von Thurns, *Joseph Schreyvogels Beziehungen zu Goethe* (in: *Jahrbuch der Grillparzer-Gesellschaft,* X, 1900, S. 96–128), S. 115–116, 1742 sei »der erste Text des Gedichtes« erschienen, entbehrt jeder Grundlage: die erste *Dunciad* in 3 Büchern erschien bereits 1729.

27 In: *Die Dunsenstühle.*

28 *G.S.* II–2, 236–237.

Eine ähnliche Germanisierung und somit Aktualisierung findet statt, wenn der »seat«, der Thron des Dunce – d. h. des verhöhnten Dichters: Theobald oder Cibber – sich zu einer ganzen Reihe von »Dunsenstühlen« vermehrt. Einer darunter ist als »Königsstuhl für das erst zu erwählende sichtbare Oberhaupt der Dunse« ausersehen. Aus der Sprache der Freimaurerei stammt wieder der Titel »Meister des Stuhls«, den in Wien ein »Herr Doktor Ezechiel Jonathan Godofred Duns« sich zugelegt haben soll.[29] Mit dem Aufsatz über die »Dunsenstühle« beginnt der zweite Band des *Sonntagsblatts,* d. h. er wurde Anfang 1808 abgedruckt. Um dieselbe Zeit – Januar 1808 – war A. W. Schlegel im Gefolge von Germaine de Staël in Wien angekommen, und etwas später, März 1808, hält er seine *Vorlesungen über dramatische Kunst und Literatur.* Diese Koinzidenz ist keine zufällige. In den Dunsen sind aber ganz allgemein *die* Romantiker und deren Anhänger zu sehen. Die »Dunsenstühle« stehen in den Hochburgen der »neuen Schule«, und dort, wo die mit ihr sympathisierenden Zeitschriften verlegt werden: in Jena (mit der *Literaturzeitung*), in Tübingen (mit dem *Morgenblatt*), in Berlin (wo einst das *Athenäum* erschien ...). In Wien jedoch soll jener »höchste« Dunsenstuhl errichtet werden! Als Zeichen des geglückten Einbruchs des Feindes bewertet Schreyvogel dann das Erscheinen von Stolls und Seckendorffs *Prometheus,* in dem sogar Beiträge Goethes erscheinen sollen! Nicht geringer ist sein Groll gegen den *Phöbus,* d. h. gegen Adam Müller, dessen enge Beziehungen zur Staatskanzlei (Gentz!) und zum Wiener Hofe ihm wie allen Josephinern skandalös und bedenklich scheinen.[30]

Die Romantiker, d. h. die Vertreter der »neuen« Schule, der Brüder Schlegel (vor allem diejenigen, die sich in Wien niedergelassen haben), sind also gemeint, wenn von den »jungen Dunsen« als Verschwörern und Geheimbündlern die Rede ist. Ein »Familienpakt«, so erfahren wir, macht es ihnen zur Pflicht und Aufgabe, auf »die Ehre der Schriftstellerei« zu verzichten, um desto leichter und »für immer ... von dem weitläufigen Gebiete der Kritik« Besitz nehmen zu können: »Ein Duns soll nie den Mund öffnen, ohne Etwas zu sagen, das klingt wie ein Orakelspruch«; »die einzige Absicht eines echten Dunses muß seyn, den Kredit und Einfluß seiner Familie ... gegen alle Welt zu behaupten

---

29 In: *Die Dunsenstühle.*

30 *S.B. 1808*–I,*109* = *G.S.* II,2, S. 307–316 (= »Zweiter Brief des Herrn Hans Stolidus ...). Zur Polemik gegen *Prometheus* und *Phoebus* cf. ebenfalls *S.B.* 1808–I,35 ff. = *G.S.* II,2, 277–288: »Deutsche Journale«; cf. ebenfalls *S.B.* 1808–I,151, 166, 333.

und auszubreiten«; »schließlich und hauptsächlich sind sämmtliche Mitglieder und Angehörige des Familienvereins gehalten, verpflichtet und an Eides Statt verbunden, *für die ehr- und glorwürdige Sache der Dunsenschaft* so viele Proselyten, Freunde und Vertheidiger anzuwerben, als irgend thunlich und möglich ist.«[31]

Da Goethe selbst sich »anwerben« ließ oder wenigstens nicht protestierte, als man sich seines Namens als eines Aushängeschilds bediente – hier ist wiederum die Anspielung auf den *Prometheus* augenfällig – richtet sich der Groll auch gegen ihn. Schreyvogel rügt »das Unanständige einer so zweydeutigen Patronanz« (zweideutig, weil am Ende doch nicht ganz ernstgemeint und nicht von Dauer).[32] Die Meinung Payer von Thurns freilich, daß Schreyvogel »hie und da nur scheinbar auf die Romantiker zielt, um Goethe selbst zu treffen«, ist eine forcierte und abwegige Konstruktion.[33]

In unserem Zusammenhang ist vor allem von Bedeutung, daß sich Schreyvogel – nach Pope – bei seiner literarischen Fehde des Bildmaterials bedient, das sich mit dem Wort und dem Begriff »Dunce« (bzw. »Dunse«) verbindet: wie der Zorn Popes sich einst gegen »all the Grubstreet race« (*Dunciad*, I,42), »the Grubstreet state« (II,184) richtete (die Vorstellung einer Verschwörung, einer festgefügten Organisation der gegnerischen Partei ist also bereits hier vorhanden), wettert Schreyvogel gegen die neuen, verschworenen Feinde des Verstandes und des guten Geschmacks.

Neben den bereits zitierten zwei Texten, in denen von den »Dunsen« die Rede ist: dem Aufsatz über *Die Dunsenstühle*, wo das baldige Erscheinen einer »Geschichte der deutschen Dunse« angekündigt wird, und dem *Brief an den Herausgeber* (über v. d. Hagen), wo diese Ankündigung wiederholt wird, ist noch ein dritter erwähnenswert. Er trägt den markanten Titel: *Pantalon und Smelfunga. Ein Beitrag zur Geschichte der Dunse.*[34]

Die Satire wendet sich abermals gegen die Dunse, genauer, gegen eine »geheime« Werkstätte [Loge?] der sonderbaren Familie oder Gesell-

---

31 In: *Die Dunsenstühle.*

32 *S.B.* 1808–I,105. Cf. Payer von Thurn, a.a.O., S. 106 ff. v. a. S. 113.

33 Payer, ebd. S. 106, erklärt diese Animosität mit der »starken persönlichen Verstimmung«, die nach seiner Meinung »Goethes kühl ablehnende Haltung« einst in Weimar »in dem selbstbewußten jungen Schriftsteller hervorgerufen hatte«. – Viele andere, positive Aussagen Schreyvogels über Goethe – Payer kennt und zitiert sie – sprechen gegen diese Deutung.

34 *S.B.* 1808–I,119 ff. = *G.S.* II,2, 296–307.

schaft«. Der Berichterstatter, einst Bibliothekar in einem adeligen Wiener Palais, das »der gewöhnliche Sammelplatz der einheimischen und hier durchreisenden Dunse ist«, erzählt, wie der Herr des Hauses – Signor Pantalon – sich von seinen Gästen in deren Dienst einspannen ließ: »Seit einiger Zeit ist auch der *Dunsen-Stuhl* in unserem Hotel errichtet.« Mehr noch: »man erzählt sich unter der höheren Dienerschaft, daß Signor entschlossen sey, auf alle Vorzüge seines Ranges und Standes Verzicht zu thun, um sich der Familie der Dunse förmlich einzuverleiben«.

Sogar wenn die Hypothese von direkten, persönlichen Anspielungen äußerst unwahrscheinlich ist, d.h. nur allgemein die Anfälligkeit gewisser Teile der Wiener Hocharistokratie für die neue Mode Objekt der Satire sein mag, zeugt die Einführung von so bekannten grotesken Masken wie Pantalone (aus der Commedia dell'arte) oder Smelfunga (frei nach Laurence Sterne) von einer bemerkenswerten Kühnheit. Wir wissen zum Beispiel, daß Adam Müller der Schützling der Kaiserin und ihres Bruders war: beide aus der Linie der Habsburg-Este! Die gesammte Haute-volée aber, aus welchen Gründen auch immer, dem der Neugierde inbegriffen, nahm an Schlegels Vorlesungen teil. In einem Brief berichtet er nicht ohne Stolz: »J'ai eu plus de 250 auditeurs, presque toute la haute noblesse, des hommes de la cour, des ministres d'état, des généraux, dix-huit princesses et beaucoup de femmes belles et spirituelles.«[35] Und wer weiß, warum oder wieso aus Sternes Smelfungus eine Smelfunga wurde, oder ob sich hinter Pantalon nicht doch vielleicht eine Pantalona verbirgt? In Wien machte man sich damals sehr deutlich über den »Professor Staël«, alias August Wilhelm Schlegel, lustig ...[36] Bemerkenswert genug bleibt auf jeden Fall die Tatsache, daß Pantalon und Smelfunga als untrennbares Paar erscheinen, daß Smelfunga das Objekt der enthusiastischen Verehrung Pantalons ist und somit in die Nähe des ebenfalls bewunderten Doktor Godofred Duns gerät: »wie sein [Pantalons] Herz durch die Reize der unvergleichlichen *Smelfunga*, so scheint sein Kopf durch das überwiegende Genie des Herrn *Godofred Duns* auf immer bezwungen zu seyn«. Die Anspielung auf Madame de Staël – neben August Wilhelm von Schlegel – scheint evident, obzwar, was vielleicht als Irreführung gedacht und gewollt ist, Smel-

---

35 Zitiert bei Josef Körner, *Die Botschaft der deutschen Romantik an Europa*, Augsburg 1929, S. 21.

36 So eine Notiz im Tagebuch des Grafen Zinzendorf. Zitiert bei: Jean Mistler, *Madame de Staël et Maurice O'Donnell*, Paris 1926, S. 121.

funga als eine echte Wienerin vorgestellt wird: »Sie wurde ehemals zu den Schönheiten unserer Stadt gezählt, und ist unstreitig noch jetzt eine der anziehendsten Personen ihres Geschlechtes.« Gleich darauf folgt aber eine beziehungsvolle Charakteristik, die an eine andere Friedrich Schlegels denken läßt: »Seine [= F. Schlegels!] Urtheile sind Eingebung, seine Meinungen Orakelsprüche«[37]; nun heißt es von Smelfunga: »Ihr Geschmack ist Gunst, ihre Urtheile sind Einfälle, ihre Neigungen Launen«...

Die Anfälligkeit der guten Gesellschaft für die »neuen« Ideen und Ideale ist im Grunde nicht sehr verschieden von der Schwäche Goethes, als er sich »anwerben« ließ: in beiden Fällen zeigt sich die fast satanische, auf Intrige und Betrug fußende Verführungskraft der »neuen« Schule oder besser der neuen literarischen Verschwörer: »Es hat mich zuweilen Wunder genommen, wie so stolze und vornehme Leute, als Signor Pantalon und die Dame Smelfunga sind [sie – Madame Staël? – ist also zugleich Betörerin und Betörte!], von dem beschränkten Witze eines bettelhaften Abenteurers – welcher Hr. Godofred Duns doch im Grunde ist – so schmählich unterjocht werden können.« Hinzu kommt, daß sie sich von einem »Fremden« betrügen lassen. Obwohl beide aus uraltem, eingesessenen Adel, zeigen sie »die vollkommenste Abneigung gegen alles Einheimische«.

Es ist dies die alte Klage der Wiener Poeten, man ziehe ihnen an hoher und höchster Stelle »Fremde« vor: Schwaben, Sachsen, Preußen, die so in die Lage versetzt würden, den österreichischen Parnaß zu beherrschen: die Klage Alxingers gegen die Falschheit seiner »protestantischen« Kollegen aus dem Norden,[38] oder die Ratschkys, dessen *Melchior Striegel* in abschätzig-lässiger Gebärde mit den Worten endet: »Laßt sie

---

37 *S.B.* 1808–I,323. NB! Zitat aus einer Besprechung der *Charakteristiken und Critiken* von A. W. und F. Schlegel, (in: *Athenäum*, I,2): das Urteil betrifft im Grunde beide Brüder.

38 Cf. G. Wilhelm, *Briefe des Dichters J.B. v. Alxingers*, in: Sitzungsberichte der philosophischen Classe der Akademie der Wissenschaften in Wien 1899, S. 80/81. In einem Brief an Nicolai vom 20. September 1794 wirft Alxinger diesem vor, er habe zwei Jahre lang seinen »Antihoffmann« in der »Allgemeinen Deutschen Bibliothek« nicht angezeigt und ihn dann »auf das Bitterste herabgemacht«. Anschließend schreibt er: »Doch ich bin an dieses Betragen der Protestanten gegen Catholiken und insbesondere gegen Wiener längst gewöhnt.« ... »Wenn ein Catholik und ein Wiener sich einbildet, daß die Protestanten (einige würdige Männer ausgenommen) und die übrigen Deutschen es redlich mit ihm meinen, so wird er gewiss bey der ersten Gelegenheit aus diesem Traum erwachen.«

koaxen, / Die kritischen Frösch' in Preußen und Sachsen!«,[39] oder noch die Klage Schreyvogels selbst, der immer wieder protestiert gegen die Anmaßung »unsere[r] gebiethende[n] Herrn, die Journalisten in Sachsen und Schwaben«.[40] Umgekehrt bescheinigt ein »Korrespondent« dem *Sonntagsblatt*, es zeige »österreichischen Geist« und sei somit fähig, unter »Landsleuten das Gefühl eigener Kraft und Unabhängigkeit [zu] erwecken«, um sie möglicherweise eines Tages von der »Vormundschaft der Journalisten von Berlin, Leipzig und Tübingen« zu befreien.[41]

In diesem Punkt grenzt die literarische Satire bereits an die politisch-soziale, und deren Kühnheit wird noch durch den gewagten und ungewohnten Rekurs auf die bereits erwähnten grotesken Masken unterstrichen. Denn auch »Smelfunga« ist eine wohlbekannte (literarische) Maske. Am Anfang von *A sentimental Journey*, »in the Street-Calais« begegnet Yorick dem gelehrten Smelfungus, der in der Art des literarisch-satirischen Portraits (der Vergleich mit La Bruyère liegt nahe) charakterisiert und vorgestellt wird: »The learned Smelfungus travelled from Boulogne to Paris, from Paris to Rome, and so on, but he set out with the spleen and jaundice, and every object he pass'd by was discoloured or distorted. He wrote an account of them, but 'twas nothing but the account of his miserable feelings.«

Wie Smelfungus im Römischen Pantheon nur eine Arena für Hahnenkämpfe zu sehen vermag, so ist Smelfunga – *die* Romantik? – jedes fundierten, stimmenden ästhetischen Urteils unfähig: sie sieht nur sich selbst, ignoriert die Realität der Welt und dient (oder verfällt) somit einer abstrakten, d. h. von der Wirklichkeit abgesonderten Literatur und Philosophie. Schreyvogel, von dem bereits ein zeitgenössischer Kommentator im *Morgenblatt für gebildete Stände* bemerken konnte, daß er eine »veraltete« Sprache gebrauche und »manchmal yorikisiere«,[42] verdankte den englischen Klassikern sowohl die Maßstäbe, an denen er die »Neuerer« maß, wie die Elemente: die Sprache, die Topoi, die Mythen, derer er sich in den Fragmenten (oder Ansätzen zu) seiner »deutschen Dunciade« bediente.

---

39 J. F. Ratschky, *Melchior Striegel. Ein heroischepisches Gedicht.* Neue verbesserte Ausgabe (o. O.), 1799, S. 275.

40 *S.B.* 1808–I,35 = *G.S.* II,2, 278.

41 *S.B.* 1808–I, 126–127.

42 Zitiert von Alexander von Weilen, a.a.O., S. 608/9: »die Sprache ist sehr veraltet, manchmal yorikisiert der Verfasser, manchmal sucht er Wieland etwas abzuborgen, aber nicht mit viel Glück«.

Käte Hamburger

My uncle Toby

Es erscheint als ein überflüssiges Unterfangen, den zahlreichen Analysen der Erzählstruktur von Sternes *Tristram Shandy* eine weitere hinzuzufügen. Die skurril-arabeske Erzählweise dieses Romans, als eines Unikums der erzählenden Dichtung überhaupt, ist unter allen möglichen Gesichtspunkten untersucht worden: die Unordnung des Aufbaus, die Assoziationsstruktur der »digressions«,[1] der Dialog des Autors mit dem Leser,[2] die intrikate Form, in der sich das Erzählen von »life and opinions« Tristrams zugleich als das Schreiben, die Herstellung des Buches enthüllt, weiter etwa die Funktion des Zitats,[3] und vor allem immer wieder die verwirrende Zeitstruktur,[4] die mit den genannten Strukturelementen zusammenhängt.

Soweit ich sehe, ist nur ein Strukturelement des *Tristram Shandy* nicht, jedenfalls nicht als ein wesentliches, ins Auge gefaßt, oder, wenn es erwähnt wurde, als ein nicht weiter problematisches, ja sogar bedeutungsloses Faktum hingenommen worden: dies, daß der Roman eine Ich-Erzählung ist. Auch dann, wenn diese Tatsache festgestellt und sogar eine gewisse Komplikation darin gespürt wurde, wie etwa von Mendilov und Fluchère,[5] wurde das darin enthaltene eigentliche Problem – wir dürfen vorgreifend sagen: der Erzählwitz dieser Ich-Erzählung – nicht gesehen, der Trick und der Witz, in dem ein großer Teil der erzählerischen Komplikationen wurzeln und der an dem Humor, der Komik des Romans einen beträchtlichen Anteil hat. Worin dieser Witz besteht,

---

1 Dazu besonders P. Michelsen, Lawrence Sterne u. d. deutsche Roman des 18. Jahrhunderts (Palaestra 232), Tübingen 1961.

2 U. a. J. M. Stedmond, The comic art of Lawrence Sterne. Convention and Innovation in ›Tristram Shandy‹ and ›A Sentimental Journey‹. University of Toronto Press 1967.

3 Herman Meyer, Das Zitat in der Erzählkunst, Stuttgart 1961. S. 69–88.

4 U. a. T. Baird, »The Time-Scheme of Tristram Shandy and a ›source‹«, in: P.M.L.A. LI (1936), S. 803–820; A. A. Mendilov, Time and the Novel. London 1952.

5 S. Anm. 7.

kann jedoch exakt erst analysiert werden, wenn man sich zuvor im klaren über die Verhältnisse ist, die in einem Ich-, und zwar einem Memoirenroman herrschen.

The Life and Opinions of Tristram Shandy ist ein Memoirenroman. Ein solcher ist dadurch strukturiert, daß der Memoirenschreiber zu einem früheren oder späteren Zeitpunkt seines Lebens seine Lebensgeschichte aufschreibt, ein Umstand, der für die echte Autobiographie ebenso gilt wie für die fingierte des Memoirenromans. Tristram Shandy, so gibt Buch I, Kap. 18, an,[6] ist am 9. März 1759 damit beschäftigt, in seinem 41. Lebensjahr, da er laut Buch I,5 am 5. November 1718 geboren wurde. Das für die Struktur entscheidende Moment ist, daß das Memoiren-Ich fix ist d.h. von einem bestimmten Zeitpunkt seines Lebens auf die vergangenen Stadien seines Lebens erinnernd zurückblickt. Dies enthält wiederum, daß das Ich des Memoirenschreibers auf die früheren Stadien seiner selbst als von seinem jetzigen Stadium verschiedene zurücksieht, auf sein Jugend-Ich etwa als ein anderes als das jetzt und hier schreibende, und wiederum ein anderes als das eines späteren Lebensstadiums. Dies ist die Form, in der uns nicht nur jeder Memoirenroman, eine fingierte Autobiographie, sondern, wie gesagt, auch jede echte Autobiographie begegnet. Und keineswegs besteht, wie H. Fluchère meint, die komplizierte Form der »fiction autobiographique« des *Tristram Shandy* darin, daß der Erzähler der Geschichte zugleich eine Person dieser Geschichte ist.[7] Die Identität des Ich-Erzählers mit seinen früheren Ich-Personen ist das natürliche Strukturprinzip jeder Autobiographie.

Nun aber unterscheidet sich die Form des Memoirenromans, der fingierten Autobiographie, dennoch von der echten oder realen, oder hat zum mindestens alle Lizenzen, dies zu tun. In ganz anderer Weise als das echte, historische Memoirenwerk verfügt der Memoirenroman über die erzählerischen Mittel, die erinnerte Vergangenheit wiederherzustellen, zu »vergegenwärtigen«.[8] Der Roman-Ich-Erzähler kann mit dichte-

---

[6] »Tristram Shandy« ist zitiert nach der Ausgabe der Pocket Library, New York 1957. – Die Zitate im Text werden nur durch Buch- und Kapitelzahl angegeben.

[7] La fiction autobiographique ... complique l'espérience du lecteur ... Tristram, qui est à la fois le narrateur racontant une histoire et un personnage de cette histoire (même s'il n'en est qu'un personnage mineur). (H. Fluchère, Lawrence Sterne, Paris 1957, S. 227.)

[8] Ich darf auf das Kapitel »Die Icherzählung« in meinem Buch »Die Logik der Dichtung«, Stuttgart ^{2}1968, hinweisen (Amerikan. Ausg. The Logic of Literature. Indiana University Press 1973).

rischer Lizenz über die Grenze hinausgehen, die dem echten Autobiographen durch die Forderung der Wahrheitstreue gesetzt ist. Dieser kann, wenn er wirklichkeits- und wahrheitsgetreu berichten, Wahrheit und Dichtung nicht mischen will, nicht ausgedehnte Dialoge zwischen ihm selbst und anderen Personen, und noch weniger zwischen anderen Personen unter sich, wiedergeben, die z.B. 30 Jahre zurückliegen (von der Möglichkeit des Mitschreibens oder moderner Bandaufnahmen natürlich abgesehen). Das unmittelbare Leben, das durch hier und jetzt miteinander redende, sich hierhin und dorthin bewegende Personen erzeugt wird, kann als echte Vergangenheitserinnerung nicht reproduziert werden. Das Gespräch, das zusammen mit anderen Mitteln eine lang vergangene Situation vergegenwärtigt, hat den Charakter des Erdichteten, der jetzt und hier sich abspielenden Romanszene, nicht den der aus der Gegenwart des Schreibenden erinnerten Vergangenheit. Diese Form der Vergegenwärtigung kann der Memoirenroman nach Belieben verwenden und ausgestalten, eben weil er sich als Roman darbietet.

Nur zwei Darstellungsmittel kann auch der Memoirenroman nicht verwenden, sofern er die Struktur des Ich-Romans bewahren, d.h. die Ich-Perspektive nicht aufgeben will. Er kann die Personen, von denen der Ich-Erzähler als in seinem Leben vorgekommene erzählt, nicht mit sich allein, nicht durch direkten oder indirekten Monolog schildern. Denn er kann, wie jeder echte Autobiograph auch, ja jeder Berichtende überhaupt, nicht wissen, was im Innern anderer Personen vor sich geht. Aber der Roman-Ich-Erzähler kann auch solche Szenen nicht darstellen, in denen er selbst, immer gedacht in einem früheren Stadium seines Lebens, nicht anwesend war, also auch nicht Gesprächssituationen, die zwischen mehreren anderen Personen stattgefunden haben. In den ausgedehnten Gesprächssituationen im Salon der Herzogin von Guermantes bei Proust ist der Ich-Erzähler immer anwesend, auch wenn er durch lange Partien hindurch nicht in die Gespräche der versammelten Gäste einbezogen ist und der Leser des Ich-Erzählers sozusagen vergißt. Indem er dann aber, wie flüchtig und auf beiläufig unscheinbare Weise auch immer, sich als Anwesender und damit als Erzähler wieder meldet, bleibt er der Garant dafür, daß die Gespräche geführt wurden und ohne ihn nicht zur Kenntnis hätten gebracht werden können. Eine der vielen Stellen, die das zeigen, sei nachstehend wiedergegeben (wobei, da die langen Repliken hier nicht vollständig zitiert zu werden brauchen, die Punkte jeweils die Fortsetzung bezeichnen):

> Mais oui, reprit la duchesse ... Mais enfin, l'autre jour j'ai été avec la grande-duchesse au Louvre, nous avons passé devant *l'Olympia* de Manet ... Elle va bien, la grande-duchesse, demanda la princesse de Parme, à qui la tante du tsar était infiniment plus familière que le modèle de Manet ... Oui, nous avons parlé de vous. Au fond, reprit la duchesse, qui tenait à son idée ... Du reste je reconnais que ce n'est exact de personne autant que de Gilbert ...
> Je viens justement de diner avec lui chez Mme de Villeparisis, dit le général ...
> ... Je ne dis du reste pas cela contre lui, répondit la duchesse ... Quoique Elstir ait fait un beau portrait de moi ... Cela imite les *Régentes de l'hôpital* de Hals ... j'étais allé autrefois ... à la Haye ...
> Ah! La Haye, quel musée' s'écria M. de Guermantes. *Je lui dis* qu'il y avait sans doute admiré la *Vue de Delft* de Vermeer ...[9]

– die erste Stelle (von mir kursiv), an der der Ich-Erzähler sich wieder meldet. Die ausgedehnten Gesprächssituationen des Proustschen Memoirenromans, in die mehrere Personen verwickelt sind, mögen als Richtmuster dienen, den Erzählwitz des *Tristram Shandy* als eines Memoiren-Ich-Romans zu durchschauen, ein Erzählwitz, der – um nunmehr den Sinn des Titels dieses Aufsatzes anzudeuten – in der fast epithetischen Formel »my uncle Toby« seinen letzten Sinn erhält.
Soweit ich sehe, scheint es nicht genügend beachtet worden zu sein, daß der Hauptteil des Romans, von Buch I,21 bis Buch VI inkl. die Grundstruktur der Gesprächssituation hat, aus der die zahllosen »digressions« in zwar extremer Vielfältigkeit und Ausdehnung, aber auf eine an sich nicht unnatürliche, das Gesetz des Memoirenromans noch nicht überschreitende Weise sich entwickeln. Mit den Worten »I wonder what's all that noise ...« setzt Buch I,21 die erste und ausgedehnte Gesprächssituation ein, die etwa bis Buch V sich erstreckt, inbegriffen alle eingeschobenen Abhandlungen wie in Buch II Korporal Trims Vorlesung aus dem Stevenius oder den Nasentraktat des Slawkenbergius. Auch in Buch V und Buch VI setzen sich die Gesprächssituationen, wenn auch weniger zusammenhängend, noch fort, bis mit Buch VII eine andere Struktur erscheint.

> I wonder what's all that noise, and running backwards and forwards, above stairs, quoth my father, addressing himself, after an hour and a half's silence, to my uncle Toby, who, you must know, was sitting on the opposite side of the fire ...

Mit diesem Einsatz von I,21 ist die skurrile Struktur dieses Ich-Romans,

---

[9] A la Recherche du Temps perdu II. Bibliothèque de la Pléiade, S. 522 f.

wir können sagen das humoristische Spiel, das mit ihm getrieben wird, konstituiert. In den 20 vorhergehenden Kapiteln geht es zwar schon sehr arabesk, aber im Rahmen der Memoirenstruktur noch normal zu. Das Memoiren-Ich meldet sich mit dem ersten Wort des Romans in aller Deutlichkeit: »I wish either my father or my mother, or indeed both of them, ... had minded what they were about when they begot me ...«, worauf die berühmte anstößige Zeugungsschnurre folgt, das Memoiren-Ich Tristram aber durchaus ordnungsgemäß berichtet, daß er seine Kenntnis dieser Geschichte seinem Onkel Mr. Tobias Shandy verdanke, dem sie wiederum sein Vater selbst anvertraut habe (I,3). In Ordnung und traditionell ist es, daß die Memoiren mit der Vorstellung der Eltern und mit der mehr oder weniger ausführlichen Schilderung der Geburt beginnen. So hält es Lazarillo da Tormes, so hält es Gil Blas wie auch sehr betont und ausführlich Thomas Manns Felix Krull. Es fällt nicht aus dem Strukturrahmen, wenn anläßlich der Geburtsschilderung der Hebamme gedacht und ihr ein ausführliches Kapitel gewidmet wird (I,7) oder des Pfarrers Yorick (I,10) mitsamt den an seinen Namen geknüpften Hamletreminiszenzen. Und die von vornherein arabesk angelegte Erzählweise gestattet es, daß im 8. Kapitel die die Widmungen an Hochgeborene ironisierende »Virgin-Dedication« nachgeholt wird, die aus der durch Hörensagen gewußten Vergangenheit (des Status der Eltern zur Zeit der Geburt des Ich-Erzählers) in dessen schreibende Gegenwart zurücklenkt, wie dies noch mehrfach im Lauf der Erzählung erfolgt und keineswegs, wie wohl geäußert worden ist,[10] eine besondere Unordnung der Zeitebenen bedeutet. Vielmehr wird durch ein solches Mittel, wie auch durch die Betrachtungen, die »opinions«, die das Memoiren-Ich an die erzählten Begebenheiten und Personen knüpft, der Vorgang, die Struktur einer Autobiographie nur stärker unterstrichen.[11]

---

[10] Z.B. von A. Mendilov a.a.O. S. 183 f.: »Sterne makes great play with the contrast between the real time and the fictional time of the events he is recording.« Dazu ist zu bemerken, daß auch in einem Memoiren*roman* die Zeit des Schreibens und die der beschriebenen Vergangenheit nicht als reale und fiktionale Zeit unterschieden werden können. In einem echten Memoirenwerk sind beide Zeiten real, in einem Memoirenroman fingiert real.

[11] Wenn W. C. Booth in seinem Aufsatz »The self-conscious narrator in comic fiction before Tristram Shandy« (P.M.L.A. LXVII, 1952) die Erzählereinmischung bei Fielding und anderen englischen humoristischen Romanen der Epoche als ein bei Sterne zur Vollendung gekommenes Erzählelement sieht und den Unterschied zwischen Fielding und Sterne nur darin, daß »the total impression derived from the intrusions of Fielding's narrator is that he knows where he is going, whereas Tristram ostensibly does not« (S. 176 f.), so ist dabei der Unterschied zwischen der

Besinnung auf die gegenwärtige Situation des Memoirenschreibers und mit ihr gegebene beurteilende Reflexion über das vergangene Geschehen gehört zum Wesen des Memoirenromans wie des echten Memoirenwerks und kann nur mehr oder weniger hervortretend sein. Sie ist z. B. schwach markiert vorhanden im *Felix Krull*, wenn der Memoirenschreiber Felix sich rückbesinnend fragt: »Was gab es noch, nachher und vorher, im Cirkus Stoudebeker? Sehr Mannigfaltiges, einen Überfluß gelenkiger Wunder. Das weiß ich, daß ich von Zeit zu Zeit meinen Gesellen, den Stanko, von der Seite betrachtete.«[12] Sie ist an manchen Stellen des »Simplicius Simplicissimus« ebenso reflexiv betont wie etwa in Goethes *Dichtung und Wahrheit*.[13] Es sind nicht die freilich zahlreichen Regressionen auf das Jetzt des Ich-Erzählers Tristram, die bei aller arabesken Skurrilität den eigentlichen Witz und Humor dieser Ich-Erzählung, den Witz ihrer Form und Struktur ausmachen. Und es ist, um nun zu dem springenden Punkt zu kommen, auch noch nicht die ausgedehnte Beschreibung der Geburt an sich; denn wenn auch das Memoiren-Ich diese nicht aus eigener Erinnerung beschreiben kann, so könnte er sie doch als ihm berichtete und überlieferte darstellen, wofür gerade der dies betonende Bericht Felix Krulls von seiner Geburt ein Beispiel ist.[14]

Man hat den Erzählwitz, der im *Tristram Shandy* mit I,21 einsetzt, entweder gar nicht beachtet oder ihn als erzähltechnische Entgleisung mißverstanden. Kaum braucht gesagt zu werden, worin er besteht. Das Memoiren-Ich schildert seine schwere Geburt, die in der Wochenstube im oberen Stock des Hauses vor sich geht, während unten in der Wohnstube sein Vater Walter Shandy und sein Onkel Toby im Gespräch zusammensitzen, Korporal Trim, Onkel Tobys Bursche, und Vater Shandys Diener Obadiah ab und zu gehen, Pfarrer Yorick und Dr. Slop, der Geburtshelfer, hinzukommen und sich auf unterschiedliche Weise ins Ge-

Er-erzählenden und der Ich-erzählenden Struktur vernachlässigt. In der letzteren kann nicht von einer Erzählereinmischung gesprochen werden, denn die »self-consciousness« ist mit der Ich-Struktur mitgegeben und damit seine Kommentierfreiheit beliebig groß.

12 Thomas Mann, Ges. Werke in zwölf Bänden. VII, S. 463.

13 Eine Beispielstelle aus dem Simplizissimus (I, Kap. 25) sei hergesetzt: »Ich wünschte, daß jederman bey meinem Einsidel wäre aufferzogen worden, / der Meynung / es würde alsdann auch männiglich der Welt Wesen mit Simplicii Augen ansehen / wie ichs damals beschauet.« (Grimmelshausen, Ges. Werke in Einzelbänden. Der Abentheurliche Simplicissimus Teutsch. Hrsg. von R. Tarot. Tübingen 1967, S. 73.) Zitate aus Dichtung und Wahrheit erübrigen sich.

14 »Meine Geburt ging, wenn ich recht unterrichtet bin, nur sehr langsam ... vonstatten.« A.a.O. S. 269.

spräch mischen – eine höchst belebte Szenerie, bei der der Fortgang der Geburt, der Verkehr mit der Wochenstube die kurze Zeit markieren, in der diese realiter vor sich geht, die Kürze der Zeit aber durch die Ausdehnung der Gespräche und die Beschreibung der Situation vergessen wird. Was hier erzählerisch vorgeht, ist, wie gesagt, kaum beachtet und wohl auch nicht erkannt worden. So wirft Mendilov dem Autor Sterne vor, daß dieser »does stretch the truth considerably in making Tristram describe what he did not witness and could not possibly have learned from other sources« und nachdem er (wie oben auch von uns beschrieben) für die Zeugungsgeschichte die Quelle seiner Information angegeben habe, »he abandons all pretence of coming by his information ... and with unclipped wings he soars into the convention of the omniscient author«.[15] Es ist verwunderlich, daß ein so genauer Beobachter, der Sterne zugesteht, daß er »was fully conscious of what he was about«,[16] hier nur eine unwillentliche methodische Entgleisung Sternes sieht und nicht bemerkt, daß ein sehr bewußtes Spiel eben mit dem Ich-Erzähler und der Ich-Erzählung getrieben wird. Denn allerdings ist hier eklatant gegen deren Gesetz verstoßen, Situationen und zumal Gesprächssituationen zwischen dritten Personen nicht wiedergeben zu können, ohne selbst als Augen- und Ohrenzeuge dabeigewesen zu sein, in einem wie lange vergangenen Stadium seiner Existenz auch immer. Es ist nicht anzunehmen, daß Sterne die groteske Situation ohne Absicht erfunden hätte. Diese Situation ist nicht einfach die, daß das Memoiren-Ich die Identifikation mit seinen früheren Ichs aufgegeben hätte, insofern der noch im Mutterleib eingeschlossene oder, ab III,27, eben zur Welt gekommene Tristram als Ich nicht in den geschilderten Situationen anwesend sein konnte, die sich während seiner Geburt und Neugeborenheit abspielen. Hier verhält es sich nicht einfach so wie in manchen Ich-Erzählungsformen, vor allem Rahmenerzählungen des 19. Jahrhunderts, wo der Rahmenerzähler seine Ich-Perspektive vergißt, aber sie eben deshalb vergessen kann, weil er selbst keine handelnde Figur in den von ihm erzählten Begebenheiten ist, sondern nur eine Einkleidung des Autors.[17] Ganz anders liegen die Dinge in *Tristram Shandy*. Hier wird

---

15 A.a.O. p. 189.

16 Ebd. p. 179.

17 Ein eklatantes Beispiel dafür ist immer Storms »Schimmelreiter«, eine doppelt geschichtete Rahmenerzählung, wo der zweite Rahmen-Icherzähler, der alte Schulmeister, von einem Gespräch zwischen dem Deichgrafen und seiner Frau Elke erzählt, das diese allein miteinander führen, und es unmittelbar anschließend heißt: »›Das Jahr, von dem ich Ihnen erzähle‹, sagte nach einer Weile mein Gastfreund,

in Wahrheit die Ich-Perspektive nicht aufgegeben, sondern ganz im Gegenteil das verzwickteste Spiel mit ihr getrieben. Wie sich dies verhält, sei an einer von vielen Szenen gezeigt.

> – What can they be doing, brother? said my father. – I think, replied my uncle Toby, – taking, as I told you, his pipe from his mouth, and striking the ashes out of it as he began his sentence; – I think, replied he, it would not be amiss, brother, if we rung the bell.
> Pray, what's all that racket over our heads, Obadiah? – quoth my father; – my brother and I can scarce hear ourselves speak.
> Sir, answered Obadiah, making a bow towards his left shoulder, – my Mistress is taken very badly; – and where's Susannah running down the garden there, as if they were going to ravish her? – Sir, she is running the shortest cut into the town, replied Obadiah, to fetch the old midwife. – Then saddle a horse, quoth my father, and do you go directly for Dr. Slop, the man-midwife...
> It is very strange, says my father, addressing himself to my uncle Toby, as Obadiah shut the door, – as there is so expert an operator as Dr. Slop so near – that my wife should persist to the very last in this obstinate humour of hers, in trusting the life of my child ... to the ignorance of an old woman...
> Mayhap, brother, replied my uncle Toby, my sister does it to save the expense... (II,6)

Diese Szene wird also erzählt, während die Geburt Tristrams vor sich geht oder gerade begonnen hat. Was ist das Belustigende daran? Die Szene, wie alle anderen auch, erweckt den Anschein, als sei der, der sie erzählt, dabei anwesend gewesen, obwohl ein Ich sich nicht als Mitanwesender, Mitredender, Angeredeter meldet. Dennoch haben wir nicht den Eindruck, daß die Ich-Form in die Er-Form umgesetzt und ein »allwissender« Erzähler am Werke sei, diese wie unzählige andere Szenen Einbrüche in die Ich-Struktur des Ich-Romans seien. Sondern zwischen Szenen dieser Art und den oftmals schon innerhalb ihrer sich wieder meldenden »opinions« des Memoiren-Ichs ist kein Bruch zu spüren, wie z. B. gleich im weiteren Verlauf unserer Szene:

---

der Schulmeister, ›war das Jahr 1757 ...‹« (Th. Storm, Sämtliche Werke. Neue Ausg. in fünf Bänden, Braunschweig u. Berlin 1912. Bd. 5, S. 83). An früherer Stelle wird denn auch eine Art Einkleidung der Tatsache gegeben, daß der Rahmen-Icherzähler nur vorgegeben ist, indem er bemerkt, daß er das Berichtete aus »Erzählungen der Enkel und Urenkel solcher zusammengefunden habe« und es »derzeit und auch jetzt noch das Geschwätz des ganzen Marschdorfes« sei (48). Gesehen von einer heutigen, sich der Erzählproblematik weit bewußteren Erzählhaltung sind dies überflüssige Floskeln, deren literarische Funktion nur als Ausdruck des historistischen 19. Jahrhunderts, als Scheingarantie historischer Wirklichkeitstreue verstanden werden muß.

> Then it can be out of nothing in the whole world, quoth my uncle Toby, in the simplicity of his heart, – but Modesty: My sister, I dare say, added he, does not care to let a man come so near her. I will not say whether my uncle Toby had completed the sentence or not: – 'tis for his advantage to suppose he had, – as, I think, he could have added no one word which would have improved it. (ebd.)

Wodurch ist dieser Eindruck bewirkt, und zwar als intendierter Erzählwitz und als Spiel mit der Ich-Form? Er wird bewirkt durch eine einzige unscheinbare, aber gleichsam epithetisch durch den ganzen Roman hindurchtönende Wortfügung, eine Formel nahezu, ja im Grunde nur durch ein einziges kleines Wort – ein Wort, das den Schein hervorruft, daß das Tristram-Ich die sich im Wohnzimmer abspielende Szenerie und Gesprächssituation mitsamt ihren sich daraus entwickelnden »digressions« aus eigener Augen- und Ohrenzeugenschaft schildert und das vierzig Jahre später schreibende Memoiren-Ich aus dieser Zeugenschaft seiner selbst seine Kenntnis von alldem hat, was während seiner Geburt vorgegangen ist. Es ist die Formel »my uncle Toby«, und es ist in ihr vor allem das Possessivpronomen selbst.

Es bedarf nun der Erwähnung nicht, daß in normalen Ich-Romanen, wie in jeder Ich-Rede überhaupt, die Possessiva ebenso selbstverständlich auftreten wie die Personalpronomina. Ja, ein Ich-Roman ist als ein solcher angezeigt, wenn er, wie beispielsweise der Gil Blas des Le Sage, mit dem Satz beginnt: »Mon père ... se retira dans la ville où il avait pris naissance«, ohne daß das Personalpronomen sogleich zu erscheinen braucht. In diesen wie in allen solchen Fällen handelt es sich um die Angabe von Sachverhalten, die nicht an eine bestimmte, und zwar mehr oder weniger weit in der Vergangenheit zurückliegende, also erinnerte Situation gebunden sind. Sie treten sowohl in der echten Autobiographie wie in der fingierten des Ich-Romans unbeschwert auf. Daß der Ich-Roman als Roman die Lizenz hat, von dem Ich-Erzähler erinnerte Situationen zu vergegenwärtigen, wurde für unsere Zwecke an der besonders ausgedehnten Gesprächssituation aus Prousts *La Recherche du Temps Perdu* gezeigt. Außer durch das Gespräch werden solche Szenen durch das unauffällige Mittel der Situationsverben vergegenwärtigt, Verben der Bewegung etwa wie hierhin und dorthin gehen, sich setzen, aufstehen usw., die das Jetzt und Hier der Situation in den meisten Fällen so veranschaulichen, daß die Tatsache der erinnerten Vergangenheit des Ich-Erzählers darüber vergessen wird.[18] Es ist ein natürlicher Um-

[18] Es sei, um Mißverständnisse zu vermeiden, darauf aufmerksam gemacht, daß die

stand, daß auch in diesen Fällen die Possessiva in Verbindung mit den Personalia auf- und meist sogar vor diesen zurücktreten:

> Als ich in die Nähe des Tisches gekommen war, stand mein Gastfreund auf, umging den Tisch, führte mich vor die Frau und sagte: »Erlaube, daß ich dir den jungen Mann vorstelle, von dem ich dir erzählt habe.« Hierauf wendete er sich gegen mich und sagte: »Die Frau ist Gustavs Mutter, Mathilde.«[19]

Immer aber gilt: wenn Possessiva in Verbindung mit Situationsverben auftreten, ist die Vorstellung eines mitanwesenden Ich-Erzählers erweckt, der im Falle des Memoirenromans das frühere Ich des Ich-Erzählers ist. Es ist der fast verborgene Erzählwitz des *Tristram Shandy*, daß zwar das die Memoiren schreibende, 41 Jahre alte Tristram-Ich – mit seinen »opinions« – vorhanden ist, sein früheres Ich aber, das die vergangenen Situationen erlebt hätte, aber realiter nicht und dennoch der Anschein, es wäre anwesend gewesen, erweckt wird. Die sonderbare grammatische Illusion – wie man sagen könnte – stellt sich her, daß das allein auftretende, an keiner Stelle durch ein gleichzeitiges Personalpronomen ergänzte Possessivpronomen »my« das noch nicht vorhandene und sich daher nicht melden könnende vergangene Tristram-Ich ersetzt, und zwar nicht wirklich, sondern nur zum Schein ersetzt.

Aber damit ist die Rolle und Funktion des Possessivpronomens »my« noch nicht völlig erschöpft. Zu beachten ist nämlich, daß es ausschließlich in Verbindung mit den Verwandten – Vater, Mutter, Onkel Toby – auftritt, nun aber in einer Akzentgraduierung, die das »my« allein in Verbindung mit Onkel Toby klang- und bedeutungsvoll erscheinen läßt. Dabei kann nun freilich nicht mit Sicherheit behauptet werden, daß dies in der Intention des Autors gelegen hätte. Gewiß handelt es sich um gegebene, in der Natur der Dinge gelegene Umstände. Das Possessiv in Verbindung mit Vater und Mutter bildet mit diesen Bezeichnungen einen unauflösbaren Begriff und ist daher relativ unbetont, tritt in seiner Bedeutung, etwas dem Ich Zugehöriges zu bezeichnen, nicht sehr

---

Beschreibung »gegenwärtig« sich abspielender Situationen im Ich-Roman ein anderer struktureller Umstand ist als im Er-Roman. In diesem sind sie nicht an die Icherzählende Perspektive gebunden, sondern gehören zu der erzählend »erzeugten« fiktiven Welt, machen diese aus. Im Memoirenroman gehört die Darstellung ausgedehnter Situationen in der Vergangenheit des Ich-Erzählers zu den fiktionalisierenden Mitteln, derer der Memoirenroman sich bedienen kann, ohne seine Struktur zu durchbrechen. Vgl. dazu in »Die Logik der Dichtung« S. 256 u. 261.

[19] Nachsommer. Hrsg. von Max Stefl, Augsburg 1970, S. 237.

markant hervor. Nicht zufällig ist es aber die Fügung »my uncle Toby«, die immer sogleich in die Vorstellung eingeht, die der *Tristram Shandy* hinterläßt. Nicht nur hat die aus drei Worten bestehende Formel ein stärkeres klangliches und rhythmisches Gewicht als die zweiwortige und zu einem Begriff verschmolzene Elternbezeichnung, sondern gerade dies, daß das letztere in bezug auf »my uncle Toby« nicht der Fall ist, hebt diese Fügung hervor. Dies um so mehr, ja erst dadurch überhaupt, daß sie epithetisch durch den ganzen Roman hindurchklingt. Das Wörtchen »my« ist in Verbindung mit Onkel Toby nicht ebenso selbstverständlich wie in der Elternbezeichnung, denn die Nennung des Vornamens macht es semantisch nicht notwendig. Und eben dies erweckt die Vorstellung, daß es die Funktion einer besonderen Gefühlsbetonung hat. Die Fügung »my uncle Toby« zeigt an, daß Onkel Toby dem Herzen Tristrams besonders nahesteht, ja könnte sogar vermuten lassen, daß der geschilderte Erzähltrick, das Spiel mit der Ich-Form um des »my« in der Formel »my uncle Toby« veranstaltet worden ist.

Die bisher beschriebenen Verhältnisse, das humoristische Spiel mit der Ich-Erzählung gelten jedoch nur für die Bücher I–VI, und es hieße, vom Ganzen des Werks einen falschen Eindruck zu vermitteln, wollte man die letzten drei Bücher VII–IX ganz unberücksichtigt lassen, zumal auch gerade ihre Strukturen den Witz der ersten sechs Bücher noch schärfer belichten. In der Tat handelt es sich bei diesen drei letzten Büchern um Strukturen verschiedener Art. Zunächst folgt auf die Erzählkapriolen der ersten sechs Bücher mit Buch VII eine normale Memoirenstruktur. Sie ist denn auch eine Einschiebung und wohl ein Keim zur ein Jahr späteren *Sentimental Journey* (1768). Nur in ausgedehnterer Weise als es an unzähligen Stellen sonst in diesem Roman geschieht, zieht sich das Memoiren-Ich Tristram in seine Gegenwart zurück und berichtet von einer Reise durch Frankreich, die er nach überstandener Krankheit und dem Tode schon nahe gewesen, auf Anraten seines Freundes Eugenius unternimmt bzw. kürzlich unternommen hatte. Der Rahmen des Reiseberichts wird nicht durch die Begegnungen und galanten Abenteuer gesprengt, wie ausführlich sie auch erzählt sind. Nur eine Abschweifung gibt es, die die Struktur verläßt, aber keineswegs in den Erzählwitz der ersten sechs Bücher zurückfällt. Tristram erinnert sich, als er die Stadt Auxerre passiert, daß er schon früher dort gewesen, auf seiner Grandtour durch Europa, die er mit Vater und Onkel Toby, Trim und Obadiah unternommen hatte. Hier kehrt er durch ein ganzes Kapitel, das 27. Kapitel, hindurch in das Damals zurück, und zwar mittels derselben

Darstellungsmethode, wie in den vorhergehenden und, wovon gleich zu sprechen sein wird, in den beiden letzten Büchern.

> We'll go, brother Toby, said my father, whilst dinner is coddling, to the abbey of Saint Germain, if it be only to see these bodies, of which Monsieur Sequier has given such a recommendation. – I'll go to see any body, quoth my uncle Toby; for he was all compliance through every step of the journey – Defend me, said my father, – they are all mummies – Then one need not shave, quoth my uncle Toby ... (VII,27)

Aber diese Stelle unterscheidet sich dennoch von den übrigen Kapiteln der Jugendgeschichte. Strukturell bereits dadurch, daß der Memoirenerzähler sich bewußt ist, aus der Rolle gefallen zu sein, den fixen Standort seines Erzählens verlassen zu haben, indem er die damalige Szenerie als eine jetzt und hier sich abspielende geschildert hat, und er drückt dies so aus:

> Now this is the most puzzled skein of all – for in this last chapter, as far at least as it has helped me through Auxerre, I have been getting forward in two different journeys together, and with the same dash of the pen – for I have got entirely out of Auxerre in this journey which I am writing now, and I am got half way out of Auxerre in that which I will write hereafter – There is but a certain degree of perfection in every thing; and by pushing at some thing beyond that, I have brought myself in such a situation, as no traveller ever stood before me; for I am this moment walking across the market place of Auxerre with my father and my uncle Toby, in our way back to dinner – and I am this moment also entering Lyons with my post-chaise broke into a thousand pieces – and I am moreover this moment in a handsome pavilion built by Pringello, upon the banks of the Garonne, which Mons. Sligniac has sent me, and where I now sit rhapsodizing all these affairs. – Let me collect myself, and pursue my journey. (VII,28)

Das Memoiren-Ich stellt also selbst die Distanz zwischen dem Jetzt seines Aufenthaltes in Auxerre und dem Damals fest, die über der lebhaft fiktionalisierten Schilderung dieses Damals hätte vergessen werden können. Dennoch aber – und dies ist der entscheidende Unterschied – ist diese »Vergegenwärtigung« des Damals von den gleichgebauten Szenen der vorhergehenden Bücher durch eben das Moment unterschieden, das diese zu einem Erzählwitz macht, die nunmehrige aber nicht: das Tristram-Ich war als bereits erwachsen anwesend in der Szenerie, und obwohl es sich auch hier nicht selbst zu Wort meldet, haben die Bezeichnungen »my father«, »my uncle Toby« ihren sozusagen strukturell natürlichen Charakter, und diese Szene, wie stark sie auch dialogisch fiktionalisiert ist, fügt sich in den Lizenzrahmen von Ich-Erzählungen, wie er vor dem *Tristram Shandy* in den Picaroromanen ebenso unbeschwert ausgenützt worden ist wie noch bei Proust. Es ist aber bemerkenswert, daß an dieser Stelle der Ich-Erzähler sich des »Unerlaubten« seiner perspektivischen Abschweifung bewußt ist und sich zur Rechenschaft darüber zieht, über die weit unmöglichere Erzählsituation der ersten sechs Bücher jedoch kein Wort verliert. Dürfen wir sagen, daß er still für sich im Hintergrunde lächelt? Dem sich der Verhältnisse bewußten Leser mag es so vorkommen.

Es gehört bekanntlich zu den durcheinander gebrachten Zeitebenen dieses Romans, daß die beiden letzten Bücher VIII und IX im wesentlichen vor der Geburt Tristrams (1718) spielen, nämlich die im Jahre 1713 sich zutragende Liebesaffaire von Onkel Toby und der Witwe Wadman zum Hauptinhalt haben. Unter dem Gesichtspunkt der Ich-Erzählung repräsentieren diese beiden Bücher den dritten Fall ihrer Struktur. Und dieser nun unterscheidet sich von dem ersten Fall, auf den es für den Vergleich hier allein ankommt, den Büchern I–VI, in bestimmter Weise.

Er unterscheidet sich zunächst dadurch, daß das Erzählte sich fünf Jahre vor der Geburt Tristrams zuträgt. Da nun aber auch in diesen Büchern sich ähnliche Gesprächssituationen herstellen wie in I–VI, scheint auf den ersten Blick dieser Unterschied strukturell nicht entscheidend, sondern nur zeitlich bedingt zu sein. Das vorgeburtliche Memoiren-Ich ist ja ebensowenig in dem von ihm Berichteten anwesend wie das geborenwerdende. Denn wenn auch in den beiden letzten Büchern der autochthone Memoirencharakter des Rückblicks aus der Gegenwartssituation umfangreicher ist als in I–VI, die »opinions« einen größeren Raum einnehmen, so wird doch die nach einer Reihe von Erzählkapriolen ab Buch VIII,11 allmählich in Gang kommende Geschichte von Onkel Toby und der Witwe Wadman in großen Partien ebenso szenisch und dialogisch aufgebaut wie dort. Wieder gibt es ausgedehnte Unterhaltungen zwischen Onkel Toby und Korporal Trim, wobei dieser überdies die langen Geschichten vom König von Böhmen und seiner Liebe zur Beguine (VIII,19 f.) sowie die von seinem Bruder Tom und der jüdischen Witwe in Lissabon (IX,4–8) erzählt; es gibt die Gesprächsszenen zwischen Onkel Toby und der Witwe Wadman und die die Affaire Onkel Tobys kommentierenden Unterhaltungen zwischen Vater Shandy, Dr. Slop und der noch nicht durch das Gebären verhinderten Mutter Shandy. Alle die auf das Possessivum Anspruch habenden Personen, also Vater, Mutter und Onkel Toby, sind naturgemäß mit diesem versehen. Zweifellos ist also hier dieselbe Struktur wie in den Büchern I–VI wieder aufgenommen, und alles, was wir oben über die Ichersetzende Anwendung des Possessivpronomens »my« gesagt haben, gilt auch hier.

Es gilt – und dennoch ist deutlich zu spüren, daß der humoristische Effekt der Nichtanwesenheit des Memoiren-Ich sich nicht in derselben Weise einstellt wie in den früheren Partien. Suchen wir nach einer Begründung für diesen Eindruck, so glauben wir nicht fehlzugehen, wenn wir sie in der ausdrücklichen Abtrennung dieser gleichsam als Appendix nachgetragenen Erzählung von Onkel Tobys Liebesaffaire von Tristrams »life and opinions« erkennen. Im letzten Satz des eingeschobenen Buches VII gibt Tristram an, daß er sich damals in Südfrankreich in »Pedrillos pavilion« zum Aufschreiben der Geschichte Onkel Tobys hingesetzt habe:

> where pulling out a paper of black lines, that I might go on straight forwards, without digressions or parenthesis, in my uncle Toby's amours – I begun thus – (VII,43)

Daß dann natürlich zahlreiche digressions und andere Erzählkapriolen das Fortschreiten »straight forwards« doch wieder aufhalten, ist eine Sache für sich, die das jetzt ins Auge gefaßte Phänomen nicht angeht. Dieses besteht in dem Fehlen der humoristischen Diskrepanz, die in den ersten sechs Büchern durch den ständigen Bezug der sich im Wohnzimmer ausbreitenden Situation zu dem geborenwerdenden Memoiren-Ich hergestellt ist. Dieses erzählt von seiner Erzählgegenwart her sozusagen nur noch eine Geschichte, deren Held Onkel Toby ist, und eben deshalb, weil nicht mehr an eine zweite sich gleichzeitig abspielende Begebenheit oder Situation erinnert wird, in der das Memoiren-Ich immerhin eine Rolle spielt, verliert sich nunmehr der humoristische Effekt; und in einem gewissen, vielleicht mehr gespürten als begründbaren Zusammenhang damit erscheint die das nicht anwesende Memoiren-Ich ersetzende Funktion des Possessivpronomens weniger markant, der Ausdruck »my uncle Toby« um eine Schattierung stereotyper.

Dennoch bleibt er auch in dieser sozusagen durch den ständigen Gebrauch bewirkten Abschwächung die den ganzen Roman gewissermaßen tragende und durchklingende Formel und behält seinen symptomatischen Sinn. Und dieser Sinn ist nun auch gerade dadurch wieder deutlich gemacht, daß der *Tristram Shandy*, so wie er vorliegt,[20] mit der ganz

---

[20] Ob der »Tristram Shandy« unvollendet geblieben ist und der Tod Sternes (18.3. 1768) – nach Fertigstellung und Erscheinen der »Sentimental Journey« – die weitere Arbeit am Roman verhindert hat, steht dahin. Vgl. W.C. Booth, »Did Sterne complete ›Tristram Shandy‹«, in: Modern Philology XLVIII (1951).

auf Onkel Toby (und dem zu ihm gehörigen Trim) konzentrierten Geschichte – wenn auch einer tragikomischen, ja anstößigen Geschichte – endet, ihm die vom Tristram-Ich ganz abgetrennten letzten beiden Bücher gewidmet sind. Onkel Toby ist die dem Herzen des Memoirenschreibers am nächsten stehende, die geliebteste Person seines Lebenskreises. Und wenn es auch richtig ist, daß, wie P. Michelsen sagt, Sterne in Onkel Tobys schlichtem Gemüt zugleich die Ohnmacht des Gefühls zeigt, das nicht zum Worte findet, sondern in der stummen Geste stekkenbleibt,[21] so nimmt doch, oder eben auch deshalb, die Sprache Sternes einen warmen Ton von Zärtlichkeit, ja Rührung an, wenn Tristram von »seinem« Onkel Toby redet; und ihn allein macht er zum Gegenstand direkter Charakterisierung:

> ... she [Nature] had formed him of the best and kindliest clay – had tempered it with her own milk, and breethed into it the sweetest spirit – she had filled his heart with trust and confidence, and disposed every passage which led to it, for the communication of the tenderest offices – (IX,22)

»My uncle Toby« – ein Strukturwitz der Ich-Erzählung und als solcher noch etwas mehr.

---

21 A.a.O. S. 37. Im übrigen gibt Michelsen eine höchst differenzierte Analyse des geradezu »dialektischen« Verhältnisses von Vater Shandy und Onkel Toby, »Kopf und Herz«, von denen jeder die Unzulänglichkeit des einen durch die des anderen ergänzt.

Alan P. Cottrell

The Sun of Apollo: Reflections Prompted by Goethe's Telchines of Rhodes

The scene "Felsbuchten des ägäischen Meers," which closes the *Klassische Walpurgisnacht,* unites a host of diverse forces in a hymn to creative love. The moon pauses in its zenith, and in a heightened moment beyond time the secrets of beauty and of organic life reveal themselves in imaginative form. Faust and Mephistopeles have disappeared, and the scene is dedicated in large measure to Homunculus' quest for embodiment. The four elements, harmonized, provide the conditions necessary for the evolving of new forms of life. It is Proteus, Homunculus' final mentor and Goethe's symbol of nature, who sports the bottled spirit across the waters until it dashes its glass on the chariot of Galatea. Galatea is a representative of Venus in the *Klassische Walpurgisnacht* and in a sense she is a forerunner of Helen as well. The path from the sphinxes to Galatea is an imaginative journey from monstrous archaic forms to a world of refined grace. In the language of Goethe's morphological thinking it is a metamorphosis from root to blossom.[1] In this scene, then, Goethe places particular emphasis upon the perfection achieved by the dynamic unfolding of organic form. He allows us to gaze upon occult workings of nature which are also a revelation of the mysteries of beauty.

The next step is taken in Act III, the Helen Act, as we behold the creative alchemy of the enconuter of the striving soul of man (Faust) with beauty (Helen) and the productive consummation of this union in the birth of poetry (Euphorion). The theme of beauty as organic *process* is treated in Act II, whereas the theme of the creation of *works of art* is fully developed in Act III. Curiously, however, Goethe introduces this latter theme programmatically in the last scene of the *Klassische*

1 This has been particularly well demonstrated by Emrich. Wilhelm Emrich, *Die Symbolik von Faust II* (Frankfurt am Main and Bonn, 1964), pp. 257–301.

Walpurgisnacht in the midst of the aquatic festival of natural life. Bearers of the theme are the "Telchines of Rhodes," ancient semi-divine beings celebrated as sun-worshippers and primordial artisans. Their appearance is fleeting but it is of considerable interest within the larger context of the poem. Two passages are spoken by the Telchines, separated by a comment by the sirens:

Telchinen von Rhodus auf Hippokampen und Meerdrachen,
Neptunens Dreizack handhabend.

Chor. Wir haben den Dreizack Neptunen geschmiedet,
Womit er die regesten Wellen begütet.
Entfaltet der Donnrer die Wolken, die vollen,
Entgegnet Neptunus dem greulichen Rollen;
Und wie auch von oben es zackig erblitzt,
Wird Woge nach Woge von unten gespritzt;
Und was auch dazwischen in Ängsten gerungen,
Wird, lange geschleudert, vom Tiefsten verschlungen;
Weshalb er uns heute den Zepter gereicht —
Nun schweben wir festlich, beruhigt und leicht.

Sirenen. Euch, dem Helios Geweihten,
Heitern Tags Gebenedeiten,
Gruß zur Stunde, die bewegt
Lunas Hochverehrung regt!

Telchinen. Allieblichste Göttin am Bogen da droben!
Du hörst mit Entzücken den Bruder beloben.
Der seligen Rhodus verleihst du ein Ohr,
Dort steigt ihm ein ewiger Päan hervor.
Beginnt er den Tagslauf und ist es getan,
Er blickt uns mit feurigem Strahlenblick an.
Die Berge, die Städte, die Ufer, die Welle
Gefallen dem Gotte, sind lieblich und helle.
Kein Nebel umschwebt uns, und schleicht er sich ein,
Ein Strahl und ein Lüftchen, die Insel ist rein!
Da schaut sich der Hohe in hundert Gebilden,
Als Jüngling, als Riesen, den großen, den milden.
Wir ersten, wir waren's, die Göttergewalt
Aufstellten in würdiger Menschengestalt.[2] (8275–8302)

The clarity and balance which distinguish the statues of Apollo are embodied in the amphibrachic meter of the Telchines' lines. Moreover, the content and imagery speak repeatedly of the harmonizing of con-

[2] All references to the text are taken from the Hamburger Ausgabe, ed. Erich Trunz (Hamburg, 1962), vol. III.

trasts. This note is struck by the sirens' comment on the reconciliation of solar and lunar cults — the cosmic background of the harmonization of opposites which informs the entire scene. In the Telchines' first passage the polarity expresses itself in the contrast of upper and lower spheres: Zeus the thunderer and Neptune of the seas, the flash of lightning and swell of ocean's waves. It is a world of violent macrocosmic forces. The Telchines, wielding Neptune's trident which they had themselves forged, calm the tempest.

The second passage contains another striking contrast of upper and lower realms: the gods on high and the island of Rhodes below. The two regions are united acoustically and visually: in song, as the paean rises, and in sight, as Apollo gazes upon the statues raised in celebration of his cult. The elemental violence spoken of in the first passage gives way in the second to the vision of a tranquil, sun-drenched landscape. The eye moves from the permanence of the mountains to the cities, shores and gentle waters (the delicate "Welle" now replacing the churning "Woge" of the first passage). The accent is on calm and clarity, as the merest hint of atmospheric disturbances, a bit of fog, is swiftly dispersed by sun and breeze. The vision of the first pasage is macrocosmic; in the second the macrocosmic yields to the microcosmic as the image of the god Apollo appears, multiplied a hundredfold, in the statues which adorn Rhodes. The Telchines' quasi-divine, quasi-human aspect also expresses itself in the two levels of their artistic activity. The trident was forged for a god as an episode in the divine comedy of primordial Hellenic mythology. The statues of Apollo, as first examples of anthropomorphic deities in western art, bear witness to a period of transition in consciousness from the mythological age to that of awakening intellect and philosophy, from dreamlike macrocosmic vision to the sunlit clarity of reflection upon the nature of man's own microcosmic world. In the heightened "moment" of the water festival, then, the Telchines sing that other heightened "moment," the period which marked the emergence of reflection, intellect, and what we know as "personality" out of the world of mythology.

The *Klassische Walpurgisnacht* culminates in a sea festival which is a celebration of birth and the evolution of organic life. The moment is auspicious; sun and moon hang in balance and the four elements blend to allow mysterious forces of metamorphosis to unfold their activity, as is suggested by the appearance of the sacred Cabiri. Under this constellation of circumstances spirit can draw into nature and find embodiment. Homunculus may incarnate, exchanging his glass for incorporation in living matter, in "das greiflich Tüchtighafte" (8250).

With the song of the Telchines the great theme of this scene, *nature*, is complemented by the contrasting theme of *art*. In art the spirit does not of itself attain incorporation. Man, initiated into the divine cult, perceives the image of the god and gives it permanent embodiment. The permanence, however, is illusory, as Proteus-Nature observes:

> Was ist's zuletzt mit diesen Stolzen?
> Die Götterbilder standen groß —
> Zerstörte sie ein Erdestoß;
> Längst sind sie wieder eingeschmolzen. (8309–8312)

The divine image dwells in the statues as "schöner Schein," succumbing at last to the impersonal protean forces of change. With the introduction of the theme of art the motif of birth is complemented by that of death. The forces of growth are alive but they lack consciousness and the attributes of personality. The awakening sense of self is bought at the price of the emergence of forces of death as through art the endless flow of nature is momentarily arrested and the god gazes upon his own image rendered "permanent" but static in sculptured form. The key to this mystery is found in the motif of *reflection:* the god Apollo gazes down at the island and, Narcissus-like, beholds his own image cast back as by a mirror, from the myriad statues great and small which the Telchines have molded. A profound secret is contained in this motif, for the word "reflection" denotes both a physical mirroring and a mental process. In the mythological age man's consciousness was still in a very real sense at one with his environment. At that time "thinking" was an imaginative participation in the activities of nature and of the gods which for him inhabited nature. Only through the awakening ability to detach himself from this participatory consciousness did man come to reflect on the world around, to examine it critically and bend its forces to his own ends. The age of paradisiacal harmony yielded gradually to the era of personality, and the beginnings of this awakening are reflected in man's new anxiety to portray his gods in human form: "Wir ersten, wir waren's, die Göttergewalt / Aufstellten in würdiger Menschengestalt."

Perhaps the most striking feature of early Hellenic consciousness in contrast to our own, however, is that even as man's faculties of reflective intellect began to develop they did not at once divorce themselves from the living qualities in nature. Where we have decided that we see only abstract laws of causality or better yet "probabilities" in the substances of nature, the pre-Socratics saw "fire" and "water" in dynamic flow and their ancestors saw spiritual beings who wove, as the Earth Spirit has it, "der Gottheit lebendiges Kleid." In a very real sense the early Greeks *perceived* their thoughts *in* nature, whereas we, as descendants of Kant, perceive them *only* as "reflections" of nature within the closet of the skull. Goethe, however, was a very "Greek" thinker. His natural scientific works witness to his untiring efforts to systematize a cognitive activity which held that the laws of nature are best perceived *in* nature, that the "theory" of any natural event is properly sought in the phenomena themselves in the sense of the Greek root of the word "theory," θεωρέω "look at, view, behold." The Faust of the scene "Nacht" in Part I, striving to break through the sense-world to participation in a transcendent world of spirit, is saved only by the Easter impulse from paying the ultimate price for having attained his wisdom in the "Collegium Logicum" of materialistic thinking. The Faust who stands before the waterfall in "Anmutige Gegend" has begun to look at nature with Greek eyes. He perceives the divine *in* nature itself, not behind it, as the individual colors reflect the being of the sun: "Am farbigen Abglanz haben wir das Leben" (4727). In our own day "reflection" as a mode of cognition has so detached itself from the immediate phenomena that it turns in upon and imprisons itself in abstractions. The symbol of the skull in the scene "Nacht" aptly characterizes this state of mind. Reflection, for the Greeks, was still very much more alive and wove between the world of nature and the cognizing mind of man.

In Goethe's view nature and art, imbued with spiritual life, both flow from one source. In *Faust* he calls it the realm of the Mothers. It contains not only a cosmic memory but also the archetypal images of all that man knows in the earthly world:

> *Faust* großartig. In eurem Namen, Mütter, die ihr thront
> Im Grenzenlosen, ewig einsam wohnt,
> Und doch gesellig. Euer Haupt umschweben
> Des Lebens Bilder, regsam, ohne Leben.
> Was einmal war, in allem Glanz und Schein,
> Es regt sich dort, denn es will ewig sein.
> Und ihr verteilt es, allgewaltige Mächte,
> Zum Zelt des Tages, zum Gewölb der Nächte.
> Die einen faßt des Lebens holder Lauf,
> Die andern sucht der kühne Magier auf;
> In reicher Spende läßt er, voll Vertrauen,
> Was jeder wünscht, das Wunderwürdige schauen. (6427–6438)

Emrich points to the variant of line 6436 ("Die andern sucht der kühne Magier auf"), which reads: "Die andern sucht getrost der Dichter auf." [3] Those forms which find their way into the light of day ("zum Zelt des Tages") emerge on earth as forms of *nature*. Those which are relegated to the obscurity of night ("zum Gewölb der Nächte") are seized upon by the magic of human creativeness and are embodied on earth as *art*. The themes "nature" and "art" become increasingly prominent as Faust courts Helen in Act III. The grand image for the forces underlying *art* becomes fully manifest in the famous "lesson in rhyming," as Helen exclaims "Da bin ich! da!" (9412). And as Faust instates her as his queen in Sparta *nature* attains to the peak of perfection as immortal man, "der schöne Mensch" arises as "pure nature": "Wir staunen drob; noch immer bleibt die Frage: / Ob's Götter, ob es Menschen sind?" (9556–9557). Are these divine men or anthropomorphic deities? The two are indistinguishable. As the Telchines sing of the incorporation of the god Apollo in art, so Goethe here alludes to the tradition that the god once dwelt on earth as a mortal, in the form of a shepherd. In Faust's words:

> So war Apoll den Hirten zugestaltet,
> Daß ihm der schönsten einer glich;
> Denn wo Natur im reinen Kreise waltet,
> Ergreifen alle Welten sich. (9558–9561)

The Telchines sing of the beautiful heightened moment when man gradually emerged from the world of mythology into that of self-awareness and history. It was an extraordinary era in which he first began to reflect on nature, the gods, and his own being. A perfect harmony reigned as the god gazed upon the dwelling-places of men and in their works beheld not caprice or the expression of merely human experience but a reflection of himself, the human being formed in the image of the divine. It is in part this qualitiy which imparted to the Hellenic age that particular aura which prompts the French to refer to it as "le miracle grec."

Impermanence, however, is the prerequisite of development, and Goethe's view of art, nature and history is evolutionary. The statues of Apollo will collapse and melt, for as Proteus points out, art is in the end subject to the natural cycles of change. All will dissolve for the sake of new beginnings, even as in a sacramental "stirb und werde" Homun-

---

[3] Emrich, *op. cit.*, pp. 217–218.

culus will sacrifice his present existence for the possibility of evolving to a higher one. All is transitory; every form, natural and fashioned, arises from the timeless mother-womb of spirit and in due course returns whence it came.

In a most extraordinary passage Goethe introduces this theme of death toward the end of the sea festival, shortly after the Telchines have passed. I refer to the episode of the shipwrecked sailors saved by the Dorides who implore their father Nereus to grant the young men eternal youth: "Laß uns fest, unsterblich halten / Sie an ewiger Jugendbrust" (8406–8407). But he cannot grant immortality, says Nereus: "Allein ich könnte nicht verleihen, / Was Zeus allein gewähren kann" (8410–8411). It has often been noted that Faust is in a sense "shipwrecked" in the Easter night and is saved by the choir on Easter morning. The motif has recently been illuminated in the *Faust* literature in a very profound way by the suggestion of Werner Schüpbach that these young men are shipwrecked and saved from drowning not on earth but in the world of spirit:

> Weiter aber ist nun ebenfalls klar, daß mit der Rettung der Schiffbrüchigen nicht eine Rettung im physischen Plane gemeint ist, sondern die Rettung im seelischen Bereiche nach dem Durchgange durch den Tod.[4]

Viewed in this way the episode reveals new depths of meaning. The shipwrecked youths are saved by the divine Dorides but cannot remain with them. They lack the heightened consciousness necessary to dwell in the spirit world. Perhaps through development and perfection they will attain a spiritual maturity which will render them worthy of such consecration. In the words of Nereus, only Zeus can grant them immortality. We recall the case of Faust, who finds himself stranded in the Easter night, having been granted fleeting vision of the spiritual world but rejected because of his rather overwhelming spiritual immaturity. That immaturity then hardens into the suicide attempt from which Faust is saved at the last moment by the message of Easter, a theme introduced into the scene years later by a Goethe who had himself matured to a deep, though unorthodox appreciation of the essence of Christianity.

Emrich, in discussing the Telchines, quotes from the passage in the *Italienische Reise* in which Goethe speaks of the relation of nature and

---

[4] Werner Schüpbach, *Die Menschwerdung als zentrales Phänomen der Evolution in Goethes Darstellung der Klassischen Walpurgisnacht* (Freiburg i. Brsg., 1967), p. 205.

art in the time of the Greeks and which contains the sentence: "Ich habe die Vermutung, daß sie nach eben den Gesetzen verfuhren, nach welchen die Natur verfährt und denen ich auf der Spur bin."[5] The following, closing sentence, however, reads: "Nur ist noch etwas anders dabei, das ich nicht auszusprechen wüßte." What divine spark is it which Goethe senses in Greek art and which seems to him to transcend even the laws of nature? One recalls Homunculus' desire to attain embodiment and to discover "das Tüpfchen auf das i" (6994). If he does so he may attain wealth, fame, health, knowledge "und Tugend — auch vielleicht" (6998). Homunculus knows very well what Socrates returns to repeatedly — that virtue is the highest good of man and that it is not a mere gift of nature. It must be achieved consciously through spiritual striving. Perhaps that extra "something" which hovered before Goethe's mind as he contemplated Greek art was in a sense the esthetic counterpart of that "Tüpfchen auf das i" which hovers before Homunculus as the higher moral perfection which alone can impart human significance to his natural evolution.

Nature and art, in their myriad forms, come into being and again pass away into the realm of the Mothers just as every cultural epoch, including the miracle that was Greece, arises and disappears. Man, however, though he pass away in his natural embodiment, has a hold on eternity; for he may develop himself inwardly until he attains full spiritual insight, a consciousness which encompasses, but is not bound by, the changes of time. Already in Part I Faust confronts Mephisto with this possibility. He terms it the "crown of mankind":

> Was bin ich denn, wenn es nicht möglich ist,
> Der Menschheit Krone zu erringen,
> Nach der sich alle Sinne dringen? (1803–1805)

It is the image for spiritual initiation, the goal of Faust's Odyssey. It is granted only to him who is deemed worthy; in Greek terms it is that which Zeus alone can bestow. Goethe often refers to the developing spiritual self of man by the Aristotelean term "entelechy," the being which "has its goal [τέλος] in itself." In the Christian terms of the scene "Bergschluchten" it is that being whose striving makes it worthy of divine assistance, as the angels who bear it aloft tell us:

---

[5] January 28, 1787. HA XI, 168. Cf. Emrich, *op. cit.*, p. 295.

Gerettet ist das edle Glied
Der Geisterwelt vom Bösen,
Wer immer strebend sich bemüht,
Den können wir erlösen.
Und hat an ihm die Liebe gar
Von oben teilgenommen,
Begegnet ihm die selige Schar
Mit herzlichem Willkommen. (11934–11941)

This passage as well as the scene "Bergschluchten" as a whole point beyond Faust's Greek adventure. The outcome of his quest turns on the question of whether he can come to terms in his own destiny with the special problem of our modern age: evil.

The Telchines were semi-divine beings. Out of macrocosmic as well as microcosmic forces they first forged in art the great image of the sun-god as man. Goethe's poem as a whole presents a question which is related to this image as our age is related to ancient Hellas: can man now bear the burden of separation from the gods, of the isolation, evil, illness and death which are the price he has paid for his spiritual freedom? Can he so imbue his freedom with consciously exercised responsibility that by virtue of his own insight and self-sacrifice he may form *himself* into the *new* divine image: man as bearer of inner sunlight? Goethe is under no illusions as to the difficulty of this task, but he is hopeful. Already in the operatic-romantic section of Act III the outward sun of Greece is briefly supplanted by the inward sun of the singing heart:

Laß der Sonne Glanz verschwinden,
Wenn es in der Seele tagt,
Wir im eignen Herzen finden,
Was die ganze Welt versagt. (9691–9694)

That spiritual sun later rays forth in the plenitude of its splendor in "Bergschluchten" as awakener of the entelechy in an inward, Christianized landscape. The laws of metamorphosis, symbolized in the sea festival by the sacred Cabiri of the Samothracean mysteries, reappear, transformed, in the choirs of heavenly beings and in the successive levels of consciousness in the final scene of the poem.

The question of the attainment of man's "crown" is of course still open in our times. The *possibility* of its attainment, Goethe felt, is given to man but its realization depends upon the exercise of wakefulness, honesty and responsible activity. The consecration of his being awaits him in the heights where the spirits who watch over his destiny abide the outcome of his struggle for selfhood. For man is still a very incomplete being. The full horror and grief as well as the hope and promise which attach to his incompleteness dawn on him as he confronts his freedom. For whether he likes it or not man now faces a decisive choice. He may strive to awake the sun within and, sacrificing his lower nature, gradually forge his selfhood into an image of the new Apollo. He may, however, prefer to wallow in sensory enjoyment, deny his spiritual nature and, a groveling animal, devour dust "mit Lust," confirming the sneer which negation hurls at every aspirant to spirit's crown: "Du bist am Ende — was du bist" (1806).

Albrecht Schöne

Versuch über Goethesche Humanität Oder Zum Gebrauch des Konjunktivs Plusquamperfekt in einem Brief an Johann Friedrich Krafft

Nach zweihundert Jahren wohlmeinenden Mißbrauchs, den man in Theateraufführungen, Erbauungsschriften, Festreden, Schulaufsätzen mit ihnen getrieben hat, erscheinen die poetischen Manifeste der Goetheschen Humanitätsidee so gründlich abgewirtschaftet, daß sie allenfalls zu ironischer oder parodistischer Verwendung noch tauglich sind.

Edel sei der Mensch,
Hülfreich und gut!
Denn das allein
Unterscheidet ihn
Von allen Wesen,
Die wir kennen.[1]

Was der Dichter diesem Bande
Glaubend, hoffend anvertraut,
Werd' im Kreise deutscher Lande
Durch des Künstlers Wirken laut.
So im Handeln, so im Sprechen
Liebevoll verkünd' es weit:
Alle menschliche Gebrechen
Sühnet reine Menschlichkeit.[2]

Wo solche Verse den heutigen Leser überhaupt noch erreichen, bewirken sie doch kaum anderes mehr als »ein Gelächter oder eine schmerzliche Scham«.[3] Und die Bankrotterklärung ihrer Verkündigung durch die geschichtlichen Erfahrungen, die man nicht zuletzt im Kreise deutscher

---

1 ›Das Göttliche.‹ WA I 2, S. 83.

2 Mit einem Geschenkexemplar der ›Iphigenie auf Tauris‹ für den Orest-Darsteller Georg Wilhelm Krüger. WA I 4, S. 277.

3 Nietzsche, Zarathustras Vorrede 3: »Was ist der Affe für den Menschen?« (Krit. Gesamtausgabe. Hrsg. Giorgio Colli und Mazzino Montinari, VI 1, 1968, S. 8.)

Lande seither gemacht, hat durchaus rückwirkende Kraft. Indem sich für unseren kurzsichtigen Blick die Bezüge dieser Dichtungen zur Lebenswirklichkeit ihrer Entstehungszeit verflüchtigen, erscheinen sie uns weltfremd, realitätsblind schon von Anbeginn. Als geradezu willkommene, ›authentische‹ Bestätigung solcher Wirklichkeitsferne wird deshalb kolportiert, daß der ›Iphigenien‹-Dichter selbst doch geschrieben habe, es rede sein König von Tauris da, »als wenn kein Strumpfwürcker in Apolde hungerte.«

In Wahrheit ist es doch sehr fraglich, ob diese Äußerung als eine Art selbstkritischer Vorwegnahme der vielberufenen Brechtschen Klage über Zeiten gelten kann, wo

> Ein Gespräch über Bäume fast ein Verbrechen ist
> Weil es ein Schweigen über so viele Untaten einschließt![4]

Am 4. März 1779 noch hatte Goethe in Apolda gehofft, »dass wenn ich d. 11ten oder 12ten nach Hause komme mein Stück fertig seyn soll.«[5] Am 5. März dann legte er in sein Tagebuch ein Blatt mit den Notizen: »Strumpfw. liegen an 100 Stühlen still seit der neujahrs messe. Manuf. Coll. hilft nichts. – Armer Anfang solcher Leute leben aus der Hand in Mund der Verleger [Unternehmer] hängt ihnen erst den Stuhl auf, heurathen leicht. Sonst gaben die Verleger die gesponnene Wolle dem Fabrikanten [Strumpfwirker] iezt muss sie der Fabrikant spinnen oder Spinnen lassen und das [volle] Gewicht an Strümpfen liefern. Verlust dabey an Abgang Schmuz und Fett denn die Strümpfe werden gewaschen. Kann sie der Fabrikant nicht selbst durch die seinen spinnen lassen wird er noch obendrein bestohlen Sonst wog man die Strümpfe überhaupt [im ganzen] und ein Paar übertrug das andre [Gewichtsausgleich], iezzo werden sie einzeln gewogen und das schweerere Paar nicht vergütet vom leichtern Paar aber abgezogen.«[6] Über der Arbeit an der ›Iphigenie‹, diesem Widerspruch der Realität ausgesetzt, schrieb er so an die Frau von Stein: »Hier will das Drama gar nicht fort, es ist verflucht, der König von Tauris soll reden als wenn kein Strumpfwürcker in Apolde hungerte.«[7]

Weshalb denn kam er in Apolda nicht voran mit seinem Humanitäts-Drama? Wer, heißt das, verfügte denn damals, daß der König im Schau-

---

4 ›An die Nachgeborenen.‹ Gesammelte Werke, Bd. 9, 1967, S. 722.
5 An Frau von Stein. WA IV 4, S. 15.
6 WA III 1, S. 82. [In Klammern meine Erläuterungen.]
7 WA IV 4, S. 18.

spiel reden sollte, als ob da im Thüringischen niemand im Elend lebte? Waren es am Ende diese elenden Strumpfwirker selbst? und sollte Thoas also reden, als hungerten sie nicht, eben weil sie doch hungerten? Auch wenn von ihnen nicht die Rede sein konnte im »gräcisirenden Schauspiel«[8], blieben sie keineswegs aus dem Spiel – bildeten auch sie, was Goethe von den Tantaliden, den Verdammten dieses Mythos sagte: »Glieder einer ungeheuren Opposition im Hintergrunde meiner Iphigenie«.[9]

Solchen Hintergrund hat man aus dem Blick verloren. Und was doch zu seiner Zeit ein wahrhaft halsbrecherischer Versuch der Behauptung des Menschlichen gegen die barbarische Gewalt des Inhumanen gewesen ist, utopischer Entwurf, »ganz verteufelt human« und ganz und gar ein »Wagestück«[10], hat damit – »als Festspiel einer Humanitätsreligion bis zum Überdruß gefeiert«[11] – Glaubwürdigkeit und Überzeugungskraft verloren. Den aus solchen Mißverständnissen erwachsenen, eingewurzelten Überdruß aber werden fortgesetzte Interpretationsbemühungen der Literarhistoriker schwerlich ausräumen.[12] Eher sollte man diesen

---

8 An Schiller, 19. 1. 1802. WA IV 16, S. 11.

9 ›Dichtung und Wahrheit.‹ III,15. WA I 28, S. 314.

10 An Schiller, 19. 1. 1802. WA IV 16, S. 11.

11 Arthur Henkel: Die »verteufelt humane« Iphigenie. In: Euphorion 59, 1965, hier S. 4.

12 Paradigmatisch dafür der gescheiterte Versuch von Hans Robert Jauss (Racines und Goethes Iphigenie. In: Neue Hefte für Philosophie, 1973, 4, S. 1 ff.). Seine Ausgangsüberlegung lautet: »Wenn es Goethes ›Iphigenie‹ nicht verdient, auf dem Friedhof so zeitloser wie vergangener Meisterwerke vergessen zu werden, muß eine neue Interpretation gerade in der Gegenwartsferne und Fremdheit dieses Werkes der Weimarer Klassik ihren Ansatz suchen.« Er erklärt, daß Goethe den mit der euripideischen Iphigenie vorgegebenen antiken Mythos benutze, »um vor seinem Hintergrund den Prozeß der Befreiung des Menschen aus Erbschuld und naturhafter Unmündigkeit einzuleiten«, kommt freilich zu dem Ergebnis: »Mit der Umwandlung der gefürchteten in liebende Götter, des naturverfallenen, in Mythen verstrickten Menschen in den mündigen Stand seiner Humanität wird in Goethes Iphigenie die vermittelnde Kraft selbst wieder zum Mythos – dem Mythos des reinen, erlösenden Weiblichen. Dieser neue Mythos hat entscheidend dazu beigetragen, daß Goethes im Ansatz aufklärerisch-humanitäres Drama seit dem 19. Jahrhundert mehr und mehr in den schönen Schein eines zeitlos wahren Klassizismus geraten ist.« Wenn Jauss dadurch nicht nur die »bisherige Rezeption« bestimmt sieht, sondern darin am Ende zugleich die Gründe zu erkennen meint, »die auch jedem gegenwärtigen Versuch der Aktualisierung eine nicht überschreitbare Grenze setzen«, gibt er seine Ausgangsüberlegung auf und die Sache verloren. (A.a.O. S. 1, 17, 23 f., 9 und 26.) – Es schiene mir angemessener, dem Geltungsanspruch dieses Lehrstücks nicht mit der Behauptung auszuweichen, daß es durch die Erhebung einer weiblichen Idealfigur zum Wortführer seiner Humanität die Wirklichkeit verfehlt habe, also der Rezeptionsgeschichte recht zu geben, sondern

Dichtwerken wohl eine Schonzeit wünschen und den Ratschlag bedenken, den der Weimaraner selbst sich ins Tagebuch schrieb: »Indem man unverbesserliche Ubel an Menschen und Umständen verbessern will verliert man die Zeit und verdirbt noch mehr statt dass man diese Mängel annehmen sollte gleichsam als Grundstoff und nachher suchen diese zu kontrebalanciren. Das schönste Gefühl des Ideals wäre wenn man immer rein fühlte warum man's nicht erreichen kann.«[13]
Im Sinne solcher Kontrabalance empfehle ich, den folgenden Brief zu lesen. Geschrieben am 11. Dezember 1778 und durchaus nicht zur Veröffentlichung bestimmt.[14] Entnommen einem Konvolut von 21 Briefen, die Goethe zwischen dem 2. November 1778 und dem 3. September 1783 an den gleichen Empfänger gerichtet hat (– wobei daran zu erinnern wäre, daß aus dem Februar 1779 der erste Hinweis auf seine Arbeit an der ›Iphigenie‹, aus dem Jahre 1783 sein Gedicht ›Das Göttliche‹ stammt).

Ihren Brief vom 7 Dez erhalte heut Freytags d. 11 früh.

Und zuerst zu Ihrer Beruhigung Sie sollen in nichts gezwungen seyn Sie sollen die hundert Thaler haben wo Sie sich aufhalten nun aber hören Sie mich.

Ich weis daß dem Menschen seine Vorstellungen Würcklichkeiten sind, und obgleich das Bild das Sie sich von Jena machen falsch ist, so weis ich doch daß sich nichts weniger als solch eine hypochondrische Ängstlichkeit wegraisonniren läßt. Jena hielt ich aus viel Ursachen für den besten Aufenthalt für Sie. Die Akademie und Stadt hat lang ihre alte Herrlichkeit und Wildheit verlohren, die Studenten sind nicht schlimmer wie überall und viele darunter recht hübsche Leute. Man ist das Auf und Abgehen so mancher Menschen gewohnt daß ein einzelner nicht merckwürdig ist. Es leben viele Leute kümmerlich daselbst daß Armuth kein Merckzeichen und Verachtung ist. Es ist doch immer eine Stadt wo das nothwendige eh zu haben ist, wer auf dem Lande im Winter kranck würde ohne Wartung wie elend wäre das. Ferner die Leute zu denen ich Sie wies, sind gute Hausleute die auch um meintwillen Ihnen gut würden begegnet seyn. Bey allem was Ihnen vor-

---

das »Wagestück« als einen Widerspruch zur herrschenden Wirklichkeit zu begreifen, dessen schneidende Schärfe (also: dessen »Aktualität«) sich allererst dadurch verlieren könnte, daß die Wirklichkeit mit seinem Gegenentwurf zur Deckung gelangte.

13 14. 12. 1778. WA III 1, S. 73.

14 Wiedergabe nach dem Original im Goethe- und Schiller-Archiv der Nationalen Forschungs- und Gedenkstätten der klassischen deutschen Literatur in Weimar (Archiv-Nr. 283).

kommen konnte, war ich im Stand Ihnen durch diesen oder ienen zu helfen. Sodann sasen Sie gewiß fest. Ich konnte Ihnen bey Ihrer Einrichtung behülflich seyn, brauchte iezt nur für Wohnung und Tisch gut zu sagen, und erst nachher zu bezahlen. Ich hätte Ihnen auf Neujahr ein weniges gegeben, das übrige mit Credit gemacht. Sie wären mir näher gewesen. Jeden Marcktag konnt ich Ihnen was schicken, manchmal an Wein, Vicktualien, Geräthe, das mich nicht mehr kostete, und Ihnen leidlicheres Leben machte, ich hätte Sie an meine Haushaltung näher anknüpfen können. Wie fatal ist die Communication mit Gera, nie kommt was zur rechten Zeit an und kostet Geld das niemand geniest. Sie wären vielleicht ein halb iahr in Jena gewesen ohne daß Sie iemand bemerkt hätte. Dies ist die Lage die mir Jena vor allem vorziehen lies, Sie würden eben das thun wenn Sie das Verhältniß mit ungetrübten Augen sähen. Wie wärs wenn Sie eine Probe machten? doch ich weis daß den Menschen von zitternder Nerve eine Mücke irren kan, und daß dagegen kein Reden hilft.

Überlegen Sies, Sie würden Sichs und mir erleichtern, ich verspreche daß Sie in Jena gut aufgehoben seyn sollen. Können Sie's aber nicht über sich gewinnen so bleiben Sie in Gera. Auf Neujahr sollen Sie 25 rh haben und so die vierteljahre iederzeit pränumerirt, Ostern Johanni und Michäl. Anders kan ich meine Einrichtung nicht machen. Da es mir an meinem Plaz so leicht ist Geld zu haben, muß ich desto strenger in meiner Wirthschafft seyn. Auch das was ich Ihnen bisher gegeben habe, da es am Ende des Jahrs und ganz unerwartet kam, hat mir eine Lücke gemacht die ich wieder flicken muß. Schreiben Sie mir doch wie viels war? ich habe einen Posten nicht aufgeschrieben und finde einen Verstos in meiner Rechnung.

Wenn Sie in Jena wären, könnt ich auch eher einigen Auftrag und vielleicht einiges Geschäffte Ihnen geben, Sie persönlich kennen lernen und so weiter.

Handeln Sie aber ganz nach Ihrem Herzen, und wenn meine Gründe nicht in Ihr Herz übergehn, Ihnen mit der Überzeugung nicht auch Ruhe und getrosten Muth in Jena versprechen, so bleiben Sie in Ihrer iezzigen Stille. Fangen Sie bald an Ihr Leben zu beschreiben und schicken mir's stückweise, und seyn Sie überzeugt daß mir alles recht ist was Sie beruhigen und zufriedenstellen kan, und daß ich Jena blos wählte, weil ich auf die bequemste und leichteste Art für mich, Ihnen das leidlichste Leben zu verschaffen hoffte.

G.

Wie in allen uns erhaltenen Briefen Goethes an diesen Empfänger fehlt auch hier ein Anrede. Adressiert war der Brief nach Gera, an einen Johann Friedrich Krafft, dessen Ableben sieben Jahre später im Totenbuch des Amtes Jena für 1785 beurkundet wurde:

»Herr Johann Friedrich Kraft, weder sein eigenthümlicher Geburts Ort noch übrige Lebens Umstände, auch Ehren Stand, sind von ihm nicht

bekannt gemacht worden. Welcher seint 1/4 Jahr von Weimar hirher gekommen, und für sich gelebet, starb schnell an einen Schlagfluß und wurde im Bette unvermuthet Tod gefunden.
gestorben: 23. Julius 1785 Jena
beerdigt: 24. Julius 1785 Jena«.[15]

Selbst diese dürftigen Angaben zur Person noch sind falsch. Nicht aus Weimar war der Verstorbene nach Jena gekommen, sondern, im März 1785, aus Ilmenau, und Johann Friedrich Krafft hieß er auch nicht. Julius Voigt, der seinen Lebensumständen nachzugehen suchte, hat berichtet: »Goethe kam auf die Kunde seines unerwarteten Todes sogleich von Weimar nach Jena geritten und trug Sorge, daß Krafft auf seine Kosten ein würdiges Begräbnis erhielt.«[16] Tatsächlich findet sich in Goethes Ausgabenbüchern für den Juli 1785 der Vermerk: »Ritt nach Jena wegen K. 2thlr 10g«.[17] Nur hielt er sich zu dieser Zeit in Karlsbad auf. Den Ritt nach Jena, noch im Juli 85, wenige Tage nach Kraffts Tod, hat er weder selbst unternehmen noch auch nur verfügen können von Böhmen her; er muß in Weimar also Anweisungen hinterlassen haben für diesen Fall. Sein Beauftragter aber, der Sekretär Philipp Seidel, sollte in Jena keineswegs nur für ein »würdiges Begräbnis« sorgen und hat dort offensichtlich nicht erreicht, was ihm außerdem anbefohlen war. Denn sogleich nach seiner Rückkehr aus Karlsbad schickte Goethe ihn noch einmal nach Jena, diesmal mit einem Schreiben an den dortigen Amtmann: »Unter Ew. Wohlgeb. Gerichtsbarkeit hat sich seit kurzem ein gewisser Krafft aufgehalten, der vor einiger Zeit gestorben ist. Seine Umstände waren mir allein bekannt und ich habe, besonders gegen sein Ende, ihm Unterhalt verschafft und zuletzt sein Begräbnis besorgen lassen.

Ew. Wohlgeb. ersuche ich daher die geringe Verlassenschaft des Verstorbnen, Überbringern dieses, meinem Sekretair Philipp Seidel, wenn solche vorher nach einer ihm gegebnen Instrucktion berichtigt worden, verabfolgen zu lassen.«[18]

---

15 Auszug aus dem Totenbuch, Jahrgang 1785, S. 455. In dieser Fassung beurkundet am 8. 8. 1975 durch die Ev.-Luth. Kirchgemeinde Jena.

16 Goethe und Ilmenau. Leipzig 1912, S. 105.

17 Auskunft des Goethe- und Schiller-Archivs der Nationalen Forschungs- und Gedenkstätten der klassischen deutschen Literatur in Weimar. Signatur des zuständigen Ausgabenbuches: NFG/GSA 34/V,6.

18 26. 8. 1785. WA IV 7, S. 78 f.

Von den Schriftstücken, die dem Sekretär in Jena ausgehändigt wurden, nachdem er diesen Nachlaß anhand der mitgegebenen Instruktion auf seine Vollständigkeit hin überprüft hatte, ist nichts überliefert – jene 21 Briefe ausgenommen, die Goethe damals wieder an sich genommen und wohl nur versehentlich nicht vernichtet hat.[19] Planmäßig wurden die Spuren verwischt.[20] Und das aus guten Gründen.

Ende 1778 hatte sich der Mann, an den der vorliegende Brief gerichtet ist, hilfesuchend an Goethe gewandt. Sieben Jahre lang, bis zu seinem Tode, hat der ihn mit Zeitungen, Büchern, Schreibmaterialien, Kleidungsstücken »aus der kompendiösen Reiseapotheck des dienstfertigen Samariters«[21] versorgt. Er hat ihm Unterkunft und Tätigkeit verschafft, hat ihn – indem er ihn sich nützlich machte – in dem Bewußtsein erhalten, zu etwas nutze zu sein[22]: Seinen Schützling Peter im Baumgarten ließ er von ihm unterrichten; ließ ihn Aktenexzerpte machen zur Lebensgeschichte des Herzogs Bernhard von Sachsen-Koburg-Gotha, die ihn damals interessierte; verwendete ihn seit 1779 insbesondere als seinen Vertrauensmann in Ilmenau, der ihm Berichte schickte über die Vorgänge am Ort, die wirtschaftlichen Verhältnisse, die Mißstände der Amtsverwaltung, die Korruptionsfälle bei den Steuereinnehmern und der

---

19 Abgedruckt in WA IV,3–6, Berichtigungen 7. Erstdruck (mit Ausnahme des Briefes vom 10. 6. 1783) durch Adolf Schöll: Briefe und Aufsätze von Goethe 1766–1786. Weimar, Landes-Industrie-Comptoir 1846, S. 165–189. – Die Originalhandschriften liegen jetzt im Weimarer Goethe- und Schiller-Archiv.

20 Dazu Goethes späterer Brief an seinen Ministerkollegen Christian Gottlob Voigt: »Hier folgen Kraftiana genug, ich wünsche nur daß Sie für die Mühe sie zu dechiffriren belohnt werden. Bey der Gelegenheit da ich diese Papiere suchte habe ich noch manches gefunden und theils verbrannt, theils aufgehoben um es durch Ihre Hände zum Vulcan gelangen zu lassen.« (WA IV 18, S. 14. Undatiert, hier den Jahren 1788–1805 zugerechnet.) Spätestens bei dieser Gelegenheit hat Goethe wohl die an ihn gerichteten Briefe Kraffts vernichtet. Bei den nicht verbrannten oder zur Vernichtung bestimmten Papieren handelte es sich offensichtlich um die im folgenden erwähnten Exzerpte und Berichte von Krafft, die jetzt im Weimarer Goethe- und Schiller-Archiv liegen.

21 Brief an Krafft, 2. 11. 1778. WA IV 3, S. 252.

22 Dazu in Goethes 1821 mitgeteilter ›Frommer Betrachtung über Leitung und Vorsehung‹: »Eigentlichen Bettlern, gebrechlichen alten Leuten habe ich niemals gern gegeben; sie schienen mir einen Zustand besetzt, sich darein geschickt zu haben, und mir deuchte Anmaßung, die gränzenlose Noth mildern und mäßigen zu wollen. Einem Thätigen, im Augenblick Bedürftigen dagegen fortzuhelfen, habe ich es nie an Beisteuer mangeln lassen. Besonders waren mir die Handwerksbursche empfohlen«. (WA I 41/I, S. 260.) Nicht als Almosen hat er seine materielle Hilfe verstehen wollen, sondern als Aufrichtung und Förderung im Sinne dessen, was man heute Resozialisierung nennt.

Reformvorschläge machte.[23] An barem Geld gab er ihm jährlich 100 Reichstaler, dazu noch »einiges Taschengeld«[24], und von 1781 an verdoppelte er diesen Betrag auf 200 Taler[25]. Soviel verdiente damals in Weimar etwa ein gutgestellter Kanzleidiener, Hofkutscher oder Gendarmeriewachtmeister.[26] Goethes eigene Einkünfte betrugen nach Ausweis der Rechnungsbücher 1781 insgesamt 1429 Taler[27] – ein Siebentel davon ging an Krafft. Und er ließ die linke Hand nicht wissen, was die rechte tat.

Freilich hatte die Spurenverwischung noch dringlichere Gründe. 1794 notierte Goethe in den ›Tag- und Jahresheften‹: »Ein wundersamer, durch verwickelte Schicksale nicht ohne seine Schuld verarmter Mann, hielt sich durch meine Unterstützung in Ilmenau unter fremdem Namen auf.«[28] Die Briefe, die er ihm schrieb, geben zu erkennen, daß es sich da um einen krankhaft empfindlichen und mißtrauischen, angstgejagten Menschen gehandelt hat, der zumindest Ansätze von Verfolgungswahn zeigte: »Sie haben den Fehler der zu grosen Ängstlichkeit und daß Ihre immer geschäftige Immagination alles aneinander hängt, und überall Sturz und Fall und das Ende aller Dinge zu sehen gewohnt ist.«[29] Aber welches Schicksal und welche Schuld er trug, welche Furien ihn jagten, weiß man nicht. Offenbar war er in hohen Verwaltungsämtern tätig gewesen, ein weitgereister, gebildeter, vornehmlich in der Kameralwissenschaft erfahrener Mann, ausgewiesener Kenner auch des in dieser Zeit aufblühenden Lotteriewesens.[30] »Sie sind«, schreibt Goethe ihm, »mit tausendthalern nie zufriedner gewesen als jetzt mit den 200, weil Ihnen immer noch was zu wünschen übrig blieb, und Sie sich nie gewöhnt

---

23 Im Zusammenhang des Ilmenauer Bergwerkbetriebes heißt es 1794 in den ›Tag- und Jahresheften‹: »Er war mir sehr nützlich, da er mir in Bergwerks- und Steuersachen durch unmittelbare Anschauung, als gewandter, obgleich hypochondrischer Geschäftsmann, mehreres überlieferte, was ich selbst nicht hätte bis auf den Grad einsehen und mir zu eigen machen können.« (WA I 35, S. 37.) – Vgl. dazu auch Julius Voigt, a.a.O. S. 108 ff.

24 An Krafft, 26. 3. 1779. WA IV 4, S. 24.

25 An Krafft, 11. 1. 1781. WA IV 5, S. 31.

26 Vgl. Hans Eberhardt: Goethes Umwelt. Forschungen zur gesellschaftlichen Struktur Thüringens. Weimar 1951, S. 24/25.

27 Vgl. Julius Voigt, a.a.O. S. 376, Anm. 51.

28 WA I 35, S. 37.

29 An Krafft, 10. 2. 1780. WA IV 4, S. 175.

30 Goethe, der Lotteriefreund, an Krafft, 26. 3. 1779: »in Lotterie-Sachen ist wohl schwerlich bei uns zu hoffen.« Und: »Ihre Schrift über Lottos ist recht sehr gut, sie zeugt von Ihren guten Einsichten und Gesinnungen.« (WA IV 4, S. 25 f.) – Diese Schrift auszumachen und Krafft durch sie etwa zu identifizieren, ist mir leider nicht gelungen.

haben, Ihre Seele in den Gränzen der Nothwendigkeit zu halten.«[31] Es muß einen erheblichen Skandal um ihn gegeben haben. Und skandalös war, genauer besehen, auch Goethes Verhalten in dieser Sache.

Bereits in seinem zweiten Brief an den Hilfesuchenden macht er den Vorschlag, daß Krafft für den Winter nach Jena gehen solle:
»Ich will mich umthun lassen nach einem Quartier, Tisch u.s.w., auf's genaueste eingerichtet für jemanden (will ich sagen), der mit einer geringen Pension, die er zu genießen hat, in der Stille leben will. Wenn das geschehn ist, schreib ich's Ihnen und Sie gehen hin, ziehen ein und ich schicke Tuch und Futter und Geld zu einem Rocke, den lassen Sie sich machen, und ich will dem Rektor sagen lassen, Sie wären mir empfohlen, wünschten auf der Akademie in der Stille zu leben einige Zeit, und möchten eingeschrieben sein.
Dann müssen Sie einen leidlichen Roman erfinden, allenfalls den Titel Sekretair behalten u.s.w., sich einschreiben lassen und dann fragt Niemand mehr nach Ihnen, kein Burgemeister und Amtmann. Einen Rock von mir hab ich Ihnen drum nicht geschickt, weil man den in Jena erkennen möchte. Schreiben Sie mir erst über die Idee und wofür Sie sich allenfalls ausgeben wollen.«[32]

Einen »jugendlichen guten Willen, Muth und Leichtsinn« nannte er damals die »Ingredienzien des Wohlthuns«.[33] Der 29jährige, Geheimer Legationsrat mit Sitz und Stimme im vierköpfigen Geheimen Consilium, das als Beratungsorgan des Landesherrn die oberste Regierungsinstanz des Herzogtums bildet, eine Art Kabinett, dessen Mitglieder als Minister bezeichnet werden – er versichert einem ihm persönlich ganz unbekannten, »nicht ohne seine Schuld« verfolgten Mann in Gera, daß er sich nach einem Unterschlupf für ihn umsehen werde; rät ihm, wie er sich der polizeilichen Aufsicht entziehen, amtlicher Nachfrage entgehen, sich durch falsche Angaben aus der Schlinge ziehen und untertauchen könne. Die Grenzen der Legalität hat der Hilfreiche damit, für damalige wie für heutige Vorstellungen, weit überschritten. »Ich weis im ganzen Umfang, was das heißt: sich das Schicksal eines Menschen mehr, zu den übrigen Lasten auf den Hals binden,« schreibt er auf dieses hochverfängliche Blatt, »aber Sie sollen nicht zu Grunde gehen.«[34]

---

[31] 31.1.1781. WA IV 5, S.43 f.
[32] 11.11.1778. WA IV 3, S.255 f.
[33] An Krafft, 23.11.1778. WA IV 3, S.259.
[34] WA IV 3, S.257.

Ihren Brief vom 7 Dez erhalte heut Freytags d. 11 früh.

Wie die Anrede des Empfängers, so bleibt das Personalpronomen des Schreibers hier ausgespart. In den Goethebriefen dieser Jahre ist die Ich-Elimination keine Seltenheit. Aber das spezifische semantische Gewicht, das ihr in seinen Altersbriefen zukommt[35], besitzt sie hier noch nicht. Eher darf man annehmen, daß der Umgang mit amtlichen Schriftsätzen, mit Aktenauszügen, Protokollen und Reskripten abzufärben beginnt auf die Schreibweise des jungen Legationsrats. Denn Spuren des formelhaften Kanzleistils machen sich jetzt deutlich bemerkbar in seinen Briefen. Und bürokratische Pedanterie äußert sich hier ja offenbar auch in der peniblen Zeitangabe, mit der er den Empfang des vorangegangenen Krafftschen Briefes bestätigt. Bei genauerem Zusehen wird diese Lesart freilich zweifelhaft. Kurz zuvor hatte Goethe ihm geschrieben: »Ihre Briefe sind sehr lang gelaufen. Schreiben Sie mir, wann dieser ankommt, ich schicke ihn ab den 23. November 78.«[36] In einer Zeit, in der Briefe noch das einzige Mittel direkten Kontaktes zwischen räumlich Entfernten bilden und die Postverhältnisse ihre Laufzeit kaum absehen lassen, zeigt man überall ein lebhaftes Interesse daran, wie rasch sie ihren Leser erreichen. Und hier tritt wohl noch die gar nicht unbegründete Sorge hinzu, es könnte ein solcher Brief in unrechte Hände gelangt, abgefangen und aufgebrochen sein. Auch der Verzicht aufs Personalpronomen ist mehr als bloße Formsache, tritt nämlich in den Dienst einer bestimmten Behandlung des Lesers durch den Schreiber. Das macht der folgende Satz ganz deutlich:

> *Und zuerst zu Ihrer Beruhigung Sie sollen in nichts gezwungen seyn Sie sollen die hundert Thaler haben wo Sie sich aufhalten nun aber hören Sie mich.*

Tilgte man hier das anscheinend entbehrliche *Und*, so entstünde zwischen den beiden Eingangssätzen eine Pause und für den zweiten Satz der Eindruck, es sollte nun unter mehreren zur Rede stehenden Punkten dies, was er besagt, als erstes mitgeteilt werden. Ohne *Ich* im ersten Satz aber und mit dem *Und* im zweiten zielt das Ganze sichtlich auf Beschleunigung. Sein Stilwert heißt Tempo.

Am 11. November hatte Goethe seinen Plan entwickelt, den Hilfesuchenden für den kommenden Winter in Jena unterzubringen; »Schrei-

---

35 Vgl. Albrecht Schöne: Über einen Kondolenzbrief Goethes. In: Literatur und Gesellschaft vom neunzehnten ins zwanzigste Jahrhundert. Hrsg. Hans Joachim Schrimpf. Bonn 1963, hier S. 92 f.

36 An Krafft. WA IV 3, S. 259.

ben Sie mir erst über die Idee«, hieß es da und »Scheuen Sie sich dort vor nichts.«[37] Krafft hat wenige Tage später zurückgeschrieben, und Goethes Antwortbrief wiederum gibt zu erkennen, daß er dieser Idee zunächst wohl zugestimmt, jedenfalls keinerlei Einwände erhoben oder Bedenken geltend gemacht hatte.[38] Dann aber zeigt Kraffts *Brief vom 7 Dez* einen plötzlichen Sinneswandel, erfolgt eine heftige, entsetzte Abwehr des Jena-Planes. Und sogleich nach Erhalt dieses Briefes schreibt Goethe nun zurück, nimmt den Druck fort, der sich auf das Gemüt des vom Verfolgungswahn Erfaßten gelegt hat – so rasch als möglich:

> *Ihren Brief vom 7 Dez erhalte heut Freytags d. 11 früh.*
>
> *Und zuerst zu Ihrer Beruhigung Sie sollen in nichts gezwungen seyn Sie sollen die hundert Thaler haben wo* [immer] *Sie sich aufhalten nun aber hören Sie mich.*

Mit Kommas, die im folgenden Brieftext doch vergleichsweise korrekt gehandhabt werden, hält der Nothelfer sich und den Hilfsbedürftigen jetzt nicht auf; selbst seine Interpunktion fügt sich der Absicht, so rasch als möglich zu beruhigen. Denn das muß Kraffts angsterfüllter Brief gezeigt haben: zu *hören*, aufzunehmen, was der Schreibende ihm zur Sache sagen möchte, dazu wäre er jedenfalls unter dem Druck dieser Angst ganz außerstande gewesen.

> *Ich weis daß dem Menschen seine Vorstellungen Würcklichkeiten sind, und obgleich das Bild das Sie sich von Jena machen falsch ist, so weis ich doch daß sich nichts weniger als solch eine hypochondrische Ängstlichkeit wegraisonniren läßt.*

Behutsam wird damit das Folgende vorbereitet. Das durchaus falsche Bild, das Krafft sich macht von Jena, will Goethe berichtigen, ein Gegenbild ihm entwerfen. Aber dieser Schreibende weiß davon, nicht nur wenn er Poesie verfertigt, *daß dem Menschen seine Vorstellungen Würcklichkeiten sind.* Und er zieht Folgerungen daraus. Indem er dem Entsetzten ausdrücklich zugute hält, daß man sich doch aus solcher Angst nicht lösen könne, ihn angesichts des folgenden Räsonnements also selber vom Druck des Zustimmungszwanges entlastet, sucht er den zur Ver-

---

37 WA IV 3, S. 256.

38 23.11.1778. WA IV 3, S. 258: »Ihre Briefe vom 17. und 18. November habe ich heute den 23sten zusammen erhalten, und bin ihrem Inhalt insoweit zuvorkommen, daß ich mich für Jemanden, der mir empfohlen sei, der in Jena eng und still unter dem Schutz der Akademie leben wolle, um das Genaueste erkundigt habe. Bis die Antwort kommt, bleiben Sie ja in Gera ruhig«.

nunft zu überlisten, der vor ihrem offenen Anspruch in seine Wahnvorstellung zu flüchten droht.[39]

> *Jena hielt ich aus viel Ursachen für den besten Aufenthalt für Sie. Die Akademie und Stadt hat lang ihre alte Herrlichkeit und Wildheit verlohren, die Studenten sind nicht schlimmer wie überall und viele darunter recht hübsche Leute* usf.

In der Tat hatte Jena noch bis in die Mitte des 18. Jahrhunderts als bevorzugter Tummelplatz einer sittenlosen, duellwütigen und randalierlustigen Studentenschaft gegolten[40], waren Raufereien und wüste Tumulte auf den Straßen und in den Hörsälen an der Tagesordnung gewesen. Aber seit Zachariaes komischem Heldengedicht vom wilden ›Renommisten‹, das neben Halle insbesondere diese Jenaer Zustände aufs Korn nahm, sind nun 35 Jahre vergangen. Die Bedeutung der Landsmannschaften, die an den turbulenten Verhältnissen wesentlichen Anteil hatten, ist zurückgegangen, Duelle mit tödlichem Ausgang sind selten geworden, überhaupt kommt das Degentragen aus der Mode. Seit 1750 ist es sogar verboten, in Schlafrock, Nachtmütze und mit brennender Tabakspfeife im Kolleg zu erscheinen[41]. Pietistische Frömmigkeit und aufklärerische Vernünftigkeit also sind offensichtlich nicht ohne Wirkung geblieben auf die studentische Lebensführung. Ein vergleichsweise bürgerlich-wohlgesitteter Studententypus dominiert, und viele junge Leute aus ärmeren Schichten oder von nur mäßigem Wohlstand kommen jetzt in das kleine Landstädtchen, weil das Studium hier erheblich billiger ist als etwa im eleganten Leipzig oder vornehmen Göttingen.[42] Es ist unzweifelhaft richtig, was Goethe da äußert über die Verhältnisse an der Universität und in der Stadt. Aber wie wenig das bloße Argument verfängt in solchem Fall, hat Kraffts Brief ihm offensichtlich zu verstehen gegeben, und was er zu bewirken hofft mit diesem Antwortschreiben, überläßt er deshalb durchaus nicht allein der Überzeugungskraft der Sache selbst. In den Dienst seiner Absichten stellt er die sprachliche Form: einfache und bestimmte Wortfolgen; Parallel-

---

39 Zurückblickend auf diese späten 70er Jahre (über Plessing nachdenkend, den »äußerst hypochondrischen Selbstquäler«, der in vieler Hinsicht an Krafft erinnert), hat Goethe später geschrieben: »wie oft hatte ich erfahren müssen, daß der Mensch den Werth einer klaren Wirklichkeit gegen ein trübes Phantom seiner düstern Einbildungskraft von sich ablehnt.« (WA I 41, S. 338 und I 33, S. 225.)

40 Zum folgenden: Geschichte der Universität Jena 1548/58 – 1958. Hrsg. ... Max Steinmetz. Jena 1958. Bd. I, insbesondere S. 211 ff., 226 ff., 309 ff.

41 A.a.O. S. 311.

42 Dazu auch Hans Eberhardt, a.a.O. S. 91 ff.

konstruktionen und andersgeartete Wiederholungen; eine Feststellungssyntax, die das so Gesagte als etwas zu verstehen gibt, auf das man sich verlassen darf. Solcher Mittel hat sich die von Heilungsabsichten bestimmte suggestive Rede zu allen Zeiten bedient, schon in den alten Merseburger Zaubersprüchen, noch in der Hypnosesprache des heutigen Arztes. Die entscheidende Rolle aber bei dem Beschwichtigungs- und Umstimmungsversuch, den dieser Brief unternimmt, fällt den Tempora, den Modi, den Aktionsarten der Verben zu, auf deren Gebrauch ich deshalb im folgenden meine Aufmerksamkeit richte und beschränke.

Wie in jedem zusammenhängenden Text erscheinen sie hier in einem arbeitsteiligen Verband, einem System wechselweiser Funktionsregulierung, dessen Verständnis eine vollständige Erfassung seiner Elemente und ihrer Leistungen voraussetzt. Für diese Funktionsbestimmungen aber genügen die in der Bedeutungslehre der Schulgrammatiken vorgenommenen Globalzuschreibungen um so weniger, als der Gebrauch der Sprachformen hier von Wirkungsabsichten bestimmt wird, die eine sehr komplizierte Struktur zur Folge haben. Erfaßt man die Tempora (ohne ihre Bedeutungen etwa aus den grammatischen Bezeichnungen ableiten zu wollen) als Komponenten eines Referenzsystems, geht man dabei von der Annahme aus, daß ihre deiktische Eigenschaft sich auf die reale, physikalische Zeit beziehe[43], so zeigt doch der vorliegende Text, daß diese Bezüge auf eine vom Schreib- beziehungsweise Lesezeitpunkt her regulierte, von ihm aus ins Vergangene zurückreichende, ins Künftige ausgreifende Zeitskala die realen Zeitverhältnisse hier keineswegs einfach abbilden, also referierende Qualität besitzen, sondern mit verdeckter Absicht wechselnde, oft schwer überschaubare Zeitbezüge allererst konstruieren. Derart komplizierte Sachverhalte durch ein formalisiertes Beschreibungssystem zu erfassen, das den Postulaten der generativ-transformationellen Grammatiktheorie entspräche, scheint mir entschieden unzweckmäßig. Anders als beim Umgang mit kontextfreien primitiven Beispielsätzen stünde im Falle des vorliegenden Textes nicht allein der vergleichsweise umfängliche Beschreibungsapparat, sondern ebenso der für die Umsetzung einer solchen hermetischen Konstruktion in kommunikable literaturwissenschaftliche Einsichten erforderliche Aufwand in einem sehr unökonomischen Verhältnis zu den möglichen Einsichten.

---

43 Vgl. dazu Klaus Baumgärtner und Dieter Wunderlich: Ansatz zu einer Semantik des deutschen Tempussystems. In: Der Begriff Tempus – eine Ansichtssache? (Beihefte zur Zeitschrift ›Wirkendes Wort‹, 20) 1969, hier S. 32.

Von der »spekulativen Methode, Bedeutungen durch freie, nuancenreiche umgangssprachliche Definitionen wiederzugeben«, haben Klaus Baumgärtner und Dieter Wunderlich zwar erklärt: »Indem die Bestandteile, nämlich die begrifflichen Relate und Relationen solcher Definitionen nicht explicite Elemente einer linguistischen Theorie sind, lassen sich die zugrunde liegenden Fakten kaum kontrollieren, also kaum für verschiedene Morpheme – eben z.B. die Tempora des Deutschen – systematisch vergleichen, kaum von anderen Morphemklassen – z.B. vom Modus im Deutschen – genügend abgrenzen und damit schließlich überhaupt nicht grammatikalischen Prozessen unterwerfen, z.B. den unentbehrlichen Prozessen der Verträglichkeitsentscheidung im Kontext und der kontextgesteuerten Übertragung.«[44] Da es im folgenden aber nicht um Operationen im Rahmen und im Dienst einer linguistischen Theorie, sondern um das Verständnis eines konkreten Textes geht und das Beschreibungsverfahren lediglich ein Mittel ist zu solchem Zweck, sollte doch wohl dieser Text die Überprüfung der Bedeutungsbestimmungen seiner Tempus- und Modusmorpheme ermöglichen. Auch von einer »freien, nuancenreichen umgangssprachlichen« Definition semantischer Phänomene müßte man Nachprüfbarkeit und einen der jeweiligen Sachlage angemessenen Präzisionsgrad erwarten. Sie von vornherein als »spekulative Methode« zurückzuweisen, scheint mir um so weniger zulässig, als es wohl höchste Zeit wäre, daß die Linguistik sich ihrerseits Rechenschaft darüber ablegte, um welchen Preis an Isolierung der sprachlichen Phänomene und Verkürzung ihrer sozialen, ästhetischen, spirituellen Reichweite, an Einschränkung von Mitteilbarkeit und externer Nutzbarkeit der formalisierten Konstruktionen die systemimmanente Präzision solcher Beschreibungen in vielen Fällen doch erkauft wird.

Unter den Tempusmorphemen des Deutschen erscheint in Goethes Brief das Präsens mit der weitaus höchsten Frequenz.[45] Dieses Leit-Tempus markiert im ersten Fall seiner Verwendung den die Zeitskala regulieren-

---

44 A.a.O. S. 23.

45 Hinsichtlich der Tempora und Modi werden im folgenden sämtliche Verwendungsfälle innerhalb des vorliegenden Briefes angeführt und in die Überlegung einbezogen. Ausgegrenzt bleiben lediglich die 5 letzten Sätze des drittletzten Briefabschnitts *(Anders kan ich meine Einrichtung – einen Verstos in meiner Rechnung.)*, die das dort eingeschobene Thema der Geldüberweisungen behandeln, ein gesondertes Temporalsystem bilden und im Zusammenhang der Fragen, die hier verfolgt werden, deshalb außer Betracht bleiben können.

den Zeitpunkt des Schreibens, indem es ihn als identisch ausgibt mit dem Zeitpunkt, zu dem der Schreiber den Krafftschen Brief erhält. Also nicht: *Ihren Brief vom 7 Dez* ›erhielt ich‹ ..., sondern: *erhalte heut Freytags d. 11 früh.* Von der punktuellen Geltung dieses einen Präsens heben alle weiteren Präsentia sich ab, indem sie eine durative Geltung in Anspruch nehmen.

Um aber die ›Strategie‹ des Tempusgebrauchs in diesem Brief einsichtig zu machen, empfiehlt es sich, zunächst eine erste Gruppe der ihrer Frequenz nach an zweiter Stelle rangierenden Präterita ins Auge zu fassen: *Jena hielt ich / die Leute zu denen ich Sie wies / die Lage die mir Jena vor allem vorziehen lies / daß ich Jena blos wählte, weil ich ... hoffte.* Was in solcher Form zur Sprache kommt, ist von allen präsentisch gefaßten Aussagen unterschieden. Das Präteritum beschränkt seine Geltung auf einen (vom Schreibzeitpunkt her gesehen) bereits vergangenen Zeitraum. *Jena hielt ich aus viel Ursachen für den besten Aufenthalt für Sie* – das ist vorbei. Die Tempusinformation versichert dem Briefempfänger, daß er jetzt und künftig keine Angst mehr haben muß; das Präteritum dient als Beruhigungstempus.

Von diesem Präteritum setzt das Präsens sich ab, indem es die Gültigkeit der von ihm bestimmten Erklärungen für den Schreibzeitpunkt selbst versichert und überdies zuläßt, daß die durativen (immutativen) Verben, die hier verwendet werden, diese Gültigkeit auch auf den ihm folgenden Bereich der Zeitskala ausdehnen. Eine erste Gruppe bilden dabei die Sätze *Ich weis daß dem Menschen seine Vorstellungen Würcklichkeiten sind / so weis ich doch daß sich nichts weniger als solch eine hypochondrische Ängstlichkeit wegraisonniren läßt / ich weis daß den Menschen von zitternder Nerve eine Mücke irren kan, und daß dagegen kein Reden hilft / seyen Sie überzeugt daß mir alles recht ist was Sie beruhigen und zufriedenstellen kan ...* . Diesen auf den Schreiber bezogenen Präsens-Sätzen korrespondiert das leserbezogene zweifache Präsens des Modalverbs *sollen*+Infinitiv am Eingang des Briefes: *Sie sollen in nichts gezwungen seyn Sie sollen die hundert Thaler haben wo Sie sich aufhalten,* dessen ingressiver Charakter der futurischen Reichweite des im zweiten Falle folgenden Präsens entspricht. Das ist die Form, in der dem Empfänger des Briefes versichert wird, was er bei seinem Schreiber jetzt und künftig voraussetzen, was er von ihm erwarten darf.

Von den bisher angeführten Verwendungsfällen hebt sich nun eine zweite Präsens-Gruppe ab, die im Argumentationsgang des Briefes eine andersartige Aufgabe übernimmt. Thematisch ist sie auf Jena bezogen. Sie wird eingeführt durch eine vorgezogene Präsens-Resultante *(obgleich das Bild das Sie sich von Jena machen falsch ist)*, ein in präsentische Fassung übersetzbares resultatives Perfekt, das den historischen Hintergrund erfaßt *(Die Akademie und Stadt hat lang ihre alte Herrlichkeit und Wildheit verlohren)*, und setzt sich zusammen aus den Feststellungssätzen *die Studenten sind / Man ist das Auf und Abgehen so mancher Menschen gewohnt daß ein einzelner nicht merckwürdig ist. Es leben viele Leute kümmerlich daselbst daß Armuth kein Merckzeichen und Verachtung ist / die Leute zu denen ich Sie wies, sind / Wie fatal ist die Communikation mit Gera, nie kommt was / und kostet Geld das niemand geniest. / Dies ist die Lage* .... Im Sinnzusammenhang des Textes liefern diese Sätze die Argumente für den in Goethes vorangegangenem Brief enthaltenen, hier zurückgezogenen (also dem Präteritum übertragenen) Vorschlag nach, daß Krafft nach Jena gehen möge: *Jena hielt ich aus viel Ursachen für den besten Aufenthalt für Sie.* Mit jener ersten Präterita-Gruppe also steht die jetzt vorgeführte zweite Präsens-Gruppe in einem Begründungszusammenhang. Ganz deutlich wird das dort, wo innerhalb des gleichen Satzes das Jena-Präsens kombiniert ist mit dem Vorschlags-Präteritum: *Dies ist die Lage die mir Jena vor allem vorziehen lies* .... Daß das Präsens es zuläßt, die Geltung der hier notierten Feststellungssätze auf den dem Schreibzeitpunkt vorangegangenen Zeitraum zurückzubeziehen, bildet die Voraussetzung für dieses Zusammenwirken beider Tempora. *Es leben viele Leute kümmerlich daselbst* – das galt schon, als der Briefschreiber den Vorschlag Jena machte, und weil all das in diesem Präsens Angeführte in dieser Weise gültig war, deshalb eben *hielt* er Jena für den besten Aufenthaltsort. Nun erklärt das Präsens freilich zugleich die Gültigkeit der Aussage auch zum Schreibzeitpunkt, setzt es nicht einmal vor den über ihn hinaus ins Zukünftige ausgreifenden Bereich der Zeitskala eine Geltungsschranke und läßt also die hier sehr naheliegende Annahme zu, daß die Verhältnisse in Jena dieser Beschreibung auch weiterhin entsprechen werden. Diese Information des Tempusmorphems aber bringt in den Argumentationszusammenhang des Briefes einen höchst verfänglichen Aspekt ein. Nurmehr zu schreiben: *Dies* ›war‹ *die Lage die mir Jena vor allem vorziehen lies*, verbietet dem Schreiber seine Einsicht in die herrschenden Zustände. Weiterhin und geradeheraus zu sagen: *Dies ist die Lage die mir Jena vor allem vorziehen* ›läßt‹, hindert ihn Kraffts entsetzte Abwehr dieses Vorschlags. Wenn er, in solchem Zwiespalt, mit dem Präsens ein Präteritum kombiniert, markiert der Konflikt ihrer Zeitreferenzen ein offenes Problem.

Den ersten Beispielen des Vorschlags-Präteritums und den im ersten Drittel des Textes gehäuften Verwendungen des Jena-Präsens folgt nun eine Reihe von Konjunktiven des Plusquamperfekts, deren Funktion im Zusammenhang des von Präsens + Präteritum geschaffenen Konflikts der Zeitreferenzen zu verstehen ist. Sie dominieren im Mittelfeld und bilden das Kernstück des Briefes. Zunächst ein Konditional 2 als Ersatzform des konjunktivischen Plusquamperfekts: *die Leute ... sind gute Hausleute, die auch um meintwillen Ihnen gut würden begegnet seyn.* Danach: *Ich hätte Ihnen auf Neujahr ein weniges gegeben, das übrige mit Credit gemacht. Sie wären mir näher gewesen / ich hätte Sie an meine Haushaltung näher anknüpfen können / Sie wären vielleicht ein halb iahr in Jena gewesen ohne daß Sie iemand bemerkt hätte.* Mit dem Beruhigungstempus Präteritum, das den Jena-Vorschlag als erledigt ausgibt, hat dieser Konjunktiv des Plusquamperfekts gemein, daß er die Geltung der von ihm bestimmten Aussagen auf einen (vom Schreibzeitpunkt her gesehen) zurückliegenden Zeitraum bezieht. Deshalb ist ein solches Präteritum hier mit dem Konjunktiv Plusquamperfekt verträglich: *die Leute zu denen ich Sie wies, sind gute Hausleute, die ... Ihnen gut würden begegnet seyn.* Anders aber als das Vorschlags-Präteritum, das seinen Aussagen innerhalb eines auf der Zeitskala dem Schreibzeitpunkt vorausgehenden Geltungsbereiches doch unbedingte Gültigkeit zuschreibt, schränkt der Konjunktiv Plusquamperfekt diese Geltung nun ein, stellt er sie dar als abhängig von einer Bedingung, die in dem zur Rede stehenden Zeitraum tatsächlich gar nicht erfüllt worden ist, die der Kontext des Briefes nämlich als Kraffts Entscheidung für Jena zu erkennen gibt. Denn alle Konjunktive des Plusquamperfekts funktionieren hier im Rahmen eines übergreifenden Konditionalgefüges. Nirgendwo zwar erscheint ein bedingender Gliedsatz oder wird durch Adverbien, präpositionale Wortgruppen und andere sprachliche Mittel eine Bedingung notiert. Aber der Brief als ganzer setzt die Kondition, unter der die Konjunktive des Plusquamperfekts allererst ihre spezifische Leistung im Argumentationsgang dieses Briefes entwickeln: *Ich hätte ... gegeben / Sie wären ... gewesen / ich hätte Sie ... anknüpfen können* – ›wenn Sie nach Jena gegangen wären‹.

Das Gefüge der Konjunktive des Plusquamperfekts ist dichter und ihre

Basis breiter, als die Tempusmorpheme erkennen lassen. Deshalb empfiehlt es sich, vor einer genaueren Analyse der semantischen Funktion dieser Form zunächst noch eine zweite, bisher unerwähnte Gruppe von Präterita ins Auge zu fassen: *Bey allem was Ihnen* [in Jena] *vorkommen konnte, war ich im Stand Ihnen durch diesen oder ienen zu helfen. Sodann sasen Sie gewiß fest. Ich konnte Ihnen bey Ihrer Einrichtung behülflich seyn, brauchte iezt nur für Wohnung und Tisch gut zu sagen, und erst nachher zu bezahlen / Jeden Marcktag konnt ich Ihnen was schicken, manchmal an Wein, Vicktualien, Geräthe, das mich nicht mehr kostete, und Ihnen leidlicheres Leben machte ...* . Vergleicht man diese Fälle mit der eingangs erörterten ersten Präterita-Gruppe, mit Beispielen also vom Typus *Jena hielt ich / Leute zu denen ich Sie wies*, so zeigt sich bei formaler Identität der Morpheme eine grundlegende Differenz hinsichtlich des Gültigkeitsgrades der Aussage. Wenn die Präterita der ersten Gruppe ihre Satzinhalte nämlich als innerhalb des vor dem Schreibzeitpunkt liegenden Geltungsbereiches unbedingt gültig ausgaben, läßt die zweite Präterita-Gruppe alles hier Mitgeteilte nurmehr unter der in Wahrheit unerfüllten Bedingung gelten, daß Krafft nach Jena gegangen wäre. Eingeklammert und affiziert von den oben notierten Konjunktiven des Plusquamperfekts, erweisen sich diese Präterita als deren semantisches Äquivalent. Ohne Bedeutungsveränderung wären beide Formen gegeneinander austauschbar. Für: ... *Geräthe, das mich nicht mehr kostete, und Ihnen leidlicheres Leben machte, ich hätte Sie an meine Haushaltung näher anknüpfen können*, dürfte also auch stehen: *Geräthe, das mich nicht mehr* ›gekostet‹ *und Ihnen leidlicheres Leben* ›gemacht hätte‹, *ich hätte Sie an meine Haushaltung näher anknüpfen können*, oder statt dessen ebensogut: *Geräthe, das mich nicht mehr kostete, und Ihnen leidlicheres Leben machte, ich* ›konnte‹ *Sie an meine Haushaltung näher anknüpfen.*

Diese bemerkenswerte Eigenschaft der zweiten Präterita-Gruppe scheint mir am ehesten erklärbar im Rahmen der von Harald Weinrich entwickelten Tempus-Theorie. Sie teilt – ich will das rasch referieren – unter dem Aspekt der Sprechhaltung bekanntlich eine I. Gruppe »besprechender Tempora« (wozu im Deutschen das Präsens, Perfekt, Futur, Futur 2 gehören) von einer II. Gruppe »erzählender Tempora« ab (Präteritum, Plusquamperfekt, Konditional, Konditional 2) und nimmt für die Praxis des Sprachgebrauchs eine Dominanz entweder der einen oder der anderen Tempus-Gruppe an, unterscheidet entsprechend zwischen

»besprechenden« und »erzählenden Texten« oder Textabschnitten.[46] Den Wechsel nun von einem Tempus der I. in eines der II. Gruppe oder umgekehrt hat Weinrich als »ungleichen Textübergang« bezeichnet, ungleiche Textübergänge zweiten Grades dann, die nämlich einen Wechsel in mehr als einem der drei Merkmale Sprechhaltung, Sprechperspektive, Reliefgebung mit sich bringen[47], als »Tempus-Metaphern« definiert. Im Kontext des Briefes, eines »besprechenden Textes«, dessen Leit-Tempus das Präsens bildet, stellt das »erzählende Tempus«, das Präteritum unserer hier zur Rede stehenden zweiten Gruppe, nach Weinrichs Distinktionen in der Tat eine solche Tempus-Metapher dar. Eben als Tempus-Metapher aber übernimmt es eine andere Aufgabe als innerhalb eines von seiner eigenen Tempus-Gruppe bestimmten, also »erzählenden« Textes, und diese Funktion der Tempus-Metaphern hat Weinrich als Information über eine »eingeschränkte Gültigkeit« der Aussage umschrieben.[48] Eine völlig gleichartige, nämlich durch die unerfüllte Bedingung, daß Krafft nach Jena gegangen wäre, eingeschränkte Gültigkeit nun signalisiert in unserem Text auch der Konjunktiv des Plusquamperfekts. Unter diesem Aspekt werden beide Formen gleichwertig und also austauschbar. Es können sich, wie Weinrich vermerkt, »Konjunktiv-Formen und Tempus-Metaphern gegenseitig vertreten.«[49] Steht unter dem Gesichtspunkt der Tempus-Semantik im folgenden der Konjunktiv Plusquamperfekt zur Rede, so vertritt dieser Terminus, unerachtet der morphematischen Differenz, deshalb auch die Beispielfälle der zweiten Präterita-Gruppe.

Ich hätte Ihnen auf Neujahr ein weniges gegeben, das übrige mit Credit gemacht. Sie wären mir näher gewesen ... ich hätte Sie an meine Haushaltung näher anknüpfen können – all das steht also unter der unerfüllten Bedingung, die der Brief als ganzer setzt: ›wenn Sie nach Jena gegangen wären‹. Diese Gültigkeitseinschränkung wird durch den Konjunktiv aufrechterhalten; er trägt dem Umstand Rechnung, daß Krafft nach Jena nicht gehen wollte und nicht gehen will; unter dem Gesichtspunkt der Tempus-Semantik steht er so in einem argumentativen Verbund mit der ersten Präsens-Gruppe (vgl. Seite 117, Mitte – *Ich weis daß dem Menschen seine Vorstellungen Würcklichkeiten sind / sie sollen in nichts gezwungen seyn*) und der ersten Präterita-Gruppe (vgl. Seite 117, oben – *Jena hielt ... für*

---

46 Vgl. Harald Weinrich: Tempus. Besprochene und erzählte Welt. 2. Aufl. 1971, hier insbesondere S. 18 ff.

47 Vgl. dazu a.a.O. S. 190 ff.

48 A.a.O. S. 196.

49 A.a.O. S. 214.

den besten Aufenthalt für Sie), die diesen Vorschlag für abgetan erklären. Das ist die eine Seite der Sache, einer der beiden Aspekte, auf den die Bedeutungsanalyse der Tempora hier führt.

Auf der anderen Seite aber wird die unerfüllte Bedingung des grundlegenden Konditionalgefüges (›wenn Sie nach Jena gegangen wären‹) durch eben diesen hypothetischen Konjunktiv Plusquamperfekt nun im nachhinein und gleichsam probeweise als erfüllte Bedingung vorgestellt; in solcher Hinsicht steht er im Verbund mit der zweiten Präterita-Gruppe (vgl. Seite 120, oben – *Bey allem was Ihnen vorkommen konnte, war ich im Stand),* die unter dem Gesichtspunkt der Tempus-Semantik ihm selber gleichwertig wird, und der zweiten Präsens-Gruppe (vgl. Seite 117 unten, f. – *Es leben viele Leute kümmerlich daselbst),* welche die Gründe für den Jena-Vorschlag als fortdauernd gültige darstellt und so im Argumentationsgang des Briefes auch dem Konjunktiv Plusquamperfekt zur Stütze dient. Weil nämlich die Leute dort gute Hausleute *sind,* deshalb *würden* sie auch Krafft *gut begegnet seyn;* weil die Lage so *ist,* wie beschrieben, hätte er sich dort aufhalten können, ohne daß ihn *iemand bemerkt hätte.* Mit dieser zweifachen, zwiespältigen Bezüglichkeit nimmt der Konjunktiv Plusquamperfekt jenen Konflikt der Zeitreferenzen des Präsens (zweite Gruppe) und des Präteritums (erste Gruppe) in sich auf, die ich erörtert habe am Fall des Satzes *Dies ist die Lage die mir Jena vor allem vorziehen lies.* Die solcherart in das Temporalsystem des Textes integrierte semantische Ambivalenz des Konjunktivs Plusquamperfekt aber erscheint für die Absicht, die Goethes Brief verfolgt, und in der von ihr bestimmten Strategie seines Tempusgebrauchs als das zentrale, das eigentlich entscheidende sprachliche Mittel. Sie allererst ermöglicht die jetzt folgenden Manöver.

Dem angsterfüllten Leser beteuernd, er wisse sehr wohl, *daß sich nichts weniger als solch eine hypochondrische Ängstlichkeit wegraisonniren läßt,* mußte dieser Briefschreiber alle Hoffnung, er könne den Hilfsbedürftigen noch bewegen dorthin zu gehen, wo ihm *auf leichteste Art das leidlichste Leben zu verschaffen* war, aufs Räsonnement doch setzen. Zart und behutsam hat er räsonniert; mit allem Aufgebot an Schonung, das die Sprache zuließ, hat er den Widerstrebenden zur Vernunft zu verführen gesucht. Im Schutz der präteritalen Zeitreferenz, die beruhigend versichert, daß der erschreckende Vorschlag ja aufgegeben sei, aber zugleich doch heimlich gestützt auf die präsentische Zeitreferenz, die die guten Gründe für diesen Vorschlag als fortgesetzt gültig zu bedenken gibt, lockt der doppelstimmige Konjunktiv Plusquamperfekt noch einmal mit der ausgeschlagenen Möglichkeit. Grammatisch formuliert: nicht ein irreales Konditionalgefüge wird hier gesetzt, sondern ein durchaus potentiales. Was Walter Flämig zur Entscheidung über die Frage nach der Möglichkeit oder Unmöglichkeit einer Verwirklichung im konjunktivischen (»irrealen«) Konditionalsatz für den Gebrauch des Konjunktivs Plusquamperfekt behauptet hat: »Die Zeitstufe der abgeschlossenen Handlung schließt eine spätere Verwirklichung aus«[50], ist ganz entschieden korrekturbedürftig. In Fällen wie dem hier gegebenen zeigt das Sinngefüge des Textes sehr wohl, daß die im Konjunktiv des Plusquamperfekts gehaltenen versuchsweisen Feststellungen nach wie vor der Verwirklichung offenstehen.

Wenn der Schreiber diese Konjunktiv-Sätze beschließt und ihre Summe zieht: *Dies ist die Lage die mir Jena vor allem vorziehen lies ...*, müßte er in der Konsequenz des bisher geübten Verfahrens erklären: ›Sie hätten eben das gethan, wenn Sie das Verhältniß mit ungetrübten Augen hätten sehen können.‹ Jetzt aber deckt er den potentialen Hintersinn seines Konditionalgefüges, die futurische Tendenz seiner Plusquamperfektkonjunktive auf, überantwortet er die ausgeschlagene Möglichkeit noch einmal der gegenwärtigen Entscheidungskompetenz des Lesers, setzt nämlich Konditional und Konjunktiv 2, die den Geltungsgrad des bedingenden und des bedingten Sachverhalts auf den Schreib- beziehungsweise Lesezeitpunkt und den ihm folgenden Bereich der Zeitskala verschieben: *Sie würden eben das thun wenn Sie das Verhältnis mit ungetrübten Augen sähen.* Und gleich darauf riskiert er auch den letzten Schritt, gibt nicht allein die Rückendeckung preis, die die präteritale Zeitreferenz des Konjunktivs Plusquamperfekt gewährte, sondern verläßt mit dem verdeckten Imperativ einer direkten Frage nun auch den Schonbezirk, in dem der vorangegangene Konditionalsatz noch verhielt. Jetzt, wahrhaftig: *Wie wärs wenn Sie eine Probe machten?*[51]

---

[50] Walter Flämig: Zum Konjunktiv in der deutschen Sprache der Gegenwart. (Deutsche Akademie der Wissenschaften zu Berlin. Veröffentlichg. d. Instituts f. dtsch. Sprache u. Lit. 15). 2. Aufl. 1962, hier S. 11.

[51] Die übrigen Verwendungen des Konditionals bzw. Konjunktivs 2 entsprechen dem und lassen sich hier beiläufig anschließen: *Sie würden Sichs und mir erleichtern / Wenn Sie in Jena wären, könnt ich auch ....* Zuvor ein Fall mit andersgerichteter Argumentationstendenz, einbezogen nämlich in die Jena-Präsentia und von dieser Ebene aus räsonnierend: *wer auf dem Lande im Winter kranck würde ohne Wartung wie elend wäre das.*

Und sogleich, man könnte denken: rascher noch, als Krafft in seinem Verfolgungswahn angstvoll zusammenschrecken kann, nimmt der Schreibende das alles wieder zurück ins Beschwichtigungstempus der ersten Präsens-Gruppe: *doch ich weis daß den Menschen von zitternder Nerve eine Mücke irren kan, und daß dagegen kein Reden hilft.* So schreibt er, der in dieser Sache doch allein durchs Gutzureden helfen kann. Im Sinn hat er ganz anderes. Denn indem er vorgibt, daß er es aufgebe, den Angsterfüllten durch Überredung zu nötigen, indem er so ausdrücklich auf jeden Zwang verzichtet, stellt er selbst den Satz, der die Sache verloren gibt, in den Dienst der Verführung zum Guten. Nur weil in Wahrheit auch er abzielt auf eine Verlockung zur Probe, kann der Anschlußsatz als widerspruchsfrei passieren: *Überlegen Sies, Sie würden Sichs und mir erleichtern, ich verspreche daß Sie in Jena gut aufgehoben seyn sollen.* Es heißt im letzten Abschnitt seines Schreibens: *wenn meine Gründe nicht in Ihr Herz übergehn, Ihnen mit der Überzeugung nicht auch Ruhe und getrosten Muth in Jena versprechen, so bleiben Sie in Ihrer iezzigen Stille.* Eben das hat dieser Brief versucht: eine vernünftige Argumentation zum Besten des Angeredeten so auch zu führen, daß sie ins Herz übergeht und beruhigt und heilt. An Johann Friedrich Krafft hat Goethe mehr gewendet als ein Siebentel seiner finanziellen Einkünfte.

Der Imperativ, den der zuletzt notierte Satz enthält, ist im Katalog der Verbformen dieses Textes das einzig noch unerwähnte Morphem. Er steht außerhalb des Tempussystems[52], kann deshalb ohne Rücksicht auf den durch die Tempora bestimmten Argumentationsverlauf des Briefes verwendet werden und findet sich also über den ganzen Text hin verteilt. Wichtig im Zusammenhang unserer Überlegungen ist denn auch allein sein Inhaltsbezug, die Frage nämlich, wofür diese unverdeckte, handfest-direkte Aufforderung hier eigentlich eingesetzt und in welcher Hinsicht sie etwa vermieden wird. Das ist rasch geklärt: *nun aber hören Sie mich. / Überlegen Sies / Können Sie's aber nicht über sich gewinnen so bleiben Sie in Gera. / Handeln Sie aber ganz nach Ihrem Herzen / wenn meine Gründe nicht in Ihr Herz übergehn ... so bleiben Sie in Ihrer iezzigen Stille. / Fangen Sie bald an Ihr Leben zu beschreiben und schicken mir's stückweise, und seyn Sie überzeugt daß mir alles recht ist was Sie beruhigen und zu-*

---

[52] Vgl. Hennig Brinkmann: Die deutsche Sprache. Gestalt und Leistung. 2. Aufl. 1971, S. 367.

friedenstellen kan .... Wenn es also darum geht, den Erschreckten zu beruhigen, den in seine Wahnvorstellungen Gebannten aufmerksam zu machen auf die wirklichen Verhältnisse, den von der Angst Überwältigten zu vernünftiger Überlegung anzuhalten, macht der Schreiber ohne Umstände vom Imperativ Gebrauch. Selbst dort, wo die Frage einer Entscheidung für oder gegen Jena noch einmal aufgeworfen und im Bedingungsteil des Konditionalsatzes dann unterstellt wird, daß Krafft sich am Ende doch nicht überzeugt fühle von den Gründen, die für diesen Aufenthaltsort sprechen, setzt der Schreibende die imperativische Form, spricht er durch sie dem Angeredeten jene uneingeschränkte Entscheidungsfreiheit zu, auf die allein die Hoffnung sich gründen kann, er werde Jena schließlich doch noch akzeptieren: *Können Sie's aber nicht über sich gewinnen so bleiben Sie in Gera / bleiben Sie in Ihrer iezzigen Stelle.* Der mögliche andere Schritt hingegen wird nirgendwo anbefohlen. Auch da, wo der Schreibende am weitesten sich vorwagt, fängt er den Imperativ noch ab mit dem konditionalen Konjunktiv seines Fragesatzes: *Wie wärs wenn Sie eine Probe machten?* Vom ›Machen Sie eine Probe!‹ bleibt Krafft verschont, und was Goethe von ihm zu verlangen, ihm abzufordern Grund genug hatte und Macht genug: ›Gehen Sie nach Jena!‹ – das hat er sich untersagt. Er wußte, weshalb.[53]

Wenige Wochen zuvor, in seinem allerersten Brief an den »nicht ohne seine Schuld« ins Elend Geratenen, Angstgejagten, Wahnkranken, hatte er dem um Hilfe Bittenden geschrieben:

»In der Vorstellung, die ich mir von Ihnen aus den Briefen mache, glaub' ich mich nicht zu betrügen, und was mir am wehsten thut, ist, daß ich einem Mann, der so genügsam verlangt, weder Hülfe noch Hoffnung geben kann.

Um diesen Teich, den ein Engel nur selten bewegt, harren Hunderte viele Jahre her, nur Wenige können genesen, und ich bin der Mann nicht, zwischen der Zeit zu sagen: Steh' auf und wandle.«[54]

Das zu verstehen, muß, wer weniger bibelfest ist als Schreiber und Leser

---

[53] Ehe Krafft ihm seine Angst entdeckte, im Brief vom 11.11.1778, der den Jena-Plan entwickelt, hat er ihm freilich so geschrieben – ahnungslos: »Wenn das geschehn ist, schreib ich's Ihnen und Sie gehen hin, ziehen ein ... (WA IV 3, S. 256). – Krafft blieb in Gera, ließ sich fünf Monate später (im Mai 1779) in Ilmenau nieder, ging dann sechs Jahre später (im März 1785) nach Jena, starb dort im Juli des gleichen Jahres.

[54] 2.11.1778. WA IV 3, S. 252.

vor zweihundert Jahren, nachlesen im Johannes-Evangelium (5,2–8): »Es ist aber zu Jerusalem bei dem Schaftor ein Teich, der heißt auf hebräisch Bethesda und hat fünf Hallen, in welchen lagen viele Kranke, Blinde, Lahme, Ausgezehrte, die warteten, wann sich das Wasser bewegte. Denn ein Engel des Herrn fuhr herab von Zeit zu Zeit in den Teich und bewegte das Wasser. Wer nun zuerst, nachdem das Wasser bewegt war, hineinstieg, der ward gesund, mit welcherlei Leiden er behaftet war. Es war aber daselbst ein Mensch, der lag schon achtunddreißig Jahre krank. Da Jesus den sah liegen und vernahm, daß er schon lange gelegen hatte, spricht er zu ihm: Willst du gesund werden? Der Kranke antwortete ihm: Herr, ich habe keinen Menschen, wenn das Wasser sich bewegt, der mich in den Teich bringe; wenn ich aber komme, so steigt ein anderer vor mir hinein. Jesus spricht zu ihm: Stehe auf, nimm dein Bett und gehe hin!«

Dem Schreiber unseres Briefes stand dieser reine Imperativ des in göttlicher Vollmacht Sprechenden nicht zu Gebote. Und er gehörte nicht zu den hybriden Heilsbringern und Weltverbesserern, die solche messianischen Imperative zu imitieren versuchen. Er gestand es ein: »ich bin der Mann nicht, zwischen der Zeit zu sagen: Steh' auf und wandle.« Er hielt sich an das, was er drei Tage nach dem Brief an Johann Friedrich Krafft in sein Tagebuch schrieb: Daß man »unverbesserliche Ubel an Menschen und Umständen ... annehmen sollte gleichsam als Grundstoff und nachher suchen diese zu kontrebalanciren.«[55] Kontrebalancierend sprach er im Konjunktiv des Plusquamperfekts, behalf sich mit dem getrübten Medium menschlicher Sprache. Aber innerhalb der Grammatik des menschlichen Verhaltens, eines menschlichen Umgangs mit Menschen gab er dem in diesem wunderbaren Brief eine unvergleichliche Bedeutung. Den Konjunktiv Plusquamperfekt erhob er hier zum Mittel einer praktizierten Humanität. Danach dann die große Utopie der ›Iphigenie‹: der schuldverstrickte, mit Angst, Argwohn und Blindheit geschlagene, von den Furien gehetzte Orest, der (wie es von jenem unbekannten Menschen hieß) »überall Sturz und Fall und das Ende aller Dinge« sah[56], und – »menschliche Gebrechen Sühnet reine Menschlichkeit.« Danach: »Edel sei der Mensch, Hilfreich und gut! Denn das allein Unterscheidet ihn ...«

[55] Vgl. oben Seite 106 und Anm. 13.

[56] WA IV 4, S. 175. – Krafft und Plessing: »Brüder Orests« hat Emil Staiger sie genannt (Goethe I. 2. Aufl. 1957, S. 381).

Victor Lange

»Wie Du bist, wie Du warst, und wie der Mensch sein soll«. Goethes »Um Mitternacht«

Um Mitternacht ging ich, nicht eben gerne,
Klein, kleiner Knabe, jenen Kirchhof hin
Zu Vaters Haus, des Pfarrers, Stern am Sterne,
Sie leuchteten doch alle gar zu schön;
Um Mitternacht.

Wenn ich dann ferner in des Lebens Weite
Zur Liebsten mußte, mußte, weil sie zog,
Gestirn und Nordschein über mir im Streite,
Ich gehend, kommend Seligkeiten sog;
Um Mitternacht.

Bis dann zuletzt des vollen Mondes Helle
So klar und deutlich mir ins Finstere drang,
Auch der Gedanke willig, sinnig, schnelle
Sich ums Vergangne wie ums Künftige schlang;
Um Mitternacht.

Unter den Produktionen jener erstaunlichen Epoche der Goetheschen Existenz, die nach 1815 eine kaum übersehbare Fülle von Erfahrungen und Kenntnissen, Begegnungen und Einsichten vor dem späten Lebenshorizont ausbreitet, ist das Lied »Um Mitternacht« eines der eigenartigsten und charakteristischsten. Es waren jene Jahre, in denen die ineinandergreifenden Impulse eines leidenschaftlichen Gegenwartsbewußtseins, des Planens und der Rückschau die Sammlung der *Divan*-Gedichte abschließen lassen, in denen in *Dichtung und Wahrheit* und der *Italienischen Reise* die Vergangenheit aktualisiert, das historisch gemessene Material, das er in den eigenen Sammlungen und in den Mitteilungen der Zeitgenossen findet, in den Heftchen von *Über Kunst und Altertum* beispielhaft ausgebreitet wird, in denen unerwartet die musikalischen Ausdrucksformen an Reiz gewinnen und in diesem umfassenden Bewußtseinszustand die dichterische Tätigkeit aufs merkwürdigste intensiviert erscheint.

In einem Moment der nächtlichen Besinnung konzipiert und mit der Sicherheit des künstlerischen Könnens geformt, werden hier drei Strophen von seltener sprachlicher und geistiger Resonanz in einer Art von Parlando-Manier gesetzt, scheinbar durchsichtig in ihrer fast beiläufigen Gestik, ihrer balladenhaften Folge von Episoden des Lebensweges, getragen vom Ton und Rhythmus des Volksliedes und durchstrahlt vom Glanz der Gestirne in der Nacht. Wie hermetisch sich das Lied auf den ersten Blick auch gibt, es bleibt in der andeutenden, ja lakonischen Spiegelung der Metaphern schließlich beunruhigend und rätselhaft.

Frühere Leser der Goetheschen Lyrik haben gerade diesem Gedicht kaum mehr als flüchtige Aufmerksamkeit geschenkt: es findet sich in keiner der gängigen Anthologien des neunzehnten Jahrhunderts; Düntzer gibt in dürren Worten ein Resümee des Geschehens, als handle es sich um eine versifizierte, neckisch transponierte biographische Mitteilung. Erst durch die Hinweise H. A. Korffs und vor allem durch K. Vietors bahnbrechende Studie zu »Goethes Alterslyrik« wurde das Lied zum Gegenstand des poetologischen Interesses. Es ist seitdem häufig interpretiert worden, meist in bewegten aber unzureichenden Worten, hin und wieder durch kühne Spekulation überbelastet, selten in seiner Struktur und Aussagekraft als zentraler Text der Goetheschen Erlebnis- und Denkformen zureichend begriffen.[1]

---

[1] Düntzer vermerkt pedantisch leer: »Die Strophe aus zwei fünffüßigen und zwei vierfüßigen wechselnd reimenden trochaischen Versen mit dem aus zwei Jamben bestehenden Refrain ist sehr bezeichnend.« (*Goethes lyrische Gedichte*. Erläutert von H. Düntzer. Leipzig 1874. I,359.

Von den wichtigeren Interpretationen seien genannt:

Booshardt, Eva, *Goethes Späte Landschaftslyrik*. Zürich 1962. 213–264. (Die bei weitem umsichtigste Deutung.)

Goes, A., »Goethe. Um Mitternacht« in: *Freude am Gedicht*. Frankfurt 1952. 46–53.

Hof, W., »Goethe und Charlotte von Stein im Alter« in: *Euphorion* 45 (1950/51), 50–82.

Killy, W., *Elemente der Lyrik*. München 1972. 53–58.

Kommerell, M., *Dichterische Welterfahrung*. Frankfurt 1952. 48–49.

Korff, H. A., »Vom Wesen Goethescher Gedichte« in: *Jhb. d. Fr. dt. Hochstifts* 1927, 1–14.

Korff, H. A., *Goethe im Bildwandel seiner Dichtung*. Leipzig 1958. Bd. 2. 335–337.

Schadewald, W., »Mond und Sterne in Goethes Lyrik« in: *Goethe und die Tradition*. Hrsg. v. Hans Reiss. Frankfurt 1972. 58–60.

Vietor, K., »Goethes Altersgedichte« in: *Euphorion* 33 (1932), 107–110.

I.

Das dreistrophige Gedicht weist in seiner Überschrift und in den viermal wiederholten Zeitangaben nicht nur auf Stunde und Stimmung der angedeuteten Erlebnisse und ihrer Zusammenhänge in einer Folge von übergreifenden, zugleich aktuellen und archetypischen Erfahrungen, sondern ausdrücklich auf seine Grundproblematik, die Konstituierung des Bewußtseins in der Zeit. Die Stunde der Mitternacht, vielsinnig und widersprüchlich typisiert in der volkstümlichen Mythenwelt als unheimlicher Moment der Wendung von einer Tagessphäre zur anderen, zumeist im Unterbewußtsein des (schlafenden) Menschen beherrscht von den magischen Kräften teils der Bedrohung, teils der sammelnden und schöpferischen Wesen,[2] ist im Metaphernkomplex der Goetheschen Dichtung als spezifisches Erlebnisfeld innerhalb der allgemeinen Kategorie der Nacht nicht allzu häufig. Der Eingangsvers des »Ewigen Juden« (1774) nennt, wenig hintergründig, die Stunde als dramatischen Ansatz für die darauffolgenden hektischen Verse; im »Elfenlied« (1780) und in der »Totentanz«-Ballade von 1813 bietet das Bild die stereotypische Szenerie für das Treiben der traumschaffenden Wesen; die Nachtgespenster erscheinen, in »Schlechter Trost« zur einigermaßen willkürlich gesetzten Mitternachtsstunde.[3] Erst später werden existentielle Zusammenhänge im Bild des mitternächtlichen Erlebens verdeutlicht: wir denken an den dunklen, aber zugleich »höchsten« mitternächtlichen Moment, in dem Faust sich den grauen Weibern gegenüber sieht, an das Lemuren-Wort von Fausts Lebensuhr, die nun stille steht und »schweigt wie Mitternacht«. Wir entsinnen uns aber vor allem des Gedichtes, das Goethe auf der Rückseite des Quartblattes aufschrieb, auf dem sechzehn Verse des Lynkeus stehen, des Gedichtes, das, wie das unsere, mit den eigentümlich insistent verstellten Worten beginnt: »Um Mitternacht, ich schlief« und wie mit einem Echo auf Lynkeus' in tiefer Nacht gesungenen Versen endet: »Wie es auch sei, das Leben, es ist gut.« Hier wird, etwas anders als in unserem (früheren) Lied, die mitternächtliche Zeitbestimmung zu einem lyrisch aufgefächerten Augenblick der traumhaften Erfüllung sehnsüchtigen Verlangens.

---

[2] Vgl. *Handwörterbuch des deutschen Aberglaubens.* Hrsg. v. H. Bächtold-Stäubli. Berlin 1934–35, Bd. 6, 418 ff. Und *RGG.* 3. Aufl. Tübingen 1960, 4, 1293–94.

[3] Vgl. auch das Ende des Gedichtes »Nachtgedanken«, an Ch. v. Stein am 20. Sept. 1781 (J. W. Goethe *Gedenkausgabe der Werke* [künftig zitiert als *GA*], Zürich 1948 ff., 1, 339.

Wir erinnern uns schließlich an die allegorische Verschränkung, mit der auf den letzten Stufen der Faustschen Erhellung der Pater Seraphicus die »Mitternachts-Geborenen« Knaben vorstellt, jene Glücklichen, die in der Geisterstunde geborenen und sofort verstorbenen Trägern der Unschuld.

Das zweimal rahmenhaft gesetzte »Um Mitternacht« der ersten Strophe unseres Gedichtes hat offensichtlich eine doppelte Funktion: es bestimmt zunächst, nach den Regeln der Ballade, die Zeit, in der die punktuell erzählte Episode sich abspielt; die wiederholte Formel, wie ein Grundbaß durch das ganze Gedicht gehalten, schafft aber zugleich den Stimmungsraum, innerhalb dessen das unheimliche kindliche Bewußtsein zu begreifen ist. Es scheint eine jener Ombra-Szenen der frühen Oper einzuleiten, in denen lyrisch-musikalisch die Grenzen des Irdischen überschritten werden, der Mensch sich an der Schwelle zum Unter- und Übermächtigen erkennt. Die knappen Worte schaffen die erzählerische und atmosphärische Spannung, die echohaft in den folgenden Strophen immer wieder anklingt.

Auch das dieser ersten Aussage folgende »ging ich« hat eine doppelte Funktion: es rückt, durch das Imperfektum, das Mitzuteilende in eine erinnerte, ein epische Vergangenheit, leitet aber inhaltlich den in diesem Vers noch durchaus unkomplizierten, unreflektierten Bewegungsakt ein, der dem Bewußtseinszustand der ersten Episode gemäß ist, ein Vorgang, dem unvermittelt aber emphatisch in einer leicht unbeholfenen und unspezifischen Sprechformel (»nicht eben gerne«) der Charakter des Zögerns und des leisen Widerstrebens verliehen wird. Wenn die Figur des Knaben durch das reiterative »klein, kleiner« ergänzt wird, so entspricht nicht nur der Inhalt, sondern die sinnfällige Form auch dieser Sprachwendung der zu vermittelnden einfachen Tonlage der Eingangsstrophe. Diese ersten sprachlich-inhaltlichen Ansätze werden in dem nun folgenden Metapherngeflecht hintergründig konkretisiert und vertieft: auch sie sind im einzelnen von jener seltsamen Dichte der Aussagepotenz und schaffen jene Intensität der Beziehungen, die im Lesen schon dieses Verses und stärker noch in den folgenden spürbar wird. Wenn der Weg »jenen Kirchhof hin« zu »Vaters Haus« führt, so bewegt sich der Knabe aus der Peripherie des Unheimlichen (»jenen Kirchhof hin«) in die schützende Welt, in die Welt des Vaters, dessen Zugehörigkeit zu einer gesicherten, summarisch als »Pfarrer« figurierten Ordnung bestätigt wird. In der unmodifizierten Reihe der substantivisch gesetzten Metaphern – Knabe, Kirchhof, Vaters Haus – bilden sich die aufeinander bezogenen Erlebnismomente eines zwar schon wachen, aber noch nicht artikulierten Bewußtseins, eines Verhältnisses zu sich selbst und zur fraglos nennbaren Umwelt, das sich im Blick auf die die äußere Landschaft erhellenden Sterne bei aller angedeuteten kindlichen Unruhe doch aufgehoben und froh empfindet.[4] Die bilderbuchhafte Perspektive des einfachen Nebeneinander (»Stern am Sterne«), der schematische Blick (»alle«), vor allem aber die schlichte, umgangssprachliche Urteilsgeste (»doch gar zu schön«) vermitteln das noch einfältige Verhältnis des frühen Bewußtseins gegenüber dem Licht der Gestirne, das in seiner sinnlichen Präsenz objektiviert und nach Art und Grad seiner Wirkung als vertrautes und eindeutig benennbares Phänomen erlebt wird.

Die in der Wahl der Bilder ebenso wie in ihrer syntaktischen Fügung, in den Raum- und Zeitdimensionen, ja selbst in der Vordergründigkeit der Episode als Ganzem kunstvoll organisierte erste Strophe wird in ihrer Konsequenz um so sinnfälliger, je genauer wir die Elemente und das Beziehungsfeld der zweiten betrachten. Das (später nicht eingelöste) »Wenn« ist das erste von drei aufeinanderfolgenden Projektionen der sich bewegenden Zeit, die das Ich, sowohl in seiner epischen als auch seiner lyrischen Funktion unmittelbar betrifft. Der geschlossene Raum der ersten Strophe, sein gegenständlich begrenzter Horizont, wird im folgenden geöffnet, erweitert und verbal wie syntaktisch dynamisiert: die gerade Ausrichtung des kindlichen Ganges (»jenen Kirchhof hin«) wird jetzt zu einer Bewegung innerhalb eines zwar weniger spezifischen, aber

---

[4] Zu wie abwegigen, ja dem genau gestalteten Gehalt des Gedichtes widersprechenden Resultaten eine geradezu scholastisch wirkende Deutung führen kann, scheint mir bedenklich demonstriert in den Ausführungen Professor E. Palms (*FAZ*, 24. Juli 1974), die an B. v. Wieses lockere und nicht immer belegbare Gedanken zum Gedicht (*FAZ*, Literaturblatt 15. Juni 1974) anknüpfen. Palm weist mit Recht von Wieses Vorstellung zurück, es handle sich im ersten Vers um eine »Verfremdung« »auf sehr moderne Weise«, geht dann aber zweifellos ins Spekulative, wenn er in der Formel »nicht gerne« den Widerstand des Knaben gegenüber dem Tod (»Kirchhof«) erkennen will, den Schrecken vor dem Heimgang zu Gott (»des Vaters Haus«). Das Kind, meint er, will nicht sterben – »darum die Traumtopographie, die leise Stimme [?]«. Ich halte diese eigenwillige Lesart im Hinblick auf das Gedicht im ganzen für völlig willkürlich.
Nicht überzeugend ist wohl auch die These W. Hofs (s. o.), das Gedicht müsse als Zeugnis der späten Rückerinnerung an Charlotte von Stein gelten. Hofs Argument stützt sich auf eine falsche Beleuchtung des dichterischen Textes durch biographische Quisquilien. Obendrein sieht er im Nachklang des Nordlicht-Bildes aus dem Lida-Gedicht von 1781 eine verbindliche Reminiszenz. Entscheidend ist im späteren Lied doch wohl nicht das Bild an sich, sondern die neue und dem Zusammenhang gemäße »antagonistische« Konnotation.

um so umfassenderen Gesichtskreises. »Ferner« und »Weite« werden zu Bestimmungen einer Erfahrungsweise des Lebens, die nun nicht mehr der beobachteten Welt gegenübersteht, sondern in sie rezeptiv einbezogen, von ihr betroffen und unausweichlich herausgefordert wird. Wenn der Weg »zur Liebsten« führt, so weist diese nicht etwa nur episch informierend, sondern in ihrer ganzen Komplexität und Intensität zu verstehende Metapher auf die neugewonnene subjektive Erfahrung der zwischenmenschlichen Beziehung und ihrer Bedingtheit hin, die diesem Raum entspricht. Diese Beziehung ist nicht mehr die der familiär und rituell gesicherten Ordnung (»Vater«, »Pfarrer«), sondern ein Zustand der Abhängigkeit, in dem Zwang und Bereitwilligkeit, Bewegen und Bewegtwerden ineinandergreifen. Auch das gegeneinander gestellte: »mußte, mußte, weil sie zog«, emphatisch durch die Verdoppelung des entscheidenden Verbums vertieft und noch einmal im Hin und Her der Raumerfahrung bestätigt (»gehend, kommend«), weist auf das hier vielfältig umschriebene (nicht mehr einfältige) und dimensional vertiefte Verhältnis von Erfahrung und Welt.

Zwischen die Zeichen des Zusammenhanges in der Bewegung und im Miteinander fügt sich nun eine Zeile von erstaunlicher Anschaulichkeit, ein Bild, in dem der in dieser Strophe produktiv gewordene Sinn für Bezüge (in ihrer Weite wie ihrer Verknüpfung) im differenzierten Licht am nächtlichen Himmel gespiegelt erscheint. Am mächtigen Rundhorizont der Nacht wird die Erfahrung der Abhängigkeit im Analogon der jetzt nicht mehr – wie in der Sicht des Knaben – stereotyp beruhigenden Sterne reflektiert, sondern im Gegeneinander von »Gestirn« und »Nordschein«. Genau wie gegenüber der ersten die Phänomene dieser Strophe verallgemeinert werden (»Leben«, »Weite«, »Liebste«), so erweitert sich die früher punktuell gesehene Reihe der Sterne zu umfassenden Lichtfeldern. Im Klang und seiner kollektiven Bedeutung weist das Wortbild »Gestirn« zurück auf die »Sterne« der ersten Strophe; zugleich aber ist es mehr als ein Zeichen für die Totalität der Sternenfülle, denn es schließt das Licht des Mondes ein, das als Quelle vielfacher geistiger und sinnlicher Assoziationen die eindimensional gesehenen und eindeutig benennbaren Sterne der früheren Szene ablöst. Auch das Wort »Nordschein« ist von unüberhörbarer Mehrdeutigkeit: es läßt einmal gewiß an den Nordstern denken, der, fast so hell wie der Mond, auch bei Vollmond ihn an Strahlkraft zu übertreffen scheint. Es klingt in dem Wort aber auch unmißverständlich die spektakuläre Erscheinung des Nordlichtes an, dessen seltsam gestreute Strahlen die Differenzierung des Lichterlebnisses besonders sinnfällig vermitteln.[5] (Daß das Nordlicht eine irisierende Farbskala aufweist, schafft in dem grundsätzlich linear-zeichnerischen, nicht aber malerischen Bild einen weiteren Kontrasteffekt.) Das Spiel der Lichter ist Widerspiegelung und Widerspiel: das erotisch-antagonistische Moment dramatisiert die Dynamik und Bezugsintensität des Erlebens, die in der folgenden Zeile wieder zugleich konkret und verallgemeinernd paraphrasiert wird, verallgemeinernd im Hauptwort »Seligkeit«, sinnlich involvierend im Tätigkeitswort »sog«. Der Impuls zur Bereitschaft, das zwingend Herausfordernde der Welt der Liebe und des Lichtes an- und aufzunehmen, bestimmt jede einzelne Geste dieser zweiten Strophe, einer gesteigerten Variante der im Gedicht thematisierten Erhellung des Bewußtseins. Auch dieser Vers klingt aus in dem Echowort »Um Mitternacht«, in dem die unheimliche Kongruenz von Wollen und Müssen, die schon den ersten Vers ausrichtete, nun als Besinnung auf das notwendig und beglückend fordernde subjektive Verhältnis zum Gegenüber, zum Transzendenten,

---

5 Das Phänomen des Nordlichtes faszinierte Goethe seit seiner Jugend: schon in dem »Ephemerides« findet sich ein vermutlich 1770 exzerpierter Bericht über die Erscheinung des Nordlichts (*Der junge Goethe.* Neubearbeitete Ausgabe von H. Fischer-Lamberg. Berlin 1963, 1, 430 und 511). Gelegentlich erscheint die Metapher »Nordschein« als Attribut des »nördlichen« Menschen: im Maskenzug vom 30. Jan. 1781 stellen sich Lappländer »vom fernen Pol« vor, die bedauern, nicht »den schönsten Nordschein« mitgebracht zu haben und fahren fort:

»Wir preisen jene Lichterscheinung;
Sie weiht die Nacht zu Freuden ein
Und muß nach unser aller Meinung
Der Abglanz einer Gottheit sein« (*GA* 3,681)

Die Schlußzeilen des Lida-Gedichtes vom Herbst 1781 enthalten, freilich in einem anderen Sinnzusammenhang als dem unseres Liedes, die Verbindung von »Nordlicht« und »Sternen«:

»Wie durch des Nordlichts bewegliche Strahlen
Ewige Sterne schimmern« (*GA* 1,339)

Auch zu Beginn des Zauberflöte-Fragments (1798) steht die Königin »wie in einer Gloriole, ... indem ein Nordlicht sich verbreitet« (*GA* 6,1093). Gewiß ist es nicht ganz unberechtigt, Goethes Tagebucheintrag vom 8. Februar 1817 (»Nordlicht beobachtet«) mittelbar mit der Entstehung unseres Gedichtes (ein Jahr darauf) in Beziehung zu setzen. Wichtiger noch für Goethes konkrete Kenntnis des Phänomens auch § 26 seiner im selben Jahr 1817 verfaßten »Instruction für Beobachter bei den Großherzoglichen meteorologischen Anstalten« (*Goethes Werke.* Weimar 1896, 2,12,214–15).

Ganz irreführend, ja methodisch unzulässig scheint mir von Wieses Meinung (*FAZ*, 15. Juni 1974) »›Gestirn und Nordschein über mir im Streite‹ dürften sich auf den italienischen Süden und den Weimarischen Norden beziehen, und das doppel harte ›mußte‹ (nach W. Hof, s. Anm. 4) auf Goethes Verhältnis zu Frau von Stein.«

zum Licht, als innere und äußere Bewegung zur Stunde der Wendung vom Dunkel zum Hellen, Gestalt gewinnt.

Wie die zweite, so beginnt auch die Schlußstrophe mit einer dreifachen Zeitangabe, durch die Dauer (»bis«), Folge (»dann«) und Grenze und Summe (»zuletzt«) des zu Berichtenden gesetzt werden. Ohne weitere episodische Züge auszubreiten, wird schon in der ersten Zeile dieser abschließenden Manifestation der Transparenz die volle Helle des Mondes apostrophiert. Was anfänglich als Objekt des kindlich geglaubten Mythos, später als erregendes Sinnbild der eigenen seelischen Verfassung genannt wurde, gewinnt nun seinen eigentlichen Symbolcharakter: es wird hier zum Agens, zum Vermittler nicht zwischen Mensch und Umwelt, sondern zwischen den Zuständen und Bedingungen des Bewußtseins selbst, zwischen dem immanent Finsteren und dem potentiellen Einfall des Lichtes. Wir empfinden es als eine glückliche, vielleicht demonstrative Anspielung auf die Leibnitzsche Maxime des *clare et distincte percipere,* durch die, jenseits des Descarteschen Vernunftprinzips, die Monadenhierarchie sich dem höchsten Prinzip, jener Fähigkeit, das Universum widerzuspiegeln, nähert, wenn jetzt gesagt werden kann, daß das Helle »klar und deutlich« (das heißt aber, übersichtlich und deutbar) ins Bewußtsein »dringt«.[6]

Es gehört zu den Implikationen des unscheinbaren Wörtchens »auch«, daß die im zweiten Vers vermittelte Analogie zwischen der Form des Fühlens und ihrem Abbild im Gegeneinander der Gestirne hier ausdrücklich gelockert erscheint, ja durch ein additiv parallelisierendes Glied die prinzipielle Eigentümlichkeit der natürlichen gegenüber der menschlichen Sphäre betont. Es ist der Gedanke, der in seiner hier völlig spezifischen Kapazität das letztlich historische Bewußtsein des höchsten, klarsten menschlichen Verhaltens auslöst. Die dreifach bezeichnete Art der gedanklichen Bewegung (»willig«, »sinnig«, »schnelle«) bietet eine Formel von äußerster Prägnanz: es sind die Attribute des selbstbewußten substantiellen Denkens, das weder subliminal wie im ersten

---

[6] Goethe war sich des grundsätzlichen Unterschiedes zwischen einer Metapher und der ihr zugeordneten Wirklichkeit durchaus bewußt. An einer wichtigen Stelle in *Dichtung und Wahrheit* (*GA* 10,681) erinnert er sich (1813) eines Augenblicks (1774) der »Empfindung der Vergangenheit und Gegenwart in eins: eine Anschauung, die etwas Gespenstermäßiges in die Gegenwart brachte«. Er fügt bedeutsam hinzu: »Sie [diese Anschauung] ist in vielen meiner größeren und kleineren Arbeiten ausgedrückt und wirkt im Gedicht immer wohltätig, ob sie gleich im Augenblick, wo sie sich unmittelbar am Leben und im Leben selbst ausdrückte, jedermann seltsam, unerklärlich, vielleicht unerfreulich scheinen mußte.«

Vers, noch in sinnlich-ideeller Spannung wie im zweiten, sondern frei und souverän (»willig«) verfährt, das sich »sinnig«, das heißt über den Sinn reflektierend, verhält,[7] und das in einem Akt der momentanen Einsicht (»schnelle«) die Historizität des Urteilens umgreift. Das Erleben in der Gegenwart aktualisiert sich in seinen zeitlich verschränkten Dimensionen – eine Vorstellung, die um so einsichtiger wird, wenn wir uns noch einmal an jenen Leibnitzschen Hinweis auf den Satz des Hippokrates von der σύμπνοια πάντα erinnern, an die berühmte Lieblingsformel der *Monadologie* und der *Theodizee:* »Le présent est gros de l'avenir et chargé du passé.«[8]
Nicht ohne Absicht verschiebt das Gedicht den Tätigkeitsakzent in den letzten Zeilen vom subjektiven »Ich« zum Gedanken, der mit einer reflexiven Wendung »sich ums Vergangne wie ums Künftige schlang«, eine umgreifende Bewegung, die an jenen nächtlichen Augenblick erinnert, von dem in einem *Zahmen Xenion* gesagt wird, daß: »Mondenlicht und Sternenflimmern / Dich mit ewigem All umschimmern«.[9]
Wenn Goethe »Vergangenes« und »Künftiges« substantivisch faßt, so weist diese Form auf die gegenständlich erfahrenen und nur so erfahrbaren Inhalte der Zeit und nicht etwa auf ihre Reduktion ins Abstrakte. Denn, so dürfen und müssen wir schließen, das Geschichtliche soll nicht zum Gegenstand der freigewordenen Erkenntnis werden, wie sie die großen Zeitgenossen Hegel und Schopenhauer (fast im selben Jahr, in dem das Gedicht entsteht) zum heroischen Mittelpunkt ihrer endzeitlichen Konzepte machen.[10] Das Geschichtliche ist vielmehr – im Leibnitzschen Sinne – »trächtig«, es enthält Zukunft. Der Gedanke, der sich

---

7 Im Wortgebrauch des späteren 18. Jahrhunderts: zum Nachsinnen geneigt, auf ›Sinn‹ bezogen. Vgl. H. Paul *Deutsches Wörterbuch.* Halle 1960, 561–62.

8 *Monadologie* § 22, *Theodizee* § 360 und die Vorrede zu den *Nouveau Essais sur l'Entendement humain.* Frankfurt (Insel Verlag) 1961, I, XXIV.

9 *GA* 1,668.

10 Erinnert sei an die Hegelsche Apotheose des modernen, absoluten Wissens, des gegenüber dem Gegenstand freigewordenen Denkens, das historisch die Kunst ablöst. Hegel las über Ästhetik zum ersten Mal in Heidelberg im Jahre 1818; Schopenhauers *Welt als Wille und Vorstellung* erschien 1819. Im 3. Buch des 1. Bandes definiert Schopenhauer die Bedingungen und Folgen der Erkenntnis der Idee als »Reine Kontemplation«, für die es gleichgültig ist, »ob man aus dem Kerker oder aus dem Palast die Sonne untergehen sieht«. »Jenes Freiwerden der Erkenntnis hebt uns aus dem Allen ebenso sehr und ganz heraus, wie der Schlaf und der Traum: Glück und Unglück sind verschwunden: wir sind nicht mehr das Individuum, es ist vergessen, sondern nur noch reines Subjekt der Erkennnis; wir sind nur noch da als das *eine* Weltauge, was aus allem erkennenden Wesen blickt. ... Weder Glück noch Jammer werden über jene Grenze mit hinübergenommen.« Man kann sich

im historischen Sinn verwirklicht, ist Erkenntnis nicht vermittels des (Hegelschen) »Begriffes«, sondern »sinnig« in der Anschauung. »Entsteht nicht ein Kunstwerk«, schrieb Ph. O. Runge schon im Februar 1802, »nur in dem Moment, wann ich deutlich einen Zusammenhang mit dem Universum vernehme? Kann ich den fliehenden Mond nicht ebenso festhalten wie eine fliehende Gestalt, die einen Gedanken bei mir erweckt, und wird jenes nicht eben so ein Kunstwerk?«[11]

Die hier bezeichnete Erfahrung mag es begründen, daß das in dieser Strophe so prägnant genannte Bild des vollen Mondes gegenüber dem ersten Vers eine eigentümlich produktive, eben erhellende und aufschließende Energie vermittelt, das Bild eines zur Reflexion führenden Gegenstandes der Natur, dessen umfassende Bedeutung sich evident von den vielen eher sentimentalen Momenten der zahlreichen Goetheschen Gedichte unterscheidet, in denen der Mond als Sinnbild transzendierender, oft ekstatischer Zustände fungiert. Wir denken über die milde, lösende Gegenwart des Gestirns in »An den Mond« hinaus an die zahlreichen, leidenschaftlichen Evokationen des nächtlichen Himmels, an jenes »Übermaß der Sterne«,[12] ihre »Überwucht«,[13] den unendlichen »Überschimmer« von Sternenglanz und Mond,[14] die »übermächtge« Schicksalsmacht der Sterne,[15] vor allem an jenes ergreifende Bild des aufgehenden Vollmondes in der »überseligen« Nacht,[16] der erfüllten Vollmondnacht des Buches Suleika.[17] Für alle diese gilt es, daß die Erregung der lebensspendenden, alle Sinne aufschließenden Liebe, der »Liebesblick der Sterne«,[18] den leidenschaftlichen Ton des Bildes erfüllt: die »Sterne mit zitterndem Schein ... / die laden zu Freuden der Liebe«.[19] In anderem Zusammenhang ist das »Entzücken« distanzierter: »Die Sterne, die begehrt man nicht, / man freut sich ihrer Pracht, / Und mit

---

keinen Satz denken, der weiter entfernt wäre von der gegenstandsgebundenen Erkenntnisform des Goetheschen Denkens, wie sie gerade in der Schlußstrophe des behandelten Gedichtes demonstriert wird.

Mit Recht weist übrigens W. Keller in seiner außerordentlich anregenden Studie *Goethes dichterische Bildlichkeit* (München 1972) darauf hin, daß F. Meineke »die Empfindung der Vergangenheit und Gegenwart in Eins« das »inhaltreichste Wort« für das Verständnis von Goethes historischem Sinn nennt, »vielleicht den merkwürdigen Angelpunkt, wo sein Dichtertum mit seinem spezifischen Geschichtsgefühl zusammenhängt«. (S. 133 f.)

11 *Hinterlassene Schriften von Philipp Otto Runge, Maler. Herausgegeben von dessen ältestem Bruder.* Hamburg 1840, i. Teil S. 6.

12 *GA* 2, 144. 13 *GA* 2, 144. 14 *GA* 6, 424.

15 An Charlotte von Stein. 24. August 1784 (*GA* 2, 243).

16 *GA* 2, 50. 17 *GA* 3, 366. 18 *GA* 1, 360. 19 *GA* 6, 408.

Entzücken blickt man auf / in jeder heitern Nacht.«[20] Gelegentlich erscheint der Mond als »geliebter und bewunderter Nachbar«.[21] Erst wenn »der volle Mond am klarsten Himmel« sich wie ein Zauber über die ungeheure Stadt verbreitet, so antizipiert diese Stimmung, die Goethe am Ende des zweiten Römischen Aufenthaltes »in einen Zustand wie von einer andern einfachern größern Welt«[22] versetzt, den »hehren Mondschein«, der die letzte Strophe des »Mitternachts«-Liedes erfüllt[23] und der jene geistige Verfassung schafft, die an schöpferischer Bewegung des »tiefsten Ruhens Glück« noch übertrifft, das »des vollen Mondes Pracht« vor dem schlafsuchenden Faust zu Beginn des zweiten Teiles ausbreitet.

Denn was in der Bilderreihe des letzten Verses verwirklicht erscheint, ist in der Tat die höchste Form der Goetheschen »Anschauung«, die schon 1808 in den *Pandora*-Zeilen »Erleuchtetes zu sehen, nicht das Licht« bezeichnet wird.[24] Im Gedicht ist mit dem Erlebnis der Erleuchtung in der Erfahrung der Geschichtlichkeit die höchste Stufe der drei hier gestalteten Phasen des Bewußtseins erreicht. Wenden wir uns noch einmal der ersten Strophe zu, so sehen wir in der Rückschau um so deutlicher, daß dort die Umwelt noch in ihrer magisch-zauberhaften Gegenständlichkeit begriffen wird, als unheimlich und furchterregend, jenseits der rituell gesicherten Institutionen von Familie, Haus und Kirche, als fraglos vertraute Elemente des nächtlich pointierten Erlebens. Bestimmt wird diese frühe Stufe des Empfindens durch die Erfahrung der Einheit, innerhalb derer die einzelnen Phänomene, einander zugeordnet, den Zusammenhang des Ganzen bestätigen. Der Knabe erscheint hier in einem gewissen Sinn als (noch) verzaubert, seine Individualität darf nur in zwei oder drei kindlichen Attributen angedeutet und spürbar werden.

Die zweite Strophe löst die Magie, in der sich der Mensch anfänglich befindet, in einer doppelten Wendung auf: einmal durch die Intensivierung des menschlichen Verhaltens zur übergreifenden Umwelt, zum anderen durch das erwachende Verständnis der immanenten Spannungen, die dieses Verhältnis sowohl problematisch-antagonistisch erscheinen lassen, als auch erfüllt von einer leidenschaftlich-sinnlichen und subjektiv erregenden Ahnung von Bedeutungen. In dieser Erfahrung be-

---

20 *GA* 1, 63. Zu diesem Vers vgl. Schopenhauer, *Die Welt als Wille und Vorstellung*. Hrsg. v. E. Grisebach. Leipzig (Reclam) o. D. II, 440 ff.

21 *GA* 11, 673.

22 *GA* 11, 611

23 *GA* 11, 898.

24 *Pandora*, V. 958 (*GA* 6, 439).

gegnet der Liebende sich selbst, Konfrontation wird zur Betroffenheit, Trennung und Bindung spiegeln sich im Doppelspiel der Gestirne. Darüber hinaus läßt sich wohl der dichterischen Intention gemäß sagen, daß das religiös-numinose Verhalten der ersten Strophe hier zum ästhetischen Erleben wird, das heißt, zum Zustand der Bedeutungsintensivierung im sinnlichen Verhalten. Nicht Liebe als solche schafft die Voraussetzung für diesen Zustand, sondern die im Kommen und Gehen reflektierte und im Gegeneinander der Lichter gespiegelte Differenzierung des Bewußtseins. Daß in der Bewegung von »Stern am Sterne« zum Widerspiel von »Gestirn« und »Nordschein« schließlich des »vollen Mondes Helle« sinnbildlich zum Träger des Moments der letztlich zureichenden, der geschichtlichen Einsicht wird, meint nichts anderes als was in einer Metapher von äußerster Strahlkraft jener Satz in Goethes »Aristeia der Mutter« (wohl 1831) aussagt: »Wie bedeutend das Leben der Menschen sei, kann ein jeder nur an ihm selbst empfinden, und zwar in dem Augenblick, wenn er auf sich selbst zurückgewiesen, das Vergangene zu betrachten und das Künftige zu ahnen genötigt ist.«[25]

Der Gewinn an Erkenntnis, an Perspektivik und Dimension der Erfahrung, der das Gedicht beherrschende Dreitakt von Instinkt, Bewußtsein und Erkenntnis, wird freilich nicht nur in seinen episodischen und diskursiven Zügen aktualisiert, sondern formal und substantiell in der fortschreitenden Präzisierung des dichterischen Verfahrens. Das »Ich« der ersten Strophe beschreibt eine in Gegenständen und Attributen ohne weiteres benennbare, aus beschränkter Sicht fraglos konfrontierte Welt; das »Ich« der zweiten erfährt Relationen des Raumes, der Zeit und des eigenen Selbst, die in dramatischer, gegenläufiger Bewegung ihrer Aspekte als Spannung zwischen nur andeutbaren Verhältnissen erlebt werden. Die zwei Partizipialformen (»gehend«, »kommend«) sind die Äquivalente für diese subjektivierende Stufe des dichterischen Verständnisses. Erst in der Schlußstrophe befreit sich die Einsicht endgültig aus den Zuständen der Naivität und der Unsicherheit; die fraglose Einfalt des ersten und die vorläufige und noch ungelöste Spannung des zweiten Verses wird durch den schließlichen »Einfall« des Hellen in das bisher Finstere und Undeutliche, durch die für Goethes Denken und seine Poetik so charakteristische Lösung des Lichtes aus dem »Trüben« aufgehoben und im transparenten, prägnanten Augenblick, in dem Erinnerung und Vorschau die Gegenwart sinnvoll konstituieren, zum In-

---

25 *GA* 10, 855.

strument der Grunderfahrung der Geschichtlichkeit des Bewußtseins erhoben. Das bewegende und aufklärende Verständnis der Natur, der Schein des vollen Mondes, der zum sinnvermittelnden »Gedanken« wird, steht ebenso jenseits des mythischen Verhaltens im frühen Erleben, wie er den »Widerstreit« zwischen der »Seligkeit« des subjektiven Gefühls und der Wirklichkeit überwindet.

II.

Im Sinne dieser im Gedicht verwirklichten Resolution konnte Goethe die großartig synoptischen Verse als »Lebenslied« bezeichnen,[26] gewiß nicht in der platten Bedeutung einer biographischen Reminiszenz. Was ihn des öfteren bewegte, sich der Strophen und ihrer Entstehung zu erinnern, war die lange nachklingende Freude, war das Glück, einer Stunde, die ihm Stimme, Rhythmus und Bilder schenkte, den Bogen des Lebens als erlebten Weg der Klärung, Erweiterung und Kontinuität nachzuzeichnen. »Ein wundersamer Zustand bei hehrem Mondenschein« schreibt er rückschauend in wohlbedachten, den Tenor des Gedichtes resümierenden Worten, »brachte mir das Lied ›Um Mitternacht‹, welches mir desto lieber und werter ist, da ich nicht sagen könnte, woher es kam, und wohin es wollte.«[27] Von den Umständen der Entstehung ausgehend das Gedicht interpretieren zu wollen hat, wie oft erwiesen, nur geringen Wert; am Ende einer unvoreingenommenen Deutung könnte der Blick auf die biographischen Zusammenhänge unser kritisches Urteil beleben. Es ist sicher nicht ohne innere Konsequenz, daß Goethe die Verse im dritten Heft des dritten Bandes von *Über Kunst und Altertum* abdrucken ließ, in einem Rahmen also, den er ausdrücklich für einen verhältnismäßig kleinen Kreis wohlgesinnter Leser geschaffen und als historisch wie politisch »bewahrendes« Organ verstanden wissen wollte. Wir spüren, daß bei aller Abneigung gegen die »neudeutsche religios-patriotische Kunst« die sukzessiven Hefte sich mehr und mehr den geistigen Tendenzen der Zeit, der Kunst, der Geschichte, der Weltliteratur, der Naturphilosophie gegenüber öffneten. Das Lied folgt einem kurzen aber kritisch wichtigen Text, in dem er seinen Dank für »geneigte Teilnahme an den Wanderjahren« ausspricht, dem weithin mit Widerwillen und Vorbehalten aufgenommenen Erzählwerk, das Goethe lange und eingehend bedacht und ein Jahr vorher veröffent-

---

26 *Goethes Werke,* Festausgabe 16, 430.

27 *GA* 11, 898.

licht hatte. Der Ton des Stückes ist abwägend, Unsympathisches in den Zeiten, den Menschen, den Haltungen konziliant überspielend, gestern und heute, früher und künftig – sie sollten »von edlen Kennern frei geschildert werden«. Zeit und Welt als Folie für ein erkennendes Urteil, Bewunderung »über den durchdringenden Blick ernster Männer und Freunde, die ihre Aufmerksamkeit einem einzelnen in dem Grade geschenkt, daß sie seine Eigenheiten besser kennen als er selbst und, indem sie einem Individuum alles Liebe und Gute erweisen, es doch in seiner Beschränktheit stehen lassen ...«.[28]

Neues war damals zum Alten gefügt worden, Skizzen zum *Faust* verflochten das längst Abgeschlossene mit weitschauenden Projekten, philosophische Gespräche führten wieder zu Kants *Kritik der Urteilskraft*, er läßt sich von Breitkopf & Härtel das *Wohltemperierte Klavier* kommen, Freunde spielen ihm vor, die Freundschaft mit Zelter fördert die Aufgeschlossenheit für Musik, den »höchsten und schönsten Genuß«.[29] Im Augenblick der Komposition des Gedichtes scheinen alle diese Impulse, getragen von der systematischen täglichen und stündlichen Beobachtung des Wetters, des Himmels, der Sterne ineinanderzuschießen. Am 13. Februar 1818 verläßt er in Jena zu später Stunde die Abendgesellschaft bei dem Juristenehepaar Christian Gottlieb Konopak, dessen Bekanntschaft aus den Straßburger Tagen wenige Monate vorher durch Konopaks Anstellung in Jena erneuert worden war. Das Tagebuch nennt die anderen Gäste: Anton von Ziegesar, der Präsident des Oberappellationsgerichtes, mit dem Goethe seit langem befreundet war, und der Professor der Astronomie und Direktor der Jenaer Sternwarte, Karl Dietrich von Münchow.[30] »Man lasse mich bekennen«, so wird der Abdruck des Gedichtes 1822 eingeleitet, »daß ich, mit dem Schlag Mitternacht im hellsten Vollmond aus guter, mäßig-aufgeregter, geistreich-anmutiger Gesellschaft zurückkehrend, das Gedicht aus dem Stegreif niederschrieb, ohne auch nur früher eine Ahnung davon gehabt zu haben«.[31]

---

28 *Goethes Werke.* Festausgabe 16, 430.

29 *GA* 21, 254.

30 *Goethe. Werke und Schriften.* Stuttgart (Cotta) 1957, 12, 496.

31 *GA* 14, 315. Es sei etwas beckmesserisch (oder düntzerhaft) die Tatsache angemerkt, daß Vollmond tatsächlich erst am 20. Februar, also eine gute Woche später, hätte beobachtet werden können. Auch dies ein hübsches Beispiel dafür, daß derlei so wirksam und pointiert eingeflochtene biographische Angaben gerade bei Goethe auf ihren Gelegenheitswert und ihre intendierte Funktion hin geprüft werden sollte. Siehe u. a. *Blunt's Edition of the Nautical Almanac and Astronomical Ephemeris for the Year 1818.* New York, June 1816, S. 13.

Vier Jahre früher hatte Goethe, aus der »nahezu absoluten Einsamkeit« des Jenaer Aufenthaltes die Verse an Zelter geschickt, eins von zwei Blättern, »Stoßgebete, als Zweige meines Paradieses. Magst Du sie mit Deinem heißen Elemente infundieren.«[32] Das eine dieser Blätter enthielt ein wenige Wochen vorher (10. Januar 1818) geschriebenes Gedicht, das gegenüber seiner ursprünglichen Fassung,[33] dem Metier des Freundes entsprechend leicht verändert, folgendermaßen lautet:

»Sänge [ursprünglich: Worte] sind des Lebens Bild!
Bilder nicht! Sie sind nur Schatten!
Tönen [sagen] herbe, deuten mild,
Was wir haben, was wir hatten,
Was wir hatten, wo ist's hin?
Und was ist denn, was wir haben?
Tönt, Gesänge! [Nun, wir sprechen!] Rasch im Fliehn
Haschen wir des Lebens Gaben.«[34]

Diesen leicht melancholischen, aber mit der letzten Geste entschieden zum Sprechen und Gestalten gewendeten Versen, deren Stimmung sie durchaus in der Nähe unseres Liedes rechtfertigen, gehen die Strophen von »Um Mitternacht« voran.

Schon zwei Wochen darauf schickt Zelter seine Komposition des Gedichtes an Goethe nach Weimar: »Hiermit erhältst Du das mitternächtliche Wesen, sauber abgeschrieben; in jeder Note stickt ein Gedanke an Dich: wie Du bist, wie Du warst, und wie der Mensch sein soll. Besser kann ich's nicht machen.«[35]

Wir hören heute die liebenswürdige, einigermaßen schablonenhafte Vertonung (in D, Andante e legato) eher mit Interesse als mit innerer Bewegung.[36] Goethe war spürbar ergriffen, nachdem Mitte März die junge Caroline von Egloffstein das Lied vorgesungen hatte: »In diesen Tagen hast Du mir eine große Wohltat erzeigt«, schreibt er an Zelter, »denn das mitternächtige Lied ist mir gar gehörig und freundlich vorgetragen worden von einem weiblichen, zarten Wesen, sodaß es nur in der letzten

---

32 *GA* 21, 273.
33 *GA* 1, 709.
34 *Briefwechsel zwischen Goethe und Zelter.* Herausgegeben von M. Hecker. Leipzig 1913, 1, 592.
35 *Ebd.*, 593.
36 Dietrich Fischer-Dieskau singt es stilsicher zusammen mit anderen Goethe-Liedern in einer *Archiv*-Aufnahme (2533 149). Über Goethes musikalischen Austausch mit Zelter und über Zelters Vertonungen Goethescher Verse s. Moser, H. J., *Goethe und die Musik.* Leipzig 1949, bes. 78–91. Weitere Vertonungen von »Um Mitternacht« verzeichnet Willi Schuh, *GA* 2, 721.

Strophe etwas an Energie fehlte[37] ... Mein schwer zu bewegender Sohn war außer sich ... Dein mitternächtiger Sechsachtel-Takt erschöpft alles. Solche Quantitäten und Qualitäten der Töne, solche Mannigfaltigkeit der Bewegung, der Pausen und Atemzüge: Dieses immer Gleiche, immer Wechselnde. Da sollen die Herren [Homerkritiker wie F. A. Wolf] lange mit Balken und Hütchen – ◡ ◡ – sich untereinander verständigen, dergleichen bringen sie doch nicht heraus.«[38]

Zelter hatte die Handschrift nach dem Empfang des Blattes genau betrachtet, überraschend einsichtig und mit einem klaren Blick für die Struktur der Zeichensetzung des Liedes. »Das Gedicht«, so schrieb er am 24. März 1818 an den Freund, »nahm sich auf dem Papier wundersam aus: wie ein Werkstück, geadert, gekörnt, dabei durchsichtig; es lag wie eine Krone im Wasser. Mein Phidias regte sich, den Marmor appetitlich betrachtend, und dachte ihm die Gliedmaßen zu lösen vom dunkeln Wort und freigestaltet es vor den Augen anderer in Bewegung zu setzen, und zwar, wohlgemerkt, ohne abzuschlagen oder anzusetzen, denn das war das Rätsel. Nun halte ich Deine Beschreibung mit den Noten zusammen und freue mich erst recht Deines Gedankens, wie Du ihn wieder für Dein erkennst.«[39]

Auf lange hin blieb das Gedicht für Goethe ein Werk von unauslöschlicher Erinnerungskraft – eine seiner »liebsten Produktionen«.[40] Am 27. Januar 1827 berichtet Eckermann noch vom »tiefsten Eindruck«, den das Lied nach einem Vortrag der Zelterschen Vertonung durch Madame Eberwein auf die bei Goethe versammelten Gäste machte. »Das Lied bleibt schön«, sagte Goethe, »sooft man es auch hört. Es hat in der Melodie etwas Ewiges, Unverwüstliches.« Die Verse, meinte er, behaupten ihren Glanz selbst über den Nachklang der *Divan*-Gedichte hinaus, zu denen er »gar kein Verhältnis mehr« zu haben bekennt. »Dagegen das Lied ›Um Mitternacht‹ hat sein Verhältnis zu mir nicht verloren, es ist von mir noch ein lebendiger Teil und lebt mit mir fort.«[41]

---

37 Zelters Anweisungen an den Sänger lauten im Druck der *Neuen Liedersammlung*. Zürich-Berlin 1821: »Die zwei ersten Strophen mäßig stark und betrachtend; die dritte Strophe volltönend und überzeugt.«

38 *GA* 21, 278.

39 *Briefwechsel zwischen Goethe und Zelter* 1, 601.

40 *Goethes Werke*. Festausgabe 16, 430.

41 *GA* 24, 200 f.

Peter Horst Neumann

Goethes Ballade vom »Untreuen Knaben«, das Lied vom »König in Thule« und die erste Walpurgisnacht

In Othello IV,3 singt Desdemona, während die Zofe ihr beim Entkleiden zur Hand geht, das »Weide«-Lied, eine Ballade von untreuer Liebe. Das Mädchen Barbara sang dieses Lied in seiner Sterbestunde. Daran erinnert sich nun Desdemona, wenn sie es nachsingt, am Abend vor ihrem Tod. – Im Zusammenhang der Shakespeare-Aneignung des jungen Goethe wird gern auf diese Szene verwiesen.[1] Sie mag das Modell für die »Abend«-Szene im »Faust« gewesen sein, wo Margarete, »indem sie sich auszieht«, die Ballade vom »König in Thule« singt, das Treue-Lied, eines der schönsten. Hätte Goethe, dem Vorbild Shakespeares zu folgen, auch Gretchen in einem Gesang, der von Untreue weiß, ihr eben beginnendes Schicksal aussprechen lassen, er würde sich seiner Ballade vom »Untreuen Knaben« bedient haben können (»Es war ein Buhle frech genung«). Dann hätten sich Wahnsinn und Geisterspuk, die erst später ihr Recht erhalten, früh schon mit Gretchen verbunden, und eine andere Exposition der Gestalt wäre entstanden. – An solches »hätte« und »wenn« wollen wir unsere Zeit nicht verschwenden. Aber die Frage, ob zwischen dem Buhle-Lied und dem »Faust« nicht ein Zusammenhang sei, den wir bisher übersahen, scheint mir des Nachdenkens wert.

Über die fast gleichzeitige Entstehung beider Balladen im Juli 1774 sind wir versichert.[2] Wenn Fritz Jacobi sich 1812 auf seine Kölner Begegnung

---

1 Max Kommerell, Gedanken über Gedichte, Frankfurt/M. 1943, S. 339 f. – Ernst Beutler, »Der König in Thule« und die Dichtungen von der Lorelay, in: E. B., Essays um Goethe, 6. Aufl., Bremen 1962 (Sammlung Dieterich 101), S. 337. – Werner Ross, Johann Wolfgang Goethes »Es war ein König in Thule«, in: Werner Keller (Hrsg.), Aufsätze zu Goethes Faust I, Darmstadt 1974 (Wege der Forschung CXLV), S. 544 f.

2 Der junge Goethe, neu bearb. v. Hanna Fischer-Lamberg, Berlin 1968, Bd. 5, S. 372. – Beutler, S. 338.

mit Goethe (24. Juli 1774) bezieht, erinnert er sich daran, daß Goethe »in der Dämmerung auf dem Tische sitzend uns die Romanze ›Es war ein Buhle frech genug‹ und andere« hersagte.[3] Und Goethe selbst vermerkt im 14. Buch von »Dichtung und Wahrheit« bei Gelegenheit der mit Lavater und Basedow unternommene Lahn- und Rhein-Reise die Rezitation seiner »neusten und liebsten Balladen«: »›Der König von Thule‹ und ›Es war ein Buhle frech genung‹ taten gute Wirkung, und ich trug sie um so gemütlicher vor, als meine Gedichte mir noch ans Herz geknüpft waren ...«[4] Die Wendung »ans Herz geknüpft« gilt als entstehungsgeschichtlicher Wink, sie bezeugt aber auch ein Betroffensein von dem die beiden Lieder bestimmenden Widerspruch der Treue und Treulosigkeit. In solchem Widerspruch lebt nicht nur der junge Goethe – auch er, wie der Buhle im Lied, »war erst aus Frankreich kommen« –; Treue und Untreue sind die Spannungspole des »Faust« in seinen Gretchen gewidmeten Teilen.

Wann der frühe Text der Thule-Ballade in den Urfaust einging, bleibt ungewiß. Beutlers Versuch, die »Abend«-Szene in den Sommer 1775 zu datieren, hat einiges für sich.[5] Offenbar war das Lied nicht von Anfang an für den »Faust« bestimmt, ebensowenig sein Gegenstück für »Claudine von Villa Bella«. Goethe hat die erste Fassung des Singspiels im Sommer 1775 abgeschlossen. Wenn Beutler richtig datiert, stünde die »Faust«-Szene mit dem vollendeten Singspiel in ähnlich engem Entstehungskontakt wie die beiden Balladen, die Goethe in ihnen plazierte. Doch die Bedeutung, die den Gedichten an ihren dramatischen Stellen zufällt, läßt sich kaum noch vergleichen. Der »König in Thule« bereichert das Psychogramm seiner Sängerin in einer Weise, die sich Begriffen entzieht und darf im Motiv-Gefüge des »Faust« als der auch von Goethe nicht wiederholte Glückstreffer einer Lied-Einlage betrachtet werden. Dagegen dient das Buhle-Lied im Claudinen-Stück zu wenig mehr als geselligem Zeitvertreib. Daß in den Wechselreden, die seinen Gesang motivieren, mit einiger Breite die neuerliche Mode des Balladen- und Bänkel-Singens und das soeben erwachte Interesse an »Geisterliedern« Erwähnung finden, liest sich als Hinweis auf die gerade beginnende Wirkung von Bürgers »Lenore«. Das viel kopierte Gedicht war 1774 im »Göttinger Musenalmanach« erschienen, und Goethes Geisterballade leugnet nicht seinen Einfluß.[6]

---

[3] Beutler, S. 337. [4] Hamb. Ausg., Bd. 10, S. 34. [5] Beutler, S. 346 f.

[6] Zur Quellenfrage vgl. Ignace Feuerlicht, Goethes früheste Balladen, in: JEGP, 48, 1949, S. 470–476. (Referiert Bemerkungen der älteren Forschung zu Goethes

Dies alles liegt offen zutage, mit seiner Wiederholung hat man sich bisher zufriedengegeben. Beide Balladen, entstehungsgeschichtlich aufs engste verbunden und als exemplarische Formungen treuer und treuloser Liebe einander im Widerspruch zugewandt, treten in dramatische Zusammenhänge von unterschiedlichem Kunstrang. Das Lied vom »Untreuen Knaben« aber sei, wie zu lesen steht, »weder in der Literaturgeschichte noch in Goethes Leben« als besonders bemerkenswert anzusehen.[7] Hier regt sich mein Widerspruch. Ihr enger Zusammenhang läßt mich fragen, ob wir nicht beide Gedichte als *eine* Keimzelle des Gretchen-Dramas ansehen dürfen. (Die Entstehung des »Faust« seit mindestens 1773 gilt als gesichert.) Um dies wahrscheinlich zu machen, müßte gezeigt werden können, daß nicht nur das Thule-Lied in den »Faust« einging, sondern auch die Ballade vom »Untreuen Knaben«. Nicht wörtlich, versteht sich; doch alle wichtigen Motive des Geisterliedes kehren im Gretchen-Komplex der Faust-Dichtung wieder. Festzuhalten ist freilich, daß die Ballade kein Gretchen-*Schicksal* erzählt; dazu fehlt das Motiv der Kindestötung. Und wer vorschnell das Argument der motivischen Nähe verwerfen möchte, könnte auch auf den »Clavigo« verweisen, dessen Niederschrift der Entstehung des Liedes unmittelbar vorausläuft. Treulosigkeit und der Tod der verlassenen Geliebten reichen also nicht aus, eine engere Beziehung der Buhle-Ballade mit »Faust« diskutabel zu machen. Denkt man aber an die Walpurgisnacht, so ergeben deren geisterhafte Momente einen Bezugspunkt, den wir ernst nehmen sollten.

Wann Goethe erstmals erwog, Blocksberg-Szenen zu schreiben, muß ungeklärt bleiben. Für die Walpurgis-Handschrift gilt als frühestes Datum der Sommer 1797.[8] Die erste Niederschrift des Geisterspektakels fiele demnach ins »Balladenjahr«. Als Goethe am 22. Juni Schiller die Wiederaufnahme der Arbeit am »Faust« bekanntgibt, betont er ausdrücklich die Beziehung zwischen »Faust« und »unser(em) Balladenstudium«. In diesem Zusammenhang spricht er von jenem »Dunst- und Nebelweg«, auf dem, »in mehr als einem Sinne, eine Zeitlang (...) her-

Gedicht.) – Kommerell, S. 333 ff. – Walter Hinck, Goethes Ballade »Der untreue Knabe«. Zur Geschichte der siebenzeiligen Strophe in mittelalterlicher und neuerer Lyrik, in: Euphorion, 56, 1962, S. 25–47. (Die instruktivste Untersuchung zum Buhle-Lied.)

7 Feuerlicht, S. 470.

8 Siegfried Scheibe, Zur Entstehungsgeschichte der Walpurgisnacht im Faust I, in: S.S.u.a., Goethe-Studien, Berlin 1965 (Sitzungsberichte d. Dt. Ak. d. Wiss. zu Berlin), S. 35. (Gemeint ist das Paralipomenon 50.)

um zu irren«, seine Absicht sei.[9] Diese Bemerkung wird gern auf Goethes »nordische« Balladen bezogen,[10] zu deren frühesten Mustern das Lied vom Buhlen gehört. Doch könnten auch die Walpurgis-Szenen – »nordisch« par excellence – gemeint sein, die als dramatisierte »Ballade« zu lesen recht naheliegt.[11] Ob es einen *vor* 1797 zurückreichenden Walpurgis-Plan gab, ließ sich bis heute nicht sicher belegen. Immerhin hat die Forschung die Möglichkeit eines älteren Planes seit langem erwogen und sogar als Bestandteil der Frankfurter Faust-Konzeption nicht ausschließen wollen.[12] Verdeutlicht man sich die motivischen Beziehungen zwischen Buhle-Lied und Walpurgis-Szenen, so gewinnt solch ein frühester Plan im Umkreis von Goethes erster nordischer Geisterballade (1774) wohl einige Wahrscheinlichkeit. Doch auch an die Adaption von Lied-Motiven zur Zeit der ersten Walpurgis-Handschrift, angeregt durch die Wiederbeschäftigung mit dem frühen Gedicht im »Balladenjahr«, ließe sich denken.

*

Die Verse 1–11 erzählen vom Schicksal eines verlassenen Mädchens. Ihr Verführer kam aus der Ferne, »aus Frankreich«. Durch diese Ortsangabe gewinnt der Buhle sogleich eine Aura von Leichtsinn und lässiger Courtoisie. Dasselbe Franzosen-Clichée begegnet uns auch in der Straßen-Szene des »Faust«. Mephisto zu Faust, der ja auch aus der Ferne kommt: »Ihr sprecht schon fast wie ein Franzos.« (V. 2645) In der Ballade verfällt das »Maidel« dem Wahnsinn (»vergingen ihr die Sinnen«) und stirbt. Dieses Motiv wiederholt sich an Gretchen, und wenn die Beziehung auch allgemein bleibt – Margaretes Wahnsinn und Ende sind durch die Tötung von Kind und Mutter viel stärker begründet –, so sind doch schon hier Motiv-Beziehungen greifbar. Bis in Vers 11 exponiert das Gedicht (mit Heine zu reden) nur »eine alte Geschichte«, die auch im »Weide«-Lied vorkommt. Erst in den folgenden viereinhalb Strophen steigert es sich zur *Geisterballade* vom »Untreuen Knaben«:

---

9 An Schiller, 22. Juni 1797.

10 Paul Requadt, Goethes Faust I. Leitmotivik und Architektur, München 1972, S. 282. – Walter Hinck, Die deutsche Ballade von Bürger bis Brecht, Göttingen 1968 (Kleine Vandenhoeck-Reihe 273 S), S. 24.

11 Requadt, S. 282: »Das Nordische konzentriert sich in der Walpurgisnacht«, »einer chorischen, von Mendelssohn vertonten Ballade.« S. 283: »balladesker Naturbereich«. – Zum Terminus »nordisch« vgl. auch Hinck, Dt. Ballade, S. 5 ff.

12 Scheibe, S. 59, Anm. 66.

»Die Stund, da sie verschieden war,
Wird bang dem Buben, graust sein Haar,
Es treibt ihn fort zu Pferde.«

Mehr braucht das Lied nicht, um den inneren Zustand des Buhlen anzudeuten, alles übrige wird als dramatische Handlung entwickelt. Festzuhalten bleibt das Motiv des rastlosen Reitens. In der Urfaust-Szene »Nacht. Offen Feld« begegnet es wieder, wo ebenfalls Bürgers »Lenore« nachklingt (was kaum ein »Faust«-Kommentar zu erwähnen vergißt). Die Strophen 3 und 4 sprechen von einer Irrfahrt, »sieben Tag und sieben Nacht« lang. Magie ist im Spiel, nicht nur die Siebenzahl deutet es an. Naturgewalten im Aufruhr: Blitz, Sturm und Wetterschein, Regen, reißende Fluten – ein Chaos, in dem sich die Innenwelt des Flüchtigen in naturhaften Bildern entäußert. Ein jäher Sturz, »hundert Klafter« tief in die »erwühlte« Erde, beendet den irren Ritt. Nun hat sich vollends ein magischer Raum eröffnet: traumhaft und archetypisch, mit Irrlichtern (»drei Lichtlein [...] Irrführen ihn«) und Spukgestalten. »In die Traum- und Zaubersphäre / Sind wir, scheint es, eingegangen.« So singen zu Beginn der Walpurgisnacht »Faust, Mephisto, Irrlicht im Wechselgesang«. (V.3871 f.) Doch treffen die Verse auch auf die »wüste« Unterwelt der Ballade zu. Eine Versammlung »hohlaugig grinsender« Gestalten begeht ein nächtliches Fest. Eine Walpurgisnacht ist es nicht, nicht auf nächtlichem Blocksberg, sondern im untern Bezirk wird gefeiert. Ist aber das Spukgelage nicht doch dem Hexensabbat verwandt? Ist die Walpurgisnacht nicht das Hochfest der Unterirdischen, die gefeierte Umkehr von Unten und Oben?

Wie Faust auf den Vorbergen des Brocken, so bewegt sich in dieser Gesellschaft als einziger Mensch der treulose Buhle. Beider Aufenthalt in der »Traum- und Zaubersphäre« kulminiert in dem Anblick der toten Verlassenen:

»Auf einmal steht er hoch im Saal,
Sieht sitzen hundert Gäste,
Hohlaugig grinsen allzumal
Und winken ihm zum Feste.
Er sieht sein Schätzel unten an
Mit weißen Tüchern angetan,
Die wend't sich –«

Damit schließt die Ballade. Die Szene, in der Faust bis zum Ende des Walpurgistreibens verstummt, braucht nun kaum noch ausführlich zitiert zu werden. Das Nachklingen der Geisterballade läßt sich kaum überhören. Faust hat die Gestalt gesehen, die »dem guten Gretchen gleicht«. (V. 4188) Zwar will ihn Mephisto ein »Zauberbild« glauben machen, »leblos, ein Idol« mit starrem Medusen-Blick; Faust aber sieht das »rote Schnürchen« am »schönen Hals«, »nicht breiter als ein Messerrücken«. (V. 4203 ff.) Er hat Margarete in ihrem künftigen Elend erkannt. Sich zu wenden ist die Gestalt außerstande, mit »geschlossenen Füßen« schiebt sie »sich langsam nur vom Ort«, und der vom Hals geschnittene Kopf läßt sich nicht drehen. Faust »kann von diesem Blick nicht scheiden«. So stehen sie sich für diesen Augenblick künftiger Wahrheit unverwandt gegenüber, und Faust verschlägt es die Sprache. Der Treulose, dessen Lebensweg seit der Teufelswette im Zeichen des Nicht-Verweilens steht, hat sein Opfer gesehen. Auf dem Höhepunkt der dramatisierten Walpurgis-»Ballade« wiederholt sich der Schreckensblick aus dem frühen Geistergedicht als »Gewissens-Vision«.[13]

*

Am Ende der Blocksberg-Szenen steht der »Walpurgisnachtstraum«. Dieses »Intermezzo« war ursprünglich ebensowenig dem »Faust« zugedacht wie das Lied vom »König in Thule«. Man hat den »Walpurgisnachtstraum« lange als einen die Gretchen-Tragödie ärgerlich retardierenden Einschub verkannt. Inzwischen ist seine Bedeutung für die Kunstgestalt des »Faust« überzeugend entwickelt worden.[14] Daß er, vielfach gebrochen, noch einmal an Gretchens Treue-Lied erinnert, sei hiermit nachgetragen. Eine Farce, satirisch und fratzenreich, ist der Walpurgistraum ohne Frage; allein schon deshalb taugt er als Abschluß des Hexenspektakels. Wie in den Blocksberg-Szenen sich alles auf Faust bezieht, so auch das sie endende Spiel auf dem Geistertheater, dem er, von Gretchens Anblick betroffen, ein schweigender Zuschauer ist. Faust betrachtet ein Spiel, das der »Goldenen Hochzeit« eines Königs gilt, keinem treuen, wie ihn Gretchens Ballade besingt, sondern dem unsteten Elfenkönig. Das Lied und das potenzierte Theaterspiel auf dem Brocken stehen in einer vergleichbaren artifiziellen Distanz zur umgebenden Handlung: Distanz des Zitats. Sie sind integriert und zugleich als vor-

---

[13] Julius Frankenberger, Walpurgis. Zur Kunstgestalt von Goethes Faust, Leipzig 1926, S. 100. – Ähnlich nennt Kommerell (S. 334) die Ballade »Der untreue Knabe« eine »Phantasie des Gewissens«.

[14] Frankenberger. – Walter Dietze, Der Walpurgisnachtstraum in Goethes Faust: Entwurf, Gestaltung, Funktion, in: Wege der Forschung CXLV (vgl. Anm. 1), S. 443–475. – Requadt, S. 306–323.

geprägte Texte herausgehoben. Indem beide das Treue-Thema berühren, treten sie zueinander in eine Beziehung von schärfstem Kontrast. Im Lied begeht die den Tod überdauernde Treue, die sich im goldenen Becher begreift, würdig ihr spätestes Fest: keiner Königin treu, einer »Buhle«. Im »Walpurgisnachtstraum« feiert König Oberon das goldene Jubiläum einer untreuen Ehe: ein satyrischer Schwank auf Treue, die keine war.

So erinnert die Walpurgisnacht, nachdem sie Motive der Geisterballade vom »Untreuen Knaben« aufnahm, an ihrem Ende noch einmal ans Lied vom »König in Thule«. Wieder, wie in der »Abend«-Szene, wo Gretchen es sang, ist mit Anklängen, nun an den »Sommernachtstraum«, Shakespeare im Spiel.

Helmut Koopmann

Joseph und sein Vater.
Zu den biblischen Anspielungen in Schillers *Räubern**

Auch wenn man nicht auf den ersten Blick merkte, welche Rolle der abwesende Karl Moor in jenem präludierenden Gespräch zwischen Franz und dem alten Moor spielt, mit dem Schillers »Räuber« eröffnen, so würden einem doch spätestens nach dem ersten kurzen Hin und Her von Frage und Antwort in diesem scheinbar nur einführenden, in Wirklichkeit aber thematisch höchst bedeutungsvollen Eingangsdialog die Augen dafür geöffnet, um was es hier eigentlich geht: um einen Abwesenden, der sich gerade aufs neue ins Bewußtsein der Zurückgebliebenen drängt, und zwar in einer Rolle, die altehrwürdig und durch eine jahrtausend-

* Das Thema ist, soweit ich sehe, in der Schiller-Literatur noch nicht ausführlicher behandelt worden. Zu den biblischen Anspielungen in den »Räubern« gibt es allerdings den Aufsatz von Elisabeth Blochmann: »Das Motiv vom verlorenen Sohn in Schillers Räuberdrama« (in: DVj 25. 1951. S. 474–484). Blochmann behauptet, daß es sich in Schillers Drama um die »Tragödie vom verlorenen Sohn« handele: »in Wirklichkeit ist dieses Urthema« (S. 475), und Schiller sei nicht zuletzt deswegen zum Stoff vom verlorenen Sohn gekommen, weil er in Karl Moor das Genie seines Lehrers Abel als tragischer Gestalt habe darstellen wollen. Das Motiv vom verlorenen Sohn aber sei zentral; es halte vom 3. Akt an dem Räuberthema die Waage: »So ist es nicht verwunderlich, daß Schiller Dalberg gegenüber wiederholt den alten Titel braucht, und daß er selbst daran gedacht haben soll, ihn wieder einzuführen« (S. 481). Dazu ist zu sagen, daß gerade in der Mitte des Dramas die Anspielungen auf den verlorenen Sohn fast völlig zurücktreten und gelegentlich zwar noch vom »verlornen Karl« die Rede ist (NA 3, S. 97) (Moor bezeichnet sich selbst als »verlohren« [S. 102] und als »Ewig verloren« [S. 128] und ruft schließlich noch einmal aus »Dein Sohn – ist – ewig verloren« [ebd.]), die Hinweise darauf aber insgesamt durchaus nicht den Schluß nahelegen, daß Schiller hier die Tragödie des verlorenen Sohnes geschrieben habe. Die wenigen Anspielungen belegen eher das Gegenteil. Wie wenig Schiller an der geplanten Titeländerung tatsächlich beteiligt war, hat inzwischen Herbert Stubenrauch in der Entstehungsgeschichte zu den »Räubern« (NA 3, S. 313 ff.) ein für allemal geklärt. – Ein kurzer Hinweis auf die Bedeutung der »Bibelworte von Jakob und Joseph« für den alten Moor auch bei Benno von Wiese: Friedrich Schiller. Stuttgart 1959. S. 151.

alte Tradition geradezu geheiligt ist: die des verlorenen Sohnes. Franz, dem grundbösen Übeltäter, bleibt es vorbehalten, die wahre Identität seines Bruders Karl zu sichern, da er von seinem »verlorenen Bruder« spricht und, um es noch deutlicher zu machen, für den Vater hinzufügt, was das Allerselbstverständlichste auf der Welt ist: »denn er ist euer Sohn«. Niemand hat das bezweifelt, und so kann dieser Nachsatz denn eigentlich auch nur die Funktion haben, den Hinweis auf den verlorenen Bruder gleichsam zu berichtigen, um damit den eben gemachten Hinweis erst verständlich zu machen: nicht der verlorene Bruder ist gemeint, sondern natürlich der verlorene Sohn, und die Foltern, die der gequälte Vater erleidet, sind die dessen, der seinen Sohn verstoßen und verloren hat und den es jammert, wie es im biblischen Bericht bei Lukas heißt, als er des verlorenen Sohnes ansichtig wird. Der alte Moor wird ihn hier zwar noch nicht zu sehen bekommen, aber in effigie ist er doch da, da gerade angeblich der Brief jenes Korrespondenten eingetroffen ist, der das räubermäßige Leben des Karl Moor so abscheulich deutlich schildert. Der alte Moor täte dennoch am liebsten das, was der Vater des Verlorenen im Bericht der Bibel tut: der »lief und fiel ihm um seinen Hals und küßte ihn«. Eben hier freilich gehen der biblische Bericht und das Räuberdrama gründlich und für immer auseinander, da dort der Sünder zurückgekehrt ist und bekennt, hier hingegen der Verlorene weiter entfernt scheint denn je. Denn der Sohn ist, Franzens Bericht zufolge, ja alles andere als der reuige Sünder, der sich nicht mehr Sohn zu nennen wagt und dem dennoch vom Vater verziehen wird. Verzeihen will der alte Moor zwar auch nur zu gerne; aber es fehlt, so scheint es, am reuevollen Sohn. Die zweite Szene zwar gibt nur zu deutlich zu erkennen, daß das alles nicht stimmt und daß Karl Moor vielmehr nur zu bereitwillig eben jene reuige Gesinnung zeigt, die die biblische Rolle von ihm fordert; und wer es immer noch nicht gemerkt hat, was da im Hintergrund spielt und welche Rollen hier nur noch einmal neu inszeniert scheinen, dem erklärt es der ob der Sanftmut Karl Moors stutzig gewordene Spiegelberg mit seinem Ausruf: »Pfui, du wirst doch nicht gar den verlorenen Sohn spielen wollen!« Moor möchte es nur zu gerne, und er möchte es nicht nur spielen. Aber Franzens ruchlose Intrige verhindert eben das: seine Briefe schieben sich zwischen Vater und verlorenen Sohn, und damit machen sie unmöglich, was im biblischen Bericht das Ziel des Gleichnisses ist: die Verzeihung und Aussöhnung, die Aufnahme des Sohnes in die väterliche Welt trotz seines Bekenntnisses, daß er nicht mehr wert sei, Sohn zu heißen. Das biblische Paradox will es so: erst der unwürdige Sohn, der nicht mehr Sohn sein will, wird wieder als Kind des Hauses aufgenommen, während Franzens Briefe eben jenes schon von der Situation her unmöglich machen: er hat vorgesorgt, daß Karl seinen Vater nicht zu Gesicht bekommen wird. So verhindert der Unmenschliche die Voraussetzungen, unter denen eben das hätte eintreten können, was der dringendste Wunsch sowohl des Vaters wie des verlorenen Sohnes zu sein scheint. Das ist um so diabolischer, als Karl Moor felsenfest an die Erfüllung des vorgegebenen Schemas glaubt: »Schon die vorige Woche hab ich meinem Vater um Vergebung geschrieben, hab ihm nicht den kleinsten Umstand verschwiegen, und wo Aufrichtigkeit ist, ist auch Mitleid und Hilfe.«[1] Und er ist sich seiner Vergebung so gewiß, daß er hinzufügt: »Die Post ist angelangt. Die Verzeihung meines Vaters ist schon innerhalb dieser Stadtmauren.« Er irrt sich gräßlich. Und Moors Reaktion auf den angeblichen Brief des Vaters, der den Verrat seines Bruders Franz endgültig macht, ist um so verständlicher, als der Vater damit nicht nur alle Hoffnungen des Sohnes zerstört, sondern eben das Schema des Evangeliums durchbricht, das verlangt, daß dem reuigen Sohn Verzeihung gewährt werde, wenn dieser sich als unwürdig bezeichnet: »wo Aufrichtigkeit ist, ist auch Mitleid und Hilfe«.[2] Franz verhindert, was dem biblischen Gleichnis nach zu erfolgen hat. Karl Moors Reaktion ist denn auch nicht aus bloßem Pathos heraus so maßlos, daß er ein Bär sein möchte, »und die Bären des Nordlands wider dis mörderische Geschlecht anhezen«. Sein Ausruf »Vertrauen, unüberwindliche Zuversicht, und kein Erbarmen« kennzeichnet genau das Problem, dem er sich gegenübersieht und das er nicht lösen kann, da er von sich aus alles getan hat, um sich in die Rolle des verlorenen Sohnes zu setzen, und da der Vater sich unbegreiflicherweise dem entzieht, was ihm das biblische Gleichnis so unabdingbar vorschreibt. Seine Absage an die Welt ist nur die Folge der Einsicht, daß er wider alle durch die Bibel gerechtfertigte Erwartung verstoßen worden ist, und sein Satz »Menschen haben Menschheit vor mir verborgen, da ich an Menschheit appellirte, weg dann von mir Sympathie und menschliche Schonung! – Ich habe keinen Vater mehr« läßt deutlich genug erkennen, daß nicht Mordbrennerlust oder Kraftmeierei ihn zum Zug in die böhmischen Wälder drängen, sondern der augenscheinliche Verstoß des Vaters gegen ein Gebot, das das biblische Gleichnis so unzweideutig aussprach und dem Karl Moor so eindeutig vertrauen zu müssen glaubte, wie er selbst

---

1 NA 3, S. 24.

2 Ebd.

bereit war, sich darin zu fügen. Er lebte, da er sich als der reuige Sohn zu erkennen gab, ein Rollenspiel, und da es ein so sehr geheiligtes war, durfte er füglich erwarten, daß auch der Vater sich dem nicht entziehen würde. Seine Weigerung, den verlorenen Sohn wieder aufzunehmen, verstieß weniger gegen irdisches als vielmehr gegen himmlisches Recht, und eben deswegen ist seine Reaktion so maßlos und sein künftiges Tun das genaue Gegenteil dessen, was eine christliche Ethik ihm vorschrieb. An die Stelle des Himmels tritt ein archaisch anmutendes Schicksal, das mit der providentia Dei so wenig gemeinsam hat wie sein zukünftiges Dasein mit der Rolle des reuig zurückgekehrten verlorenen Sohnes: »ich habe keine Liebe mehr, und Blut und Tod soll mich vergessen lehren, daß mir jemals etwas theuer war [...] Fürchtet euch nicht vor Tod und Gefahr, denn über uns waltet ein unbeugsames Fatum!«[3]
So bahnt sich also die eigentliche Tragödie des verlorenen Sohnes an: was hier beschrieben wird, entwickelt sich zum gegenbiblischen Bericht, der allenfalls noch im Alten Testament Vergleichbares erkennen läßt, im Lukas-Evangelium jedoch gewiß nicht. An die Stelle der erhofften Verzeihung tritt der Vaterfluch, an die Stelle des erhofften Lebens Tod und Grauen, ein Kain-und-Abel-Schicksal an die Stelle des fröhlich wieder angenommenen verlorenen Sohnes – der gute Sohn existiert nur noch in den Träumen des alten Moor, und seine Todesahnungen verbinden sich mit Visionen dessen, was für alle Zeiten nicht sein kann: »Ich sterbe, und mein Sohn Karl ist nicht hier – ich werde zu Grabe getragen, und er weint nicht an meinem Grabe – wie süs ists, eingewiegt zu werden in den Schlaf des Todes von dem Gebet eines Sohns – das ist Wiegengesang.«[4] Denn Karl ist ihm endgültig gestorben, und aus dem verlorenen Sohn des biblischen Gleichnisses ist ein in einem anderen Sinne offensichtlich für immer verlorener Sohn geworden.

*

Was sich hier als Wandlung innerhalb der Thematik vom verlorenen Sohn abzuzeichnen scheint, markiert in Wirklichkeit allerdings wohl nur das Ende einer Thematik, die eben die »Räuber« nur anfangs und nicht durchgängig bestimmt. Wir wissen zwar auch, daß die spätere Bühnenbearbeitung der »Räuber« einmal den von Schiller autorisierten Titel »Der verlorene Sohn« tragen sollte, aber wir wissen zugleich, daß dieser Titel auf Anregungen und Wünsche Dalbergs oder auch Anton Kleins,

---

[3] Ebd. S. 32 f. [4] Ebd. S. 45.

des Herausgebers der »Mannheimer Schaubühne«, zurückgeht,[5] auch wenn Schiller in seinem Begleitbrief an Dalberg zu der Bühnenbearbeitung seines Dramas hinzusetzte: »Hier erscheint endlich *der Verlorne Sohn,* oder die umgeschmolzenen Räuber.«[6] Der Mannheimer Intendant hatte Schiller zu dieser Umarbeitung gezwungen – Überlegungen, daß die »Räuber« im Frühstadium der Entstehung schon einmal »Der verlorene Sohn« geheißen haben, hat Herbert Stubenrauch mit Recht ins Reich der Fabel verwiesen. Sicher ist jedoch, daß Schiller die Anregung Dalbergs (oder Kleins) dazu benutzt hat, um in den Text seiner Bühnenbearbeitung häufiger die Wendung vom verlorenen Sohn einfließen zu lassen. Aber es kam schließlich dann doch nicht zum neuen Titel, vermutlich deswegen, weil Dalberg in der Zeit der Bühnenbearbeitung zugleich beabsichtigte, das Stück aus der Gegenwart ins Mittelalter zurückzuverlegen. Wir wissen, wie sehr Schiller davon betroffen wurde – aber mit der Umstilisierung des Dramas zum Ritter- und Raubritterstück war es auch um den neuen Titel geschehen; er verschwand aus der Korrespondenz zwischen Schiller und Dalberg, und es blieb bei dem, was schon die Schauspielfassung enthielt: bei gelegentlichen Anspielungen auf den verlorenen Sohn.

Überlegungen dieser Art betreffen freilich nicht die vorliegenden Fassungen, sondern einen schon bald überholten Abschnitt in der weitläufigen Entstehungsgeschichte des Dramas. Aber sie lassen doch mehrere Schlußfolgerungen für den ganzen Motivkomplex des verlorenen Sohnes zu. Daß er so rasch und so beliebig ausgeweitet werden konnte, muß nicht bedeuten, daß hier verstärkt wurde, was als Keim schon von Anfang an im Drama angelegt war, sondern kann auch besagen, daß es sich um einen der Themenkomplexe im Stück handelt, die sich beliebig verändern ließen. Und wenn es erst der Anregung von außen bedurft hatte, um dem Autor einen neuen Titel und eine verstärkte Betonung des Motivs vom verlorenen Sohn nahezulegen, so muß auch das nicht bedeuten, daß damit das Drama gewissermaßen erst zu seinem eigentlichen Thema gekommen war, sondern legt mehr noch den Verdacht nahe, daß hier ein Thema in den Vordergrund gespielt wurde, das dem Text zweifellos in gewisser Weise unterlegt war, das aber gewiß nicht das Zentralmotiv war, als das es mit der Wahl des neuen Titels erscheinen mußte. Vieles spricht dafür, daß das Motiv vom verlorenen Sohn in den Umkreis der Erzählung von Daniel Christian Schubart

5 Ebd. S. 314.
6 Brief vom 6. Okt. 1781; NA 23, S. 20.

»Zur Geschichte des menschlichen Herzens« gehört und von dorther in die »Räuber« eindrang, als eines der mitgelieferten Themen, das Schiller nur zu gerne aufgriff, weil es ausgezeichnet in sein Drama paßte. Daß es unsinnig ist, anzunehmen, Schiller habe ursprünglich nur Schubarts Novelle unter dem Titel »Der verlorene Sohn« dramatisieren wollen, hat Herbert Stubenrauch ebenfalls überzeugend dargelegt.[7] Das wichtigste Argument für die These, daß der Motivkomplex vom verlorenen Sohn nur *einen* Themenbereich des Dramas erschließt, aber durchaus nicht das Zentralthema beinhaltet, ist die Tatsache, daß Schiller die erneute Titeländerung, also die Rückverwandlung des »Verlorenen Sohnes« in die »Räuber«, kommentarlos hinnahm; sie fiel ihm offenbar noch leichter als die Annahme des von Dalberg oder Klein vorgeschlagenen Titels. Schiller hat sich außerordentlich vehement gegen Dalbergs Absichten verteidigt, das Stück in das ausgehende Mittelalter zu verlegen – »Ich glaube mit *einem* Wort sagen zu können, diese Versezung meines Stüks, welche ihm vor der Ausarbeitung den grösesten Glanz und die höchste Vollkommenheit würde gegeben haben, macht es nunmehr, da es schon angelegt und vollendet ist zu einem fehlervollen und anstößigen Quodlibet, zu einer Krähe mit Pfauenfedern. – Verzeihen Euer Excellenz dem Vater diese eifrige Fürsprache für sein Kind.«[8] Dürfen wir nicht annehmen, daß Schiller nicht ebenso eifrige Fürsprache eingelegt hätte, wenn ihm wirklich so ernsthaft an dem neuen Titel vom verlorenen Sohn gelegen gewesen wäre? Im weiteren Verlauf des Briefes spricht er vom »Verfaßer der Räuber«, als ob es den neuen Titelvorschlag gar nicht gegeben hätte. Und wir dürfen eben daraus schließen, daß ihn der neue Titel nicht sonderlich beeindruckt hat. Dalberg (oder wer immer den neuen Titel angeregt hatte) hatte mit seinem Vorschlag ein zweifellos nicht unbedeutendes Motiv berührt, und so konnte es Schiller nur recht sein, wenn ein Titel genannt wurde, der dem entgegenkam. Aber die neue Überschrift betraf offenbar nicht die Substanz, die eben anderswo lag als in dem neutestamentlichen Gleichnis vom verlorenen Sohn. Denn nichts ist sicherer als die Annahme, daß Schiller sich selbst Dalberg gegenüber aufs schärfste gewehrt hätte, wäre dem Drama mit der Titelrückverwandlung seine Essenz genommen worden. Und schließlich: wäre das Drama wirklich nur ein Stück vom verlorenen Sohn gewesen und nichts anderes, so hätte Schiller selbst sein Drama wohl so benannt, da ja Anspielungen darauf in den »Räubern«

7 NA 3, S. 314.
8 Brief vom 12. Dezember 1781; NA 23, S. 26.

zahlreich genug vorhanden waren, und daß sie nicht einfach mit unterlaufen waren, sondern sehr bewußt hineingesetzt worden sind, bedarf nicht der Erörterung. Und so läßt denn auch die flüchtige Prüfung der Vor- und Entstehungsgeschichte nur den einen Schluß zu, daß das Motiv vom verlorenen Sohn, so deutlich es in den ersten Szenen erscheint, zwar ein wichtiges Motiv ist, aber wohl kaum das zentrale Thema des Dramas ausmacht, das, wäre es dieses gewesen, eben von Anfang an wohl so geheißen hätte, wie Dalberg oder andere es zu titulieren irgendwann einmal für nötig gehalten hatten.

Wenn sich also von den ersten Szenen des Dramas die Vermutung nahelegen mußte, daß mit den Hinweisen auf den verlorenen Sohn das eigentliche Zentralthema der »Räuber« genannt sei, so zeigt die Geschichte der Bühnenfassung doch in großer Deutlichkeit, wie es um den wirklichen Rang dieser Anspielungen und Zitate bestellt ist. Schillers wortloses Einverständnis mit der rückgängig gemachten Titeländerung ist der beste Beweis dafür, daß es ihm nicht auf den »Verlorenen Sohn« ankam. Der von Dalberg (oder Klein) vorgeschlagene Titel wäre nicht falsch gewesen – aber er war eben auch nicht richtig, und selten hat in der Entstehungsgeschichte eines Schillerschen Dramas ein Schweigen derart viel besagt.

*

Alles das würde bereits ausreichen, um die Annahme, Schiller habe mit den »Räubern« ein Drama vom verlorenen Sohn schreiben wollen, zu widerlegen. Aber es kommt noch etwas anderes hinzu, was auf seine Weise ebenso Beweiskraft hat: ein eigentlicher Hintergrund, der allmählich sichtbar wird, und zwar in eben demselben Maße, in dem das Stück aufhört, ein Drama vom verlorenen Sohn zu sein. Da sich das biblische Gleichnis hier quasi von selbst ad absurdum geführt hatte, indem der alte Moor an dem verhindert war, was unabdingbar dazugehörte, an der väterlichen Vergebung und Verzeihung, konnte es kaum länger den eigentlichen Gang der Dinge in diesem Stück verdeutlichen. Im gleichen Maße schob sich in den Vordergrund, was das Drama und seinen inneren Verlauf fortan wesentlich mitbestimmen sollte: die Geschichte von Jakob und Joseph.

Sie kommt auf, nachdem der alte Moor vom angeblichen Tode seines Lieblingssohnes erfahren hat – nicht zufällig also, sondern an höchst bedeutsamer Stelle, und daß hier plötzlich so ausführlich von Joseph und seinem Schicksal die Rede ist, erklärt sich aus dem Vorangegangenen: erst die Todesnachricht setzt im alten Moor die Jakobs-Analogie frei. Vom verlorenen Sohn war die Rede, als er noch erreichbar schien und die Verzeihung möglich. Die von Franz inszenierte Todesnachricht verwandelt das Muster, nach dem die Wirklichkeit gedeutet wurde. Der tote Sohn konnte nicht mehr der verlorene Sohn sein, da seine Wiederkehr ausgeschlossen war. Auf die Kunde vom Tode Karls reagiert der alte Moor mit einer anderen Geschichte, mit einem anderen Urbild, einer weiteren Selbstidentifikation, die der Tod des Lieblingssohnes von sich aus nahelegte: Karl Moor war nun im gleichen Maße für alle Zeiten verloren, wie es sein biblisches Urbild, Joseph, schien, als er unter die Brüder gefallen und in die Grube hinabgefahren war und die Brüder Jakob die Nachricht von Josephs angeblichem Tod zusammen mit dem blutigen Kleide nach Hause brachten; und so lag für den alten Moor eigentlich nichts näher als dieser Wandel im Selbstverständnis, der zugleich zu erkennen gibt, wie wenig dieses Selbstverständnis ein modern-individuelles ist und wie sehr ein mythisch geprägtes.

Die Hinweise im Text sind deutlich genug. Der alte Moor reagiert auf die Nachricht vom Tode Karls ebenso wie Jakob auf die vom Tode Josephs: er will sich nicht trösten lassen. Und so wie Jakob mit Leid in die Grube zu seinem Sohn hinunterfahren will, so will auch der alte Moor sterben, wie sein Sohn gestorben ist, und wie Jakob den Verlorenen beweint, so tut es auch der alte Moor. Daß dieser »schreyend, sein Gesicht zerfleischend«, sich »mit geballter Faust wider Brust und Stirn« schlägt und »wider sich selber« wütet, mag auf das Konto der Sturm-und-Drang-Ekstatik gehen; daß er seinen Sohn beweint, fordert jedoch das biblische Vorbild, und Franzens boshafte Frage »Habt ihr genug um euren Sohn geweint« beschreibt nicht nur noch einmal die Reaktion des alten Moor, sondern ist ein weiterer Versuch, sich an die Stelle des beneideten Lieblingssohnes zu setzen. Mit dem Ende der Klage um den verlorenen Liebling wäre Franzens Stunde gekommen. Aber der alte Moor, der erst nur mit seiner psychischen Reaktion auf die Todesmeldung zu erkennen gegeben hatte, an welches biblische Muster er sich zu halten gedachte, antwortete jetzt direkt und verbaliter im Schema, also mit deutlichster Identifikation seiner selbst mit Jakob: »Jakob hatte der Söhne zwölf, aber um seinen Joseph hat er blutige Thränen geweint.«[9] Und da auch das noch nicht genug zu sein scheint, fordert er Amalia auf, ihm die Josephsgeschichte noch einmal aus der Bibel vorzulesen – »Sie hat mich immer so gerührt, und damals bin ich noch nicht Jakob

---

[9] NA 3, S. 51.

gewesen.« Das ist fast schon überdeutlich, der so aufdringliche Hinweis auf die verborgene Identität der Schicksale Jakobs und des alten Moor eigentlich nur gerechtfertigt wiederum aus der Sturm-und-Drang-Dramatik, die dergleichen Überdeutlichkeit liebte. Der alte Moor identifiziert sich gerade in seiner hemmungslosen Klage um seinen Sohn mit Jakob. Und nachdem er schon vorher auch seine Verlassenheit bejammert hatte, folgt er jetzt quasi wörtlich dem biblischen Bericht, den Amalia ihm vorliest; als sie an die Stelle gekommen ist, daß Jakob sich nicht trösten lassen will, sondern spricht: »Ich werde mit Leid hinunterfahren«, fühlt auch der alte Moor den Tod nahe, und noch einmal wiederholt Amalia, was als Nachricht vorher das Haus so sehr betroffen hatte: »tod! alles tod!« Und Franz respondiert »frohlockend«: »*Tod!* schreyen sie, tod! Jetzt bin ich *Herr.* Im ganzen Schlosse zettert es, *tod*!«[10]

Wir wissen es freilich besser. Denn sowenig wie Joseph in der Höllengrube umgekommen ist, sowenig ist es Karl Moor; und da nun noch einmal deutlich ist, nach welchem Modell sich hier die Begebenheiten vollziehen, ist zugleich sicher, daß nicht nur Karl Moor nicht gestorben ist, sondern auch, daß Vater und Sohn sich wiedersehen werden, weil Jakob und Joseph sich ebenfalls wiedergefunden haben und die Vater-und-Sohn-Geschichte sich nur so erfüllen kann, wie sie sich schon einmal erfüllt hatte. Der alte Moor erkennt dergleichen allerdings nicht. Aber der Leser erkennt es, sofern er das Josephsmodell erkannt hat – und Schiller hat ja nichts unversucht gelassen, um eben diese Identität auf jeden Fall sicherzustellen.

Die Josephsgeschichte gehört fortan im Drama zu den untergründigen Linien, die das Geschehen mitbestimmen und ihm eine eigentliche Bedeutung verleihen. In II,3 ruft der Pater ein »O Pharao! Pharao!« aus – ein weiterer Hinweis auf die biblisch-ägyptische Sphäre, und möglicherweise sind auch die von Karl Moor berichteten Ringgeschichten Anspielungen auf 1. Mose 41, Vers 41 und 42: dort erhält Joseph von Pharao einen Ring als sichtbares Symbol seiner Macht »über ganz Ägyptenland«. Hier, in den »Räubern«, sind die Ringe ebenfalls Machtzeugnisse und Herrschaftsattribute, und das »O Pharao! Pharao!« des Paters könnte ein zusätzlicher Fingerzeig sein auf die Macht Josephs, den Pharao als seinen Statthalter und Stellvertreter eingesetzt hatte – und hier, in der Übertragung der Josephsgeschichte auf Karl Moor, ein

---

[10] Ebd. S. 52.

solcher auf die fortgeführte Parallele zur Josephsgeschichte. Karl Moor in den böhmischen Wäldern: das ist Joseph in Ägypten, und wenn der Räuberhauptmann auch nur Banditen befehligt, so ist doch seine Macht ebenso groß wie die Josephs als Statthalter Pharaos. Das ist mehr als nur eine einigermaßen hybride Selbstüberschätzung: die Hinweise auf Josephs ägyptische Zeit, sparsam und doch deutlich genug angebracht, sprechen für sich und geben dem Räuberhauptmannsdasein per analogiam einen Sinn, den es aus sich heraus schwerlich hätte. Wie sehr das jetzt alles bestimmt und wie wenig noch das alte Gleichnis vom verlorenen Sohn gilt, zeigt auch die Reaktion Karl Moors auf das Anerbieten des Paters: »die heilige Kirche wird euch verlohrne Schaafe mit erneuerter Liebe an ihren Mutterbusen drüken, und jedem unter euch soll der Weg zu einem Ehren-Amt offen stehn«.[11] Karl Moor geht nicht mehr ein auf das Gleichnis und die Rolle, die ihm dieses früher so eindringlich vorschrieb – offenbar aber nicht deswegen, weil der Pater sich vor allem an seine Bande wendet, sondern doch wohl vor allem deshalb, weil dieses Anerbieten jetzt so hoffnungslos überholt und ohne jeden Bezug zu seiner Person und Rolle ist. Es ist, als sei vergessen, unter welchem Sinnbild das Drama begann, und was früher einmal ein so wichtiges Anerbieten war, mit dem Moor die väterliche Verzeihung zu gewinnen versuchte – »kindische Zuversicht« –, ist wie ausgelöscht. Ein Joseph bedarf ihrer nicht.

Natürlich lehnt sich die Räubergeschichte nicht in den Einzelheiten an die Josephsgeschichte an, und selbst im großen und ganzen sind die Parallelen nur sporadisch. Dazu haben zu viele andere Vorbilder stofflich den Ablauf des Dramas bestimmt: Ugolinos Hungerturmgeschichte wie Schubarts Novelle, Räuberberichte wie Plutarchs Heldenmären und überdies ja noch Shakespeare, Goethe, Klopstock und Leisewitz. Vor allem im Mittelteil des Dramas, also bis zum 4. Akt hin, überwiegt die Darstellung von Ereignissen, die mit der Josephsgeschichte so gut wie nichts zu tun haben – wenn Daniel etwa davon spricht, daß seine mürben Knochen in die Grube fahren sollten,[12] so ist das sicherlich nur redensartlich gemeint und gewiß keine direkte und gewollte Anspielung auf Josephs Grubenfahrt. Das ganze Grundschema der Räubergeschichte stand von sich aus einer Übertragung auf die biblische Geschichte im Wege: anstelle der elf Brüder gab es hier nur den einen, und die Grubenfahrt mußte, in einem sehr wörtlichen Sinne, der Vater erleiden, nicht

---

11 Ebd. S. 71.

12 Ebd. S. 97 f.

Karl Moor; und selbst das ging nicht auf die Bibel zurück, sondern auf Gerstenberg. Die Geschichte vom Wiedererkennen der Brüder fehlt vollständig – oder sie hat doch zumindest derartige Metamorphosen erfahren, daß allein noch das Motiv des Wiedererkennens eine gewisse Rolle spielt und sonst nichts. Zudem taucht es hier mehrfach variiert auf: der alte Daniel erkennt Karl Moor wieder, Karl Moor seinen Vater, und selbst den spekulativischen Bösewicht Franz faßt die Ahnung, daß der Graf Brand nicht der sei, für den er sich ausgibt. Aber oberhalb (oder unterhalb) der Schicht der Ereignisse gibt es in diesem Drama sicherlich deutlicher erkennbar und nachdrücklicher ausgezeichnet die Schicht einer eigentlichen Bedeutung, ein Bereich, der allem eigentlich erst seinen Sinn gibt: und dazu gehört zweifellos die Josephsgeschichte. Eben das erklärt auch ein wenig, warum sie nicht ständig präsent ist: dessen bedarf es nicht, da es ja nicht darum geht, auch der kleinsten Alltäglichkeit eine besondere Bedeutung zu unterlegen. Es kommt vielmehr darauf an, den Hintergrund des Ganzen zu zeigen und die Analogie des hier Dargestellten zu einem eigentlichen Geschehen zu verdeutlichen. Und so haben wir, was die Zahl der Begebenheiten des Räuberdramas angeht, nur gelegentliche Hinweise auf jene Sinnsphäre. Aber an den bedeutungsvollen Wendepunkten der Geschichte wird sie sichtbar, am Anfang und Ende des Dramas ist sie da. So ist sie es auch hier zu Beginn des 5. Aktes, als Daniel auftritt und mit sich selbst ins Gespräch gekommen ist. Er nimmt Abschied, um zu gehen, von Gewissensqual vernichtet und aus dem Haus vertrieben, in dem er 44 Jahre lang gedient hat. Sein Satz »es war dir alles so vertraut worden – wird dir weh thun, alter Elieser«[13] läßt schlagartig wieder jene Sphäre sichtbar werden, die die Bedeutung gibt. Daniels Rede spielt auf 1. Mose 15,2 an; mit Elieser ist Abrahams Hausvogt gemeint. Das steht zwar nach außen hin noch nicht in direktem Bezug zur Josephsgeschichte; aber da Abraham der Vorvater Jakobs ist, Daniel selbst hingegen schon so unendlich lange im Haus der Grafen Moor gedient hat, ist der Hinweis auf Elieser nur folgerichtig, eine fast im Thomas Mannschen Sinne mythisch anmutende Übertreibung des alten Knechtes; sie ist verständlich und in einem höheren Sinne auch richtig, und sie gehört in jenen Bereich der Hochstilisierung des eigenen Selbstverständnisses, von der das Eindringen der Josephsgeschichte in die Räuberfabel als ganze zeugt. Gewiß nicht zufällig ist in dieser Szene »finstre Nacht« – in ihrem Schutze sind der-

[13] Ebd. S. 116.

gleichen träumerische Identifikationen leichter möglich. Selbst Franz verfällt dem Träumen. Wenn Daniel darauf mit dem Ausruf reagiert: »Maria, Magdalena und Joseph«, so ist das freilich sprichwörtlich, und vor allem ist ein anderer Joseph gemeint als der ägyptische. Aber die alttestamentliche Sphäre ist darauf sofort wieder anwesend: Franz träumt von den Donnern des Sinai, »über mir Gewimmel und unter mir, und oben auf der Höhe des Berges auf drey rauchenden Stühlen drey Männer, vor deren Blick flohe die Kreatur« – das jüngste Gericht findet im Traume statt, längst bevor es sich in Wirklichkeit ereignet. Der Verurteilung wegen Vatermord und Brudermord entspricht zwar nichts in der Josephsgeschichte; Franz hat von hierher gesehen in ihr keinen Platz. Um so deutlicher werden die Parallelen wieder im Dialog zwischen dem alten Moor und seinem Sohn Karl. Der alte Moor erzählt noch einmal die Geschichte seines verlorenen Sohnes, die aber nicht die Geschichte des Namenlosen aus dem Neuen Testament ist, sondern die Geschichte Jakobs und Josephs, die seiner Vaterbeziehung zu seinem Sohn; sie enthält alle Sorgen und Qualen dessen, dem man den Lieblingssohn genommen hat: »Ha! Er war zu herrlich für mich – Aber ich will ihm entgegen mit meinen Tränen, meinen schlaflosen Nächten, meinen quälenden Träumen, seine Knie will ich umfassen – rufen – laut rufen: Ich hab gesündigt im Himmel, und vor dir. Ich bin nicht werth, daß du mich Vater nennst.«[14] Auch dergleichen ist Übertreibung des Sturm und Drang, psychische Emphase, wie sie die Emotionen in diesem Drama überhaupt prägt. Diese im Geiste vorweggenommene Wiedererkennungsszene ist freilich auch deswegen so deutlich ausformuliert, weil damit die Analogie zur Josephsgeschichte noch einmal einen Höhepunkt hat. Jakobs Leben ist erfüllt, als er Joseph noch einmal gesehen hat. Als er seinen Tod nahen fühlt, spricht er von der Gnade, die er bei Joseph gefunden habe; und wie der biblische Joseph seinem Vater vergibt, so vergibt Räuber Moor seinem Vater. »Er muß euch vergeben«, sagt der verkleidete Sohn, den der Vater noch gar nicht erkannt hat; und er hat vergeben, indem er es sagt.

Noch einmal wird hier deutlich, wie sehr das, was am Anfang das Drama bestimmte, ins Gegenteil verkehrt ist. Das Gleichnis vom verlorenen Sohn, das noch hinter den ersten Szenen gestanden und diesen einen eigentlichen Sinn gegeben hatte, ist geradezu auf den Kopf gestellt worden: nicht mehr der Sohn sucht Verzeihen und Vergebung,

[14] Ebd. S. 128.

sondern der Vater. Von der Hoffnung des Räubers Moor »Die Verzeihung meines Vaters ist schon innerhalb dieser Stadtmauren«[15] bis zum Anruf des alten Moor »o mein Karl! mein Karl! wenn du um mich schwebst im Gewand des Friedens. Vergib mir. Oh vergib mir!«[16] breitet sich die ganze innere Entwicklung dieses Dramas aus; und sie führt eben vom verlorenen Sohn, der väterliche Verzeihung erhofft, bis zum irrenden Vater, der die Vergebung des Sohnes herbeisehnt. Vom verlorenen Sohn ist nirgendwo mehr die Rede. Der den Sohn suchende Vater bestimmt die Szene, und hinter dieser Sohnessuche steht die Suche Jakobs nach Joseph, klar genug für den, der die Zeichen zu deuten weiß.

*

Hier endet freilich die Parallele. Denn was folgt, ist die stärkste Abweichung vom alttestamentlichen Vorbild, die sich denken läßt: die eigentliche Erkennungsszene tötet den alten Moor, und der Sohn wird mit dem Eingeständnis seines Räuberdaseins endgültig zum Mörder am Vater – wiederum in Umkehrung des Anfangs, als der alte Moor nur scheinbar, vom Vorlesen der Josephsgeschichte aufs höchste ergriffen, den Tod findet: auch das ein Hinweis auf die außerordentlich beziehungsreiche und so wohldurchdachte Tektonik des Dramas. Daß beide Male derart der Anfang umgekehrt wird, kann kein Zufall sein, sowenig die Anspielungen auf den verlorenen Sohn und dann auf Joseph und Jakob Zufall sind. Und schließlich ist ebensowenig Zufall, daß die Jakobsgeschichte in der eigentlichen Wiedererkennungsszene selbst wiederum so völlig umgekehrt und ins Gegenteil der biblischen Geschichte verdreht wird. Denn Schiller hatte die Josephsgeschichte nicht einfach noch einmal neu erzählen wollen, sondern wollte ein Trauerspiel schreiben, auch wenn das Drama in der ersten Fassung nur »Schauspiel« hieß. Nun sollte zwar auch damit nicht eine alttestamentliche Geschichte, die gut ausgegangen war, einfach umgeschrieben werden. Entscheidend war offenbar der tragische Gehalt des neuen, aus vielem Alten synthetisierten Stoffes, und diesen galt es herauszubringen. Das aber konnte kaum besser als dadurch gelingen, daß eine altehrwürdige Geschichte, durch Überlieferung und Herkunft geheiligt, hier ins Gegenteil verkehrt, entwürdigt und umgedreht, ihrer Dignität beraubt und ins Böse gewendet wurde. Schiller kam es gewiß nicht darauf an, reine Grausamkeit zu inszenieren. Tragisches ereignete sich für ihn noch nicht durch den Tod allein, sowenig das Böse durch Mord und Totschlag

[15] Ebd. S. 24.
[16] Ebd. S. 127 f.

allein sichtbar wurde. Aber es trat dort um so gräßlicher in Erscheinung, wo ein geheiligtes Geschehen ins Gegenteil verdreht wurde, der biblische Bericht umfunktioniert erschien ins Absurde und Unmenschliche. Ebenso stellt sich hier die Josephsgeschichte dar; was in Analogie zur Grubenfahrt Josephs und zur Verzweiflung Jakobs begann, endete nicht mit der Versöhnung zwischen Vater und Sohn, die einander wiedergefunden hatten, sondern mit dem Tod des Vaters, den der Sohn, ohne schuldig zu sein, verantworten mußte. Und Franz enthüllte sich damit nicht nur als der übliche durchtriebene Bösewicht, deren es viele gibt, sondern als jemand, der nichts Geringeres als eine heilige Geschichte durchkreuzte. Er verhinderte, daß Joseph zu Jakob zurückfand, und er verging sich damit gegen die Bibel und das dort ausgesprochene Gebot der Bruderliebe wie das der geregelten Vater-und-Sohn-Beziehung. Zum Bösewicht wurde er noch nicht dadurch, daß er sich zwischen den Lieblingssohn und den Vater schob. Er wurde es dadurch, daß er die Nachfolge eines biblischen Vorbildes verhinderte und zunichte machte: damit handelte er nicht nur gegen Vater und Bruder, sondern gegen die Bibel und ihre heilige Geschichte von Jakob und Joseph. So ist sein selbstgewähltes Ende denn auch nicht nur sein eigener persönlicher Untergang, sondern quasi auch sein theologischer: die Flammen des Schlosses, von den Räubern in Brand gesetzt, werden ihm zum Höllenfeuer: »In die Hölle wolltest du sagen? – Wirklich! ich wittere so etwas – Sind das ihre hellen Triller? hör ich euch zischen ihr Nattern des Abgrunds? – Sie dringen herauf – Belagern die Thüre – warum zag ich so vor dieser bohrenden Spize? – die Thüre kracht – stürzt – unentrinnbar –.«[17] Es sind die Räuber, Karl Moors Bande, die ihm diese Hölle bereitet, und auch das ist nicht zufällig. Denn damit bestrafen ihn die Trabanten dessen, dem er den biblischen Schluß seiner Brunnenfahrt und seines Daseins in der Fremde zunichte gemacht hatte. Es ist die Rache Josephs an seinem Bruder, der eben noch ärger mit dem Lieblingssohn des alten Vaters verfahren war, als es die Rotte der zehn Brüder gewagt hatte, die Joseph in die Grube schickten. Daß sie dem Vater den vermeintlichen Tod des Lieblingssohnes anzeigten, verbindet sie aufs genaueste mit Franz, der nichts anderes tut, als jene taten. Den unmenschlichen Frevel am Vater, den Franz begeht, kannte das Alte Testament allerdings nicht; und das prädestiniert Franz endgültig für die Hölle, während jene, die feindlichen Brüder Josephs, mit der Diebstahlanklage und letztlich mit dem

17 Ebd. S. 126.

bloßen Schrecken davonkamen. So wird in Schillers Drama am Ende noch einmal die Analogie zur alttestamentlichen Geschichte deutlich, und zugleich werden die Differenzen sichtbar, die aus der neuen Räubergeschichte eben keine bloße Wiederholung der Josephserzählung machen, sondern etwas anderes, Verschärfteres, eine Geschichte mit absolut bösem Ausgang, eine Gegengeschichte zum biblischen Stoff, keine moderne fromme Legende, sondern das Gegenteil: die Depravation jener altehrwürdigen Vorlage. Der moderne Joseph, verstrickt in sein Schicksal, tötet wissentlich seinen Vater und überliefert sich selbst der Gerechtigkeit – drastischer konnte die biblische Geschichte wohl kaum verändert werden, drastischer aber auch kaum gezeigt werden, welche Art von Bosheit hier im Spiele war. Es war keine gewöhnliche, bloß menschliche, jederzeit mögliche; hier begann vielmehr das religiös Böse. Um dessen ganzes Ausmaß zu zeigen, bedurfte es des biblischen Hintergrundes, des alttestamentlichen Vorbildes: der Josephsgeschichte. Daß Schiller sich mit der Abwendung vom Gleichnis vom verlorenen Sohn und der Wendung zur Josephsgeschichte vom Neuen zum Alten Testament bewegte, will ebenfalls nicht zufällig scheinen. Es ging weniger darum, die Zerstörung urtümlicher Verhältnisse und Modelle zu demonstrieren, als vielmehr darum, einen religiösen Hintergrund zu finden, der nicht von der Verzeihenstheologie des Neuen Testaments geprägt war, sondern von der Härte und Unabänderlichkeit, der ehernen Folgerichtigkeit und Nachdrücklichkeit des Alten Testaments. Und so wurde aus der modernen Räubergeschichte nicht das Drama vom verlorenen Sohn, sondern das von Jakob und seinem Sohn Joseph.

*

Zwangsläufig stellt sich die Frage, warum Schiller so verfuhr. Sicherlich haben wir mit den Anspielungen auf die Josephsgeschichte mehr vor uns als bloß gelehrte Reminiszenzen des theologisch gebildeten und religiös interessierten Karlsschülers. Auf der anderen Seite hätte Schiller sich sicherlich selbst genügend handgreifliche Grausamkeiten ausdenken können, ohne die Bibel hinzuziehen zu müssen, und raffiniertere vielleicht, als sie die Depravierung der Josephsgeschichte bot. Daß sie andererseits so bewußt in die Räuberfabel hineinkonstruiert ist, legt den Verdacht nahe, daß das alles nicht nur in voller Absicht geschah, sondern daß sich auch eine Deutung damit verband, ein Sinn, der sich nicht damit erfüllte, daß Theologisches überhaupt damit ins Spiel gekommen war. Wo aber liegt der Schlüssel zum Verständnis für diesen Hintergrund?

Schiller selbst sagt nichts darüber, weder in seiner Vorrede, noch in seiner Selbstrezension. Er spricht nur davon, daß hier »mancher Karakter auftreten mußte, der das feinere Gefühl der Tugend beleidigt, und die Zärtlichkeit unserer Sitten empört«,[18] und über die unmoralischen Charaktere geht es noch einige Sätze weiter hin bis zu dem Schluß, der nur zu selbstverständlich zu sein scheint: »Auch ist, wie Garve lehrt, kein Mensch durchaus unvollkommen: auch der Lasterhaffteste hat noch viele Ideen, die richtig, viele Triebe, die gut, viele Thätigkeiten, die edel sind. Er ist nur minder vollkommen.«[19] Um Menschen also und um Menschliches geht es, und die Kritik, an den Franzosen und an Corneille insbesondere, ist eine seit Lessing altbekannte: »Seine Menschen sind, (wo nicht gar Historiographen und Heldendichter ihres eigenen hohen Selbsts) doch selten mehr als eißkalte Zuschauer ihrer Wuth, oder altkluge Professore ihrer Leidenschafft.«[20] So will die Vorrede das Stück verstanden wissen, und die Selbstrezension geht in die gleiche Richtung. Schiller rühmt Shakespeare als den »größten Menschenmaler«, und Franz, der »überlegende Schurke«, scheint der beste Beweis dafür zu sein, daß der Mensch »sich ursprünglich zum Verderblichen« neigt. Aber Schiller führt hier mit sich selbst natürlich nur ein ergötzliches Scheingefecht und entschuldigt sich beim Publikum mit dem Hinweis darauf, daß der abscheuliche Bösewicht eben jenseits alles Menschlichen lebe: »Sonst ist dieser Charakter, so sehr er mit der menschlichen Natur mißstimmt, ganz übereinstimmend mit sich selbst; der Dichter hat alles getan, was er tun konnte, *nachdem er einmal den Menschen überhüpft hatte;* dieser Charakter ist ein eigenes Universum, das ich gern jenseits der sublunarischen Welt, vielleicht in einen Trabanten der Hölle, einquartiert wissen möchte; seine untreue Seele schlüpft geschmeidig in alle Masken und schmiegt sich in alle Formen.«[21] Das Menschliche also wieder als Maß und Ziel, und Franz als der schlechthin Unmenschliche! Die Räuberbande ist für den Selbstrezensenten eine »ziemlich vollständige Ökonomie der ungeheuersten Menschenverirrung«,[22] und dieses kühne »Gemälde der sittlichen Häßlichkeit« müßte uns schaudern machen, »wofern nicht der Dichter durch etliche Pinselstriche Menschlichkeit und Erhabenheit hineingebracht hätte«. Das Menschliche also ist eher bei den Räubern als bei den anderen, den eigentlichen Verbrechern, denen die Menschheit abgesprochen worden ist. Es geht um den schma-

---

18 Ebd. S. 244.
19 Ebd.
20 Ebd. S. 243.
21 NA 22, S. 123.
22 Ebd. S. 119.

len Bereich zwischen Engeln und Teufeln, wie das schon, im Anschluß an Albrecht von Haller, die medizinische Dissertation »Versuch über den Zusammenhang der thierischen Natur des Menschen mit seiner geistigen« andeutet, wenn dort von der »Menschlichkeit« die Rede ist[23] und vom Menschen als dem »Mittelding von Vieh und Engel«: der Gedanke wird sich auch später noch in der »Ankündigung« der »Rheinischen Thalia« finden, wenn Schiller selbstkritisch seinem Jugendwerk gegenüber gesteht, daß sein dramatischer Pinsel »notwendig die mittlere Linie zwischen Engel und Teufel verfehlen« mußte.[24] Gewiß; aber gerade aus der Negation und der Depravation heraus wird das Menschliche doch auch schon in den »Räubern« sichtbar – oder soll es doch wenigstens werden. Was alles hat das freilich mit dem alttestamentlichen Modell zu tun, da sich an ihm gerade das Unmenschliche demonstriert? Die Erklärung legt sich von einem Stück her nahe, das Schiller in seiner Vorrede zu den »Räubern« zwar nur andeutungsweise erwähnt, was uns aber doch wissen läßt, daß es damals im Vorstellungsbereich Schillers gelegen haben muß. Schiller beschreibt ärgerlich die Reaktionen des Theaterpublikums, bis hin zum überraschenden Ende: »Nun gehe man hin und frage! – Sie haben die Emilia gespielt. –«[25]

Auch »Emilia Galotti« handelt vom Bösen und von Bösewichtern, mögen sie auch nicht so spekulativisch sein wie Schillers Franz. Aber über das Bösewichtige hinaus gibt es auch in Lessings bürgerlichem Trauerspiel eine andere, hintergründige Schicht, die freilich zum Verständnis des rechten Sinns so unerläßlich ist wie die Josephsgeschichte in Schillers Drama. Es ist, wie jeder Lessing-Leser weiß, das Modell der Virginia, das bis in Handlungseinzelheiten hinein das Lessingsche Drama mitbestimmt. Auch dort ist das prähistorische, ja mythische Vorbild keine gelehrte Zutat oder geheimnisvolle Spielerei, die Lessing zum höheren Vergnügen seiner scharfsichtigen Leser erdacht hat. Was Lessing im Sinne hatte, entschlüsselt sich vom Typus des »bürgerlichen Trauerspiels« ebenso her wie von seinem Interesse am »Menschlichen« – was beides letztlich das gleiche war. Wie unsinnig es ist, das bürgerliche Trauerspiel als Klassenkampfdrama zu verstehen, bedarf keiner Worte. Sicher ist, daß »bürgerlich« damals im wesentlichen nichts anderes als »menschlich« hieß; und um eben dieses Menschliche ging es Lessing ebenso, wie es Schiller so nachweislich in seinen Äußerungen zu den »Räubern« darum ging. Das Menschliche aber war nicht im alltäglichen

[23] NA 20, S. 47. [24] NA 22, S. 94. [25] NA 3, S. 245.

Verhalten zu erfahren, sondern im Urbildhaften, im mythischen oder religiösen Modell: die Vorgeschichte, das Urbildliche: eben dort entlarvte sich der Mensch, und er tat das ähnlich gründlich wie später in Freuds seelenkundlichen Experimenten. Menschliche Verhaltensweisen waren immer von langher überlieferte Verhaltensweisen, traditionell verbürgt im Mythos oder im Alten Testament gesichert und legitimiert. Und derartiges bricht im 18. Jahrhundert wiederholt in die dramatische Welt ein: bei Goethe aufs deutlichste und bei Kleist vielleicht aufs verborgenste, bei Schiller in seiner klassischen Dramatik aber ebenso wie noch bei Heine in seinen mythologischen Themen, bei Büchner und selbst noch bei Grabbe. Das Mythische: das ist das Menschliche, und es ist gleichgültig, ob es der Bibel entstammt oder der antiken Sagenwelt. Es liefert Verhaltensformen und ist in dieser Zeit das Regulativ menschlichen Verhaltens schlechthin. Unmenschliches erklärte sich entsprechend als Abweichung von der durch den Mythos gesetzten Norm. Eben das begegnet in den »Räubern«, und eben das lehrt die bibelmythologische Josephsgeschichte. Sie liefert das Muster, das Urmuster menschlichen Verhaltens überhaupt, und indem sie zugleich von dem unerhörten Verstoß dagegen berichtet, wie Franz ihn begangen hat, hat sie die Instanz sichtbar gemacht, von der her dessen Tun als etwas Teuflisches deutlich wird. Virginia dort, Jakob und Joseph hier: es ist mythologische Dramatik im Gewand des bürgerlichen Dramas oder des Sturm-und-Drang-Schauspiels. Nicht dieses ist das Eigentliche, sondern jenes, nicht die Räubergeschichte, sondern das alttestamentarische Urbild und der Verstoß dagegen; und eben in diesem Sinne ist Schillers Stück das Drama von Joseph und seinem Vater.

Erich Heller

Thinking about Poetry, Hölderlin and Heidegger

Lieber Oskar, da es unser beider Beruf wurde — wer hätte es uns vor 65 Jahren geweissagt? —, junge Menschen in einem fremdsprachigen Land mit deutscher Dichtung vertraut zu machen, widme ich Ihnen festschriftlich und sehr freundschaftlich diesen halsbrecherischen Versuch, ein kaum übersetzbares Gedicht eines kaum übersetzbaren Dichters auf englisch zu deuten, und dazu auch noch mit Mitteln der Deutung, die selbst wieder geradezu herausfordernd deutsch sind. Wahrscheinlich ist es der reinste Übermut, sich wissentlich in solche Regionen des Kaum-Möglichen zu begeben. Spielte sich aber nicht ein gut Teil unseres Lebens in diesen Bezirken ab? Sei's drum! Auch wenn Ihnen das sonderbare Geschenk keine reine Freude bereitet, so weiß ich doch, daß es Ihres mehr als beruflichen Interesses sicher ist. Und wird nicht ein *solches* Interesse fast schon zur Freude, wenn ein Leben so ungehörig "interessant" war, daß das "Interessante" nur in seltenen Fällen *nicht* quälend oder langweilig ist? Das folgende also mit einigem Bangen, aber mit allen guten Wünschen Ihres E. H.

HÄLFTE DES LEBENS

Mit gelben Birnen hänget
Und voll mit wilden Rosen
Das Land in den See,
Ihr holden Schwäne,
Und trunken von Küssen
Tunkt ihr das Haupt
Ins heilignüchterne Wasser.

Weh mir, wo nehm' ich, wenn
Es Winter ist, die Blumen, und wo
Den Sonnenschein,
Und Schatten der Erde?
Die Mauern stehn
Sprachlos und kalt, im Winde
Klirren die Fahnen.

Friedrich Hölderlin

THE MIDDLE OF LIFE

With yellow pears the land
And full of wild roses
Hangs down into the lake,
You lovely swans,
And drunk with kisses
You dip your heads
Into the hallowed, the sober water.

But oh, where shall I find
When winter comes, the flowers, [and where
The sunshine
And shade of the earth?
The walls loom
Speechless and cold, in the wind
Weathercocks clatter.

Translated by Michael Hamburger

Thinking about poetry is not the same as poetic thought, but such "thinking about" would certainly busy itself in a void if it cut itself loose entirely from its subject matter's imaginative intellection; and it is the alpha and omega of Heidegger's philosophy that poetry *is* thought, just as true thought — that is, thought concerned with the meaning of Being — partakes of the essence of poetry. Yes, the alpha too, although it is only in his writings after *Being and Time* that poetry, above all Hölderlin's, assumes the role of Being's authentic and most "thoughtful" messenger: "In a work" (in a work of art, that is) "truth is at work," truth and hence Being (if only together with its simultaneous concealment, and this not only through the inescapable "seeming" of art) — truth and hence thought; although "at this moment in the world's history we have to learn again," Heidegger says in the essay "Why be a Poet?," "that the making of poetry ... is a matter of thinking." For the domain of poetry is language, and even in *Being and Time* it is said of discourse in language that it is "existentially equiprimordial with understanding": "If we have not heard 'aright'," Heidegger writes, — characteristically taking an idiomatic expression at its word: "Ich höre wohl nicht recht," — "if we have not heard aright, it is not by accident that we say we have not 'understood'," and understanding involves thinking even if it is of a vestigial kind in our daily routines of comprehension. But quite apart from such explicit statements about the near-identity of language and understanding, it is the burden of *Being and Time* — in every respect the burden — that its philosophical idiom is fashioned by the desire, or even the felt necessity, to say something that has not been said (in German, or in any other "modern" language) since the time some Greek poetic philosophers, or philosophical poets, Anaximander or Parmenides or Heraclitus, said it more than a century before Socrates. Through them, Heidegger believes, Being itself opened its eyes to inspect itself, opened its mouth to ask what it was. "What we call Greek, is not a national or cultural or anthropological character; Greek is that early historical dispensation by which Being itself lights up in all beings and determines the nature of man ...," Heidegger writes in his reflection on "A Saying of Anaximander." No such immediate disclosure occurred afterward. Indeed, language itself was all but divested by Time of its power to reveal Truth, except throught the poetry of the rarest of poets, through the art of the most "gifted" artists. For the rest, language became a foreign tongue with regard to Being, estranged from its true nature through the service into which it has been taken by metaphysicians, not to mention empiricists, positivists, or idle talkers in their *Seinsvergessenheit*, their forgetful remoteness from Being.

Heidegger, then, has attempted ontologically to reinstate the language of poetry as the language of thought, of *true* thought, poetry of the homecoming to that origin of which Hölderlin said:

> *... Schwer verläßt*
> *Was nahe dem Ursprung wohnet, den Ort.*
> Not easily leaves its place that which dwells near the Origin.

To have tried to restore the language of poetry (by which is meant not merely the language of "poesy," or poetry in the narrow sense) to its rightful dwelling in the house of truth (or, in the words of Heidegger's own deliberately circular way of speaking: in the truly real) is likely to be remembered as his heroic adventure in the history of philosophy, but not, I believe, the use he himself has made in his own writing of "poetic" language, often strained and awkward in his employment, and again and again guided, it would seem, by the principle of *obscurum per obscurius.* And this, perhaps, cannot be otherwise if Heidegger is right in believing that the *true* disclosures of thought and language are like the unfolding of blossoms in their own season, or like the growing of the old oak tree by the pathway of Heidegger's Messkirch childhood, the tree that, in growing, has opened itself up "to the breadth of heaven" and sunk its roots "into the darkness of earth." Heidegger's philosophical language has nothing of the solid simplicity of that oak tree; and, to judge by his own account of the history of Being, the "*Befindlichkeit,*" the mode of his thinking and speaking, must have some of the qualities that characterize all things grown out of season. In his time and his time's distance from Being, a distance of which he has been the tireless land-surveyor, the idiom of Being, and be it the idiom of Being's withdrawnness, must necessarily — once more: on the grounds of Heidegger's own ontology — be dimmed by the haze of remoteness. But ironically — if this word is not instantly stifled by a philosophical atmosphere so utterly lacking the element of irony — this unseasonable language does not have the appearance of the frailty customarily shown by forced organisms. Its demeanor does create the impression of great force, even if this force is not the power of that deeply rooted oak tree. And the fascination Heidegger has had, a few decades ago in his homeland, then, for a while, in France, and now in some American philosophical enclaves, has been, I think, partly due to the quasi-mythological, centaur-like shape of his intellectual character: a human head sometimes thinking truly profound thoughts, sometimes merely thoughts of profound inaccessibility, yielding illuminations that not always justify the burning up of so much energy, yet a head placed upon an intellectual body that seems to possess the muscular vigor of a horse.

One who is unable to forget the Heidegger of 1932 and 1933 and 1934, a picture above all that shows him, mustachioed like Hitler, sitting at a platform table in the company of other committed academic personalities and surrounded by an ecstasy of swastikas and S.A. men —, one who is plagued by such memories is tempted to ask whether it was not the ambiguities resulting from such twin-nature and such a strained relationship to his time that made this interpreter of Hölderlin for quite an extended moment deaf to the resonance of hell conveyed by the voice and the language — yes, the *language* — of the *Führer* and his companions, creatures in whom abysmal inferiority uniquely mingled with the demonic. Be this as it may, it should not be forgotten because it was not the private person Martin Heidegger but unmistakably the author of *Being and Time* who accepted in 1933 the office of Rector of Freiburg University, prematurely vacated by a scholar thought to be less fit to lead the academic revolution, the *Gleichschaltung*, that the new rulers demanded. Unmistakably the author of *Being and Time*, for again and again, in speeches, pronouncements, and official letters he verbally behaved as if with the arrival of Hitler Being had unexpectedly and triumphantly returned to Time, choosing as its vessel the German nation in the manner of Jehovah's once electing the Jews.

Heidegger's was not merely the indiscretion or weakness or betrayal of a person who six years before had dedicated, "in friendship and admiration," *some* book he happened to have written to *some* Jewish teacher of his. No, the teacher was Edmund Husserl, and the book was *Being and Time*, and what Heidegger did in 1933 came close to being the bankruptcy of a philosopher and a philosophy, a total failure of the intuition of Being without which his philosophy would be as nothing. And if one of the expositors of Heidegger's philosophy in English, Father Richardson, squeezes into a footnote the observation that "no one denies that after the stern lessons of the intervening years" the pages that Heidegger wrote in 1933 "make unpleasant reading," he misjudges the situation. "Unpleasant reading" is of course an Anglo-Saxon understatement of a great and loud scandal; but that he believes it needed "the intervening years," the years of the Second World War and its extermination camps, to teach "the stern lesson," can only be due to ignorance. It is impossible that any one living in Germany in 1933 had not heard on countless occasions the voice of Hitler or the song of Hitler's stormtroops, the *Horst Wessel-Lied*, with its verse

Wenn's Judenblut vom Messer spritzt
Geht's uns nochmal so gut,

meaning that slaughtering Jews makes us feel better and better. And Heidegger has never publicly regretted the fact that in 1934 he himself handed over for publication a photograph taken of him with the insignia of the National-Socialist *leadership* pinned to his jacket. But not only did he never regret the part he assumed in that degradation of "Being," he even referred contemptuously to suggestions that since 1947 his thinking had undergone an "in-version," or even, since 1945, a "conversion." Yet it was indisputably his *thinking* that he had dedicated to what he took to be the regeneration of the German people, and did so despite the depraved *language* and published program of those who promised to do the "regenerating."

This, I am sure, has to be remembered and should never be forgotten if only to inject a measure of skepticism into the reception of what is often taken to be a series of infallible revelations of the Ultimate Ground by one upon whom has been bestowed the privilege of access to the sphere of Being — a privilege that would not seem to be quite consistent with his own philosophy of Time and Being's historical inaccessibility. No, there are and remain riddles; and not the least riddle — one that is certainly not exclusive to the contemplation of Heidegger's work and life — is the nature of human integrity; or the incredible possibility (which is yet a common event) that great profundity and abysmal foolishness, authenticity and its scandalous betrayals, may occur side by side in one mind and character, or as Karl Kraus once put it: "I cannot get over the fact that half a man may write a whole sentence." In the politics of the mind, that is, in the attempt to tidy up one's intellectual household, it would certainly be permissible to use blatant instances of foolishness in order to bring into doubt what is offered with the inherent claim of being authentic wisdom. On this occasion, however, I shall simply acknowledge that the riddle of such co-existence is insoluble and, explicitly or by implication, avail myself of some of Heidegger's illuminating intuitions concerning the nature of poetry, or to be more precise,

Hölderlin's poetry. For just as Kierkegaard meant *Don Giovanni* when he wrote of music, or as most of Thomas Mann's observations about music fit Richard Wagner but not Bach or Mozart, so Heidegger's meditations upon poetry are determined by Hölderlin (although sometimes poems by C.F. Meyer or Georg Trakl or, of course, Rilke, are called in as witnesses). And indeed, these meditations would meet with considerable resistance from the poetic works of other undoubtedly "poetic" poets such as Vergil, Dante, Shakespeare or Goethe.

I wish to speak about Hölderlin's poem "The Middle of Life." Michael Hamburger has translated it almost as well as the untranslatable will ever be rendered in another language. (It is only in parenthesis that I should like to touch upon yet another insoluble problem besetting all philosophies of language, be it Heidegger's or that of Wittgenstein's *Tractatus,* which base themselves upon an ultimate equation of Being, or World, and Language; upon the power of Language to reveal, or at least intimate, the nature of Being or World. With regard to the problem I have in mind, the Wittgenstein of the *Tractatus* fares a little better than Heidegger, for Wittgenstein calls upon the *logic* of language to provide the ontological revelation, but the later Heidegger upon poetry in the widest and yet essential sense. And with regard to poetry the question is: If in the poetic work of art "truth it at work," as Heidegger believes and states and exemplifies in the case of Hölderlin's late hymns, is it also working in a Japanese translation? Or must we go for such disclosures to the original? And if it can be said only of the original that it shows "truth at work," may this come to pass in the poetry of *any* language? In Swahili poetry as well as in Hölderlin's German? In the Greek of the pre-Socratic philosophies as well as in Heidegger's translation — and thus interpretation — of them, an interpretative translation often as much inspired as it is extravagant, as "poetic" as it is, at times, etymologically extremely hazardous? Are all languages equidistant from the center of the sphere of Being? These questions may well be too weighty for a parenthesis and too damaging to my own intention to support Heidegger's doctrine insofar as it gives the highest possible status to language and poetry — to some poetry, namely to the kind of poetry that may be defined as having, according to his philosophy, the highest possible ontological status. Once again the argument is as circular as circle can be and the questioning as inconclusive as are all questions that allow for no answers — except perhaps for those given by the faith in one's own language and the love of its poetry.

Hölderlin's poem "The Middle of Life" is one of the greatest ever written in the German language. I shall try to say why. Its title is part of the poem, and this title's logical place is, as it were, in the empty space that separates the first verse of seven short lines from the second comprising the same number. We do not know when Hölderlin gave the poem this name; when he first essayed it, he seems to have intended to call it "*Die letzte Stunde*" — "The Last Hour." *This* title he probably wrote down as the poem began to emerge, in 1800, on the extraordinarily crowded manuscript page that in the Stuttgart Hölderlin Archive's 16th folio volume carries the number 17 verso.* It appeared first in print, in 1804, in the *Taschenbuch für das Jahr 1805*, a Poetic Manual for the year 1805, and did so already with the title "The Middle of Life." Hölderlin had used the phrase, or very similar ones, before. At the beginning of 1796 — he was 26 at the time — he wrote to his brother of the need to rejuvenate himself, if he was not to become an old man "in the middle of my life"; again, on 12 November 1798, he said to Neuffer: "... I fear that the warm life within me will be chilled by the icy coldness of the times"; and four years later, in the year the poem was written, he confessed in a letter to his sister the fear that, in order to conquer the "deafening turmoil" within, he would have to become, in the second half of his life, "cold and all-too sober and withdrawn." Even earlier, in September 1795, he anticipated the imagery of the poem's second verse in a letter to Schiller: "I am freezing and stare into the winter that surrounds me. The sky is made of iron and I of stone." It is instructive to mention this; it allows us to observe the metamorphosis of a deeply depressed mind's momentary lamentations into the durable firmness of poetry.

Yet if the poem had been called "The Last Hour," the first verse — of which only the last four lines are rehearsed on that manuscript page — would have given the lie to the title. For what is evoked in that verse is not even the last hour of summer, let alone the last hour of life. True, autumn announces itself with the yellow pears and altogether with a ripeness so ripe that the earth can hardly contain it. She almost gives under its weight, and, as if taking her cue from the branches of the pear tree, "hangs down into the lake." Or was it the water that, over the years, has hollowed the bank, making the top layers of soil almost cave in under the burden they carry? (A whole lesson, by the way, of poetry's

* See reproduction opposite p. 178.

fragility could be taught by pointing to a mistake an early editor of Hölderlin's *Collected Works,* Christoph Theodor Schwab, made in 1846 when he copied the poem from the original page in the Manual: "*Blumen*" he put where there was "*Birnen,*" yellow flowers in the place of yellow pears. Perhaps he believed that flowers were more poetical than pears, or he was so nearsighted as to misread the small print of the Manual; whatever the cause, the effect was catastrophic: the beginning of a marvellous poem was destroyed; for what this first line demanded, was a fruit heavy with maturity and radiant with a long summer's sunlight. Yellow flowers would never do.)

The first three lines are like a picture without the painter's presence being as much as hinted at. Common usage suggests the designation "objective." But in the fourth line the person of the artist makes a sudden if unobtrusive appearance by addressing the swans with the exclamation: "*Ihr holden Schwäne.*" Although I would be unable to propose a much better translation than "You lovely swans," the English line is indeed affected by the plight that is the lot of any translator of poetry, in this instance a translator who may already have been worried by the "*wilde Rosen*"; for "*wilde Rosen*" conveys to German ears much more naturally than the "wild roses" of the English the profuse sight of bushes and bushes of *briar roses* or hedge roses or crimson ramblers growing on that bank of the lake. One translator even wrote "run-wild roses". Not at all: "*wilde Rosen*" have not "run wild" (quite apart from the artificiality of the hyphenated adjective "run-wild"), they have always been what they are in the poem: Nature's own roses as distinct from the gardener's. Now, the words "lovely swans" seem simple and unproblematic enough, and yet ... "*Hold*" is what these German swans are; and the adjective "*hold*" comes from the noun "*Huld,*" and "*Huld*" suggests the particular benevolence and even love a powerful man feels, an emperor or a king, for a courtier or citizen of his realm, indeed the affection of a god for his servant. *Huld* borders on grace, perhaps Apollo's grace that Socrates means when in his last hour he speaks, according to Plato's Phaedo, of the god's birds, the swans, and their legendary song, explaining why he was not afraid of death.

Do you really think, Socrates asks Simmias, that I have less insight into the future than a swan? For swans, when they feel that their time has come to die, sing more sweetly and powerfully than ever before, and they do so for joy that they are going away into the presence of the god whose servants they are. Have you perhaps believed that their song expresses their grief at their approaching end? You are misled by the common fear of death. Has any bird ever been heard beautifully to sing when it was in distress, hungry or cold or fearful? No, the swans, dedicated as they are to Apollo, have prophetic powers and sing because they know that only good things await them in the unseen world and therefore are happier in their last hour than they have ever been before. I too, Socrates continues in this Dialogue, am a servant of Apollo, and he has endowed me, not less than his swans, with prophetic powers; therefore, I am not more disconsolate than they are at leaving this world. — A faint emanation of such grace is in "*hold.*" It is not in "lovely," and yet "lovely" is a more acceptable translation than would be "graceful" or "gracious." Such are the idiosyncrasies of language, the miseries of the translator's labor, and the doubts inevitably raised by an ontology of language, let alone by its translation into another one.

Of course, I do not suggest that Hölderlin thought of Socrates-Plato's swans when he ecstatically greeted those birds in the poem that on the manuscript page appears together with the title "The Last Hour," under which are written other titles he apparently considered earlier, or perhaps only motifs: "The Rose," "The Swans" and "The Stag." The stag disappeared from the several texts on the page, texts hurriedly and in parts almost illegibly written, with later lines scribbled in between and in the margin of previous ones, but the rose remained (if only in the ensemble of "*wilde Rosen*"), and certainly the swans that did put me in mind of the swans of Socrates' last hour. This was not much more than a free association, yet one not entirely free from the thought of Hölderlin's devotion to the thinkers and poets of ancient Greece. Nonetheless, my sole purpose in introducing the Socratic swan song was to draw attention to an element in poetry that is of its essence: the refusal of poetic language to pinpoint a thing or an idea or a concept, isolating it from the soil from which it has grown or from the air which it breathes. The very "impurity" of language which "linguistic analysis" wishes to clean up, makes for the richness of words in poetry. The meaning of words in poetry is certainly not definable by quasi-logical procedures; on the contrary, their lives are identical with their history in the minds and souls of men; and their history is what they have gathered into themselves in the course of centuries and during the years of a reader's life. It was the young Hofmannsthal who wrote the line of verse: *"Und dennoch sagt der viel, der 'Abend' sagt,"* meaning that much is said by one who says "Evening," and more than the evening hours registered by the clock: young love may be in it, the first walk together through the garden at nightfall, or the colours of the sunset flooding sky and sea, or the chirping of a late bird, or the white mist and aroma that rises from the meadows, or *"Über allen Gipfeln ist Ruh,"* the peace that is above the mountains during the hour between daylight and darkness. And swans, the *"holden Schwäne,"* gracefully gliding on this particular lake, may have assimilated into their poetic being even the memory of Socrates' bidding farewell to his disciples and thus become more *"hold"* and dearer than before to the genius of poetry.

The swans glide into sight as the poet himself, through his exclamation, appears on the scene of the landscape to which, were it a painting, Van Gogh might have contributed the pear tree. Heidegger, in his essay on "The Origin of the Work of Art" has chosen Van Gogh as one of those who show in their art "truth at work," letting us know through a painting of them what, for instance, peasant shoes "in truth" *are*; and he might have named, in the place of shoes, Van Gogh's sunflowers or chairs or poplar trees. Speaking of Van Gogh's painting of the peasant shoes, Heidegger claims that these come "to stand in the light of their being." It is as if for the first time we truly knew the "being" of peasant shoes, for "true art" does not concern itself with beauty as aesthetics means beauty (peasant shoes are not "beautiful") but with things that *become* beautiful when they appear in the shining-forth of their being as it is revealed by the work of art. Rilke, in the first of the *Duino Elegies,* long before Heidegger's essay, knew this when he spoke of beauty as merely the beginning of that terror which is lodged in what to him is the Angel, the being that we do not greatly misinterpret by calling it the being of Being;

> *... Denn das Schöne ist nichts*
> *als des Schrecklichen Anfang, den wir noch grade ertragen,*
> *und wir bewundern es so, weil es gelassen verschmäht,*
> *uns zu zerstören ...*

... For Beauty is nothing but the beginning of Terror, the Terror of Being, that we are still able to bear, and we admire it so because it serenely disdains to destroy us in our feeble condition, in our estrangement from Being, indeed our *Seinsvergessenheit,* a condition Heidegger once defined very concisely and with emphasis: it lies in our forgetting the difference between Being and beings.

I did say that through the exclamation *"Ihr holden Schwäne"* we become aware of the poet's presence. But this presence is contained entirely in the exclamation. We learn nothing else of the person. All that there is of a person is in the utterance of wonder, carrying something of that wonder which is the mainspring of all philosophical thought, the wonder of wonders, the astonishment at anything being at all, let alone anything as *"hold"* as swans. Does not the poet, marvelling at the unexpected and joyful sight, have to catch his breath with the "And" that opens the fifth line against all rules of syntax, an absolute *"Und,"* syntactically unrelated to what was said before, the greatest *"Und"* in German poetry? Or *is* it the poet who is breathless with wonder? Is there a person at all and not rather poetry itself, the soul of poetry, the same soul that voices in the second part of the poem the lament at the wintry withering of all the flowers. *Voices* the lament? No, *is* the lament. But we have not yet reached the *"Weh mir,"* the cry of woe that deplores a deplorable fate, a cry as simple as it is untranslatable, at least least during the present phase in the history of the English language.

We are still with the swans and accept as a matter of course, as a matter of truth, what only the truth of poetry can persuade us to accept without question: the swans' Dionysian rapture which is at one with the enraptured poet's state of mind, an ecstasy that has been evoked by the sight of the swans in the rose-bordered lake at this rich harvest hour of the summer. At one with? . . . Evoked by . . .? The truth is that the state of mind is one and the same as the swans that are drunk with kisses; that the swans, here the servants not of Apollo but of Dionysus, are the creation, irrefutable in its poetic reality, of a state of mind; but not more than the state of mind is created by the pear tree, the roses, the lake and the swans. Creator and creature have merged in one incarnation, and this incarnation is a poem.

"Where sobriety leaves you," Hölderlin wrote in contemplating his poetic powers, "there is also the limit of your inspiration. The great poet is never beside himself." Yet we spoke of the poet's ecstasy, and ecstasy means exactly what, according to this saying, the great poet never indulges: being beside himself. How is this? We seem to be trapped in a contradiction. But the seeming contradiction is caused by the ambiguity of words. For the self that Hölderlin has in mind is not just

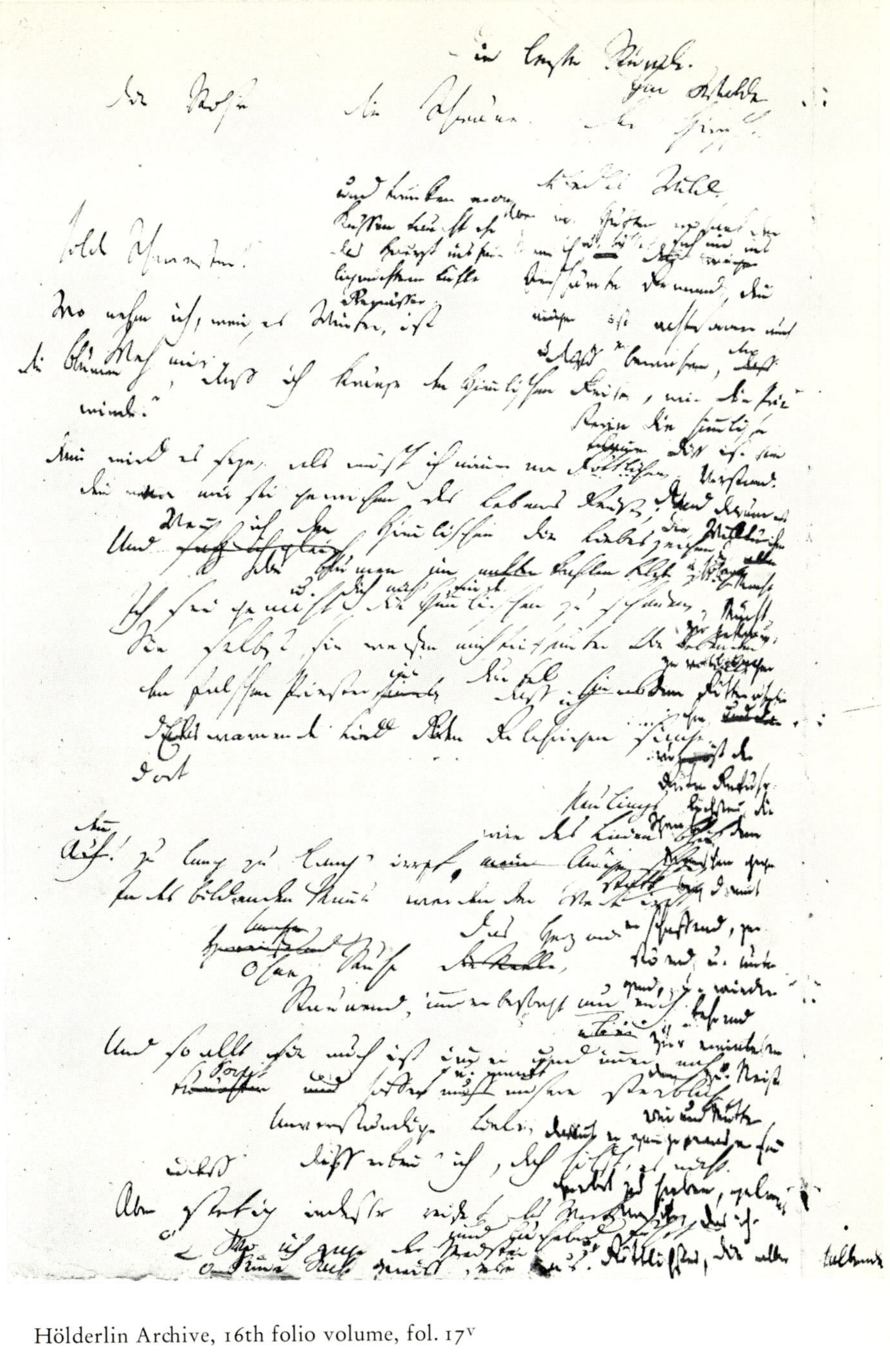

Hölderlin Archive, 16th folio volume, fol. 17v

any self; it is not even the self that, as a long historical sequence of meditations on poetry will have it, a sequence marked by the names of Schopenhauer, Nietzsche, Thomas Mann, Rilke, Valéry, T. S. Eliot, Heidegger, has to be left behind or transcended or conquered if the *work* of the poet is to come into being: "In great art the artist remains inconsequential in relation to the work, almost like a passageway that destroys itself in the process of creation," says Heidegger, and it could have been said, and *has* been said, by Schopenhauer or Nietzsche or Thomas Mann or Rilke or Valéry or T. S. Eliot. But it is clearly not this self that Hölderlin has in mind when he says that the poet must never be beside *himself*, never be deserted by sobriety; clearly not the self which with its "self-willed" purposes stands in the way of poetic creation, not the self of common experience, but the *poetic* self, the self of the "great poet." *This* must, he believes, never be abandoned by the poet if inspiration is not to fail him. For it is this poetic self that possesses the eyes which see what truly is; and the vision of what truly is may well seem a drunken extravagance to a world forgetful of the truth of Being, indeed deserted by it. Yet the inspired poet knows in his inspiration the sober truth. There is no other poet who at the turn of that century, in 1800, was as tormented as Hölderlin by this ambiguity and reversal: that the withdrawnness of Being — to him it meant the absence of the gods — was regarded by the citizens of the deserted world as the only true state of affairs, the affairs they conducted in *their* sobriety, while *his* sober vision comprehended both the gods and, in anguish, the void they left behind when they absented themselves:

> But we, my friend, are too late. The gods, it is true, are living
> Yet far above ourselves, away in a different world.
> There they are endlessly active and seem but little regardful
> Whether we live or not, such is their tender concern,
> Knowing that fragile vessels like us cannot always contain them.
> Only at times can man endure the abundance of gods
> . . . .
> . . . . Meanwhile, it seems to me often
> Better to slumber than live without companions, like this,
> So to linger, and know not what to begin or to utter,
> Or, in such times of want, why to be poet at all?

"Why to be poet at all?" The answer may well be: because there is no other choice as long as there still are those moments of "hallowed sobriety" that are given to a few as tokens of Being, as proof that "the gods are living," even if their abode now is a sphere very different from this world of want — the moments of the vision true, holy, and sober. *This* is why the water in the last line of the first stanza of "The Middle of Life" is called — once again untranslatably — "*heilignüchtern,*" the cool water into which the swans dip their heads inflamed by Dionysus, the winegod, to regain the sobriety they need in the service of *their* god, the clearsighted Apollo. Hölderlin used the two adjectives, "holy" and "sober," in another poem, his ode "*Gesang des Deutschen,*" "The Song of a German," but there they stand merely next to one another. It is only in "The Middle of Life" that they are conjoined to form one word, Hölderlin's very own word. It cannot be rendered in English. Nonetheless, the unavoidable separation of the two need not be as overdone as it is in Hamburger's version through the repetition of the article: "the hallowed, the sober." Another translator, the late J. B. Leisham, did better with the hyphenated "sacredly-sober." Yet both translators have missed the etymological chance that Heidegger would of course have grasped hold of had he written about this poem; he did so on other occasions by pointing to the relatedness of "*heilig,*" sacred, to "*heil,*" integer, unhurt, undiminished. It is an etymology that is even more apparent in English: "holy" is a relation of "wholeness," pointing perhaps to the sacred wholeness of Eden where, before the rift of the Fall, all beings were at one with God, or to "the Holy" that would manifest itself in the entirety of all beings shining with the light of Being itself. It may well be that a reflection of this light is spread over the lake, and that the flow from that "Source," the origin, ripples the water in its sober holiness, and may do so even without our remembering that Thales of Miletus, one of the seven wise men of Greece, taught that water is the common ground of everything that is. Yet this is probably going too far. But then, who can measure the light of memories, clear or faint, by which the words of peotry are irradiated?

Upon the splendour of this late summer there follows, with the second verse, abrubtly the exclamation of woe. It is winter and the "*Heilignüchterne*" is frozen over. Once again the "I" of the poem, the voice of the poet — which, once again, is like the voice of poetry itself — is heard, this time not in wonder but in desolation. Where, in this wintry desert, are flowers to be found, flowers and the light and shade of the earth? Yes, the shade too, and so much so that, like the sunshine of line four, it has the whole line five to itself. For such is the nature of life that, to give its best, it needs not only the light and warmth of the sun, but also the coolness of the shade. How true is this combination of sunshine and shade! Indeed, it would be sentimentally untrue if the poem's yearning were for the sun alone. (Sentimentality results from such a distillation of a chemically cleaned sentiment out of the complex nature of all true and real feeling.)

This is why the light and the shadow appear together in the poem's lamenting the passing of summer. Only the passing of summer? Is it not the essence of great poetry that it *means* more than it *says*, more even than the poet may be conscious of? Would the voicing of woe not strike us as exaggerated if the sorrow were entirely about the arrival of winter? May the summer not stand for the shining-forth of Being itself, its "*Lichten*" in "beings," in the roses, the lake, the swans? It is in Heidegger's essay on Fragment 16 of Heraclitus that he insists more emphatically and more concisely than elsewhere upon the inescapable simultaneity of the truth of Being with its negativity, of its shining through beings with its awful concealment, of the light with the shadow, the shadow that light needs because the shadow enables the light to disclose what it truly is. Whether or not we are prepared to make that much room in the poem for Heidegger's thought, it cannot be doubted that we owe the poem's light and shadow, and thus its summer, to a poetic intuition that, in its celebration of the summer as well as in its mourning of loss, comprehends — no, not the "symbolic significance" of summer and winter (at least not in the sense or nonsense of the "symbol" in our daily literary criticism), but their true being; and this poetic intuition *knows* that, for the sake of the poetry, the outright statement of "meaning" had to be suppressed and the "significance" concealed.

On that folio page 17 (that contains a profounder lesson concerning the making of poetry than many a learned book on the subject) the "*Weh mir*" that was to be the beginning of the second verse of "The Middle of Life," was originally followed up by the fragmentary and desperate close of the hymn "As when upon a day of rest." Heidegger has devoted an essay to it without acknowledging its broken ending. This runs as follows:

> Und sag ich gleich,
> And even if I say

Then comes an empty space, and then this:

> Ich sei genaht, die Himmlischen zu schauen;
> Sie selbst, sie werfen mich tief unter die Lebenden alle,

Den falschen Priester ins Dunkel, daß ich
Das warnende Lied den Gelehrigen singe.
That I approached to see the dwellers in Heaven,
But they themselves cast me down, deep down
Below the living, into the dark they cast me,
The false priest that I am, to sing
For those who have ears to hear the warning song.

And with "*Dort,*" "There," that was to be the beginning of a new line, the fragment on this manuscript page breaks off, as if choked by despair. But then, obviously later, other lines were written around and underneath that "*Weh mir,*" the poet making use of the distance he had previously left between it and the line "And even if I say." And what he wrote is the beginning of the second verse of "The Middle of Life": "... where shall I find / when winter comes, the flowers ..." Yet upon this there does not follow the sunshine and the shade of the earth, but the poet's explicitly stating what purpose the flowers were to serve, namely "that I may bind them into wreaths / Then it will be as if I had never heard of the gods / For the spirit of life has deserted me / When I search for the signs that would show the heavenly powers that I love them, and find no flowers in the barren field / and find you not." "You" is perhaps the rose that appeared at the same time as those lines as one of the three quasi-titles I have mentioned before. Perhaps the rose, but who will want to be quite sure that it is not a god, not even Christ, the — after Dionysus — uniquely divine to whom Hölderlin's hymn "*Der Einzige,*" "The Only One," ist devoted? Astonishing, is it not, this profound obedience of one who has suspected himself of being "a false priest" and is terrified at the thought of having been cast off by the gods — astonishing, this obedience to their verdict. For now he will not even dare to speak of "the dwellers in Heaven" or of his not finding the flowers with which to woo or to reconcile them. It must be enough that, in the terrible second half of life, there are no flowers, no light and no shade. "Then it will be as if I had never heard of the gods / For the spirit of life has deserted me." Hölderlin was right in dismissing this. It "talks" too much, and talks too much of the poet himself and the inaccessible heavenly powers. Compare it to the flowers that have died, simply to the death of flowers, and to the lost light and shade of the earth, and you will know what is merely lofty discursiveness and what great poetry.

On the same page — what abundance on one page of a manuscript! — there also are three stanzas of the ode "To the Germans." The first of these — not the first of the completed ode, but the first on that page — reads:

For too long now, too long, I have roamed
In the workshop . . . of the Spirit that forms.
Only his blossoms I recognize,
His thought I cannot make out.

The very thought of the "*bildender Geist,*" the Spirit that forms and shapes and reveals itself in the beings of his making — his very thought Hölderlin wanted to come to know. But his poetry is greatest when he entrusts himself to the "blossoms," that is, to the forms and shapes from the workshop of that Spirit, the Spirit's disclosures in things that at the same time are the veils enveloping the Spirit's thought. The "speechless walls" of that city of winter say as much as poetic speech can say about the absence of the gods, the withdrawal of Being. For it is speech, it is language, that is the "house of Being."

In the first verse of the poem there is hardly a noun that is not enlivened by an adjective: the pears are yellow, the roses "*wild,*" the swans "*hold,*" and the water "*heilignüchtern.*" We are in a rich province of Nature; but the bareness and barrenness of the last three lines is made by man, and Heidegger's belief that "language is the house of Being" might appear to be vindicated by the "speechlessness" and coldness of those walls and the metal clatter of the weathercocks. Their creaking shrillness is in the accumulated sounds of "*im Winde klirren . . .*" (which of course is lost in translation). The weatherwanes point in any direction dictated by the changeable wind — in any direction and therefore in none. If language is the house of Being, it is that of Non-Being too: it accommodates both that rich landscape and this waste land.

The oneness of thing and word, which is the essence of great poetry, is the riddle of language. As the oneness of thing and expression, as "form," it is also the riddle of art; of all art apart from music, the art that knows of no "thing" or "matter." Heidegger has little to say about it, so different in this from Schopenhauer for whom music is the language of the Will itself; and the Will reaches in Schopenhauer's philosophy as far as *his* intuition of Being will take him. But this is beyond the scope of our discourse. As far as "Thinking about Poetry" is concerned, nobody has done it as devotedly and intensely as the Heidegger of the time after *Being and Time.* "If we go to a spring or stroll through the woods, we are passing already through the word "spring," through the word "woods," even if we do not utter these words or think of anything to do with language ..." Heidegger says this in his essay on Hölderlin's question "*Wozu Dichter,*" "Why to be poet." It is one way of stating the riddle: How is it that words in poetry possess, or acquire φύσις, and thus partake of Being, and thus *are* thought?

Gerald Gillespie

Kreuzgang in the Role of Crispin: *Commedia dell'arte* Transformations in *Die Nachtwachen*

The transition from vigil eight to vigil nine of *Die Nachtwachen* clearly qualifies both as a thematic and as a structural climax. It is Kreuzgang who reads to us "*Hanswurst's* diatribe on Nothingness, positioned conspicuously in the exact center of the book."[1] It is Kreuzgang who, witnessing and narrating the grotesque apex of a representative higher existence, actually gives voice to the Clown's prologue to the rejected tragedy *Man* and transmits this key statement of failure by a self-debunking creator. One is struck by the parallel between the developmental story of mankind, deemed pointless by Hanswurst, as the fatally obsessive subject of the town poet, and the latter's futile struggle, terminating in his suicide, as one of several such disturbing subjects incapsulated in the watchman's narration. This programmatic mid-point thus hints at the congruence of Kreuzgang's seemingly arbitrary discourse and of authorial deliberation. The book's many proofs that life is a macabre joke converge in the staging of the town poet's entire

1 This is recognized by R. Russell Neuswanger in his unpublished dissertation, "Investigation of Some Central Motifs in *Die Nachtwachen des Bonaventura*" (directed by Oskar Seidlin; Ohio State University, 1971), p. 154, and connected with the novel's dominant baroque theatricality and dream metaphor. In *Der 'poetische Nihilismus' in der Romantik* (Tübingen: Niemeyer, 1972), p. 492, Dieter Arendt notes that "Der Prolog des Hanswursts zu der Tragödie: der Mensch" was printed in advance as a fragment in *Die Zeitung für die elegante Welt* on July 24, 1804, but does not link this emphasis of its centrality to his own structural observation that by vigil seven Kreuzgang "stellt sich ... rückblickend selbst vor als ein aus dem Narrenhause Entlassener" (p. 502 f.); his interest is limited to the prologue's dimension as a critique of Idealism, prefatory to exposure of the empty subjective forms of the age's "Kunstreligion" (p. 509 f.) in the book's latter chapters. I treat the general subject of Bonaventura's theorizing on the evolution of theater in my introduction to the bilingual edition of *Die Nachtwachen des Bonaventura* (Edinburgh: Edinburgh University Press; Austin: University of Texas Press, 1972). References to this text will be by page number after the abbreviation B.

"progress" from promising childhood to self-destructive grief with the aid of ironically highlighted art works (painting, manuscript) in the garret scene. These suggest those documents introduced earlier by the watchman as biographical guides in his own case. From this perspectivistic focal point of all debacle springs that rage of which Hanswurst is the unmitigating, self-abasing spokesman. Logically, with the fool's theorizing about man, we should and do pass into the realm of living death (which Kreuzgang has alluded to and been approaching tacitly): the madhouse. Now there can be no further avoidance of the ego nightmare, "the first and only metaphysical, or more precisely ontological dream in the book," therefore a genuine nihilistic breakthrough.[2] In narrative terms, Kreuzgang's merging with the role of the fool as travestied Shakespearean poet, lover, and madman after vigil eight parallels the inexorable penetration into night we experience in the falling action and the catastrophe closing the novel. Just as man is declared to be a word dying as it is uttered, becoming finally the "Totlachen" of fools, so the narration hinges on a central "Prolog" having no issue.

Thus, as an anticipatory prologue to nothing (the book's final "Nichts"), the strangely entertaining parody of Gothic terror in vigil one constitutes an overture in the truest sense of the term.[3] Signaled by the novel's opening phrase ("Die Nachtstunde schlug ..."), stressed in the reverberation in deadly emptiness and the hellish lighting of man's estate, the novel's cardinal event already governs: the watchman-fool's entry into night. Of direct bearing for our inquiry into the speaker's "identity" is the fact that Bonaventura specifically cites the puppet foolery in Goethe's *Der Triumph der Empfindsamkeit* during Hanswurst's crucial theoretical rant on drama in vigil eight (B 140); reference to the "frivolous" acquires serious dimensions in such a context. To be sure, critics have justifiably been attracted to the symbolism of the puppet in *Die Nachtwachen* in general, and editors duly note the appearance of the *commedia* names Columbine, Arlequin, and Pantalon

---

[2] Neuswanger, p. 84.

[3] The function of avantgarde Gothic fiction as a means to attack bourgeois conventions and Bonaventura's deepening of Gothic motifs are discussed in chapter three of Norman Malcolm Brown's unpublished dissertation, "Critical Studies of Bonaventura's *Nachtwachen*" (Stanford University, 1971); though focusing on romanesque rather than theatrical features, Brown corroborates the structural interrelationship of Bonaventura's "anticipatory introduction of themes," use of the city at night as "the setting," and predilection for baroque *chiaroscuro* religious art as a visionary medium.

in the strange recitation by the Don Juan figure of the fourth vigil. But even though Kreuzgang eventually identifies himself with all ranges of theater in his roles as Hamlet and Hanswurst, no study has yet examined the pattern of *commedia dell'arte* elements with which, among others, the book establishes the peculiar ambiance of its opening chapters.[4] The scholarly habit, at least, has been to link Kreuzgang only with the legendary patron saint of shoemakers, to whom he himself quite explicitly refers in the third vigil — despite the fact that Crispin was also a standard *commedia* name and role and, indeed, as was recognized in the eighteenth century, Johann Christian Krüger had been instrumental in introducing him under his French-Italien label in *Der glückliche Banquerotirer* and *Der blinde Ehemann.*

Before returning to Bonaventura's transformation of the role of Crispin as one of several variant masks for Kreuzgang, a brief excursus into this German *commedia* tradition may be in order.[5] The tendency to exploit Italian comedy so as to burst the bonds of rationalistic verisimilitude is first distinct in the work of Krüger, whose influential *Der blinde Ehemann* effectively adapted the dramatized fairy-tale and magical play

---

4 Though my article "Night-Piece and Tail-Piece: Bonaventura's Relation to Hogarth," *Arcadia*, 8 (1973), 284–295, examined the novel's harsh black-and-white technique with regard to English "pictorialism" and "spatialization" in drama, fiction, and painting, I nevertheless failed then to appreciate the connection with *commedia* "night scenes" *(scene di notte).* The present paper tries to cover that deficiency as a token of thanks to Oskar Seidlin, who taught his students to read closely — which often enough meant to read all over again!

5 My remarks on the German tradition are heavily indebted to Walter Hinck's indispensible work, *Das deutsche Lustspiel des 17. und 18. Jahrhunderts und die italienische Komödie (Commedia dell'arte und Théâtre italien)* (Stuttgart: Metzler, 1965); rather than cite extensively from this basic source, I refer readers to its thorough index. It does not treat the German novel nor mention Bonaventura, but Hinck's findings can readily suggest how the theatrical conventions under discussion would have "contaminated" narrative conventions. For example, the summation of the structure of Krüger's *Der glückliche Banquerotirer* can aptly be applied to the cumulative effect of vigils one through three in Bonaventura's transformation of *commedia* devices (p. 235 f.): "Alle wesentlichen Momente des Bewegungsstils und der pantomimischen Kernstücke des italienischen Schau-Spiels, der Nachtszenen sind hier da: das Umhertappen und die Zusammenstöße der Spieler im Dunkeln; die vielfachen Verkennungen und die vielfache Provokation des Entsetzens, dieses mimisch ergiebigen Affekts; panisches Zurückweichen vor vermeintlichen Geister- oder Teufelserscheinungen, jähe Stürze und wilde Galoppaden. In der nächtlichen Finsternis befällt die Menschen — die Anfälligen — ein Rückstand mythischen Grauens, entlädt sich der Alpdruck des Irrationalen in Gespenstervisionen und jagt die Geschreckten in heillose Flucht. Über die Bühne tobt ein groteskes Bewegungsfurioso."

set in the symbolic locale of an island or garden. Like Perrault's collection of stories, this genre was a popular eighteenth-century amusement in France and Italy; though a native German variety was not by any means unknown, since Christian Weise and next Johann Ulrich von König had treated the reign of the unreal in their successive versions of a *Verkehrte Welt* antedating Tieck's. Though the plot of loveless marriage and threatened cuckoldry in *Die Mitschuldigen* is a framework so general in the *commedia* repertory that Goethe could have drawn on the tradition as a whole, it is probable the macabre playing with a puppet in Krüger's *Der glückliche Banquerotirer* influenced his choice of a similar device in *Der Triumph der Empfindsamkeit*. Moreover, the technique of neutralizing the audience's sympathetic interest by parodying the language and situations of sentimental drama — a favorite ploy of the young Goethe, Tieck, and their epigone Bonaventura — is already pronounced in Krüger. Also, in feigning that *Der gestiefelte Kater* has been published in "Bergamo 1797" and translated "aus dem Italienischen," Tieck immediately suggests to his readership one broad generic framework for many of the play's antics.[6] Behind the sparring of the intriguer Hinze and the disadvantaged Hanswurst lurks the traditional rivalry of the Italian *zannis* Brighella and Arlecchino, while behind the court scholar Leander and the pedantic, voluble Bötticher we glimpse the Dottore. Tieck's *Die verkehrte Welt* (1798) then openly uses the masks Skaramuz, Pierrot, Pantalon, and Harlekin from the *commedia dell'arte*, but transforms their original function by raising role-playing to an autonomous game of art.

The anti-illusionistic tendency had gained theoretical acuteness in Justus Möser's *Harlequin, oder Vertheidingung des Groteske-Komischen* (1761, 1779), a general defense of Italian comedy more advanced than Lessing's. Möser already cites the authority of William Hogarth to justify grotesque caricature, grasps that the *commedia* is fundamentally an optical-pictorial medium (as it will be in Bonaventura's work, too), and draws an analogy between its deliberate theatrical deformations and the unnaturalness of opera as an independent product of artistic imagination.[7] In the *commedia*, too, however fantastic and chimerical,

[6] I have discussed Tieck's cardinal role in the formation of romantic fantastic comedy and his destruction of illusion at length in my introduction to the bilingual edition of *Der gestiefelte Kater* (Edinburgh: Edinburgh University Press; Austin: University of Texas Press, 1974).

[7] I would also point out that *Harlequin* was translated by Möser's secretary, J. A. F. Warnecke, and published in London in 1766 with a dedication to the great actor

the fools have their own nature just as do their models in the real world. Gottsched's attack on Italian comedy accurately focused on the *zanni* elements because Harlequin had become equated with the native Hanswurst and hence, through the popular clown, such key propositions as the rank order of sentiments, integrity of character, and other requirements of "rational illusion" could be undermined. The actual extent of the young Goethe's pacesetting counter-tendency against Enlightenment norms is revealed in his burlesque operetta *Scherz, Rache und List* (1784 ff.), and E. T. A. Hoffmann's new production of this play in 1801 indicates the romantic appreciation of such Goethean impulses anticipating their own fantastic comedy and its programmatic ridicule of shallow sentimentality.[8]

Garrick, so admired by Hogarth, Sterne, and Lichtenberg. Furthermore, Möser is interested both in Callot and Michelangelo, whom he compares in discussing "Der Geschmack des Schiefen, oder der sogenannte *gout baroc*": "Allein, ein Schuster von Teniers, ein Federschneider von Douw und die Figuren von Callot, hangen zwar nicht bei einem Jüngstengerichte von Michel Angelo; sie werden aber doch bewundert" (*Kleinere Schriften*, Vol. IX [Berlin: Nicolai, 1843], pp. 85 ff.). One thinks at once of ex-shoemaker Kreuzgang during the fake Apocalypse, watching the poet, "der aus seinem Dachfenster trotzig in das Michelangelo-Gemälde hinabschauete und auf seiner poetischen Höhe auch das Weltende poetisch nehmen zu wollen schien" (B 100). While the term "night-piece" (Nachtstück) can suggest any of several romantic "nocturnes" — in music, in lyrical meditation, etc. — Bonaventura mainly uses it like Jean Paul, E. T. A. Hoffmann and later even Adalbert Stifter in the sense of a "painting" (Gemälde). Via the associations latent in Hoffmann's titles *Fantasiestücke in Callots Manier* (1814 f.) and *Nachtstücke* (1816 f.), it may still call to mind the portrayal of the standing roles in the *commedia* and of bizarre night visions, for which Callot was and is justly renowned. On Callot's encounter with the *commedia* in early seventeenth-century Italy, the way in which "theater" acted as the mediating experience in his discovery of reality, and the poetic appeal of his mannerism for modern sensibility, consult Daniel Ternois, *L'art de Jacques Callot* (Paris: F. de Nobele, 1962). Besides the basic interest in the artist protagonist, Hoffmann shares many other romantic motifs with Bonaventura, e.g.: the weird encounter with Mozart's opera in "Don Juan: Eine fabelhafte Begebenheit, die sich mit einem reisenden Enthusiasten zugetragen"; the young enthusiast who proposes to play "den Correggio als begeisterten ganz in der Region der göttlichen Kunst lebenden Maler" (p. 639) in *Seltsame Leiden eines Theater-Direktors;* discussion of Garrick in the light of Lichtenberg's and Hogarth's views (pp. 649 ff., 656 ff.); the linking of desire to produce Gozzi's theatrical fairytale, *L'amore delle tre melarance,* to the concept of the theater as a box filled with marionettes (pp. 698, 707); repudiation of "taste" (p. 619 ff.), use of *commedia* masks, and destruction of illusion in the wake of Tieck (*Fantasie- und Nachtstücke,* ed. Walter Müller-Seidel [München: Winkler, 1960]).

8 Hinck has not noted Hoffmann's interest in *Scherz, List und Rache, ein Singspiel,* but his analysis of Goethe's *commedia* piece is very suggestive of the technical means transposed by Bonaventura, as a romantic writer, from theater to fiction: "Die mimische Etüde konnte wohl erst nach jahrelanger Bühnenerfahrung und dar-

Picasso's use of commedia motifs, Prokofieff's score for Gozzi's *Love of Three Oranges,* miming technique in French absurd theater, and other twentieth-century applications of grotesque romantic theatricality make us readily accept the *Nachtwachen's* comic devices as basic, without much thought about them. Our sense for one set of references may also have dimmed because other quite interesting related sets abound, for example, the parody of Gothic horror. Since *commedia* motifs successfully intertwine with others to produce a new construct, we naturally resist exaggerating them. And in fact, though — for example — the *commedia* structure of the puppet play in the fourth vigil may be pronounced, elsewhere the artist more often merely tints the lense of his "magic lantern" with faint allusions in support of narrative movement. This is the case in the very first vigil where the *commedia* elements are completely fused with the horrific gloom into which the odd night bird sets out who soon will get involved in clownery, rather active clownery in some instances (Brighella orientation), but also passive witnessing from a bitter defeatist perspective (Arlecchino orientation). Even the noble romantic theme of the "truth" of night, versus the blinding or masking of day, makes its first appearance already transformed as the initially tacit *commedia* exposure of events which occur in the dark, society's sordid masquerades and deceptions. Furthermore, the *commedia* fairy-tale setting is subsumed in the ubiquitous romantic trope of the "enchanted" city bound by sleep, that is, here a humanity paralyzed as much by dread as by moral blindness. The theme of petri-

---

stellischer Praxis, wie sie das Mitglied und Spiritus rector des Weimarer Liebhabertheaters einzusetzen hatte, konnte nur aus intimer Vertrautheit mit dem schauspielerischen Rüstzeug italienischer Herkunft geschrieben werden. Nahezu restlos wird das Arsenal der *comici dell'arte* ausgebeutet. Intriguen, die mit Verkleidungs-, Verwechselungs- und Scheintod-Motiven arbeiten, Tanz-, Bestechungs- und Todeskrampf-Lazzi, Nachtszenen mit Gespensterfurcht und Geistererscheinungen und sogar die Metamorphose zum Tier. ... Situationen der Überraschung und des panischen Entsetzens, fingierte Ohnmachten, jähe Stürze und wilde Fluchtgaloppaden jagen einander. ... Nie zuvor und nie wieder findet sich in einem Werk Goethes die Notenschrift für einen so grotesken, exzentrischen Bewegungsstil ..." (p. 364). Among *commedia* elements in *Scherz, List und Rache* with analogues in *Die Nachtwachen* are Scapin's false fire alarm causing paroxysms in the Doctor, Scapine's faking of death by poisoning, the evocation of hell awaiting the murderer, and specifically a "stumme[s] Spiel" of dying, accompanied by music (*Schriften,* Vol. 7 [Wien: C. Schaumburg; Leipzig: G. Göschen, 1790], p. 282). Also, Scapin's spontaneous bursting into a hunting song as he plots, which becomes a duet with Scapine (p. 242), is intriguingly reminiscent of Hinze's singing of a Goethe poem, "Jägers Nachtlied," in Tieck's *Der gestiefelte Kater,* II,ii.

faction, too — in turn quickly related to death, entropy, and apocalypse — is so tightly woven with other mood-building terms of spectral fiction in vigil one ("die bösen Geister," "eine von jenen unheimlichen Nächten," "wunderliche Riesenbilder," etc.) that we do not yet concentrate on the watchman's role as a special sort of zany.

But, in essence, he can detect other spirits abroad at mischief or waking, rather than sleeping, for the brief span life's flame permits. Just as he penetrates deceptions, frauds, and plots by night, he also comprehends the wakeful, e.g., the poet and freethinker of the first vigil, all those threatened by dark strategms or consumed by their own idealism. Thus the social bias of the watchman is clear very early: he opposes church and state as enslaving and he is twisted by the painful knowledge that the innocent succumb to the snares of the cruel power structure and of life. In due course we complete the discovery that he comes from an aberrant strain of the proletariat. The fourth vigil reveals his humble education as shoemaker and alludes to his real parentage; the sixth relates his bizarre outbreaks against society, always collapsing in failure; the seventh refers to him as an example of the *lux cruciata;* and the sixteenth finally and starkly touches his lowly origin in the criminal underworld of the *pícaro,* where gypsies, witches, alchemists, hangmen, and other like characters frightful to the dayworld of bourgeois order ply their unsavory trades and, like the Italian *zanni,* seethe with resentment. Moreover, this odd watchman is specifically conscious of looking at the noble scene of dying in the enchanted city as a "night-piece" ("Nachtstück"), a theatrical tableau with perceivable generic complexity for the fully waking.

In the second vigil, he is again inured to, and ready to play more robustly with the given situation that evil always besets good, corruption always seeks dominion over frail humanity. It is still a "night-piece" set up before us; yet — rather rapidly — the more elevated tragic notes of the first vigil have faded into a violent, grim, and farcical comedy. In a "miraculous" reversal (i.e., in another parodistic application of fairy-tale structure), the protagonists of simplehearted goodness prevail over the wily and vicious. The brawny soldier (a positively cast Capitano) loyally stands guard over his brother's corpse and manages to decapitate one of the masquerading priests. Events rush by in a series of grisly tableaux in whose madcap confusion the watchman delights. Whereas his earlier participation in vigil one was limited to a harangue, a dirge, and raising his pike in mock error against the "devil," he grows increasingly involved in the confrontation. Dashing about in the tenebrae like an intriguing Brighella, he is expressly warned against interference by the malefactors, casts his pike at the false devils, and curses himself for a moment of caution which may perhaps have left the atheist's family in the lurch.

What the reader senses by the end of the second vigil, then, is how the somber "night-piece" travestying Gothic fiction has, by accelerating, actually metamorphosed into a sequence of *scene di notte* as in Italian comedy. The scattered references to Hogarth also show that Bonaventura would readily associate the dumb show of *commedia* provenance with the late eighteenth-century, and notably English, theatrical concept of the supremacy of gesture. Moreover, the cyclic principle of the *Nachtwachen* manifests itself directly in the choice of a narrator with clown traits who moves in a twisting path only to return to his origins in the final birth trauma and who, all along, observes that life's vicious circle is broken only by literal suicide or nihilistic denial of meaning. Though on a high plane as ironist, Kreuzgang both embodies and examines what Hinck terms the *zanni's* "inadequacy," "social failure," "unsociability." [9]

---

[9] In Hinck's generalization, broadly applicable also to Kreuzgang and those whom Kreuzgang observes, "Der komische Typ schnellt, von der lächerlichen Fatalität der Situation unbeeindruckt und unbelehrt, in seine Ausgangslage zurück — er durchläuft keine Entwicklung, sondern bewegt sich im Kreis. ... In der Commedia dell'arte entspricht der Exzentrizität des komischen Typs der exzentrische Bewegungsstil. Hier entladen sich Triebwünsche, Gefühle und Affekte nahezu ausschließlich in explosiven Gesten: in den Gebärden des Begehrens, der Bedrohung, der Furcht, des Erstaunens, des Schreckens, der Flucht. Das heißt, die Commedia dell'arte zieht aus der Tendenz der Komik zur Erscheinung im Physischen die äußerste Konsequenz. Und nicht umsonst sind die Kernstücke des Spiels der comici dell'arte jene Nachtszenen (jene auch von Perrucci in der 'Arte rappresentativa' ausführlich behandelten 'scene di Notte'), wo sogar die überraschungs- und komikgeladene Atmosphäre durch den menschlichen Körper sinnfällig gemacht wird, wo die Darsteller bei unveränderter Beleuchtung die nächtliche Finsternis nur durch vielfältiges stummes Spiel verdeutlichen" (pp. 40, 41 f.). Bonaventura adds the technique of shifting, abrupt illumination to heighten these effects. In an examination of "Kreuzgang's politics" ("Critical Studies," pp. 131 ff.), Brown connects the collapse of social consciousness — seen in the watchman's reversal of sympathy toward the lovers in vigil three, failure in his attack in the false Apocalypse of vigil six, interest in the petulant mad creator of vigil nine, intervention in the peasant uprising of vigil fifteen, and many speeches and jibes — with the futile circularity of his anger. "In the figure of the night watchman we see satirical proof of the impotence of the intellectual in 1800" (p. 136), which leads from hatred of specific evils to the attack on "Man himself" and finally to "an absolute negation, a nihilism, which is a confortable position, but an escape from political

The plotters in carneval masks ("Karnevalslarven") are further specifically associated with operatic and theatrical terror *(Don Giovanni; Macbeth)* as they set about their spectral business ("Geisterwerk"); and the tumult illuminated by flashes of lightning is described as "ein furchtbares Schauspiel." Since we also glimpse the heroic or pious attitudes of the "human" figures through the eyes of the anti-illusionistic Kreuzgang, this sentimental content is relativized and even acquires a momentary zaniness of its own.

The third vigil hereupon turns to the basic story line of foolish love and deception in love so familiar in the *commedia* repertory. But, characteristically, Bonaventura creates the appearance of an erratic flux of events through the "accidental" association (B 48), when the seducer's self-serving reference to the stone guest of Mozart's still very contemporary opera evokes the name Crispin for the next role which the watchman assumes and transforms as zany.[10] The mention of Jakob Böhme in the first vigil has stimulated readers' curiosity, and now Kreuzgang's presence in the dark niche near an actual statue of St. Crispin, patron saint of shoemakers, keeps the motif alive until we get to learn in detail in the fourth vigil of his own upbringing as a shoemaker nurtured on the writings of Böhme and Hans Sachs. But the tacit con-

---

problem consciousness" (p. 141). Brown's finding that, beginning with vigils one through three, the novel exhibits a periodicity of "thrills" alternating with "comic relief" in persistent anxiety (p. 178) supports the thesis Bonaventura understood the congruence between the psychology and social dilemma of his comic type and the cyclic movement of the book.

10 Why DaPonte's libretto would lend itself to treatment as a text related to *commedia* can be summarized in the following observation by Winifried Smith, *The Commedia dell'arte: A Study in Italian Popular Comedy* (New York: Columbia University Press, 1912), p. 159 f.: "The extraordinary mixture of satire, wild burlesque and tragedy in *Le festin de pierre* [of Molière] is the result of the poet's having borrowed his material not directly from the ultimate Spanish source but from a reworking of the story in a scenario, *Il convitato di Pietra,* played in Paris, 1657; Mozart's *Don Giovanni* reproduces the spirit of the scenario more nearly than Molière's play, which is always just on the edge of escaping from burlesque and never quite succeeds in doing it." Similarly, as Frederick L. Beaty shows in "Harlequin Don Juan," *Journal of English and German Philology,* 67 (1968), 395–405, the same Italian approach was immensely popular in the many Don Juan plays on the English stage in the latter decades of the eighteenth century — a leaning which may well have come to the notice of Bonaventura, given his tastes — and furnished Byron with some very useful generic means in his ironic "epic." "Thus the Don Juan legend, as it evolved pantomimically and operatically, was not all high tragedy but often alternated with outright buffoonery. [...] The comic subplot often provided interesting commentary with its distorted reflections of the tragic development."

trast here already is between the watchman's memory of such intense piety as Böhme represents and the unbelieving bitterness of his Brighella orientation, the other side of modern "Crispin." Piqued by the couple's mendacity, Kreuzgang feels the "satyr" awake in him and decides to meddle "maliciously" in their scheme. His performance freezing like stone, slipping about the lady's house, leaping onto an empty pedestal, and talking as a statue is a series of *lazzi,* or stunts, worthy of a nimble *zanni.* His intervention as a St. Crispin who metamorphoses unexpectedly into the image of Justice leads to the traumatic-operatic discovery of wrongdoing and, presumptively, to its punishment. This reverses, however, the normal outcome for the love, intrigue, because the young adulterers are denied the sympathy which a *commedia* would more typically direct toward them; and the reversal is even brutal, because in this instance the *vecchio* figure (Dottore, Pantalone) is particularly repugnant, an executing judge so devoid of human qualities he seems "die personifizierte Seele der Marionette" and a "mechanische Todesmaschine" (B 50). Though clearly despising the cuckold, Kreuzgang converts the standard plot into the story of Venus and Mars discovered (B 52) out of sheer disgust over human banality; in this sense, his *antipoeticum* ironically calls before the bar of *poetic* Justice the usages of an age vitiated by sentimentalism. Everything reflects cross-purposes. The "satyr" who momentarily — and, so it might seem, "arbitrarily" — assumes the limp of Vulcan is but one more variation on the *lex cruciata* discussed in the seventh vigil, the crossing of a devilish and a saintly strain. The devil, fittingly, limps.

The illegal activities of St. Crispin, who (the watchman reminds us) stole to help the poor (B 54), make the name an excellent artistic choice for the internal conflicts of Kreuzgang, who can be a hating clown and as such, his own society infers, a potential revolutionary. The sixth vigil will develop the theme of social upheaval in a "false" apocalypse; the ninth, that of the madhouse as the rubbish heap of a cruel, exploitative system; and the thirteenth, that of farce as a veritable danger to public order, when the police literally confiscate the puppets. But in the third vigil, though Kreuzgang himself would rather be a "living sinner" than "dead righteous" (B 50), he foils the fashionable libertinism associated with Don Juan when insipid contemporaries embrace it. And, leaving a bitter taste, it dissolves as a deceit of the night — a primary example of perverse disillusionment in the manner of Bonaventura, and one anticipating the anguished collapse of titanism at the grave of Kreuzgang's father. Correspondingly, in the third vigil, as the judge finally grasps Kreuzgang's actual social identity as a lowly watchman, Kreuzgang himself realizes he has been carried away again and expresses his permanent fear of plummeting from such heights as his "desperate humor" can reach whenever he "sleep walks" (B 58). With him, we have hovered dizzily between the state of elated wanderer and disabused watcher by night; and as the novel repeatedly states, the passage from sweet dreams to waking nightmare, the fall from grace is inescapable. Nothing mitigates the bathos when the human puppets or "die Stummen zu reden anfangen," as Kreuzgang mockingly says (B 54); therefore, he excludes any "sentimantale Randglosse" upon awaking (B 56).

That Kreuzgang has already *fallen* into the waking state emerges quite distinctly from the opening of the fourth vigil where, as a "night spirit" ("Nachtgeist", B 60), he contemplates the "book" of his own life, projected in the form of woodcuts and excerpts from his stepfather's memoires. This reflection on his own youth once more changes the pace and prepares for an intensified theatrical return to the primary theme of human helplessness and nothingness. He connects the audacious clownery in Shakespeare's *King Lear* and the impious freedom of Aristophanes (B 66), in yet another variation of the romantic anti-illusionistic concept of "pure" comedy advanced by Friedrich Schlegel and Tieck at the turn of the century. With passing mention of his own career as puppeteer, Kreuzgang again draws together the mechanical operation of marionettes and "stony" ancient style (B 68), as distinct from so-called "living" actors of modern times who have forgotten how to die (B 70).

Comprehending the human tragicomedy from its opposite aspects simultaneously, he can appreciate Don Juan as the clown who emerges from the tragic hero, the compulsive puppet destined to become the resentful antagonist of the very drama in which he appears: "... da gibt es gar wohl zu guter Letzt eine Revolte im Stücke selbst, und der erste Held empört sich gegen seinen Verfasser" (B 72). Don Juan at once converts his own story into a marionette play in which a rather malicious Hanswurst is the presiding consciousness. Two nameless puppet brothers vie for Columbine's favor before an audience who laugh to the point of tears over the ludicrous displays of emotion, the sufferings, and the failure to realize his hopes on the part of the brother cast in the Arlecchino role. A fatuous god and father figure (varied, for example, in the "Mad Creator of the World" of the ninth vigil), the officious *vecchio* expressly named Pantalon, offers assurances regarding the meaningfulness of the music one cannot hear, when the dumb show he conducts seals the union of Columbine and the more successful brother. Eventually the unlucky brother, now expressly given the role name Arlequin (B 78), grows bitter and sardonic over his discovered loss; nonetheless, he "comically" passes unconscious from the shock of direct encounter with the couple. In a typical *commedia* situation, the "director" has not arranged things well, but given the bride to the wrong brother. Unable to accept the "errors" of the director, the resentful marionette goes berserk and instigates a triple murder-suicide. Hanswurst plays the "only rational role in the entire farce" (B 81) because he attributes *no* meaning to their lives.

The puppets perform within the framework of an opera parody — the music being Mozart, played badly by village musicians. Tieck's spoofing of Mozartian contexts in *Der gestiefelte Kater* is perhaps the closest literary experience of signal contemporary importance, but like Tieck and Hoffmann, Bonaventura could have also still been stimulated by the example of Goethe's comic operetta form. As Goethe paces the turbulence of his farce *Scherz, Rache und List* with arias and duetts as pauses or rests, Bonaventura's subnarrator Don Juan punctuates his tale with mention of equivalent stereotype moments as in an opera or musical comedy. There are the brothers' contrastive opening passages in prose and in poetry; the discourses, intermittent recitative, and solo dance by Hanswurst; Columbine's appearance specifically as the troupe's *prima donna* and her eventual tender duet with the favored brother; the other's spouting of verse, when love-struck, and the travesty of melismatic modulation of his feelings. Part of the graphic *commedia* gesticulation involves the discovery of the growth of a real heart, by unfortunate metamorphosis, in a puppet's wooden chest. In the inversion of this stylizing device, real people — e.g., the judge in the third vigil, the beggar in the tenth, etc. — elswehere are transformed into virtual marionettes or even into stone. The allusions to man's animal state in vigil four's puppet play occur frequently in the book — e.g., in the discussion of evolution in the madhouse setting of the ninth vigil. And in this same later vigil, in the sections "Der Traum der Liebe" and "Lauf durch die Skala," wild dance scenes establish frenzy and terror as in hyperkinetic *commedia* moments. The rhythmic progression of major harangues has a related function. For example, the appearance of onrushing apocalypse and final death for all in the sixth vigil promotes frenetic stripping away of disguises; but, of course, the social masquerade resumes as soon as the deceiving-deceived finally recognize that the ending of "night," which they have mistaken for the "apocalypse," actually is dawn of ordinary day. Such elaborate manifestations of ever latent dread recur in many motifs throughout, such as the fear of falling from heights, starting or awaking in surprise, fainting in horror, etc.; even the watchman is taken in by the apparent threat of death in the case of the actor of the twelfth vigil. Confronting death, murder, incest, suicide, insanity, and other unpleasant existential possibilities is the watchman's constant experience.

For indeed, among other things, these "sublimely unmotivated," "botched" roles of puppets in the fourth vigil's "Shrovetide play" (B 82) — Kreuzgang has grown up reading far milder ones by Hans Sachs — portray conflicts springing from a profound tabu. As the fifth vigil will make clear for readers who resist recognition of the relationships, we witness in the fourth the ritual of ghastly repercussions when brothers unwittingly contend for their sister. Here the Don Juan figure himself interprets the standing roles of Italian comedy as absolute and irreducible — reductions to absurdity of certain determined traits or basic possibilities of behavior under the conditions of life. Man should opt out of this "farce" but discovers he cannot, because life forces chain him as the wires control the puppet:

> O, schon seit vielen Menschenaltern habe ich mich bestrebt, aus dem Stücke herauszuspringen und dem Direktor zu entwischen, aber er läßt mich nicht fort, so pfiffig ich es auch anfangen mag. Das Überdrüssigste dabei ist die Langeweile, die ich immer mehr empfinde; denn du sollst wissen, daß ich hier unten schon viele Jahrhunderte als Akteur gedient habe und eine von den stehenden italienischen Masken bin, die gar nicht vom Theater herunterkommen. (B 82)

Kreuzgang can well comprehend and appreciate that, for the moment, Don Juan speaks here mainly out of his aspect as Arelquin, since he himself is able to project himself into aspects of masks such as Crispin and Hanswurst. Human nature merely undergoes transformations under such guises; and thus in the fifth vigil, when Don Juan acquires his explicit name from the modern myth of the libertine, we know at once that Bonaventura has transposed the Italian masks into a different, romantic and modern, key. Ponce, the persistant clever *zanni*, and Ines, the eternal Columbine, assume their places in the "terrible nightpiece"

(B 94) which results from the Oedipal struggle. Though it may appear to be heart-rendering tragedy in the terms of sentimental portraiture illustrated by the fifth vigil, it is *farce* in the larger context of the preceding vigil. The crossing over of roles in the exchange of sentimental positions by the puppet brothers has its analogy in the "cross" or conflict in Kreuzgang, who swings between the orientation of Brighella and Arlecchino; so, too, the switch from the fourth to the fifth vigil permits us to oscillate between the "comic" and "tragic" which ultimately merge in the vision of the watchman.

The actor-puppet Hamlet-Hanswurst watches himself, just as he observes the blind-driven Oedipus-Don Juan whose suffering is not recompensed by an afterlife or tragic dignity. The demiurge fantasy is latent in Hanswurst's prologue to *Man*; it is one of the few means available to offset the impotence which causes his rage. Perhaps Kreuzgang's finest hour is when he actually directs the farce of the false Last Judgment from within the set of the "enchanted" city, actually stages a tumultuous and colossal *scena di notte* using the entire population: "Drollig genug machte sich die Szene bei diesem falschen Jüngsten-Tages-Lärm, wobei ich den einzigen ruhigen Zuschauer abgab, indes alle anderen mir als leidenschaftliche Akteurs dienen mußten" (B 98). Here the public performs innumerable *lazzi;* the tables are turned. This enormous night-piece approaches the visionary intensity of the Baroque painters Bonaventura admires — and of Spanish disillusionistic world theater. The momentary collapse of the social pyramid in panic and confusion results in discovery of natural truth, the inversion of pretended values, which is consistent with the resentful viewpoint of the instigating clown ("Lärmstifter," B 106). But sensing that resentment is finding a potentially rebellious outlet, the authorities move to punish the crime of "playing comedy with an entire respectable city" (B 106). The watchman escapes grave harm only because his extraordinarily dangerous idea of a regular publically sponsored "false alarm" can be conveniently treated as insane. But such a "farce" all too clearly conjours the possibility of exposure of the state, its convulsion and overthrow whenever its disguised failings grow explosive — hence such suggested theatrical strokes as bolts of lightning and flashpowder in place of "Ämterentsetzungen, Hinrichtungen usw." (B 106 ff.). Prudently, the state reduces Kreuzgang "von einem singenden und blasenden Nachtwächter auf einen stummen" (B 108); that is, locks up more securely the rage which the *zanni* or puppet carries within.[11] With a nice touch of irony, Bonaventura has Kreuzgang recount that an invention by Mr. Day is introduced to check on his movements and avoid a future alarm by night.

In the fifteenth vigil, the French Revolution is consistently viewed by Kreuzgang as a tragicomedy in which "der Hanswurst, als Freiheit und Gleichheit, lustige Menschenköpfe, statt der Schellen schüttelte" (B 222). In a discourse comparing forms of government to marionette scenarios, he slyly comments that if a real head were to replace the wooden one in certain cases, "da könnte eine Posse sich leicht zu einer ernsten Tragödie revolutionieren" (B 226). It is no wonder, then, the police arrive to confiscate the puppet troupe as a danger to the state. Or that, deprived even of the humble occupation of puppeteer, Kreuzgang becomes a nightwatchman. For he is about to pass over the threshold into the depth of night in his "ultimatum" of the sixteenth vigil, to penetrate into the zero state of death where, finally, kings and beggars enjoy satirical peace "im Stande der größten Freiheit und Gleichheit" (B 228). Though even the anger of rebellion dissolves into mere dust in this finale, the picaro-clown has already raised his fist in defiance to the play.

If the narrative process leads us to this shattering denial even of his rage, the means of the book's opening make excellent artistic sense. For what could better serve to introduce this special "tragicomedy" than the mode of the zany in whom a futile rage is seething and who collapses ridiculously, defeated by the farce of life. In the reversal of values, "tragedy" lurks under the bizarre and amusing costume of watchman Kreuzgang-Crispin at the very moment he wraps himself

11 A curious example of a farce in which many of the motifs found in the *Nachtwachen* are rendered "harmless" is Theodor Körner's *Der Nachtwächter. Posse in Versen und Einem Aufzuge,* based on an actual [?] case according to the author's letter of January 8, 1812. His highly stylized watchman Tobias Schwalbe, son of a somewhat vain shoemaker, is a scoffer, prankster, and failure who has angered the schoolmaster and amused the school by answering the catechism question, who created the world, with the confession he is guilty but promises not to do it again. In a bizarre confusion, he has helped a husband catch his wife's lover during a tryst, but he himself is tricked into relaxing his guard over the house of his own beloved when a cunning rival focuses his jealousy on a *vecchio* figure. Defeated, lovelorn, Tobias vents his rage — also tries to save his job — by blasting his horn as if it were Doom's Day. The farce ends in the nocturnal hubbub as shaken citizens want to know whether it's "the Last Judgment," fire, murder, or revolution he is announcing, order him to be silent, and threaten the crazed zany with a beating and jail for his "accursed joke."

in his cloak and sets out into the night on page one. But "comedy," that is, *commedia* transposed in a terrifying key, primal awe and panic before Nothingness, before absolute Night, absorbs and nullifies the destiny of Kreuzgang-Hamlet. Night engulfs and gathers in the *zanni*, rebel and defeatist, saint and clown.

12 In *Bonaventura: Der Verfasser der "Nachtwachen"* (München: Beck, 1973), Jost Schillemeit has arrived at the most convincing identification to date of the author as the theater man August Klingemann. Though unconvincing, the arguments in favor of Johann Benjamin Erhard, proposed by Wolfgang Proß in "Jean Paul und der Autor der *Nachtwachen* — eine Hypothese," *Aurora*, 34 (1974), 65–74, nevertheless illustrate how soon the Romantic intelligentsia was riven by the impulse to supersede, debunk, and travesty not only older literary modes, but key Romantic concepts and forms as well. The issues raised by Schillemeit's detection of formulaic resemblances between passages in Klingemann's signed works and passages in the *Nachtwachen* merit a broader discussion than the limits of this essay afford; but, in brief, the crucial question is whether, even if lifted from other works of his own, certain elements as used by Klingemann in the *Nachtwachen* are merely unmotivated inserts and patchwork, and whether the book is a genial "accident" of fusion. Do modern readers project intentionality into the twinned themes of the collapse of transcendental idealism and the destruction of theatrical illusion, or does the nihilistic identity crisis and grotesque theatricality in the book actually foreshadow art of the Absurd? In a later essay "Über das Repertoire" (*Allgemeiner deutscher Theater-Almanach für das Jahr 1822*, p. 133 f.), Klingemann speaks of raising "das niedrig Komische zur genialen Groteske"; and Schillemeit cites earlier theorizing which relates decadence and the course of art (*Zeitung für die elegante Welt*, 23. Okt. 1804): "Sollte je die tragische Muse sich einst an ihn [den Moment der Geschichte] wagen, so muß sie einen noch kältern und blutdürstigern Karakter annehmen, als in den klassischen Tragödien der Franzosen herrschend ist, in denen selbst der Mord noch vom Zeremoniell begleitet wird, und es ließe sich dann ebenfalls ein neues Genre von tragischen Possenspielen erwarten." Schillemeit does not connect the theatrical demonic of devil and night motifs (p. 44), in combination with the clown motifs, as a fundamental approach of the *commedia dell'arte*, but in my view the *commedia* "mask" is a both thematically and structurally appropriate guise for the brooding and fulminating of a nihilistic "night spirit." Rado Pribić examines the spiritual affinity born out of anguish over man which informs both the Russian and German discovery of "Nihilism as an Aesthetic Principle" (ch. 7) in *Bonaventura's "Nachtwachen" and Dostoevsky's "Notes from the Underground": A Comparison in Nihilism* (München: Otto Sagner, 1974). In addition to the influence of Jean Paul suggested by Walter Rehm in *Jean Paul–Dostoevsky: Zur dichterischen Gestaltung des Unglaubens* (Göttingen, 1962), Pribić posits that it is "within the bounds of possibility that some of Dienemann's publications and holdings were still available in the sixties [in Russia] and accessible to Dostoevsky who at that time was deeply involved with the aestheticism of E. T. A. Hoffmann and Schelling" (p. 11).

Rolf Allerdissen

»Judenbuche« und »Patriarch«: Der Baum des Gerichts bei Annette von Droste-Hülshoff und Charles Sealsfield

Wenn zwei deutschsprachige Dichter derselben Generation fast zum gleichen Zeitpunkt zwei Prosaerzählungen veröffentlichen, die beide als Teil eines größeren Romanwerkes angelegt sind und den gleichen Gegenstand zum Thema haben – nämlich Mord und Sühne, bei der ein Baum die entscheidende Rolle spielt – so mag das als eine kuriose Laune des Zufalls gelten, die für sich genommen gewiß keine eingehendere Betrachtung rechtfertigen würde. Eine durch die Parallelität der Ereignisse angeregte vergleichende Untersuchung der beiden Erzählungen könnte jedoch gewisse Züge der einzelnen Dichtungen in einem schärferen Licht erscheinen lassen und vielleicht auf diese Weise einer Interpretation nützliche Einsichten vermitteln. In dieser Hoffnung sei also der Versuch unternommen, Annette von Droste-Hülshoffs Novelle »Die Judenbuche« und Charles Sealsfields Erzählung »Die Prairie am Jacinto« in bezug auf die Gestaltung ihres zentralen Motivs, eben jenes unheimlich-bedrohlichen, von unbekannter höherer Instanz mit exekutiver Gewalt versehenen besonderen Baumes zu vergleichen.

Über die einleitend angedeuteten Entsprechungen hinaus scheint es zwischen den beiden Dichtern kaum Gemeinsamkeiten gegeben zu haben, im Gegenteil, sie sind im wörtlichen Sinne durch Welten voneinander getrennt: Annette von Droste-Hülshoff lebte und dichtete vorwiegend in ihrer westfälischen Heimat, deren Menschen und Kultur in dem größeren Werk »Bilder aus Westfalen«, zu dem »Die Judenbuche« ursprünglich nur als ein Beitrag unter anderen gedacht war, beschrieben werden sollten. Charles Sealsfield oder Karl Postl, wie der Österreicher mit richtigem Namen hieß, hatte dagegen Amerika zu seiner Wahlheimat gemacht und gestaltete in seiner Erzählung, die zum Roman »Das Cajütenbuch« gehört, neben der menschlichen Tragödie auch ein Stück aus der bewegten amerikanischen Geschichte dieser Zeit. Beide Dichter waren zudem von größter persönlicher Gegensätzlichkeit: Annette von Droste Hülshoff, als eine in besonderem Maße den kleinen Dingen der Schöpfung zugewandte Dichterin vor allem lyrischer Werke, lebte ein nach außen hin wenig ereignisreiches Leben, während Charles Sealsfield wegen seiner republikanischen Gesinnung fluchtartig das Kreuzherrnstift zu Prag verlassen mußte und in Amerika ein erlebnisreiches Abenteurerleben führte, dessen pikareske Erfahrungen sich auch in der vorliegenden Erzählung niederschlugen und weitgehend ihren Reiz ausmachen.

Verweilen wir jedoch noch einen Augenblick bei den Titeln der zwei Erzählungen. Auffällig ist, daß beide Male ein dem Bereich der Natur zugehöriger Begriff als Benennung gewählt wurde, obwohl das Folgende von düsteren menschlichen Schicksalen handelt, an denen das alte Problem von Schuld und Sühne in ganz eigener, beide Male aber exemplarischer Weise dargestellt wird. Die zwei Titel verhüllen jedoch das eigentliche Thema der jeweiligen Erzählung nicht in gleicher Weise, sondern stehen in einem sich zueinander umgekehrt verhaltenden Bezug zum Inhalt der zwei Geschichten: Wie die ›Judenbuche‹ nämlich thematischer Mittelpunkt des »Brederholzes« ist, so steht an zentraler Stelle der »Prairie am Jacinto« der sogenannte ›Patriarch‹. Baum und Landschaft treten aus dem Gesamtbereich der Natur in einer die ursprünglich-wesensmäßige Einheit aufsprengenden Zweiheit heraus: Annette von Droste-Hülshoff betont das Einzelphänomen, Sealsfield die als weiter gesteckter Rahmen aufgefaßte umgebende Landschaft. Welche Bedeutung dieser Tatsache zuzumessen und wie sie im Einzelfall zu interpretieren wäre, darüber wird am Ende unserer Erörterung noch gesprochen werden müssen.

Bei jedem Versuch, den Titel der Erzählung von Annette von Droste-Hülshoff in ein weiterreichendes Beziehungsgeflecht zu stellen, darf jedoch die bekannte Tatsache nicht verschwiegen werden, daß die Bezeichnung »Die Judenbuche« nicht ursprünglich von der Dichterin stammt, sondern 1842 von dem Stuttgarter Redakteur Hauff für den Vorabdruck der Erzählung im Cotta'schen »Morgenblatt für gebildete Leser« gewählt wurde.[1] Annette von Droste-Hülshoff selbst hatte vorher nur von der »Kriminalgeschichte, F r i e d r i c h M e r g e l«[2] oder

---

[1] Vgl. Heinz Rölleke, Annette von Droste-Hülshoff: Die Judenbuche, Frankfurt/M. 1972, S. 66 f. (= Commentatio. Analysen und Kommentare zur deutschen Literatur, hrsg. v. Wolfgang Frühwald, Bd. I.)

[2] In einem Brief an Wilhelm Junkmann vom 4. August 1837. Abgedruckt in: Karl

der »Erzählung ... von dem Burschen im Paderbörnischen, der den Juden erschlug«[3] gesprochen und die Novelle als Bruchstück des vorgesehenen größeren Werkes über Westfalen zunächst ohne Titel gelassen. Sie billigte und übernahm allerdings später Hauffs Bezeichnung.[4] Nun wirft aber die Heraushebung jenes ganz bestimmten Baumes im Titel der Novelle sofort die Frage auf, inwieweit eine solche einschränkende Benennung für die Gesamtheit der Erzählung kennzeichnend sein kann, wenn vom Mord an dem Juden Aaron unter der ›Judenbuche‹ und seinen Folgen nur der zweite Teil des Werkes handelt, der nicht mehr als zwei Fünftel des Gesamtumfangs einnimmt. Und überhaupt: Lenkt dieser Titel nicht sogar grundsätzlich vom Thema der Novelle ab, das in den Versen des Prologs doch offenbar unmißverständlich ausgesprochen wird? Damit fragen wir jedoch schon nach dem Sinn der »Judenbuche«, und diese Frage ist keineswegs so einfach zu beantworten.

Der Gang der Handlung scheint zunächst klar: Friedrich Mergel, vaterlos in verderblichem Milieu aufgewachsen, wird von einem verbrecherischen Onkel vollends auf die schiefe Bahn gezogen und macht sich schließlich indirekt an der Ermordung eines Försters schuldig. Einige Zeit später erschlägt er aus gekränktem Stolz unter einer Buche Aaron und flieht außer Landes. Trotzdem ereilt den Mörder sein Schicksal, als er nach 28 Jahren in die Heimat zurückkehrt: ein von den Juden in jene Buche geschnittener Bannspruch zwingt ihn, sich als späte Sühne für sein Verbrechen in dem Baum zu erhängen. Gemeinhin wurde dieses Handlungsschema allen Interpretationsversuchen zugrunde gelegt, wobei die nicht zu leugnenden Unklarheiten, Verhüllungen und Rätsel des Textes auf unterschiedliche Weise erklärt wurden.

Heinrich Henel brach in seiner 1967 erschienenen Untersuchung konsequent mit diesem Vorgehen, stellte die bloße Potentialität aller angeblich so eindeutigen Indizien heraus und ließ seine Deutung in der Erkenntnis gipfeln, daß gerade die Dunkelheit der Novelle als ihr eigent-

---

Schulte Kemminghausen, Die Briefe der Annette von Droste-Hülshoff, 2 Bde., Jena 1944. Zitat in Band 1, S. 212.

3 Brief an die Schwester vom 30. Juni 1841, Briefe, a.a.O., Band 1, S. 538.

4 Vgl. Rölleke, a.a.O., S. 67 und S. 140, dazu S. 140 Fußn. 82: Rölleke weist hier warnend auf einige Interpretationen hin, die von diesen Tatsachen nicht ausreichend Kenntnis nehmen. Wo der Titel undifferenziert als wichtiges Indiz für die Stichhaltigkeit eines bestimmten Interpretationsansatzes angeführt wird, entging man kaum der Gefahr einer einseitigen und – wie diese Untersuchung darlegen möchte – unzulässig verengten Betrachtungsweise.

licher Sinn anzusehen sei: »Das Ethos der Novelle ist ... die Einsicht, daß Verstand und Vernunft des Menschen ohnmächtig sind, die Wirklichkeit zu erfassen und die Wahrheit zu erkennen.«[5] James M. McGlathery ging 1970 von dem gleichen Ansatz aus und wendete sein Interesse ausschließlich der psychologischen Motivation der Hauptfiguren der Erzählung zu.[6] Clifford Albrecht Bernd schließlich beschäftigt sich in seiner Interpretation von 1973 noch einmal mit dem auffälligen Schwanken der Erzählperspektive zwischen »Enthüllen und Verhüllen« und erklärt die besondere Art der Darstellung mit der Absicht der Dichterin, »uns zu zeigen, daß die Dinge dieser Welt, der wir verhaftet sind, zu gleicher Zeit verständlich und unverständlich, enthüllt und verhüllt sind«.[7] Henels tiefgehende Studie ist ein Markstein in der interpretatorischen Auseinandersetzung mit Annette von Droste-Hülshoffs Novelle, da hier auf eindringliche Weise die Gefahren vorschneller und nicht durch den Text eindeutig belegbarer Schlüsse aufgedeckt wurden. In dem Bestreben jedoch, die bloße Willkür einiger Interpreten bei der Deutung unklarer Textstellen herauszuheben, verfällt Henel (und noch stärker McGlathery) in das andere Extrem und bietet Alternativmöglichkeiten an, die sich ebenfalls weit aus dem Rahmen des Textes entfernen und sich gelegentlich sogar zu Gewaltsamkeiten versteigen. Henels Einwänden zum Trotz muß es legitim sein, sich auf Grund des vorliegenden Textes auf die Absicht der Dichterin zu beziehen und eine Interpretation unter der Voraussetzung zu versuchen, daß aus dem Handlungsablauf der »Judenbuche« auch der Sinn abzuleiten ist. Denn wo geriete man hin, wenn man als Leser grundsätzlich jegliche Kooperation mit der Dichterin einstellen und nicht versuchen würde, das von ihr in einzelnen Bruchstücken ausgebreitete Handlungsschema in der von ihr doch vorgezeichneten Weise zusammenzusetzen? Daß sich ein Dichter allgemein vielfältiger Möglichkeiten in der Führung seines Lesers bedienen kann – vom strengen An-die-Hand-Nehmen bis zum mehr oder weniger starken Sich-selbst-Überlassen, vom ernsthaften Zwiegespräch mit ihm bis zum ironisch-überlegenen Spiel mit seiner Einfalt und Gutgläubigkeit – das soll selbstverständlich gar nicht in

---

5 Heinrich Henel, Annette von Droste-Hülshoff: Erzählstil und Wirklichkeit, in: Festschrift für Bernhard Blume, Göttingen 1967, S. 146–172, Zitat S. 150.

6 James M. McGlathery, Fear of Perdition in Droste-Hülshoff's ›Judenbuche‹, in: Festschrift für Heinrich Henel, München 1970, S. 299–244.

7 Clifford Albrecht Bernd, Enthüllen und Verhüllen in Annette von Droste-Hülshoffs ›Judenbuche‹, in: Untersuchungen zur Literatur als Geschichte, Festschrift für Benno von Wiese, Berlin 1973, S. 347–362, Zitat S. 360.

Frage gestellt werden. Aber etwa Anspielungen, Vorausdeutungen, symbolische Bezüge oder leitmotivische Verknüpfungen selbst bei unklaren oder lückenhaften Beziehungen nicht verfolgen zu wollen, wäre nicht im Sinne des Verfassers. Die Ausnahmestellung, die Henel der »Judenbuche« innerhalb der Dichtung der Klassik und des 19. Jahrhunderts zuerkennt, indem man in dieser Erzählung »die Form der Darstellung [also hier die Unklarheiten im Text] zu Hilfe nehmen muß, um den Sinn zu begreifen«,[8] erscheint in dieser Schärfe nicht begründet. Es gibt durchaus Deutungsmöglichkeiten im Einklang mit dem Berichteten, die eine Kapitulation in bezug auf die Frage nach dem Sinn als verfrüht erscheinen lassen. Es gilt allerdings, einige Zusammenhänge neu zu überdenken.

Wir waren bei der Erörterung des Titels stehengeblieben. Ohne die erwähnten Vorbehalte gegen eine allzu unreflektierte Berufung auf ihn außer acht zu lassen, sollte man trotzdem auf seine eigenartige Zusammensetzung hinweisen. In dem Kompositum ›Juden-Buche‹ tritt neben das menschliche Element hier bereits der Bereich, der sich später als besonders bedeutsam für das Geschehen in der Erzählung herausstellen wird: es ist der Bereich der Natur. Henel kommt in seiner Studie auch auf sie zu sprechen, meint aber, daß es offenbliebe, »ob die Natur, und insbesondere die Buche, gerechte Rache am sündigen Menschen übt, oder ob sie, wie Schelling lehrt, selber vom Sündenfall mitgerissen worden und zum Sitz des Bösen geworden ist«.[9] Wir glauben jedoch, daß die Novelle eine ganz bestimmte Antwort auf die Frage gibt. Zunächst muß man feststellen, daß in der »Judenbuche« nicht nur ein einziger Baum vorkommt. Schon vor dem ersten Auftauchen des nachdrücklich als ›Judenbuche‹ identifizierten Baumes, der in der Aaron-Handlung die beherrschende Stellung einnimmt, spielen andere Bäume eine gewichtige Rolle für den Ablauf der Ereignisse. Man hat diese Tatsache bisher kaum beachtet, oft auch die im ersten Teil der Erzählung genannten Bäume einfach als mit dem Judenbaum identisch gesetzt. Damit ist jedoch eine Durchgängigkeit des Judenbuchen-Symbols konstruiert, deren Berechtigung dadurch fragwürdig wird, daß die Dichterin anfänglich nicht von einer Buche, sondern von einer Eiche spricht. Bei der Deutung dieser immerhin auffälligen Erscheinung darf man sich gewiß nicht mit der oberflächlichen Erklärung zufriedengeben, Annette von Droste-Hülshoff habe sich im Laufe der Vorarbeiten zur endgültigen

---

[8] Henel, a.a.O., S. 150.

[9] Ebd., S. 147.

Gestaltung ihrer Erzählung nicht recht entscheiden können, ob der bewußte Baum nun eine Buche oder eine Eiche sein sollte. In der Tat sind in den Vorstufen Änderungen in der Bezeichnung der Bäume vorgenommen worden.[10] Rölleke vermutet als Grund ein Bestreben der Dichterin, jene Häufung zu vermeiden, wie sie das Sterben von vier Menschen (Hermann Mergel, Brandis, Aaron und Friedrich) bei ein und demselben Baum dargestellt hätte.[11]

Auch diese Erklärung kann jedoch nicht befriedigen. Erst wenn man nämlich einmal von der durch den Titel fälschlicherweise suggerierten und auf rein apriorischem Wege gewonnenen ›Gewißheit‹ abrückt, daß die ganze Erzählung von vornherein auf die ›Judenbuche‹ hin konzipiert sei und das von der Eiche entworfene Bild genauer untersucht, wird bei einem Vergleich der beiden Bäume das merkwürdige Spiel von Kongruenz, Spiegelung und Steigerung sichtbar, das in dieser Form gewiß nicht zufällig ist. Zunächst handelt es sich bei beiden Bäumen um besonders auffällige Exemplare ihrer Art. Die »alte«, »breite«[12] Eiche ist offensichtlich ein ebenso mächtiger Baum mit weit ausladender Krone wie die »große«[13] Buche, unter der die Frau Aarons bei einem Gewitter Schutz sucht. Stehen beide Bäume anfangs noch, von anderen Bäumen dicht umgeben, wenig auffällig im Wald, so ändert sich das im Laufe der Ereignisse: ringsumher werden alle Bäume gefällt, so daß sowohl Eiche als auch Buche schließlich als einziger Baum aus einer großen Lichtung aufragen und nun allerdings aus dem unverfänglich-harmlosen natürlichen Zusammenhang herausgehoben erscheinen. Äußere Kräfte, und zwar zwei gegensätzliche, einander feindlich gegenüberstehende Parteien sorgten für diese bedeutsame Sonderstellung: im Falle der Eiche haben Holzdiebe alle anderen Bäume abgehauen, bei der Buche schlugen Forstbeamte das umstehende Holz.[14] Daß gerade diese beiden Bäume

---

10 Vgl. Rölleke, a.a.O., S. 222 Fußn. 38.

11 Ebd., S. 152 und 222.

12 Alle Textzitate sind der von Rölleke hergestellten Fassung entnommen. Zitat a.a.O., S. 22 f.

13 Ebd., S. 45.

14 Daß es Forstbeamte waren, läßt sich auf mehrfache Weise belegen: 1. Nach dem Tode des Försters Brandis wird von keinem größeren Waldfrevel mehr berichtet. 2. Der Gutsherr deutet schon bei seinen anfänglichen Einwänden gegen die Kaufabsichten der Juden an, daß er gelegentlich das die Buche umgebende Holz schlagen lassen will: »Aber, wenn ich nun den Wald hauen lasse, so schadet es dem jungen Aufschlag.« (›Die Judenbuche‹, S. 56) 3. Als am Ende der junge Brandis unter der allein stehenden Buche Schatten sucht, muß er sich zuvor durch den »kniehohen Schlag« (›Die Judenbuche‹, S. 57) arbeiten; hier wird die bereits vom Gutsherrn verwendete Vokabel in deutlicher Reminiszenz wieder aufgenommen.

bei dem allgemeinen Abholzen verschont blieben, verdanken sie einer sie in ganz eigener Weise auszeichnenden Besonderheit, die bei der Eiche noch ganz äußerlich erscheint: ihr Stamm erwies sich als hohl, so daß sie für die Holzfrevler keinen Wert darstellte und das Abhauen nicht lohnte.[15] Bei der Buche hat sich dagegen die Motivierung entscheidend vertieft. Sie wurde auf ausdrücklichen Befehl des Gutsherrn geschont, da sie von den Juden gekauft und durch den mit dem Beil in ihren Stamm eingegrabenen Bannspruch gekennzeichnet worden war.

Die Dichterin geht also bereits bei der äußeren Beschreibung der beiden Bäume auf eine sich auffallend entsprechende Weise vor. Der Eindruck einer bewußt vorgenommenen parallelen Gestaltung verstärkt sich noch, wenn man hinter den genannten Gründen für die Sonderstellung der zwei Bäume zu jener tieferen Schicht vorstößt, von der aus sich erst die wahre Bedeutung des Geschehens erhellt: beide Bäume bleiben nämlich deshalb stehen, weil unter ihnen Menschen eines unseligen Todes gestorben sind. Unter der Eiche ist der alte Mergel, wie Simon dem jungen Friedrich berichtet, »in der Betrunkenheit ohne Buße und Ölung zum Teufel gefahren«;[16] und selbst wenn der Leser über die näheren Umstände seines Todes nichts erfährt, so steht dennoch fest, daß es kein friedvoller Tod war. Davon zeugt die Auffassung der Leute, daß Mergel »verunglückt« wäre ebenso wie der allgemeine Glaube, daß der Tote im Grabe keine Ruhe finden könne und dazu verdammt sei, als Gespenst unter den Lebenden Unheil zu stiften.[17] An einer Buche entlang wird dann dem Förster Brandis von seinem Sohn Friedrich der Weg in den Tod gewiesen,[18] der ein Tod »ohne Beichte und Absolution«[19] ist. Unter einer Buche wird Aaron überfallen und stirbt mit dem verzweifelten Ruf »O weh, meine arme Seele!«[20] Und am Ende der Erzählung schließlich findet man den erhängten Friedrich in diesem Baum, wobei der Kommentar ausdrücklich anmerkt, daß der Leichnam des Selbstmörders nicht christlich bestattet, sondern auf dem Schindanger verscharrt wird.

15 Welch starke Bedeutung im Volksglauben Bäume mit hohlen Stämmen besitzen, ist bekannt.

16 Die Judenbuche, S. 23.

17 Ebd., S. 18.

18 Ebd., S. 31.

19 Ebd., S. 34.

20 Ebd., S. 43. Henel (a.a.O., S. 158) wendet allerdings ein, daß auch »der erschrokkene Täter« diesen Ruf ausgestoßen haben könne. Neben der offensichtlichen Unwahrscheinlichkeit dieser Möglichkeit spricht auch die Tatsache dagegen, daß Aaron kurz vor seiner Ermordung schon einmal »O weh mir!« ausruft. (›Die Judenbuche‹, S. 42)

Unmenschlicher Tod des Vaters unter der Eiche, Mord und später Selbstmord des Sohnes unter der Buche – beide Bäume sind Schauplätze unheilvollen und unheiligen Sterbens. Die Eiche hat dabei gewissermaßen die Funktion eines Präludiums zum eigentlichen Thema. Die Ähnlichkeit in der äußeren Erscheinung und das Sterben des alten Mergel, das in abgeschwächter Form die später unter der Buche sich ereignenden Greuel vorwegnimmt, bereiten den Leser gleich zu Beginn auf die düstere Welt des Judenbaumes vor und machen seine Nerven für den tragischen Höhepunkt empfindlich.

Und dennoch: diese Einstimmungs-Funktion kann die starke Eigenwertigkeit der Eiche und des mit ihr verbundenen Geschehens nicht ausreichend rechtfertigen. Der Akzent liegt anders; es ist eben nicht richtig, den nach dem Mord an Aaron mit ›Judenbuche‹ bezeichneten Baum als isolierte Individualität aufzufassen und ihn anthropomorphisierend mit einem moralisch-ethischen Wertungs- und Entscheidungsvermögen auszustatten. Der Judenbaum ist vielmehr nur e i n Repräsentant – im Vergleich mit anderen Bäumen dieser Erzählung allerdings der profilierteste – einer viel größeren Einheit, nämlich des ›Brederholzes‹, der Natur, oder, wenn man will, des Kosmos überhaupt. Die Geschichte des Judenmordes und der anscheinend allein durch den Bannspruch der Juden erzwungenen Vergeltung sind lediglich Kulminationspunkte in einer Kette von Ereignissen, deren Ursachen letztlich in dem gestörten Verhältnis des Menschen zur ihn umgebenden Natur zu finden sind. Die Blaukittel-Bande verstößt ja mit dem unerlaubten Fällen von Bäumen nicht nur gegen die Forstgesetze der menschlichen Gemeinschaft. Die Holzdiebe versündigen sich durch ihr rücksichtsloses und unfachmännisches Abhauen auch an der Natur selbst. Das kommt deutlich in jener Szene zum Ausdruck, die dem Leser die Zerstörung des Waldes unmittelbar vor Augen bringt: als Simon den jungen Friedrich Mergel nachts durch das Brederholz führt, stoßen sie auf eine Stelle, an der eben noch die Holzfrevler gewütet haben. Es heißt da: »Überall ragten Baumstümpfe hervor, manche mehrere Fuß über der Erde, wie sie gerade in der Eile am bequemsten zu durchschneiden gewesen waren; die verpönte Arbeit mußte unversehens unterbrochen worden seyn, denn eine Buche lag quer über dem Pfad, in vollem Laube, ihre Zweige hoch über sich streckend und im Nachtwinde mit den noch frischen Blättern zitternd.«[21] Dieser Text läßt im Leser fast den Eindruck entstehen, als

---

[21] Die Judenbuche, S. 22.

gelte er der Schilderung einer von Plünderern überfallenen menschlichen Ansiedlung. Die Buche (!), die nicht mehr davongeschleppt werden konnte, ist durch die Verwendung von Verben, die dem menschlichen Tätigkeitsbereich zugehören, geradezu bestürzend deutlich als ein Lebewesen gekennzeichnet. Sie wurde von den Blaukitteln ›ermordet‹, denn man schlug sie nicht nur ohne Genehmigung, sondern – und das ist schlimmer – »in vollem Laube«, d. h. in der Mitte des Lebens. Die ernste Gewichtigkeit dieser Formel für die hier ansässigen Menschen wird dadurch unterstrichen, daß der Gutsherr sie später noch einmal verwendet: Als nämlich die Juden die Buche, unter der man den ermordeten Aaron gefunden hat, kaufen wollen, fragt der Gutsherr abwehrend, ob etwa beabsichtigt sei, den Baum »im vollen Laube«[22] zu schlagen. Die Bäume sind in diesem Sinne auch im Verständnis der Leute Lebewesen, organische Bausteine des großen Naturgebäudes, in dessen harmonisches Gefüge der Mensch nicht willkürlich und zerstörend eingreifen darf.

Als Einzelphänomen fehlt den Bäumen jedoch jede Individualität. Das gilt auch für den Judenbaum, wie es schon durch die Spiegelung der Geschichte in Form des Eichbaums deutlich wurde. Darüber hinaus gibt es von der Buche außer den bereits erwähnten Angaben über ihre Größe und ihren Standort keinerlei Beschreibungen, die sie als einen besonderen Baum ausweisen würden. Dazu wird sie erst durch den Bannspruch, den die Juden in ihren Stamm schneiden. Offenbar von diesen magischen Zeichen wird der Mörder an den Ort seines Verbrechens zurückgerufen und hingerichtet. Auf eine einfache Formel gebracht, stellt sich die Geschichte demnach so dar, daß die Buche gewissermaßen stellvertretend den Mord an dem Juden Aaron rächt. Und zwar stellvertretend für eine irdische Gerichtsbarkeit, die augenscheinlich nicht in der Lage war, den Mörder der ihm gebührenden Strafe zuzuführen.

Hinter der rächenden Buche steckt jedoch mehr: Friedrich Mergel ist ja nicht nur der Mörder Aarons. Er ist zumindest indirekt auch schuldig am Tod des Försters Brandis, bei dessen Ermordung ebenfalls eine Buche eine Rolle spielte, wo ein Baum also zum Zeichen des Todes wurde. Die Beziehungen zwischen Friedrich und dem Förster sind für die Deutung des Erzählten von größter Wichtigkeit. Beide werden nämlich zu individuellen Vertretern von zwei rivalisierenden Gruppen, deren spannungsreiches Verhältnis zueinander untergründig alles Geschehen der Erzählung beeinflußt. Gemeint sind auf der einen Seite die Vertreter

---

[22] Ebd., S. 48.

des Rechts in Gestalt des Gutsherrn und seiner Forstbeamten, die nicht nur über die Einhaltung menschlicher Vorschriften und Gesetze wachen, sondern auch als Schützer und Bewahrer der harmonischen Ordnung der Natur auftreten. Auf der anderen Seite befinden sich die als »Blaukittel« berüchtigten Holzfrevler. Ihre ungesetzlich-zerstörerischen Aktionen beherrschen den ganzen ersten Teil der Erzählung. Die Dorfbewohner schließlich sind mehr oder weniger offen mit den Holzdieben verbunden, sie nehmen ausschließlich ihren eigenen Vorteil wahr, ungeachtet aller moralischen oder christlichen Vorbehalte. Aus dieser bedenklichen Gemeinschaft schließt sich Friedrich Mergel nun gerade Simon an, der in einer zwar verhüllt dargestellten, aber dennoch unbezweifelbaren engen Beziehung zu den skrupellosen Naturschändern steht. Friedrichs immer stärkere Hinwendung zu deren Seite gipfelt in seiner Beteiligung am Mord des Försters und der Deckung des ihm wohlbekannten Mörders.

Man muß aber wohl noch weiter gehen. Die Blaukittel arbeiten bekanntlich stets im Verborgenen, nie tritt auch nur einer von ihnen persönlich auf – bis auf Simon und seinen Gehilfen Friedrich Mergel, der damit in die Reihe der Holzfrevler hineingehört. Diese Folgerung ist weit weniger abwegig, als man zunächst anzunehmen geneigt sein könnte, denn auch im Verständnis der Menschen seiner Umgebung hat sich der Verdacht durchaus festgesetzt. Das zeigen zwei Beispiele: Nach Friedrich Mergels Verschwinden taucht ja die Möglichkeit auf, daß der ihm zur Last gelegte Mord an Aaron von einem anderen begangen wurde – in dem Fall hätte Mergel aber nicht zu fliehen brauchen. Man beruhigt sich jedoch mit der Vermutung, daß seine Flucht »vielleicht der Holzfrevel wegen« erfolgt sei, denn »Mergels Gewissen war schmutzig genug auch ohne diesen Flecken [des Judenmordes]«.[23] Und auch der nach achtundzwanzigjähriger Abwesenheit zurückgekehrte angebliche Johannes Niemand antwortet auf die Frage, warum der anscheinend unschuldige Mergel davongelaufen sei: »... es war wegen Holzgeschichten.«[24] Mag man auch diese Aussagen als bloße Vermutung des Amtsschreibers, beziehungsweise als Schutzbehauptung des sich für einen anderen ausgebenden Mörders abwerten – sie belegen immerhin, daß für alle Beteiligten die Verstrickung Mergels wahrscheinlich war.

Als in jener unglückseligen Begegnung im Wald der mit den Blaukitteln paktierende Friedrich Mergel und der Förster Brandis als der Vertreter

[23] Ebd., S. 49. [24] Ebd., S. 52.

der positiven, naturbewahrenden Kräfte aufeinandertreffen, kommt es zum entscheidenden Höhepunkt der Auseinandersetzung zwischen den beiden Parteien: Mergel schickt den Förster unwissend-wissentlich in den Tod. Damit ist der Exponent der einen Gruppe beseitigt und der Kampf zwischen den beiden Fronten beendet. Folgerichtig stellt die Erzählerin fest, daß nach dem Tode des Försters die Blaukittel »wie verschwunden«[25] waren, eine ohne obige Erklärung unverständliche Tatsache, denn es wäre viel einleuchtender, wenn sich die Aktivitäten der Holzdiebe nun erst recht verstärkt hätten.[26] Aber in der Erzählung wird nicht wieder von ihnen gesprochen, statt dessen konzentriert sich das Interesse jetzt auf die Untaten des anderen Exponenten, Friedrich Mergel. Dieser ist im Falle des Förstermordes nicht nur menschlichen Gesetzen gegenüber schuldig geworden, sondern mit grundsätzlich bedeutenderen Mächten in Konflikt geraten: aus der anonymen Menge der Holzfrevler in besonderer Weise herausgehoben, muß er die Verantwortung für die jahrelang in dieser Gegend verübte Schändung der Natur übernehmen. Und die geheimnisvollen Kräfte der Natur, deren Harmonie nur zeitweilig aus dem Gleichgewicht gebracht werden kann, erreichen und vernichten den Störer mit einer Konsequenz, für die 28 Jahre eines Menschenlebens offensichtlich keine bedeutsame Zeitspanne darstellen. Der Verbrecher kehrt also nach dieser Frist wieder an den Ort seiner Untat zurück. Im Verständnis der Menschen innerhalb der Erzählung und gemeinhin auch in der Meinung einer wenig kritischen Leserschaft ist damit ausschließlich der Mord an Aaron gemeint. Und dieses Verbrechen wäre ungesühnt geblieben, wenn die Juden die Vergeltung nicht einer unerkennbaren höheren Macht übertragen hätten, deren Mithilfe sie sich durch die Anwendung jenes rätselvollen Bannspruches versicherten.

Das Entscheidende ist damit aber noch nicht ausgesprochen. Zunächst: Nicht die Buche (die sich um bloß menschliche Händel auch nicht sehr bekümmern würde) wird zum Henker bestellt, sondern es wird nur in allgemeinster Form der alttestamentarischen Vergeltungsphilosophie Ausdruck gegeben: »Wenn du dich diesem Orte nahest, so wird es dir ergehen, wie du mir gethan hast.«[27] Wer der Sprecher ist und wem die Drohung gilt, bleibt ungesagt. Trotzdem weiß der Leser, daß nur der

25 Ebd., S. 37.

26 McGlatherys These (a.a.O., S. 234), daß Brandis Mitglied der Blaukittel-Bande ist, stellt eine seiner durch den Text nicht belegbaren Spekulationen dar.

27 Die Judenbuche, S. 58.

Ermordete das Ich des Spruches sein kann und daß Friedrich Mergel gemeint ist. Was er allerdings nicht so leicht erschließen kann, ist, wer die Vergeltung üben und auf welche Weise sie vollzogen werden wird. Der Spruch beschwört als Zauberformel nur die Tatsache, daß es sich so begeben wird. Die Buche wird mit keinem Wort erwähnt, sie bezeichnet nur den Ort, wo das Verbrechen geschehen ist. Die Inschrift hätte ebensogut auf einer Tafel stehen können, und damit läßt sich die Bedeutung des Baumes so nicht erschließen. Sicherlich stirbt der Mörder auch als späte Sühne für die an Aaron begangene Gewalttat. Aber sein Tod wird noch auf einer anderen, nicht so leicht einsichtigen Ebene zwingend: Friedrich Mergel verfällt auf geheimnisvolle Weise eben auch der Rache der Natur. Und in diesem Bereich spielt die Buche ihre entscheidende Rolle, nicht als der von Menschenhand besonders gekennzeichnete Baum, sondern in viel allgemeinerer Funktion als Repräsentant der Natur. Annette von Droste-Hülshoff hat versucht, durch die Einführung des Zauberspruches (der selbst allerdings wieder auf unerklärliche Zusammenhänge verweist) ein im Grunde völlig unbegreifliches mythisches Geschehen auf eine dem Verständnis leichter zugängliche und sinnlich faßbarere Stufe zu heben. Wie betont es die Natur ist, die sich schließlich des Frevlers bemächtigt, zeigt die besonders hervorgehobene Tatsache, daß der Erhängte vom Laubwerk des großen Baumes fast aufgesogen wird, daß er in der Buche verschwindet und nur ein ›Zufall‹ ihn noch einmal für Menschenaugen sichtbar macht. Und wenn es im letzten Satz der Novelle – ohne zwingende Notwendigkeit – nicht »Buche«, sondern »Baum« heißt, dann kann das gewiß als letzter feiner Hinweis der Dichterin auf die uns nun schon bekannte Tatsache gelten: daß nämlich nicht die Buche als spezifischer Baum der Juden diese Rache vollzieht, sondern ein Baum stellvertretend für alle anderen.

Man kann auch die Buche nicht als »Baum des Bösen« bezeichnen.[28] Die Bäume per se sind weder gut noch böse, als Naturphänomene stehen sie jenseits aller Moralkategorien. Lediglich was mit ihnen oder unter ihnen geschieht, ist böse, aber hier sind es die Menschen, die in frevlerischer Hybris die ihnen gesetzten Grenzen überschreiten. Das Erschauern, das über die Einwohner der umliegenden Dörfer kommt, wenn sie sich der Eiche oder der Buche nähern, hat seine eigentliche Ursache daher in der dunklen Mahnung, die von diesen Bäumen ausgeht

[28] Benno von Wiese, Annette von Droste-Hülshoff: ›Die Judenbuche‹, in: Die deutsche Novelle von Goethe bis Kafka (I), Düsseldorf 1962, S. 170.

– einer Mahnung an die Schuld, die sich der Mensch durch die Verletzung der Naturgesetze zugezogen hat. Und die Naturgewalten sorgen für den Ausgleich, indem sie den Frevler vernichten. Das vollzieht sich mit kalter Gesetzmäßigkeit, ohne jedes sichtbare Eingreifen irgendeiner persönlichen Kraft, damit aber auch ohne jedes Mitgefühl für den Betroffenen, denn das wäre nur für Menschen oder für Gott kennzeichnend. Der Tod von Friedrich Mergel ist absolut gnadenlos. Der Baum verkörpert keinen Gott, kein göttliches Prinzip, wie es manche Interpreten zu erkennen meinten. In Friedrich Mergel tritt auch kein reuiger Sünder vor einen göttlichen Richter – von dem selbst im Falle eines auf ›schuldig‹ lautenden Urteilsspruches kaum die Aufforderung zu jenem gegen alle christliche Lehre verstoßenden Mord an sich selbst ausgehen könnte. Im Text der Erzählung fehlt deshalb auch jede Andeutung, jeder Hinweis darauf, daß die Bäume in irgendeiner Weise als Personifizierungen Gottes oder Manifestationen göttlichen Wirkens aufzufassen seien. Es fehlt sogar jeder Zug, der irgendwelche Rückschlüsse auf die Art jener geheimnisvoll-unbegreiflichen Wirkung der Bäume erlauben würde. Das gilt nicht nur für die Menschen innerhalb der Erzählung, sondern auch für den Leser, der sich über die wahre Funktion der Bäume immer erst im nachhinein klarwird. Annette von Droste-Hülshoff erreicht dies durch ihre ganz besondere Art der indirekten Schilderung. Niemals ist der Leser bei einem der entsetzlichen Geschehnisse unter den Bäumen wirklich dabei, immer wird das Vorgefallene erst später berichtend nachgetragen, dann nämlich, wenn der Tote gefunden ist. Am stärksten verdichtet sich die Spannung bezeichnenderweise in der bereits erwähnten Szene mit dem Förster Brandis. Hier ist der Leser tatsächlich fast Zeuge der Gewalttat, er ahnt, was geschehen wird, ohne jedoch Genaues zu hören – und erst später wird die Berechtigung des gespürten Schauerns erkannt. Auch hierin zeigt sich, daß die Bäume nicht in dem Sinne als Individualitäten zu verstehen sind, daß ihr unmittelbares Verwikkeltsein in menschliche Untaten schließlich zu einem direkten Eingreifen führen müßte, sondern daß die Bäume Verkörperungen einer mythischen Naturmacht darstellen, die durch die ganze Erzählung hindurch als geheimnisvoller Hintergrund vorhanden ist, vor dem sich die Taten der Menschen vollziehen. Erst wenn eine der auf dieser großen Bühne agierenden Figuren sich an dem Gesamtkonzept des Dramas vergreift, wird sie von höherer Stelle – und damit ist in dieser Erzählung nicht ein göttliches Wesen gemeint – aus dem Spiel entfernt.

Diese kosmische Dimension eröffnet sich hinter einem Geschehen, das dem flüchtigen Betrachter zunächst als realistisch geschilderte und der vertrauten Wirklichkeit entsprechende Kette von kausal miteinander verbundenen Ereignissen erscheint. Sehr schnell ergeben sich jedoch beim gedanklichen Mitvollziehen des Geschilderten Verständnisschwierigkeiten, die zu Korrekturen jenes ersten Eindrucks einer oberflächlich-selbstverständlichen Faktizität des Mitgeteilten zwingen. Dem Leser wird immer deutlicher, daß ihm wichtige Einzelheiten vom Erzähler vorenthalten werden, daß damit das Erzählte seine Eindeutigkeit einbüßt und Vermutungen an die Stelle des Wissens um die Ereignisse treten müssen. Aus der großen Zahl von Beispielen seien nur zwei herausgegriffen. In der Begegnung zwischen Friedrich und Brandis – eine Szene, die für die lückenhafte, oft nur andeutende, manches sogar verhüllende Art der Darstellung typisch ist – ruft Friedrich dem Förster warnend-drohend zu: »Herr Brandis, denkt an meine Mutter!«[29] Diese Anspielung, der hier jeder erkennbare Zusammenhang fehlt und die auch ohne sichtbare Folgen bleibt, läßt sich nur mit Hilfe der Vorfassungen der Erzählung erklären. Umgekehrt gibt es auch plötzlich auftauchende Motive, deren rechtzeitige Einführung die Dichterin unterlassen hat. Kaum eine Untersuchung der »Judenbuche« verzichtet auf den Hinweis, daß die Narbe, mit deren Hilfe der Gutsherr am Ende den toten Johannes Niemand als Friedrich Mergel identifiziert und die daher von einiger Wichtigkeit ist, vorher nirgends erwähnt wird, so daß dem Leser die näheren Umstände ein Geheimnis bleiben.[30] Naheliegend aber falsch wäre es, Annette von Droste-Hülshoff diese Unstimmigkeiten als nachlässiges Übersehen oder gar grobe Fehler anzulasten, ist es doch kaum anzunehmen, daß der Dichterin bei ihren Umarbeitungen der Vorentwürfe die durch die Verkürzung der Geschichte entstandenen ›Ungereimtheiten‹ entgangen sind. Wenn dennoch keine Korrektur erfolgte, so dann deshalb, weil diese Unklarheiten stehenbleiben sollten, da das nicht ganz Durchschaubare, das in Dunkel Gehüllte das Offenbleiben mancher Einzelheiten genau in das Gesamtkonzept der Erzählung paßt, die ja selbst bei den vier Todesfällen auf eine eindeutige Darstellung des Herganges verzichtet.

Aber nicht nur die eigentlichen Geschehnisse bleiben im Halbdunkel: die ganze Erzählung ist in einer Weise mitgeteilt, in welcher der von außen in der dritten Person berichtende Erzähler sich zwischen verständnisvoll-

---

[29] Die Judenbuche, S. 30.

[30] Hieraus jedoch die Berechtigung abzuleiten (wie Henel, a.a.O., S. 152 f.), den Toten nicht als Friedrich Mergel auffassen zu müssen, ist eine Spitzfindigkeit.

mitfühlendem Vertrautsein mit den innersten Regungen der handelnden Personen und einer gänzlich wertfreien, neutralen und um Distanz bemühten Verhaltenheit bewegt. Diese merkwürdige Verbindung von Allwissenheit und scheinbarer Unkenntnis, die es unmöglich macht, den Standort des Erzählers eindeutig zu bestimmen, ist von entscheidendem Gewicht für die Wirkung einer Erzählung, die schon im Titel die wahren Hintergründe des zu Erzählenden – allerdings mehr verhüllend als enthüllend – angedeutet hat. Den mythisch-magischen Kräften der Natur, deren Walten sich auf eine für den Menschen rational nicht erfaßbare Weise durch die ganze Erzählung hindurchzieht, ist durch die besondere Erzählkunst der Dichterin jener Raum des ›Dazwischen‹ geschaffen worden, der den Leser von Anfang bis Ende in einem Zustand beunruhigten Fragens und erschütterten Miterlebens gefangenhält.
Und nur vor dem Hintergrund eines als mythisch erkannten Geschehens läßt sich auch die scheinbare Diskrepanz erklären, in welcher der düstergrausame Inhalt der Novelle zum christlich-versöhnlichen Vorspruch steht. Es sind eben zwei verschiedene Bereiche, mit denen der Leser hier konfrontiert wird: Die Ebene des von humanem Verständnis und christlicher Vergebung kündenden Vorspruches wird in der Erzählung selbst verlassen. Wie der Titel es bereits anzudeuten schien, stößt dort die menschliche Sphäre mit einer mythischen zusammen, in der gänzlich andere Gesetzmäßigkeiten herrschen und vor deren inhumaner Unerbittlichkeit das Menschliche letztlich unterliegen muß.

*

Viel schlichter, eindeutiger und gradliniger in der Aussage, dazu schon von der Erzählhaltung her völlig andersartig ist Charles Sealsfields Novelle »Die Prairie am Jacinto«. Obwohl Bestandteil des größeren Romans »Das Cajütenbuch«, erweist sich eine gesonderte Betrachtung dieses ersten Teils durch seinen großen Umfang (er umfaßt etwa die Hälfte des gesamten Romans), durch die verhältnismäßige Geschlossenheit des berichteten Geschehens und durch den besonderen Titel, der die Eigenständigkeit der Erzählung gegenüber dem zweiten Teil weiter betont, als durchaus gerechtfertigt. Dieser Titel des Werkes umgreift einen viel weiteren Raum als in der Erzählung von Annette von Droste-Hülshoff. Was dort in Gestalt des ›Brederholzes‹ den düsteren Hintergrund der Handlung bildete, im Titel aber nicht auftauchte, ist hier als »Prairie am Jacinto« hervorgehoben – ob diese verallgemeinernde Benennung treffend ist, erscheint allerdings genauso fraglich wie die Beschränkung auf das Einzelsymbol der ›Judenbuche‹ bei Annette von Droste-Hülshoff. Im Laufe der Erzählung Sealsfields stellt es sich nämlich bald heraus, daß nicht so sehr die im Titel angesprochene Prärie als Gesamtheit wichtig ist, sondern vielmehr ein einzelner Baum, jene ungeheuer große Lebenseiche, die den Mittelpunkt einer der als »Inseln« bezeichneten Baumgruppen bildet, durch welche die ozeanhaft gleichförmige Weite des Graslandes unterbrochen wird.

Zunächst – und das sei uneingeschränkt zugestanden – ist es allerdings diese eigentümliche Prärielandschaft, die der Leser durch die Schilderung der Erlebnisse des Erzählers kennenlernt. Die Erzählweise ist die eines in der ersten Person gegebenen persönlichen Berichts. Und der Erzähler, der die Prärie zum erstenmal allein erlebt, macht dem Leser eine Identifikation besonders leicht, so daß sich schnell ein enger Rapport zwischen beiden einstellt, der die besondere Lebendigkeit und Farbigkeit des Erzählten noch vertieft. Ganz anders als bei der auf das Wesentlichste zusammengedrängten, in der Dialogführung oft hintergründigen und in der Verknappung schwerer zugänglichen Sprache der »Judenbuche« wird hier einer ausführlichen Schilderung persönlicher Erlebnisse samt den sie begleitenden Empfindungen und Gefühlen breiter Raum gegeben. Dabei tritt an die Stelle einer von außen beobachtenden Distanz, wie sie weitgehend den Erzählstil der »Judenbuche« beherrscht, eine innige Verflechtung des persönlichen Erzählers mit den Gestalten seiner Erzählung, wobei Parteinahme und wertende Reflexionen selbstverständlich sind. Im Gegensatz zur Erzählweise Annette von Droste-Hülshoffs erlaubt es sich Sealsfield nicht, seine Erzählung durch bewußte Unklarheiten oder unaufgelöste Rätsel aus dem Bereich ganz realistischer Wirklichkeitsschilderung herauszuheben. Allerdings: das Auftauchen zunächst nicht erklärter Phänomene bestürzt Erzähler wie Leser gemeinsam; die Auflösung erfolgt auch keineswegs stets auf dem Fuße, aber entscheidend ist, daß sie überhaupt möglich gemacht wird. Man denke an die packende Darstellung des dem Verschmachten nahen Verirrten: seine ungeheure Erleichterung beim Auftauchen der ersten Pferdespur, die wachsende Zuversicht beim Entdecken der zweiten und dritten, wobei sich beim Leser bereits die Ahnung irgendeines merkwürdigen und unheilvollen Zusammenhanges aufdrängt. Erst der folgende Tag bringt jedoch schließlich die für den Reiter entsetzliche, aber völlig realistische Erklärung des Vorgangs.

Schon auf diesem Ritt, dessen Abenteuerlichkeit der eigentlichen Handlung um den Mörder Bob vorausgeht, taucht jener gewaltige Baum auf, wobei jedoch zunächst noch keinerlei Hinweise auf dessen Funktion gegeben werden. Wir erkennen in der Geschichte des verirrten Reiters und seiner Begegnung mit dem Baum einen die späteren Ereignisse vorbereitenden und stimmungsmäßig auf sie hinführenden Vorbericht, wie er in strukturell ähnlicher Form in der Erzählung von Annette von Droste-Hülshoff durch die Schilderung der Holzfrevel und das Sterben des alten Mergel unter der Eiche gegeben wurde. Der Lebenseichenbaum Sealsfields erscheint zunächst als ein unerklärliches Naturphänomen, das aus der scheinbar endlosen Prärie geheimnisvoll-wunderbar hervorwächst. Er wird beim erstenmal gar nicht einmal als Baum erkannt, sondern nur charakterisiert als »ein Koloß ..., eine gediegene, ungeheure Masse – ein Hügel, ein Berg des glänzendsten, reinsten Silbers«.[31] Der überwältigende Eindruck, den diese unerwartete Pracht auf den Betrachter macht, ist jedoch mit Bestürzung, Verwirrung und einem Erschauern vor der unheimlichen Schönheit des Unbekannten gemischt: scheinen doch die Natur verzaubert, die Sinne des Beobachters von einem »Spukgeist«[32] genarrt. Das Gefühl der verlorenen Kleinheit des Menschen vor dieser überirdisch anmutenden Erscheinung teilt sich sogleich dem Leser mit. Vergeblich wartet er an dieser Stelle auf eine Erklärung des merkwürdigen Phänomens. Statt dessen konzentriert sich das Interesse des Erzählers ganz auf die verzweifelten Bemühungen des Reiters, der in der ihm unbekannten Prärie nach dem verlorenen Weg sucht. Später wird sich erweisen, daß hinter dieser äußerlichen Situation des Suchenden mehr verborgen ist, daß sie nämlich auf einer wirklichkeitsbezogenen Ebene genau der Stellung des Menschen zu dem Geheimnis des noch nicht erkannten Baumes entspricht.

Noch ein zweites und ein drittes Mal erscheint dem Verschmachtenden die »kolossale Silbermasse«,[33] aber erst als die Figur Bobs im Gesichtsfeld auftaucht und die Erzählung sich damit ihrer eigentlichen Hauptgestalt zuwendet, wird der magische Zauber scheinbar in die reale Welt versetzt. Mit der Erkenntnis, daß es sich um den gewaltigen Lebenseichenbaum handelt, hat sich das Geheimnisvolle dieser Naturerscheinung jedoch noch nicht im Bereich des Tatsächlichen aufgelöst, ist das Phänomen noch nicht durch rational Begreifbares seines Zaubers entkleidet worden. Die Erscheinung nimmt vielmehr nur eine andere Di-

---

31 Charles Sealsfield, Gesammelte Werke. 14. und 15. Teil: Das Cajütenbuch oder nationale Charakteristiken, Stuttgart 1847. – 14. Teil: Die Prairie am Jacinto. Zitat hier S. 58.

32 Ebd., S. 59.

33 Ebd., S. 96.

mension an: sie wird individuelle Gestalt als Baum. Dieser Baum ist allerdings alles andere als gewöhnlich. Nicht nur, daß er einen bedeutungsvoll-mysteriösen Namen trägt. Es dauert nicht lange, bis sich herausstellt, welche entsetzliche Bedeutung dieser Baum für Bob hat. Auch unter dieser Eiche ist also, wie unter dem Baum in Annette von Droste-Hülshoffs »Judenbuche«, ein Mord geschehen. Und auch hier findet der Mörder keine Ruhe. Er wird ständig an die Stätte seines Verbrechens zurückgezogen, er fühlt sich bedroht und verfolgt, und diese Verfolgung wird erst dann aufhören, wenn er sich der weltlichen Gerichtsbarkeit in Gestalt des Alkalden gestellt hat. Auffällig und gewiß nicht zufällig ist der besondere Nachdruck, mit dem die Tatsache unterstrichen wird, daß nicht so sehr der Baum selbst das wirklich Bedrohliche ist, sondern etwas anderes, das hinter dem Baum steht. Es ist das »Gespenst«[34] des Ermordeten, die Seele des Toten, die recht eigentlich den Mörder verfolgt. Sie lebt an der Mordstätte (bzw. dort, wo der Mörder sein Opfer verscharrte), und hier steht in zurückhaltender, vornehmer Majestät der »Patriarch«: er sorgt allein durch seine gewaltige Gegenwart dafür, daß die in seinem Schatten gebrochenen menschlichen Gesetze wiederhergestellt werden, daß also der Mörder seine Strafe findet. Die Präsenz des Baumes verweist unabwendbar auf die Notwendigkeit der Sühne. Er ist nicht direkt der Ankläger – diese Rolle hat das »Gespenst« übernommen – sondern er erscheint eher wie ein stummer Richter, der seinen Richtspruch zu gegebener Zeit verkünden und schließlich vollziehen lassen wird. Deutlich fühlt man sich an die »Judenbuche« erinnert: auch dort war die Buche durch eine gewisse Zurückhaltung charakterisiert, auch sie wurde in ihrem Richteramt durch etwas anderes unterstützt, nämlich durch den von den Juden in ihren Stamm geschnittenen Bannspruch. Dieser schien unmittelbar den Täter an den Ort seiner Untat zurückzurufen, so wie hier das Gespenst den Mörder Bob zum Lebenseichenbaum zurücktreibt.

Wir können also festhalten, daß in beiden Erzählungen die Bäume viel gewichtigere, über sie selbst hinausweisende Funktionen haben. In der Novelle Annette von Droste-Hülshoffs war die ›Judenbuche‹ Teil einer kosmischen Ganzheit, deren Walten nur in mythischen Kategorien erklärt werden konnte. Der Lebenseichenbaum in Sealsfields Erzählung gehört dagegen einem ganz anderen Bereich an. Das wird bereits durch die Tatsache angedeutet, daß das Verhältnis des Menschen zur ihn um-

---

[34] Ebd., S. 104.

gebenden Natur hier ein anderes ist als bei den Menschen, die um das ›Brederholz‹ herum wohnen. In der »Prairie am Jacinto« erscheint der Mensch vollkommen eingebettet in seine naturhafte Umgebung, für deren grandiose Weite und Schönheit er nur Worte der Bewunderung findet, ja er verspürt sogar so etwas wie Verehrung für sie und Respekt vor ihr. Die Katastrophe, in die der Erzähler am Anfang der Geschichte hineingerät, steht dazu nicht im Widerspruch. Sein Unglück ist nicht erwachsen aus einer feindlichen Einstellung der Natur dem Menschen gegenüber, sondern hat seinen Grund in der mangelnden Kenntnis und törichten Übereilung des unerfahrenen Neulings. Es wird später ausführlich dargelegt, daß er keineswegs hätte verschmachten müssen, sondern daß die Natur ihm durch ihre reichlich vorhandenen Schätze durchaus eine Möglichkeit des Überlebens auch ohne mitgeführte eigene Vorräte gegeben hätte.

Der Gedanke an eine Schändung der Natur durch den Menschen schließlich, die in der »Judenbuche« den düsteren Hintergrund für alles sich dort ereignende menschlich-unheilvolle Tun darstellt, taucht bei Sealsfield gar nicht auf. Die Natur besitzt bei ihm nicht jene autonome Entität, in deren Folge sich der Mensch in der Novelle Annette von Droste-Hülshoffs in einem grundsätzlichen und unauflösbaren Gegensatz zu ihr befand und im Falle eines Zusammenpralls gnadenlos von ihr vernichtet wurde. Vielmehr ist hier die Natur wie der Mensch sichtbar gewordene Schöpfung eines individuell-personhaft vorgestellten Gottes, dessen Existenz mithin auch in dieser seiner Schöpfung ständig gespürt werden kann. Damit ist die Bedeutung des Lebenseichenbaums bei Sealsfield im Vergleich zur ›Judenbuche‹ eine gänzlich andere. Was hier verletzt wurde, sind allein Gesetze des menschlichen Zusammenlebens, für deren Einhaltung zunächst einmal eine menschliche Gerichtsbarkeit zuständig ist. Allerdings leiten sich diese Gesetze von Gott, einem transzendenten Gesetzgeber her, der die Befolgung der von ihm persönlich erlassenen Gebote selbst überwacht und jede Übertretung ahndet oder ahnden läßt. Von etwas Göttlichem also handelt Sealsfields Erzählung. Der Eichbaum, der zunächst nur als nicht rational erklärbares Zauberwesen erschien, verändert denn auch bald seine Gestalt in Richtung auf etwas ganz Konkretes: anfangs ist es nur sein Name, »der Patriarch«, der Assoziationen an ehrwürdige biblische Gestalten und die ihnen übertragene richterliche Gewalt weckt. Bald werden jedoch weitere Attribute hinzugefügt, die den Baum immer stärker als eine offenbar menschliche Gestalt charakterisieren. Wiederholt ist von ihm die Rede als dem »alten

Mann mit seinem Silberbarte und seinem glänzenden Gewand«,[35] und der Verbrecher Bob, der nicht an die Existenz Gottes zu glauben vorgibt, bekennt immerhin: »So stelle ich mir den Gott vor, wenn es einen Gott gibt.«[36] Oder, noch deutlicher: »Gott! – Gott! Ei, das ist der alte Mann, calculire ich, im glänzenden Gewande, mit dem langen Barte – der das Gespenst hinter sich hat. – Will nichts mit ihm zu tun haben – soll mich in Ruhe lassen. – Will Ruhe haben.«[37] Aber eben die findet er nicht, unerbittlich treibt es den Mörder immer wieder zu diesem Baum zurück, bis er endlich bereit ist, für seine Untat einzustehen. Auf seinen eigenen Wunsch möchte er im Lebenseichenbaum sterben, als der für ihn einzig sichtbaren Möglichkeit, sein Gewissen, das ihm in Gestalt des Gespenstes des Ermordeten keine Ruhe läßt, zu besänftigen, als Sühne für sein Verbrechen und um Gott zu versöhnen.

Der Unterschied zwischen diesem Mörder Bob und Friedrich Mergel aus der »Judenbuche« ist damit ein ganz wesentlicher. Da Bob zwar menschliche Gesetze bzw. ein göttliches Gebot übertreten hat, nicht aber mythischen Naturmächten gegenüber schuldig geworden ist, wird er nicht durch unerklärbare magische Kräfte an den Ort seines Verbrechens zurückgezogen und nicht erbarmungslos gerichtet. Der Ruf, der an Bob ergeht, ist grundsätzlich anders, und er bewirkt auch etwas ganz anderes, nämlich eine innere Umkehr. Schon in seiner Rettung des dem Tode nahen Erzählers deutet sich dies an, wird sichtbarer in dem Kampf mit der Versuchung, den eben Geretteten doch noch zu beseitigen und sich seines Besitzes zu bemächtigen, und führt über die pflegliche Fürsorge für den Erschöpften hin zur Selbstanzeige beim Alkalden und dem Wunsch, das begangene Unrecht mit dem Tode zu sühnen.

Die Geschichte greift aber über das ganz persönliche Schicksal Bobs und des von ihm Getöteten noch hinaus und nimmt eine weitere Dimension an: Bob sühnt nicht nur den von ihm begangenen Mord, sondern gibt in wahrhaft allerletzter Sekunde noch ein Geheimnis preis, von dem für alle Menschen seiner Umgebung sehr viel abhängt: durch Bekanntmachen der Verrätertat seines alten Komplizen Johnny warnt er die Männer vor der drohenden Kriegsgefahr. Dieses Geständnis rettet dem schon Gehängten das Leben: während alle um die Gerichtsstätte Versammelten sofort aufbrechen, um geeignete Maßnahmen zu treffen, bleibt der Alkalde bei Bob zurück. Der Leser erfährt bis zum Ende der Erzählung nicht, was mit ihm geschehen ist, denn als der Erzähler nach

[35] Ebd., S. 129. [36] Ebd., S. 171. [37] Ebd., S. 130.

längerer Krankheit, die ihn den Ereignissen völlig entfremdet hat, zum ›Patriarchen‹ zurückkehrt, hängt statt der Leiche Bobs die des Verräters Johnny in der Eiche. Aus der Fortsetzung der Geschichte ist jedoch bekannt, daß Bob tatsächlich an jenem Tage nicht starb, sondern in seiner Bewährung im später einsetzenden Freiheitskampf eine sinnvollere Buße tun konnte.

Dem Mörder Bob widerfährt also unter der Eiche etwas, was Friedrich Mergel in der »Judenbuche« wegen der weder Menschlichem noch Göttlichem verpflichteten Natur versagt blieb: er wird auf Grund seines Gesinnungswandels vor dem Tode bewahrt. Und wenn dabei einem äußeren Verständnis nach auch ein menschlicher Richter der Rettende ist, so ist doch deutlich, daß Bob unter dem ›Patriarchen‹ etwas nur von Gott zu Erwartendes geschenkt worden ist, nämlich die Vergebung seiner Sünden. Damit ›handelt‹ der (Lebens-)Eichenbaum durchaus dem Bilde gemäß, das von ihm im Laufe der Erzählung entworfen wurde: in ihm verkörpert sich das Göttliche unmittelbar. Für Bob wird er zur Person, ja zu Gott selbst, und sogar auf die nicht direkt am Seelenkampf des Mörders Beteiligten wirkt er wie eine »Erscheinung aus einer höhern, einer überirdischen Welt«.[38] Unter seinem gewaltigen Laubdach fühlen sie sich wie im Innern eines Kirchenraumes: »Die Strahlen der Sonne, durch Silbermoos und Schuppen und Blätter und Bärte gebrochen, drangen grün und roth, und gelb und blau, wie durch die gemalten Glasfenster eines Domes ein, ganz das Halbdunkel eines Domes verbreitend!«[39] An dieser heiligen Stätte soll die Exekution stattfinden, wobei es nur angemessen ist, daß vorher Gott angerufen wird, der hier so deutlich präsent ist. Und Bob, der in seinem bisherigen Leben alle Gebote des Christentums mißachtet hat, ist einverstanden: »›Betet, betet!‹ – stöhnte er; – ›werde es brauchen.‹«[40] Nicht nur das: als der Richter daraufhin »mit erschütterter und erschütternder Stimme«[41] das Vaterunser vorbetet, heißt es: »Bob sprach ihm jedes Wort nach. Bei der Bitte: Vergib uns unsere Schuld! stöhnte seine Stimme aus tiefster Brust herauf.«[42] Bob ist also nicht verloren. Als reuigen Sünder nimmt Gott ihn wieder auf, und seine göttliche Gnade rettet ihn. Ohne Gnade, da von tiefster Schlechtigkeit durchdrungen, bleibt nur der selbst von Bob verachtete Johnny, für den dann allerdings auch keine Rettung möglich ist.

Diese christliche Deutung der Geschichte des Mörders wird nicht nur

---

[38] Ebd., S. 283. [39] Ebd., S. 284.
[40] Ebd., S. 286. [41] Ebd. [42] Ebd.

durch die besondere Art der Darstellung Sealsfields in der Bob-Handlung unabweisbar, sondern steht auch im Einklang mit dem Grundton der ganzen Erzählung, der der einer tief religiösen Gläubigkeit ist. Neben den Geschehnissen um Bob sind auch die Erlebnisse des Erzählers selbst deutlich von dieser Religiosität geprägt. Das zeigt sich schon äußerlich im häufigen Beten des Verirrten und in seinen vielen Hinweisen auf Gott, wird aber auf einer höheren Ebene noch weit einsichtiger: der junge Morse, der sich in unbesonnenem Ungestüm in die ihm unbekannte Prärie hinausstürzt, macht einen Erziehungsprozeß durch, der ihn aus der anfänglichen Verlorenheit an eine gleichsam verzauberte Natur, über das aufrüttelnde Geschehen um den ›Patriarchen‹ und nach einer klärenden Krankheit zu einem veränderten Menschen macht, der besonnener, reifer und gewissermaßen geläutert zu seinem Ausgangspunkt zurückkehrt. Seine Erziehung steht dabei unter einem göttlichen Vorzeichen: Denn was den jungen Mann am Anfang in das fast tödliche Abenteuer treibt, ist Trotz aus verletzter Eitelkeit, Überschätzung des eigenen Vermögens, oder anders ausgedrückt: menschliche Hybris. Und es paßt gut dazu, daß das Pferd, welches die wilde Verfolgungsjagd provoziert, alles andere als ein gewöhnlicher Mustang ist. Dieser »Kobold«, diese »Bestie«, narrt seinen abgeworfenen Reiter auf geradezu satanische Weise mit »wildem Gewieher«, »wildem, schadenfrohen Gewieher« oder gar »lachendem, schadenfrohen Gewieher«. Der Genarrte bekennt: »Dieses Gewieher war es eigentlich, was mich so erbitterte, blind und taub machte – es war so boshaft, gellte mir so ganz wie wilder Triumph in die Ohren . . .«[43] Es ist der Triumph des erfolgreichen Verführers, des Verderbers, der sich aus der Gewalt des Menschen losreißen konnte und ihn vernichten will. Auf unerklärliche Weise ist das unheimliche Tier dann plötzlich verschwunden, es hat sich quasi in Luft aufgelöst, oder ist es gar dahin verschwunden, wohin es der Abgeworfene dem Flehen eines der klügeren Schwarzen nach hätte laufenlassen sollen, nämlich »zu allen T[eufel]n«?[44]

Gerettet wird der Verschmachtende von dem Mörder Bob, einem wahrlich nicht gerade wertvollen Menschen, wie es scheinen muß, der aber in der Hand Gottes mehr als ein unwürdiges Werkzeug zur Erhaltung von Morses Leben ist. Die Erzählung kreist damit letztlich um das Problem des sündig gewordenen Menschen und kulminiert im Gnadenerweis eines Gottes, der für den Sünder im majestätischen Baum Person wurde.

---

[43] Ebd., S. 53.

[44] Ebd., S. 52.

Der Baum steht daher im Zentrum des Geschehens, er taucht schon am Anfang der Novelle auf, immer wieder an markanten Punkten des Handlungsablaufs und beschließt am Ende die Erzählung. Er selbst hat nichts Unheimliches, Magisches, wie die Bäume des ›Brederholzes‹ in Annette von Droste-Hülshoffs »Judenbuche«: Selbst für Bob ist es nicht eigentlich der ›Patriarch‹, vor dem ihm graut, sondern das »Gespenst«, das unter, hinter oder neben dem Baum steht. Über dessen Funktion ist sich Bob durchaus im klaren, er kann dem jungen Morse genau erklären, was es mit dem Baum auf sich hat und welche Rolle er in seinem Gewissenskampf spielt. So empfindet der Erzähler nicht jenes Schauern, das die Menschen in Droste-Hülshoffs Erzählung in der Nähe der Eiche oder Buche befiel, sondern Ehrfurcht vor dem sichtbaren Gestaltwerden Gottes in diesem seinem »Riesenwerk der Schöpfung«.[45]

Hier muß der Mensch nicht vor der mythischen Majestät der Bäume schweigen, hier braucht die Darstellung nicht verhüllend indirekt von den Ereignissen zu berichten, wie es in der »Judenbuche« der Fall ist: In Sealsfields Erzählung ist Raum für eine breite Schilderung nicht nur des Baum-Phänomens an sich, sondern auch der Empfindungen, die das Erlebnis seiner Gegenwart in den mit ihm zusammentreffenden Menschen auslöst. Und im Unterschied zur »Judenbuche« sind wir nun bei den entscheidenden Ereignissen unmittelbar Zeugen des Geschehens. Die ganze Erzählung hat – ungeachtet des relativ offenen Schlusses – versöhnliche Züge. Die Ich-Form des Berichts schließlich trägt nicht unwesentlich dazu bei, das Erzählte auf eine menschliche bzw. menschlich-göttliche Ebene zu ziehen, ganz im Gegensatz zum Erzählstil der »Judenbuche«, dessen im ganzen nüchtern-unparteiische Distanz schon etwas von der gefühllosen Unerbittlichkeit des Kosmos widerspiegelt. Die beiden Erzählungen ordnen den Bäumen also eine grundsätzlich andere Funktion zu, worauf schon die Wahl der Namen hindeutet: Beim ›Patriarchen‹ ist die Beziehung auf eine individuelle Personhaftigkeit ohne weiteres deutlich, bei der ›Judenbuche‹ steht als das den Bedeutungsakzent des Kompositums tragende Element der Baum im Vordergrund, dessen über-individueller, natur-mythischer Bereich nur durch sprachliches Aneinanderrücken mit dem Menschlichen verbunden ist. Die Titel der zwei Erzählungen schließlich verschleiern das eigentliche Thema der Dichtung eher, als daß sie es leitmotivisch eröffnen, ja, es will bei genauer Betrachtung scheinen, als wäre eine Vertauschung der

[45] Ebd., S. 284.

jeweils ausgewählten Naturbestandteile viel angebrachter: Annette von Droste-Hülshoffs Novelle »Die Judenbuche« könnte passender »Das Brederholz« heißen, und entsprechend wäre »Der Patriarch« vielleicht ein treffenderer Titel für Charles Sealsfields Erzählung »Die Prairie am Jacinto«.

Benno von Wiese

Mephistophela und Faust. Zur Interpretation von Heines Tanzpoem »Der Doktor Faust« *

Verehrter, lieber Oskar Seidlin! Inmitten der großen Traditionalisten – das Wort im positiven Sinne gemeint – Goethe, Eichendorff, Hofmannsthal, Thomas Mann, und der mit vollem Recht Dir zur Huldigung dargebrachten Interpretationen ihrer Dichtung mutet Heinrich Heine etwas sonderbar an. Aber diese Festschrift heißt Herkommen und Erneuerung, und eben dafür ist Heine besonders charakteristisch. Warum sollte man ihn immer nur denen überlassen, die ihn auf Kosten von Mörike oder sogar von Goethe emporloben? Vielleicht ist einem Meister der Interpretation wie Dir auch diese kleine Heine-Interpretation willkommen, die nichts anderes möchte als Dich zu Deinem 65. Geburtstag ein wenig zu erfreuen.

Die beiden Tanzpoeme »Die Göttin Diana« und »Der Doktor Faust« sind Dichtungen aus Heines Spätzeit, die bisher nur wenig Beachtung gefunden haben.[1] Allerdings waren mit der Gattung Tanzpoem bereits

---

* Die Texte von Heine werden fast durchgehend nach der Ausgabe von Ernst Elster 7 Bände, Leipzig und Wien 1887–1890 zitiert = Elster. Die erste Zahl gibt den Band an, die zweite nach dem Komma die Seite. Die Zitate aus »Der Doktor Faust« erfolgen nach Elster Band 6, S. 481–494. Zitate aus Heines »Erläuterungen«, ebd., S. 494–519, oder aus anderen Schriften Heines werden genauer belegt.

1 Die älteren Studien untersuchen in erster Linie die von Heine benutzten Quellen und Vorbilder, gehen aber kaum auf die Texte selber ein. Dazu gehören: Karl Georg Wendriner: Nachwort zu Heines Der Doktor Faust, Berlin 1912; Oskar Walzel: Heines Tanzpoem »Der Doktor Faust«, Weimar 1917; Carl Enders: Heinrich Heines Faustdichtungen . . ., Zeitschrift für Deutsche Philologie, Nr. 74 (1955), S. 364–392. Mancherlei Hinweise finden sich auch in der für die wissenschaftliche Interpretation freilich unzulänglichen, populären Arbeit von Max Niehaus: Himmel, Hölle und Trikot. Heinrich Heine und das Ballet, München 1959. Den ersten Versuch zu einer Strukturanalyse machte Robert G. Stiefel: Heines Ballett Scenarios, An Interpretation, The Germanic Review, Volume XLIV, 1969, S. 186–198. Hier wird zum ersten Mal auch »Die Göttin Diana« vergleichend zum »Doktor

bestimmte Grenzen gesetzt. Individuelle Menschengestaltung war dort nicht möglich, wo sich die Figuren nicht durch Sprache, sondern nur durch die Ausdrucksformen des Tanzes mitteilen sollten, bzw. der Autor als Regisseur auftrat, der bestimmte Requisiten verwandte und die Pantomimen jeweils mit seiner eigenen Sprache beschrieb und kommentierte. Die dramatischen Mittel, deren Heine sich dabei bedient, heißen Parallelismus, Gegensatz und ständige Verwandlung.[2] Man kommt innerhalb dieser gleitenden Wirklichkeit, die kein Verweilen kennt, nirgends zur Ruhe, sondern wird in einen Wirbel von Metamorphosen hineingerissen, die im jeweiligen Tanz ihren symbolischen Ausdruck finden. Beide Tanzdichtungen sind überdies nur vom Horizont der Heineschen Geschichtsphilosophie mit ihrem Gegensatz von christlichem Spiritualismus und heidnischem Sensualismus zu verstehen, und beide reichen außerdem über den geschichtsphilosophischen Bereich hinaus in einen mythischen.

Zum Teufel hatte Heine ein vertracktes, ja paradoxes Verhältnis. In der »Lutezia« heißt es, der Teufel sei in einer christlichen Welt der Schutzpatron der Tanzkunst gewesen.[3] Außerdem wird ihm nachgesagt, er sei selber ein ausgezeichneter Tänzer. In der frevelhaften Gemeinschaft des Teufels tanzen die Hexen und Hexenmeister ihren Reigen.[4] Der Teufel fördert die Tanzkunst, »um den Frommen ein Ärgernis zu geben«.[5] Den Triumph des höllischen Cancan hat Heine am Ende des ersten Teiles seiner »Lutezia« wie eine phantastische Walpurgisnacht beschrieben. Und dabei sind es nur die Pariser Karnevalstage, die er hier als tollen Mummenschanz darstellt, freilich zum Ungeheuerlichen gesteigert, »ein buntes Nachtfest, ein fast grauenvoller taumelnder Spuk der dämonischen Lust«.

Bezeichnenderweise hat Heine den Teufel auch unter seine Elementargeister mitaufgenommen, die ja in engster Nachbarschaft zu den exilierten heidnischen Göttern stehen. Denn beide haben sich nach dem Sieg des Christentums in die »unterirdische Verborgenheit« zurückziehen müssen, wo sie »ihre dämonische Wirtschaft treiben«.[6] Luzifer, Satan,

---

Faust« herangezogen. Unsere Ergebnisse weichen jedoch in mancher Hinsicht erheblich von dieser Studie ab. Sie zeigt alle Vorzüge und Nachteile einer Interpretation im Stil des literary criticism, klug und überzeugend in der Herausarbeitung stilistischer Grundzüge, aber auch wieder naiv und geradezu ahnungslos im Hinblick auf Heines geschichtsphilosophische Konzeption und seine Auffassung vom Teufel.

[2] Näheres über diese Stilzüge in dem Aufsatz von Stiefel, s. Anm. 1.

[3] Elster 6, 296. [4] Ebd. [5] Elster 6, 512. [6] Elster 4, 428.

der Teufel fungiert hier als Feuergeist, stellvertretend für die ganze Klasse der Feuergeister, ein Wesen von so kalter Natur, daß er es nur im Feuer aushalten kann. Zwar erscheint er oft in erschreckender Tiergestalt; dennoch ist er keineswegs häßlich. »Nicht selten hat er sich ja auch mit weiblichem Liebreiz bekleidet, um irgendeinen frommen Klosterbruder von seinen Bußübungen abzuhalten oder gar zu sinnlichen Freuden zu verlocken.«[7]

Der Teufel ist also bei Heine eine durchaus schillernde Figur, keineswegs nur negativ, zum mindesten auch anziehend und verführerisch, zumal dort, wo er im Bündnis mit dem Schönen und der Poesie auftritt oder ganz direkt mit »weiblichem Liebreiz«. Goethe wird vorgeworfen, daß er den Mephistopheles im ersten Teil des »Faust« – zum zweiten hatte Heine, abgesehen vom Helena-Akt, keinerlei Beziehung – in einer »säuisch-spaßhaften, ja cynisch-skurrilen Maske« habe erscheinen lassen. Dieser sei aber »kein gewöhnlicher Höllenlump«, vielmehr ein »subtiler Geist«, wie er sich selbst nennt, »sehr vornehm und hochgestellt in der unterweltlichen Hierarchie im höllischen Governement, wo er einer jener Staatsmänner ist, woraus man einen Reichskanzler machen kann«.[8] Daher habe Heine ihm eine Gestalt verliehen, »die seiner Würde angemessen« sei. Wir sind verblüfft. Eine banale Ballettänzerin soll die »würdige« Erscheinungsform für einen Teufel sein, der eigentlich »Reichskanzler« hätte sein können! Doch sollte man die kleinen Balletteusen nicht unterschätzen. Noch in den Versen aus der Matratzengruft denkt Heine wehmütig an seine »parfümierten Erinnerungen«, an den Tanz der Ballettratten in der Oper, während er jetzt nur noch »das fatale Geschlürfe der Kirchhofsratten« hört. Entschieden positiv ist für ihn die Beziehung des Teufels zum Schönen. Dieser ist nicht nur »ein Kenner schöner Formen, ein Artist, sondern auch ein Liebhaber von Fleisch, und er denkt, je mehr Fleisch, desto größer die Sünde«.[9] Da der Teufel den Materialismus und den Sensualismus vertritt, mußte er schon aus weltanschaulichen Gründen Heine sympathisch sein. Ausdrücklich heißt es in den »Elementargeistern«, der Teufel sei als Logiker zugleich »Repräsentant der menschlichen Vernunft, eben, weil diese alle Rechte der Materie vindiziert; und er bildet somit den Gegensatz zu Christus, der nicht bloß den Geist, die aszetische Entsinnlichung, das himmlische Heil, sondern den Glauben repräsentiert. Der Teufel glaubt nicht, er will vielmehr dem eignen Denken vertrauen, er macht Gebrauch von

---

[7] Elster 4, 411. [8] Elster 6, 510. [9] Ebd., S. 517.

der Vernunft«.[10] Nicht ohne Perfidie fügt Heine hinzu, daß die katholisch apostolische Kirche »mit Recht« das Selbstdenken des Teufels verdammt und den Teufel, den Repräsentanten der Vernunft, für den Vater der Lüge erklärt habe. Wie sehr hier Heine auf der Seite des Teufels stand, wissen wir aus seinen Schriften, aus seiner Abneigung gegen den romantischen Spiritualismus und seinem klaren Bekenntnis zur Überlieferung der Aufklärung, zu Lessing, Voss und Kant in der »Romantischen Schule«.

Als disputierenden Zyniker und Selbstdenker oder gar als »subtilen« Staatsmann konnte Heine den Teufel in seiner Tanzdichtung freilich nicht gebrauchen. Aber die alte Sage gab ihm trotzdem den Umriß für seine eigene geschichtsphilosophische Konzeption. Was damals naiv dargestellt wurde, ist für ihn auch heute, wenn auch auf weit reflektierterer Stufe, noch höchst aktuell, nämlich der »moderne Kampf zwischen Religion und Wissenschaft, zwischen Autorität und Vernunft, zwischen Glauben und Denken, zwischen demütigem Entsagen und frivoler Genußsucht«. »Die eigentliche Idee der Faustsage« sei »die Revolte der realistischen, sensualistischen Lebenslust gegen die spiritualistisch altkatholische Askese«,[11] und eben diese Thematik an der Grenzscheide von Humanismus, Renaissance und Reformation ist nach wie vor auch die seinige. Wenn er den Stoffkreis der alten Sage und des Puppenspiels aufnimmt, kann er der Überlieferung, so glaubt er wenigstens, noch treuer bleiben, als es bei Goethe oder auch schon bei Lessing der Fall war. Heine lag nicht das geringste daran, seinen Faust durch die Einwirkung der göttlichen Gnade von dem Teufelspakt zu »erlösen«; aber auch eine Befreiung aus eigner Kraft hätte nicht zu den Umrissen seiner Konzeption gepaßt. Die Erlösungsidee wäre für ihn nur ein Rückfall in den Spiritualismus gewesen, sei er nun mehr christlich oder jüdisch gefärbt. Von so angenehmen Gaben wie Genuß und Schönheit sich zu befreien, mochten sie nun Teufelsgeschenke sein oder nicht, lag gewiß nicht in seinem Sinn. Vielmehr ging es ihm genau umgekehrt darum, die Partei des Teufels zu nehmen und den Ansturm des höllischen Sensualismus gegen alle christliche Autorität und gegen alle christlich jüdische Askese zu rechtfertigen, ja zu glorifizieren. Damit hat sich aber Heine, wenn auch in genau umgekehrter Richtung, in Wahrheit vom Sinn und Kern der protestantischen Faust-Sage eben so weit entfernt wie Goethe. Das hat er sich selber entweder nicht eingestanden oder mit Absicht ver-

---

[10] Elster 4, 414. [11] Elster 6, 505.

schwiegen. Sein Faust sollte zwar auf genau so rohe Weise zugrunde gehen wie im Faustbuch. Der Teufel holt sich nach Ablauf der durch den Pakt gesetzten Frist auf grausame Weise sein Opfer. Aber – und das ist ein entscheidender Unterschied zum Volksbuch – der Verlust der Seele und des Seelenheils oder die Furcht vor dem Strafgericht der Hölle bis in alle Ewigkeit sind hier belanglos geworden. Diese christlichen Motive der Faustsage, die im Übergang vom Mittelalter zur Neuzeit noch von entscheidender Bedeutung waren und mit der verlockenden Hinwendung zur Natur, zum Leben, zum Genuß, zur Erkenntnis im tragischen Widerstreit lagen, hatten auch für Heine, ebenso wie für Goethe, längst ihre warnenden Schrecken verloren.

Heines Tanzpoem hat mehr die Züge eines Drehbuches als eines Puppenspieles. Ist eine solche Gattung überhaupt imstande, den ungeheuren, seiner Anlage nach tragischen Stoff zu gestalten? Die Antwort darauf kann nur ein klares Nein sein. Dafür war der Spielraum, den das Tanzpoem bot, viel zu eng. Daß Heine trotzdem diese und keine andere Form für seinen »Faust« wählte, ist nur verständlich, wenn man die universale Bedeutung kennt, die der Tanz als Signatur des menschlichen Daseins für ihn immer wieder gehabt hat.[12]

»Faust, eine getanzte Tragödie«, dieser zunächst geplante, aber nicht beibehaltene Titel zeigt deutlich, wie viel Heine trotzdem mit seinem Tanzpoem gewollt hat, mochte es auch nur eine Gelegenheitsdichtung sein, die in wenigen Wochen niedergeschrieben wurde. Ausdrücklich hat er hervorgehoben, daß das Ballett dafür nur die äußere Form sei, sonst aber wäre es eine seiner »größten und hochpoetischsten Produktionen«.[13] Dieses hochgegriffene Urteil steht freilich im Widerspruch zu anderen, sehr viel bescheideneren Äußerungen Heines. Der Ausweg in die Ballettdichtung bietet sich angesichts der bereits zum Realismus vorstoßenden Dichtung des 19. Jahrhunderts dort an, wo es dem Poeten nach wie vor nicht um ironisch entzaubernde Prosa, sondern statt dessen um die »hochpoetische« Produktion zu tun ist. Beide Stiltendenzen lassen sich in Heines Werk beobachten. Für den Bereich des Dramas, das zwischen Prosa und Poesie liegt, wird diese Schwierigkeit besonders deutlich. Im Grunde war die Zeit des »poetischen« Dramas bereits vorüber. Wo

---

12 Darüber vor allem Barker Fairley: Heinrich Heine, 1954, Oxford University Press, deutsche Ausgabe Stuttgart 1965. Meine eigene größere Studie »Das tanzende Universum« erscheint 1976 in meinem Buch: Signaturen. Zu Heinrich Heine und seinem Werk, Erich Schmidt Verlag Berlin.

13 Dichter über ihre Dichtungen. Heinrich Heine, Studien-Ausgabe 8, II, 138.

konnte das Poetische als das Phantastische dennoch seinen Spielraum finden? Heine hat es klar zu Heinrich Laube ausgesprochen: »Die Bühne des 19. Jahrhunderts ist oben und unten nicht mehr für phantastische Poeten. Wir müssen uns ans Ballett halten.«[14] Warum aber mußte es ein weibliches Wesen sein, mit dem Faust den Pakt schließt und das ihn auf seiner Lebensfahrt begleitet? Der Teufel als verführerisches Weib, diese Idee ist auch außerhalb des Faustbuches keineswegs neu. Heine selbst weist auf Jaques Cazottes Novelle »Le diable amoureux« (1772) und auf »The Monk« (1796) von Matthew Lewis hin. Dem im Frühjahr 1852 in Berlin aufgeführten Ballett »Satanella« von Paul Taglioni hat er den wohl allerdings unberechtigten Vorwurf gemacht, es sei ein Plagiat seines »Doktor Faust«.

Heine brauchte den weiblichen Teufel vor allem wegen der dominierenden Rolle, die der geschlechtlichen Problematik, noch weit über Goethes »Faust« hinaus, in seinem Tanzpoem zukommt. Mephistophela steht stellvertretend für die Ambivalenz und Zweideutigkeit des Bösen in weiblicher Gestalt. Dieses Böse war für Heine ebenso das Schöne wie das Schreckliche, ebenso das rauschhaft Beglückende wie das radikal Zerstörerische. Das ewig Weibliche zieht bei ihm weit mehr hinab als hinauf. Er liebt es und haßt es zugleich, er sucht die lockende Verführung durch das Weib, aber er fürchtet sie auch als eine Heimtücke des Teufels. Nirgends konnte der Sensualismus mehr triumphieren als im Geschlechtlichen. Nirgends ist er aber auch schon so in der Wurzel vergiftet wie hier. Genuß und Schmerz, Seligkeit und Leid, Leidenschaft und vergebliche Sehnsucht, Illusion und Entzauberung sind dabei eine sehr widerspruchsvolle Symbiose eingegangen. In Heines »Memoiren« heißt es: »Leider ist in der Liebe nie genau zu ermitteln, wo sie anfängt, mit der Hölle oder mit dem Himmel die größte Ähnlichkeit zu bieten, so wie man nicht weiß, ob nicht die Engel, die uns darin begegnen, etwa verkappte Teufel sind, oder ob die Teufel dort nicht manchmal verkappte Engel sein mögen.«[15] Ähnliches kann man auch in Kaput XIX von »Atta Troll« und an manchen anderen Stellen nachlesen.

Faust beschwört unter Blitz und Donner den Teufel. Dessen schreckliche Tiermetamorphosen (roter Tiger, ungeheure Schlange) machen ihm jedoch wenig Eindruck. Tiere sind nicht so gefährlich wie Menschen. Anders sieht es jedoch aus, als der Teufel wie eine Ballettratte aus der französischen komischen Oper auftritt. Immerhin muß es uns verwun-

---

[14] Ebd., S. 136.

[15] Elster 7, 509.

dern, daß eine in den »banalsten Pirouetten« umhergaukelnde Tänzerin, mit Gaze und Trikotkostüm bekleidet, die Regie für den Höllenbund übernehmen darf. Aber es geschieht trotzdem. Freilich die sinnlich verführende Kraft, die vom Schönen ausgeht, genügt dafür allein nicht. Über das »Freundschaftsbündnis mit dem Schönen« hinaus muß sich auch noch das skurril Gräßliche, Ungetüme mit Tierfratzen, wieder in den Wirbel dahinflatternder Ballettänzerinnen verwandeln, die gleichsam stimulierend auf die erotische Begierde wirken, bis sich diese endgültig an einem schönen Frauenbildnis im Zauberspiegel entzündet. Der dort Zurückgewiesene ist bereit, den Pakt zu schließen. Der Grund dafür ist eindeutig genug. Es geht um den Geschlechtsgenuß und um nichts anderes: weder um Erkenntnis, noch um Macht, noch um Reichtum. Um der zeitlich-irdischen Genüsse willen wird auf die himmlische Seligkeit verzichtet, und stellvertretend für alle diese Genüsse steht auch im weiteren Verlauf des Tanzpoems der Eros und nur der Eros.

Der erste Schritt zur neuen Weltfahrt ist recht originell. Aus dem Gelehrten Faust wird der Tänzer Faust, der in seiner Mephistophela eine vorzügliche Lehrmeisterin findet. Seine im Tanz sich entzündende Leidenschaft und immer mehr »sich steigerende Seelentrunkenheit« scheint jetzt auch bei dem schönen Frauenbildnis des Zauberspiegels Erwiderung zu finden. Das Bündnis mit der Hölle gipfelt im ersten Akt in der Befreiung des Leibes durch die Virtuosität und Beschwingtheit des Tanzes.

Aber der Eros hat auch seine teuflischen Tücken. Das wird in den nachfolgenden Akten deutlich, die nach wie vor die geschlechtliche Thematik in Tanzpantomimen widerspiegeln. Jedoch wird sie jetzt auf zwei sehr entgegengesetzte Pole verteilt: den Hexensabbath der Walpurgisnacht und die heroische Pastorale der Helena-Begegnung. Nicht nur auf dem Blocksberg, sondern auch in Homerischen Gefilden ist Mephistophela aktiv beteiligt. Das unterscheidet sie von Goethes Teufel, der im Helena-Akt nur eine skeptisch zuschauende, verwirrende und kommentierende Rolle übernehmen darf und seine Herkunft aus dem düsteren Norden niemals verleugnet. Für die beiden mythischen Welten von Walpurgisnacht und Helena-Kult bietet der zweite Akt nur eine verwischte historische Kulisse als Übergang. Die vermittelnde Figur ist das Bild im Spiegel, das nunmehr als reale Herzogin, die aber in Wahrheit eine Hexe ist, wiederkehrt. Wo befinden wir uns? Die komplizierte Vielfalt von Tanz- und Zaubervorführungen bis zum Tanz im Tanzspiel selbst – der kultische Tanz Davids vor der Bundeslade wird in seinem magischen Wiedererscheinen als Posse parodiert, und die beschworene Gruppe bietet nur fratzenhafte, wenn auch amüsante »Karikaturen« – läßt den historischen Raum undeutlich werden. Heine hat uns wohl absichtlich im unklaren gelassen. Die dramatische Gestaltung der Faustsage ist an sich nicht an zeitliche Grenzen gebunden. Zu den vielen Würden des Teufels gehört auch seine Identifikation mit der Poesie. Als »Pegasus« verkörpert er deren Macht, »Faust zu allen Herrlichkeiten und Genüssen dieser Erde ... in der kürzesten Frist hinüberzutragen«.[16] Heine brauchte im zweiten Akt nur eine Epoche, die stellvertretend für fürstliche Souveränität und fürstlichen Absolutismus vom christlichen Mittelalter bis zum Rokoko steht. Aber er parodiert sie bereits im Stadium ihrer sehr privat gewordenen Auflösung. Der zunächst steife und gravitätische Herzog, der mit einer ironisch zimperlichen Mephistopela tanzt, entpuppt sich am Ende als lüsterner Faun; die vornehme Dame, die Herzogin als die Hexe, erkennbar an dem güldenen Schuh am linken Fuß. Zauberstücke und immer wilder werdende Tänze steigern die »tolle Lust«. Der ganze Akt endet im chaotischen Durcheinander. Faust und Mephistophela müssen auf zwei schwarzen Rossen entfliehen, die sie durch die Luft davontragen.

Sind diese Metamorphosen von Tänzen und Tanzspielen nur ein amüsanter Ulk oder haben sie auch eine tiefere Bedeutung? Ich möchte sie Chiffren nennen für einen vorgespiegelten Schein, mit dem sich zugleich eine soziale Ordnung auflöst. Der Tanz verrät hier, in welchem Ausmaß der Mensch in die Illusion hineingeraten kann. Was Faust und die Herzogin wie eine überschwengliche Passion vorführen, wird von Mephistophela und dem Herzog, sei es gewollt oder ungewollt, parodiert und damit auch relativiert. Das alles sind nur verschiedene Spielarten der geschlechtlichen Begierde, die sich im wirren Umkreis von »süßlich gezierter Arkadientänzelei« des Rokoko, von Phantasmagorie mit fratzenhaften Karikaturen und dämonischen Ballettänzerinnen des Teufels, stets von neuem täuschend und getäuscht, aber ohne Erfüllung bewegt. Die im Tanz gespiegelten Welten lösen sich im Tanz zugleich auf. Was der Tanz am Ende des ersten Aktes an Freiheit versprach, scheint hier bereits verspielt und vertan. Ist nicht alle Sinnenlust nur Täuschung, nur Illusion? Beginnt nicht bereits hier die Heinesche Kritik am Sensualismus? Denn trotz aller eindeutigen Sympathie für diesen Sensualismus ist Heines Auseinandersetzung mit den beiden Polen Sensualismus und Spiritualismus nicht eine einseitige Parteinahme für

---

[16] Vgl. Elster 6, 513.

den einen der beiden gewesen. Er hat stets beide in ihrer dialektischen Spannung gesehen und konnte eben darum so schwer von ihnen loskommen.

Der dritte Akt ist ganz vom Hexensabbath und der Satansmesse beherrscht. In der Mitte der Szene ist ein steinernes Postament aufgebaut wie ein Altar. Darauf steht Luzifer als schwarzer Bock mit einem schwarzen Menschenantlitz und einer brennenden Kerze zwischen den Hörnern. Die Gebirgskulisse stellt sich wie ein Amphitheater dar, und Theater ist es in der Tat, was uns die Notabilitäten der Unterwelt vorspielen. Bezeichnend genug, daß Heine die Versammlung mit einem Maskenball vergleicht, zumal viele von ihnen auch wirklich verlarvt und vermummt sind! Diese theatralische Teufelswelt hat ihre eigene Faszination. Gewiß, sie ist barock, bizarr und abenteuerlich, aber selbst sie darf »dennoch den Schönheitssinn nicht verletzen, und der häßliche Eindruck des Fratzenwesens wird gemildert oder verwischt durch märchenhafte Pracht und positives Grauen«. Schönheit des Grotesken und Grauenvollen, »romantique défroqué«, darin liegt die suggestive Anziehungskraft, die dieses phantastische Schauspiel nicht nur für Faust, sondern auch für Heine hat. Hier haben die Herzogin-Hexe und der Zauberer Faust ihr Stelldichein verabredet; hier finden sie sich wieder, »und ihre überschwellende Inbrunst offenbart sich in den verzücktesten Tänzen«. Aber der Zweitanz der »wahren Leidenschaft«, der »wilden Liebe« wird auch diesmal parodiert im Teufelstanz der Mephistophela mit dem dürren Junker in schwarzer, spanischer Manteltracht und mit einer blutroten Hahnenfeder auf dem Barett. Dieser zweite Tanz verrät seine Unwahrheit in dem »buhlerischen Ausdruck der Galanterie, der zärtlichen Liebe, der sich selbst persiflierenden Lüsternheit«. Wahrscheinlich wurde Heine hier durch die beiden Paare aus Goethes nordischer Walpurgisnacht angeregt: Faust mit der jungen Hexe, Mephistopheles mit der alten tanzend; aber bei Goethe hat Fausts Tanz nichts überschwellend Verzücktes, er ist Ausdruck lüsterner Begierde, die sehr rasch ihre Entzauberung erfährt; bei Mephistopheles tritt uns sogar nur noch der unverhüllt gemeine und vulgäre Sex entgegen. Heine hingegen romantisiert die Beziehung von Faust und Herzogin, verklärt sie immerhin zunächst ins Rauschhafte; Mephistophela wiederum ist nicht gemein, sondern spielt mit dem Geschlechtlichen, nimmt es nicht absolut. Sie ist bereits der christianisierte Teufel, der die obszöne Zweideutigkeit der galant intimen Sphäre in einer nur scheinbar gesitteten Welt entdeckt hat und der es versteht, sie mit witziger Ironie zum Werkzeug der Teufelslust zu machen.

Aber auch die »wahre« Leidenschaft findet nur eine Scheinerfüllung. Dem Liebestaumel folgt nicht nur bei Goethe, sondern auch bei Heine die Ernüchterung auf dem Fuße. Offenbar hat der im verborgenen sich abspielende Liebesakt keinerlei wirklichen Genuß gebracht. Der aus dem Walde zurückgekehrte Faust reagiert mit Verstörung und Abscheu, die Herzogin verfolgt ihn jetzt vergeblich »mit den wollüstigsten Karessen«. Das Reich des Teufels hat nur vordergründig den theatralischen Zauber von Maskenball und Sinnenfreude. Der Bock auf dem Postament gleicht in keiner Weise einem griechischen Dionysos. Mit der verzweifelten Herzogin tanzt er ein Menuett in »langsam gemessen zeremoniösen Pas«, und auf seinem Antlitz »liegt der Trübsinn eines gefallenen Engels und der tiefe Ennui eines blasierten Fürsten«. In dieser Hinsicht ist er von der ja auch zu seinem Höllenreich gehörenden Mephistophela sehr verschieden, wie denn überhaupt diese Walpurgisnacht kaum an den Höllenspektakel erinnert, den Heine in der »Lutezia« als den dionysischen Cancan der unteren Volksschichten beschrieben hat. Je von der Optik des Dargestellten her wechselt Heine bedenkenlos seine jeweiligen Vorzeichen.

Hinter Teufelskult, Teufelskarneval und blasphemisch parodierter Kirchenmusik lauert die Schwermut, die in der Selbstverbrennung des Bokkes am Ende kulminiert. So sehr Faust die kirchliche Asketik und der gotische Wust verhaßt sind, an ihrer fratzenhaften Verspottung kann er ebensowenig Befriedigung finden. In der großen Auseinandersetzung von heidnischem Sensualismus und christlichem Spiritualismus gerät das Reich Satans in das Zwielicht, weder zu dem einen, noch zu dem anderen ganz zu gehören. Die Auflehnung gegen den christlichen Gott und den christlichen Glauben führt hier zu keiner Befreiung der natürlichen Geschlechtlichkeit des Menschen, zu keinem Triumph des Schönen, sondern verstrickt nur in Langeweile und Ekel. Die Liebesekstase schlägt in ihr Gegenteil um. Faust will seine so leidenschaftlich geliebte Herzogin jetzt nur noch loswerden und empfindet nunmehr »eine unendliche Sehnsucht nach dem Reinschönen, nach griechischer Harmonie, nach den uneigennützig edlen Gestalten der Homerischen Frühlingswelt«. Auch dahin kann ihn seine amüsante, aber auch gefährliche Mephistophela noch bringen, zumal sie ja, wie wir bereits sagten, auch die Macht der Poesie repräsentiert. Der höchste Genuß, die höchste Herrlichkeit dieser Erde hieß für Heine ebenso für seinen Faust Helena von Sparta, »die schönste Frau der Poesie« und nach Heines freier Erfindung die Königin einer griechischen Insel im Meer. Heines »Erläuterungen«, die lobend hervorheben, daß auch Goethe die schöne Helena ganz aus dem Geist der Sage getreu gestaltet habe – eine Behauptung, die sich freilich kaum halten läßt –, unterstreichen das mit Nachdruck.

»Unendlich bedeutungsvoll ist die Erscheinung der schönen Helena in der Sage vom Doktor Faust. Sie charakterisiert zunächst die Epoche, in welcher dieselbe entstanden, und gibt uns wohl den geheimsten Aufschluß über die Sage selbst. Jenes ewig blühende Ideal von Anmut und Schönheit, jene Helena von Griechenland, die eines Morgens zu Wittenberg als Frau Doktorin Faust ihre Aufwartung macht, ist eben Griechenland und das Hellenentum selbst, welches plötzlich im Herzen Deutschlands emportaucht, wie beschworen durch Zaubersprüche. Das magische Buch aber, welches die stärksten jener Zaubersprüche enthielt, hieß Homeros, und dieses war der wahre, große Höllenzwang, welcher den Faust und so viele seiner Zeitgenossen köderte und verführte.«[17]

Erst hier hat Faust das Christentum und seine Askese endgültig hinter sich gelassen. Hier brauchte nichts mehr parodiert zu werden. »Alles atmet hier griechische Heiterkeit, ambrosischen Götterfrieden, klassische Ruhe. Nichts erinnert an ein neblichtes Jenseits, an mystische Wollust – und Angstschauer, an überirdische Ekstase eines Geistes, der sich von der Körperlichkeit emanzipiert: hier ist alles reale plastische Seligkeit, ohne retrospektive Wehmut, ohne ahnende leere Sehnsucht.« Kürzer gesagt: hier ist alles verwirklichte Utopie, paradiesischer Zustand im antik-homerischen Gewande. Helena, die Königin dieser Insel, tanzt an der Spitze ihrer Hofmägde vor dem Venus-Tempel in gemessenen, keuschen und feierlichen Posituren.

In diese Welt brechen Faust und Mephistopela ein. Es ist bezeichnend für Heine, daß auch diese hier hingehört. Auch sie und nicht nur Faust ist befreit »von einem düstern Alpdruck, von einer schnöden Krankheit, von einem tristen Wahnsinn«; auch sie erquickt sich »an diesem Anblick des Urschönen und des wahrhaft Edlen«. Es ist gewiß nicht Heines Meinung, daß der Teufel hier nur eine Komödie vorführt. Goethes Mephistopheles, der sich durch die antiken Geister nur iritiert fühlte, mußte sich in der klassischen Walpurgisnacht in der einsamen und finsteren Nachthöhle der Phorkyaden verbergen: Heines Mephistophela hingegen tanzt als Bacchantin entfesselte Tänze gemeinsam mit göttlich

---

[17] Ebd., S. 505.

rasenden Mädchen und Jünglingen, ohne daß sie dabei das Dionysische etwa parodiert. Es scheint mir nicht richtig, den bacchantischen Tanz der Mephistophela als ein gewolltes Mittel der Täuschung zu interpretieren.[18] Das Dionysische kann schon darum nicht täuschen, weil seine »Wahrheit« nur im Unbewußten erfahren wird. Der Teufel hat hier kaum die Züge des christlichen Beelzebub, sondern weit mehr die des Heineschen elementaren Feuergeistes, und es gehört zu seiner erstaunlichen Vielseitigkeit, daß ihm auch diese Metamorphose inmitten der Antike gelingt. Wie sehr diese Steigerung ins Bacchantische über den kultisch klassischen Tanz der Helena vor dem Venus-Tempel noch hinausgeht und als positive Lust verstanden werden muß, darüber kann uns jeder Vergleich mit entsprechenden Tanzpantomimen in der »Göttin Diana« unterrichten.

»Heroische Pastorale« und »antike Humoreske« – der Kampftanz der auf Schwänen herangerittenen Amoretten – beides hat jedoch keinen überdauernden Bestand. Es ist der Einbruch der mittelalterlichen Welt, der das antike Paradies der Freude und den höchsten Triumph des Eros zerstört. Stellvertretend dafür steht die als ungeheure Fledermaus zurückgekehrte Herzogin, die wie eine leidenschaftlich eifersüchtige Furie Faust und Helena bedroht. Mephistophela, in beiden Welten zu Hause, reagiert hier passiv mit beobachtender Schadenfreude. Das Versinken der antiken Welt ereignet sich in einer schauderhaft katastrophalen Umwandlung. Unter den Beschwörungssprüchen der Herzogin wird alles von Wetter und Tod getroffen. »Der Tempel ist zu einer Ruine zusammengesunken, die Bildsäulen liegen gebrochen am Boden; die Königin Helena sitzt als eine fast zum Gerippe entfleischte Leiche in einem weißen Laken zur Seite des Faust«, ihre Gefährtinnen sind in knöcherne Gespenster verwandelt, gehüllt in weiße Tücher, als Lamien setzen sie ihre heiteren Tanzposituren fort, so, als ob nichts passiert wäre. Fausts ganzes Glück ist durch diese dramatische Begebenheit, die im Versinken der Insel mit den tanzenden Lamien kulminiert, für immer zerstört, und da nützt es kaum, wenn er vorher noch aus Rache mit gezücktem Schwert die Brust der Herzogin durchbohren konnte. Dem Teufelsbündler und seiner höllischen Tänzerin bleibt wieder einmal nur die Flucht durch die Luft auf den obligaten schwarzen Gäulen.

Die antike Welt hat hier nicht wie in der »Göttin Diana« überzeitlichen utopischen Charakter; sie ist aber auch keine sinnlich-übersinnliche

[18] So bei Stiefel, vgl. Anm. 1.

Phantasmagorie, die ein kluger Teufel in ihren Realitätsgehalt in Frage stellt wie bei Goethe. Sie wird in der Tanzpantomime noch einmal heraufgeholt aus ihrer geschichtlichen Versunkenheit; sie repräsentiert den vorweggenommenen, aber nicht endgültigen Sieg über den christlichen Spiritualismus und das nordisch trübe gotische Zauberwesen. Dennoch trägt auch sie das Stigma der Vergänglichkeit und des Todes, der Traum ihrer endgültigen Wiedergeburt ist ausgeträumt; nur als exilierte Götter, als Dämonen, an deren »Größe auf dieser Erde« bereits »die heimlichen Ratten« nagen,[19] dürfen die antiken Götter beim späten Heine noch eine Zeitlang weiterleben.

Darin steckt in der Tat ein tiefer Pessimismus. Die Aussöhnung zwischen den geistigen und sinnlichen Erfahrungen des Menschen ist niemals endgültig. Sie existiert bei Heine eigentlich nur in der historischen Erinnerung, höchstens noch in der utopischen Hoffnung, aber als wieder erinnerte ist sie auch schon gestorben, so daß die Schönheit zur Maske des Verderbens wird und Helena und die ihren nur noch als verfaulte Leichname weiterexistieren, ohne daß dieser Vorgang von ihnen selbst wahrgenommen wird.[20] Nicht nur die Sinnenlust täuscht, auch die paradiesische Heiterkeit der klassischen Antike tut es. Das Vergiftende liegt in der Vergänglichkeit dieses fast schemenhaften Augenblicks, der inmitten einer ununterbrochen gleitenden und sich verwandelnden Wirklichkeit genau so wenig Bestand hat wie alles andere. Hinzu kommt, daß Heines Faust in keiner Weise ein Täter ist, der sich seine eigenen Welten aufbaut wie bei Goethe, sondern weit eher der passiv Getriebene, der die Führung mehr oder weniger an Mephistophela abgetreten hat. Man hat ihn zwar auf Grund der Dominanz der sexuellen und erotischen Motive mit Don Juan verglichen.[21] Aber dieser Vergleich ist schief. Faust mag einige Züge von Heine selbst haben, zumal dieser gemeint hat, jeder Mensch solle s e i n e n Faust schreiben. Trotzdem hat Heine seinen Helden im letzten Akt einer bösen Kritik unterworfen. Dort ist er weit eher eine Art Jedermann, bei dem der hochmütige Aufschwung in die Magie und in den Teufelsbund nur Stückwerk blieb. Heines eigentliches Interesse galt weit mehr den Metamorphosen seiner Mephistophela, die stellvertretend stehen konnten für die zwielichtige Situation zwischen jüdisch-christlichem Spiritualismus und der vergeblichen Hoffnung auf einen zu Ende gelebten Sensualismus.

---

19 Elster 6, 98.
20 Vgl. darüber auch Stiefel, Anm. 1.
21 So in dem Buch von Niehaus, vgl. Anm. 1.

Was soll jetzt mit Faust geschehen, nachdem er den Höhepunkt der Lust bereits hinter sich hat, aber ihn auch mit Hilfe des Teufels nicht auf die Dauer behaupten konnte? Das wäre ja auch schwerlich im Sinne dieses Teufels gewesen, der bei Heine, trotz seiner dionysischen Eskapaden, ein eiskalter Zyniker ist und bleibt. Solche Widersprüche müssen wir hinnehmen, obgleich sie uns noch manchen Aufschluß über das Widersprüchliche in Heine selbst geben könnten. Der Schlußakt der Pantomime führt nicht mehr in die magische Teufelswelt wie der erste, nicht mehr in die zerfallene mittelalterlich-barocker Hoffeste, nicht mehr zum Tempel der Venus Aphrodite und der traumhaft schönen Mittelmeerinsel der Helena, sondern in die bereits verbürgerlichte Epoche des 16. Jahrhunderts. Kirmesjubel, Schaubuden, Musikanten, Puppenspiel, umherspringende Pickelhäringe, der fröhliche Einzug des Schützenkönigs und auf dem Rasenplatz tanzende Honoratioren gehören hier zu einer Kulisse, innerhalb derer der »hochgelahrte Doktor Faust« als Quacksalber mit angeblichen, aber immerhin vorübergehend wirkenden Wunderheilungen auftritt, so daß mancher, der durch die Tränklein und die Mixturen geheilt schien, »von der unbändigsten Tanzlust« ergriffen wurde. Mephistophela wiederum, marktschreierisch aufgeputzt, reich bebändert und befiedert und in der Hand eine große Trompete, bläst die Fanfare und tanzt »Reklame« für das Volk.

Von dem gewaltigen Zauberer und Tänzer Faust ist kaum etwas übriggeblieben. Die Helena-Beschwörung konnte Heine in seinen als Motto vorangestellten Versen noch als eine Begegnung von Leben und Tod deuten. Faust belebte die aus dem Grab beschworene Helena »mit Wollustglut«, kann aber dann diese Glut nicht stillen, während die unersättliche tote Helena seine Seele austrinkt. Das Tanzpoem selbst enthält freilich nur Andeutungen über eine solche gespenstisch-mythische Vertauschung von Leben und Tod. Zu Beginn dieses Aktes war es heroische Pastorale, sehr bald aber nahm es spukhafte Todeszüge an. Nunmehr ist Faust zum Volksbelustiger und zum Scharlatan herabgesunken, der schließlich den bescheidenen Weg ins bürgerliche »Glück« sucht und auch findet. Faust als Bräutigam einer naiven Schönen, von deren reiner Natürlichkeit, Zucht und Schöne er bezaubert ist, einer Bürgermeisterstochter, um die er »mit wehmütigen, fast schüchternen Gebärden nach der Kirche deutend« geworben hat, das wirkt fast wie eine gewollte Parodie Heines auf jenen Goetheschen gelehrten Doktor, der die Hölle bemühen mußte, um sein kleinbürgerliches Gretchen verführen zu können. Die Thematik wird von Heine ganz aus dem Titanischen herausgenommen und ironisch verharmlost. Braut und Bräutigam tanzen »ihre sittsam bürgerlichen Hymeneen«. Heine gießt die ganze Schale seines Hohnes über diesen zum Spießer gewordenen, nunmehr »bekehrten« Faust aus: »Der Doktor hat endlich im bescheiden süßen Stilleben das Hausglück gefunden, welches die Seele befriedigt. Vergessen sind die Zweifel und die schwärmerischen Schmerzgenüsse des Hochmutgeistes, und er strahlt vor innerer Beseligung wie der vergoldete Hahn eines Kirchturms.« Ein solcher, bereits sehr biedermeierlich anmutender Faust hat aufgehört, der zur Sünde entschlossene Teufelsbündler zu sein. Er ist weit eher nur ein demaskierter bürgerlicher Jedermann. Seine Flucht in die Idylle, in die Ehe und in die Kirche machen ihn nach Heines Meinung reif für das Gericht der Hölle. Mit beispielloser Kühnheit hat der Autor hier den Sinn der Sage, deren Ablauf er genau beibehielt, in sein Gegenteil verkehrt. Das Schreckliche liegt jetzt nicht mehr darin, daß jetzt eine unsterbliche Seele, die sich um irdischer Genüsse willen dem Teufel verschrieben hat, endgültig ihr Seelenheil verliert; dies wird vielmehr parodiert durch den verbürgerlichten selbstzufriedenen Faust, der sich selbst untreu wurde und seinen kühnen Hochmut und die »Schmerzgenüsse« preisgab für die Trivialität einer bürgerlich-christlichen Ordnung, die Heine nach wie vor zuwider war. Freilich war auch vorher von solcher Kühnheit und solchem Hochmut kaum etwas zu spüren. Geradezu mit Wonne läßt Heine *diesen* Faust unter Blitz und Donner vom Teufel holen, der sich nunmehr aus einer lustigen Tänzerin in eine gräßliche Schlange verwandelt hat und, begleitet von gekrönten und Szepter tragenden Höllenfürsten, den armen Doktor mit wilder Umschlingung erdrosselt. »Die ganze Gruppe versinkt unter Flammengeprassel in die Erde, während das Glockengeläute und die Orgelklänge, die vom Dome her ertönen, zu frommen, christlichen Gebeten auffordern.«

Das dramatische Schlußbild arbeitet den Kontrast von vergeblich ertönender christlicher Musik und wildem, sinnlich ausgemaltem Höllenunwesen heraus. Heines Faust sollte und durfte nicht gerettet werden, und bei seinem erbärmlichen Ende gehört die mehr oder weniger uneingestandene Sympathie des Dichters durchaus der Hölle. Jedoch die große geschichtliche Auseinandersetzung zwischen christlicher Askese und irdischem Daseinsglück bleibt weiter unentschieden. Ihre Lösung war für Heine höchstens in der Utopie zu finden wie im Tanzpoem seiner »Diana«, das mit der Apotheose einer dionysischen Wiedergeburt schloß oder wie in seinem Glauben an die Gottwerdung des Menschen, der die Erde in ein Paradies verwandelt. Noch 1847 im Vorwort zu Weills »Sittengemälde« hat er das so verkündet: ... »unsere gesünderen Nachkommen werden in freudigster Ruhe ihre Göttlichkeit betrachten, bekennen und behaupten. Sie werden die Krankheit ihrer Väter kaum begreifen können. Es wird ihnen wie ein Märchen klingen, wenn sie hören, daß weiland die Menschen sich alle Genüsse dieser Erde versagten, ihren Leib kasteiten und ihren Geist verdumpften ...«[22] Aber dieser poetisch noch festgehaltene Glaube an »eine freudige Götterversammlung der Menschen«, der freilich auch als ein politisches Programm für die Zukunft der emanzipierten Völker verstanden sein wollte, ist in Wahrheit beim späten Heine bereits durch das Leid der Krankheit und durch die Enttäuschungen an der mißglückten Revolution von 1848 gebrochen, und nichts davon findet sich mehr in jener grausamen, selbstkritischen »Berichtigung« vom 15. April 1849: »ich bin nicht mehr der ›freieste Deutsche nach Goethe‹ ...; ich bin nicht mehr der große Heide Nr. II, den man mit dem weinlaubumkränzten Dionysus verglich, während man meinem Kollegen Nr. I den Titel eines großherzoglich weimar'schen Jupiters erteilte; ich bin kein lebensfreudiger, etwas wohlbeleibter Hellene mehr, der auf trübsinnige Nazarener herablächelte – ich bin jetzt nur ein armer todkranker Jude, ein abgezehrtes Bild des Jammers, ein unglücklicher Mensch!«[23] Was 1846 und 1847, schon zu Beginn der Leidenszeit, gedichtet und niedergeschrieben wurde, hat Heine in der »Berichtigung« von 1849 und in den »Geständnissen« von 1853/54 nicht etwa zurückgenommen; aber er hat eingesehen, einsehen müssen, daß dem Menschen in Krankheit und Tod eine Grenze gesetzt ist, die auch er und gerade er am Ende seines Lebens respektiert hat.

[22] Elster 7, 376.
[23] Ebd., S. 537 f.

Donald C. Riechel

"Thou com'st in such a questionable shape": Theodor Fontane's *Die Poggenpuhls*

Theodor Fontane's penultimate novel, *Die Poggenpuhls,* so lean in girth and scant in content that it seems the mere ghost of a novel, was first published in a popular family magazine, *Vom Fels zum Meer.* This was not an unusual circumstance; all of Fontane's novels appeared for the first time serialized either in family magazines or in literary journals. *Unwiederbringlich, Frau Jenny Treibel,* and *Effi Briest,* for example, joined the works of Heyse, Keller, C. F. Meyer, Storm, Huch, and Ebner-Eschenbach in the excellent pages of *Deutsche Rundschau.* But in the comfortable, encyclopaedic expanse of *Vom Fels zum Meer, Poggenpuhls* found a much different context. *Vom Fels zum Meer* was a rather skillfully edited imitator of *Die Gartenlaube* (with which it merged in 1905),[1] prototype of all the many richly illustrated, entertaining, edifying, informative, forever "modern" mass media products in whose pages "Kitsch, Belletristik und literarische Qualität ineinanderfließen und ihre ungewissen Konstellationen bilden," as Peter Demetz has put it.[2] It was a context Fontane knew intimately through

---

1 Joachim Kirchner, *Das deutsche Zeitschriftenwesen: Seine Geschichte und seine Probleme,* Teil II (Wiesbaden: Otto Harrassowitz, 1962), p. 355: "Das Journal verfügte über einen Stamm von Mitarbeitern, der die vielen Sparten wie z. B. erzählende Prosa, Gedichte, Länder-, Völkerkunde, Städtebilder, Naturgeschichte, Geschichte, Militär- und Marinewesen, bildende Kunst, Literatur, Theater und Musik ständig mit fachgerechten Aufsätzen belieferte, welche mit vielen Illustrationen ausgestaltet waren. Den Schluß jedes Heftes bildete 'Der Sammler' mit den Rubriken 'Unser Hausgarten,' 'Trachten der Zeit' (Mode), 'Küche und Haus' (Kochrezepte), 'Zum Kopfzerbrechen' (Rätsel), 'Neue Bücher,' 'Neue Musikalien,' und 'Der gestirnte Himmel.'"

2 Peter Demetz, *Kitsch, Belletristik, Kunst: Theodor Fontane: Vortrag zum 150. Geburtstag von Theodor Fontane, gehalten im Studio der Akademie der Künste Berlin am 6. Dezember 1969,* Anmerkungen zur Zeit, Heft 14 (Berlin: Akademie der Künste, 1970), p. 10.

long years of journalistic day-labor. Newspapers and magazines, the domain of Eugenie Marlitt, Max Ring, Brachvogel, "Personen, die ich gar nicht als Schriftsteller gelten lasse" (letter to his wife, April 15, 1879), were his natural milieu, his raw material, and his foil.

Of all his works, none reveals so well Fontane's involvement in this milieu — and at the same time the sure beginnings of his triumph over it — as his first Berlin novel, *L'Adultera* (1880 in *Nord und Süd*), with its embarrassingly sentimental ingredients — and masterful *Causerie*.[3] The temptations of kitsch made of *L'Adultera* a special case, mischievously remembered even fifteen years later in *Poggenpuhls*, where Fontane seasons Manon's enthusiastic description of the Bartensteins with the remark: "'In einem Damenkomitee für das Magdalenum [a home for wayward girls] sitzt Frau Melanie, das ist der Vorname der Frau Bartenstein, seit einer Reihe von Jahren ....'"[4] Very probably this is self-irony with a double view: beside the adultress Melanie van der Straaten one glimpses through the word "Magdalenum" the figure of Magdalene Nimptsch (in *Irrungen Wirrungen;* the book appeared in 1888, a year of some consequence for *Poggenpuhls,* as we shall see).

After *L'Adultera* Fontane seldom, and then ultimately never, made concessions to the tastes of a *Gartenlaube*-readership, and took pleasure and no small pride in measuring his artistic achievement in terms of its distance from what he once called "das herkömmliche Romanblech" (letter to Wm. Hertz, Nov. 24, 1878), the "Sentimentalitätsgesäure" (to Friedlaender, June 26, 1896) that an Eugenie Marlitt would certainly have concocted particularly with a story like *Poggenpuhls.* A Prussian officer, "especially one in family or money trouble, was a sure tear-jerker," Roy Pascal reminds us: "In fact, one of the distinguishing features of the popular play and novel, the best-seller, is the admiration of the aristocracy — as one might say that the recommendation of obsolete values is the essence of kitsch."[5] Meanwhile *Poggenpuhls* had

---

[3] Ibid., pp. 13–17. Demetz also reminds us (p. 12) of the witty definition of the standard kitsch-novella given by the sharp-tongued Dr. Pusch in Chapter xxxiv of *Stechlin.*

[4] Theodor Fontane, *Sämtliche Werke,* hrsg. Walter Keitel, IV (München: Carl Hanser Verlag, 1963), p. 548. All further page references to *Poggenpuhls* will be made to this volume and will henceforth appear in the text.

[5] Roy Pascal, *From Naturalism to Expressionism: German Literature and Society 1880–1918,* Literature and Society (London: Weidenfeld and Nicholson, 1973), p. 38. See also pp. 294–295 on the general elements of kitsch, examples of which have been collected by Walther Killy in his *Deutscher Kitsch: Ein Versuch mit Beispielen,* Kleine Vandenhoeck Reihe 125/126/127 (Göttingen: Vandenhoeck &

been rejected by yet another *Gartenlaube*-imitation, the patriotic, conservative *Daheim* (which had published *Vor dem Sturm* seventeen years before), because the editors feared that aristocratic readers might take offense.

In the pages of *Vom Fels zum Meer*, a realm presided over, for all its romances, by the late century's positivistic zeal, *Poggenpuhls* was read as realistic entertainment, as a "look through the keyhole" [6] and record of overheard conversations affording the titillation of a successful invasion of privacy. To Paul Heyse, this "coin de réalité vu par un tempérament" [7] was not art; but Paul Schlenther, Sophie von Poggenpuhl's "sehr scharfer Kritiker" (524), found *Poggenpuhls* not only realistic, but naturalistic, more naturalistic than any of Fontane's earlier works (in *Vossische Zeitung* Nr. 527, Nov. 8, 1896). The first reviewers who admired the little novel all praised its style; it was obvious that the story was as insubstantial as the Poggenpuhl family's larder: the contents of both are merely leftovers, poor nourishment for plots and heroes — yet to Fontane sustenance enough for two modest virtues: "Erstens ist es kurz, und zweitens wird nicht drin geschossen" (to Schlenther, Nov. 4, 1896). To another critic who had appreciated the novelty of his unconventional narrative, Fontane gladly admitted: "Das Buch ist kein Roman und hat keinen Inhalt, das 'Wie' muß für das 'Was' eintreten — mir kann nichts Lieberes gesagt werden" (to Siegmund Schott, Feb. 14, 1897).

Despite the discerning reviews of 1896 and 1897 and Fontane's own opinions recorded in his letters (*Briefe an seine Familie*, the first collection, appeared 1905; *Briefe an seine Freunde 2. Sammlung*, 1910), the critical reception of *Poggenpuhls* all in all amounts to a history of

---

Ruprecht, 1962). Important in this context are Hermann Broch's reflections in *Dichten und Erkennen: Essays Band I: Gesammelte Werke* (Zürich: Rhein Verlag, 1955), pp. 295–309. See also Friedrich Sengle, "Der Bürger kauft die *Gartenlaube*, nicht Keller," in: *Biedermeierzeit: Deutsche Literatur im Spannungsfeld zwischen Restauration und Revolution 1815–1848*, Band I (Stuttgart: J. B. Metzler, 1971), pp. 268–269.

6 Ferdinand Avenarius, "*Die Poggenpuhls*," in: *Der Kunstwart* 10 (1896/97), 101, quoted in: Walther Migge, *Theodor Fontane 1819–1969: Stationen seines Werkes: Eine Ausstellung des Deutschen Literatur-Archivs im Schiller-National-Museum Marbach a. N.*, Sonderausstellungen des Schiller-Nationalmuseums, Kat. Nr. 20, Ausstellung und Katalog von Walther Migge (Stuttgart: Turmhaus GmbH Verlag, 1969), p. 205.

7 Heyse in a letter to Siegmund Schott, as reported by Julius Petersen, "Fontanes Altersroman," *Euphorion* 29 (1928), 12–13. With "tempérament" Heyse disapproves of Fontane's nonchalant "Plauderton."

negligence. For several decades there was virtually no one who saw in Fontane a novelist whose art was the surer and more amazing, the older he grew — no one, except Thomas Mann, whose first published opinion of Fontane had been a declaration of love, printed May 7, 1910 (in *BZ am Mittag*) in honor of the unveiling of the Fontane monument in the *Tiergarten.* But when the first significant study of Fontane appeared in 1919, its author, Conrad Wandrey, failed to mention Thomas Mann in his appended survey of secondary literature,[8] and wrote an opinion of *Poggenpuhls* (and *Stechlin*) that was to endure for nearly a half century.[9] *Poggenpuhls* collapses, so Wandrey thought, with the shift of scene from Berlin to Adamsdorf, and with Fontane's abandonment of the only figure providing forward motion to the story, Leo von Poggenpuhl, whose career should have unfolded before us like the confusion of Leopold Treibel (Wandrey, pp. 298—299). Instead, Wandrey wrote, Fontane fractured the plot, and the result was a novel comprised of two disproportionate parts, the first successful, the second, beginning with Sophie's letters, evidence of Fontane's waning creative powers.

The opinion that his art was affected by senescence, if not senility, would no doubt have appealed to Fontane's self-irony, which made him fond of Hamlet's phrase, "thou com'st in such a questionable shape" (as in his letter to Ludwig Pietsch, June 29, 1898). As for *Poggenpuhls,* he would have conceded — in fact, he did concede — that the novel had a most questionable shape. In a letter to Friedrich Spielhagen (Nov. 24, 1896), Fontane apologizes for having written a book in such apparent though not deliberate disregard for Spielhagen's theory of the novel, a theory Fontane claims to support nevertheless. The letter then continues:

> Mitunter aber gestaltet sich's doch anders, und hier ist solch Fall gegeben. Das Programmäßige, das Schemaaufstellen für die hinterher auftretenden Personen und nun gar das Abbrechen der Erzählung, um an Stelle der-

---

[8] Conrad Wandrey, Theodor Fontane (München: C. H. Beck'sche Verlagsbuchhandlung, 1919), pp. 407–412, as noted by Helmut Nürnberger, *Der frühe Fontane: Politik – Poesie – Geschichte: 1840 bis 1860* (Hamburg: Christian Wegner Verlag, 1967), p. 39.

[9] See for example Ernst Alker, *Die Deutsche Literatur im 19. Jahrhundert: 1832–1914* (Stuttgart: A. Kröner Verlag, 1961), p. 498; Jost Schillemeit, *Theodor Fontane: Geist und Kunst seines Alterswerkes,* Züricher Beiträge zur deutschen Literatur- und Geistesgeschichte, 19 (Zürich: Atlantis Verlag, 1961), p. 18; Peter Demetz, *Formen des Realismus: Theodor Fontane,* Literatur als Kunst (München: Carl Hanser Verlag, 1964), p. 178.

> selben in Briefen fortzufahren, ist gewiß ein Fehler, aber ich möchte sagen dürfen, daß ich dadurch größere Fehler (wenn es bei was ganz Kurzem bleiben sollte) vermieden habe.
> Natürlich: Regel ist Regel, das bleibt Paragraph 1. Aber der alte Witz, daß die Gesetze nur dazu da sind, um durchbrochen zu werden, enthält doch auch einen Gran Wahrheit.

This is a concession of such thoroughgoing resilience on Fontane's part[10] that one rightly suspects that the mentioned flaws of *Poggenpuhls* — the programmatic introduction of its characters, and the interruption of the narrative by letters — emerge as the essence of structural virtue. By that token Fontane's letter to Spielhagen is a map of narrative intent.

The characterizations which begin the novel bear little resemblance to the summaries of Sir Walter Scott. The first chapter of *Poggenpuhls* is not only introduction, but completed story as well, as "finished" as the portraits and faded daguerrotypes of the family's "Ahnengalerie"; it is the nutshell of their lives, containing them within untraversable boundaries of time, space, and spirit.

> So wohnten die Poggenpuhls und gaben der Welt den Beweis, daß man auch in ganz kleinen Verhältnissen, wenn man nur die rechte Gesinnung und dann freilich auch die nötige Geschicklichkeit mitbringe, zufrieden und beinahe standesgemäß leben könne, was selbst von Portier Nebelung, allerdings unter Kopfschütteln und mit einigem Widerstreben, zugegeben wurde. Sämtliche Poggenpuhls — die Mutter freilich weniger — besaßen die schöne Gabe, nie zu klagen, waren lebensklug und rechneten gut, ohne daß sich bei diesem Rechnen etwas störend Berechnendes gezeigt hätte. (482)

The little family is skilled in frugality, in the clever re-use of cloth and victuals, memories and words; life is bound to the fate of a coin, and contemplated by a narrator likewise versed in thrift. In telling us of the ladies' "schöne Gabe, nie zu klagen," he imitates Friederike, who brews her tea with re-claimed leaves (573), and re-uses the sounds of "Gabe" in "klagen," which echo in "waren lebensklug" and "rechneten gut" and of "rechneten" again in "Rechnen" and "Berechnendes." Fontane is not noted for such devices. The thrifty re-use of words here frees

---

[10] Demetz, in *Formen des Realismus*, p. 178, reads the letter as an unqualified admission that the novel is flawed. Before him, Petersen had read Fontane's letter to Schott: "Das Buch ist kein Roman und hat keinen Inhalt," in the same way: "Der Verfasser der *Poggenpuhls* war sich über die Schwächen der Durchführung selbst im klaren," "Fontanes Altersroman," *Euphorion* 29 (1928), 12.

them from lexical servitude and lets them dance as pure sound. This is a clue to what is to come, for repetition is both theme and structure in *Poggenpuhls*, both the fact of a threadbare life and the alchemy through which drab realities are transformed into poetic events.

Poggenpuhls even begins twice; the second chapter, with its opening registration of fact: "Es war ein Wintertag, der dritte Januar," is itself "Nachguß" (573), and everything that follows, from birthday to funeral and return to Großgörschen Street, is only a restatement of the Poggenpuhls' changeless routine, a review of their "Gesinnung" and "Geschicklichkeit." Hence the programmatic first chapter is both hidden wealth and structural necessity — "wenn es bei was ganz Kurzem bleiben sollte"; indeed the Poggenpuhls' thrift is, as theme, impeccably in conformity with their novel's brevity, as ruling principle of structure.

In this sense the narrator then need do nothing more than let the Poggenpuhls speak — or write. Lämmert has noted that 60 % of the novel is dialogue, 18 % letters,[11] and this too is thrift, all the more since the Poggenpuhls talk and write about themselves. One cannot be prodigal with themes in the narrative economy of this novel. The evening at the theater, for example (Wildenbruch's play itself re-used in a parody) is discussed three times, first by the children on their return, then by the girls and their mother after Leo's departure, and later by the mother and Uncle Eberhard.[12] At the same time all the conversations and letters are only variations of a single preoccupation: the name Poggenpuhl, which made a title, Fontane wrote, "auf den ich stolz bin" (to Wm. Hertz, Jan. 14, 1892). His authorial pride is an unmistakable remembrance of Walter Scott's urbane manner: "The title of this work has not been chosen without the grave and solid deliberation which matters of importance demand from the prudent" *(Waverley)*. The questionable shape of the novel is therefore the investment of a name that has become a ghost of its former self. The name too comes in quotation

---

[11] Eberhard Lämmert, *Bauformen des Erzählens*, zweite durchgesehene Auflage (Stuttgart: J. B. Metzlersche Verlagsbuchhandlung, 1967), pp. 226–227.

[12] On the play of conversation in *Poggenpuhls*, see Ingrid Mittenzwei, *Die Sprache als Thema: Untersuchungen zu Fontanes Gesellschaftsromanen*, Frankfurter Beiträge zur Germanistik, Band 12 (Bad Homburg v.d.H., Berlin, Zürich: Verlag Gehlen, 1970), pp. 156–164. "Die Armut, die den Poggenpuhlschen Alltag bestimmt, ist der dürftige 'Inhalt' — im Spiel der Sprache, das, von diesem Inhalt ausgehend, sich lachend über ihn erhebt, wird diese Armut zum Reichtum des Romans." p. 162.

marks, "'ein zweilebiger Name, á deux mains zu gebrauchen,'" as Manon says of the name Blumenthal (529). For the Poggenpuhls of Pommersch-Stargard, of Hochkirch, Großgörschen, and Gravelotte, are now the Poggenpuhls of Großgörschen Street, Berlin, with a double view of cemetery and candy factory advertisement, impoverished aristocracy "'in einer Art von Vollendung, oder ... Reinkultur'" (490), and mocked by the sarcastic doorkeeper and man of the people, Nebelung, who hears still a different meaning in the Poggenpuhl syllables: "'Na, so was von Poggen; ich hör es ordentlich quaken'" (571).

From first to last, the Poggenpuhls are the Poggenpuhls are the Poggenpuhls, and the irony that springs from repetition is the narrator's method and intent. Irony is nothing if it is not thrift, the frugal employment of one word for multiple, even contradictory meanings, one utterance for many silences, the surface for the depths — and letters for a plot. In the lines written to Spielhagen, Fontane had defended the letters in *Poggenpuhls* as contributions to a necessary brevity (the economy of irony); in studies of Fontane's art, one usually finds them considered straightaway as a structural flaw,[13] if they are mentioned at all, and the principal correspondent of the family, Sophie, utterly neglected.[14] But she too has a "talent épistolaire," and pens sentences with unmistakable Fontanean rhythms: "'Laß mich recht ausführlich hören, wie's Euch geht. Auch Friederike soll mir schreiben; Dienstbotenbriefe sind immer so reizend, so ganz anders wie die der Gebildeten. Die Gebildeten schreiben schlechter, weil weniger natürlich; wenigstens oft. Das Herz bleibt doch die Hauptsache'" (544). This is the wisdom of the

---

13 As does Fritz Martini, *Deutsche Literatur im bürgerlichen Realismus: 1848–1898*, zweite, durchgesehene Auflage (Stuttgart: J. B. Metzlersche Verlagsbuchhandlung, 1964), p. 789: "Mit der unbeholfenen Brieftechnik im zweiten Erzählteil hat Fontane mühsam den Anschein eines Handlungsablaufes und einen Notschluß ergänzt."

14 Wandrey (p. 297) considered Leo "der bewegende Agens der Dichtung," while Demetz, in a "Nachwort" to the Goldmann paperback edition of *Poggenpuhls* (Goldmanns Gelbe Taschenbücher Nr. 1578), writes that Therese, "nicht die weise Sophie, ist die zentrale Figur des Romans," p. 177. Richard Brinkmann's "Nachwort" to the Reclam edition (Nr. 8327/28) deserves special mention; Brinkmann nicely measures the novel's irony. Concerning letters, see Gotthard Erler, "'Ich bin der Mann der langen Briefe': Bekanntes und Unbekanntes über Fontanes Briefe," *Fontane Blätter*, Band 1, Heft 7 (1968), 314–330, an interesting article which refers to letters in Fontane's novels, but does not mention *Poggenpuhls*. Very striking is the complete neglect of *Poggenpuhls* by Gottfried Honnefelder, "Die erzähltechnische Konstruktion der Wirklichkeit bei Theodor Fontane: Zur Funktion des Briefes im Roman," *Zeitschrift für deutsche Philologie*, Band 92, Sonderheft (November, 1973), 1–36. Nevertheless Honnefelder's article merits attention.

author of Roswitha's letter to Innstetten, of the author of a mountain of letters, nearly 5000 of which are extant: "Denn in meinem eigensten Herzen bin ich geradezu Briefschwärmer und ziehe sie, weil des Menschen Eigenstes und Echtestes gebend, jedem andern historischen Stoff vor" (to Hanns Fechner, May 3, 1889).

The first event of *Poggenpuhls* is the arrival of the mailman. That, of course, is no more event than Friederike's morning chores or the nth fall of the Hochkirch painting from its hapless place on the wall. But it is precisely the non-event that is news, for in accordance with the thematic as well as structural demands of thrift, Leo's letter is plot, introducing a birthday the way Sophie's last letter will confirm a death, at the same time as it is "only" a restatement of the first chapter's characterization of "ein junger Dachs," "Liebling aller," "Angstkind." And Leo's letter is an event in still another sense, for when Therese reads it aloud, the act of reading itself becomes an element of plot, repeated and reflected in conversation when the scene shifts to Adamsdorf, briefly to Thorn, and then back to Adamsdorf. The shift of scene is a change of perspective, not the least for the reader of the novel,[15] for in reading the Poggenpuhl letters, he becomes a reader in both the first and second degree, conscious now of the act of reading as his and as a Poggenpuhl event. More directly than as a reader of conversations, with their attendant quotation marks, he experiences the Fontanean perception of reality as a multitude of different and differing perspectives. With Chapter x even the external form of *Poggenpuhls* divides into individual documents, perspectives separated in time and space ("Adamsdorf, 6. Januar") and then later embraced by the larger design when Sophie's last letters are integrated into the narrative flow in Chapter xii.

The letters of Chapter xi are a comic intermezzo. Leo's theatrical self-pity teases his sister's effervescent plotting, and their correspondence dissolves like Leo's Fata Morgana (502). But Leo and Manon are doubly spared the inclemencies of satire because their letters are both encompassed by Sophie's gentle seriousness and constantly overseen by the narrator, whose irony enables him to comment even when withholding comment. The Fontanean "Plauderton," which Leo and Manon can imitate, is the ever-audible assurance that the Poggenpuhl frailties will

---

[15] Honnefelder, "Zur Funktion des Briefes im Roman," 32, concerning the reader's experience of perspectives.

be protected by the humanism at the heart of the novel, where especially Friederike dwells: "'Aber sie haben alle so was, auch die Therese; sie tut wohl ein bißchen groß, aber eigentlich is es doch auch nicht schlimm. Un nu das Leochen! Ein Tunichtgut ist er und ein Flausenmacher ... Aber man is doch immer ein Mensch, un darin sind sie sich alle gleich'" (532).

The letters of *Poggenpuhls* prove themselves to be the quintessence of thrift inwardly and outwardly, as theme and as structure; they are immediate expressions of "Eigenstes und Echtestes" as well as events which advance the story. It is moreover the nature of letters to communicate from uncommunicating points; while the letters of Chapters x and xi effect a change of scene, the readers (the readers of the novel and the Poggenpuhls of Großgörschen Street) are both here and there, for the letters mean direction and relation. The Adamsdorf letters are in Berlin even as Sophie writes them.[16] Her loving intention is at one with the novelist's purpose: to confront the Poggenpuhls with Adamsdorf, in the spirit of that village-church painting of the Flood wherein there stands beside Mount Ararat and the ark a second mountain, with that same village church upon it (552–553). To Sophie it is an appealingly naive conception of the Flood. "' Natürlich kann man darüber lachen, aber man kann sich auch darüber freuen'" (553), for it has an innocent profundity — and a total indifference to history in a novel whose theme is the burden of history.

Sophie herself arrives in Adamsdorf expecting to decorate her aunt's chinaware with the Poggenpuhl coat-of-arms, but the historical mission is quickly abandoned. She notes too that the old manor house, in this respect like the Großgörschen Street apartment, has a gallery of portraits. The pictures represent the Leysewitz family (of the aunt's first husband), the history of the manor, once a monastery, and some very notable Prussians. There are three paintings of Frederick the Great — but not a single Poggenpuhl, a fact which Sophie attributes to her uncle's "bon sens." Better than anyone else, the old general understands the devaluation of his name, the irrelevance of the military aristocracy in a world dominated by Schulzes and Bartensteins. As titular master of Adamsdorf he leads Sophie, the one Poggenpuhl most like himself (Sophia = "the wise" — but with telltale quotation marks), toward freedom from the finitude of history through a local rediscovery of

[16] Ibid., 10, but with reference to *Cécile* and *Effi Briest*, not *Poggenpuhls*.

myth. Her presence in Adamsdorf and her work prove her an adept of Fontanean alchemy. For her church paintings she turns the Silesian hills into Biblical landscapes: "'Das ist Abrahams Grab, das ist der Sinai, das ist der Bach Kidron'" (556). Her version of the Flood takes its shape from the environs of Berlin: "'Der Bahnhof ist der Ararat, der Rummelsberger See die Sintflut'" (554). "Fiechen," as she is called by both her uncle (541) and the narrator (554), overcomes the utter pastness of the Poggenpuhl past by turning prose into poetry, thereby affirming the human relevance of her name; art gives substance where there is no substance. "Gesinnung" and "Geschicklichkeit" in Adamsdorf achieve a rescue and renewal, as it were, of "the old Adam" out of the modern flood, out of the onomastic embarrassments of "frog puddle" and pretension. The novel will return full circle to Großgörschen Street; the Poggenpuhls will resume their precarious role-playing and historically questionable shape. But the reader will have been addressed by a genuine nobility which is only augmented by defeat. When General von Poggenpuhl succumbs to an "historical" fever on Sedan Day, he too plays the required role, but his illness dignifies his name; his is an "Adel des Geistes":

> "Unsinn, Menschen Rock vom Leibe ziehen; ich, ein Poggenpuhl." Und in solchen Ausrufungen sprach er noch eine Weile weiter.
> Es war ein Uhr, als er in die Dorfgasse einfuhr. Im Schlosse war noch ein alter Diener auf, ebenso Sophie.
> Die sah schon auf dem Flur, wie verändert er war. "Onkel, du frierst so, soll ich noch einen Tee machen oder eine Stürze?"
> "Unsinn. General Poggenpuhl ..." (558)

It is a further consequence of the narrative employment of letters that if Adamsdorf is idyllic, it is not an escape from reality.[17] Sophie's descriptions of her days with uncle and aunt are written in the service of sympathetic mutual understanding. Adamsdorf, the family in Berlin

---

[17] Hans-Heinrich Reuter, *Theodor Fontane* (Berlin: Verlag der Nation, 1968), II, p. 828 f., regards Adamsdorf as the complete expression of the atmosphere of "Vorbei," and defends the letters as the structural comment upon the Poggenpuhls' "Zeitentrücktheit, ja Unwirklichkeit": "Nicht der Dichter erzählt, sondern ein Medium." Reuter does not notice the narrator's ironic presence, especially as Sophie's letters blend into the narrative before Sedan Day. Cordula Kahrmann, in her *Idyll im Roman: Theodor Fontane* (München: Wilhelm Fink Verlag, 1973), shows how idyllic scenes in Fontane's novels become tests of reality in the search for happiness, but she excludes *Poggenpuhls* from her discussion, because its few idyllic passages "haben keine Funktion für das gesellschaftliche Thema des Romans," p. 86 n. 1.

must learn, enjoys no economic immunities: "'von allem, was du hier siehst, haben wir nur den Nießbrauch. Schloß, Gut, Vermögen, alles fällt zurück, und weil es so ist, habe ich haushalten gelernt'" (555). There is no escape from past and future, the passage of time, in the theme or in the structure of the novel.

A letter intrinsically conveys the passage of time, for one assumes a temporal difference between the writing and the reading of it.[18] A date on the letterhead for its part seems only an embellishment, an abstraction without movement. Yet all the dates in *Poggenpuhls* are integral parts of a calendar that marks Poggenpuhl-Prussian history while also serving as a calculus of narrative design.

Most readers have taken Fontane's veritable addiction to calendars and maps as the realist's passion for empirical accuracy, a conclusion which in Fontane's day, as he himself complained, meant forever seeing him as the author of "märkische Wanderungen" (letter to Wm. Friedrich, Jan. 19, 1883). The charm, and to some, the message,[19] of *Poggenpuhls* is to a considerable extent the work of the many references to contemporary events and personalities woven into the narrative. All the veristic details in *Poggenpuhls,* furthermore, "ermöglichen die exakte Datierung der Handlung auf das Jahr 1888." [20] But tracing these references leads to some curious and amusing results; the "real" town behind Adamsdorf, for example, is supposed to be Arnsdorf, near Krummhübel, Fontane's Silesian "Sommerfrische"; one critic, however, has suggested Grüssau.[21] Why Fontane calls his town Adamsdorf is a question that has never been asked before.

The Poggenpuhl world of "exact" addresses and dates is one of questionable stability. Even the year 1888, when touched, seems to slip and slide as readily as the Hochkirch painting in the Poggenpuhl parlor. Wildenbruch's *Quitzows,* discussed in the novel on three occasions, was performed for the first time on Nov. 9, 1888. Perhaps the January 3 on which the novel begins falls in 1889. Yet if that were so, then the Poggenpuhls could not hope, as they do, to see the old Kaiser at his window (510), for Kaiser Wilhelm I died March 9, 1888. On January 3, 1888,

---

18 Honnefelder, 10.

19 Reuter, II, p. 824. See also Erler, "*Die Poggenpuhls:* Autobiographische Reflexe," *Fontane Blätter,* Sonderheft 2 (1969), 69–72.

20 Erler, "Autobiographische Reflexe," *Fontane Blätter,* Sonderheft 2 (1969), 69.

21 Walter Keitel, in the Hanser edition, IV, p. 747, perhaps because of the monastery there?

they could have seen the old Kaiser, but not the *Quitzows;* on January 3, 1889, they could have seen the *Quitzows,* but not the Kaiser. The January 3 of Poggenpuhls mocks the realistic year and participates in a calendar of accurate ambiguities.

Lämmert has argued that inconsistencies in the novel's time sequence do not matter since time has run out on the Poggenpuhls, as the old general well knew: "'Wir sind nicht mehr dran'" (514). Inevitably we end where we began, "'alles beim alten'" (576), and Sophie's mindfulness of the time: "'Aber die lange Zeit. Dreiviertel Jahr oder doch beinahe'" (574), calls attention only to the Poggenpuhls' lack of future. There are no decisive moments in their lives; they are adrift in the plotlessness of an irrelevant tradition.[22] Hence it is of no consequence, Lämmert has written, that Fontane failed to correct an error in the novel's timekeeping: Leo arrives in the afternoon of January 3 (Chapter iii) in order to celebrate his mother's birthday on January 4. Yet Chapter iii, the moment of Leo's appearance, opens with the sentence: "Der nächste Tag kam." The sentence is simply in the wrong place and properly belongs to Chapter vi.[23] That this curious lapse does not disturb the reader would seem to confirm Lämmert's view, despite or precisely because of the fact that the family constantly counts the hours. Especially Leo's arrival becomes an occasion for strategic arrangements: "'Wir haben jetzt halb fünf. Und um sieben ein Imbiß'" (492). This "important" pacing of events is the essence of kitchen-triviality and comic frugality — and yet all such realistic details, when tested, gain remarkable relevance.

There is for example in the same third chapter (where "ein Imbiß" is served at seven) another apparently insignificant detail, which, as it happens, Demetz has construed as carelessness. Where we read that Leo "zupfte vor dem Spiegel seinen etwas raufgerutschten Waffenrock zurecht und sagte ...: 'Na, Kinder, da wär' ich mal wieder. ...'" (493), Demetz says of "raufgerutscht": "Das ist, in der Epoche Flauberts, von allzu nachdrücklicher Behaglichkeit."[24] But Fontane is most like Flaubert in the "scrupulous meanness" (to use a Joycean term: James Joyce in a letter to Grant Richards, May 5, 1906) of his search for the proper word; he has carefully arranged the comfortably undressed syllables of "raufgerutscht" to invite the reader to find something where there

---

22 Lämmert, *Bauformen des Erzählens,* pp. 227–229.

23 Ibid., p. 280 n. 127.

24 Demetz, *Formen des Realismus,* p. 178.

is nothing to find. "Rutschen" is first of all Friederike's word when she describes the fall of the Hochkirch painting: "'Wenn er denn so mit einmal rutscht, krieg' ich doch immer wieder 'nen Schreck'" (488). The attempt to live "standesgemäß" (and we can hear the etymology of "stand") in this downward age is subject to slips and slides, and that is what Friederike means. Like the Hochkirch painting and the wine decanter rattling on the gold-rimmed tray in the parlor,[25] the word "raufgerutscht" is a reminder of simple reality, a comic-ironic device showing that Leo is not as well dressed as the major of Hochkirch had been undressed. Meanwhile at the very place where "rutschen" bedevils the Prussian uniform, "rutschen" shifts the calendar, and Chapter iii, dated January 3, has been "raufgerutscht" to January 4: "Der nächste Tag kam." Fontane's inconsistencies are unfailingly consistent. All realia become the material of the ironist's art. The narrator, "kunstvoll in seinem Bummelstil" (Fontane's phrase in a letter to Schlenther, Nov. 8, 1896), is a sovereign disguised as a democrat, enfranchising each trivial fact while binding it to an ineluctable, meticulous order.

Still, one cannot discern a reason for Fontane's choice of January 3 until the date, considered simply as the number three, reveals its participation in the novel's structural integrity. The fifteen chapters of *Poggenpuhls* may be sensibly arranged in terms of five triadic groups: Chapters i–iii, introduction and Leo's arrival; iv–vi, Leo at home, and birthday; vii–ix, evening at the theater and at home, as well as the uncle's choosing of Sophie; x–xii, letters, ending with Sedan Day; xiii–xv, funeral and return to Großgörschen Street. Or one can say that *Poggenpuhls* consists of three major sections, the first and largest being Chapters i–ix, the second, Chapters x, xi, xii, and the last, xiii–xv. Preisendanz has even noted that Manon's letters are spaced three days apart;[26] one may add that Leo first writes after three days (545), and the Leo-Manon correspondence of five letters is preceded by Sophie's five letters in Chapter x, written in three-day intervals (except for the first interval, January 6–16). In Chapter xii, where Sophie's letters become integrated into the narrative flow, no other dates are given until Sedan Day, September 2, when the general falls ill.

Now, however, the design of *Poggenpuhls* becomes an uncanny expression of the family's historical dilemma. For even September 2 is

---

25 See Wolfgang Preisendanz, *Humor als dichterische Einbildungskraft: Studien zur Erzählkunst des poetischen Realismus* (München: Eidos Verlag, 1963), pp. 214–230.

26 Ibid., p. 239.

part of the novel's triadic symmetry. If one divides the 365 days of the year by three, the result is approximately 122 days; the first third of 122 days ends on May 2, and the second third on September 1. September 2 thus begins the last third of 121 days (the exact thirds would of course be $121\,^2/_3$ plus $121\,^2/_3$ plus $121\,^2/_3$). September 2 is then not only Sedan Day, symbolizing the beginning of the Prussian-German Empire, it also coincides with the downward third of the year, and as such echoes Nietzsche's warning that the triumph of Prussian arms does not demonstrate cultural superiority over France, that triumph may be defeat, "*ja Exstirpation des deutschen Geistes zugunsten des 'deutschen Reiches'*" (italics Nietzsche's).[27]

January 3, the first "three" of the year, is the only possible opening date for a novel that is finished even as it begins. An ironic calendar plots against the Poggenpuhls, so that their Großgörschen Street address itself inevitably comes under the sign of three. The first third of the year ends, we have said, on May 2 — the same day in 1813 when Rittmeister von Poggenpuhl fell in the battle of Großgörschen, a defeat in a war that eventually led to victory over Napoleon.[28]

The relativity and relatedness of January 3, May 2, and September 2 flows from the hidden wealth of a narrative economy practiced, in Hermann Broch's terms, in ethical and aesthetic responsibility against the evils of kitsch as literature and as attitude. In their last conversation the Poggenpuhl women enjoy a modest optimism that is the bounty of the irony embracing them, and because they are noble despite history, they are not mocked when — unwittingly — they summarize and affirm that irony. Manon is speaking.

> "... und so leben wir glücklich und zufrieden weiter, bis Wendelin und Leo etwas Ordentliches geworden sind und wir wieder ein paar andere Größen haben als den Sohrschen und den Hochkircher."
> "Du vergißt einen Dritten, deinen Vater," sagte die Majorin, in der sich bei dieser Übergehung zum erstenmal das Poggenpuhlsche regte. (576)

In adding the missing third "great" Poggenpuhl, whose estate, we recall, consisted of "einen guten alten Namen und drei blanke Krönungstaler" (480), a Poggenpuhl who is no Poggenpuhl marks both completion and

---

27 Friedrich Nietzsche, *Werke in drei Bänden*, zweite, durchgesehene Auflage, hrsg. Karl Schlechta (München: Carl Hanser Verlag, 1960), I, p. 137.

28 For the discovery of the role of May 2 and September 2 in the novel's triadic symmetry I am in personal debt to Oskar Seidlin.

beginning of the novel, returning us with three of her five children to January 3. But it is Leo who proves himself the reader's best guide to Poggenpuhl thrift and the slender novel's riches; in Friederike's kitchen he shows us how to eat a non-existent Edam cheese: "Er schabte ... die guten Stellen mit vieler Geschicklichkeit heraus, immer versichernd, daß, wenn man noch was fände, wo eigentlich nichts mehr zu finden sei, das sei jedesmal das beste, und darin läge was Sinniges" (507).

Ernst Behler

Nietzsches Wort vom Tod Gottes

In der ersten Auflage der ›Fröhlichen Wissenschaft‹ von 1882 kündigen sich einige der großen Themen des ›Zarathustra‹ (1883–84) bereits deutlich an. Dort treten gleichzeitig Nuancen in Erscheinung, die für den Ursprung und die Bedeutung dieser Ideen wichtige Hinweise enthalten. So ist der im ›Zarathustra‹ mit Emphase verkündete Mythos der ewigen Wiederkehr des Gleichen im Aphorismus 341 der ›Fröhlichen Wissenschaft‹ durchaus nicht apodiktisch, sondern weit vorsichtiger als Hypothese (»Wie, wenn ...«), gleichsam als Bewährungstest der eigenen Lebensbejahung formuliert. Auf ähnliche Weise ist die Konzeption des amor fati im Aphorismus 276 nicht als Botschaft, sondern als Wunsch und Vorsatz zu verstehen (»das sei von nun an meine Liebe«). Das Wort »Gott ist tot« aber hat in dem ›Der tolle Mensch‹ überschriebenen Aphorismus 125 eine Komponente des Erstaunens, ja der Bestürzung, die zu dem später als Befreiung und Aufatmen gesehenen Sinn dieses Ereignisses in beträchtlichem Kontrast steht.

Dieser tolle Mensch tritt als ein Gottsucher auf, der mit seinem unaufhörlichen Ruf »Ich suche Gott! Ich suche Gott!« Nietzsches frühe Auffassung vom »unbekannten Gott« oder vom »verborgenen Gott« zu repräsentieren scheint. Ist auch das Resultat seines Nachforschens negativ, so unterscheidet sich der tolle Mensch von den umstehenden und eckenstehenden Alltagsatheisten doch dadurch, daß diese angesichts seines Suchens nur Gelächter und zynische Fragen vorbringen, während er voll Erschütterung, mit bohrendem Blick und bebender Stimme die Ergebnislosigkeit seines Suchens zur Kenntnis nimmt. Dieser Verlust Gottes ist für ihn keine gleichgültige Angelegenheit, sondern wird als Anklage, als Mord festgestellt, wobei das Blut der Tötung noch an den Messern der Täter klebt. Während über die Identität der Mörder (»*Wir haben ihn getötet* – ihr und ich! Wir alle sind seine Mörder!«) kein Zweifel besteht, übersteigt das Ausmaß der Tat die Fassungskraft aber derart, daß auf die Frage, wie dies geschehen konnte, zunächst nur bestürzte, händeringende Ausrufe erfolgen:

> Wie vermochten wir das Meer auszutrinken? Wer gab uns den Schwamm, um den ganzen Horizont wegzuwischen? Was taten wir, als wir diese Erde von ihrer Sonne losketteten? Wohin bewegt sie sich nun? Wohin bewegen wir uns? Fort von allen Sonnen? Stürzen wir nicht fortwährend? Und rückwärts, seitwärts, vorwärts, nach allen Seiten? Gibt es noch ein Oben und ein Unten? Irren wir nicht wie durch ein unendliches Nichts? Haucht uns nicht der leere Raum an? Ist es nicht kälter geworden? Kommt nicht immerfort die Nacht und mehr Nacht? Müssen nicht Laternen am Vormittage angezündet werden? Hören wir noch nichts von dem Lärm der Totengräber, welche Gott begraben? Riechen wir noch nichts von der göttlichen Verwesung? – auch Götter verwesen! Gott ist tot! Gott bleibt tot! Und wir haben ihn getötet! Wie trösten wir uns, die Mörder aller Mörder? Das Heiligste und Mächtigste, was die Welt bisher besaß, es ist unter unsern Messern verblutet ...

Erst nachdem er derart seine Bestürzung bekundet hat, vermag sich der tolle Mensch auf die Bedeutung dieser Tat zu besinnen und seinen Komplizen zu versichern: »Es gab nie eine größere Tat – und wer nur immer nach uns geboren wird, gehört um dieser Tat willen in eine höhere Geschichte, als alle Geschichte bisher war!« Diese reagieren freilich verständnislos und mit leerem Blick auf eine solche Behauptung, was den tollen Menschen zu der resignierenden Feststellung führt, daß er zu früh gekommen ist: »Dies ungeheure Ereignis ist noch unterwegs und wandert – es ist noch nicht bis zu den Ohren der Menschen gedrungen.«

Der entwicklungsgeschichtliche Zusammenhang dieses Wortes im Denken Nietzsches

Das Wort vom Tod Gottes gilt weithin als Nietzsches radikalste, schokkierendste Aussage und ist natürlich schon häufig untersucht worden. Sieht man einmal von apologetischen Auseinandersetzungen mit dieser These ab, dann scheint unter den Interpreten ein gewisses Einverständnis über ihren grundlegenden Sinn zu bestehen. Zunächst enthält dieser Satz keine objektive Feststellung über den physischen Tod Gottes. Nietzsches eigener Standpunkt in bezug auf die Gottesfrage scheint durch die alttestamentarische Auffassung vom »unbekannten Gott« bestimmt zu sein, die er schon früh in dem bekannten Gedicht mit diesem

Titel bekundete und in dramatischer Zuspitzung in den Dithyramben aus dem vierten Teil des ›Zarathustra‹ wiederholte: »O komm zurück, / Mein unbekannter Gott! Mein Schmerz! / Mein letztes – Glück.« Seine kritischen Analysen der Gottesidee beschäftigen sich demgegenüber mehr mit den Bildern und Gleichnissen, die sich die Menschen von Gott gemacht haben und stellen sozusagen eine Bestandsaufnahme, eine Diagnose des menschlichen Bewußtseins dar. Sie beruhen damit auf der transzendentalphilosophischen Annahme der Einheit von Subjekt und Objekt, wie sie Schopenhauer zu Beginn von ›Die Welt als Wille und Vorstellung‹ auf eine einfache Formel gebracht hat, als er sagte, dem Menschen des idealistischen Standpunktes wäre es klar, »daß er keine Sonne kennt und keine Erde, sondern immer nur ein Auge, das eine Sonne sieht, eine Hand, die eine Erde fühlt, daß die Welt, welche ihn umgibt, nur als Vorstellung da ist, d. h. durchweg nur in Beziehung auf ein Anderes, das Vorstellende, welches er selbst ist.«

In diesem Sinne kann das Wort vom Tod Gottes als eine eindrucksvolle Kurzformulierung für Nietzsches Auffassung des Nihilimus verstanden werden und bedeutet dann das Erlöschen der höchsten Werte im menschlichen Bewußtsein. Dabei wird gleichzeitig deutlich, daß Nietzsche den Nihilismus vornehmlich in seiner westlich-europäischen Ausprägung verstand, genauer: daß es sich bei dem Tod Gottes und dem damit verbundenen Ableben der höchsten Werte um das Ersterben des christlichen Gottes und der christlich-platonischen Ideale der übersinnlichen Welt handelt. Natürlich war sich Nietzsche darüber im klaren, wie er in seinen Nachlaßschriften sagte, daß es unendliche Arten des »Gott-seinkönnens geben kann«. Ja er vertrat im Aphorismus 17 von ›Was bedeuten asketische Ideale‹ die Auffassung, daß »in allen pessimistischen Religionen das Nichts *Gott«* heißt. Gelegentlich exemplifizierte er den mit dem Tod Gottes verbundenen Anbruch des Nihilismus auch in den Formen des Buddhismus und der Nirwanalehre. Doch ist aus seinem Gesamtwerk, namentlich aus seinen Polemiken, wohl zur Genüge klar, daß der christliche Theismus im Zentrum seiner Untersuchungen stand. »Zwei Jahrtausende beinahe und nicht ein einziger neuer Gott!« schreibt er im Aphorismus 19 aus ›Der Antichrist‹: »Sondern immer noch und wie zu Recht bestehend, wie ein *ultimatum* und *maximum* der gottbildenden Kraft, des *creator spiritus* im Menschen, dieser erbarmungswürdige Gott des christlichen Monotono-Theismus.« Dieser Theismus war für Nietzsche gleichzeitig die höchste Sprosse in der Idealisierung der übersinnlichen Welt. Erst nach dem Zusammenbruch dieser Welt, die er in dem Kapitel ›Außer Dienst‹ des ›Zarathustra‹ auch als »der alte Gott« zusammenfaßte (»Dieser alte Gott lebt nämlich nicht mehr: der ist gründlich tot«), konnte für ihn die Umwertung aller Werte und das Erwachsen des Übermenschen beginnen.

In diesem Verständnis wird das Wort vom Tod Gottes im ›Zarathustra‹ fast zu einer Schablone, mit der sich auf beinahe stereotype Weise die Aufforderung zum Diesseitskult und die Erwartung des Übermenschen verbinden. »Einst war der Frevel an Gott der größte Frevel, aber Gott starb, und damit starben auch diese Frevelhaften. An der Erde zu freveln ist jetzt das Furchtbarste«, verkündet Zarathustra in seinen einleitenden Sermonen. *»Tot sind alle Götter: nun wollen wir, daß der Übermensch lebe«,* so schließt der erste Teil dieses Werkes mit einer Wendung, die später in der Rede ›Vom höheren Menschen‹ ganz ähnlich wiederkehrt: »Gott starb: nun wollen *wir* – daß der Übermensch lebe.« Entsprechend wird auch das Schifferheimweh in dem Kapitel ›Auf den glückseligen Inseln‹ auf dieses neue Ziel hingelenkt: »Einst sagte man Gott, wenn man auf ferne Meere blickte; nun aber lehre ich euch sagen: Übermensch.« Nachdem dieser Gott als bloße »Mutmaßung« entlarvt ist, soll der »Wille zur Wahrheit« den Menschen dazu veranlassen, alles »in Menschen-Denkbares, Menschen-Sichtbares, Menschen-Fühlbares« zu verwandeln.

Im Zusammenhang des Gesamtwerkes hat die Feststellung vom Tod Gottes freilich keineswegs diesen eindeutigen Charakter, sondern zeigt sich als ein sehr vielschichtiges, wenn nicht problematisches Wort. In der Behandlung dieses Themas kann man eine sich zuspitzende Gedankenentwicklung beobachten, in der Nietzsches lebenslange Beschäftigung mit der Gottesidee zum Ausdruck kommt. Bis zum Erscheinen des ›Zarathustra‹ bekundet sich sein Suchen nach dem verborgenen Gott zunächst, wie zum Beispiel im Aphorismus 132 aus dem ersten Band von ›Menschliches, Allzumenschliches‹, als Versuch zur »psychologischen Erklärung religiöser Zustände und Vorgänge«, wobei es Nietzsche durchaus nicht »auf die Erhaltung der christlichen Religion und das Fortbestehen der christlichen Theologie« ankam, sondern er sich von dem im Aphorismus 20 des zweiten Bandes ausgesprochenen Motto bestimmen ließ: »Der Glaube an die Wahrheit beginnt mit dem Zweifel an allen bis dahin geglaubten Wahrheiten.« Diese Analysen führen in den Aphorismen 90–95 der ›Morgenröte‹ zur Erkenntnis der »Euthanasie des Christentums« und der Frage, ob die Ursache für das Entstehen der Gottesidee nicht »der entzückte und entsetzte Wahn des Menschen wäre«, womit die Grundlage für die in den Aphorismen 108, 125 und 153 der ›Fröhlischen Wissenschaft‹ zunächst noch mit Grausen verkündete Feststellung vom Tod Gottes gegeben ist.

Nachdem dann im ›Zarathustra‹ im Prophetenton das Kommen des Übermenschen mit dem Tod Gottes verknotet ist, löst sich diese Überzeugung in die Haltung der Heiterkeit, Ironie und Selbstkritik auf, welche die Schriften im Umkreis von ›Jenseits von Gut und Böse‹ kennzeichnet. So wird die Frage »Was es mit unserer Heiterkeit auf sich hat?« im Aphorismus 343 aus der zweiten Auflage der ›Fröhlichen Wissenschaft‹ von 1887 mit der scheinbar gelassenen Feststellung beantwortet: »Das größte neuere Ereignis – daß ›Gott tot ist‹, daß der Glaube an den christlichen Gott unglaubwürdig geworden ist – beginnt bereits seine ersten Schatten über Europa zu werfen«, wobei in scharfem Kontrast zu den Aussagen des tollen Menschen daraus »eine neue schwer zu beschreibende Art von Licht, Glück, Erleichterung, Erheiterung, Ermutigung, Morgenröte« hergeleitet wird. Im gleichen darauf folgenden Aphorismus lautet die Antwort auf die Frage »Inwiefern auch wir noch fromm sind«: »daß es immer noch ein *metaphysischer Glaube* ist, auf dem unser Glaube an die Wissenschaft ruht – daß auch wir Erkennenden von heute, wir Gottlosen und Antimetaphysiker, auch *unser* Feuer noch von dem Brande nehmen, den ein jahrtausendealter Glaube entzündet hat, jener Christen-Glaube, der auch der Glaube Platos war, daß Gott die Wahrheit ist, daß die Wahrheit göttlich ist« – woran sich freilich sofort die kritische Überlegung schließt: »Aber wie, wenn dies gerade immer mehr unglaubwürdig wird, wenn nichts sich mehr als göttlich erweist, es sei denn der Irrtum, die Blindheit, die Lüge – wenn Gott selbst sich als unsere längste Lüge erweist?«

In den mit ›Zur Genealogie der Moral‹ einsetzenden Schriften der letzten Schaffensperiode wandeln sich diese hypothetisch und mit Selbstkritik vorgetragenen Überlegungen dann immer mehr in ein Postulat zur Abschaffung Gottes, oder genauer: des Gottesbegriffs um. Die im Aphorismus 9 aus ›Was bedeuten asketische Ideale‹ so bezeichnete »angebliche Zweck- und Sittlichkeits-Spinne hinter dem großen Fangnetz-Gewebe der Ursächlichkeit« soll beseitigt werden. Der Begriff Gott erscheint nun, wie zum Beispiel im Aphorismus 4 der ›Moral als Widernatur‹ aus der ›Götzendämmerung‹, als »der größte Einwand gegen das Dasein«, oder, wie es im Aphorismus 38 aus der Nachlaßschrift ›Der Antichrist‹ heißt, als »die bösartigste Falschmünzerei, die es gibt, zum Zweck, die Natur, die Natur-Werte zu *entwerten*«, oder auch als Lüge, da »jedermann weiß, daß es keinen ›Gott‹ mehr gibt«. Der »bescheidenste Aufwand von Geist, um nicht zu sagen von *Anstand«*, müßte nach dem Aphorismus 52 desselben Werkes jeden Interpreten zu der Überlegung führen, daß man Gott »abschaffen müßte, selbst wenn er existierte«.

In den polemischen Exzessen, die sich in diesen letzten Schriften mit Nietzsches Analysen der Gottesidee verbinden, kommt gleichzeitig zum Ausdruck, daß es der Grundsatz der Rechtschaffenheit, oder in seiner Sprache: der intellektuellen Redlichkeit ist, der es ihm nicht erlaubte, den Gottesbegriff in seinem traditionellen Verständnis zu akzeptieren. Dies zeigt sich zum Beispiel, wenn er in den Nachlaßschriften kurz und bündig sagt: »Gott ist eine viel zu extreme Hypothese«, oder wenn er zu Beginn des Abschnitts ›Warum ich so klug bin‹ aus ›Ecce Homo‹ Gott als »faustgrobe Antwort« bezeichnet und meint: »Ich bin zu neugierig, zu *fragwürdig*, zu übermütig, um mir eine faustgrobe Antwort gefallen zu lassen. Gott ist eine faustgrobe Antwort, eine Undelikatesse gegen uns Denker, im Grunde sogar bloß ein faustgrobes *Verbot* an uns: ihr sollt nicht denken!« In bezug auf die Feststellung vom Tod Gottes blieb Nietzsche aber der Meinung, die er in seinen posthumen Papieren aufzeichnete: »Das ist eine furchtbare Neuigkeit, welche noch ein paar Jahrhunderte bedarf, um den Europäern zum Gefühl zu kommen: und dann wird es eine Zeit lang scheinen, als ob alles Schwergewicht aus den Dingen weg sei.« In dieser Zeit des Überganges geht es um den im Aphorismus 108 der ›Fröhlichen Wissenschaft‹ erstmals so benannten Kampf gegen die »Schatten« Gottes, die nach seinem Erstorbensein noch auf unserer Erde ruhen. Wie Nietzsche diesen von Platon herrührenden Topos vom »Kampf gegen Schatten« (Ap. 18d) verstand, der noch in Kants Schrift ›Was ist Aufklärung‹ nachklingt, geht am deutlichsten aus dem Aphorismus 343 aus dem fünften Buch der ›Fröhlichen Wissenschaft‹ hervor, wo er sich fragt, »was alles, nachdem dieser Glaube untergraben ist, nunmehr einfallen muß, weil es auf ihm gebaut, an ihn gelehnt, in ihn hineingewachsen war: zum Beispiel unsre ganze europäische Moral.«

Die Gründe für den Tod Gottes

Der Eindruck von der komplexen, problematischen Natur dieses Wortes verdichtet sich, wenn man die Frage zu beantworten sucht, was denn für

Nietzsche die Ursache für den Tod Gottes gewesen ist. Unter den vielen Stimmen, die in seinem Werk das Zustandekommen dieses Todes interpretieren, gibt es solche, die wie Feuerbach die Gottesvorstellung als bloße Projektion des Menschen bestimmen. »Ach, ihr Brüder«, sagt Zarathustra in dem Kapitel ›Von den Hinterweltlern‹, »dieser Gott, den ich schuf, war Menschen-Werk und -Wahnsinn, gleich allen Göttern! – Mensch war er, und nur ein armes Stück Mensch und Ich: aus der eigenen Asche und Glut kam es mir, dieses Gespenst, und wahrlich! Nicht kam es mir von jenseits!« Gott ist in dieser Auffassung, wie es in den ›Sprüchen und Pfeilen‹ Nr. 7 der ›Götzendämmerung‹ heißt, »nur ein Fehlgriff des Menschen«. Ja, nach den Aussagen der Nachlaßschriften hat die Menschheit »mit immer wachsender Brunst nur Wolken umarmt; sie hat endlich ihre Verzweiflung, ihr Unvermögen ›Gott‹ genannt.« »Sie haben ihren Gott aus nichts geschaffen: was Wunder: nun ward er ihnen zunichte«, lautet eine ähnliche Feststellung in den nachgelassenen Bruchstücken der ›Dionysos-Dithyramben‹.

In dem Kapitel ›Von den Mitleidigen‹ deutet Zarathustra eine andere Erklärung für das Sterben Gottes an, die ihm vom Teufel zugeflüstert wurde: »Gott ist tot; an seinem Mitleiden mit den Menschen ist Gott gestorben.« Da Zarathustra dieses rätselhafte Wort nicht zu deuten vermag, läßt er es sich später in dem Kapitel ›Außer Dienst‹ vom letzten Papst erläutern, der »in Dingen Gottes« aufgeklärter als selbst Zarathustra ist und folgende, stark an Heine erinnernde Antwort darauf hat: »Es war ein verborgener Gott, voller Heimlichkeit ... Als er jung war, dieser Gott aus dem Morgenlande, da war er hart und rachsüchtig und erbaute sich eine Hölle zum Ergötzen seiner Lieblinge. – Endlich aber wurde er alt und weich und mürbe und mitleidig, einem Großvater ähnlicher als einem Vater, am ähnlichsten aber einer wackeligen alten Großmuter. – Da saß er welk, in seinem Ofenwinkel, härmte sich ob seiner schwachen Beine, weltmüde, willensmüde, und erstickte eines Tages an seinem allzugroßen Mitleiden.« Während diese Episode offensichtlich die Verweichlichung und Verkitschung des Gottesbildes als Todesursache zum Ausdruck bringt, wird im gleich darauf folgenden Kapitel eine weitere Erklärung geboten, in dem Zarathustra den »häßlichsten Menschen« als »Mörder Gottes« identifiziert: »Du *ertrugst* den nicht, der *dich* sah, – der dich immer und durch und durch sah, du häßlichster Mensch! Du nahmst Rache an diesem Zeugen.« Der derart Angeklagte ist zum Geständnis bereit und gibt zu: »Der Gott, der alles sah, *auch den Menschen:* dieser Gott mußte sterben! Der Mensch *erträgt* es nicht, daß solch ein Zeuge lebt.« In dem Kapitel ›Von den Abtrünnigen‹ wird von Zarathustra sogar ironisch die Hypothese in Erwägung gezogen, daß die Götter nicht zu Tode »dämmerten«, sondern sie sich »zu Tode – gelacht« hätten, als einer unter ihnen aufstand und das Wort aussprach: »Du sollst keinen andern Gott haben neben mir«.

Eigentlich sind es zwei Bedingungen, die in ihrem Zusammenwirken für Nietzsche zum Erlöschen der Gottesidee geführt haben. Einerseits macht sich für ihn in der Geschichte der menschlichen Gottesvorstellungen das bemerkbar, was er in den Aphorismen 17 und 18 aus ›Der Antichrist‹ eine »Reduktion des Göttlichen«, einen »Pegel des Tiefstandes in der absteigenden Entwicklung des Götter-Typus« genannt hat, indem »alles Starke, Tapfere, Herrische, Stolze aus dem Gottesbegriff eliminiert« wurde und Gott damit »Schritt für Schritt zum Symbol eines Stabs für Müde, eines Rettungsankers für alle Ertrinkenden heruntersinkt«. Gegen diesen Niedergang der Gottesvorstellungen reagiert dann nicht nur der Zarathustra vom letzten Papst zuerkannte »gute Geschmack« in der Frömmigkeit, der spricht: »fort mit einem *solchen* Gotte!«, sondern vor allem das intellektuelle Gewissen, das begreifen lehrt, was für diese Gebilde oft ausreichend war – nämlich, wie es in der Vorrede zu ›Jenseits von Gut und Böse‹ heißt: »irgendein Volks-Aberglaube aus unvordenklicher Zeit ... irgendein Wortspiel vielleicht, eine Verführung von Seiten der Grammatik her oder eine verwegne Verallgemeinerung von sehr engen, sehr persönlichen, sehr menschlich-allzumenschlichen Tatsachen«.

Der Sinn von Nietzsches Wort über den Tod Gottes konzentriert sich damit in der aus dem Aphorismus 343 der ›Fröhlichen Wissenschaft‹ bereits zitierten Feststellung, »daß der Glaube an den christlichen Gott unglaubwürdig geworden ist«. Dabei ist freilich hinzuzufügen, daß dies Unglaubwürdigwerden kein automatischer Vorgang ist, sondern auf einem Untergraben, einem Aufdecken der Unglaubwürdigkeit oder einem Unglaubwürdigmachen beruht, an dem letztlich die gesamte europäische Geschichte beteiligt gewesen ist. Deshalb lautete der Ausruf des tollen Menschen auch: »*Wir haben ihn getötet* – ihr und ich!«

Der christlich-humanistische Sinn dieses Wortes

In den von Zarathustra mit dem letzten Papst in ›Außer Dienst‹ geführten Religionsgesprächen wird noch ein anderer Anlaß für das Ersterben der Gottesidee genannt, der dem Aufdecken der Unglaubwürdigkeit des Glaubens an den christlichen Gott eine unerwartete Bedeutung verleiht. »O Zarathustra«, sagt der Papst gegen Ende ihrer Unterhaltungen: »du bist frömmer als du glaubst mit einem solchen Unglauben! Irgendein Gott in dir bekehrte dich zu deiner Gottlosigkeit. – Ist es nicht deine Frömmigkeit selber, die dich nicht mehr an einen Gott glauben läßt? Und deine übergroße Redlichkeit wird dich auch noch jenseits von Gut und Böse wegführen!«

Dieser Gedanke, daß es die Frömmigkeit selbst ist, die es verbietet, am traditionellen Gottesbegriff festzuhalten, ist bei Nietzsche keineswegs der periphäre Einfall einer extravaganten Dialektik, sondern wird mit Nachdruck an entscheidenden Stellen seines Werkes ausgesprochen und dort direkt als Erbe der christlichen Tradition aufgefaßt. Im Aphorismus 357 aus dem fünften Buch der ›Fröhlichen Wissenschaft‹ klingt dieser Gedanke wohl zum erstenmal an, wo der »unbedingte redliche Atheismus« als ein »endlich und schwer errungener Sieg des europäischen Gewissens« bezeichnet wird, »als der folgenreichste Akt einer zweitausendjährigen Zucht zur Wahrheit, welche am Schlusse sich die *Lüge* im Glauben an Gott verbietet«. Nietzsche fährt dort fort:

> Man sieht, *was* eigentlich über den christlichen Gott gesiegt hat: die christliche Moralität selbst, der immer strenger genommene Begriff der Wahrhaftigkeit, die Beichtväter-Feinheit des christlichen Gewissens, übersetzt und sublimiert zum wissenschaftlichen Gewissen, zur intellektuellen Sauberkeit um jeden Preis. Die Natur ansehn, als ob sie ein Beweis für die Güte und Obhut eines Gottes sei; die Geschichte interpretieren zu Ehren einer göttlichen Vernunft, als beständiges Zeugnis einer sittlichen Weltordnung und sittlicher Schlußabsichten; die guten Erlebnisse auslegen, wie sie fromme Menschen lange genug ausgelegt haben, wie als ob alles Fügung, alles Wink, alles dem Heil der Seele zuliebe ausgedacht und geschickt sei: das ist nunmehr *vorbei*, das hat das Gewissen *gegen* sich, das gilt allen feineren Gewissen als unanständig, unehrlich, als Lügnerei, Feminismus, Schwachheit, Feigheit – mit dieser Strenge, wenn irgendwomit, sind wir eben *gute* Europäer und Erben von Europas längster und tapferster Selbstüberwindung.

Dieselben Sätze zitiert Nietzsche im Aphorismus 27 aus ›Was bedeuten asketische Ideale‹, wo er den Atheismus nicht als Gegensatz zum Glauben an das asketische Ideal, sondern als »eine seiner letzten Entwicklungsphasen, eine seiner Schlußformen und inneren Folgerichtigkeiten«, als die »Ehrfurcht gebietende *Katastrophe* einer zweitausendjährigen Zucht zur Wahrheit« bestimmt und dann die gewichtige Feststellung macht:

> Alle großen Dinge gehen durch sich selbst zugrunde, durch einen Akt der Selbstaufhebung: so will es das Gesetz des Lebens, das Gesetz der *notwendigen* ›Selbstüberwindung‹ im Wesen des Lebens – immer ergeht an den Gesetzgeber selbst der Ruf: *›patere legem, quam ipse tulisti‹*. Dergestalt ging das Christentum als *Dogma* zugrunde, an seiner eignen Moral; dergestalt muß nun auch das Christentum als *Moral* noch zugrundegehen – wir stehen an der Schwelle *dieses* Ereignisses. Nachdem die christliche Wahrhaftigkeit einen Schluß nach dem andern gezogen hat, zieht sie am Ende ihren *stärksten Schluß*, ihren Schluß *gegen* sich selbst ...

Hiermit erscheint das Wort vom Tod Gottes plötzlich als notwendiges Gesetz und treibendes Motiv in der Geschichte des europäischen Denkens und speziell des Christentums. Es bezeichnet einen weltgeschichtlichen Vorgang, den Nietzsche im Aphorismus 48 aus ›Der Antichrist‹ auch mit der satirischen Frage umschrieb: »Hat man eigentlich die berühmte Geschichte verstanden, die am Anfang der Bibel steht, – von der Höllenangst Gottes vor der *Wissenschaft*?«

An diesem Punkt wird es von Interesse, wie die beiden führenden Repräsentanten der deutschen Existenzphilosophie, Heidegger und Jaspers, Nietzsches Wort vom Tod Gottes verstanden haben. Jeder dieser beiden Philosophen hat Nietzsches Feststellung auf seine Art auszulegen versucht, und trotz grundlegender Unterschiede kommt in ihren Deutungen die tiefe Verwurzelung seines Gedankens in der europäischen Tradition zum Ausdruck. Nach Heideggers Aufsatz über ›Nietzsches Wort Gott ist tot‹ aus den ›Holzwegen‹ ist Nietzsches These eine konsequente Zusammenfassung der Sinnlosigkeit der gesamten bisherigen Metaphysik des Abendlandes. Sie ist der prägnanteste Ausdruck für die fundamentale Überzeugung Heideggers, »daß in der Geschichte des abendländischen Denkens zwar von Anfang an das Seiende hinsichtlich des Seins gedacht wird, daß jedoch die Wahrheit des Seins ungedacht bleibt«, weil sich das Denken die Erfahrung dieser Wahrheit ständig durch metaphysische Gebilde verstellt, verweigert und verhüllt. Indem Nietzsche in der Stimme des tollen Menschen nach Gott ruft und schließlich seinen Tod verkündet, geht ihm zwar nach Heidegger die Sinnlosigkeit des bisherigen Geschehens auf, ohne daß er aber selbst aus diesem Kreis herauszutreten vermochte. Denn die hier offen gewordene Stelle wird von ihm gleich wieder mit Annahmen wie dem Willen zur Macht oder der ewigen Wiederkehr des Gleichen verschüttet, die ihn ebenfalls die Wahrheit des Seins verspielen ließen. Trotz aller seiner Umwertungen der Metaphysik verharrt Nietzsche deshalb für Heidegger »in den ungebrochenen Bahnen ihrer Überlieferungen, wenn er das im Willen zur

Macht für dessen Erhaltung Festgemachte einfachhin das Sein oder das Seiende oder die Wahrheit nennt«. Immerhin erheben sich für Heidegger die Fragen, »ob Nietzsche hier nicht eher das Wort ausspricht, das innerhalb der metaphysisch bestimmten Geschichte des Abendlandes immer schon unausgesprochen gesagt wird« und ob hier nicht »ein Denkender wirklich de profundis geschrieen« hat.

Den Willen zur Macht als »Grundwort der endgültigen Philosophie Nietzsches« auszugeben, wie dies Heidegger tut, ist eine fragwürdige, freilich oft vertretene Annahme. Den Versuchen, Nietzsche auf einzelne Sätze in der Stimmenvielfalt seines Werkes festzulegen, hat sich vielleicht keiner seiner Interpreten so widersetzt wie Jaspers, der dieser Einengung von Nietzsches Denken bereits in seinem frühen Nietzschebuch die These von der Totaldialektik dieses Denkprozesses gegenüberstellte. Auch in ›Nietzsche und das Christentum‹ von 1938 betont Jaspers die »Antinomie zwischen der Drastik apodiktischer Behauptungen, als ob das jetzt Gesagte die ganze Wahrheit wäre, und der unendlichen Dialektik der alles wieder aufhebenden Möglichkeiten«. Er warnt vor dem »verführenden Vordergrund« in Nietzsches Feststellungen und sagt: »Wenn Nietzsche uns Wirklichkeiten erfahren läßt, die sind und waren, wenn er unser Auge heller macht, so doch wesentlich dadurch, daß er ständig zwingt zur Vorsicht des Gedankens, zum Aufsuchen der Gegeninstanz.« Von diesem Gesichtspunkt aus ist es nicht verwunderlich, wenn Jaspers Nietzsches antichristliche und atheistische Haltung aus dessen eigener Christlichkeit erwachsen ansieht und darin geistige Kräfte und Antriebe wahrnimmt, »die das Christentum und in der Welt nur dieses entwickelt hat«.

Vielleicht läßt sich die Traditionsverbundenheit von Nietzsches Wort »Gott ist tot« noch genauer bestimmen, wenn man sich fragt, zu welchem Zeitpunkt denn das Christentum jene Züge annahm, die Nietzsche in seinen Analysen manifestiert und radikalisiert. Dabei ist nicht an eine quellenkritische Geschichte des Christentums oder der christlichen Kirche und Theologie zu denken, sondern an jenes Bild des Christentums, oder besser von Stufen in der Entwicklungsgeschichte des Christentums, das Ende des achtzehnten und zu Beginn des neunzehnten Jahrhunderts in Deutschland in Erscheinung trat, nämlich in Lessings ›Über die Erziehung des Menschengeschlechts‹, in dem Essay von Novalis ›Die Christenheit oder Europa‹, im messianischen Humanitätspantheismus von Friedrich Schlegels ›Ideen‹, in Hegels ›Vorlesungen über die Philosophie der Geschichte‹, in Heines ›Zur Geschichte der Religion und Philosophie in Deutschland‹ oder in Feuerbachs ›Das Wesen des Christentums‹. Hier tut sich der historische Zusammenhang für den bereits aus der ›Genealogie der Moral‹ zitierten Satz auf: »Dergestalt ging das Christentum als *Dogma* zugrunde, an seiner eigenen Moral; dergestalt muß nun auch das Christentum als *Moral* noch zugrunde gehen – wir stehen an der Schwelle *dieses* Ereignisses.« Nietzsches Wort vom Tod Gottes erscheint von hier aus als eine Intensivierung jenes Humanismus, der das beherrschende Thema der klassisch-romantischen Epoche und der idealistischen Philosophie im deutschen Geistesleben war.

Dabei wird aber auch ein tiefer Unterschied deutlich, wenn man daran denkt, wie mühelos, unwidersprochen und beinahe selbstverständlich sich in den genannten Schriften der Übergang in die Religion der Menschheit und den Humanitätspantheismus als sogenannte Selbstvollendung des Christentums vollzieht. Trotz der bekundeten Heiterkeit ist dieser Prozeß bei Nietzsche dagegen mit Selbstüberwindung, Erschütterung, mit Bildern des Tötens und Mordens verbunden. Gleichzeitig bleibt in der Totaldialektik seines Denkens eine Stelle frei für den »unbekannten Gott« oder das »Kommen Gottes«, den kein Bild und Gleichnis zu beschreiben vermag. Freilich handelt es sich bei diesen letzten Beobachtungen nur um Andeutungen, die durch einen genaueren Vergleich zu begründen wären.

Egon Schwarz

Schnitzlers vielschichtige Wahrheit: Eine Interpretation von *Komtesse Mizzi oder der Familientag*

Lieber Oskar,

hier sitze ich in meinem amerikanischen Studierzimmer, tausende Kilometer von der Stadt entfernt, in der ich das Licht der Welt erblickt habe und wo auch Arthur Schnitzlers »Komtesse Mizzi« entstanden ist, und bin, an einem durchaus plebejischen grauen Wintertag, wieder einmal bezaubert von «dem aristokratischen Einakter«, wie ihn der Dichter bei sich selbst genannt hat. Noch kategorischer als die geographische scheint uns die zeitliche Distanz von jener Welt zu trennen. Sind es wirklich nur fünfundsiebzig Jahre, ein elendes Dreivierteljahrhundert, seit Schnitzler diese Fiaker fahrenden oder feurige Pferde reitenden, »ungarisch-deutschen Offiziersjargon« oder »leichten Diplomatenakzent« redenden Fürsten und Grafen, diese in hochherrschaftlichen Gärten herumspazierenden Operettentänzerinnen oder in den Mansarden zierlicher Jagdschlösser Blumen malenden Komtessen zu seinem melancholisch-heiteren Spiel vereinigt hat? Mir scheinen es eher Äonen. Byzanz und Ninive sind nicht ferner.

Welche Magie ist es also, die einen in dieses Milieu hineinzieht und fasziniert an den hauchdünnen Plaudereien teilnehmen läßt, als handelte es sich darin um das Hier und Jetzt? Es kann nichts anderes sein als die Zauberei der Sprache, die Alchemie der Dichtkunst, die eine solche Welt nur aufbaut, um unter der Oberfläche aus glitzerndem Goldschaum die Verstrickungen der Erotik, die Ekstasen, die Leiden und – da es dem sooft und mit so gutem Grund pessimistischen Dramatiker einmal gefiel, eine Komödie mit glücklichem Ausgang zu schreiben – die Versöhnlichkeiten des menschlichen Lebens durchscheinen zu lassen. Mit Hilfe von Skepsis, Ironie, Psychologie und einem Sinn für plötzlich wechselnde Begegnungen und Konstellationen enthüllt sich hinter einer zwar bis in die kleinste Nuance gewußten, aber letztlich beliebigen Verkleidung die seelische Substanz. Es ist der reine Humanismus. Ich postuliere hier kein »Ewig-Menschliches«, das sich gegenüber einer gleichgültigen, aus lauter unwesentlichen Äußerlichkeiten zusammengesetzten Historie unverändert durch die Zeitläufe erhält. Jedermann weiß, wie kritisch Schnitzler seine Gesellschaft beurteilte. Sonst hätte ihm ja die kaiserliche Armee, jenes Bollwerk der bewahrenden Mächte, sein Offizierspatent nicht entzogen und ihm das, was sie für seine Ehre hielt, nicht abgesprochen. Ja, selbst diese schillernde Seifenblase, dieses scheinbare Nichts an Aufwand und Tiefgang, eben unsere »Komtesse Mizzi«, ist als »scharfe Gesellschaftssatire« beschrieben worden. Geschichtsbewußtsein ist immer aus Verständnis für Veränderung und Sinn für Kontinuität gemischt, aus der Einsicht in das Gegenspiel der bleibenden und kommenden Kräfte.

Schnitzler hat eben um die Jahrhundertwende gelebt, und solche menschlichen Gegensätze wie Liebe und Treulosigkeit, Trennung und Wiederfinden, Altern und Erneuerung, Mut und Feigheit, Konvention und Wahrheit, soziale Begrenzung und Freiheit des Bewußtseins, ja noch die Bedrohung des Gesellschaftssystems und die Abwehr dagegen, Dinge, die nicht aufgehört haben, *mutatis mutandis* auch uns noch anzugehen, präsentierten sich ihm notgedrungen im Gewande seiner Epoche, in der einmaligen geschichtlichen Gestalt der ihm wahrnehmbaren Wiener Sozietät. Sein Humor und seine Weisheit bestanden darin, daß er das Trügerische der Einkleidung erkannte und nicht müde wurde, die Wirklichkeit unter der Maskerade von Neunzehnhundert darzustellen. Um dieser humoristischen Weisheit willen studieren wir ihn mit dem begeisterten Eifer von Lehrlingen, die wissen, daß sie sich auf ihr zukünftiges Metier vorbereiten, denn wie sollten sie in ihrer eigenen nicht minder anfechtbaren Welt ohne die soliden Geheimnisse zu bestehen hoffen, die schon den Meistern das Auskommen ermöglicht haben. In diesem Sinn ist Literatur die eigentliche historische Beschäftigung, eine verläßliche Brücke zwischen den Kontinenten und Zeitaltern.

Die erste List des klugen Diagnostikers Schnitzler ist die Verhaltenheit seiner Dialoge. Seine Personen konversieren so dahin, als hätten sie nicht das Geringste zu sagen, als erschöpften sich ihre Interessen am Leben in der vordergründigsten Alltäglichkeit. Schon Joseph Roth war voll Bewunderung für diesen leichten Ansatz. Von Schnitzler habe er die Behutsamkeit der Sprache gelernt, gesteht er. Sehr bald erkennt jedoch der Leser, daß diese Trivialität nicht Natur ist, sondern den Zweck hat zu verbergen, daß jede der Gestalten ihre profunden, oft schmerzlichen, ja

beinahe tragischen Lebenserfahrungen gemacht hat, daß sie aus dem Erlebten einen unverlierbaren Schatz an Wissen gewonnen haben.
In Luxus und Reichtum lebend, umgeben von Gärtnern, Kutschern und Dienerschaft aller Art, scheinbar gesichert durch eine regelmäßige Routine, durch fein abgestufte Umgangsformen, scheint diese elegante Existenz in einer sterilen Konventionalität aufzugehen. In Wirklichkeit verdeckt die Stilisierung ganz unkonventionelle Schicksale und die Möglichkeiten eines vorurteilslosen Individualismus. Ja, was diese Welt der Formalitäten auszeichnet und ihr den ironischen Grundcharakter verleiht, ist das Bewußtsein ihrer prekären Lage, der sich von ferne ankündigenden, aber unaufhaltsam herannahenden Demokratie. Und das wird nicht lediglich gesagt, sondern gezeigt, denn die alle Standesunterschiede auflösende Macht der Gleichheit ist nicht eine Drohung von außen, sondern vielmehr etwas, was sich in der Psyche der agierenden Personen abspielt, ja bereits vollzogen hat, so daß die Festung schon genommen ist, ehe die Belagerung noch begann.
Das alles bewirkt der Dichter fast allein durch den Dialog. Alle anderen theatralischen Mittel wie Kulissen, Gesten, Szenerie werden mit äußerster Sparsamkeit angewendet. Es wäre aber unrichtig, sich vorzustellen, daß die Vordergründigkeit der Gespräche, hinter der erst nach und nach die seelischen Geheimnisse sichtbar werden, bloß dazu dienen soll, Spannung zu erzeugen. Das wäre zu billig. Die Spannung ist zweifellos vorhanden, nach einem bewußt langsamen Anfang stellt sie sich allmählich ein, wächst stetig an, steigert sich zu einem Höhepunkt und fällt dann sanft ab, ohne sich freilich restlos zu verflüchtigen. Eine wichtige Frage wird nicht ausdrücklich erledigt, sondern durch eine Reihe von halben Hinweisen einer späteren Lösung überlassen, so daß der Einakter in einer fortwirkenden Erwartung, über sich selbst hinausdeutend, ausklingt. Erstaunlich, wie vielfältig durchorchestriert ein so kurzes Spiel sein kann.
Nicht wir, die Aufnehmenden, sind aber die einzigen Empfänger dieser doppelbödigen, oft schwer dekodierbaren Sprechweise, sie ist die Folge einer seelischen Verfassung, der zarten Schonung, die sich die Personen gegenseitig angedeihen lassen, und die nur an den dramatischsten Stellen, den wenigen Zentren letzter Enthüllung fallen gelassen wird. Wenn der Gärtner zu Anfang einen Strauß Teerosen mit den Worten »Wenn gräfliche Gnaden vielleicht eine Verwendung hätten ...« anbietet und der Angeredete ablehnend erwidert »Hab' keine Verwendung. Na, was schaun S' denn? Ich fahr' heut nicht in die Stadt«, dann wird nicht nur

der Leser darauf vorbereitet, daß sich im Leben des alternden Grafen etwas geändert hat, daß sein langjähriges, fast ehelich anmutendes Liebesverhältnis zur Ballettänzerin Lolo aufgelöst ist, sondern der kurze Wortwechsel zeigt auch, daß der Diener genau weiß, welchem Zweck die Blumen dienen sollen, es aber aus Delikatesse nicht sagt, und daß der Graf ihm durch die Art seiner Antwort zu verstehen gibt, wie die Dinge jetzt stehen.

Noch kryptischer geht es später während einer Begegnung dieser Lolo mit der Tochter des Grafen, der Komtesse Mizzi, zu. Ich zitiere einen Ausschnitt aus ihrer Unterhaltung:

> KOMTESSE. Alt? Sie nennen sich alt? Wird kein so großer Unterschied zwischen uns sein.
> LOLO. Na ja. *(Blick)*
> KOMTESSE. Ich bin siebenunddreißig. Aber schauen Sie mich nicht so mitleidig an. Es ist keine Ursache. Absolut keine.
> LOLO (*beruhigt*). Man hat ja so allerlei gehört, Komtesse ... ich hab' es natürlich nicht geglaubt. Na, Gott sei Dank, daß es wahr ist. (*Händedruck*)

Da muß man schon sehr aufpassen, um zu verstehen, daß die Komtesse dieses erste und einzige Zusammentreffen mit der Geliebten ihres Vaters dazu benützt, ihr schwesterlich ein Geständnis zu machen: auch sie habe ihre Jugend nicht vergeudet und ihre erotischen Abenteuer gehabt. In diesem Augenblick werden die gesellschaftlichen Schranken zwischen den aus dichterischer Absicht als gleichaltrig bezeichneten Frauen überspielt und eine tiefe Solidarität hergestellt. Jeder ist es gelungen, ihre Individualität gegen die in ihrer Gesellschaftssphäre geltenden Konventionen durchzusetzen.

Schon früher hat Lolo eine feine Trennungslinie zwischen äußerer Anpassung an das Schickliche und ihrer inneren Freiheit gezogen, indem sie vor der Gesprächspartnerin ihre bevorstehende Eheschließung mit dem Fuhrwerkkönig Wasner und den Abbruch ihrer Beziehungen zum Grafen verteidigt:

> Aber ich bitt' Sie, Gräfin, was bleibt einem schließlich übrig? Ich bin auch nicht mehr die Jüngste, nicht wahr? Und man will doch endlich in geordnete Verhältnisse kommen. So lang ich einen Beruf gehabt hab', da hab' ich mir erlauben können – wie sagt man das nur – freieren Anschauungen zu huldigen. Es hat gewissermaßen mit zu meiner Stellung gehört. Aber jetzt, wo ich mich ins Privatleben zurückzieh', wie schauet denn das aus? [Schauet ist Wienerischer Konjunktiv: wie würde das ausschauen?]

Zu den Gesetzen der vielschichtigen Wirklichkeit gehört es, daß auch dies noch nicht die letzte, die allerletzte Wahrheit ist. Es stellt sich heraus, daß der Graf ihr die Ehe angetragen hat und sie ihn vielleicht entgegen aller praktischen Vernunft (»Es hätt' kein' gut getan. Ich als Frau Gräfin! Können Sie sich das vorstellen? Ich als Ihre Stiefmama, Komtesse ...«), geheiratet hätte, wenn nicht – und hier sind wir endlich auf dem Grund ihrer komplizierten Motivierungen angekommen, einer Schicht ihres Wesens, die selbst dem Grafen verborgen geblieben ist:

> Die G'schicht' ist halt die: ich hab' mich so wahnsinnig in den Wasner verliebt. Sie werden doch deswegen nicht schlecht von mir denken? In den ganzen achtzehn Jahren hab' ich mir gar nichts gegen Ihren Herrn Papa vorzuwerfen gehabt. Aber daß sich mit der Zeit die Leidenschaft ein bissel abkühlt, das ist doch kein Wunder.

Kann man delikater den schmalen Pfad zwischen Wollen und Sollen beschreiben? Und ist es ironisch oder rührend, daß sie dieses letzte Eingeständnis mit den Worten vorbereitet: »Aber ich will mich nicht besser machen als ich bin?« Denn gerade dadurch bekundet sie ja, daß nicht materieller Vorteil oder sozialer Ehrgeiz, sondern der Zug des Herzens ihr Verhalten bestimmt, und daß sie sich in einer Welt rigider Hierarchien und bis ins Kleinste vorgeschriebener Etikette ihre Ehre, wie man damals noch statt der heutigen Integrität sagte, bewahrt hat.

Komtesse Mizzi bleibt an innerer Freiheit nicht hinter ihr zurück. Sie geht auf den vor dem Parktor sichtbar werdenden Wasner zu, um ihm zu gratulieren. Lolo gibt zu bedenken, daß solche Leutseligkeit dem Grafen vielleicht nicht recht sei, denn schließlich ist der Mann ja nur ein »Fiaker«. Aber Mizzi wehrt ab: »Liebes Fräulein, ich war immer gewohnt zu tun, was mir paßt.« Zu diesem Zeitpunkt haben wir bereits untrügliche Beweise, daß das mehr als eine Redensart ist.

Es zeigt sich also, daß die Konventionalität des Verkehrs nicht etwa Ausdruck innerer Leere ist, sondern dem unentbehrlichen Schutz einer verletzlichen Intimität dient und mangels direkterer Aussagemöglichkeiten geradezu zum raffinierten Vehikel der Mitteilung wird.

Das Gefälle der Informiertheit bzw. des Eingeweihtseins in die wahre existentielle Lage der anderen, das wir schon beobachtet haben, ist von großer Bedeutung, da es die Dynamik der Enthüllungen in Bewegung setzt. Immer treffen wir auf Personen, die mehr wissen als ihre Gesprächspartner, aber niemand ist im Besitz der ganzen Wahrheit. Diese ist selten etwas Statisches, sondern vielmehr ein Prozeß, dessen allmähliche Entfaltung der Leser mitbeobachtet. Durch geschickte Andeutungen wird er an diesem Spiel beteiligt. Chiffrierte Sinnbeladenheiten im Dialog erwecken seine Ahnungen, die sich durch Rückschlüsse bestätigen und in minutiöser Kleinarbeit zum Mosaik des Gesamtverständnisses zusammenfügen lassen. Auf diese Weise weiß er oft mehr als die Protagonisten selbst und darf sich beinahe als Urheber der köstlichen Ironien fühlen, die sich aus den vielen Ahnungslosigkeiten, erschütterten Sicherheiten, amüsanten Mutmaßungen und entlarvenden Überraschungen ergeben.

Zu den ahnungslosesten Mitspielern gehört Graf Pazmandy. So ist er zum Beispiel höchst erstaunt zu erfahren, daß sein enger Freund, Fürst Egon, einen siebzehnjährigen Sohn hat. Noch schockierter freilich wäre er, wenn er wüßte, daß ihm in diesem jungen Herrn Philipp sein eigener Enkel vorgeführt wird. Denn für ihn ist ja die siebenunddreißigjährige Mizzi noch ein »Mäderl«, vor dem er glaubt, sogar seine quasi eheliche Liebschaft mit Lolo geheimhalten zu müssen. Verblendet durch eigene Leidenschaft hielt er Mizzis Flucht vor achtzehn Jahren für eine Überspanntheit. Ebensowenig ahnt er die wahren Motive für Lolos Heirat mit Wasner. Dieser Wesenszug macht ihn zum Typus des gutmütigen, aber naiven Aristokraten, verwandt mit Witzfiguren der Monarchie wie die Grafen Bobby und Rudi. Vor der Verachtung des Lesers schützt ihn allerdings seine Fähigkeit zur Introspektion und die Herzenswärme, mit der er seinen Mitmenschen begegnet.

Am anderen Ende der Skala steht die Eingeweihteste, die Titelgestalt selbst, die trotz ihrer Zurückgezogenheit nicht nur mit den Umständen der sie angehenden Menschen vertraut ist, sondern deren Ausflüchte, Unzulänglichkeiten und Feigheiten sie mit untrüglichem psychologischem Scharfsinn durchschaut. Diese Illusionslosigkeit macht sie zur unbestechlichen Kennerin der Menschen und damit zur Hauptperson des Stückes, in dem es ja um Entlarvungen geht. Da solches Wissen aber auch vom Leben abschneidet, wäre sie beinahe zu dauernder Isolierung verurteilt. Glücklicherweise ist auch ihr eine wichtige Tatsache unbekannt, so daß ihr ein Wiederanknüpfen vorbehalten bleibt.

Der Tiefsinn des Lebens ist aber nicht nur darin erkennbar, daß die Personen in verschiedenen Abstufungen von der vollen Wahrheitserkenntnis ausgeschlossen sind. Schnitzler sorgt durch diskrete und doch unmißverständliche Häufung von Widersprüchen und auffallenden Übereinstimmungen dafür, daß auch der trägste Leser mit der Unzuverläßlichkeit des Augenscheins bekannt gemacht wird. Kaum ein Ding hält, was es verspricht, keines ist nur, was es scheint. Der bindungslose

Fürst ist werbender Freier, vorsorgender Vater eines unehelichen Erben, den er unter beachtlichem persönlichem Einsatz adoptiert hat; Lolo Pallestri ist eigentlich Charlotte Langhuber; Professor Windhofer ist nicht nur der Zeichenlehrer der Komtesse, sondern auch ihr Geliebter; Kunst ist nicht nur Steigerung des Lebens, sondern ebensosehr Lebensersatz; Abschied fällt zusammen mit Neuanfang, für Mizzi wie Lolo; selbst deren Bräutigam, der Kutscher, ist kein echter Kutscher, sondern vielmehr ein reicher, angesehener Unternehmer, Verteiler kapriziöser Gnadenbezeigungen wie nur irgendein Aristokrat:

> PHILIPP. Und wer ist denn der Glückliche, Fräulein, wenn man fragen darf?
> LOLO. Wer? Da draußen sitzt er auf dem Bock.
> KOMTESSE. Wie? Der Kutscher?
> LOLO. Aber Gräfin – Kutscher! – Höchstens wie der Herr Papa – verzeihn schon – wenn er zufällig einmal seine Braunen selber fährt. Fiakereigentümer ist mein Verlobter, Hausbesitzer und Bürger von Wien, der selber nur auf den Bock steigt, wenn's ihn halt freut und wenn er für jemanden eine besondere Wertschätzung hat. Jetzt führt er einen gewissen Baron Radeiner.

Aber auch der ist, wie der Zuschauer längst weiß, in Wirklichkeit der Sohn des Fürsten und wird demnächst »durch einen Gnadenakt Seiner Majestät« den Familiennamen der Ravensteins tragen. Im Falle dieses »Herrn Radeiner« schlägt die allgemeine Skepsis, deren Aufgabe es ist, verborgenen Hintergründigkeiten nachzuspüren, eine ganz besondere Richtung ein. Bei ihm kehrt sich der Zweifel am Offenkundigen nach innen, wendet sich gegen den Schein der eigenen Identität.

> PHILIPP. Entdeckung ... Ja, aufrichtig gestanden, eine Entdeckung war das eigentlich nicht. [...] Es war mir natürlich sehr angenehm, wie meine Ahnung bestätigt worden ist; – aber gewußt hab ich's immer. Man ist doch nicht auf den Kopf gefallen. Auch in der Schule haben's einige geahnt ... daß ich ... Nicht wahr, diese Fabel, Gräfin, daß der Fürst Ravenstein immer nach Krems fährt, sich nach den Fortschritten des Sohnes von einem verstorbenen Freund zu erkundigen, das ist doch ein bissel romanhaft gewesen, Fünfkreuzerbibliothek ... Und für die Schlauern war es ziemlich klar, daß fürstliches Blut in meinen Adern braust. Und da ich einer von den Schlauesten war ...

Mit dieser Figur gesellt Schnitzler dem ahnungslosen Grafen und der wissenden Mizzi noch den Typus des Schlaukopfs hinzu, der, begabt und frühreif, das Leben zu durchschauen meint, ehe es noch angefangen hat. Welche heillosen Konfusionen bei solchem antizipatorischen Scheinwissen herauskommen – wie leicht ließen sich auf die Ereignisse dieser

Komödie Hofmannsthals Kategorien von Präexistenz, »Zwischenzustand« und Existenz anwenden! – macht Schnitzler auf amüsante Weise anschaulich:

> PHILIPP. Lieber Papa, ich durchschau' die ganze Geschichte. [...] Dieses Fräulein Lolo ist die natürliche Tochter des Grafen, also eine Schwester der Komtesse. [...] Und sie lieben dich beide, selbstverständlich. Die Komtesse und die Ballettänzerin. Und diese Heirat zwischen der Balletteuse und dem Wasner ist dein Werk. [...] Du, Papa, – das fällt mir allerdings erst in diesem Augenblick ein! [...] Wenn meine Mutter gar nicht tot wäre. [...] Wenn es meine Mutter wäre, die soeben durch diese merkwürdige Verkettung der Umstände, in demselben Wagen, in dem ich herausgekommen bin, in die Stadt hineinfährt?

Meint man hier nicht den Stani des »Schwierigen« sprechen zu hören? Im Grunde sind diese Phantasien ja nicht phantastischer als die Wirklichkeit. Die einzelnen Elemente, aus denen diese zusammengefügt ist, fehlen auch in Philipps Spekulationen nicht. Was aber das echte Leben im Gegensatz zu diesen Hirngespinsten auszeichnet, muß natürlich fehlen: die Beteiligung der Psyche, das menschliche Engagement. Hier läuft der vorlaute Philipp selbst Gefahr, das Leben mit einem Fünfkreuzerroman zu verwechseln. Nein, eine rege Vorstellungsgabe und ein schlaues Köpfchen reichen zur Bewältigung des Lebens nicht aus. Erfahrungen, Leiden, Verzichte, Entwicklungen gehören dazu. Sie alle stehen diesem Jüngling aber erst bevor.

Die Situation des eben erst anerkannten natürlichen Sohnes eines Fürsten, angeblich mit einem verstorbenen »blutjungen Geschöpf aus dem Volk« zur Mutter, bot selbstverständlich Gelegenheit, biologische Betrachtungen über Abstammung und Vererbung anzustellen. Kein Naturalist hätte sie sich in der sozialdarwinistisch durchschwängerten Atmosphäre der Jahrhundertwende entgehen lassen, noch dazu, wenn er ein »Familientag«-Drama schrieb. Auch Schnitzler benutzt den Dialog in dieser Weise, aber nur, um sich über die kursierenden Lehren lustig zu machen. Seine spöttischsten Streiflichter fallen gerade auf den Aberglauben von »Blut« und »Rasse«. Man muß die Freiheit seines Geistes in jeder Nuance bewundern und auch in diesem Detail seinen Willen zur Umkehrung des geläufigen Familientag-Motivs erblicken.

Das große Geheimnis, von dem so viele periphere Mystifikationen ausstrahlen und zu dessen Aufhellung gleichzeitig ein Feuerwerk an Witz, Ironie und tieferer Bedeutung entfacht wird, ist leicht erzählt: Im Alter von neuzehn Jahren war Mizzi mit dem Fürsten in eine leidenschaftliche

Liebesbeziehung verstrickt. Weil in diese Zeit der Beginn seiner Affäre mit Lolo fiel, merkte der Vater nichts und hielt Mizzis Weigerung, den jungen Wangenheim zu heiraten und ihre Flucht zu den Ursulinerinnen für »Überspanntheiten«. So konnte sie in völliger Abgeschiedenheit Mutter werden. Da damals die Gattin des Fürsten noch am Leben war, mußte Mizzi das Kind gegen ihre Wünsche hergeben und auf dem Lande erziehen lassen. Tief enttäuscht will sie seither weder von ihm noch von seinem Vater etwas wissen, sondern weist seine nach dem Tode der Fürstin sich wiederholenden Heiratsanträge ab. Statt eine Ehe zu schließen, zu der sich ihr auch sonst manche Möglichkeit geboten hätte, widmet sie sich der Blumenmalerei, unterbrochen nur von flüchtigen Liebschaften. Das ist alles: eine alltägliche, fast banale Geschichte. Doch auch diese Oberfläche trügt. Wieder einmal liegt die Wahrheit versteckt darunter, kommt es nicht auf das Was, sondern auf das Wie an. Für Mizzi stellt sich dieses Zentralereignis ihres Lebens als Zusammenstoß zwischen echtem Gefühl und bloßer gesellschaftlicher Schicklichkeit dar, seinen unbefriedigenden Ausgang legt sie dem moralischen Versagen ihres Geliebten zur Last, dem, was sie zusammenfassend und vereinfachend seine Feigheit nennt. All das kommt in der großen, jede Frivolität hinter sich lassenden Auseinandersetzung zutage, die den Kern des Einakters ausmacht.

> Komtesse. Zu feig, Fürst Egon ...
> Fürst. Ob das gerade das richtige Wort ist ...
> Komtesse. Ja. Ich habe kein anderes. An mir lag es nicht. *Ich* war bereit, alles auf mich zu nehmen, mit Freuden, mit Stolz. Ich war bereit, Mutter zu sein und mich als Mutter unseres Kindes zu bekennen. Sie haben es gewußt, Egon! Vor siebzehn Jahren in dem kleinen Haus im Wald, wo Sie mich versteckt gehalten haben, hab' ich Ihnen gesagt, daß ich dazu bereit bin. Aber für Halbheiten war ich nie zu haben. Ganz hab' ich Mutter sein wollen oder gar nicht.

Jetzt ist es heraus: Dieses Ganz-oder-gar-nicht ist, wie in der klassischen Tragödie, Mizzis Größe und gleichzeitig ihre Hamartia, die sie wird überwinden müssen. Schnitzler spart kein Mittel, um den Gegensatz Authentizität-Konvention bzw. Gefühl-Verstand scharf herauszustellen:

> Komtesse. Als wenn mir an der Heirat das geringste gelegen wäre. [...] Nichts. [...] Überallhin wär' ich Ihnen gefolgt, überallhin, auch als Ihre Geliebte. Ich mit unserem Kind. Nach der Schweiz, nach Amerika. Wir hätten ja schließlich leben können, wo es uns gepaßt hätte. Und im Herrenhaus hätte man vielleicht nicht einmal gemerkt, daß Sie verreist sind.

In dieses letzte Wort legt sie die ganze tiefe Verachtung, die Jahrzehnte überdauert hat. Man sollte beachten, daß dieses »Wie es mir paßt« die bündigste Formel ihres Lebensgefühls ist. Aber der Fürst kommt auch zu Wort. Aus ihm spricht nicht mehr die Stimme des sich um jeden Preis durchsetzenden Individualismus, sondern diejenige der gesellschaftlichen Vernunft:

> Das Wesentliche ist doch, daß uns alle Ehrlichkeit und Kühnheit damals nicht das geringste geholfen hätte. Es wäre eine nutzlose Grausamkeit gewesen gegen Menschen, die uns nahestanden. [...] Ja, natürlich hätten wir fliehen können und uns irgendwo im Ausland ansiedeln können ... Aber daß Ihnen ein solcher Zustand auf die Dauer angenehm oder nur erträglich gewesen wäre, das glauben Sie wohl heute selbst nicht mehr.

In ihrer Antwort drückt sich die kompromißlose Selbstbehauptung des Herzens gegen eine bloß pragmatische Rationalität aus: »Heute, nein. Heute kenn' ich Sie nämlich. Aber damals hab' ich Sie geliebt.« Weltliche Vernunft scheint den Sieg davongetragen, die Gräfin sich ihr in ihrer Lebensführung unterworfen zu haben. Aber auf dem heimlichen Fortbestehen der Liebe beruht auch die weitere Entwicklung der Handlung, in der es auf eine gegenseitige Durchdringung der beiden Prinzipien hinausläuft. Trotz ihrer gespielten Kälte ist ihr der Fürst nicht gleichgültig geworden. Und die einzige Lehre, die sie sich noch nicht zueigen gemacht hat, wenn man will: das einzige Unrecht, das sie sich zuschulden kommen läßt, ist das notwendige Vertrauen in das Reifen des Charakters, die Weigerung, die Wandlungsfähigkeit des Lebens anzuerkennen. Der Fürst muß lernen, Verantwortung zu übernehmen, Mizzi ihre harte Ausschließlichkeit zu überwinden und an die Rehabilitierbarkeit der Person zu glauben. Erst dann können die Konflikte versöhnt werden.

Von Anfang an ist es klar, daß der Fürst sich noch für sie interessiert. Seine wiederholten »Blicke zur Mansarde«, wo Mizzi ihre Blumen malt, verraten ihn, noch ehe der Zuschauer auch nur das geringste von den handelnden Personen weiß. Und sehr bald zeigt er sich im einzelnen über ihr Tun und Lassen informiert, ja er behauptet sogar, »die Geschichte ihres Lebens wirklich« zu kennen, einschließlich der Liebschaften, in die sie sich eingelassen hat. Seine Offenheit läßt nichts zu wünschen übrig. Er deutet an, daß er sich gewandelt hat, gesteht, daß er »damals vielleicht ihrer nicht ganz würdig war«, daß seine Werbung »vor zehn Jahren [...] wohl noch zu früh« gewesen sei, und die »vor sieben Jahren auch noch«, aber die von »heute nicht mehr«. Von dieser

Seite ist also alles bestens auf den obligaten Komödienschluß vorbereitet.

Mizzis Bekehrung ist ein schwierigeres Stück. Sie zieht sich durch den gesamten Einakter. Aber ihre gespielte Gleichgültigkeit erweist sich sehr bald als unecht. Wäre sie sonst imstande, dem Fürsten die Liste seiner Geliebten mit allen einschlägigen Daten und Jahreszahlen herzuzählen? Würde sie sich sonst damit brüsten, sogar mehr zu wissen als er, »denn ich weiß beinahe von jeder, mit wem sie Sie betrogen hat«. Der Fürst antwortet mit einem typischen Schnitzlerschen Bonmot: »Davon erzählen Sie mir aber lieber nichts. Wenn man solche Dinge nicht selbst entdeckt, hat man keinen rechten Spaß davon.« Der wahre Sinn von Mizzis Aggressionen kann ihm und dem Leser nicht entgangen sein. Um aber die innere Umwandlung vollständig zu machen, muß sie die Lektionen des »Familientages« über sich ergehen lassen. Vieles wird da vor ihren Augen inszeniert. Sie muß sich ihres »zu hohen Jahrgangs« bewußt werden; die gleichaltrige Schicksalsschwester Lolo aus einer zweideutigen Lebensphase in den »heiligen Stand der Ehe« treten sehen; zum erstenmal im Leben ihrem beinahe erwachsenen Sohn gegenübertreten und den gestern noch Namen- und Heimatlosen heute mit kindlichem Stolz von »uns Ravensteins« und »unserem Schloß« reden hören. Aber das Wichtigste, dessen sie ansichtig wird, ist zweifellos die ruhige Festigkeit, mit der der Fürst sich zur Vergangenheit bekennt, die Verantwortlichkeit, die ihn bewogen hat, den Jungen zu adoptieren und als seinen vollen Erben einzusetzen, und die durch nichts zu erschütternde Beharrlichkeit in seiner Werbung um sie, nicht in der Absicht, »so irgend etwas zu tun, wie eine Schuld zu sühnen«, sondern »weil ich eben die Überzeugung hatte, daß mir das wahre Glück nur an Ihrer Seite beschieden sein könnte«.

Die Darstellung ihres infinitesimalen Schwankens, ihres immer merklicheren Nachgebens, des bis zur Wahrscheinlichkeit einer Ehe verschwebenden Endes ist eine der schönsten Leistungen Arthur Schnitzlers. Daß sich dieser ganze allmähliche Umschwung nach Abgang des Fürsten abspielt, der von der bevorstehenden Erfüllung seiner Wünsche erst viel später erfahren wird als der Leser, daß Schnitzler es sich auch versagt, die Erkennungsszene zwischen Mutter und Sohn, um derentwillen ein weniger asketischer Dramatiker den »Familientag« überhaupt veranstaltet hätte, auf die Bühne zu bringen, und sie hinausschiebt bis zu einem Zeitpunkt, wo der Vorhang schon gefallen sein wird, das paßt ganz in die Kunst der Verhaltenheit, die unsere modernen, großem Gefühlsaufwand nicht mehr gewachsenen Herzen gewinnt. Bei beiden Partnern handelt es sich ja nicht mehr um die »Jüngsten«, die großen Passionen des Lebens sind verrauscht, Schicht um Schicht mußte die Vergangenheit aufgeschlossen werden wie bei einer archäologischen Ausgrabung, Fragen der Ethik und Vernunft mußten mit solchen der Sympathie und Treue in Einklang gebracht werden, erst dann waren die Bedingungen für die Entfaltung der Schnitzlerischen Weisheit und – als Seltenheit – für die eines milden, herbstlichen, aber immerhin sehr wirklichen Schnitzlerischen Glücks erfüllt. Und kein anderer als dieser langsame, zögernde, beinahe triviale Schluß wäre ihm adäquat geworden. Denn, wenn man es genau nimmt, ist die weittragende Frage nach der Lebenserfüllung der Hauptgestalten ausgeklammert, reduziert auf die Frage nach Mizzis Zustimmung zu einer Fahrt nach Ostende, wo Fürst Ravenstein mit dem jungen Philipp den Sommer verbringen will. Und die Abfolge ihrer konzessiven Antworten von einem »Also schön«, über ein »Ich tu's ja gern« bis zu ihrem einsilbigen, nicht mehr qualifizierten »Ja«, womit sie die Reisevorschläge ihres Vaters erwidert, müssen hier das anfängliche Zögern und das endlich erteilte unwiderrufliche Jawort einer folgenreicheren Werbung ersetzen. Im Grunde erheben sich die ausgetauschten Floskeln niemals über die Ebene des Alltagsgesprächs. Aber gerade an einer Stelle wie dieser erweist sich die Richtigkeit meiner Behauptung, die konventionelle Plauderei werde bei Schnitzler zum Kommunikationsmittel für existentielle Entscheidungen.

Darf der Leser in alldem die innere Versöhnung der Mizzi mit Ihrem Schicksal sehen, die Lösung des letzten Knotens in diesem erst noch so dichtgeknüpften Gewebe? Zweierlei bestärkt ihn darin: erstens, daß der Fürst ausdrücklich von dem Vorwurf der Feigheit freigesprochen wird, der den Kern der Anklage gebildet hatte. Eingeflochten in das Reisegespräch macht der Vater eine Anmerkung über den Fürsten, die, weil Mizzi sie unangefochten läßt, das letzte Urteil in dem Streitfall bedeutet: »Das find' ich doch eigentlich sehr hübsch von ihm, das mit dem Buben. Es gehört doch *Courage* dazu« [meine Unterstreichung]. Und zum zweiten löst sie, zart, aber unmißverständlich und gerade noch vor dem Vorhang, das erotische Verhältnis zu ihrem Zeichenlehrer, um ganz frei zu sein von dem Schatten einer Verpflichtung, wenn sich in Ostende ernstere Bindungen anbahnen. Das semantisch geladene Wort »riesig«, mit dem die Komödie endet, faßt das sprachliche Doppelspiel der letzten Szenen noch einmal unübertrefflich zusammen: die Ironie, mit der

Mizzi die kindliche, immer noch ahnungslose Vorfreude des Vaters belächelt, aber auch die große menschliche Bedeutung, die die kommenden Ereignisse für das Leben aller Beteiligten bereithalten.
Mizzi ist die voll emanzipierte Frau. Heute, wo die Literatur von Feministen beider Geschlechter nach solchen Verkörperungen abgesucht wird, bereitet es mir ein maliziöses Vergnügen, auf ihre Existenz im dekadenten Wienerischen Fin de siècle hinzuweisen und als ihren Urheber den freudianischsten aller Schriftsteller, den Erfinder »des süßen Mädels« vorzustellen, der vor lauter Skepsis sich niemals entschließen konnte, für eine Sache einzutreten, ohne sofort zu versichern, wie gut er auch ihr Gegenteil verstünde. Frei, tapfer, vorurteilslos und doch liebesfähig steht diese Frauenfigur da, die verlogene viktorianische Männerwelt ihres Zeitalters gebändigt im Staube des Gemeinen unter sich lassend. Und ihre Größe besteht nicht zuletzt darin, daß sie tut, »was ihr paßt«, ohne ihren Kopf an den Mauern der Konvention wundzustoßen.
Bevor ich, ungern, von der Beschäftigung mit dieser ungewöhnlichen Komtesse Mizzi ablasse, möchte ich noch auf den letzten hübschen Zug aufmerksam machen: die Symbolik. Ihr Vorhandensein hindert uns, in der kleinen Komödie ein reines Konversationsstück zu sehen. Unaufdringlich und verhalten wie mit der Sprache selbst, treibt Schnitzler ein feines Bedeutungsspiel mit den Rosen und anderen Blumen, die von Beginn an in die Handlung verwoben sind. Und weil sie nicht nur als Buketts und in den Beeten des Pazmandyschen Parks, sondern auch in den Bildern der Komtesse auftreten, in denen sie es nach Aussage ihres Lehrers Professor Windhofer sogar zu einer gewissen Meisterschaft gebracht und es mit der bekannten Blumenmalerin Olga Wisinger-Florian aufnehmen kann (aber dürfen wir ihm trauen? der unverfrorene und unvoreingenommene Philipp z. B. erklärt sich außerstande, in ihrem Violett den intendierten Flieder zu erkennen), wird auch die Kunst mit in die Betrachtung hineingezogen. Ohne die zarte Symbolik zu überanspruchen, kann man doch die lebendigen Blumen dem lebendigen Leben zuordnen und die künstlichen dem versäumten. So wie die »Tant' Fanny Hohenstein« des Fürsten, die allerdings zur Abwechslung Bücher geschrieben hat, will die Komtesse, wenigstens solange sie Blumen malt, »vom Heiraten [...] absolut nichts wissen«. In dem Augenblick aber, wo sich eine neue Liebeserfüllung auf dem Horizont abzeichnet, kündigt sie die Malstunden auf. So deutlich sind diese Zuordnungen, daß selbst der nicht übermäßig perzeptive Graf der Meinung ist, daß diese Dinge

»mit den künstlerischen Bestrebungen [...] gewissermaßen psychologisch zusammenhängen«. Aber tun sie das ausschließlich? Gibt nicht manchmal spontane Begabung und reine Freude in Kunstsachen den Ausschlag, in Fällen, wo von »Sublimierung« nicht im entferntesten die Rede sein kann? Wie sollen wir es uns sonst erklären, daß gerade der freche Philipp, noch vor jeder Enttäuschung, ja noch vor jeder Lebenserfahrung, die »Klarinett'« bläst? Und warum ist dieses Geständnis das einzige, bei dessen Mitteilung der selbstsichere Bengel in Verlegenheit gerät? Es ist durchaus denkbar, daß Schnitzler, der überzeugte Künstler, diesen unscheinbaren Zug eingeführt hat, um die These zu entkräften, daß es sich bei künstlerischer Betätigung in jedem Fall um bloßes Surrogat für einen handgreiflicheren Lebensgenuß handeln müsse.

Lieber Oskar, nun bin ich wirklich am Ende angelangt. Vielleicht liegt es an meiner Biographie, daß ich mich immer gern mit Schnitzler beschäftigt habe. Warum ich unter seinen vielen gelungenen Stücken gerade für die »Komtesse Mizzi« eine besondere Vorliebe hege, habe ich heute versucht, darzulegen. Aber es scheint mir auch sinnvoll, eine Dir zu Ehren verfaßte Betrachtung diesem Schriftsteller zu widmen, war er es doch, den wir vor mehr als einem Vierteljahrhundert gemeinsam vornahmen, als ich den Vorzug genoß, Dein Schüler zu sein und unter Deiner Anleitung die ersten Schritte in das Dickicht der Literaturgeschichte zu wagen, aus dem man, einmal darin verirrt, wie Du siehst, nie wieder herausfindet. Und so eigne ich Dir zum bescheidenen Dank für die mir seither bewiesene Freundschaft einen Aufsatz zu, von dem niemand besser weiß als ich, daß er an Subtilität weit hinter allem zurückbleibt, was ihn veranlaßt hat.

Richard Exner

»Eine tiefre Bildlichkeit«: Gedanken zu Hugo von Hofmannsthals Gedicht »Wir gingen einen Weg ...« *

»O wüßt ich mehr von diesen Abenteuern,
denn irgendwie bin ich dareinverwebt
Und weiß nicht, wo sich Traum und Leben spalten.«

Der Dichter im »Kleinen Welttheater« (GLD, 300) beendet mit diesen Worten seine Rede, nachdem er uns gesagt hat, er werde »jenes künstliche Gebild« fertigen, »aus Worten, die von Licht und Wasser triefen«. Diese Worte und auch das Gedicht, dem wir [1] uns widmen wollen, stellen nur einen kleinen Teil der Fülle jenes oberitalienischen *mensis mirabilis* dar, dem wir ein Gutteil des Jugendwerkes verdanken. Wir wollen versuchen, an einem bisher wenig beachteten Gedicht deutlich zu machen, was für Abenteuer dies waren und wie der Dichter in sie verwebt war, denn das wird etwas Wesentliches über den schöpferischen Prozeß überhaupt (und nicht für diesen bestimmten Dichter) aussagen.

Es gibt bei Hofmannsthal eine Ideallandschaft – wir sollten sie schon jetzt Seelen-Landschaft nennen –, deren Symbolik sich mühelos aus den Werken herauslösen läßt. Nur ein Beispiel sei gegeben. 1895 notierte er sich: »Die Ideallandschaft: tiefer Fluß zwischen steilen Uferhängen, auf denen Städte, Weingärten, Landstraßen: das Leben« (A, 116). Wir finden diese Landschaft in zahllosen Texten wieder. In sie übersetzt Hofmannsthal, was er erfährt. Er übersetzt ins Bild; Auge und Seele sind schöpferisch. Am 29. April 1894 schreibt er in sein Journal: »Ich bin ein Dichter, weil ich bildlich erlebe« (A, 107) und meint wohl das gleiche, wenn er sich wenige Wochen später notiert, Menschen wie er seien doch seit den Stürmern und Drängern wieder die *ersten ganzen Künstler* (H. v. H. / R. B.-H., Briefwechsel, xxi).

---

* Über die Entstehungsgeschichte dieses Aufsatzes siehe die »Notiz« am Schluß des Beitrags.

1 Mein »wir« ist nicht als der übliche akademische *pluralis majestatis* zu lesen. Wie aus der »Notiz« hervorgeht, war der Aufsatz als Gemeinschaftsarbeit gedacht und obwohl ich Wolfgang Stechow meine Ansichten nicht zuschreibe, sollte diesem Text, gleichsam als Grundmuster, das Dialogische nicht verlorengehen.

Also um Bildlichkeit geht es, und besonders in jenen produktiven Wochen notiert sich Hofmannsthal Wesentlichstes zu diesem Thema. Auf die Erstveröffentlichung der uns beschäftigenden Verse folgt in den *Blättern für die Kunst* die Prosa-Notiz »Bildlicher Ausdruck«, in der für unsere Betrachtung gewissermaßen ein Programm entworfen ist: Bilder seien nicht entbehrlicher Zierat, »vielmehr aber ist der uneigentliche, der bildliche Ausdruck Kern und Wesen aller Poesie« (P I,286). Den Worten des Dichters aus dem »Kleinen Welttheater«, mit denen wir begannen, entsprechen jene gegen Ende des Prologs zur »Frau im Fenster« aus dem gleichen Jahr. Dort ist die Rede von der »tiefren Bildlichkeit« des seelischen Geschehens. In »Wir gingen einen Weg ...« wird sie zu einer paradigmatischen Erkenntnisweise.

Von dem Gedicht gibt es bis jetzt nur eine Deutung. Sie stammt von Albrecht Goes und ist – im Rahmen eines kleinen Buches von Interpretationen – sehr begrenzt. Unser Versuch ließe sich leicht über den zur Verfügung stehenden Raum ausdehnen; eine Möglichkeit des epistemologischen Einstiegs in Hofmannsthals Werk und Schaffensweise bietet sich an. Eine Eigenheit unserer Deutung ist die visuelle – kunsthistorisch einkreisbare – Unterstützung, die sie durch ihre besondere Anlage erfährt. Um diese Unterstützung wahrhaft sichtbar werden zu lassen, werden Illustrationen und ein das Kunsthistorische einbegreifender Exkurs in die eigentliche literarische Deutung eingebettet, die dadurch wiederum etwas skizzenhaft bleiben muß. Beide Deutungsweisen scheinen uns nicht nur legitim; sie werden am Ende zu einer einzigen und sind diesem Gedicht gemäß.

I

WIR GINGEN EINEN WEG ...[2]

Wir gingen einen Weg mit vielen Brücken,
Und vor uns gingen drei, die ruhig sangen.
Ich sage dies, damit du dich entsinnst.
Da sagtest du und zeigtest nach dem Berg,

[2] Wir zitieren das Gedicht, bewußt von GLD, 83 f. abweichend, bis auf die Eigenheiten der Interpunktion Stefan Georges nach der Fassung seiner Erstveröffentlichung in den *Blättern für die Kunst*, IV. Folge (November 1897), S. 9 f. Die wesentlichsten Abweichungen sind in den Zeilen 10 und 11 zu finden. Spätere Drucke werden vielleicht diese Korrekturen, die der Handschrift entsprechen [ein mir verfügbares Blatt hat für Zeile 10 »Auch Deine   waren nicht wie sonst«; Dr. Hirsch teilte mir aber auch das im Erstdruck auftretende »Augen« aus der ihm verfügbaren handschriftlichen Vorlage mit (vgl. auch Anmerkung 25)] zum Teil

Der Schatten trug von Wolken und den Schatten
Der steilen Wände mit unsicheren Pfaden,
Du sagtest: »Wären dort wir zwei allein!«
Und deine Worte hatten einen Ton
So fremd wie Duft von Sandelholz und Myrrhen.
– Auch deine Augen waren nicht wie sonst. –
Und mir geschah, daß eine trunkene Luft
Mich faßte, so wie wenn die Erde bebt
Und umgestürztes prunkvolles Gerät
Rings rollt und Wasser aus dem Boden quillt
Und einer taumelnd steht und doppelt sieht:
Denn ich war da und war zugleich auch dort,
Mit dir im Arm, und alle Lust davon
War irgendwie vermengt mit aller Lust,
Die dieser große Berg mit vielen Klüften
Hingibt, wenn einer ruhig wie der Adler
Mit ausgespannten Flügeln ihn umflöge.
Ich war mit dir im Arm auf jenem Berg,
Ich hatte alles Wissen seiner Höhe,
Der Einsamkeit, des nie betretnen Pfades
Und dich im Arm und alle Lust davon ...
Und als ich heut im Lusthaus beim Erwachen
An einer kühlen Wand das Bild der Götter
Und ihrer wunderbaren Freuden sah:
Wie sie mit leichtem Fuße, kaum mehr lastend,
Vom dünnen Dache weinumrankter Lauben
Ins Blaue tretend aufzuschweben schienen,
Wie Flammen ohne Schwere, mit dem Laut
Von Liedern und dem Klang der hellen Leier
Emporgeweht: da wurde es mir so,
Als dürft ich jenen letzten, die noch nah
Der Erde schienen, freundlich ihr Gewand
Anrühren, wie ein Gastfreund tuen darf
Von gleichem Rang und ähnlichem Geschick:
Denn ich gedachte jenes Abenteuers.

---

beibehalten wollen. Wir finden »Augen« (Zeile 10) also nur in einer handschriftlichen Vorlage und im Erstdruck. Danach wird es (bereits in der 1904 gedruckten »Auslese aus den Jahren 1898–1904« aus den *Blättern für die Kunst*) permanent zu »Wangen« abgeändert. Dies scheint auf einen Wunsch Hofmannsthals zurückzugehen. Anders verhält es sich wohl mit Zeile 11, in der in den ersten vier Drucken (1897, 1904 und zweimal im Jahre 1918) »Luft« steht; ab 1934 *(Nachlese der Gedichte)* wird ein die Interpretation gefährdender, aber durch den Text der Zeilen 17, 18 und 25 verständlicher Druckfehler (»Lust«) ständig weiter abgedruckt. Erst mit den nach dem Zweiten Weltkrieg erschienenen Ausgaben der »Gesammelten Werke« (1946 ff.) treten drei Punkte nach dem Titel des Gedichtes auf; in den Drucken von 1897 und 1904 erscheint das Gedicht ohne Titel. Ab Dezember 1918 (*Rodauner Nachträge;* dort unter »Unveröffentlichte Gedichte!«) steht in Zeile 34

Eine Deutung dieses Gedichtes mag sich zunächst, unabhängig von der Entstehungsgeschichte, auf den Wortlaut konzentrieren wollen. Da es räumlich unmöglich ist, den Text zunächst allein, dann innerhalb der drei anderen mit ihm zur Veröffentlichung in den *Blättern für die Kunst* an George gesandten Gedichte zu interpretieren und schließlich noch im Rahmen aller im Jahre 1897 entstandenen Werke oder der gesamten Lyrik des Jugend- wie des Gesamtwerkes, sei uns eine möglichst flexible Methode zugestanden. Auch generisch ließe sich »Wir gingen einen Weg ...« einordnen, als Liebes-Gedicht, als Reise- oder Erzählgedicht, als Briefgedicht, als Bildgedicht und nicht zuletzt auch als Festgedicht, im Sinne jenes wiederum im gleichen Jahre in Varese »für die kleine Tochter meines Freundes Richard Beer-Hofmann« gedichteten Festspiels.[3]

Auf sprachliche Eigenheiten hat Werner Derungs hingewiesen (Derungs, 132). Es scheint aber, daß die bewußt behutsame Setzung der Prädikate und – so müßte man hinzufügen – die fast gesuchte Simplizität der Wortwahl dem Leser die Sicht freihalten soll auf die nach der eingangs gegebenen und fast unpoetisch wirkenden Prosa-»Erzählung« einsetzende visionäre Zusammenschau. Das Gedicht ist »ausgeschrieben« und vom rein Sprachlichen völlig verständlich; man vergleiche es mit dem »Lebenslied«, zu dessen im Manuskript vorgefundener fünfter Strophe sich von der sehr naheliegenden »Botschaft« mehrere Querverbindungen nachweisen lassen (die »Wipfel« und die »schattenlosen Wege«). Der Leser wird vor Zeile 11 in keiner Weise strapaziert. Vokabeln wie

---

nach »Emporgeweht« ein Semikolon; bis dahin, einschließlich in dem Druck aus dem gleichen Jahre (in Wolf Przygodes *Die Dichtung*, I,1; Seite 44 f.), ein Doppelpunkt, der unsere Deutung sinnvoll unterstützt. Letzterer Druck ist auch der einzige, der in einer wichtigen Einzelheit dem Manuskript, das mir vorlag, folgt: sämtliche Hinweise auf ein Du (in allen Fällen der zweiten Person Singular des Personalpronomens) sind großgeschrieben und legen somit nicht nur das Genre des Briefgedichtes nahe, sondern geben uns damit vielleicht auch eine Erklärung, warum Hofmannsthal dieses Gedicht nach dem Druck in den *Blättern* nur zweimal an verhältnismäßig zurückgezogener Stelle erscheinen ließ und nie in den Kanon seiner Gedichte aufnahm. – Für weitere Einzelheiten verweisen wir auf Eugene M. Webers Gedicht-Chronologie in *Euphorion* LXIII (1969), besonders die Nummern 85 bis 87.

[3] Abgedruckt im *Almanach: Das einundachtzigste Jahr* (S. Fischer, 1967), S. 17–20. Es kann hier nicht auf die zahllosen Parallelen zu anderen in der gleichen Zeit entstandenen Werken, besonders zum »Kleinen Welttheater«, eingegangen werden. Um die Nähe zu unserem Text zu zeigen, genüge der Hinweis auf wenige der Ariadne in den Mund gelegte Verse: »Wo in Lauben / wo auf Brücken / mit verflochtnem Blick und Fingern / Liebende beisammen stehen, / fühl ich ihr Geschick in mich / greifen . . .«

»sagen« und »gehen« und »sein« werden wiederholt angewandt und Bilder und Vergleiche im Konjunktiv und ganz im Subjektiven gehalten, als handele es sich (was es auf einer Ebene freilich auch tut!) um eine private Aussage. Mit einigem Recht spricht Goes von den einem intimen Brief nicht unähnlichen Erzählversen (Goes, 21). Man braucht nur an das nach seiner Entstehung unmittelbar benachbarte Briefgedicht »Botschaft« zu denken, um zu wissen, daß hier sowohl wie dort eine geliebte Person gemeint sein muß. Dies auszusprechen ist nicht genug, man muß sofort hinzufügen, wie gut man daran tut, den Text nicht als ein autobiographisches Selbstzeugnis zu lesen (vgl. Gerke, 162). Auch hier wird nämlich der Leser sofort in die »tiefre Bildlichkeit« mitgenommen. Dasselbe gilt auch für das längste der vier an George gesandten Gedichte, für »Der Jüngling und die Spinne«;[4] allein »Der Beherrschte«[5] ist als einziges Gedicht von 1897 gereimt (jeweils die b und d Zeilen) und erinnert in seiner elliptischeren Diktion an Verse aus früheren Jahren.

Die Druckgeschichte der in der Erstveröffentlichung in den *Blättern* nebeneinander erscheinenden Gedichte bedarf einer kurzen Erwähnung und Überlegung, denn zwei von ihnen (»Wir gingen einen Weg ...« und »Der Beherrschte«) erschienen nach ihrer Erstveröffentlichung zu Lebzeiten Hofmannsthals in keiner Sammlung seiner Gedichte.[6] Die Nähe der Gedichte zu George ist nicht schwer zu erweisen, schwieriger dagegen, ob diese Nähe Hofmannsthal bewogen hat, sie nach ihrer Erstveröffentlichung fast ganz aus dem Druck zu ziehen.[7] Selbst »Botschaft«

---

4 Dieses Gedicht erschien später als die drei bereits erwähnten. George brachte es erst 1899, im dritten Band der vierten Folge.

5 Dr. Hirsch teilt mir mit, dieses Gedicht, das Hofmannsthal bei der Übersendung an George als »in einem gewissen Zusammenhang« mit »Wir gingen einen Weg ...« (dieses im Erstdruck übrigens ohne Titel) stehend bezeichnet hatte, habe ursprünglich den Titel »Der Sieger« getragen. Auf den »gewissen Zusammenhang« ist noch besonders – anläßlich der Deutung der letzten Zeile des Gedichtes – zurückzukommen.

6 Eine Ausnahme ist lediglich die Anthologisierung von »Wir gingen einen Weg ...« innerhalb der *Blätter für die Kunst* (1904). Merkwürdigerweise wurden sie auch von Hofmannsthal weder in die erste noch in die zweite Ausgabe seiner *Ausgewählten Gedichte* (1903 und 1904) im Verlag der Blätter für die Kunst aufgenommen. Erst in der von H. Zimmer 1934 herausgegebenen *Nachlese der Gedichte* werden sie wieder einem breiteren Lesepublikum vorgestellt. Zu den Einzelheiten der Druckgeschichte siehe Horst Webers *Bibliographie* (1972), besonders die Nummern VII: 102, 103, 103A und VIII,6.

7 Die George-Nähe gilt auch für das erstmals in der F.A.Z. vom 2. Februar 1974 von Rudolf Hirsch veröffentlichte und kommentierte Gedicht »Eine Vorlesung«. Es stammt ebenfalls aus dem Jahre 1897 und weist verschiedene Querverbindungen

wird, von der Anthologisierung (siehe Anmerkung 6) und den *Rodauner Nachträgen* (1918) abgesehen, erst in die Gedichtausgabe von 1922 aufgenommen.
Bis in das Vokabular nachweisbar und von großer Bedeutung ist der innere Zusammenhang der 1897 an George übersandten vier Gedichte. Um unsere Vermutungen über den engen Zusammenhang dieser vier Gedichte zu präzisieren, müßten wir die Entstehungszeiten genau wissen. Aber auch ohne diese positivistische Genugtuung ist die Dichtheit des Gewebes evident. Ehe der Jüngling die Spinne und ihr Opfer sieht, ist er – in der zeitlich frühesten der vier Dichtungen – der Spiegelung der Ganzheit hingegeben (»Ich bin von einem solchen großen Leben / Umrahmt ...« [GLD, 37]). Wie im 1895 geschriebenen »Traum von großer Magie« sieht der Dichter des »Prologs« zur Madonna Dianora in einer Landschaft von Klippen und Abgründen »die Macht der Schwere enden« (GLD, 20) und weiß: »Das Gleiche war / Ja schon einmal, das hab ich schon erlebt ...« (GLD, 130). Die Fäden, die von »Botschaft« zu »Wir gingen einen Weg ...« laufen, sind zahlreich; auch hier das »schon einmal Erlebte« (GLD, 82), dazu in »Botschaft« eine Umschreibung des aneignenden Vorgangs des anderen Gedichtes; die »schönsten Tage« sind jene, »da wir redend / Die Landschaft uns vor Augen in ein Reich / Der Seele wandelten« (ebenda). Der ferne Donner, in den »Botschaft« ausrollt (vgl. Anmerkung 7), findet ein Echo in einer Rede der Sängerin Vittoria im »Abenteurer« (D I,210). Wie das Gleiche stets wiederkommt, so tendiert auch jedes der Gedichte zur Kreisform und zum inneren Refrain, wozu sich die unstrophigen Jambenketten (»Der Beherrschte« ist die Ausnahme) besonders gut zu eignen scheinen (vgl. Derungs, 136). Dem innersten seelischen Bereich entstammt die Garten- und Turm-Symbolik, die nicht nur für das gesamte Jugendwerk Hofmannsthals von Bedeutung ist. Wiederum mit Ausnahme des strenger gesetzten »Beherrschten« dominiert in den anderen fast epistolarischen

zu »Botschaft« auf. Hofmannsthal schrieb auch später Texte, die an Georges Diktion erinnern, z. B. die Prosa »Erinnerung« (1924). Die George-Nähe verhinderte nicht *per se* die Drucklegung. Andererseits mag Hofmannsthal versucht haben, diese Nähe jeweils abzuschwächen. Das Manuskript unseres Textes z. B. lautet in Zeile 9 »Wie fremder Duft von Zimt und Sandelholz und Myrrhen«; der Anklang an das 1895 in den *Büchern der Hirten- und Preisgedichte* erschienene Gedicht »Der Herr der Insel« (»Auf einer insel reich an zimmt und öl«) wäre um so augenfälliger gewesen, da »zimmt« sonst bei George nicht vorkommt. Erstaunlicher sind letzten Endes aber die beabsichtigten oder unbeabsichtigten Entsprechungen; man vergleiche das Ende von Georges Versen auf Hofmannsthal (»H. H.« im *Jahr der Seele*) mit dem Schluß von »Botschaft«!

Gedichten das Gesellige. Es ist von gemeinsamen Spaziergängen die Rede; eine momentane Einswerdung, die sich dann wieder auflöst und ebenso wiederkehrt, ruht auf diesem in »Botschaft« apostrophierten »Gesellig sein mit Freunden«, dem in unserem Text das Bild der unter sich und mit uns geselligen Götter entspricht. Die Geselligkeit also ist *ein* Schlüssel des Gedichtes, dessen Text nun als selbständige Dichtung gelesen werden soll.

II

In den ersten zehn Zeilen ruft der Dichter einer geliebten Person einen Gang in einer Berglandschaft ins Gedächtnis. Die drei Singenden, die ihnen vorangegangen waren, dienen, wie sich herausstellen wird, lediglich dazu, den Anderen möglichst schnell in das Erlebnis zurückzubringen. Das »Und mir geschah« der elften Zeile setzt voraus, daß ein Sein in der Landschaft für Hofmannsthal im wahrsten Sinne bedeutend ist. Das ist es, sowohl nach dem literarischen Zeitgeist wie nach der eigenen Biographie.

Die Landschaftsverbundenheit Hofmannsthals ist so reichlich belegbar, daß wir uns beschränken müssen. Für ihn ist die Überlegung Henri-Frédéric Amiels »Tout paysage est un état de l'âme« mehr als nur eine kluge Formulierung (vgl. P I, 30); seine Gedichte, in denen auch »l'abîme de l'irrévélé« oft zum landschaftlichen Topos wird, beweisen das. Die visionären Prosastücke des ersten Jahrzehnts des Jahrhunderts beweisen es auch. Bekannt sind die Stellen im Briefwechsel mit Helene von Nostitz. Ein Mensch mag im Mitmenschen »Ländereien, Landschaften, Gärten, Abhänge« besitzen (S. 33), aus den Bächen, Seen und Wäldern werden eines Tages die Kinderjahre aufsteigen und so der Kreis sich schließen (S. 114) – weniger bekannt sind die Stellen aus Briefen an Arthur Schnitzler, in denen Zeit und Substanz einer menschlichen Begegnung dem geistigen Auge sichtbar werden, »wie eine Landschaft, aber viel merkwürdiger; als wenn man in einem Tal stünde und durch die Wände der Berge hindurch die anderen Täler gleichzeitig sehen würde (Briefwechsel, 65) und über dreißig Jahre später (1928) die Bemerkung, diese ganzen zusammen verlebten Jahrzehnte stünden als »einzige Landschaft vor meiner Seele ... und alles drängt in eine letzte Ahnung hinein: ich nenne sie Gott –« (ebenda, 311). Der Akzent liegt auf dem gleichzeitigen Sehen des zeitlich und räumlich Auseinanderliegenden und auf der Nähe eines Gottes oder (wie man nach unserem Text wird sagen können) der Götter. Diese immer wieder heraufgerufene und beschriebene Berglandschaft ist eine seelische Urlandschaft Hofmannsthals.[8]

»Wären dort wir zwei allein!« (Z. 7) bricht wie ein Gruß in die bis dahin gleichmütige Erzählung ein. Mit ihm wird die Stimmung nicht gebrochen (obwohl der Ton der Worte von fremdem Duft[9] ist und die Augen des geliebten Menschen nicht wie sonst und sich somit die Verwandlung bereits vorzubereiten scheint!), sondern gesteigert. Diese Art der Steigerung ist mehrfach zu beobachten: das wiederholende Neuansetzen (z. B. 11/34 und Z. 17/25) am gleichen aber höher gelegenen Punkt der Spirale führt den Leser bei unvermindert erzählendem und unbeschleunigtem Gang des Dargestellten ins Innere des Gedichtes, wie unser eine Mandala aufnehmender Blick in deren innerste Mitte gezogen wird. Die zehnte Zeile deutet auf eine neue Phase des Erlebnisses. Durch den Gruß ist in den Dichter (wie im »Kleinen Welttheater«) »ein solches Glück« hineingekommen (GLD, 305), aus den Augen, man wird es mit den Worten aus der »Sobeide« (1899) sagen können, »lehnt sich so / die Seele! und die Worte, die du redest [und beide haben ja gesprochen!], zucken / noch in der Luft, weil dir das Herz so zuckt, / aus dem sie kommen« (D I, 157). Wir werden später behaupten, das Gedicht »erinnere«

---

8 Vor vierzig Jahren bereits wies Walter Perl auf eine besondere Technik Hofmannsthalscher Landschaftskunst hin; eine Gestalt blickte aus dem Fenster oder von einer Brücke in die Landschaft. Perl sieht darin (S. 84) ein Motiv, das an Darstellungen der Bildenden Kunst erinnert, in denen durch eine Gestalt das Auge des Beschauers der Landschaft zugewandt wird. Perl verdanken wir ebenfalls den Hinweis auf einen (hier allerdings fast umgekehrten) schöpferischen Prozeß, wie Batista ihn im »Tod des Tizian« beschreibt. Der Maler habe aus der Landschaft »ein Menschliches gemacht« (Perl, 81 und GLD, 193 f.). Der gleiche Prozeß der schöpferischen Verwandlung fasziniert an solchen Prosastücken wie »Erinnerung schöner Tage« und »Die Wege und die Begegnungen«, um die berühmtesten herauszugreifen (s. hierzu auch Gerke, 161). 1897 läßt Hofmannsthal Victoria im »Abenteurer« sagen, das Leben spinne das Beste unserer Seele aus uns hinaus, und in der Natur, in den »unschuldigeren Geschöpfen« (D I, 240), überlebe es alterslos. Diese Landschaften werden dann im Alter wieder eingesogen. Recht verstanden, deutet sich auch eine – sich vom neunzehnten Jahrhundert aber entfernende – Idyllik an (vgl. Briefe II, 283). Wie komplex sie ist, zeigen besonders die zahlreichen Landschafts-»Stellen« in der Korrespondenz mit Ottonie Degenfeld.

9 Der Duft (siehe auch Anmerkung 7) ist präzise genug beschrieben, um uns sofort die Erinnerung an die »von Sandelholz genährten« Flammen wachzurufen, die Weidenstamm sich auf der höchsten Spitze des Campanile in Venedig wünscht, den dieser Verschwender mit Rosen und Narzissen umwickeln will. Es verdient in unserem Rahmen ebenfalls der Erwähnung, daß er wenige Zeilen später sagt: »Mach Dichterträume wahr, stampf aus dem Grab / den Veronese und den Aretin ...« (D I, 172).

sich an eine konkrete Reise in einer konkreten Landschaft, die sie im wahrsten Sinne verherrlicht: die Brücken in der ersten Zeile springen auch in der sechs Jahre später dieselbe Fahrt erinnernden »Sommerreise« »über das schäumende Wasser [...] sie sind Menschenwerk, aber es ist, als hätte die Natur sie zurückgenommen« (P II,56). Aus der verherrlichten Landschaft erhebt sich die Rotonda des Palladio; sie ist – und wir denken bereits an das beschriebene »Bild« unseres Gedichts – konkretes Bauwerk und zugleich »ein unsterblicher Traum«, das die Landschaft (die Berge und ihre Wässer) in jedem Sinne »umwandelt«, »gestillt, erlöst durch ein Gleichnis« (P II,62).

»Und mir geschah« – damit beginnt die Erschütterung des Erzählers. Gruß und Blick des geliebten Menschen haben ihm in dieser seelischen Urlandschaft das Herz erschüttert und nun erschließt sich ihm im wahrsten Sinne die Erde, das Geheimnis. Eine Offenbarung wird stattfinden. Es ist weder stilistisch zu hoch noch zeitlich zu weit gegriffen, wenn man das Gedicht in den Zusammenhang stellt, der über die bereits erwähnten visionären Prosastücke zu den drei »Augenblicken in Griechenland« und zur »Erinnerung« von 1924 und den noch späteren Prosastücken über Nordafrika und Sizilien reicht. Die Erde bebt und tut sich auf, und der Erschütterte wird wissend werden. Wichtig und erwähnenswert ist die Rolle, die das Wasser spielt, das als Träger des Geheimnisses und als Symbol des unter aller Verschüttung Bestehenden aus dem Boden quillt (vgl. Vordtriede, 162).

Ihm ist geschehen, daß er *sieht;* der taumelnd Stehende (die Erde ist noch nicht beruhigt) sieht *doppelt.* Er bleibt neben dem geliebten Menschen stehen, ist aber zugleich auch dorthin versetzt, wo dieser wünscht, dort wären sie zu zweit allein. In dieser Trunkenheit, welche auch die Luft wie in einer Fata Morgana erzittern macht, kostet er das Alleinsein aus und zugleich die Lust, den anderen im Arm zu haben. Er steht auf diesem großen Berg und ist zugleich der Lust teilhaftig, die dieser Berg dem schenkt, der ihn dem Adler gleich ruhig umflöge. Der hoch im Blauen fliegende Vogel, Adler oder Falke, war vor 1897 bereits Symbol für Hofmannsthal und wird es bleiben: er sieht alles Getrennte vereint. So hat der Erzähler nun Liebeslust und alles Wissen der Höhe, der Einsamkeit, und die »süße Vermischung von Weite und Nähe« (P II,58), in welcher er die Präsenz des abwesenden geliebten Menschen um so stärker empfindet.[10]

10 Das hat seine Konsequenzen im Täglichen: die Briefwechsel sind voll von Hinweisen auf dieses Phänomen. Der Abwesende ist oft stärker vor dem inneren Ge-

Die Zeilen 26–38 bringen die nächste Steigerung (»da wurde es mir so«), die erst von der Schlußzeile abgefangen wird. Wir sind, so simpel es klingen mag, versucht zu sagen, das intensiv empfundene Liebeserlebnis, die Erfahrung, hier den geliebten Menschen im Arm zu spüren und dort auf der Höhe des Berges dieses Menschen in dortiger Einsamkeit um so intensiver fühlbare Präsenz zu erleben, also das Erlebnis des Doppelt-Sehens und Doppelt-Empfindens, versetze den Menschen ganz einfach unter die Götter und deren wunderbare Freuden. Es ist wie bei der Evokation des Giorgione-Bildes in der Sommerreise: »Wir sind aus der Naturwelt mit leichtem Schritt in ein Kunstwerk eingetreten«, aus dem »Vergänglichen der Wirklichkeit«, dessen augenblickliche Ewigkeit aber bereits deutlich ausgesprochen war, in jenes »unvergängliche Zugleichsein des Traums« (Vordtriede, 162). Dies gilt auch hier, wo wir nicht mit absoluter Sicherheit sagen können, welches »Kunstwerk« genau gemeint ist.[11] Die Götter sind da und zugleich leiblos, sie sind Flammen ohne Schwere und sie vollziehen nach, was von den zwei Menschen im Gedicht berichtet wurde. Im »Prolog« zur »Frau im Fenster« wünscht sich der Dichter, sein Stück möge lieber von Puppen gespielt werden, die bei aller Lust und Verzweiflung schön bleiben würden und von grenzen-

---

sicht des Schreibenden als die ihn tatsächlich umgebenden Menschen. Das wahre Gesicht des anderen zeichnet sich erst ab, wenn sich das wirkliche, tatsächliche, sich von Augenblick zu Augenblick wandelnde, nicht dazwischenschiebt. Im Werk wird die Erfahrung des Doppeltseins des öfteren beschrieben (so z. B. im gleichen Jahr im »Kleinen Welttheater« [GLD, 301]). Wie wenig der Augenblick des So-und-nicht-anders-Seins übernommen werden kann, sagt Miranda im »Weißen Fächer« sehr treffend aus (GLD, 251 f.); auch in den *Aufzeichnungen* notiert Hofmannsthal oft zu diesem Thema. Daß das Doppelt-Sehen eine Kehrseite hat, die Hofmannsthal oft beschrieb, wissen wir aus mehreren Werken. Wie das Allgefühl vermag es in sein tragisches Gegenteil umzuschlagen; wir brauchen nur an den Kaufmannssohn im »Märchen der 672. Nacht« zu denken. Ähnlich tritt uns in der »Reitergeschichte« die tragische Konsequenz des Doppelt-Sehens entgegen. Wie alle grundlegenden Fragestellungen seines Werkes hört auch dieses Thema nicht auf, Hofmannsthal zu beschäftigen. Noch im »Andreas« und im »Turm« ist von seinen beseligenden wie von seinen vernichtenden Aspekten die Rede. Aus dem gleichen Jahre wie unser Text stammen die folgenden Verse aus der »Frau im Fenster«, in welchen Madonna Dianora den genauen Moment des Übergangs von Beglückung zu Bedrohung zu summieren scheint: ». . . und aus dem Fenster über diesen Rand / von kühlen festen Steinen beug ich mich / und strecke meine Arme nach dem Boden. / Mir ist, als wär ich doppelt, könnte selber / mir zusehn, wissend, daß ichs selber bin – / *Pause* / Ich glaube, so sind die Gedanken, die / ein Mensch in seiner Todesstunde denkt« (D I,70).

11 Vordtriede hat am Giorgione-Beispiel sehr gut gezeigt, wie sich das *wirkliche* kunsthistorisch existente Bild wieder in eine Art von Kunstwerk zurückverwandelt, das wie die griechische Urne von Keats und die Lampe Mörikes in keinem Katalog zu finden ist (167 f.).

loser Anmut (GLD, 136). Kleists »kochende Seele« (P II,149) hatte es erkannt und Hofmannsthal nahm es auf: nur der Gliedermann und der Gott handeln schwerelos, absichtslos und in grenzenloser Anmut. Ging vorher der Blick auf die einsamen Höhen des Berges, die der Adler durchzieht, so wird er jetzt grenzenlos, bis in den Himmel, emporgeweht; kaum mehr lastend scheinen die Götter zu schweben. Räume, innere Räume, tun sich auf wie später in der »Erinnerung«. Die Liebesflammen, die emporschlagen, sind ebenfalls schwerelos. Alles scheint sich durch die Decke des Lusthauses zu verflüchtigen und aufzulösen. Was aber zu *sehen* ist, wird die Liebe preisen und sie feiern, denn Götter feiern ein Fest, ein Liebesmahl – es wird von Musik und Liedern und wunderbaren Freuden gesprochen. Das Licht nimmt wie in den sich nach oben ins Unendliche öffnenden barocken Kuppeln immer mehr zu. Goes hat völlig recht: es ist eine wahre »Berührung der Sphären«, eine wahre Begegnung, welche die irdische im Gedicht angedeutete Umarmung erst möglich gemacht hat. Die Begegnung ist in der Tat, wie es zehn Jahre später heißen wird, »die eigentliche entscheidende erotische Pantomime« (P II,265). Die Schlußzeile wird dieses Geheimnis noch weiter entschlüsseln. Wir lesen aber inzwischen die Verszeilen 26–38 noch einmal und meinen das Bild, das sie andeutend malen, greifen zu können. Dieses Gefühl war vor über sechs Jahren der Grund, weshalb ich mich an Wolfgang Stechow wandte.

Exkurs über den »Bildlichen Ausdruck« des Gedichts

Vieles spricht dafür, daß uns für dieses Gedicht die direkte »Quelle« aus der Bildenden Kunst verborgen bleiben wird, ja daß es sie gar nicht gibt.[12] Andererseits *hat* der Dichter im Lusthaus beim Erwachen etwas

---

[12] Zu den indirekten »Quellen«, die zur Atmosphäre des Bildes in unserem Text beigetragen haben, darf man, wie mir Dr. Hirsch einmal vorschlug, vielleicht auch das von Bellini begonnene und von Tizian vollendete »Götterfest« rechnen. In einigen anderen Fällen, von der deutlich auf ein Giorgione (Tizian)-Bild hinweisenden »Sommerreise« abgesehen, gibt es aber viel direktere Quellen. Manfred Hoppe hat in *Literatentum, Magie und Mystik im Frühwerk Hugo von Hofmannsthals* (Berlin: de Gruyter, 1968) zunächst mehrere Beispiele angeführt, aus denen der Einfluß der Bildenden Kunst auf Hofmannsthal (selbst aus zweiter Hand, also aus Beschreibungen, wie etwa jenen von Knackfuß) ersichtlich wird (s. bes. S. 106 ff. für »Ein Traum von großer Magie«). Ich möchte hier aber besonders an die »Isabella« von Millais erinnern, an ein Gemälde in Liverpool, das Hofmannsthal, wie H. Stefan Schultz im Hofmannsthal-Heft von *Modern Austrian Literature*, VII,

gesehen und erinnert. Am Neujahrstag 1891 hatte sich der Sechzehnjährige notiert: »In der Tiefe der Erde gleicht sich Winter- und Sommerwärme; je tiefer man in das Wesentliche der Kunst eindringt, desto einheitlicher, unwandelbarer erscheint sie, unbeschadet des Wandels in ihren Formen« (A, 89). Dies mag am Anfang und Ende unseres Exkurses bedacht werden. Höchstwahrscheinlich handelt es sich um eine Art von Dekoration, eine Art von Bühne, die sich aus Architektur- und Gemälde-Erinnerungen zusammensetzt. In der »Botschaft« heißt es ja auch »So will ich, daß du kommst und mit mir trinkst / Aus jenen Krügen, die mein Erbe sind, / Geschmückt mit Laubwerk und beschwingten Kindern« (GLD, 82). Deutlich sehen wir Mörikes Lampe vor uns, an sich also schon eine kunsthistorisch nicht nachweisbare Reminiszenz.

Die Überlegungen aber, welches Bild oder welche Bilder Hofmannsthal im Sinn gehabt haben könnte, als er die Verszeilen 26–39 schrieb, sind fruchtbar und behalten ihren Wert, auch wenn es sich definitiv herausstellen sollte, daß verschiedene der hier erwähnten oder aber einige hier gar nicht berücksichtigte Fresken als definitive »Vorlage« aus der Kunst angesprochen werden müssen. Die Bildlichkeit des Gedichtes bedarf auf alle Fälle eines Kommentares, und es mag sein, daß die Unmöglichkeit einer definitiven Zuordnung trotz scheinbar schlüssiger Evidenz den Kern unseres Kommentars darstellt. Warum wird es eine oder mehrere Vorlagen geben? Hofmannsthal war zu jener Zeit oft mit Gemälden beschäftigt, man denke an die zahlreichen Stücke, die heute im Band *Prosa I* gesammelt vorliegen. Ob und wann er das Original eines Bildes gesehen hat (vgl. Anmerkung 12), sagt wenig aus über einen möglichen Einfluß. Hofmannsthal fuhr 1902 zum erstenmal nach Rom. Aber schon einige Jahre zuvor hatte er z. B. Michelangelo aus Kunstbänden kennengelernt. Das Werk Tiepolos bedeutete ihm viel, und Raffaels bedeutendste Werke wird er aus der Knackfuß-Darstellung gekannt haben.[13]

---

3 + 4 (1974), S. 49 ff. ausgeführt hat, nur als Reproduktion kennen konnte und nach dem er eine Szene der »Frau im Fenster« konzipierte. Er kannte die präraphaelitischen Maler (s. bes. A, 108) und hatte sicher auch vor der Abfassung desselben Dramas ein Gemälde von Ford Madox Brown, »Romeo and Juliet«, gesehen (die Reproduktion befand sich nur wenige Seiten entfernt von der »Isabella« von Millais im gleichen Band der Mutherschen Monographie), auf welchem Romeo mit Hilfe einer Strickleiter gerade den Balkon, auf dem Juliet ihn in die Arme nimmt, erstiegen hat. Das Motiv der in das Gemälde aufgenommenen Strickleiter, das auch in Hofmannsthals kleinem Drama vorkommt (D I, 62, 73 ff.), stammt aus Shakespeare (»Romeo and Juliet«, Akt II, Szene 5, Verse 71–75).

13 Siehe z. B. den Brief an den Vater vom 6. VII. 1895, in dem er seine »unglaubliche Freude« an einem Michelangelo-Band von Knackfuß »trotz ganz unzulänglichen

Zunächst aber darf der Entstehung dieses Aufsatzes nicht vorgegriffen werden. Die Antwort Wolfgang Stechows auf meine Anfrage lautete (26. II. 69, alle Unterstreichungen im Brief):

> Dagegen scheint mir das andere Gedicht [»Wir gingen einen Weg ...«] recht *deutlich* von Raphaels *Farnesina*-Loggia (Chigi) inspiriert zu sein; sehen Sie sich das doch in Fischels Raphael (schöne Aufnahmen) an: Lusthaus (früher *offen*!) kühle Wand, Götterfreuden, leichter Fuß, dünnes Dach, Lauben, ins *Blaue* tretend, emporgeweht (nicht nur an der Decke, auch die *Amor und Psyche* Zwickel!). Die Dekoration besteht freilich mehr aus Früchten und anderen Girlanden als aus *Wein*, aber er fehlt wohl nicht ganz, und die Abweichung wäre schwerlich gewichtig.

Ich konzentrierte mich zunächst auf die Deckenbilder und schrieb zurück, daß mir für sie das Schwebende nicht so einleuchte und daß ich also mit den »Flammen ohne Schwere« Schwierigkeiten hätte. Er antwortete am 4. Juni 1969:

> Ich schreibe sofort, weil es da wirklich ein Mißverständnis gegeben hat: ich meine *nicht* das Deckenbild (Fischel, pl. 207), in dem ja freilich nichts »aufschwebt«, sondern die Zwickelfelder an der oberen Wand, von denen Fischel (pl. 205, 208–211) nur Details hat, die man aber in einer Gesamtaufnahme sehen muß (oder besser in Rom!), wie sie im Klassiker der Kunst – Band Raphael 1923 (s. XXXIX) abgebildet ist. *Diese* sind an der *kühlen Wand*, sie *scheinen* (Fischel 208, *210*) mit *leichtem* Fuß ... vom *dünnen Dache* ... *Lauben*, ins *Blaue* tretend (*sehr* blau, leider von Maratta erneuert! aber doch ursprünglich auch blau) *aufzuschweben* ... *emporgeweht* – dieser Eindruck ist im Original *entscheidend*. Auch zu verstehen, daß ihm so ist, als ob er *jenen letzten, die noch nah der Erde schienen* (sic!) – er meint hier bestimmt *keine* Figur, die er *wirklich* anrühren könnte! – (Fischel 205; besser Jupiter und Amor KdK 162), ihr Gewand anrühren könnte. Ich glaube, *so* würde es sich doch machen.«

Ich hatte damals noch keine Ahnung, wie reichlich das »Beweismaterial« sein würde. Fischel, Pope-Hennessy, von Salis schienen zu schreiben, als kennten sie Hofmannsthals Gedicht und meinten wie Stechow, daß »es sich so machen würde«. Der ganze Aufsatz wäre aber ohne Wolfgang Stechows entscheidende Vermutung, die ich – ob beweisbar oder nicht – für einen absolut *stimmenden* und spätere definitive Zuordnung (etwa Veronese) nicht ausschließenden Einfall halte, nicht geschrieben worden.

Textes und sehr mittelmäßiger Illustrationen« bekundet (Briefe I, 146 f.). Knackfuß beschreibt in seinem Raffael-Band die Fresken sehr genau (z. B. 122). Der Veronese-Band dieser Reihe erschien im Jahre 1897 und befand sich, wie mir Dr. Hirsch mitteilte, ebenfalls nachweisbar in Hofmannsthals Besitz.

Wie aus der »Notiz« hervorgeht, konnten wir die Einwände und andere Möglichkeiten nicht mehr besprechen. Ich sammelte also Beweismaterial für und gegen die Zuordnung des Gedichts zu den Raffael-Fresken: Hofmannsthal kam erst 1902 nach Rom,[14] die Illustrationen in Knackfuß zeigten die Decken-Fresken nicht mit den Zwickelfeldern zusammen; Hofmannsthal hätte sie allein aus den Beschreibungen »sehen« müssen, wozu er freilich wie kein zweiter imstande gewesen wäre; in einer 1893 geschriebenen Rezension des Bandes von Richard Muther über die Geschichte der Malerei des neunzehnten Jahrhunderts, der die Reproduktionen von Ford Madox Brown und Millais enthält (s. Anm. 12), erwähnt er »Raphaels Galatea« (P I,144), – der Maler muß ihm also schon früh bekannt gewesen sein; die »Evidenz« der »Sommerreise« (geistige und seelische Chronik jener Reise vom Jahre 1897) mit ihren zahlreichen Hinweisen auf Künstler und ihre Werke; die Frage, ob er auf dem Wege von Vicenza über Verona, Desenzano, Salò und Brescia nach Como und Varese nicht doch vielleicht einen Abstecher nach Süden zum Palazzo del Tè in Mantua gemacht haben könnte, wo er das gleiche »Convito degli dei«, das Hochzeitsmahl für Amor und Psyche, hätte sehen können, und zwar von der Hand Giulio Romanos gefertigt, der Raphael bei den Arbeiten in der Loggia Chigi geholfen hatte; die Erinnerung an den Besuch der Villa Barbaro in Masèr, die Veronese mit illusionistischen Fresken ausgemalt hatte; die verblüffenden Formulierungen,[15] die sich bei von Salis fanden (z. B. »es ergibt sich die Fiktion, als schaue man aus offener Säulenhalle ins Freie«, Salis, 207 f.) und die sich in einer frühen Beschreibung der Villa Masèr fast wiederholen (Reinhart, 64), in welcher auch die bedeutendsten Gemälde dieser Villa als »ähnlich dem großen Rat und dem Gastmahl der Götter von Raffael« [in der Farnesina] charakterisiert werden [Reinhart, 63]; das Laubenwerk in der Farnesina, von Giovanni da Udine geschaffen, das schon von Vasari erwähnt wird, der das ganze Werk als wahrhaft schön bezeichnet (Vasari, 50).

Allmählich schien es mir, als ob Raffael – auch wenn Forscher wie von Salis auf antike Vorbilder der Fresken und des Gästehauses hinweisen –

---

14 Den Eltern schreibt er am 12. X. 1902 u. a.: »Die Dekoration der Loggien ist auch unvergleichlich und entzückend, aber leider sehr verdorben« (Briefe II,89).

15 Man lese z. B. die Verszeilen 26–34 und dann bei von Salis in der Beschreibung der antiken Villa: »Die langgestreckten Felder enthalten landschaftliche oder figürliche Szenen, aber seltsam unwirklich und visionär wirkende; als spielten sie in entlegener Ferne, der Welt des Irdischen entrückt, gaukeln sie gleich Traumbildern zu Häupten des Schläfers in dem intimen Gemach« (Salis, 194).

mit den Farnesina-Fresken ein Urbild aller späteren, auf Apuleius fußenden Amor-und-Psyche-Malereien geschaffen habe (Abb. 1). Und dazu ist man versucht zu sagen: Hofmannsthal *hat* dieses Hochzeitsmahl und den Götterrat in der Farnesina zumindest implizit gekannt, ehe er 1902 nach Rom kam. Und schließlich waren es die »wunderbaren Freuden«, denen fast alle Beschreibungen der märchenhaften Feste in der Chigischen Gartenvilla (Salis, 190) zu entsprechen schienen, dieser Geist der Heiterkeit, der »festajuoli« der Renaissance, der sich in dieser einst zum Garten hin offenen Halle in girlandenartigem Laubwerk emporrankte (Fischel, 166).[16] Fast jeder Kunsthistoriker, der diese Fresken und später die Veroneses in der Villa Barbaro und die Tiepolos in der Villa Valmarana beschreibt, hat bemerkt, wie der Augenblick vom Künstler eingefangen und verherrlicht wurde. Das ist wohl bei Tiepolo am stärksten (vgl. Hegemann, 77 f.), dem es gelingt, »die schwebende Sekunde« als etwas Vergeistigtes zu fassen. Als spräche er vom Dichter und nicht vom Maler, sagt Hegemann, nicht die Handlung selbst, sondern ihre seelische Funktion sei bloßgelegt.[17]

Wir dürfen vorläufig zusammenfassen: auch wenn Hofmannsthal eine unabweisbar definitive »Quelle« vor sich gehabt hätte, wäre er nicht von der Schönheit des Anblicks und dem ästhetischen Genuß als solchem zum Schreiben angeregt worden. Werner Vordtriede hat das für die Giorgione-Erinnerung bereits formuliert: »Das Bild wird nicht mehr von außen betrachtet, sondern geht in des Dichters Besitz über ›und lebt in mir wie ich in meiner Hand‹« (Vordtriede, 167). Deshalb wird der Dichter in dem Augenblick des Miterlebens jener wunderbaren Freuden der Götter »freundlich ihr Gewand / Anrühren« dürfen.

Daß Hofmannsthal Raffael nicht positivistisch-wörtlich nahm, erhellt aus einer viel späteren Bemerkung in einer Grillparzer-Rede, in welcher er auf ein an Castiglione gerichtetes Wort des Malers hinweist, »da es in dieser Welt an schönen Frauen Mangel« habe, so bediene er sich dafür einer gewissen Idee, die er in seinem Geist trage. In der gleichen Weise gibt es beim Dichter Grunderlebnisse, die Metamorphosen durchmachen, aber ihre Substanz kaum je wandeln. Es geht also um »die Grundver-

---

16 Unter die genaueren Beschreibungen, die für den Leser unseres Textes aufschlußreich sind, rechne ich auch Salis, 197 f., und die von sehr guten Illustrationen begleiteten bei Camesasca, 68.

17 Es ist in diesem Zusammenhang interessant, daß Woltmann bei der Beschreibung der Fresken in der Villa Barbaro in Masèr auf Züge Veroneses verweist, die von Tiepolo später aufgegriffen und genützt wurden (Woltmann, 365).

hältnisse des Daseins«, von denen eine Idee »aus seinen Gedichten widerstrahlt« (P IV, 127 f.). Das Entscheidende, hatte mir Wolfgang Stechow geschrieben, war das Aufschweben, das schwerelos Emporgeweht-Werden, also die Berührung zweier Sphären. In der Farnesina sind die »irdischen« Entsprechungen der Legende nicht ausgeführt; daß sie geplant waren, geht aus den Fingerzeigen einiger Figuren hervor (vgl. Pope-Hennessy, 283 und Salis, 199). Somit stand ein Übergang zur Welt der Götter nie in Frage und Fischel konnte mit Recht von einer durch die Farbe bewirkten Verklärung sprechen.[18]

Hofmannsthal hätte für seine Sicht Raffaels auch Goethe als Zeugen aufrufen können.[19] In den »Felsbuchten des ägäischen Meers« im zweiten Teil des *Faust* spiegeln sich die oben erwähnten »Grundverhältnisse«. Von Salis stellt den Zusammenhang zur Farnesina her (er ist durch den die Einheit alles Seins feiernden Triumph der Galatea[20] vorgegeben), indem er Nereus sehnsüchtige Worte (8429 ff.) zitiert: »Ach nähmen sie [die Delphine] mich mit hinüber!« (Salis, 216). Denkt man noch an den Schluß des zweiten Aktes (die Apostrophe des großen Eros, 8474 ff., wo auch der Begriff des Abenteuers aufklingt) und im Helena-Akt an die Beschwörung des traumhaften Augenblickes (9411–9418) und an das Ende der Evokation Arkadiens (bes. 9562–9573), so ist auch

18 Das tut er in Sätzen, die wiederum verblüffend an die Zeilen 27–31 gemahnen: »... The path to the other world passes from the solid to the imponderable, the airy, the luminous. Play with forms here offered him possibilities of the clearest symbolism ... But from the heavenly visions of the Chigi cupola, with its reflections of light on limbs and draperies against the pale blue, we can form some conceptions of his intentions in the Olympian deities of the Farnesina ceiling; they were to lead their bright, untroubled existence in elemental light« (Fischel, 236). Zu Zeile 31 siehe auch die Bemerkungen bei von Salis über den offenen Himmel (193) und die Vermutungen über die den himmlischen entsprechenden irdischen oder gar unterirdischen Vorgänge (Salis, 196, 198).

19 Selbstverständlich berichtete dieser auch von seinem Besuch der Loggia Chigi: »Dieser Saal oder vielmehr Galerie ist das Schönste, was ich von Dekoration kenne, so viel auch jetzt dran verdorben und restauriert ist« (vgl. Anmerkung 14; Goethe, 74); hierzu auch Salis, 202.

20 von Salis weist auf die unmittelbare Galatea-Quelle Raffaels hin, nämlich auf die auch Botticelli beeinflussende »höfische Festdichtung des Angelo Poliziano« (Salis, 212). Polizian, Humanist und Kunstlyriker am Hofe Lorenzo Medicis, geht seinerseits auf Philostrat zurück. Bedeutend für die Metaphorik Goethes (und Hofmannsthals) sind die Delphine als Begleiter Galateas. Hier sei auch auf eine merkwürdige, von der Forschung bisher m. W. nicht aufgegriffene Gegenüberstellung Hofmannsthals und Polizians (beides Wunderkinder, Wortkünstler, Gestalter und Verherrlicher einer Zeit, die sie liebten und die zu ihren Lebzeiten unterging) im *Times Literary Supplement,* No. 3741 (16. November 1973) hingewiesen. – Hofmannsthal erwähnt in seinen Werken den Namen Polizians nie.

aus der Hofmannsthal so selbstverständlichen Tradition dem Gedicht des Dreiundzwanzigjährigen ein weiteres Grundmuster untergelegt, von dem es sich als mögliche Metamorphose abhebt.

Im späteren Werk sind die Versuche, die Grundverhältnisse des Daseins darzustellen, unvergleichlich schwerer und heroischer. Hofmannsthal hat das gewußt. In den frühen zwanziger Jahren rückt er Raffael neben Dante und sagt: »Wer den großen Stil eines Dante oder Raffael erahnen will, vergegenwärtige sich die Zweifels- und Schwächewelten, die Schein- und Schreckensmächte, welche durch das erfüllte Dasein jener Gemälde und Gebilde als nicht-existierend statuiert werden. Dies ist die reinigende und aufbauende Gewalt, die von den Werken des hohen Stiles ausgeht ...« (A. 199 f.). Hier bedient er sich der Diktion Goethes.[21] 1897 wurden diese Abgründe noch spielend überbrückt, und ein Gastmahl der Götter, ein »Convito degli dei«, vermochte das Irdische noch emporzuwehen.

Hatte Raffael in neuerer Zeit das Urbild des Amor- und Psyche-»Romans« in der Farnesina gemalt, so sind nach der Darstellung der engen Verbindung zu unserem Gedicht, die wesentlichsten »Kristallisationsformen« der Legende zu erwähnen, die Hofmannsthal sämtlich mehr oder minder präsent gewesen sein müssen. Auf die Unwahrscheinlichkeit eines Besuches des Palazzo del Tè während der Radtour wiesen wir bereits hin.[22] Es ist natürlich möglich, daß er aus Illustrationen zumindest die zwei Wandgemälde gekannt hat, die das Hochzeitsmahl von Amor und Psyche aufs üppigste darstellen und die bereits Vasari beeindruckten und deren die Wände gleichsam verschwinden lassende idyllische Freiheit Ingres entzückt haben soll (Hartt, 127 ff.).

Bestimmt aber hat Hofmannsthal die Fresken Paolo Veroneses in der Villa Barbaro in Masèr aus eigener Anschauung gekannt. Auf einem dem Gedicht zuzuordnenden Manuskriptblatt findet sich die Eintragung: »Villa Giacomelli in Maser, 3 km östl. von Cornuda auf der Strecke Feltre-Treviso.«[23] Unter den damals verfügbaren deutschen Be-

---

21 Ich denke vornehmlich an das wiederholte »Nicht-Statuieren« (des Winters, der Mönche, des Klosters, des Todes) im Gespräch mit Friedrich Förster (*Gedenkausgabe*, Band XXIII, 463).

22 Zu den Unterschieden gegenüber der Amor und Psyche-Darstellung in der Farnesina siehe Hartt, 131.

23 Vor 1875 war die Villa Barbaro in den Besitz eines reichen Industriellen, Giacomelli, übergegangen, der »ihr eine würdige und discrete Herstellung zu Teil werden ließ« (Woltmann, 360). Hofmannsthal besuchte die Villa am 18. VIII. 1897, einen Tag bevor er in Vicenza das Gedicht begann.

Abb. 1: Raffael, Das Hochzeitsmahl für Amor und Psyche. Farnesina Palast, Chigi Loggia. Foto Anderson. Veröffentlichungsrechte bei Fratelli Alinari, Florenz.

Abb. 2: Paolo Veronese, Deckengemälde und Lünetten (in der Mitte »die Ewigkeit«). Olympisches Zimmer der Villa Barbaro in Masèr. Illustration aus *Palladio, Veronese e Vittoria a Maser* (Introduzioni di Bernard Berenson). Milano: Aldo Martello Editore, 1960.

Abb. 3: Giovanni Battista Tiepolo, Apollon und Artemis (Olympisches Zimmer; Fresko). Fremdenhaus der Villa Valmarana bei Vicenza. Illustration aus Hans W. Hegemann, *Giovanni Battista Tiepolo* (Berlin: Rembrandt Verlag, 1940).

schreibungen der Villa Barbaro dürfte Hofmannsthal die in der »Zeitschrift für Bildende Kunst« erschienene von H. Reinhart gekannt haben. Er beschreibt die illusionistischen Fresken sehr wirkungsvoll, spricht von ihrer gewissen Üppigkeit, von den an Michelangelo erinnernden nackten Gestalten, und – für unseren Text von Bedeutung – von dem scheinbar offenen blauen Himmel (Reinhart, 63). Woltmann beschreibt in der Rodenbergschen »Deutschen Rundschau« die Fresken noch genauer, weist auch auf die für das Gedicht so wichtige Pergola hin und auf die Decke des olympischen Saales (siehe Abb. 2) und auf Veroneses so glücklich und frisch empfundene *»Verknüpfung dieser idealen Gestalten mit der wirklichen Welt«* (Woltmann, 362, 364 [m. H.]). In den Notizen zum »Andreas«, wo von der Gestalt des Maltesers die Rede ist, finden wir eine Bemerkung, die sich sehr wohl auf die 1897 in der Villa Barbaro empfangenen Eindrücke beziehen kann: »(– jenes sinnlich Vollkommene, wie es sich beim Veronese im Verhalten eines vollkommenen Weiß zu einer entblößten Kehle ausspricht, desgleichen beim Correggio)« (E, 236). Diese Eindrücke – was immer sie an bereits Gesehenem und aus Büchern oder Bildwerken Absorbiertem assoziierten – waren *ein* entscheidendes auslösendes Moment in der Entstehung des Gedichtes.

Von Veroneses illusionistischen Fresken, die chronologisch Raffael und Giulio Romano innerhalb eines halben Jahrhunderts folgten, ist der Weg zu den fast zweihundert Jahre später geschaffenen Fresken Tiepolos in der Villa Valmarana bei Vicenza nicht so weit, wie man annehmen könnte. Schon Woltmann wies darauf hin, daß Tiepolo manche Motive und Techniken Veroneses übernommen hatte (Woltmann, 365). Ob Hofmannsthal, der die Villa 1897 besuchte, damals Tiepolo schon so sehr schätzte wie später, ist schwer zu sagen. Im »Abenteurer« gibt er Anweisung, »Fresken im Geschmack des Tiepolo« sollten eine Decke im Hause Venier schmücken (D I, 224). Im gleichen Jahre schreibt er an die Eltern: »Maler, die ich früher kaum beachtet habe, wie der Tiepolo, genügen jetzt, um mich für Stunden in die freudigste Stimmung zu versetzen« (Briefe I, 271). Es mag sein, daß Valmarana (eher aber wohl Venedig) dies bewirkt hatte. Auf alle Fälle war es, wie die zitierte Bühnenanweisung und Ambiance und Atmosphäre des ganzen Stückes andeuten, Tiepolos festlicher Glanz, der es Hofmannsthal angetan hatte. Liest man hierzu die kunsthistorische Literatur, so ist es wiederum verblüffend, wie die Beschreibungen, besonders die Hans Hegemanns, am Text des Gedichtes entlang formuliert zu sein scheinen. Was später in der Würzburger Residenz noch überwältigender zur Geltung kom-

men sollte, der »schwerelose silbrige Ton« (Hegemann, 34f.) und die zahllosen Möglichkeiten der schon erwähnten »Augenblicks«-Gestaltung zeigt sich bereits in Valmarana an. Die »außerkörperliche Sphäre« wird in die Gemälde einbezogen und ein in der Kunst bis dahin noch nicht möglich gewesenes Erleben »der lichterfüllten Natur« (Hegemann, 47/50) führt zu Darstellungen wie jener von Apollo und Artemis (siehe Abb. 3), die Hegemann beschreibt, als habe er unseren Text vor sich liegen: »Daß die *solcherart vom Irdischen entrückten Götter dennoch dem Menschen greifbar nahe sind*, macht eine Wirkung von wunderbarer Festlichkeit« (Hegemann, 145; m. H.).
Im »Kleinen Welttheater« sind malerische Szenen dargestellt, die an Lionardo wie an Michelangelo erinnern. Es wäre töricht, den Anteil jedes einzelnen bildenden Künstlers an einer dichterischen Vision ermitteln zu wollen, wenn es, wie wir meinen, eine einzelne unabweisbare Quelle nicht gibt. Immerhin aber scheint es uns erwähnenswert, daß das, was wir als Urbild jener im Gedicht genannten »wunderbaren Freuden der Götter« bezeichnet haben, selbst ein Kompositum ist: die Fresken in der Loggia Chigi in der Farnesina sind nicht nur Raffaels Werk, ein ganzer Stab von Künstlern war daran beteiligt, und mehrere von ihnen werden in der »Sommerreise« erwähnt (vgl. Salis, 192 und P II, 57f.). Wer kann den Anteil Michelangelos an Veronese klären? Wie kommt es, daß Fischel, wenn er eine Studie für das berühmte »Disputa«-Gemälde Raffaels sieht, an die luminose Durchsichtigkeit Tiepolos denkt (Fischel, 82) und uns daran erinnert, Karl Philip Moritz habe Raffael den klarsten Seelenspiegel genannt und Karl Gustav Carus ihn mit Mozart verglichen und bemerkt, beider Künstler Schaffensweise sei von jenem traumhaften Zusammen- und Gleichzeitig-Sehen erfüllt gewesen, das wir auch in unserem Text beobachten konnten? Es scheint wirklich, daß bereits der Sechzehnjährige recht hatte: in ihrem Wesentlichen ist die Kunst unwandelbar, »unbeschadet des Wandels in ihren Formen« (A, 89).

III

Für das schöpferische Auge sind auf einen Augenblick sämtliche möglichen Quellen zu einer einzigen geworden. Wir kehren zum Gedicht zurück und wenden uns der Deutung seiner letzten Zeile zu. »Denn ich gedachte jenes Abenteuers.« Vielleicht erlaubt die innere Nähe der erwähnten vier Gedichte sogar eine über den Text hinausreichende Deutung;[24] wir wollen hier versuchen, im Text zu bleiben. Es wurde ihm, als dürfe er der Götter Gewand berühren, als Gastfreund, »von gleichem Rang und ähnlichem Geschick«.[25] Dann folgte der Doppelpunkt, der besagt, das Abenteuer, das er bestanden und erfahren, gebe ihm das Recht zu solcher Handlung. Welches Abenteuer? Die Antwort steht in den Zeilen 16–25. Wenn Goes meint, was am Ende des Gedichtes bleibe, sei das Niegeschehene (24), so können wir nicht zustimmen. Was in den Versen, die das Doppelt-Sehen und Doppelt-Empfinden beschreiben, *geschah*, ist unverlierbar.

Und diese tiefste Schicht in der Erfahrung einer stärksten Präsenz des abwesenden geliebten Menschen, dieses Fest der Liebe, wird im Bild der Götter und ihrer wunderbaren Freuden gespiegelt und wiederholt, und der Dichter darf sagen, dies, daß er die Liebe so erlebt, mache ihn zu einem, der ihr Gewand berühren darf und erhebe ihn zu ihrem Rang und mache ihn eines ähnlichen Geschickes teilhaftig. Die letzte Zeile versichert uns aber auch, daß er trotz dieses Augenblickes Mensch bleibt und dieses »Abenteuer« sich wiederholen kann, nicht in derselben, aber auf ähnliche Weise. Ob die Verklärung anhält, in welcher der geliebte Mensch gesehen wurde, ist von geringer Bedeutung. Die Verwandlung ist unverloren. Ein Beispiel aus der Biographie sei gegeben, da es nicht ohne innere Bedeutung für diese drei Gedichte ist, deren eines, »Botschaft«, wohl dem Empfänger der gleich zu zitierenden Zeilen zugedacht war. Hofmannsthal schreibt nach einer schweren Krise ihrer Freundschaft an Richard Beer-Hofmann am 23. V. 1919 einen Brief, in dem ich mehr sehe als den Wunsch, Aus-den-Fugen-Gegangenes wieder einzurenken: »Alles, Richard, einfach alles an Ihnen ist mir sympathisch: Ihr Blick, Ihre Stimme, Ihr Gesicht – *das ich ja kaum mehr physisch sehe, sondern in einer ganz anderen viel complexeren Art* ...« (Briefwechsel, 162 m.H.). Um so zu sehen, muß irgendwann – und dann

---

24 Rudolf Hirsch meint in einem Brief, »jenes Abenteuer« sei in »Der Beherrschte« beschrieben. Dieser kühne Schluß, den auch die Flammen-Symbolik stützt, würde allerdings Hofmannsthals Bemerkung von dem »gewissen Zusammenhang« der beiden Gedichte aufs bedeutendste erweisen.

25 Auf dem mir zugänglichen Manuskriptblatt erschien Zeile 38 unter der Überschrift »Schluß Verona 20 VIII«. Die letzte Zeile: »Denn ich gedachte ...« fehlt. Dr. Hirsch teilt mir aber mit, sie stehe schon in der Vicentiner Fassung vom 19 VIII. Daß diese Zeile damals schon vorgesehen war, steht für mich außer Zweifel. Auf dem »Vicenza 19 VIII« überschriebenen 2. Manuskriptblatt des Gedichtes (es beginnt oben mit Z. 26) fehlt zwar die Zeile, nach dem letzten Wort von 38 (»Geschick«) steht aber bereits der Doppelpunkt. Die Anzahl der Manuskriptblätter zum Gedicht wird aus den Angaben in Webers Chronologie (S. 317) nicht ganz deutlich.

gleichsam für immer – dieses im Gedicht beschriebene und gefeierte Doppelt-Sehen geschehen sein.

»Bild und Landschaft verändern sich beide«, sagt Vordtriede anläßlich der schöpferischen Umdichtung des Giorgione, »und ein neues drittes Gesicht entsteht: Hofmannsthals Erlebnis« (168). Dieses ist in der »Sommerreise« wie in unserem Gedicht beschrieben. Der bildliche Eindruck setzte sich aus mehrerem zusammen (das antike Vasenbild der »Idylle« ist von dieser Art; nicht ästhetische Rezeption eines Kunstwerkes, sondern Schaffen einer Fiktion), wie wir es bei Keats und Mörike vermuten. Das Wunder ist in der Tat der »Einklang«, der im Text eine Beseligung entspricht, die den Dichter zum Freund der Götter macht. Welche Fresken immer Hofmannsthal gesehen haben mag, das Gedicht ist eine schöne Illustration jener eigenen Sätze im Hause Lanckoroński über den rechten Geist der Anschauung von Kunstwerken. Es scheint, als ob er damals Goethe ausdrücklich in eigenster Sache zitiert hätte: »Denn ›die Kunst‹, sagt Goethe, ›läßt sich ohne Enthusiasmus weder fassen noch begreifen. [...] Und der Kopf allein faßt kein Kunstprodukt, als nur in Gesellschaft mit dem Herzen‹« (P II,27).

Wie er die unermeßlichen Landschaften der Seele verstand und das in ihnen tausendfach verborgene Leben, ist im »Gespräch über Gedichte« nachzulesen (s. bes. P II,96). Aus Rom hatte er den Eltern geschrieben, er könne alles Gesehene erst »durch eine Art von Reproduktion« aufnehmen und es wieder aus sich herausbringen »fast wie etwas von meiner Phantasie Erfundenes. Und dazu bedarf es, wie zur Arbeit, des geheimnisvollen Zustandes, den man mit Stimmung [...] bezeichnen muß und der mich manchmal durch lange Epochen im Stich läßt« (Briefe II,90). Er beschreibt hier eine Arbeitsweise, die im späteren Leben und unter veränderten historischen Verhältnissen immer gefährdeter und exponierter wurde und die er sicher mitunter durch Ort und Stunde zu erzwingen versuchte – ich denke weniger an die schöpferischen Plagen beim Abschließen der zweiten Turm-Fassung als an die sich ihm während der Vorbereitungen zu der Münchner Rede fast verweigernde Gesamt-Sicht seines Themas. Erlebnis baut sich nämlich auf Erlebnis auf, und in guten Stunden steht alles scheinbar Verlorene in verwandelter Form neben uns (vgl. Briefe II,122).

Wer diese Schaffensweise – ausübend oder als Betrachter – zu akzeptieren vermag, den wird die wahrscheinlich völlig unbewußte Wiederkehr von Motiven nicht verwundern, auch dann nicht, wenn sich dabei die Grenzen zwischen Leben und Werk verwischen. Und so soll am

Schluß dieser Gedanken zu dem Gedicht aus dem August 1897 eine Briefstelle aus dem März 1911 kommen. Die seelische Übereinstimmung ist auch ohne die wörtlichen Entsprechungen erstaunlich, ja erschütternd, obgleich uns das gerade in den Briefen an Ottonie Degenfeld – und besonders jenen aus dem Jahre 1911 – nicht verwundern wollte, denn sie sind mehr als alle bisher veröffentlichten Briefe voller Bilder und Symbole, aus denen sich eine Ikonologie der menschlichen Seele ablesen ließe. Fälschlich hat man immer gemeint, dieses Bestehen auf dem »Einklang« sei auf Hofmannsthals Jugendjahre beschränkt gewesen. 1923 berichtet er Ottonie, er habe den »Luftleib des [letzten] Actes [des *Turm*]« vor sich und er müsse ihn nun, solange er ihn zu glauben vermöge, verwirklichen. Wie ja bei einem Gedicht, »sofern es ein wirkliches Gedicht ist«, die erste und die letzte Zeile *»zugleich da sein müssen«* (Briefwechsel, 461).

Der Luftleib des Gedichtes »Wir gingen einen Weg ...«, meine ich, ersteht noch einmal in dem Brief vom 4. März 1911 (Briefwechsel, 104 f.). Die Lektüre eines Gedichtes von Goethe löst einen »Augenblick« von höchster Bedeutung aus und ermöglicht es Hofmannsthal, Ottonie Degenfeld einmal zu sagen, wie er zu ihr steht, denn ihr Bild hatte sich auf einen Augenblick »in einer andern schönen durchleuchteten Welt« befunden und »wunderbar dazugehört«. Dieses selten eindringliche und seelisch gültige Verwobensein von Leben und Werk wird dem Leser vielleicht einen Einklang von Briefstelle und Gedicht gewähren und ihn so die Substanz des Gedichtes noch einmal erleben lassen:

> »Gestern abend schlug ich ein größeres Gedicht von Goethe auf, das Fragment ›die Geheimnisse‹ – halb wollte ich darin lesen, um auszuruhen von eigenen zu lebhaften Gedanken und Einfällen, halb aber war es kein wirkliches Lesen, denn ich suchte – und fand – in dem Gedicht einen geheimen ganz unterirdischen Bezug auf Bilder und Gestalten, die in mir sich bewegten, ich sah in das Gedicht hinein wie in einen Zauberspiegel, sah hinein mit sehenden und doch zugleich mit blicklosen, nach innen gewandten Augen – plötzlich kam da eine sehr schöne Stelle, etwas ewig Wahres war da gesagt, für meinen Sinn war es in diesem Augenblick mehr als *gesagt*, es stand da wie ein wirkliches Ding, ein Wesen, aber von crystallener Reine, etwas Schönes, geistig aber wesenhaft, und plötzlich waren auch Sie da, unter jenem schönen Ding standen Sie und Ihr ganzer aufmerksamer Blick, den ich so lieb habe, heiter und ernst zugleich, – und in dem Blick Ihr ganzes Wesen – war auf das Ding geheftet und dann auf mich nur im Sinn der großen gemeinsamen Aufmerksamkeit, die wir beide dem Ding schenkten – wir waren verbunden, als wären wir zusammen einen langen schönen Weg gegangen, um dies zu finden, wir zeigten es einander – es war ein schöner beglückender Augenblick – soll ich *allein* ihn gehabt haben?«

Notiz

Der vorliegende Aufsatz hat eine etwas ungewöhnliche Entstehungsgeschichte, die kurz berichtet werden soll, weil sie so ganz anders als vorgesehen verlief. Vor über sechs Jahren korrespondierten Wolfgang Stechow und ich einmal kurz über mögliche visuelle Anregungen zu einigen Gedichten von Hofmannsthal. Ich hatte angefragt, ob er hinter dem Gedicht »Die Beiden« eine »Vorlage« aus der Malerei vermutete. Er verneinte das; es handle sich da wohl um ein »rein literarisches Concetto« – hingegen fühlte er sich durch die Lektüre eines weiteren, ihm ebenfalls vorgelegten Gedichtes (»Wir gingen einen Weg ...«) an Raffael und die Farnesina erinnert. Ein weiterer Briefaustausch, in dem von Daten und Orten noch nicht die Rede war, detaillierte und begrenzte seine Vermutungen. Ein damals von mir geplanter Aufsatz wurde nicht geschrieben. Ich hatte mir aber vorgenommen, bei einer nächsten Gelegenheit ein anderes Gedicht von Hofmannsthal für Oskar Seidlin zu interpretieren. Die »Gelegenheit« ergab sich mit der Festschrift. Meine Anregung, auch Wolfgang Stechow um einen Beitrag zu bitten, konnte von den Herausgebern nicht mehr berücksichtigt werden, weil sich die rein raumtechnische Planung schon in einem fortgeschrittenen Stadium befand. Ich kam dann auf die mir ideal scheinende Lösung, die Korrespondenz mit Wolfgang Stechow über das in Vicenza begonnene Gedicht wieder aufzunehmen und zusammen mit ihm einen Aufsatz darüber für die Festschrift zu schreiben.

Das Gedicht hatte mich in den Jahren dazwischen weiter beschäftigt. Im Sommer 1972 konnte ich im Freien Deutschen Hochstift das Manuskript des Textes einsehen. Herr Dr. Rudolf Hirsch, dem diese Arbeit wie die meisten meiner Hofmannsthal-Studien sehr viel verdankt, genehmigte mir, den einen oder anderen für meine Argumentation wichtigen Hinweis aus dem Manuskript zu veröffentlichen. Er wies schließlich auf die Möglichkeit hin, auch die Fresken Tiepolos in der Villa Valmarana in Vicenza könnten Hofmannsthal inspiriert haben. Diesen Gedanken teilte ich Wolfgang Stechow mit, nachdem wir uns entschlossen hatten, eine Interpretation zu wagen; damals sandte ich ihm auch alle mir zugänglichen und auffindbaren Parallel-Stellen, mehrere mögliche Hinweise in Briefen aus den Sommermonaten des Jahres 1897 sowie eine Reihe von Notizen Hofmannsthals, die er sich auf der Rückseite von einigen dem Gedicht zuzuordnenden Manuskriptblättern gemacht hatte. Statt weiterer Korrespondenz wurde für den Vormittag des 13. Oktober 1974 ein Treffen verabredet, das nie stattfand, weil Wolfgang Stechow am Morgen des 12. Oktober in Princeton starb. Notizen für unsere Besprechung haben sich nicht gefunden. Mit freundlicher Genehmigung von Frau Ursula Stechow werde ich an den gegebenen Stellen des Aufsatzes aus der kurzen Korrespondenz des Jahres 1969 zitieren, zumal die darin geäußerten Vermutungen sich während meiner weiteren Überlegungen als außerordentlich fruchtbar erwiesen haben. Auch die Tatsache, daß schließlich wohl eher Veroneses als Raffaels Fresken als unmittelbarere »Quelle« anzusprechen sind, minderte – wie hoffentlich überzeugend deutlich wird – die Bedeutsamkeit der Begegnung dieser Verse mit Raffael in keiner Weise.

Da mir das kunsthistorische Rüstzeug gänzlich fehlt, hätte ich den Aufsatz, dessen Thema zu den letzten von Wolfgang Stechows geplanten Arbeiten gehört, nicht ohne vielfältige Hilfe beenden können. Neben Rudolf Hirsch und H. Stefan Schultz haben mich meine hiesigen Kollegen Alfred Moir und Peter Meller freundlich beraten. Ich bin ihnen allen sehr dankbar; sicher werden sie in meinem Aufsatz mehrere Stellen, deren für einen Wissenschaftler vielleicht allzu schwebende Aussage ich allein zu verantworten habe, mit gehöriger Skepsis aufnehmen. Ich hatte mich auf Vermutungen und Einfälle zu stützen. Daß dies in diesem besonderen Fall Hofmannsthal gemäß ist, steht für mich außer Zweifel. Ich meine auch, in einer Festschrift seien anstelle unumstößlicher Resultate solche Begegnungen, die mitunter zu anfechtbaren Aussagen über ein so festliches Gedicht führen, durchaus am Platze.

Zitierte Literatur

Hier werden nur die Sigel der in meinem Text ausdrücklich zitierten Werke aufgelöst. Die Sigel geht, um die Quellennachweise möglichst zu vereinfachen, jeweils der Seitenzahl voraus und erscheint mit ihr in einer sich direkt an das Zitat anschließenden Klammer.
Hofmannsthals Werke werden nach der fünfzehnbändigen Steiner-Ausgabe mit den für sie üblichen Siglen zitiert, Hofmannsthals Briefe nach den bekannten Briefausgaben.

Camesasca, Ettore (ed.), *All the Frescos of Raphael: Part II.* New York: Hawthorn Books, 1963.

Derungs, Werner, *Form und Weltbild der Gedichte Hugo von Hofmannsthals in ihrer Entwicklung.* Zürich: Juris-Verlag, 1960.

Fischel, Oskar, *Raphael.* London: Spring Books, 1964.

Gerke, Ernst-Otto, *Der Essay als Kunstform bei Hugo von Hofmannsthal* [Germanische Studien, Heft 236]. Lübeck und Hamburg: Matthiesen Verlag, 1970.

Goes, Albrecht, *Freude am Gedicht: Zwölf Deutungen.* Frankfurt/Main: S. Fischer, 1954.

Goethe, J. W., *Sämtliche Werke (JA)* [Band XXVII,2 »Italienische Reise«]. Stuttgart und Berlin: Cotta, 1902 ff.

Hartt, Frederick, *Giulio Romano.* New Haven: Yale University Press, 1958.

Hegemann, Hans W., *Giovanni Battista Tiepolo.* Berlin: Rembrandt Verlag, 1940.

Hirsch, Rudolf, »Ein unbekanntes Gedicht aus dem Jahre 1897« in einer Hofmannsthal-Beilage der *Frankfurter Allgemeinen Zeitung*, 2. Februar 1974.

Knackfuß, Hermann, *Raphael.* Bielefeld und Leipzig: Velhagen und Klasing, 1899.

Perl, Walter, *Das lyrische Jugendwerk Hugo von Hofmannsthals* [Germanische Studien, Heft 173]. Berlin: Verlag Dr. Emil Ebering, 1936.

Pope-Hennessy, John, *Raphael* [The Wrightsman Lectures]. New York: New York University Press, 1970.

Reinhart, H., »Die Villa Masér bei Treviso: Ein Asyl Paolo's Veronese« in *Zeitschrift für Bildende Kunst* I (1866), S. 61–64.

von Salis, Arnold, *Antike und Renaissance: Über Nachleben und Weiterwirken der Alten in der neueren Kunst.* Zürich: Eugen Rentsch Verlag, 1947.

Vasari, Giorgio, *Lives of the Most Eminent Painters.* Volume II. New York: The Heritage Press, 1967.

Vordtriede, Werner, »Das schöpferische Auge: Zu Hofmannsthals Beschreibung eines Bildes von Giorgione« in *Monatshefte* XLVIII (1956), S. 161–168.

Woltmann, Alfred, »Castelfranco und Villa Masér« in *Deutsche Rundschau* IV (1875), S. 357–367.

Walter Naumann

Hofmannsthal und das siebzehnte Jahrhundert

»Ihr! Betrüger
Ihr am Gastrecht! Ihr Verräter!
Was? Die Ehr beschmutzen Eures
besten Freundes! Was, Ihr Ritter
ohne Scham! So zieh doch! Zieh doch
dein ehrloses Eisen!«
»Ziehen
will ich, doch nur mich zu schützen.
Daß ich dich hier sehen muß,
ist für mein Gemüt ein ärgrer
Tod, als den du mir kannst geben.
In mir ists ganz starr.«

»So ist sie denn
andres nicht als dieses Herren
Liebchen. Und durch diese Tür
schlüpfte sie und da man fragte,
log sie mir. O finstre Ahnung,
du allein hast nicht gelogen.«

»Und so süß dabei, so lieblich,
so voll Hoheit. O mein Gott,
deine Kreatur. Mich schaudert,
vor dem Etwas tief in mir,
das sich ihr zu Füßen schmiegen
will, trotz allem!«

»Wundervolles Weib! – O Gott,
ungeprüft, wir sind es alle.
Wußte ich vor dieser Stunde,
wer ich war?«

»Bändigen? Nein! Jetzt gilts zu werben.
Beugtet Ihr vorhin das Knie,

Anstand wars und hohe Zucht,
doch was jetzt mich wirft zu Boden,
das ist Schicksals blinde Wucht.
Heut und hier gehts um mein Leben!
Gebt mir diese da, und mich
will ich Euch zum Diener geben.«[1]

Der Mann, der diese verschiedenen Stellen spricht, in kurzem Abstand voneinander, der gleiche Mann (außer den ersten Zeilen), wird gehetzt durch die widersprechendsten Empfindungen: Bloßstellung durch den Gastfreund; Scham darüber; Nötigung, trotzdem seine Ehre zu verteidigen; Enttäuschung über die Lügen der verehrten Frau; Ekel darum und zugleich die Unfähigkeit, die Neigung zu ihr zu verleugnen; schließlich Überwältigung durch die richtige Einsicht und durch das Glück, das daraus entsteht – »du wirst wunderbar enttäuscht, lächeln wirst du«, sagte sie dazwischen. Dies alles geschieht in wenigen Minuten:

»Schnell ist der Tod,
so muß auch das Leben schnell sein,
das mit ihm ringt um die Krone.«

Emil Staiger, dieser Meister der Interpretation, sagt zu einer Szene Hofmannsthals: »In wenigen Minuten steigen wir die ganze Skala auf und nieder: Eitelkeit, Verachtung, Enthusiasmus, Kränkung, Neugier, Ärger, Pathos, Skepsis, stille Wut.«[2] Das ist gesagt zu einer Szene aus dem Lustspiel »Der Schwierige«. Unser Zitat ist dem Lustspiel Calderons »Dame Kobold« entnommen, das Hofmannsthal in »freier Übersetzung« als ersten Band einer geplanten Reihe der Dramen Calderons für die deutsche Bühne herausbrachte. Die Ähnlichkeit der beabsichtigten Wirkung ist offensichtlich.

Hofmannsthal gehört noch zu einer Generation jener europäischen Geisteshaltung, die den Dichter Erneuerung und Bestätigung seines Eigenen finden läßt dadurch, daß er die Gegebenheiten einer Tradition aufnimmt, die ihm dort gewiesene Richtung fortführt und verarbeitet. Geistige Renaissance an dem Material und den Tendenzen einer anderen, vergangenen Epoche ist ein Kennzeichen der europäischen Geistesgeschichte. Wir stehen heute in einem Zeitabschnitt, wo eine solche Haltung zugunsten von Experimenten verpönt oder sehr verborgen ist. Der Zauber des Jugendwerks von Hofmannsthal liegt wohl darin, daß

[1] Lustspiele IV, 1956, S. 264–283.
[2] Meisterwerke deutscher Sprache aus dem neunzehnten Jahrhundert, [4]1961, S. 233.

er die vielfachen Reize, Formen und Erlebnisbereiche, die das ausgehende neunzehnte Jahrhundert mit seinem Historismus zur Verfügung hatte, in die Dichtung aufnahm. Er tat dies aus einer fraglosen Kontinuität heraus, einig mit dem Zeitgefühl. Es gab gewiß einige persönliche Themen, die diesen Reichtum organisierten, aber im Grunde ergriff er alles, was gegenwärtig war, und belebte es mit dem unbeschwerten Glanz der Sprache. Daß eine solche Dichtung schließlich nicht mehr genügte, macht zum Beispiel der »Brief« des Lord Chandos aus dem Sommer 1902, den man gern als autobiographisches Zeugnis nimmt, deutlich. Es galt, *mehr* zum Ausdruck zu bringen, etwas Verborgeneres, die wirkliche Aufgabe des Dichters, die Aufgabe in bezug auf seine Zeit zu finden. Wo aber lag die? Eine im Werk Hofmannsthals wiederkehrende Konfiguration von Gestalten stellt diese Situation dar: auf der einen Seite die Verherrlichung allen Glanzes, jedes Reizes des Lebendigen, wie sie die eigene Jugend des Dichters auszeichnete, verkörpert etwa durch die Gestalt des Casanova, der sich von allen verführen läßt; demgegenüber auf der anderen Seite eine Gestalt, die diese Haltung übersteigt, darüber hinaus gelangt durch etwas, was mehr wert ist, was stärker ist, intensiver gilt. Der Inhalt und die Darstellung dieses Intensiveren, Gültigeren als die verführende Gegenwart mußte gewonnen werden.

Hofmannsthal versuchte zuerst, in der bewährten europäischen Tradition, griechische Dramen und Themen zu erneuern. In seiner neuen Ausdeutung von Ödipus und Elektra war ihm die Selbstbestätigung des Individuums, geradezu seine Exaltation, in einer Tat, in der Idee des Opfers, der Rache wichtig, die das Individuum über sich selbst hinaus hebt in einer »Art Besessenheit«, wie er viel später selbst über seine Elektra sagte.[3] Der weitere Weg scheint mir dadurch bestimmt, daß der Dichter Möglichkeiten des eindringlichen Erlebnisses, wie das achtzehnte und beginnende neunzehnte Jahrhundert sie gezeigt hatten, weiter verfolgte. Es ging ihm dabei einerseits um die Intensivierung von Erlebnissen des Gefühls. Verzicht und Entsagung der Marschallin sind der Höhepunkt des »Rosenkavaliers«. Tod und Liebe, Verwandlung durch die Liebe erfährt Ariadne in höchster Steigerung. Andrerseits nimmt er aus der deutschen Klassik die Situation der sittlichen Entscheidung wieder auf. Die Kaiserin in der »Frau ohne Schatten« erfährt die stärkste Sammlung ihres Wesens, die Offenbarung des Besten in ihr

[3] Im Jahre 1926: Aufzeichnungen, 1959, S. 237.

in der Entscheidung zwischen Verschuldung und Liebe, zwischen Pflicht und Neigung, ganz ähnlich wie Iphigenie.

Das Interessante dabei ist nun, daß Hofmannsthal für diese intensiven Erlebnisse des Gefühls und der sittlichen Freiheit, die der Tradition der deutschen Klassik und Romantik entsprechen, Voraussetzungen braucht, Situationen herstellt, die nicht zur Vorstellungswelt des achtzehnten Jahrhunderts gehören. Die Entscheidung der Kaiserin geschieht in einer höheren reinen Welt, wo allein die geistigen Kräfte erscheinen, Schuld, Liebe, Erbarmen, während sie die Bewährung dieser Kräfte in einer niederen Menschenwelt auszuführen hatte. Der Dichter benutzt deutlich die Trennung der Bühne des Welttheaters, auf der Rechtfertigung und Urteil in einem höheren Bereich des reinen Wesens gezeigt werden, indes die Handlungen der Gestalten, die zu diesem Urteil führen, sich auf einem unteren Schauplatz des Lebens abspielen. Eine ähnliche Vorstellung liegt dem Fragment des Romans »Andreas« zugrunde: die wahre Liebe, zu der es zurückzukehren gilt, die dem Leben des Helden Einheit und Sinn gibt, wird ihm in der reinen Welt des Gebirges zuteil; dazwischen muß er in den Verwirrungen unten in Venedig zu sich selbst finden. Ein anderes Schema der Darstellung, das im siebzehnten Jahrhundert festgelegt wurde, finden wir in »Ariadne«. Der Glanz und die Intensität dessen, was Ariadne erlebt, wird hervorgehoben und definiert durch die Parallelität zum gewöhnlichen Verhalten, zu Zerbinetta mit ihren vier Liebhabern. Die Einzigartigkeit eines höheren Menschentums, der wahre Sinn menschlicher Erlebnisse kommt zutage, wenn wir ihren üblichen Ablauf, ihr wiederholbares Spiel zu gleicher Zeit sehen. Das spanische Drama des siebzehnten Jahrhunderts hatte eine solche Unterscheidung als eine gesellschaftliche, zwischen Herrn und Diener, entwickelt, die in den gleichen Situationen gezeigt werden, aber von verschiedenen Motiven, von Ehre oder Hunger, bewegt. In der gleichen Weise steht in der »Frau ohne Schatten« die Kaiserin der Färberin gegenüber: die eine, die Färberin, ist gebunden in ihr dumpfes Leben und handelt ohne Wissen, ohne Entscheidung, von den Mächten der Triebe, der Verführungen umstellt; doch die andere, die Kaiserin, zeigt, was menschliche Freiheit, in ihrer unwiderruflichen Einmaligkeit, wirklich bedeutet. Schließlich verwendet der Dichter in der »Frau ohne Schatten« noch ein Motiv, das dem achtzehnten Jahrhundert fremd ist. Die Personen, um die es geht, stehen von Anfang an, ohne Begründung, unter einem Fluch. Ein ihnen persönlich vorgezeichnetes Schicksal erwartet sie; es zu erfüllen, dem drohenden Verhängnis zuvorzukommen, setzt ihnen die Aufgabe, durch die das Leben eine eigene Gestalt gewinnt.

Das sind alles Formen der Darstellung, die im siebzehnten Jahrhundert galten. Der Dichter benutzt sie, um ein höheres, intensiveres menschliches Dasein zum Ausdruck zu bringen in der Art, wie das achtzehnte Jahrhundert es auffaßte: als Erlebnis des Gefühls, als sittliche Freiheit. Doch in den späteren großen Werken Hofmannsthals geht die Auseinandersetzung mit dem siebzehnten Jahrhundert noch weiter. Nach dem Abschluß des »Salzburger Großen Welttheaters« schreibt Hofmannsthal in einem Brief, 1921:[4] es ginge darum, »ob ein Theater möglich ist, das in seinen Intentionen hinter das ganze XIX., ja hinter das XVIII. zurückgeht, unmittelbar an das anknüpft, was einmal da war«. Mit der gleichen Absicht plant er eine neue Übersetzung von Stücken Calderons. Aus der »Dame Kobold«, 1920 erschienen, wurde am Anfang zitiert. Ebenso verfolgt der Dichter, schon seit etwa 1910, verschiedene Pläne der Übersetzung und Neueinrichtung von Stücken Molières. Für uns, in diesem knappen Rahmen, stellt sich die Frage in der folgenden Weise: wie setzt Hofmannsthal, in seinem eigenen Werk, das große Theater des siebzehnten Jahrhunderts »unmittelbar« fort; wie verändert er dessen Stil und Inhalt, um seine eigene Welt darzustellen, und was wird von der Form dieses Theaters doch bewahrt, weil die »Intentionen« verwandt sind?

Das beispielhafte Drama Calderons »Das Leben ein Traum« wollte Hofmannsthal schon in den Jahren 1902–1904 neu und »völlig frei«[5] bearbeiten. Warum diese Fassung Fragment geblieben ist, läßt sich mit Hilfe der folgenden Stelle erklären.

»Und dann kam mein großes Unglück,
und nun muß ich her nach Polen,
meinen Freund zurückzuholen,
meinen Freund, der mich verließ,
der mich nicht mehr sehen wollte,
meine Briefe nicht mehr las
und der süßen Tag' und Nächte
und der Schwüre so vergaß!
Doch ich weiß es, nur mit Listen
haben sie ihn weggelockt,
mit der Rede schlimmen Künsten,
die so in die Seele schneiden,
mit dem bösen kalten Wort.«[6]

[4] Hofmannsthal-Blätter, Heft 3, Herbst 1969, S. 188.
[5] Dramen III, S. 502.
[6] Dramen III, 1957, S. 361.

Der Vers, der hier verwendet wird, stimmt nicht. Es ist der Vers Calderons, ein Trochäus mit vier Takten. Doch Hofmannsthal läßt ihn zerfließen, da er eine Differenzierung des Gefühls damit ausdrücken will. Aber auch ein anderer Vers, etwa der fünffüßige Jambus der Jugenddramen, hätte nicht genügt. Der »Turm« wurde schließlich in Prosa geschrieben. Für dieses Drama, das die ganze Welt Hofmannsthals darstellen sollte, war ein einheitlicher Vers nicht mehr möglich. Welchen Vorteil bot die Prosa?

Aber wir wollen zugleich die zweite Frage aufnehmen, die an diese Stelle anknüpft. Die zitierten Zeilen werden gesprochen von Rosaura, einer Gestalt Calderons, die im »Turm« vollkommen verschwunden ist. Calderons Drama »La Vida es Sueño« bietet zwei Handlungen, die fast mit gleichem Gewicht entwickelt sind. Die eine ist die des Königssohns, der wegen einer Prophezeiung im Kerker aufwächst, für einen Tag zur Probe in das Schloß seines Vaters gebracht wird, dort handelt, wie seine uneinsichtigen natürlichen Wünsche ihn treiben, darum wieder eingekerkert von Rebellen befreit wird, nun aber zur Einsicht gekommen, trotz des Sieges über seinen Vater sich ihm unterwirft. Es ist eine Allegorie auf die metaphysischen Bedingungen des menschlichen Loses, die hier gespielt wird. Daneben läuft eine zweite Handlung. Rosaura, die Tochter des Kerkermeisters von Sigismund, kommt nach Polen, weil ein Prinz des Hofs sie verführt hat. Sie will ihre Ehre wiederherstellen. Jener Prinz heiratet sie schließlich. Was in dieser Gesellschaft gilt, sie bestimmt, die Ehre, wird durch die zweite Handlung gleichwertig verbunden mit der Darstellung des beispielhaften Schicksals und Verhaltens des Menschen überhaupt in der Handlung des Sigismund. Calderon vergißt nicht, daß das beispielhafte Leben des Menschen stattfindet in einem historisch bestimmten Zustand der Gesellschaft und an diesen gebunden ist.

Um Hofmannsthals Darstellung im »Turm«, der ja bewußt die Situation Calderons zur Grundlage nimmt, besser zu verstehen, wollen wir einen Blick auf das neunzehnte Jahrhundert werfen. Man kann Grillparzers »Bruderzwist in Habsburg« in dem gleichen Umriß sehen. Die zentrale Handlung, die Gestalt Rudolfs des Zweiten und die Auseinandersetzung um die Macht und die Staatsführung in Habsburg, zeigt, was in Grillparzers Augen das allgemeine Los des Menschen bestimmt: politische Weisheit und politische Entscheidung. Diese Weisheit, aus der Einsicht eines langen Lebens gewonnen, zu formulieren, dient die Sprache. Während Calderon aus der Sicherheit eines Lehrsystems heraus, der Metaphysik und der Morallehre der Kirche, die er nur zu umschreiben, auszumünzen braucht, die Einheit seiner Begriffe und seiner Sprache besitzt, gewinnt Grillparzer eine vergleichbare Einheit aus seiner politischen Überzeugung. Beide glauben an die Vernunft, die Ratio, die ihr Weltbild zusammenhält und sich das einzelne unterwirft. Deutlich ist das an der Nebenhandlung im Drama Grillparzers, die in ihrem Wert genau der Handlung der Rosaura bei Calderon entspricht. Was mit Don Cäsar, dem unehelichen Sohn Rudolfs, geschieht, dient als Kennzeichnung für die Gesellschaft der Zeit. Es gibt nichts mehr, in den Augen Grillparzers, was das gesellschaftliche Zusammenleben ordnet, keine Werte und keine Konventionen gelten mehr, nur die »wildverworrne« Eigensucht, der Drang, zu wissen um jeden Preis, setzen sich durch und führen zur Zerstörung: Cäsar tötet das Mädchen, das er liebt. Für den König, der für das Ganze verantwortlich ist, die Einheit noch aufrechterhalten will, bleibt als Aufgabe nur, zu richten und zu strafen – während bei Calderon der König die Konventionen der Gesellschaft, die Ehe der Rosaura, durch die ihre Ehre wiederhergestellt wird, bestätigte.

Wie verhält sich nun Hofmannsthal? Für eine Nebenhandlung im Bereich der Gesellschaft, wie die der Rosaura, ist im »Turm« überhaupt kein Platz mehr. Die einzelnen Bezirke der Gesellschaft, des gesellschaftlichen Lebens, werden im »Turm« viel stärker herausgehoben, in ihrer Eigenart porträtiert, als dies etwa bei Calderon der Fall ist. Aber wir sehen sie als das, was da ist, als Zustände; es wird nicht ihr Mechanismus, der sie erhält oder gefährdet, durch den Verlauf einer eigenen Handlung vorgeführt, wie bei Calderon oder Grillparzer. Ich will zum besseren Verständnis noch eine Linie verfolgen. Hofmannsthals »Salzburger Großes Welttheater« nimmt das Schema eines Fronleichnamspiels, eines auto sacramental, von Calderon auf. In Calderons Stück werden die Repräsentanten menschlicher Daseinsformen, die gleichen wie bei Hofmannsthal, der König, die Schönheit, der Reiche und die anderen, eingehend charakterisiert, sie werden in ihrem Verhalten geprüft und schließlich einem Urteil unterworfen, einer nach dem anderen. Bei Hofmannsthal werden sie alle recht summarisch behandelt, weder ihr moralisches Verhalten noch ihre Rechtfertigung werden deutlich, denn sie dienen dazu, ein zentrales Geschehen zu umgeben, zwar alle menschlichen Lebensformen darzustellen, aber nicht in deren eigenem Gesetz, sondern als Erscheinungen, damit die ganze Welt präsent ist rings um den einen Lebenslauf. Es ist das Leben des wahren Menschen, der eine

Rolle spielen muß, die Rolle des Bettlers, und der sich verwandelt von der Empörung zur Einstimmung in das für ihn bestimmte Schicksal. Das »Salzburger Welttheater« ist, in einer abstrakten Form, ein Vorentwurf zum »Turm«. Die Zustände der Welt sind im »Turm« nicht als allegorische Figuren dargestellt, sondern konkret als Szenen. Wozu dienen zum Beispiel der Besuch des Königs Basilius im Kloster oder die Bäuerin bei Sigismund als dazu, zusätzliche Bereiche, wichtige Bereiche des Gesamtbildes der gesellschaftlichen Welt, vorzuführen? Gerade die Szene im Kloster ist aufschlußreich: sie wird geprägt von der Sprache der Kirche, den lateinischen Texten der Liturgie, und den Zitaten aus dem zum Beispiel für Grimmelshausen so wichtigen Erbauungsschriftsteller Guevara über die Vergänglichkeit der Welt. Eine der Geisteshaltung des siebzehnten Jahrhunderts entsprechende Atmosphäre wird geschaffen, die aber dank der Darstellung des Klosterlebens und der Sprache der Kirche als nicht historisch begrenzt gezeigt wird. Sie gilt immer noch. Hofmannsthal vermeidet das spezifisch Historisierende des Geschichtsdramas des neunzehnten Jahrhunderts, wo geborgte Situationen belebt wurden. Ihm geht es, in der Art des Welttheaters, um eine Vorführung der Mächte, aller Mächte, die gegenwärtig sind und die sich historisch in eine bestimmte Form gestaltet haben. Der Ausdruck dieser Form ist ihre eigene Sprache. Für das Klosterleben ist die Aufgabe des Dichters einfach, da dessen Sprache gleichsam objektiv vorgegeben ist. Das einfache Volk, die Bäuerin zum Beispiel, braucht nur naturalistisch, so wie es heute noch spricht, wiedergegeben zu werden. In anderen Bereichen, zum Beispiel dem des weisen Arztes, tritt der Redende aus seiner Rolle heraus und spricht, als stünde er daneben. Hofmannsthal verfährt, als wären die in Gruppen und Haltungen wirkenden Kräfte selbst zur Gestalt geworden und sprächen. Das mimetisch-szenische, bildhafte Element unterstützt diese Darstellung. Es ist fast allein herrschend, sobald es das sprachlose Unbewußte, in den Vorgängen mit der Zigeunerin, ausdrückt. Aber es genügt nicht. Die verschiedenen Bereiche des Lebens sind für Hofmannsthal geistige Wesenheiten, die ihre eigene Sprache geformt haben. Das Welttheater des »Turm« zeigt das Zusammentreffen dieser verschiedenen Sprachgebärden, die nur in Prosa wiederzugeben sind; eine einheitliche Sprachform war dafür nicht möglich.

Welche Sprache spricht Sigismund in dieser Welt? Hofmannsthal möchte eine von keiner Besonderung, von keiner Festlegung geprägte Rede finden. »Seine Sprache ist Zutagetreten des inwärts Quellenden«, heißt es im Drama selbst.[7] Er ist der reine Mensch, der adamitische Mensch, wie das siebzehnte Jahrhundert sagte, keiner Lebensform der Gesellschaft verpflichtet, darum außerhalb der Gesellschaft aufgewachsen, nur »geweckt« durch den Lehrer, den Geist. Die Parallele zu Simplizissimus ist deutlich, der im Wald bei dem Einsiedler aufwächst. Hofmannsthal betont sie, indem er der Gegenfigur des Sigismund den Namen der Gestalt gibt, die bei Grimmelshausen, durch falsche Erziehung und böse Absicht geprägt, das Gegenbild des Simplizissimus darstellt: Olivier.

Der Weg zu sich selbst – »wer bin ich?« fragt Sigismund – ist der Weg der Auseinandersetzung mit dem Vater. Das ist das Thema des Dramas von Calderon, das dem »Turm« zugrunde liegt. Aber bei Calderon ist der König Basilius der gütige und weise Vater, der verantworten kann, was mit seinem Sohn geschieht. Ihn, diesen Vater, zu finden, bedeutet, sich nach seinem Bilde zu formen. Und in dieser Einstimmung, der Bestätigung des Vaterbildes, endet das Drama von Calderon. Hofmannsthals Sigismund sucht seinen Vater mit aller Inbrunst. Doch was er findet, ist eine Fratze. Die väterliche Autorität ist absurd geworden, da sie nur noch auf Herrschaft, auf Intrigen der Macht und auf eigene Lust bedacht ist. Sie wird völlig zerschlagen und beiseite geschoben. Die Gestalt des Kinderkönigs bestätigt das noch einmal, der zwar die Legitimation, das Charisma, von seinem Vater, dem gleichen König Basilius, hat, aber ihn selbst nie kannte. Die verstoßenen, verleugneten Söhne gründen das Neue, sie sind der neue Mensch des Expressionismus. Der Bezug Vater-Sohn bestimmt ja auch das Drama Grillparzers, das wir schon zum Vergleich heranzogen. Im »Bruderzwist« bedeutet die Autorität des Vaters die einzige Rettung vor dem Chaos. Der Sohn, Don Cäsar, der nur sich selbst will, nur Wissen und Lust erstrebt, ist ein Schädling für die Gemeinschaft, für deren Wohl der Vater zu sorgen hat, der ihn darum verurteilt. Das Chaos ist da, meint für seine Zeit Hofmannsthal, aber nicht der Sohn ist verantwortlich.

Ein weiterer Vergleich wird uns helfen. Der große Dramatiker unserer Zeit, eine Generation nach Hofmannsthal, Samuel Beckett, stellt auch das Verhältnis Vater-Sohn dar. In »Endspiel« (Fin de Partie) sehen wir, außerhalb aller historischen Illustrierung, nur die Herrschaftsbezüge, die unverändert immer bestehen: der Vater (Hamm), der den Sohn unterdrückt, von seiner Beherrschung lebt und ihn zugleich verleugnet, und der Sohn (Clov), der nur darauf wartet, ihn abzulösen,

[7] Dramen IV, 1958, S. 105.

selbst Vater zu sein. Grillparzer, vor hundert Jahren, und Beckett, in unserer Zeit, sehen nur die Macht des Vaters: Grillparzer als einzige Grundlage der Ordnung, Beckett in resignierter Haltung: so wird es immer sein.

Wir verstehen besser, warum Hofmannsthal sich mit dem siebzehnten Jahrhundert verbunden fühlte. Das Vertrauen auf die Kraft des Sohnes verbindet ihn mit Calderon. Er geht noch weiter als Calderon, bei dem der Vater zwar falsch handelt (indem er Sigismund in den Turm sperrte), aber in verantwortlicher Absicht. Bei Hofmannsthal liegt die ganze Betonung auf der Rolle des Sohnes. Das Vaterbild, so sehnlich erstrebt, wird als ganz untauglich zerstört; eher gilt ein brüderliches Vorbild (wie zwischen Sigismund und dem Kinderkönig).

Bei beiden, Hofmannsthal wie Calderon, sind Kräfte einbezogen, die nicht nur dem politischen Mechanismus von Herrschaft entsprechen, und auf die beide vertrauen. Welche Kräfte das sind, ist bei Calderon ganz klar: die Vernunft, immer wieder vor Entscheidungen gestellt, ist fähig zur Einsicht und leitet darum zum rechten Verhalten; denn es gibt ein Wert- und Ordnungssystem, das einsehbar ist. Aber was befähigt Hofmannsthal zu seiner Zuversicht?

Wir müssen es genau ansehen. Calderons Sigismund ist immer wieder vor Entscheidungen gestellt. Er geht aus dem Turm hervor in die Welt, sozusagen mit halbem Herzen: er weiß, daß alles, was ihm geschieht, nur ein Traum ist, und doch möchte er leben, noch einmal träumen. Dieser Zwiespalt tritt in jeder Situation hervor; er muß sich jedesmal neu überwinden. Bei Hofmannsthal gibt es für Sigismund keine Situation der Entscheidung; es gibt nur eine einzige Situation der Wahl, die nicht eine Entscheidung, sondern eher eine Sinnesänderung ist. Der Geist, sein Lehrer Julian, hatte ihn mit allen Verlockungen der Macht nicht verführen können, den sicheren Turm zu verlassen und in die tätige Welt hinauszugehen. Doch dann »geschieht etwas Neues«[8] mit ihm. Die anderen, die Entrechteten, kommen und dringen ein: »ich aber werde mit euch hinausgehen«.[9] Ohne eine Entscheidung des Verstandes und der Absicht ist ein neuer Wille, eine neue Gestalt seines Lebens da. Zu Calderons Sigismund sagt sein Vater: du bist neu geboren, weil Sigismund sich selbst überwindet. Es ist eine moralische Tat des Verstandes und des Willens, die dort gefeiert wird und die Zuversicht auf ein richtiges Leben verleiht. Für Hofmannsthal aber verzerren Verstand und

---

[8] S. 147. [9] S. 166.

Absicht den Menschen, wir sehen das in seiner Komödie. Hofmannsthal fühlt sich eins mit Calderon in der Zuversicht auf ein richtiges Leben, auf Wiedergeburt zu diesem Leben. Aber er holt es aus anderen Quellen her. Die Kaiserin in der »Frau ohne Schatten« entscheidet sich zwischen ihrem Geliebten, der bedroht ist, und dem Färber, dem sie das Leben zerstört hat, weil in ihr etwas aufsteigt aus ihrer eigenen »diamantenen Tiefe«: »dir Barak bin ich mich schuldig«.[10] Sich einer Wirklichkeit schuldig sein, dieses als das Beste in sich selbst entdecken und entsprechend handeln, das ist wohl für Hofmannsthal der Sinn dieses Fluchs, des Schicksalsspruchs, der nach Calderons Vorbild das Leben seiner Gestalten umschließt. Calderons Drama zeigte, daß man diesen Schicksalsspruch nicht gewaltsam ändern kann (das war der Fehler des Basilius, der seinen Sohn einsperrte); man kann ihm nur »mit Vernunft und Mäßigung« begegnen, wenn er sich verwirklicht. Aber gerade das ist nicht das Tun von Hofmannsthals Sigismund. Für ihn hat die Wirklichkeit eine ganz andere Mächtigkeit, man muß schon sagen: Heiligkeit. Die Wirklichkeit für das siebzehnte Jahrhundert ist ein Sinnbild, das »Leben ein Traum«, aus dem wir desillusioniert (desengañado) einmal erwachen. Für Hofmannsthal gilt es, sich der Wirklichkeit, ihrer im verborgensten eigenen Innern sich offenbarenden Forderung, zu überantworten, rückhaltlos, aber im »Turm« des eigenen Wesens gesichert. Beide, die Forderung der Wirklichkeit von außen und die Wahrheit der Selbstverwirklichung, stimmen überein.

Zum Abschluß noch ein Blick auf das Lustspiel. Im »Schwierigen«, dem Meisterwerk, in dem alle Lustspielversuche Hofmannsthals zusammengefaßt sind, sehen wir eine Reihe von Masken, die in leichter Übertreibung, sprachlich nüanciert, eine Gesellschaft mit den zu ihr gehörenden Nebenerscheinungen (Diener, Sekretär) darstellen, verschiedene Typen der Geistesart und des Verhaltens. Schon diese gesamte, in verschiedenen Typen differenzierte Gesellschaft, ein Gesamtbild einer lebendigen Gesellschaft, knüpft an Molière an. Bei ihm erscheint die Gesellschaft immer als ein Gesamtes, kein Lustspieldichter nach ihm vermittelt ein solches Bild. Doch *eine* Gestalt im »Schwierigen« ist in besonderer Weise nach Molière gezeichnet. Es ist der Außenseiter dieser Gesellschaft: der Baron Neuhoff. Er ist wie die großen Charaktere Molière (Der Geizige und andere) in der Monomanie seiner Art gezeigt, seines »Lasters«, darin sowohl lächerlich als auch tragisch, weil gefangen

[10] Erzählungen, 1953, S. 369.

darin. Ihm gegenüber sind die anderen Figuren in ihren Eigenarten harmlos. Seine Eigenart ist nun gerade das, was Hofmannsthal schon in seiner Jugend als nicht-genügend, als Gefahr darstellte. Und zwar kommen zwei Dinge zusammen. Einmal ist Neuhoff ein Casanova, aber ein Casanova ohne Erfolg, der nur verführen *will.* Zum anderen versündigt er sich an der Sprache: er übersteigert, mißbraucht sie in ihrer Eigenmacht, die die Wirklichkeit betrügt. In diesen von Hofmannsthal immer wieder als verführerisch und bedrohlich erfahrenen Eigenschaften ist Neuhoff lächerlich tragisch. Wie einer der großen Charaktere Molières. Aber die Frage ist nun: was ist die Grundlage, auf der diese Gestalt sich abhebt? Bei Molière ist es ganz klar. Der seltsame einzelne wird abgehoben: gegen die allgemeine Vernunft – die sogar, weil sie gesunder Menschenverstand ist, sich in einer Dienstmagd verkörpern mag (Dorine in »Tartuffe«); gegen die Gewohnheit der Gesellschaft (l'usage); gegen die auf Vernunft gegründete Weisheit des Herrschers, die die Torheiten des einzelnen wieder ausgleicht (»Tartuffe«).

Was ist nun bei Hofmannsthal dieses Grundmaß der Gesellschaft? Der Dichter mißtraut dem Verstand. Gerade die Verhärtung des Baron Neuhoff kommt aus einem Zuviel an Absicht und Verstand. Hofmannsthal schafft keinen allgemein gültigen Hintergrund, von dem der einzelne sich abhebt, wie Molière. Es werden keine Grundsätze dieser Gesellschaft gezeigt. Es hat jeder seine Schwächen. Doch gerade im Gegensatz zu Neuhoff, dem Molière'schen Charakter, führt der Dichter an Hans Karl vor, was zählt: er ist ein Verführer, der fast gegen seinen Willen überall Erfolg hat, und seine Worte treffen, vermögen alles. Warum? Es handelt sich nicht um benennbare Haltungen, wie bei Molière: es ist nicht die »sincérité«, die Aufrichtigkeit des Misanthrope, die Hans Karl »schwierig« macht. Man kann eine Lebensart nicht in dieser Weise rational definieren. Vielmehr stellt Hofmannsthal etwas lebendiges Undefinierbares hin: eine Gestalt, die im »verschütteten« Inneren eine Wahrheit besitzt, ein Bild ihrer Wirklichkeit, das allen Zufällen des Lebens gegenüber den Rang der »Notwendigkeit« hat. Dieses Bild wiederzufinden, mit ihm zu leben, ist »schwierig«. Hans Karl ist eine unmolière'sche Figur in einer Molière'schen Welt: er ist ja der Erneuerer dieser Welt, ihr geheimes Vorbild.

Hofmannsthal hebt also den komisch-tragischen Charakter Molièrescher Prägung, den Baron Neuhoff, nicht ab gegen einen allgemein geltenden Hintergrund. Er stellt ihm an einer Idealfigur der Komödie selbst ein Gegenbild hin. Wir erinnern uns, daß Friedrich Schlegel (in den Wiener Vorlesungen von 1812) gerade diesen Zug des spanischen Dramas des siebzehnten Jahrhunderts, des Dramas von Calderon, hervorhebt: während Shakespeare, vollendet auf seiner Stufe, den Menschen und sein Dasein als Rätsel vorführt, böte Calderon, auf der höchsten Stufe des Dramas, auch eine Lösung des Rätsels des Daseins, eine geistige Verklärung, zeigte Richtung und Bedeutung des Leitenden an. In gleicher Geistesart liegt es Hofmannsthal daran, sogar in der Komödie sich nicht mit einer durch negative Beispiele hergestellten Übereinstimmung des Urteils zu begnügen, sondern an einer lebendigen Gestalt aufzuweisen, was dazu gehört, die tragisch-komische Verirrung der Molière'schen Figur, des Baron Neuhoff, zu übertreffen. Damit nimmt Hofmannsthal in die Darstellung der Gesellschaft geradezu ein religiöses Element mit hinein, die Vorführung eines Rituals, des Rituals des wahren Mensch-Seins. Es ist gegründet auf ein Bild des Menschen, der im verborgensten Inneren die Ahnung einer äußeren Wirklichkeit besitzt, die ihm zugeteilt ist, die ihn fordert, und der sich dieser Wirklichkeit stellt. Ein Fluch oder Schicksalsspruch zeigt bei anderen Gestalten Hofmannsthals diese Verkettung an. In der Gestalt des Sigismund, der, dem Werk Calderons entlehnt, zu einer der Mythenfiguren der deutschen Literatur geworden ist, ist dieses Bild des Menschen am deutlichsten und läßt Hofmannsthals Verbundenheit mit dem siebzehnten Jahrhundert erkennen.

Heinz Politzer

Auf der Suche nach Agur. Zu Hugo von Hofmannsthals »Die Wege und die Begegnungen«

Dies ist ein erstaunliches Stück deutscher Prosa, zugleich geheimnisvoll und aufschlußreich. Reif und rund, ist es im Zwischenreich von Wirklichkeit und Traum, von Gegenwart, Erinnerung und Ahnung angesiedelt. Es zeigt Hofmannsthal als einbildungskräftigen Stilisten und gescheiten Träumer. Das Ganze hat etwas von einem Rätsel, das noch rätselhafter wird, wenn seine Lösung gefunden ist, die ihm sozusagen auf der Stirne geschrieben steht.

Das Rätsel wird dem Leser in den ersten Sätzen des Essays aufgegeben. »Je me souviens des paroles d'Agur, fils d'Jaké, et des choses qu'il déclare les plus incompréhensibles et les plus merveilleuses: la trace de l'oiseau dans l'air et la trace de l'homme dans la vierge.« Er habe, fährt Hofmannsthal fort, diese Zeilen »mitten in einem Reisebuch« gefunden; er erkennt in der Schrift seine eigene Hand; die Zeilen »sind zittrig geschrieben, vielleicht im Wagen, vielleicht in der Bahn«; und er zerbricht sich den Kopf, woher sie stammen. »Wer ist Agur? Und wer ist der Redende, der sich Agurs entsinnt?« (304) [1]

Die Fragen sind zunächst als rhetorisch zu verstehen. Die Handschrift hat Hofmannsthal als seine eigene agnosziert. Und es ist schwer verständlich, daß der Vielbelesene es vermieden hat, die Bibel aufzuschlagen. Im dreißigsten Kapitel der »Sprüche Salomonis« hätte er die folgenden »Worte Agurs, des Sohnes Jakes« finden können: »Drei sind mir zu wunderlich, und das vierte weiß ich nicht: des Adlers Weg im Him-

---

[1] Seitenzählung folgt Hugo von Hofmannsthal, *Prosa II*, Frankfurt: Fischer, 1951, S. 304–310. – Im Anhang (S. 381–384) enthält das 6.–9. Tausend des Buches Zusätze des Dichters zu dem Essay, die sich in den ersten Drucken finden, später aber von Hofmannsthal gestrichen wurden. Und das mit Recht; denn sie stellen, mit einer Ausnahme (Fußnote 7), essayistische Divagationen dar, die den Fluß des Aufsatzes hemmen und seiner Dichte entgegenwirken.

mel, der Schlangen Weg auf einem Felsen, des Schiffes Weg mitten im Meer und eines Mannes Weg an einer Jungfrau.«[2] Die Stelle lautet auf Französisch: »Il est trois choses qui me dépassent et quatre que je ne connais pas: le sentier de l'aigle dans les cieux, le sentier du serpent sur le rocher, le sentier du navire en haute mer, le sentier de l'homme chez la jeune femme.«[3] Was hier zunächst in die Augen springt, ist Hofmannsthals Raffung der vier Beispiele zu zweien, wobei das Allzu-Wunderbare und das Unverständliche gleichermaßen für Vogelflug und Geschlechtsakt Geltung gewinnen. Was diesen anlangt, sind sowohl die deutsche wie die französische Version vorsichtiger, vermutlich, weil sie kirchliche Fassungen darstellen. Dem deutschen »eines Mannes Weg *an* einer Jungfrau« entspricht »le sentier de l'homme *chez* la jeune femme«, was immer dies auch heißen möge. Aber wir haben es ja mit der Erinnerung an ein Zitat, nicht mit diesem selbst zu tun, und Erinnerung sieht manchmal schärfer als das Original.

Warum aber die französische Sprache, in der die Erinnerung gehalten ist? Das Reisebuch, in dem sie steht, ist offenkundig ein italienischer Reiseführer, irgendeine Art Baedeker. Der Dichter fragt sich selbst: »Aber hätte ich damals in Umbrien in fremdartigen, seltenen Büchern gelesen?«; vermutet, er habe die Stelle in einem »ältern französischen Buch« gefunden, und verwirft die Mutmaßung mit einem brüsken »Ich weiß nichts davon.« (304) Wir aber assoziieren mit dem Französischen die Sprache, in der in Thomas Manns *Zauberberg* Hans Castorp das entscheidende Gespräch mit Clawdia Chauchat führt, oder die französische Antwort, mit welcher der Lehrer in Kafkas *Schloß* die Frage des Landvermessers abfertigt, ob er den Grafen West-West kenne. Freilich lag dem Romanisten Hofmannsthal, der sich mit einer »Studie über die Entwicklung des Dichters Victor Hugo«[4] zu habilitieren gedachte, das Französische ungleich näher als dem Lübecker Thomas Mann oder dem Prager Franz Kafka; freilich war, wie das Lustspiel *Der Schwierige* zeigt, die Sprache der altösterreichischen Aristokratie, zu der Hofmannsthal tendierte, mit französischen Lehnwörtern mehr als durchsetzt.[5] Und dennoch haftet diesen französischen Einsprengseln in der deutschen Literatursprache ein Hauch von »Pas devant les enfants« an,

---

[2] Transkribiert nach D. Martin Luther, *Die gantze Heilige Schrifft Deudsch*, Darmstadt: Wissenschaftliche Buchgesellschaft, 1972, S. 1134–1135.

[3] *La sainte Bible*, Paris: Edition du Cerf, 1961, S. 843–844.

[4] *Prosa I*, Frankfurt: Fischer, 1950, S. 367–462.

[5] Vgl. Richard Thieberger, »Das Wiener Aristokraten-Französisch in Hofmannsthals ›Der Schwierige‹«, *Antares* V (1957), S. 9–12, 15–18.

ein Hinweis, daß hier an etwas Verbotenes und Geheimes, kurz: an ein Tabu gerührt wurde.[6]

Der Anfang von Hofmannsthals Essay klingt unschuldig genug: es ist der Vogelflug, der dem Dichter die Worte Agurs ins Gedächtnis ruft. Dieses Motiv verliert jedoch seine Unschuld, wenn es, nach einem vergeblichen Grübeln des Essayisten über die Identität und Herkunft Agurs, wiederkehrt. Da ist die Rede von einer jungen Schwalbe, die in sein Haus zurückfliegt, »durch die Luft, durch die halboffene Haustür, ins alte Nest, einschlagend wie ein dunkler Blitz, aus dem Scheitelpunkt des Äthers, nachschlagend dem ersten, kam das Weibchen, die junge Schwester, und jetzt die Frau. Denn es sind Geschwister, ausgebrütet im vorigen Sommer in diesem Nest hinter unserer Haustür.« Wenn das Französische die Decksprache darstellt, in der sich ein Geheimnis andeutete, dann wird hier zum ersten Male der Schleier gelüftet, der sich in der Seele des Dichters über das Tabu gebreitet hatte. Es ist Geschwisterliebe, eine Inzestehe, auf die hier, noch immer im Bild des Vogelflugs, angespielt wird.[7]

Hofmannsthal sinnt dem inzestuösen Schwalbenpärchen nach: »Wie wußten sie den Weg, herabfahrend aus der Unendlichkeit der Himmel? Wie wußten sie unter den Ländern dieses Land, unter den Tälern dies kleine Tal, unter den Häusern dieses Haus? Und wo in mir wohnt Agur, der dieses Wunder anstaunte über allen Wundern, und nichts geheimnisvoller fand als die Spur dieses Wunders, die unsichtbare Spur des Vogels in der Luft?« (305) Aus einer wahrhaften Vogelschau wird das Haus des Dichters anvisiert; der Flug und die Wahl des Zieles vollzieht sich in der Sprache selbst; und wieder taucht die Frage nach Agur auf, dessen Staunen sich aber hier noch immer darauf beschränkt, der Spur des Vogels in der Luft nachzublicken, die Spur des Mannes in der Jungfrau aber vergessen zu haben scheint.

---

6 »Hofmannsthal [...] kannte die französische Sprache bis auf den Grund, und doch war Französisch nicht seine Ausdrucksweise, und sobald er sich in einem produktiven Zustande befand, entzog sich das geschlossene, durchsichtige, blanke, spröde, durch unvergleichliche Übergänge der Lichtbrechung wirkende Idiom seinem Zugriff.« Carl J. Burckhardt, »Begegnungen mit Hugo von Hofmannsthal«, *Die Neue Rundschau* 65 (1954), S. 341–342.

7 Auf das Tabu des Inzestes in diesem Zusammenhang hat schon Ernst Simon hingewiesen: »Hofmannsthal war ein einziges Kind, aber die Verwandtenehe hat nicht aufgehört, ihn zu beschäftigen [...].« »Agur, fils d'Jaké. Hugo von Hofmannsthals jüdische Legende«, E. E. Urbach (u. a., Hrsg.), *Studies in Mysticism and Religion presented to Gershom G. Scholem* [...], Jerusalem: Magnes Press, 1967, S. 246.

Was nun folgt, der eigentliche essayistische Teil des Essays, ist das allmähliche Auftauchen der zweiten Spur und ihre Verflechtung mit der ersten. »Aber es ist sicher«, beginnt Hofmannsthal, »daß das Gehen und das Suchen und das Begegnen irgendwie zu den Geheimnissen des Eros gehört.« Das unscharfe »irgendwie« deutet eine innere Unsicherheit des Schreibenden gegenüber seinem Thema an. Aber schon hat er sich gefaßt und dieses Thema gefunden. »Mich dünkt«, heißt es bald darauf, »es ist nicht die Umarmung, sondern die Begegnung die eigentliche entscheidende erotische Pantomime. Es ist in keinem Augenblick das Sinnliche so seelenhaft, das Seelenhafte so sinnlich als in der Begegnung.« Und, mit aphoristischer Pointe: »Die Begegnung verspricht mehr, als die Umarmung halten kann.« (305, 306)[8]

Den Höhepunkt des Essays jedoch scheint eine Umarmung, wenn auch nur eine geträumte, und keine Begegnung zu bilden. »Dies war der Traum«, (307) beginnt Hofmannsthal zu erzählen, aber was er zunächst zu erzählen beginnt, ist nicht der Traum. Als hielte ihn eine innere Hemmung zurück, verweilt er bei der Zeit des Traumes und bei dem Ort, an dem er ihm erschienen ist. Die Zeit wird genauer bestimmt: es ist Spätsommer; der Ort wird mit wenigen markanten Worten mehr umrissen als angegeben: Berg, Balkontüre, See: dies deutet mit einiger Wahrscheinlichkeit auf eine Landschaft im Österreichischen. Es herrscht Sturm, den der Dichter erst im Halbschlaf mit den Worten »Das sind die Herbststürme« zur Kenntnis nimmt. Herbststürme aber sind ein spätzeitliches, ein eschatologisches Wort; zumal, wie der Dichter uns versichert hat, der Sommer noch nicht zu Ende gegangen ist. Trotzdem überwältigt den nun endlich in Schlaf Versinkenden »ein unbeschreibliches Glücksgefühl über die Weite der Welt [...]. In dieses Gefühl versank ich wie in eine weiche dunkle Welle und war sogleich mitten im Traum und war draußen und droben«, wie die Vögel, die Agur angestaunt hatte, und Hofmannsthal nach ihm. Drei Dinge treten in dem Traum hervor: Der Schauplatz ist Asien, der Träumende Teil einer Gemeinschaft und diese Gemeinschaft im Aufbruch begriffen. Auch der

---

[8] Vor diesem Aphorismus haben die ersten Drucke des Essays den folgenden Einschub: »In der Umarmung ist das Fremdsein, das Fremdbleiben das Furchtbare, das Grausame, das Paradoxon – in der Begegnung flattert um jeden von beiden seine ewige Einsamkeit wie ein prachtvoller Mantel, und es ist, als könnte er ihn auch von sich werfen, im nächsten Augenblick schon.« (*Prosa II, 6.–9.* Tausend, S. 384). Im Hinblick auf den folgenden Traum scheint das »Fremdsein«, d.h. die Ferne, die zwischen dem Alten und der jungen Frau waltet, von vorausweisender Bedeutung.

Träumende beschäftigt sich damit, ein Zelt abzubrechen. Daß es ein Zelt ist, deutet auf das Nomadendasein, das die Gemeinschaft führt, auf eine primitive Stufe der Kultur und, wieder, auf Asien zurück. Daß der Träumende tut, was alle tun, fügt ihn in die Gemeinschaft ein. Trotzdem ist er auch wieder von der Gemeinschaft unterschieden und abgesondert: er findet sich allein in dem Zelt, das er abreißt. Auch im Sprachlichen macht sich ein Widerspruch geltend: der *Auf*bruch besteht für ihn im *Ab*bruch des Zeltes.

Der Aufbruch aber bildet nur das Vorspiel zu einer Opern- oder Ballettszene, ausgestattet mit einer Fülle dunkler Farben, wie sie Max Reinhardt liebte und wie Hofmannsthal sie selbst 1903 in seinen »Szenischen Vorschriften zu ›Elektra‹« literarisch fixiert hatte.[9] Der Geschmack des Traumes hat sich dem Stil seiner Epoche angeglichen: fin de siècle mit der Wiener Vorliebe für das Ornament, jedoch verdüstert und in der Richtung auf den Expressionismus hin in Bewegung geraten. Die Wiedergabe des Traums ist von einer Dichte und Eleganz, die es empfiehlt, das Traumbild in Hofmannsthals Sprache zu Wort kommen zu lassen: »Immerfort war um mich die dumpfe Bewegung des ungeheuren Aufbruches, ich fühlte, wie alles unter der Gewalt des Befehles geschah, eines Befehles, gegen den es keinen Widerspruch gab. Und ohne weiteres wußte ich, daß das Zelt, an dem ich arbeitete, ein Teil von *seinem* Zelte war, von dem Zelte dessen, der den Aufbruch befohlen hatte, und von dem alle Befehle kamen. Und als müßte es so sein, stieg ich auf einen Klumpen übereinandergelegter Decken der Maultiere, schob irgend etwas in der Zeltwand auseinander und sah hinein in das Hauptzelt. Es war finstrer darin als dort, wo ich stand. Erst allmählich konnte ich sehen, dann aber ganz deutlich. Das Zelt war ohne Möbel oder Schmuck, nur die dunklen Wände. An der einen Seite lagen auf einer großen Decke, auf einer dunkelroten oder rotvioletten Decke, ein junges Weib von einer unbeschreiblichen dunklen Blässe und Schönheit, aus deren Armen ein Mann sich löste, ein großer, hagerer Mann, aufstand und dicht vor meinen Augen vorüberging durch das leere Zelt an die entgegengesetzte Wand. Die Junge – sie trug nichts als breite Armreifen – hob stumm die Arme nach ihm, wie um ihn zurückzurufen, aber er sah sich nicht nach ihr um. Auch ich hatte sein Gesicht kaum gesehen, aber ich wußte, daß er alt war, alt und gewaltig, mit einem zweigeteilten wehenden Bart, um den Kopf einen erdfarbenen Turban. Aber sein sehr

9 *Prosa II,* a.a.O., S. 81–84.

schlanker Körper, nackt bis zum Gürtel, seine langen dünnen Arme waren die eines jungen Mannes, voll Leichtigkeit und Kühnheit. Von der Hüfte hing ihm ein langer Schurz von dem unbeschreiblichsten Gelb. Ich will den Ton dieses Gelb wiedererkennen, wo und wann immer es mir wieder vor die Augen käme. Es war herrlicher als das Gelb auf alten persischen Kacheln, strahlender als das Gelb der gelben Tulpe. Jetzt war er an der Zeltwand gegenüber, der dunkelsten, und riß dort einen Vorhang auf, daß ein großes Fenster entstand. Der Wind wehte herein und warf seinen zweigeteilten weißen Bart über seine erdbraunen Schultern nach rückwärts. Die schöne Frau hob sich bittend auf und schien ihn zärtlich beim Namen zu rufen, aber die Luft trug mir den Laut nicht zu. Ich sah nur ihn und sah durch das Fenster, das er in die Zeltwand gerissen hatte, hinaus: da war draußen die halberleuchtete Nacht, das unabsehbare gestufte Bergland und der stumme Aufbruch eines ganzen Volkes. Und sein bloßes Dastehen an dem viereckigen Ausschnitt des Zeltes, das über alle Zelte erhöht war, brachte einen stummen, wilden Tumult in den ganzen Aufbruch, und selbst die Wolken schienen schneller unter dem ziemlich bleichen Mond über das Bergland hinzujagen. Dieser Mann und kein andrer war Agur.« (308–310)

Der Aufsatz ist 1907 geschrieben und in der Wiener Zeitschrift *Die Zeit* veröffentlicht worden. Hofmannsthal scheint so von ihm angetan gewesen zu sein, daß er 1913 mit ihm die Drucke der »Bremer Presse« eröffnete. Vorausgegangen waren dem Erstdruck von 1907 die Uraufführung der *Elektra* (1903), die Niederschrift von *Ödipus und die Sphinx* (1904) und die Bearbeitung des Sophokleischen *König Ödipus* (1905), Werke, in denen sich der Dichter auf dem Wege der Tiefenpsychologie den antiken Mythen zu nähern hoffte. Daß er »das merkwürdige Buch über Hysterie von den Doktoren Breuer und Freud« gekannt habe, hat der Dichter der *Elektra* selbst zugegeben.[10] 1908, ein Jahr nach den »Wegen«, behauptet er, in einer übrigens abschätzigen Bemerkung, die Schriften Freuds »sämtlich« zu kennen.[11] Jedenfalls findet sich in Hofmannsthals Exemplar von Freuds *Traumlehre* eine Stelle angestrichen, die für die griechischen Mythen ebenso bedeutsam ist, wie für den Traum von Agur, der alles andere als hellenisches Gepräge trägt: »Das tiefste und ewige Wesen der Menschheit, auf dessen Erweckung der Dichter in der Regel bei seinen Hörern baut, das sind jene Regungen

---

10 *Briefe 1900–1909*, Wien: Berman-Fischer, 1937, S. 384.

11 Rudolf Hirsch, »Zwei Briefe über den ›Schwierigen‹«, *Hofmannsthal Blätter*, Heft 7 (Herbst 1971), S. 74, Anmerkung I.

des Seelenlebens, die in der später prähistorisch gewordenen Kinderzeit wurzeln.«[12] Dem entspricht, daß Hofmannsthal zu Beginn seiner Suche nach Agur zu sagen vermag: »Und irgendwo in mir, bei den Dingen, die ich erlebt habe, bevor ich drei Jahre alt war, und von denen mein waches Erinnern nie etwas gewußt hat, bei den Geheimnissen meiner dunkelsten Träume, bei den Gedanken, die ich hinter meinem eigenen Rücken je gedacht habe, wohnt nun dieser Agur – und wird vielleicht eines Tages heraufsteigen wie ein Toter aus einem Gewölbe, wie ein Mörder aus einer Falltür [...].« (304–305) Agur ist also der Herrscher über ein Geisterreich von Erinnerungen, die bis zu der Zeit zurückreichen, bevor der Dichter drei Jahre alt war, in jene Entwicklungsstufe seiner Seele also, die Freud die »prähistorische« genannt hat.[13] Auch ist Agur ein Traumfürst und König über die Gedanken, die Hofmannsthal »hinter seinem Rücken je gedacht hat«. Diese prägnant-poetische Umschreibung entspricht dem Freudschen Begriff der Verdrängung. Was aber fehlt, nachdem der Name »Agur« einmal gefallen ist, stellt eine klassische Schuld- und Strafphantasie dar. Daß der Geisterfürst und Traumkönig sich wie ein Toter aus seinem Grab erheben wird, deutet auf einen kaum verhüllten Todeswunsch; daß er als Mörder aus der Versenkung auftaucht, auf Rache.

In seinen »Begegnungen mit Hugo von Hofmannsthal« hat Carl J. Burckhardt angemerkt: »In dem Prosastück ›Die Wege und die Begegnungen‹, erkennt [Hofmannsthal] selbst die Züge, unter denen er bisweilen den anderen erschien«,[14] ohne zu verraten, wessen Züge er eigentlich meine. Agurs? Oder des Träumenden? Des Toten? Oder dessen, der die Rache fürchtet? Damit aber sendet uns der Freund und vertraute Gesprächspartner des Dichters selbst auf die Suche nach Agur.

Wenn wir die Wörter »la trace de l'homme dans la vierge« zum Ausgangspunkt nehmen, dann wird sich unsere Deutung des Agur-Traums

---

12 *Gesammelte Werke,* Bd. II/III, London: Imago, 1942, S. 252. Hier zitiert nach Bernd Urban, »›Die Wunscherfüllung unserer Kindheit‹. Psychoanalytisch-archivalische Notizen zu Hugo von Hofmannsthals Tragödie ›Ödipus und die Sphinx‹« in Johannes Cremerius (Hrsg.), *Psychoanalytische Textinterpretation,* Hamburg: Hoffmann und Campe, 1974, S. 287.

13 In einem Brief an Wilhelm Fließ vom 3. Oktober 1897 setzt Freud das Erwachen seiner eigenen Libido auf das Alter »zwischen 2 und 2½ Jahren an. (Sigmund Freud, *Aus den Anfängen der Psychoanalyse 1887–1902, Briefe an Wilhelm Fließ,* Frankfurt: Fischer, 1962, S. 189.) Siehe dazu die Korrektur in Ernest Jones, *The Life and the Work of Sigmund Freud,* Bd. I. (New York: Basic Books, 1953, S. 13), der das Alter Freuds auf vier Jahre ansetzt.

14 A.a.O., 351.

unweigerlich auf die Gestalt der schönen, jungen Frau richten, die dort nackt im Zelt liegt. Die Verharmlosung, die der Träumer für die Blöße der Frau gebraucht – »sie trug nichts als breite Armreifen« – hindert uns nicht daran, die Faszination zu beobachten, welche die Frau auf den Träumer auszuüben scheint. Die Frau ist so jung, daß sie die Schwester des Träumenden sein könnte; seine Schwester oder seine Frau. Er aber bleibt von ihr getrennt, nicht nur durch die Zeltwand, die er auseinanderschieben mußte, um Einblick zu gewinnen, sondern auch durch die Anwesenheit des Mannes, der offenbar jene Spur in der Frau gezogen hat, um die sich der Traum in seiner Mitte dreht. Nun hebt sich der Mann von der Frau; mit vollendeter sprachlicher Meisterschaft ist die Trennung dargestellt: »An der einen Seite lagen [...] ein junges Weib [...], aus deren Armen ein Mann sich löste.« Das Verb »lagen« steht im Plural; aber da ist kein zweites Subjekt, das die Mehrzahl rechtfertigte. Denn während der Satz sich entwickelt, hat sich der Mann schon von der Jungen getrennt; das »lagen« bleibt sozusagen in der Luft schweben, als wäre das Beilager nie gewesen. Diese Negation scheint einen unbewußten Wunsch des Träumers auszusprechen. Denn die Gefühle, die er der Traumfigur des Anderen entgegenbringt, sind zwiespältiger Natur. Es ist *sein* Zelt (das Original unterstreicht das Druckbild des Possessivpronomens), das der Träumende zum Aufbruch abbricht. Noch ehe er den vermeintlichen Agur zu Gesicht bekommt, ist er mit dem Abbruch seiner Wohnstatt beschäftigt. Auch steht er innerhalb des Zeltes und doch durch eine, vermutlich zweite, Zeltwand von dem Geschehen im Innern abgetrennt. Obwohl er das Gesicht des Anderen kaum gesehen hat (hatte er Angst, ihm in die Augen zu blicken?), nimmt er sein hohes Alter, seinen zweigeteilten, wehenden Bart, seinen schlanken Körperbau wahr, und daß seine »langen, dünnen Arme [...] wie die eines jungen Mannes« sind. Selber jung, sieht er in dem Alten einen Rivalen. Zu gleicher Zeit erfüllt ihn Scheu vor dem Charisma, der Körperkraft und Befehlsgewalt des Anderen. Dies alles hält den Träumer, den Beobachter, den Voyeur davon ab, das Zelt zu betreten und sich der Traumfigur der jungen Frau zu nähern. Sie jedoch scheint die Umarmung des alten, schlanken Mannes bis zum Äußersten genossen zu haben, denn sie streckt zuerst »stumm die Arme nach ihm, wie um ihn zurückzurufen«, und hebt sich dann »bittend auf« und scheint ihn »zärtlich beim Namen zu rufen«, einen Namen, den der Träumer ebensowenig zu verstehen vermag, wie er zuvor in das Antlitz des Anderen blicken konnte.

Woran seine Blicke aber haften bleiben, ist der Lendenschurz des Alten, das einzige Kleidungsstück, das *seine* Blöße bedeckt. Der Schurz ist aus ungegerbtem Leder, und gelb. In dieser knappen Traumerzählung sind drei ganze Sätze dem Gelb des Lendenschurzes vorbehalten. Eine geheime Korrespondenz besteht zwischen der »dunklen Blässe und Schönheit« der Frau, die dem Träumenden »unbeschreiblich«[15] erscheint, und dem Gelb im Lendenschurz des Alten, den der Dichter gar als »unbeschreiblichst« erklärt, womit er gegen alle Logik der Sprache verstößt. Das Wort »unbeschreiblich« läßt sich nicht steigern. Und wenn Hofmannsthal dann fortfährt: Die Farbe »war herrlicher als das Gelb auf alten persischen Kacheln, strahlender als das Gelb der gelben Tulpe«, dann verrät er die Faszination, die von diesem Lendenschurz ausgeht, die er wahrnimmt und doch in beinahe hysterischer Übersteigerung nicht wahrhaben will.

Walter Brecht hat zu diesem »unbeschreiblichsten Gelb« die Glosse geschrieben: »Der Maler versteht dies, und der zum Verstehen von Farben Geborene; Hofmannsthal selbst, der in dem Briefe ›Die Farben‹ an die Bilder eines von van Gogh das Aussprechen tiefer Welt- und Seelenverhältnisse, transzendentaler Art, geknüpft hat.«[16] Vielleicht aber braucht es keiner »Seelenverhältnisse, transzendentaler Art«, um den Symbolwert dieser »unbeschreiblichsten Farbe« zu bestimmen. Gelb ist traditionellerweise nicht nur die Farbe des Feuers und des Lichts, sondern und gerade auch die Farbe des Neids und der Eifersucht.[17] Wenn

---

15 Schon der Dichter Richard von Schaukal fand dieses wiederkehrende »unbeschreiblich« »bezeichnend«, und zwar bezeichnend für Hofmannsthals Epigonentum: »Das wirkt, mühsam wie es ist, ermüdend, verhallt unfruchtbar, weil wurzellos.« *Der Gral*, 26 (1931), S. 553. Schaukal gibt hier die Antipathien seines Meisters Karl Kraus wieder.

16 »Nachwort« zu Hugo von Hofmannsthal, *Wege und Begegnungen*, Reclams Universal-Bibliothek Nr. 7171 (Lizenzausgabe 1949), S. 73–74. – Ein Brief »Die Farben« konnte nicht festgestellt werden. Es handelt sich um die »Briefe des Zurückgekehrten«, aus dem gleichen Jahr wie die »Wege«, deren vierter und fünfter ursprünglich unter dem Titel »Die Farben« veröffentlicht worden ist. (*Prosa II*, a.a.O., S. 347–357.)

17 »Farbe«, Hanns Bächtold-Stäubli (Hrsg.), *Handwörterbuch des deutschen Aberglaubens*, Bd. II, Berlin: de Gruyter, 1929, S. 1198; »gelb«, Jacob und Wilhelm Grimm, *Deutsches Wörterbuch*, Bd. IV, Leipzig: Hirzel, 1897, Spalten 2881–2882. – Goethe (*Zur Farbenlehre*, § 771): »Durch eine geringe und unmerkliche Bewegung wird der schöne Eindruck des Feuers und Goldes, und die Farbe der Ehre und Wonne zur Farbe der Schande, des Abscheus und Mißbehagens umgekehrt. Daher mögen die gelben Hüte der Bankerottierer, die gelben Ringe auf den Mänteln der Juden entstanden sein; ja die sogenannte Hahnreifarbe ist eigentlich nur ein schmutziges Gelb.« – Auch Ernst Simon (a.a.O., S. 252) betont den »virilen und aristo-

der Dichter nun von diesem Gelb zu sagen vermag: »Ich will den Ton dieses Gelb wiedererkennen, wo und wann es mir wieder vor die Augen käme«, dann drückt der Irrealis, in dem das Wort »käme« gehalten ist, die verschwiegene Hoffnung aus, daß sich die Begegnung mit dieser Farbe nie mehr wiederhole. Außerdem stellt der Träumer damit jene Beziehung zu seiner Traumfigur her, der er so lange nachgesonnen hat. Der Name dieser Beziehung ist Ambivalenz. Das Gelb zieht den Träumer ebenso stark an, wie es ihn abstößt. Daß es gerade der Lendenschurz sein muß, auf den sich die Aufmerksamkeit des Träumenden richtet, lokalisiert den Konflikt. Es ist vermutlich die »prähistorische« Beziehung von Sohn zu Vater, die sich in der gelben Farbe herstellt.

In Freuds *Traumdeutung* hatte Hofmannsthal lesen können: »In der Beziehung zwischen Eltern und Kindern liegt mehr als nur ein Anlaß zur Feindseligkeit verborgen; die Bedingungen für das Zustandekommen von Wünschen, welche vor der Zensur nicht bestehen, sind im reichsten Ausmaße gegeben. Verweilen wir zunächst bei der Relation zwischen Vater und Sohn. [...] Die dunklen Nachrichten, die in Mythologie und Sage aus der Urzeit der menschlichen Gesellschaft auf uns gekommen sind, geben von der Machtfülle des Vaters und von der Rücksichtslosigkeit, mit der sie gebraucht wurde, eine unerfreuliche Vorstellung. Kronos verschlingt seine Kinder, etwa wie der Eber den Wurf des Mutterschweins, und Zeus entmannt den Vater [...]«[18] Die »unbeschreibliche« Blässe der jungen Frau und das »unbeschreiblichste« Gelb im Lendenschurz des Alten können auch als Zensuren oder Tabuisierungen der Begierde und der strafbaren Phantasien des Träumenden gelesen

kratischen Charakter des leuchtenden Gelb, das dem [Alten hier] von der Hüfte hängt« und vergleicht es mit dem feurigen Gelb, das in der Prosafassung der *Frau ohne Schatten* die Färberin »in einem wunderbaren Spiel der Farben umflammt«. Aber selbst er gibt zu: »Das Gelb hat neben dieser hohen auch eine niedrige Existenz und Erscheinungsweise« und verweist mit Recht auf die »Briefe des Zurückgekehrten«, zu denen Walter Brecht »Seelenverhältnisse, transzendentaler Art« assoziiert hatte. – Auch ein moderner psychologischer Farbentest zeigt die volle emotionelle Ambivalenz-Skala der Farbe gelb auf. Da heißt es einerseits: »Yellow corresponds symbolically to the welcoming warmth of sunlight, to the aspirational halo around the Holy Grail, to the cheerful spirit and to happiness.« Andererseits aber lautet die psychologische Diagnose: »Where yellow is compulsive, it can [...] fall into the trap of envy.« Und weiter über Fälle, in denen, wie in dem unseren, der Schrecken vor der Farbe ihre Anziehungskraft zu überwiegen scheint: »If yellow is rejected [...], then hopes have been disappointed, the individual is confronting emptiness and feels isolated or cut off from others.« (*The Lüscher Color Test*, New York: Random, 1969, S. 63. – Ich danke den Hinweis auf den Test Frau Susanne Liecty.)

18 A.a.O., S. 262–63.

werden. Dabei hätten wir es hier nicht allein mit der ödipalen Situation zu tun, sondern auch mit jener, die Freud in *Totem und Tabu* dem Führer der Darwinschen Urhorde zuschreibt: »Ein gewalttätiger, eifersüchtiger Vater, der alle Weibchen für sich behält und die heranwachsenden Söhne vertreibt.«[19] Hebt sich im Traum der Alte vom Lager, um nach dem Rechten zu sehn oder weil er den Blick des Träumers auf sich gerichtet fühlt? Beantwortet er Eifersucht mit Eifersucht? Der Träumende steht ja gewöhnlich inmitten seines Traumes. Wenn dem so wäre, dann hätte sich seine Gegenwart auf traumhafte Weise auch der jungen, schönen Frau mitgeteilt, dann erhielte der Aphorismus »Die Begegnung verspricht mehr, als eine Umarmung zu halten vermag« einen tieferen Sinn: der Junge böte sich der Jungen an, die der Alte verlassen hat. Träume sind Kreuzwege, auf denen noch alles Mögliche kommen kann. Jedenfalls bringt die Erscheinung des Alten im Fenster, das er, offenbar unwillig, in die Zeltwand gerissen hat, »einen stummen, wilden Tumult in den ganzen Aufbruch«. Er ist so gefürchtet, wie er der Jungen gegenüber herrisch und lieblos erscheint.

Nun ist das Bild vom Urvater und seiner Horde zumindest ein archetypischer Urtraum unseres Unbewußten. Schon Claude Lévy-Strauss beobachtet: »Die Begierde nach der Mutter oder nach der Schwester, der Mord am Vater und die Reue der Söhne, entspricht ohne Zweifel keiner Tatsache und keinem Tatsachenkomplex, die einen genauen Platz in der Geschichte einnähmen. Aber sie verleihen vielleicht in symbolischer Gestalt einem Traum Ausdruck, der so alt wie dauerhaft ist.«[20] Vieles spricht dafür, daß sich Hofmannsthal auf der Fährte eines solchen »dauerhaften« Traums befand, als ihm der Agur-Traum erschien: das mythische Mutterland Asien, der Alte, der das junge Weib besitzt, nach welcher der Träumende verlangt, die riesenhaft überhöhte Figur des Patriarchen und »großen Scheichs in der Wüste« (307), und schließlich, daß sich der Träumende als Mitglied der Gemeinschaft, vielleicht gar als einen der Söhne des Alten empfindet. So wird es auch verständlich, daß die »Wege« sechs Jahre vor Freuds *Totem und Tabu* erscheinen konnten. Unabhängig von der Lehre des Psychoanalytikers hatte Hofmannsthal einen Menschheitstraum geträumt.

Die Frage ist, wann er ihn träumte. Seinem Wesen nach ist es ein Knabentraum, aufgezeichnet mit dem Raffinement eines großen Künstlers.

---

19 *Gesammelte Werke,* Bd. IX, London: Imago, 1940, S. 171.

20 *Les structures élémentaires de la parenté,* Paris: Presses universitaires de France, 1949, S. 609.

(Aber gilt das nicht für alle die Dichtungen aus Hofmannsthals »Präexistenz« dem »glorreiche[n], aber gefährliche[n] Zustand«,[21] dem der Gymnasiast Loris sein gesamtes frühes Werk zuschrieb? Erlaubte es sich der Mann Hofmannsthal, seinen »Traum von großer Magie« in Prosa weiterzuträumen, nachdem er mit dem »Brief« des Lord Chandes einen Kompromiß mit sich selber geschlossen hatte: »Die außerlyrische Produktion durfte fortgesetzt werden; das Dichtungsverbot wurde auf die Lyrik beschränkt.«[22]

Nun findet sich in Hofmannsthals *Aufzeichnungen* eine Vorform dieses Traums. Der Hauptteil der undatierten Eintragung, die Herbert Steiner unter die Papiere vom Herbst 1905 einordnete, lautet: »Die Halbträume einer unruhigen stürmischen Nacht, worin der Herbst irgendwo hereinzubrechen schien, gingen wunderbar ineinander über. Zuerst setzte sich das Gefühl: es wird Herbst, in die großartigste Situation um. Es war in altaïscher Hochebene, felsumrandeten riesigen Triften, der ungeheuerste patriarchalische Herdenbesitz im Aufbruch nach unten begriffen. Ich bin nahe, wo farbige Knechte das Hauptgezelt des Patriarchen abbrechen: die Zeltgurten aus Leder sind das kunstreichste schönste Geflecht, das mir je vor Augen gekommen. Dann ist ein Hinabsteigen vorbei, doch bin ich allein herabgestiegen und befinde mich unterhalb des gewaltigen Gebirges in der wunderbarsten Umgebung. Es ist der Markusplatz, doch in einen hohen sonnigen Buchenwald umgewandelt; die Gebäude sind zertrümmert, aber ihr Ruin ist strahlend und fröhlich; zwischen den Buchen stehen Brunnen, Trümmer von Säulen, die Trümmer der Markuskirche sind hinter mir, werfen aber goldene und blaue Lichter durch das Ganze, und das Ganze *gehört* mir.«[23]

Die Gemeinsamkeiten dieses Traums mit dem in »Die Wege und die Begegnungen« geträumten treten hervor: über dem Grundgefühl von Herbst und Aufbruch erscheint Asien als altaïsche Hochebene mit Patriarchenzelt und dem Geflecht von Ledergurten. Dann aber wirkt diesem Grundgefühl ein widersprechendes entgegen: Der Träumer hat sich von einer Fremden, so fremd, daß die Knechte Farbige sind, gelöst; allein ist er hinabgestiegen; es ist wie der Vorgang der Individuation. Venedig

---

21 »Ad me ipsum«, *Aufzeichnungen*, Frankfurt: Fischer, 1959, S. 231. Siehe auch: »Der Anfang ist pure Magie: Praeexistenz« (Ebd., S. 238).

22 Hermann Broch, »Hofmannsthal und seine Zeit«, *Dichten und Erkennen,* Bd. I., Zürich: Rhein, 1955, S. 159.

23 A.a.O., S. 148–149 (Hervorhebung des Dichters).

taucht auf, der Markusplatz, der in seltsamer Überblendung mit einem Laubwald verschmilzt, wie ihn der Dichter aus seiner österreichischen Heimat gekannt hat. Die Stadt aus Stein und Wasser liegt zwar in Trümmern, aber der Ruin mutet den Träumer ebenso heimatlich an wie der Buchenwald, der in die Trümmer eingewoben ist. Warum die schönen Reste von St. Markus freundlich »goldene und blaue Lichter« durch das Traumbild werfen, warum ein geradezu »ozeanisches«[24] Gefühl der Geborgenheit den Träumer durchflutet, deutet der Schlußsatz an: »Das Ganze *gehört* mir.« Vollends deutlich wird dieser Satz erst in seiner Umkehrung: »Ich gehöre [zu] dem Ganzen.« Aus einer Urlandschaft ist der Träumende in ein Kulturland hinabgestiegen. Wenn dieses auch dem Verfall anheimgegeben ist, so heimelt es ihn doch ebenso an wie der ihm von Kindheit an vertraute Buchenforst. Hier ist er zu Hause, mag auch dem Zuhause ein farbenvoller Untergang beschieden sein. Die Fortsetzung des Traumgesichts zeigt dann die Wiedergeburt der »fröhlichen Trümmerstätte«[25] aus den Wellen, die Auferstehung der zerstörten Wasserstadt aus dem Meer. Es dürfte sich um einen Wunschtraum Hofmannsthals handeln.

Der Traum aus »Die Wege und die Begegnungen« erscheint dagegen in weniger freundlicher Gestalt. Hier erstrahlen keine »goldene[n] und blaue[n] Lichter«, dieses neuromantische Farbenklischee, das ein früher Kritiker den »Wegen« selbst zuschreiben will;[26] es ist alles in den Gouachen der Finsternis und Eifersucht gehalten. An die Stelle des von dem Buchenwald durchdrungenen Venedig tritt die Konfiguration, die der Träumende mit Agur und dem jungen Weib bildet. Anstatt einer, wenn auch bedrohten, Heimat erscheint vor dem Auge des Träumers der Aufbruch, der weitergeht, obwohl er durch die Gestalt des Alten im Fenster in Verwirrung geraten ist. Ja, man könnte sagen, daß der Alte mit dem Aufbruch identisch, daß er selbst der Aufbruch ist. Nicht nur hatte er ihn angeordnet, – seine Name fällt erst, als Agur sich über dem Aufbruch gezeigt hat und bildhaft mit der Wanderhorde seines Volkes, seiner Kinder, seiner Söhne (?), eins geworden ist.

Wir fragen nach Agur, wenn wir nach der Bedeutung dieses Aufbruchs

---

24 Sigmund Freud, »Das Unbehagen in der Kultur«, *Gesammelte Werke,* Bd. XIV, London: Imago, 1948, S. 422.

25 A.a.O., S. 149.

26 »Mit diesem Stück Prosa in Nachtblau und Gold tritt die mit Spannung erwartete Bremer Presse zum erstenmal in die Erscheinung«. »Feststellungen«, *Die weißen Blätter* (Hrsg. Rene Schickele), I (1914), S. 741.

fragen. Dabei fällt es nicht schwer, das erste Leitmotiv aus den »Sprüchen Agurs«, den Vogelflug, mit dem Seitenthema des Aufbruchs zu verbinden. Der Vogel durchfurcht den Himmel wie die wandernde Horde ihre Spur im Sand zurückläßt, bis sie der Wüstenwind verweht.

1922 hat Willy Haas in einem Sammelband *Juden in der deutschen Literatur* von einem »ahasverischen Problemkreis« gesprochen, den Hofmannsthal in »Die Wege und die Begegnungen« ausmesse. Die Frage nach der Identität Agurs »beruhigt« er zunächst »oberflächlich«: »Agur, Sohn des Jake, ist ein alter jüdischer Stammes-König; einer der ganz Fernen, Unbekannten; und jener Ausspruch des Agur, Sohn des Jake, ist eine von den königlichen Urweisheiten in Sprüchen, die das Alte Testament uns aufbewahrt hat.«[27] Aber ganz abgesehen davon, daß die moderne Bibelforschung Agur nicht für einen Israeliten, sondern für einen Edomiten oder Ismaeliten hält,[28] kommt Willy Haas nach reiflicher Überprüfung des Textes und der ihm zugrunde liegenden Problematik Hofmannsthals zu dem Schluß: »Agur ist die offene Frage.«[29] Der Prager Willy Haas stand offenbar noch unter dem Eindruck seiner Begegnung mit Franz Kafka, dessen Parabeln nun wirklich multivalente Fragen stellen, auf die keine eindeutige Antwort möglich erscheint.

Der Dichter war über diese Deutung verdrossen. Der alt-österreichische Neuadelige Hugo von Hofmannsthal war zwar zu einem Teil (wenn man es denn so haben will: zu einem Viertel) jüdischen Blutes. Sein Verhältnis zum klassischen Judentum der Bibel jedoch war intakt; das hätte er nicht zu verdrängen brauchen. Als ein Dr. Ernst Hladny vom Staatsgymnasium in Leoben bei ihm anfragte, ob er bei der Abfassung der *Elektra* Psychologie zu Rate gezogen habe, beantwortete er die Frage nur wortkarg und zögernd, fügte jedoch hinzu: »Ein Element werden Sie nicht übersehen haben: den Ton des Alten Testamentes, insbesondere der Propheten und des Hohen Liedes. Ich halte den Ton des Alten Testaments für eine der Brücken – vielleicht die stärkste – um dem Stil antiker Sujets beizukommen.«[30] Auch in unserem Essay schlägt dieser Ton die Brücke zu den »Regungen des Seelenlebens«, von denen Freud angemerkt hat, sie wurzelten »in der später prähistorisch gewordenen

27 »Hugo von Hofmannsthal«, Gustav Krojanker (Hrsg.), *Juden in der deutschen Literatur*, Berlin: Welt, 1922, S. 148.

28 Siehe z. B. *The Dartmouth Bible*, Boston: Houghton Mifflin, 1950, S. 394.

29 A.a.O., S. 164.

30 *Briefe 1900–1909*, a.a.O.

Kinderzeit«. Da wird von Agur gesagt, er verschmähe es, »den Prediger zu machen«, wobei der Dichter dem Prediger Salomo ebenso nahe kommt wie bei der Erwähnung des Hohen Liedes im Brief an Professor Hladny. Dann aber erinnert ihn Agur an Boas, den verehrungswürdig virilen Alten aus dem Buch Ruth, und schließlich erscheint ihm der Rätselhafte als »ein Patriarch [...] unter den Patriarchen«. (307)[31]

Freilich, wenn es sich um Probleme des modernen Judentums, etwa den Zionismus, handelte, nahm Hofmannsthal gern die nonchalante Haltung, das Nur-net-Ignorieren, der österreichischen Aristokratie an. Als aber sein Freund Richard Beer-Hofmann im Wiener Burgtheater mit *Jaákobs Traum* Premiere hatte, schrieb er ihm einen Brief, in dem er ihm Chauvinismus und Nationalstolz vorwarf, »worin ich, wie im Dünkel u. in der Selbstgerechtigkeit des Einzelnen, nichts anders kann als die Wurzel alles Bösen sehen«.[32] Dabei war der Freund in seinem Stück zu eben jenen mythischen Ursprüngen des Alten Testaments zurückgeschritten, deren Spuren Hofmannsthal in seinem Agur-Traum vergebens gesucht hatte. Außerdem genierte ihn die Nähe von Beer-Hofmanns biblischem Stoff zu seiner, Hofmannsthals, eigener Zeit. Was ihn interessierte, war die Ewigkeit des Judentums und nicht, wie Willy Haas gemeint hatte, Ahasver, der ewige Jude. Jüdisches Schicksal als Aufbruch und Wanderschaft war Hofmannsthal weder bekannt, noch wurde es von ihm als solches anerkannt, wenn es ihm vor Augen trat.

Wie hätte es auch anders sein können? Der Wiener Bankdirektor Dr. Hugo von Hofmannsthal hat nichts mit der Vatergestalt zu tun, welcher der Agur-Traum gilt. In seinen *Aufzeichnungen* hat Hofmannsthal ein lebhaft-eindringliches Bild des leiblichen Vaters gegeben. Da spricht er über »das Gefährliche und Verwirrende meiner Jugend« und fährt fort: »Wie mein Vater aus seinem Amt die Verhältnisse von zahllosen Menschen, Gutsherren, Finanzleuten, Agenten, Geldjuden, Beamten, Politikern in sich herumträgt und soviel Widersprechendes ebenso scharf auffaßt als mit Humor sich gefallen läßt, ist unvergleichlich, und dazu ist noch seine liebste Lektüre das Lesen von Memoiren, Selbstbiographien, historischen Charakteristiken, von denen er jährlich seine zwei-

31 Ernst Simon (a.a.O., S. 241) spricht von Goethes »Patriarchenluft« und erinnert daran, daß Hofmannsthal den Ausdruck schon in seiner Habilitationsschrift über Victor Hugo (1901) gebraucht habe.

32 Brief vom 20. April 1919. Hugo von Hofmannsthal – Richard Beer-Hofmann, *Briefwechsel,* Frankfurt: Fischer, 1972, S. 145. Siehe auch die Antwort Beer-Hofmanns, ebd., 147–149.

hundert Bände hinter sich bringt, so daß er die Porträts von soviel Menschen vielleicht in sich trägt wie Browning oder Dickens, – wo soll da der Einsame, Weltscheue herkommen?« Auch seine beiden Großväter, der Notar und der halbjüdische Seidenfabrikant, waren, »jeder nach seiner Art, rechtliche, gesellige, in allen Verhältnissen heimische Männer« gewesen.[33] Woher also sollte ihm bei solch gemütlicher Heimischkeit der Gedanke an Aufbruch und Wanderschaft auftauchen?

Noch für den achtzehnjährigen Hofmannsthal muß das Verhältnis zu seinem Vater zumindest an der Oberfläche ungebrochen gewesen sein. Jedenfalls erlaubte er es dem Älteren zu intervenieren, als seine erste Begegnung mit Stefan George in einen Ehrenhandel auszuarten drohte.[34] *Ödipus und die Sphinx* stellt zwar, was uns Sophokles erspart hatte, den Vatermord auf die Bühne, jedoch nur in der Art eines szenischen Vorspiels. Was an psychoanalytischem Material in das Drama eingearbeitet wurde, konzentriert sich auf die Begegnung des Helden mit seiner Mutter. Die Tragödie gipfelt in der Vereinigung von Ödipus und Jokaste. Erst der späte *Turm* stellt in den Gestalten von König Basilius und des Prinzen Sigismund den Konflikt zwischen Vater und Sohn mit tiefenpsychologischer Akkuratesse dar. Der Kommentar Hermann Brochs ist bemerkenswert: »Der jähe Ausbruch im ›Turm‹ nach der langen Schweigenslatenz zeigt, wie lange sich das Ressentiment aufgestaut hatte; es ist anzunehmen, daß bereits das Kind unter dem Erziehungsbruch – hedonistischer oder zumindest hedonoider Ästhetizismus bei gleichzeitiger Moralität – gelitten haben mochte und in Verwirrung geraten war.«[35] Die Vermutung Brochs hat alle Wahrscheinlichkeit für sich; für uns jedoch ist es wichtiger, daß die Fassung des *Turm* von 1925 die szenische Anweisung trägt: »Schauplatz: Ein königliches Polen, aber mehr der Sage als der Geschichte.«[36] Es bedurfte der Entrückung in eine Welt, die im Dämmer der Legende lag, um das von Hofmannsthal als mythisch empfundene Gegenspiel von Vater und Sohn zugeben und aussprechen zu können. So klingt denn auch der *Turm* in einen Aufbruch aus, wenngleich dieser Aufbruch mythischer Art und symbolischer Form ist. Der Kinderkönig spricht: »Wir haben Hütten gebaut und halten Feuer auf der Esse und schmieden die Schwerter zu Pflugscharen um.

---

33 A.a.O., S.152–153.

34 *Briefwechsel zwischen George und Hofmannsthal*, München: Küpper, ²1953, S. 241 bis 242.

35 A.a.O., S. 177.

36 *Dramen* IV., Frankfurt: Fischer: 1958, S. 8.

Wir haben neue Gesetze gegeben, denn die Gesetze müssen immer von den Jungen kommen. Und bei den Toten stellen wir Lichter auf.«[37] Diese Vision einer messianisch vaterlosen Gesellschaft war für Hofmannsthal erst durch den Zusammenbruch der Habsburgischen Monarchie möglich geworden.

Der Aufbruch, den der Kinderkönig verheißt, ist zu schön, um selbst in einem mythischen Polen wahr zu sein. Hofmannsthal wußte dies und hat die Verheißung aus der letzten Fassung seines Trauerspiels getilgt. Der »Aufbruch nach unten«, den der Halbtraum aus dem Jahre 1905 mit sich bringt, führt den Träumer in ein österreichisches Venedig, der »für ihn immer noch die Stadt der weißen Uniformen« gewesen war.[38] Dieses österreichische Venedig aber war längst dahin, und Hofmannsthal wußte auch dies, sowie er aus seinem Halbtraum zu sich kam. Es bleibt der Aufruhr, den Agur anbefiehlt. Aus frühester Erinnerung und schreckhafter Ahnung sonderbar verwoben, schweift dieser Traum bis in jene Weiten zurück, in denen der allmächtig-eifervolle Vater der Urhorde seine Söhne auf Wanderschaft führte. Daß dieser Vater an die Stelle des von dem Dichter so selbstherrlich geretteten Venedig treten konnte, legt den Gedanken nahe, daß Hofmannsthal wußte, mit jenem »Aufbruch nach unten« sei es noch nicht getan. Es ging noch tiefer, nämlich in eine Barbarei und Unkulturlandschaft, aus der der Dichter, wäre er noch am Leben gewesen, selbst zum Aufbruch gezwungen gewesen wäre. Mehr aber konnte er nicht wissen, *wenn* er es wußte, und wollte es auch nicht wissen, selbst als Willy Haas ihm die Herkunft seines Agur nach Kapitel und Vers nachwies. Denn je weiter ein Traum in unser Unbewußtes hinabreicht, desto dichterischer erscheint er dann vor unseren wachenden Augen.[39]

---

37 Ebd., S. 206.

38 Burckhardt, »Begegnungen ...«, a.a.O., S. 349.

39 Von anderen methodologischen Voraussetzungen ausgehend und anderer Terminologie verpflichtet, kommt Dieter-Olaf Schmalstieg zu Schlüssen, die den unseren überraschend verwandt sind: »Hofmannsthals Erkenntnis geht [...] nicht den Weg der wachen Reflexion, sondern den der anamnetischen Assoziation. Im Feld der Assoziationen wird die Abstraktheit der vorgegebenen Weisheit sozusagen dynamisiert, gewinnt sie Mächtigkeit, Wirklichkeit; das strenge Sprachmodell wird in eine Gebärde umgesetzt, die das Ganze der vorgegebenen Weisheit aufnimmt und wiedergibt.« (»Eros und Vogelflug. Hugo von Hofmannsthal als Hermeneut alttestamentlicher Weisheit.« *Deutsche Vierteljahresschrift* 43 [1969], S. 288.)

Bernhard Blume

Jesus, der Gottesleugner: Rilkes »Der Ölbaum-Garten« und Jean Pauls »Rede des toten Christus«

1.

Die Anregung zu den folgenden Überlegungen ergab sich aus einer Unterhaltung unter Freunden, bei der man unter anderem auch auf Rilke zu sprechen kam. Es verblüffte mich, als jemand die, wie mir schien, etwas abschätzige Bemerkung machte, er habe den Eindruck, nicht nur Kants Diener Lampe habe einen Gott gebraucht, sondern auch Rilke. Die Bemerkung bezog sich auf Rilkes Gedicht *Der Ölbaum-Garten,* das einer der Anwesenden sehr bewunderte; niemand verstand so recht die Beziehung auf Kants Diener. Man erinnere sich doch sicher an die berühmte Stelle im Heine, meinte der Freund, wo von der ungeheuren Wirkung von Kants *Kritik der reinen Vernunft* die Rede ist und wo Heine dies Buch als das »Schwert« bezeichnet, mit dem der Gott des Deismus »hingerichtet« worden sei. Dann allerdings, nach dieser Bluttat, habe Kant sich an seinen alten Diener erinnert, der ohne einen Gott nicht leben konnte, und so habe er erbarmungsvoll mit einem zweiten Buch, der *Praktischen Vernunft,* den Leichnam Gottes wieder zum Leben erweckt. Ähnlich werde in Rilkes Gedicht die im ersten Teil ausgesprochene Leugnung Gottes im zweiten Teil des Gedichts wieder aufgehoben. Freilich nicht vom Gottesleugner selbst.

Die Bemerkung hatte mich deshalb verblüfft, weil ich das Gedicht nicht als ein Bekenntnis zu Gott in der Erinnerung hatte; es war mir vielmehr durch die herausfordernde, ja blasphemische Schärfe im Gedächtnis geblieben, mit der ausgesprochen war, daß es keinen Gott gebe. Nicht in der Leugnung Gottes an sich schien mir die Provokation zu liegen, sondern in der Kühnheit, mit der die Erklärung, daß es keinen Gott gibt, Christus, dem Sohne Gottes, selber in den Mund gelegt wird. In diesem großartigen Motiv erblickte ich das Besondere und Einmalige des Gedichts, seinen zeugenden Kern. Ganz so einmalig sei die Idee nicht, bemerkte der Freund; Rilke werde sie wohl von Jean Paul übernommen haben; seiner Meinung nach sei Jean Pauls *Rede des toten Christus vom Weltgebäude herab, daß kein Gott sei,* die »Quelle« von Rilkes Gedicht. Er sprach das Wort »Quelle« ironisch aus. Ob denn Rilke überhaupt Jean Paul gekannt habe, fragte jemand. Niemand wußte darüber Bescheid. Es sei auch gleichgültig, meinte ein anderer, die Zeit der Einflußjägerei sei zum Glück vorbei. So gleichgültig könne er es nicht finden, meinte der Freund. Die Erkenntnis, daß es keinen Gott gebe, gerade dem Sohne Gottes in den Mund zu legen, und damit die Verneinung des Mythos mitten im Mythos selber sich vollziehen zu lassen, sei ein so ungeheuerlicher und zugleich auch grandioser Einfall, daß man ihn eigentlich nur einmal haben könne. Denn es sei dies ja kein Faktum, kein »Stoff«, wie die Ermordung Caesars, die jeder nach Belieben bearbeiten könne, sondern schon als Einfall eine große *dichterische* Leistung, und also sei die Präzedenz hier entscheidend. Auch sei die Erfindung, daß gerade *Christus* die Nichtexistenz Gottes entdecke, viel unwahrscheinlicher und auch sehr viel schwieriger zu machen als zu beweisen, daß der Inhalt eines über der Hypotenuse eines Dreiecks errichteten Quadrats gleich der Summe der über den Katheten errichteten Quadrate sei. Letzteres sei deshalb leichter, weil es auf die Länge gar nicht hätte verfehlt werden können; der Lehrsatz war unvermeidbar. Hätte Pythagoras ihn nicht gefunden, so hätte ihn eben ein anderer gefunden. Hingegen hätte die *Rede des toten Christus, daß kein Gott sei,* ganz leicht verfehlt werden können; ja, Jean Paul selbst hätte sie um ein Haar verfehlt, und die Wahrscheinlichkeit, daß eine so tief überzeugende und innerhalb der christlichen Tradition zugleich auch ganz fernliegende, ja absurde Erfindung zweimal spontan gemacht worden sei, sei mathematisch so gering, daß er selbst nicht daran zweifle, daß Rilke das tragende Motiv seines Gedichts von Jean Paul übernommen habe.

2.

Das Gespräch beschäftigte mich die nächsten Tage weiter, und es schien mir schließlich der Mühe wert, nachzuforschen, ob es irgendwelche Äußerungen Rilkes gibt, aus denen hervorgeht, daß er die *Rede des toten Christus* oder überhaupt irgend etwas von Jean Paul gekannt hat. Mit der Ausnahme von ein paar Bemerkungen Katharina Kippenbergs, Jean Paul betreffend, auf die Rilke jedoch nicht einging, fand sich nichts.[1] Selbst wenn sie positivere Schlüsse zuließen, käme ihnen freilich keine Beweiskraft zu, da sie ins Jahr 1913 fallen, also erst lange nach dem 1907 niedergeschriebenen *Ölbaum-Garten* entstanden sind.

Bloße Möglichkeiten oder selbst Wahrscheinlichkeiten erwägend, wird man sich Rilke nicht leicht als geduldigen Leser des *Siebenkäs* vorstellen können. Man darf dabei jedoch nicht außer acht lassen, daß die *Rede des toten Christus* auch losgelöst vom Roman, zu dem sie gehört, immer wieder einmal, auch in Anthologien, erschienen ist. Unwahrscheinlich hingegen ist, daß Rilke, falls er irgendwo durch Zufall auf die Rede gestoßen ist, nicht durch ihre Wucht und die ihm in mancher Hinsicht nahestehende Thematik getroffen worden wäre. Es gibt nun aber noch einen zweiten Weg, auf dem Rilke auf Jean Pauls *Rede* aufmerksam geworden sein kann, und dies ist der Weg über die französische Literatur. Bekanntlich hat die *Rede des toten Christus,* und zwar gerade in ihrer vom *Siebenkäs* abgelösten Form, in der französischen Literatur viel nachhaltigere Spuren hinterlassen als in der deutschen. Solange man auf Vermutungen angewiesen ist, mag es dann auch wahrscheinlicher erscheinen, daß Rilke Alfred de Vignys *Le Mont des Oliviers* oder Gérard de Nervals *Le Christ aux Oliviers* gekannt hat, die beide ohne Jean Paul nicht entstanden wären, als daß er den *Siebenkäs* gelesen hat. Aber bloße Vermutungen sind auch dies. Ganz unabhängig von allen Vermutungen aber bleibt der objektive *thematische* Bezug zwischen einer großen Schöpfung Jean Pauls und einem Gedicht Rilkes, und diese Linie, die vom einen zum anderen, keineswegs geradlinig, verläuft, einen Augenblick zu verfolgen, mag manches an den Veränderungen, die zwischen 1800 und 1900 im europäischen Bewußtsein vor sich gegangen sind, erhellen.

3.

Es ist bekannt, wie sehr Jean Paul zeitlebens von der Vorstellung seines Todes bedrängt war und wie sehr diese Vorstellung sein ganzes Werk durchzieht.[2] Von der »unvergeßlichen Novemberstunde« des Jahres 1790 an,[3] in der ihn zum erstenmal der Gedanke seines vorbestimmten

---

1 Rainer Maria Rilke – Katharina Kippenberg, *Briefwechsel* (Wiesbaden, 1954), S. 43 und 54.– S. a. S. 95 und Anm. S. 639.

2 Grundlegend hierzu Käte Hamburger, »Das Todesproblem bei Jean Paul«, *DVj* VII (1929), S. 446 ff.

3 Jean Paul, *Werke*, hrsg. v. Norbert Miller (München, 1960 ff.), I,303. – Sofern nicht anders angegeben, wird nach dieser Ausgabe zitiert.

Endes in seiner ganzen Furchtbarkeit überfiel, hat ihn das Trauma dieses Erlebnisses nicht mehr losgelassen. »Es klingelt schon mit der Totenglocke, wenn einer von uns gemacht wird«, heißt es im *Siebenkäs.*[4] Leicht erscheint dann dem also paralysierten Blick *alles* als Zeichen des Todes: die Erde wird »ein langes Totenhaus«,[5] das All zur »weiten Leichengruft«,[6] und »alle Planeten ziehen nur als Leichenwagen der Völker um die Sonne«.[7] Gerade die Unerträglichkeit dieser Vorstellungen zwingt dann freilich Jean Paul, wie vor ihm schon Klopstock, sich immer wieder in die Verheißung einer persönlichen Unsterblichkeit zu retten. Denn eine Idee, die im Bewußtsein der Epoche fragwürdig geworden ist, wird nicht einfach aufgegeben, sondern häufig gerade mit besonderer Vehemenz verteidigt. Schon Edward Young hatte in seinen *Night-Thoughts* (1742), die Klopstocks Freund Ebert übersetzte und kommentierte, erklärt, daß alle religiösen Fragen der Gegenwart sich auf die *eine* reduzieren ließen: Ist der Mensch unsterblich oder nicht?[8] Es war dies in der Tat um die Mitte des 18. Jahrhunderts eine der in Deutschland am häufigsten diskutierten philosophisch-religiösen Fragen.[9] Für Jean Paul gehören die Ideen von Gott, Tod und Unsterblichkeit zusammen. Zwar hat er einmal erklärt, daß der Glaube an Unsterblichkeit sich mit dem Atheismus vereinigen lasse;[10] tatsächlich ist es jedoch der Glaube an *Gott*, mit dem er die Unsterblichkeit verknüpft. Stürzt der Gottesglaube, so stürzt das übrige nach. »Das ganze geistige Universum wird durch die Hand des Atheismus zersprengt und zerschlagen in zahlenlose quecksilberne Punkte von Ichs, welche blinken, rinnen, irren, zusammen- und auseinanderfließen, ohne Einheit und Bestand.«[11] Es ist das Weltbild des emanzipierten aufklärerischen Intellekts, das damit gemeint ist. Mit der *Rede des toten Christus* gegen den Materialismus und Atheismus der Zeit Front zu machen, mag also sehr wohl die Absicht Jean Pauls gewesen sein.[12] In einer Anmerkung zur Christus-Rede hat er selbst be-

---

4 *Werke* II, 3. Aufl. (München, 1971), S. 513.

5 *Des Luftschiffers Gianozzo Seebuch, Werke* III,966.

6 *Siebenkäs, Werke* II,270.

7 *Selina, Werke* VI,1116.

8 Johann Arnold Ebert, *Youngs Klagen oder Nachtgedanken deutsch* (zweisprachige Ausgabe) (Braunschweig, 1751) II,174.

9 Siehe Rudolf Unger, *Zur Dichtung und Geistesgeschichte der Goethezeit* (Berlin, 1944).

10 *Werke* II,267.

11 *Ibid.*, S. 266.

12 Kurt Schreinert in der Einleitung zum *Siebenkäs.* Jean Pauls *Sämtliche Werke*, Hist.-krit. Ausgabe, 1. Abt., Bd. V, S. L.

tont, daß er den Aufsatz sich zur »Erschütterung« geschrieben habe und in der Hoffnung, sich zu heilen, wenn einmal sein Herz »so unglücklich und ausgestorben wäre, daß in ihm alle Gefühle, die das Dasein Gottes bejahen, zerstöret wären«.[13] Viel eher als daß Jean Paul schrieb, um sich zu erschüttern, muß man freilich annehmen, daß er schrieb, weil er erschüttert *war.* Nicht zuletzt gilt dies von der *Rede des toten Christus*, deren erste Idee, die mit Christus noch nichts zu tun hatte, ihm, wie er später sagte, »mit Grausen vor der Seele vorbeifuhr«.[14] Das war zunächst, wie eine am 3. August 1789 aufgezeichnete Notiz erkennen läßt, nicht viel mehr als eine Reminiszenz an eine Gespenstergeschichte, eine Lokalsage von Toten, die sich nachts in der Kirche versammeln, um die Messe zu hören.[15] Eine nachträglich angefügte Überschrift zeigt die Richtung, in der Jean Paul den Ansatz entwickelte: »Schilderung des Atheismus. Er predigt, es ist kein Gott.« Der zuerst so predigt, ist ein Geist; später wird daraus »Des todten Shakespeare Klage unter todten Zuhörern in der Kirche, daß kein Gott sei«.[16]

Vielerlei gewann Jean Paul durch diese Änderung. Indem statt eines namenlosen Gespensts ein »säkularischer Mensch wie Shakespeare«[17] verkündete, daß kein Gott sei, konnte die furchtbare Botschaft nur an Autorität gewinnen. Vielleicht spielte auch der Gedanke mit, daß es ein großer Dichter sein mußte, dessen Traumphantasie eine solche Vision aus sich erzeugen konnte, und wer sonst unter den Dichtern, wenn nicht Shakespeare, wäre imstande gewesen, so den Blick, ohne ihn abzuwenden, auf die »leere schwarze unermeßliche Augenhöhle« zu richten, aus der ihn das »göttliche Auge der Natur«[18] anstarrte. Von Christus ist erst ganz am Ende die Rede, im letzten Satz, den Shakespeare spricht und in dem er die toten Zuhörer auf ein Aschenhäufchen auf dem Altar aufmerksam macht. Es sind die Überreste des »verfaulten Jesus Christus«.[19] Der Einfall, Christus als Aschenhäufchen auf den Altar zu setzen, der seiner Verehrung bestimmt ist, zieht die Konsequenz aus der Erkenntnis, daß hier kein lebendiger, sondern ein toter Gott angebetet worden ist.

Vielleicht war es ein Glück, daß Herder, an den Jean Paul den Aufsatz

---

13 *Werke* II,266.
14 *Briefe*, Hist.-krit. Ausgabe, 3. Abt., Bd. I,313.
15 Schreinert, *a.a.O.*, S. L f.
16 *Sämtliche Werke*, Hist.-krit. Ausgabe, 2. Abt., III,163.
17 *Des Luftschiffers Gianozzo Seebuch, Werke* III,927.
18 *Sämtliche Werke*, Hist.-krit. Ausgabe, 2. Abt., III,401.
19 *Ibid.*, S. 166.

in der Hoffnung schickte, er würde ihn zum Druck bringen, von ihm überhaupt keine Notiz nahm. So blieb der Aufsatz jahrelang liegen. 1795 aber, als Jean Paul ihn wieder vornahm, fand er dann die große Steigerung, die dem Aufsatz seine eigentliche Signatur gegeben und ihn berühmt gemacht hat: die Leugnung Gottes durch Christus selber. Die zweite entscheidende Änderung lag in der Ausweitung des Schauplatzes ins Kosmische, von einer Versammlung der Toten in der Kirche zu einem jüngsten Tage ohne Auferstehung und zum Untergange des ganzen Universums: »Die zitternden Tempelmauern rückten auseinander – und der Tempel und die Kinder sanken unter – und die ganze Erde und die Sonne sanken nach – und das ganze Weltgebäude sank mit seiner Unermeßlichkeit vor uns vorbei – und oben am Gipfel der unermeßlichen Natur stand Christus und schauete in das mit tausend Sonnen durchbrochne Weltgebäude herab, gleichsam in das in die ewige Nacht gewühlte Bergwerk, in dem die Sonnen wie Grubenlichter und die Milchstraßen wie Silberadern gingen.«[20] In farbigen, ungeheuren Bildern malt eine apokalyptische Phantasie die Vernichtung der Welt. Endstadium eines konsequenten Nihilismus, den Mephisto im *Faust* kalt, kurz und sachlich formuliert: »Und auf Vernichtung läuft's hinaus.«[21]

Verfolgt man die Stadien, die die Idee vom Nichtsein Gottes unter Jean Pauls Händen durchläuft, so gewinnt man den Eindruck, eine schöpferisch-besessene Phantasie sei am Werk, einen sie mit Zerstörung bedrohenden Gedanken bis ins Äußerste, ins Unerträgliche vorzutreiben. Gerade die Unerträglichkeit der Vorstellung aber erzwingt dann den Umschlag: die beklemmende Vision wird zum Traum erklärt; eine aus Traumangst befreite Seele weint vor Freude, daß sie Gott wieder anbeten kann, und eine dem Untergang entrissene ländlich-idyllische Welt erfreut sich friedlich ihres Daseins.

Bekanntlich hat Jean Paul die *Rede des toten Christus* dem im Jahre 1796 erschienenen *Siebenkäs* eingefügt. So wird es gewöhnlich ausgedrückt, und für die späteren Ausgaben, in denen die Rede zwischen dem achten und dem neunten Kapitel steht, trifft dies ja auch durchaus zu. In der Erstausgabe jedoch ist die Rede nirgends eingeschoben, sondern dem Roman vorangestellt. Was immer Jean Paul bewogen haben mag, sie 1817 in der zweiten, wesentlich erweiterten Auflage von dort zu entfernen, in der ersten Auflage stand sie mit tiefem Recht am Anfang. Von dort aus beherrscht sie den Roman und sein thematisches

---

20 *Werke* II,268.

21 Goethe, *Faust*, V. 11550.

Gefüge. Es ist nicht möglich, hier das kontrapunktische Gegeneinander von Tod und Auferstehung zu verfolgen, das den Roman strukturell bestimmt. Was Siebenkäs skurrilerweise schon in diesem Leben »erleben« darf, den Tod und auch die Auferstehung, das hängt gedanklich auch in Jean Pauls Leben aufs engste zusammen. Und so findet auch jener »wichtigste Abend« seines Lebens, an dem er den Gedanken des Todes, der ihn nie mehr verließ, in seiner unvergeßlichen Furchtbarkeit empfand, schon am nächsten Tage sein Nachspiel. »Ich richtete mich wieder auf«, schreibt er am 16. November 1790, »daß der Tod das Geschenk einer neuen Welt sei und die unwahrscheinliche Vernichtung ein Schlaf.«[22] »Unwahrscheinlich« nennt er die Vernichtung, denn, so hat Kommerell schon von dem jungen Jean Paul gesagt, »er wird immer ein solcher bleiben, der die Unerträglichkeit eines Gedankens unter die Beweismittel gegen ihn rechnet«.[23] Dieser Zwang, sich (und anderen) eine Fortdauer nach dem Tode, das »Geschenk einer neuen Welt« zu beweisen, hat ihm ganze Werke abgenötigt wie das *Kampaner Tal* oder die *Selina*. Immer wieder wagt sich Jean Paul an den Rand des Abgrunds vor, versucherisch angezogen, doch immer läßt er dem Schauder die Tröstung folgen. Zu dieser Polarität gehört es, daß er seinen größten Schauder, die Vision vom Tode Gottes, als Traum maskiert, und daß es ein Erwachen gibt, das aus dem Traum befreit.

4.

Walther Rehm hat in seiner eindringlichen und groß angelegten Darstellung der *Rede des toten Christus* den »wichtigen Wendepunkt« markiert, an dem Jean Paul steht: »Was bei ihm gerade noch im Traum gewagt, aber auch gebannt und überwunden werden kann, wird dann im vorschreitenden 19. Jahrhundert Wirklichkeit.«[24] Doch war Jean Paul kaum daran beteiligt, diese Wirklichkeit herbeizuführen. Jedenfalls nicht in Deutschland. Die Dichter und Schriftsteller, die im 19. Jahrhundert den »Tod Gottes« feststellten oder verkündeten, unter ihnen Heine, Büchner, Grabbe, Feuerbach, Marx und vor allem Nietzsche, gingen nicht von Jean Paul aus. Anders war die Wirkung der Christus-

---

22 *Jean Paul 1763–1963*. Sonderausstellungen des Schillers-Nationalmuseums, Katalog Nr. 11 (Stuttgart, 1963), S. 18.

23 Max Kommerell, *Jean Paul*, 4. Aufl. (Frankfurt, 1957), S. 15.

24 *Experimentum medietatis* (München, 1947), S. 30.

Rede in Frankreich. Daran waren ein glücklicher Zufall und ein Mißverständnis schuld. Der glückliche Zufall lag darin, daß Madame de Staël die *Rede des toten Christus* in ihr Deutschlandbuch aufnahm, und daß die *Rede* damit an dem beispiellosen Erfolg des Buches teilhatte und vielen Franzosen bekannt wurde, die sonst vielleicht nie etwas von Jean Paul erfahren hätten. Das Mißverständnis ergab sich aus der gekürzten Fassung, in der die *Rede* erschien. Das entscheidende Element dieser Kürzung war die Streichung des Schlusses. Statt mit dem Aufwachen aus dem Traum, das die ins Chaos verfremdete Welt ins Vertraute zurückführt, endete die Dichtung jetzt mit dem Sturz in den Abgrund: »Le temple et les enfants s'abîmèrent et tout l'édifice du monde s'écroula devant moi dans son immensité.«[25] In dieser radikal verkürzten Fassung aber bewirkte die *Rede* für den mit dem Original nicht vertrauten Leser genau das Gegenteil von dem, was Jean Paul mit ihr intendiert hatte. Nicht die heilsame Erschütterung, nicht die Stärkung des angekränkelten Glaubens an das Dasein Gottes, die Jean Paul sich, laut seines Vorberichts, von ihr versprochen hatte, konnte so von ihr ausgehen; sie mußte eher als ein Bekenntnis zum Atheismus erscheinen. Gerade darin aber lag die immense Wirkung, die sie, nicht zuletzt auf die Generation der Romantiker, ausübte.

De l'Allemagne erschien 1814, nachdem Napoleon 1810 die erste Auflage beschlagnahmt hatte, und hat für ein halbes Jahrhundert das Deutschlandbild der Franzosen bestimmt und mit ihm auch das Bild Jean Pauls.[26] Wenn eben von einem Zufall die Rede war, dem die *Rede des toten Christus* ihre Wirkung in Frankreich verdankte, so lag der Zufall nicht sosehr darin, daß Madame de Staël die *Rede* in ihr Buch aufnahm, sondern darin, daß sie ihr überhaupt zur Kenntnis kam.

Goethe hat in den *Tag- und Jahresheften* von 1804 das Temperament der Frau von Staël und ihre Methode, sich mit deutschen Zuständen vertraut zu machen, in einer unnachahmlichen Mischung von Bewunderung und Aversion beschrieben. Zu ihrer Arbeitsweise gehörte auch, daß sie weithin auf Berater angewiesen war. Wie dies mitunter vor sich ging,

---

25 Madame de Staël, *De l'Allemagne,* nouvelle édition par la comtesse Jean de Pange, avec le concours de Mlle Simone Balayé, vol. III, (Paris, 1959), p. 289.

26 Hierzu Fernand Baldensperger, »Le ›Songe de Jean Paul‹ dans le Romantisme français« in dessen *Alfred de Vigny* (Paris, 1912), p. 159–176; Albert Béguin, *L'âme romantique et le rêve* (Paris, 1963), p. 183–186; Robert Minder, »Jean Paul in Frankreich«, in dessen *Dichter in der Gesellschaft* (Frankfurt, 1966), S. 84–107, und vor allem die umfassende Arbeit von Claude Pichois, *L'image de Jean-Paul Richter dans les lettres françaises* (Paris, 1963).

beschreibt ein undatierter Brief der Weimarer Hofdame Luise von Göchhausen an Karl August Böttiger, in dem sie einen Auftrag des Herzogs Karl August weitergibt: »Sie und meine Wenigkeit sollen aus Jan [sic] Pauls Schriften einige Stellen aussuchen, die man, mit lateinischen lettres, abgeschrieben der Fr. v. Stael vorlegen kann; weil sie etwas von ihm wissen will.«[27] Die erste Kenntnis von Jean Paul verdankte Madame de Staël jedoch dem französischen Emigranten Charles de Villers, einem Jean Paul-Enthusiasten und tätigen Vermittler zwischen deutscher und französischer Literatur, der auch mit Jean Paul persönlich bekannt war. Villers war es auch, der ihr bei einem Zusammentreffen in Metz, im Herbst 1803, die erste Schrift von Jean Paul in die Hand gab: die *Briefe und bevorstehender Lebenslauf.* Frau von Staël las das Buch auf der Reise und berichtete aus Frankfurt von ihrem etwas zwiespältigen Eindruck; sie stieß sich daran, daß auf einige erhabene Zeilen immer wieder Einzelheiten folgten, die der »Ästhetik zuwiderlaufen« (»détails ... les plus contraires à l'esthétique«).[28] Charles de Villers machte Madame de Staël auch mit der *Rede des toten Christus* bekannt. Er erwähnt sie in einem Brief an Jean Paul vom 28. Januar 1809; damals hatte er, wie aus dem Brief hervorgeht, allerdings erst die Hälfte übersetzt.[29] Ungeklärt ist bis heute, ob Villers die Übersetzung fertiggestellt, ob Madame de Staël das deutsche Original gekannt, ob sie die Rede selbst übersetzt oder ob sie die Übersetzung von Villers benützt hat, und schließlich, ob die Kürzung auf die Hälfte mit Absicht oder versehentlich geschehen ist.[30] Sicher ist, daß Villers in einem späteren Brief an Jean Paul, vom 2. Januar 1813, erklärt hat, daß die eingestampfte Erstausgabe von *De l'Allemagne* »mehrere Stücke« von Jean Paul enthalten habe, darunter die *Rede des toten Christus,* die er Madame de Staël mitgeteilt habe.[30a] Dies stimmt zu einer von Louis Wittmer mitgeteilten Aufzeichnung von Villers, *De l'Allemagne* betreffend: »Trois épisodes de Jean Paul, le dernier, du Christ mort, de ma traduction un peu retouchée.«[31]

27 Wolfgang Hecht, »Äußerungen von Zeitgenossen über Jean Paul«, in: *Festgabe für Eduard Berend zum 75. Geburtstag* (Weimar, 1959), S. 182.

28 Pichois, *a.a.O.,* S. 49; auch *De l'Allemagne* III, S. 283, Anm.

29 Der Brief ist bei Pichois, *a.a.O.,* S. 461–463, abgedruckt.

30 Das Für und Wider dieser Fragen erörtert, auf die Ermittlungen von Pichois gestützt, Byron R. Libhart, »Madame de Staël, Charles de Villers, and the Death of God in Jean Paul's *Songe«, Comparative Literature Studies* IX (1972), p. 141–151.

30a Pichois, *a.a.O.,* S. 466.

31 *Étude de littérature comparée: Charles de Villers* (Genève, 1908), p. 393, note 2. Zitiert nach Pichois, p. 58, note 44.

Man würde gern wissen, was Villers unter »ein wenig retouchiert« versteht. Angenommen, daß der Ausdruck sich auf den von Madame de Staël veröffentlichten Text bezieht, schließt er größere Kürzungen ein? Daß Madame de Staël retouchiert hat, ihren eigenen oder Villers' Text, geht im übrigen auch aus den bei Pange-Balayé angegebenen Varianten hervor. Wichtiger aber als die Frage nach der Verfasserschaft der Übersetzung ist die Frage nach ihrer Zuverlässigkeit und nach ihrer sprachlichen Qualität. Baldensperger hält die Übersetzung für »eine der gelungensten des Bandes, trotz ziemlich großer Freiheiten« (»l'une des mieux réussies du volume, en dépit d'assez grandes libertés«),[32] Minder für »ziemlich worgetreu«,[33] während Pichois sie »ungenau« (»infidèle«) findet und, einige Stellen einer eingehenden Prüfung unterziehend, ziemlich streng mit ihr ins Gericht geht. Dies bringt ihn dazu, den Text Madame de Staëls überhaupt nicht als Übersetzung, sondern als Bearbeitung zu bezeichnen.[34]

Schwerwiegende Einwände gegen die Übersetzung seiner *Rede* hat jedoch schon Jean Paul vorgebracht, in einer ausführlichen und an sich im ganzen sehr anerkennenden Rezension von Madame de Staëls Buch, die er 1814 in den *Heidelberger Jahrbüchern* veröffentlichte.[35] Er läßt darin, um zu illustrieren, wogegen sich seine Kritik richtete, auf drei Sätze seines Textes drei der Übersetzung folgen. Sie sind im folgenden einander gegenübergestellt, und die Gegenüberstellung verdeutlicht in der Tat sehr genau, worin die Schwächen der Übersetzung beruhen:

Jean Paul:	Madame de Staël:
Ich ging durch die Welten,	J'ai parcouru les mondes,
ich stieg in die Sonnen	je me suis élevé au-dessus les soleils
und flog mit den Milchstraßen	
durch die Wüsten des Himmels:	
aber es ist kein Gott.	et là aussi il n'est point de Dieu:
Ich stieg herab	je suis descendu
soweit das Sein seine Schatten wirft,	jusqu'aux dernières limites de l'univers,
und schaute in den Abgrund,	j'ai regardé dans l'abîme,
und rief: Vater, wo bist du?	et je me suis écrié: Père, où est-tu?
aber ich hörte nur den ewigen Sturm,	mais je n'ai entendu que la pluie
den niemand regiert,	qui tomboit goutte à goutte dans
und der schimmernde Regenbogen aus Westen	et l'éternelle tempête, [l'abîme,

32 *Alfred de Vigny*, p. 162.

33 *Dichter in der Gesellschaft*, S. 86.

34 *A.a.O.*, p. 255.

35 Hier zitiert nach der Ausgabe der *Sämtlichen Werke* (Berlin, 1826–1838), Bd. 44, S. 43–87.

stand, ohne eine Sonne, die ihn schuf,	que nul ordre ne régit,
über dem Abgrunde, und tropfte hinunter.	m'a seule rèpondu.
Und als ich aufblickte	Relevant ensuite mes regards
zur unermeßlichen Welt	vers la voûte des cieux,
nach dem göttlichen *Auge,*	
starrte sie mich mit einer leeren, schwarzen,	je n'y ai trouvé qu'une *orbite vide,*
bodenlosen *Augenhöhle* an,	noir et sans fond.
und die Ewigkeit lag auf dem Chaos,	L'éternité reposoit sur le chaos
und zernagte es,	et le rongeoit,
und wiederkäuete sich. –	et se dévoroit lentement elle-même;
Schreiet fort, Mißtöne!	redoublez vos plaintes amères et déchirantes;
zerschreiet die Schatten,	que des cris aigus dispersent les ombres,
denn Er ist nicht!	car c'en est fait. –[36]

Vergleicht man, so drängt sich einiges, wie das Verschwinden der Milchstraßen oder des göttlichen Auges, beim ersten Blick auf. Anderes ist ins Banale oder Konventionelle überführt: statt des schimmernden Regenbogens tropft jetzt der Regen in den Abgrund, und die Ewigkeit darf sich nicht mehr wiederkäuen, sondern verzehrt sich selbst. Bloße Kleinigkeiten können den Ton völlig verschieben. Man muß sich nur vorstellen, Jean Paul hätte in der fünften Zeile statt »aber es ist kein Gott« geschrieben, was die Übersetzung ihm zuschreibt: »und auch dort ist kein Gott«, um sofort zu sehen, wie schon eine winzige Änderung den Ausdruck lapidarer Finalität zur bloßen Mitteilung, daß eine Suche vergeblich war, verflachen kann. Madame de Staël liebt das Erhabene und sie liebt es auch bei Jean Paul; der Tonfall, der ihr zur Verfügung steht, um es wiederzugeben, ist der der klassischen französischen Tragödie. Zu ihr stilisiert sie Jean Paul hinauf, selbst wo der Text keine Handhabe dazu bietet. »Schreiet fort, Mißtöne!« wird beinahe zu einem Alexandriner: »Redoublez vos plaintes amères et déchirantes«; eine Pathetik, die sich in der folgenden Zeile fortsetzt, um dann in der Schlußzeile wieder ins Banale abzufallen. Madame de Staël zögert nicht, in die dichterische Substanz einzugreifen, um Jean Pauls »Bizarrerien«, d.h. seine wuchernden Bilder zu beschneiden; sie kürzt und vereinfacht, im Bestreben, den Text leicht verständlich zu machen, und sie hebt die Diktion, wo sie ihr ins Geschmacklose abzugleiten scheint.

So hat sie ihre Schwierigkeiten mit Jean Paul. »Jede Periode« ihres Textes, vermerkt dieser, »besteht vorne aus einem angenehmen Lobe, und hinten aus einem fatalen *mais«*, und beschreibt dann seinen Lesern die Wirkung auf ihn selbst, »wie mein Gesicht über fünfzehnmal bei den

[36] *A.a.O.*, S. 56 f.

Vordersätzen heiter auseinandertauet, und bei den Nachsätzen plötzlich wieder eingefriert«.[37] Im übrigen hatte Madame de Staël auch von ihrer eigenen religiösen Haltung her dem blasphemisch erscheinenden Text gegenüber Bedenken. Die Vision Jean Pauls, bemerkt sie nicht ohne Vorsicht, ähnele ein wenig dem »Fieberwahn« und müsse als solcher beurteilt werden; unter jedem anderen Aspekt als dem der Imagination sei die Vision »höchst anfechtbar« (»singulièrement attaquable«).[38] Sie hält es für riskant, diese Übersetzung zu veröffentlichen, und indem sie Jean Pauls langen Titel durch das eine Wort *Songe* ersetzt, geht es ihr gewiß weniger darum zu kürzen als von vornherein den imaginären Charakter der Dichtung zu unterstreichen. Sie verfehlt auch nicht, die entscheidenden Passagen aus Jean Pauls Vorwort wiederzugeben, die die religiöse Intention des Ganzen betonen.[39] Jean Paul hat den neuen Titel vermerkt, ohne ihn zu kommentieren, hat sich aber im übrigen gewundert, daß Madame de Staël zwar »nicht den entbehrlichen Anfang«, aber den »unentbehrlichen Schluß« weggelassen habe.[40] Hierüber muß man sich in der Tat wundern, da das Erwachen aus dem Traume, mit dem sich »die Wunde schließt«,[41] als Abschluß viel mehr im Sinne Madame de Staëls gewesen wäre als das Versinken der Welt im Nichts. Verständlich wird dies nur, wenn man annimmt, daß sie die zweite Hälfte von Jean Pauls Fassung wirklich nicht gekannt hat. So aber, mit dem abrupten, dissonanten Ende war die *Rede des toten Christus* zu einer Dichtung geworden, wie Jean Paul sie sich keinesfalls hätte träumen lassen. Im übrigen war die gekürzte, vereinfachte, geglättete, verflachte, geschönte Form, oder die Übertragung vom »Barbaresken« ins »Kultivierte«, wie Jean Paul es ausdrückte,[42] wahrscheinlich das Idiom des Moments, in dem Jean Paul zunächst rezipierbar war. Es wäre dies ein Phänomen, das sich vielleicht am ehesten mit der Aufnahme Rimbauds in Deutschland am Anfang dieses Jahrhunderts vergleichen ließe. Denn auch Rimbaud wurde, in der Übersetzung von K. L. Ammer, zunächst in einem geschönten und geglätteten Gewand dargeboten, in einer begabten Übertragung in die lyrische Konvention der Jahrhundertwende, in der er mühelos assimilierbar war. Oft und mit Recht hat man bemerkt, wie einseitig das Bild war, das man sich im 19. Jahrhundert in Frankreich von Jean Paul machte. Nicht weniger einseitig war freilich das Jean Paul-Bild Deutsch-

37 *Ibid.*, S. 80.

38 *De l'Allemagne* III, 285.

39 *Ibid.*, p. 286.

40 *A.a.O.*, S. 81.

41 *Ibid.*, S. 81.

42 *Ibid.*, S. 57.

lands. Es war, in immer neuen Auflagen, auf lange hinaus vom *Vergnügten Schulmeisterlein Maria Wutz* bestimmt. Was man in Jean Paul zu lesen glaubte: in dem einen Land die trotzige Absage an Gott, im anderen das fröhliche Sichbescheiden mit der Armut, stand zwar so beide Male nicht bei Jean Paul, doch hatte es eine große Wirkung.

5.

Die sich weit verzweigende Nachwirkung der *Rede des toten Christus* kann hier nicht verfolgt werden und braucht es auch nicht, dank Pichois' umfassender Arbeit. Selbst einzelne Bilder wie die »orbite vide, noir et sans fond« haben eine Geschichte.[43] Nur zwei Gedichte seien kurz herausgehoben, weil sie in unmittelbarer Beziehung zu unserem Thema stehen: Gérard de Nervals *Le Christ aux Oliviers* und Alfred de Vignys *Le Mont des Oliviers.* Nerval hat sein Gedicht, das aus einer Folge von fünf Sonetten besteht, 1844 in der Zeitschrift *L'Artiste* veröffentlicht und es später in seinen Zyklus *Les Chimères* aufgenommen. Die acht Gedichte des Zyklus stehen in einem inneren, wenn auch nicht immer leicht zu erschließenden Zusammenhang: *Le Christ aux Oliviers* nimmt darin die vorletzte Stelle ein. Daß Nerval von Jean Pauls *Rede des toten Christus* angeregt war, hat er selbst zum Ausdruck gebracht, indem er sein Gedicht bei der ersten Veröffentlichung, allzu bescheiden, als »Imité de Jean-Paul« bezeichnete. Später setzte er ihm dann statt dessen ein Zitat aus der *Rede des toten Christus* als Epigraph voran:

> Dieu est mort! Le ciel est vide ...
> Pleurez! enfants, vous n'avez plus de père!
> Jean-Paul[44]

Die Übernahmen aus Jean Paul beschränken sich auf das zweite und dritte Sonett. Dabei zeigt sich, daß Nerval sich nicht mit Madame de Staëls Übersetzung begnügt, sondern auf das Original zurückgegriffen hat. J. W. Smeed hat die einzelnen Wendungen Jean Pauls und ihre Entsprechungen bei Nerval nebeneinandergestellt,[45] Bernhard Böschenstein die beiden Texte eingehend und aufschlußreich miteinander ver-

[43] Vgl. Albert Béguin, »Le Songe de Jean Paul et Victor Hugo«, *Poésie de la Présence* (Paris, 1957), pp. 151–165.

[44] Gérard de Nerval, *Œuvres,* hrsg. v. Albert Béguin und Jean Richer, Bibliothèque de la Pléiade (Paris, 1966) I,6.

[45] J. W. Smeed, *Jean Paul's Dreams* (London, 1966), p. 83.

glichen.[46] Zwei Motive Jean Pauls sind es vor allem, die Nerval übernimmt und weiterbildet, die Rechenschaft Christi über seinen Flug durch das Weltall, der beginnt: »Ich ging durch die Welten« (»J'ai parcouru les mondes ...«), und die in *De l'Allemagne* nicht enthaltene Klage Christi im Angesicht der leeren Unermeßlichkeit: »Starres, stummes Nichts! Kalte, ewige Notwendigkeit! ...« (»Immobile Destin ... Froide Nécessité! ...«).[47] Der entscheidende Unterschied zu Jean Paul aber ist, daß es sich bei Nerval um keinen Traum handelt. Von keiner Vision ist hier die Rede, in der ein toter Christus vom Weltgebäude herab verkündet, daß kein Gott sei, sondern ein lebender Christus ruft seinen schlafenden Jüngern zu: »Non, Dieu n'existe pas!« Merkwürdig ist, daß er die Nachricht als »Neuigkeit« verkündet: »Mes amis, savez-vous la nouvelle?«[48] und vielleicht noch merkwürdiger, daß er damit Nietzsches berühmten Satz aus der *Fröhlichen Wissenschaft* fast vorausnimmt: »Das größte neuere Ereignis – daß ›Gott tot ist‹, daß der Glaube an den christlichen Gott unglaubwürdig geworden ist.«[49] Für Nerval, 45 Jahre jünger als Jean Paul, war das Ereignis, das Jean Paul sich, als Traum, vorstellen und als Traum auch wieder aufheben konnte, bereits eingetreten, und so konnte er es auch nicht in Jean Pauls Traumsphäre lassen, sondern mußte es in den historischen Augenblick herunterholen, in dem Christus seine Mission als gescheitert ansehen muß:

> Frères, je vous trompais: Abîme! abîme! abîme!
> Le dieu manque à l'autel où je suis la victime ...

Die Jünger aber, »engourdis, perdus dans le sommeil des bêtes«, hören nichts. Niemand nimmt an der Agonie dessen teil, der sich am Gewölbe der Ewigkeit blutig gestoßen hat. Dieser Christus geht genaugenommen an der Gleichgültigkeit der Welt zugrunde. »Ils dormaient toujours!« schließt das erste Sonett, in dem Christus seinen schlafenden Jüngern verkündet, daß kein Gott ist, und »Nul n'entendait gémir l'éternelle victime«, beginnt das vierte. Die beiden Sonette, das erste und das vierte, ziehen den »Traum« Jean Pauls, den sie zwischen sich einschließen, auf die Erde nieder, und sie tun es, indem sie die Heilsgeschichte ihres sakralen Charakters entkleiden. Christus zwar klam-

---

46 Bernhard Böschenstein, »Der Lyriker Nerval, Hölderlin und Jean Paul«, *Seminar* VI (1970), Nr. 1, 138–153. – Zu Nervals *Le Christ aux Oliviers* vgl. außer Pichois u. a. Gérard de Nerval, *Les Chimères*, exégèses de Jeanine Moulin (Lille et Genève, 1949) und Gérard de Nerval, *Les Chimères*, edited by Norma Rinsler (London, 1973).

47 Nerval, *Œuvres*, p. 7.

48 *Ibid.*, p. 6.

49 *Werke*, hrsg. v. Karl Schlechta, II (München, 1955), S. 205.

mert sich an seinen Mythos; wo alles ihn verlassen hat, ruft er im Geiste seinen Feind herbei, Judas, den er in Jerusalem weiß, den einzigen, dem er Stärke zutraut, die Stärke des Verbrechens zwar, doch Stärke. Aber Judas geht davon, »mécontent et pensif, se trouvant mal payé«, bis dann schließlich Pilatus, beiläufig fast, halb aus Mitleid, halb aus Zufall, und wie um der Sache ein Ende zu machen, seinen Knechten den Auftrag gibt: »Allez chercher ce fou!«

Dies ist freilich nicht das letzte Wort. Denn gleich die nächste Zeile, die erste des fünften Sonetts, in dem sich der Dichter bemüht, etwas wie eine Summe zu ziehen, gibt dem Narren ein Beiwort. Es ist das Wort »erhaben« (»sublime«). Nicht so ganz entfernt von Jean Paul sucht auch Nerval der Übermächtigung durch den Atheismus zu entgehen. Zwar hat er es nicht so leicht wie Jean Paul: er kann den Schrecken nicht einfach widerrufen, sondern versucht ihn einzubeziehen in sein Verständnis der Welt. Einen ersten Schlüssel zu dem, was ihm vorschwebt, bieten vielleicht die Ausrufe, mit denen Christus das Nichtsein Gottes ankündigt. »Dieu n'est pas!« heißt es das erste Mal, »Dieu n'est pas«, das zweite Mal, »Dieu n'est plus«, das dritte Mal. Die leichte Modifikation läßt den Schluß zu, daß ein Unterschied besteht zwischen einem Gott, der nie war, und einem, der einmal war, und es mag dies der Möglichkeit Raum geben, daß das, was einmal war, einmal auch wieder sein kann. Sodann: Christus bezeichnet sich im ersten Sonett als Opfer, der Dichter aber nennt ihn im vierten Sonett das *ewige* Opfer, den also, der immer wieder geopfert wird. Es ist von einem Archetypus die Rede. Aber bei dieser abstrakten Gesetzmäßigkeit bleibt es nicht; das fünfte Sonett benennt die Geopferten: Icarus, Phaëton, Atys. Man fragt sich, ob dies eine aufsteigende Rangordnung darstellt, denn sie sind ja nicht alle drei als gleich zu betrachten. Icarus und Phaëton sind Gescheiterte, wenn auch kühn und großartig Gescheiterte, Atys aber ist wiederbelebt. So versucht Nerval die Vision Jean Pauls und die Leidensgeschichte Jesu in seine eigene religionsgeschichtliche Interpretation der Welt überzuführen. Das erste Terzett des fünften Sonetts macht es deutlich: während Caesar sich noch an einen alten Gott wendet mit der Frage, wer der neue Gott sei, gibt sich der neue Gott schon zu erkennen. Es ist der Gott, der dem Atys gleich getötet aber wieder zum Leben erweckt ist. Hierin liegt nicht nur eine Anknüpfung an alte Auferstehungsriten, sondern auch die historische Erkenntnis, daß auf einen alten Gott jeweils ein neuer folgt. Es ist wahr, das Orakel, das der Caesar anruft, schweigt auf immer. Doch ein einziger könnte das Geheimnis enthüllen. Und dieser einzige ist Gott: »Celui qui donna l'âme aux enfants du limon.« Heißt das nicht, daß der Gott, dem Christus am Anfang die Existenz abgesprochen hat, hier vom Dichter wieder zum Leben erweckt wird? Oder: daß in der Welt ein Göttliches, das sich immer wieder erneuert, stipuliert wird?

6.

Alfred de Vigny hat sein langes Gedicht *Le Mont des Oliviers* zwischen 1839 und 1843 geschrieben; es erschien 1844 in der *Revue des Deux Mondes.* Das Thema hat ihn lange beschäftigt; ein Hinweis findet sich schon im Tagebuch von 1823.[50] A. Bouvet hat erklärt, *Le Mont des Oliviers* sei inspiriert durch Jean Pauls *Rede des toten Christus.*[51] Andere haben sich zurückhaltender geäußert; Pierre-Georges Castex meint, Vigny habe sich »zweifellos« an den berühmten *Traum* Jean Pauls »erinnert«.[52] Sicher ist, daß Vigny die *Rede des toten Christus* gekannt hat; er hat sogar daran gedacht, sie zu übersetzen.[53] Er berührt sich mit Jean Paul jedoch eher indirekt. Was zunächst auffällt, ist, daß in Vignys Gedicht nichts an den visionären Charakter von Jean Pauls Dichtung erinnert. Statt dessen greift Vigny auf den biblischen Bericht vom Leiden und der Verlassenheit Christi im Garten Gethsemane zurück, nicht allerdings, um eine berühmte historische oder mythologische Szene in Verse zu setzen, sondern um seine eigene Sache zu führen. Diese eigene Sache ist die Verzweiflung am Sinn der Welt. Die Drohung des Nichts, die Jean Paul bedrängt hat, bedrängt auch Vigny: »La seule fin vraie à laquelle l'esprit arrive, en pénétrant tout au fond de chaque perspective, c'est le néant de tout.«[54] Vigny würde freilich seine eigene Sache nicht führen, wenn er nicht zutiefst überzeugt wäre, daß sie zugleich die Sache der Menschheit ist, oder genauer der Minderheit, die man, wie es im *Faust* heißt, »von je gekreuzigt und verbrannt« (V. 593).

---

50 *Journal d'un poète. Œuvres complètes,* Bibliothèque de la Pléiade, II (Paris, 1948), p. 875.

51 Alfred de Vigny, *Poésies complètes,* texte établi et présenté par A. Bouvet (Paris, 1958), p. 288. So schon Jeanine Moulin, *a.a.O.,* S. 65.

52 *Les Destinées* d'Alfred de Vigny, commentées Pierre-Georges Castex (Paris, 1964), p. 116. Ebenso Paul Viallaneix, edit., Alfred de Vigny, *Œuvres complètes* (Paris, 1965), p. 104.

53 »Poème à faire. – Le rêve de Jean Paul: Jésus-Christ revient du Ciel et dit aux hommes qui l'attendent: ›Mes fils, il n'y a point de Dieu‹. Je veux le dire aux jeunes poètes et traduire la pièce de Jean Paul.« 8 mars 1856. *Le Journal d'un poète, a.a.O.,* p. 1319.

54 *Ibid.,* S. 1126.

Wenn Vigny von seinem Chatterton sagt, er sei nur ein Name für den *Menschen*,[55] so gilt das auch für seinen Christus. Auch Christus spricht als Mensch, für den Menschen. Der Kern der langen Anklage, die er gegen Gott erhebt, geht um zwei Fragen: um die Frage der Offenbarung und um die Frage des Bösen. Vigny zweifelt nicht an der Existenz Gottes, jedenfalls nicht in diesem Gedicht; im Tagebuch kann er schreiben: »Dieu. Sais-je ce que vous êtes, et si vous existez?«[56] Woran er zweifelt, oder woran sein Christus zweifelt, ist die *Güte* Gottes. Es ist die Frage der Theodizee nach dem Ursprung des Übels und nach seinem Triumph in der Welt, die seit dem 18. Jahrhundert nicht mehr zur Ruhe kommt[57] und in Vignys Gedicht mit verstärkter Intensität gestellt wird. Gott enthält dem Menschen die Wahrheit vor, auf die er Anspruch hat; wenn Gott spräche, wäre die Menschheit gerettet. Ähnlich wie in Jean Pauls *Rede* refrainartig sich steigernd die Feststellung wiederkehrt, daß Er nicht ist, so wiederholt sich in Vignys Gedicht die Anklage, daß Gott nicht spricht, daß er nicht antwortet. In einem gewissen Sinne geht Vigny nicht so weit wie Jean Paul, in einem anderen geht er weiter. Denn verglichen mit dem Gott, dem Jean Pauls Christus die Existenz abspricht, den es nicht gibt, bezeichnet ein Gott, der sich verbirgt und den Menschen im Dunkeln läßt, ja wohl die mildere Form des Gotteszweifels. Nur daß sich Vigny die Lösung, daß alles nur ein Traum war, und damit die Rückkehr in den Glauben nicht erlaubt. Und dies bedeutet eine Verschärfung; in den beinahe fünfzig Jahren, die zwischen den beiden Dichtungen liegen, hat sich der Schwund der christlichen Wahrheiten beschleunigt.

1862 hat Vigny seinem Gedicht eine Art Abgesang nachgeschickt, den er *Le Silence* betitelt hat. Er lautet:

S'il est vrai qu'au Jardin sacré des Écritures,
Le Fils de l'homme ait dit ce qu'on voit rapporté;
Muet, aveugle et sourd[58] au cri des créatures,
Si le Ciel nous laissa comme un monde avorté,
Le juste opposera le dédain à l'absence
Et ne répondra plus que par un froid silence
Au silence éternel de la Divinité.[59]

---

55 *Ibid.*, S. 1125.

56 *Ibid.*, S. 902.

57 Hierzu siehe Karl S. Guthke, *Die Mythologie der entgötterten Welt* (Göttingen, 1971).

58 Von der »tauben, blinden, stummen ... Notwendigkeit« spricht Jean Paul im »Anhang ... für Leserinnen zum *Kometen*«. *Werke* VI,668.

59 *Poésies complètes*, p. 175.

Die gemessene und gesammelte Härte dieser sieben Schlußzeilen ist mit Recht berühmt geworden. Demselben Gott, der zuvor in Klagen und Fragen von einem seiner Agonie überlassenen Christus vergebens angefleht und beschworen worden ist, wird nun das Urteil gesprochen. Nicht mit Worten; durch bloße Abwendung. Er mag sein oder nicht sein; es ist, als ob er nicht wäre. Das »kalte Schweigen« des Opfers, das dem ewigen Schweigen der Gottheit entgegengesetzt wird, bedeutet den Verzicht auf Erlösung. Der Stolz des Verlassenen, die Verachtung des Unglücks, dies sind Haltungen, die Vigny sein Leben lang erstrebt, verkörpert und glorifiziert hat. Von den Schlußzeilen des *Mont des Oliviers* ergeben sich Verbindungen zu Baudelaire, zu der hochmütigen Geste der Abwendung etwa, mit der Don Juan auf der Fahrt über den Styx sich auf seinen Degen stützend, ins Wasser blickend, die ihn bedrängenden Schatten aus der Welt, die einst die seine war, nicht zu sehen geruht.[60] In der revoltierenden Provokation, im blasphemischen Hohn freilich, mit dem Baudelaire seinen Gott im Himmel lachen läßt, wenn er hört, wie elende Henker ihre Nägel in Christi Fleisch hämmern, geht Baudelaire weit über Vigny hinaus. Schneidender nur wie bei Vigny, kürzer noch, wird auch bei Baudelaire am Schluß ein Fazit gezogen:

Saint Pierre a renié Jésus . . . il a bien fait![61]

In dem Maße, in dem Christus seine Gottheit verlor und Mensch wurde, und als Mensch, ausgestoßen, verlassen, in letzte Einsamkeit getrieben wurde, konnte es nicht ausbleiben, daß die Dichter, und unter ihnen gerade diejenigen, die sich verkannt und abgelehnt, als Opfer ihrer Zeit und ihrer Gesellschaft fühlten, ihn nicht als Sohn Gottes sahen oder als Erlöser der Menschheit, sondern als ein erhabenes Symbol ihrer eigenen Leiden. Vignys Chatterton spricht davon: [Les poètes] »sont éternellement crucifiés: le sarcasme et la misère sont les clous de leur croix.«[62] Und Christi Leiden mit den Leiden der Dichter in Bezug zu setzen, ist ein Gedanke, der Nerval schon im ersten Satz seines *Christ aux Oliviers* überfällt.[63] Beide, Vigny und Nerval, stehen damit in derselben Tradition. Wenn also die Dichter sich *als Dichter* »ans Kreuz geschlagen« fühlen, so gehört ein solches Phänomen zu den Manifestationen eines Christentums, das auch Vigny als »sterbend«[64] empfand. Schon im

---

[60] Charles Baudelaire, *Don Juan aux Enfers, Œuvres*, édition de la Pléiade (Paris, 1954), p. 95.

[61] *Le reniement de Saint Pierre, ibid.*, p. 191.

[62] *Œvres complètes* I,872.

[63] *Œuvres* I,6.

[64] *Le Journal d'un poète, Œuvres complètes* II,517.

Werther frappieren, in dem Augenblick, in dem Werther seine Qualen als unerträglich empfindet, die Parallelen, die er oder sein Autor zur Leidensgeschichte Christi ziehen. Und noch Thomas Mann, von Nietzsche sprechend, spricht von dessen »Opfertode am Kreuz des Gedankens«[65] und spart nicht, wenn das Schicksal seines Tonsetzers Adrian Leverkühn seiner tragischen Erfüllung entgegengeht, mit Hinweisen auf die Passion Christi. An diesem Prozeß der Säkularisation hat auch Rilke teil.

7.

Rainer Maria Rilke: Der Ölbaum-Garten

Er ging hinauf unter dem grauen Laub
ganz grau und aufgelöst im Ölgelände
und legte seine Stirne voller Staub
tief in das Staubigsein der heißen Hände.

Nach allem dies. Und dieses war der Schluß.
Jetzt soll ich gehen, während ich erblinde,
und warum willst Du, daß ich sagen muß
Du seist, wenn ich Dich selber nicht mehr finde.

Ich finde Dich nicht mehr. Nicht in mir, nein.
Nicht in den andern. Nicht in diesem Stein.
Ich finde Dich nicht mehr. Ich bin allein.

Ich bin allein mit aller Menschen Gram,
den ich durch Dich zu lindern unternahm,
der Du nicht bist. O namenlose Scham ...

Später erzählte man: ein Engel kam –.

Warum ein Engel? Ach es kam die Nacht
und blätterte gleichgültig in den Bäumen,
Die Jünger rührten sich in ihren Träumen.
Warum ein Engel? Ach es kam die Nacht.

Die Nacht, die kam, war keine ungemeine;
so gehen hunderte vorbei.
Da schlafen Hunde und da liegen Steine.
Ach eine traurige, ach irgendeine,
die wartet, bis es wieder Morgen sei.

---

65 *Gesammelte Werke* IX,329. Vgl. a. Herbert Schöffler, »Die Leiden des jungen Werther«, *Deutscher Geist im 18. Jahrhundert* (Göttingen, 1956), S. 155 ff., und Hildegarde Drexl Hannum »Self-Sacrifice in *Doktor Faustus*«, *Modern Language Quarterly* 35 (1974), p. 294 f.

Denn Engel kommen nicht zu solchen Betern,
und Nächte werden nicht um solche groß.
Die Sich-Verlierenden läßt alles los,
und sie sind preisgegeben von den Vätern
und ausgeschlossen aus der Mütter Schooß.[66]

Es würde sich lohnen, einmal den Prinzipien nachzugehen, nach denen Rilke die Titel seiner Gedichte bestimmte. Bekanntlich hat er des öfteren ein Gedicht nicht nach dem Ereignis oder dem Thema benannt, von dem es handelt, sondern nach einer scheinbaren Nebensache. Ein Gedicht, das vom Tod handelt, braucht nicht *Der Tod*, es kann auch *Der Schwan* heißen. Und ein Gedicht von der Verlassenheit Christi wird nicht *Christus in Gethsemane* genannt, sondern, nach dem Schauplatz seiner Handlung, *Der Ölbaum-Garten*. Hierin ist Rilke keineswegs uniform; er ist durchaus imstande, den Titel auf den Vorgang selbst hindeuten zu lassen, von dem die Rede sein wird: *Saul unter den Propheten, Tröstung des Elia, Absaloms Abfall*. Er kann auch im Titel einen Ort nennen, und das Gedicht »macht« diesen Ort dann, so wie die *Neuen Gedichte* eben Dinge machen: *Quai du Rosaire, Römische Campagna, Der Apfelgarten*. Ein dem *Ölbaum-Garten* thematisch verwandtes Gedicht, das zwar ein paar Jahre später entstanden ist, aber aus vielen Gründen in seine Nähe gehört, heißt nicht *Die Schädelstätte*, auch nicht *Golgatha*, sondern *Kreuzigung*. Es heißt allerdings nicht: *Die* Kreuzigung. *Die Kreuzigung:* damit wäre die Vorstellung jenes einmaligen, berühmten, immer wieder dargestellten Ereignisses aus der abendländischen Heilsgeschichte heraufgerufen, bei dem die Sonne ihren Schein verlor und der Vorhang des Tempels mitten entzwei riß (Lukas 23.45). *Kreuzigung* hingegen entspricht solchen Erwartungen nicht: es zeigt, wie Kreuzigungen eben stattfinden, wie Delinquenten abgetan werden: indifferent, beiläufig, ohne Teilnahme der Welt. Die Brutalität der Vorgänge reißt das Ereignis heraus aus der verklärenden Sicht einer in Konventionen erstarrten, sterilen Frömmigkeit und überführt es in die schonungslose Unmittelbarkeit eines heillosen Sterbens ohne Tröstung, eine äußerste Ausgesetztheit, in der auch dieser Tod, von dem durch erbauliche Betrachtung so leicht abzulenken ist, erlitten wurde.

Es mag sehr wohl sein, daß auch im *Ölbaum-Garten* der Titel, indem er nicht sofort das hundertmal gedeutete und in seinen Deutungen fest-

---

66 Rainer Maria Rilke, *Sämtliche Werke*, besorgt durch Ernst Zinn, I (Insel-Verlag 1955), 492 ff.

geronnene Ereignis der Heilsgeschichte in den Blick rückt, durch Distanzierung einen neuen Zugang zu einem alten Motiv nahelegt. Ein Versuch der Verfremdung also, noch ehe das Wort in Umlauf gekommen war. Es ist überdies ein sehr Rilkescher Titel, ganz im Einklang mit den Bezeichnungen der Dinge, für die Rilke zur Zeit der *Neuen Gedichte* eine Vorliebe hatte: *Der Platz, Der Turm, Die Insel, Die Parke, Der Ball, Die Laute, Der Berg,* und nun eben auch *Der Ölbaum-Garten.* Nur daß den letzteren, so Rilkeschen Titel schon lange zuvor Alfred de Vigny gefunden hatte, bis auf eine geringfügige Abweichung wörtlich entsprechend: *Der Ölberg (Le Mont des Oliviers).* Dabei ist das Verfahren der beiden Dichter völlig das gleiche: nicht das Ereignis, von dem die Rede sein soll, wird angekündigt, sondern die zu erwartende Landschaft. Diese selbst jedoch wird dann nicht geschildert, sondern allenfalls erwähnt, mehr als Schauplatz, auf dem sich eine Szene abspielt. Um die Szene aber geht es. Im übrigen liebt Vigny Rilkesche Titel. So nennt er eines seiner berühmtesten Gedichte nicht etwa *La Mort de Roland,* sondern *Le Cor,* ein anderes nicht *Le Penseur et L'humanité,* sondern *La Bouteille à la Mer.* Zwischen Vigny und Rilke liegen dann Baudelaire und Mallarmé.

Gewiß wird niemand behaupten wollen, daß Rilke Vigny brauchte, um einen Titel wie *Der Ölbaum-Garten* zu finden. So völlig ist es ein Rilkescher Titel. Und da er es so sehr ist, möchte man fast vermuten, Rilke hätte ihn vielleicht nicht verwendet, wenn er Vignys Gedicht wirklich gekannt hätte. Ebenso schlüssig ließe sich freilich, da hier alles Konjektur ist, folgern, daß Rilke gerade durch die Titelgleichheit darauf hinweisen wollte, daß er das gleiche Gedicht wie Vigny noch einmal gemacht habe, als Rilkesches Gedicht, nicht viel anders wie Nerval darauf hinwies, daß er Jean Paul »nachgeahmt« und also ganz anders gemacht habe. Die Verwandtschaft zwischen Vigny und Rilke liegt nicht etwa im Sprachlichen, in der Übereinstimmung oder im Anklang gewisser Wendungen; die beiden Gedichte sind jedes in einem völlig anderen dichterischen Idiom geschrieben. Überraschende Parallelen weist hingegen die Struktur auf. Diese Ähnlichkeiten sind nicht einfach vom Stofflichen vorgegeben; sie rühren nicht nur daher, daß beide Dichter derselben Quelle folgen, sowie unzählige Maler immer wieder dieselbe Kreuzigung gemalt haben oder dieselbe Auferstehung. Dies ließe sich allenfalls vom ersten Teil der zwei Gedichte sagen, dem, jedem auf seine Art, die biblische Erzählung zugrunde liegt; nicht aber vom zweiten. Denn die beiden Gedichte sind auf sehr analoge Art zweigeteilt: einem ersten, erzählenden Teil folgt jeweils ein zweiter, reflektierender, in dem der Erzähler zu einem Urteil über die erzählten Vorgänge kommt. Diese reflektierenden Teile sind von verschiedener Länge: in Vignys Fall handelt es sich um sieben, überdies erst später angefügte Zeilen. Diese wenigen Zeilen stehen den 142 des ersten Teiles gegenüber. Trotz der Kürze des zweiten Teils scheint das Gedicht dennoch im Gleichgewicht zu stehen; die Schwere des zweiten Teils balanciert die Länge des ersten.

Bei Rilke steht es anders: die beiden Teile sind von genau gleicher Länge. Dem ersten Teil, einem vierzehnzeiligen Sonett, folgt ein zweiter, ebenfalls vierzehnzeiliger Teil. Zwischen ihnen steht, gewissermaßen für sich, eine einzelne, durch ihre Stellung im ganzen auffällige Zeile, die die beiden Teile voneinander trennt und sie zugleich wie eine Achse oder ein Gelenk verbindet. Man muß es technisch aber noch um einen Grad genauer ausdrücken: tatsächlich handelt es sich um ein sogenanntes Schweifsonett. Die einzeln stehende Zeile ist durch Reim mit dem letzten Terzett des vorausgehenden Sonetts verbunden und der darauffolgende zweite Teil bildet die Fortsetzung der Coda des Sonetts.[67]

Den ersten, erzählenden Teil seines Gedichts hat Vigny, den biblischen Ereignissen folgend, weiter unterteilt. Auf eine Exposition von 34 Zeilen, die den Schauplatz beschreibt, die schlafenden Jünger, Christi Verlassenheit, folgt der eigentliche Hauptteil des Gedichts, 96 Zeilen. Man könnte ihn »Christi Gebet« benennen. Legt man das Evangelium des Lukas zugrunde, so entspricht dieser Abschnitt dem Satz des Lukas: »und [Jesus] kniete nieder, betete« (Lukas 22.41). Was Jesus betete, wird im Evangelium nicht gesagt, mit Ausnahme eines einzigen Satzes, in dem Christus seine Ergebung in Gottes Willen ausdrückt: »Vater, willst du, so nimm diesen Kelch von mir; doch nicht mein, sondern dein Wille geschehe!« (Lukas 22.42). Vignys Gedicht versucht, diesen Umriß auszufüllen. Sein Jesus bittet nicht für sich, sondern für die Menschheit; er bittet Gott, die Menschen aus dem Dunkel zu befreien, in dem sie leben, und die Rätsel zu lösen, die ihr Dasein verdüstern. Worum Vignys Jesus bittet, ist zwar rhetorisch gegliedert und logisch entwickelt, aber im Grunde nicht sehr verschieden von den *Fragen*, die der mit Vigny gleichaltrige Heine seinen Jüngling an die Meereswogen richten läßt:

---

67 Auf die Struktur des *Ölbaum-Gartens* als Schweifsonett hat Judith Ryan hingewiesen, *Umschlag und Verwandlung* (München, 1972), S. 57. – S. a. Walter Mönch, *Das Sonett* (Heidelberg, 1955), S. 28.

O löst mir das Rätsel des Lebens,
das qualvoll uralte Rätsel ...
sagt mir, was bedeutet der Mensch?
Woher ist er kommen? Wo geht er hin?
Wer wohnt dort oben auf goldenen Sternen? [68]

Es ist dieselbe Frage nach Herkunft und Bestimmung des Menschen, mit der Vignys Jesus sein Gebet schließt:

– Tout sera révélé dès que l'homme saura
De quels lieux il arrive et dans quels il ira.[69]

In beiden Gedichten bleibt die sehr dringlich gestellte Daseinsfrage ohne Antwort. Sehr verschieden hingegen ist die Reaktion: bei Heine schlägt die Enttäuschung über das Schweigen der Schöpfung über in schneidenden Hohn, bei Vigny in Terror und Angst, die freilich, hier noch ganz dem biblischen Bericht folgend, der Ergebung in Gottes Willen untergeordnet bleiben: »Que votre volonté / Soit faite et non la mienne, et pour l'Éternité.« Und in die biblische Handlung lenkt dann der Schluß des Gedichtes ein:

Dans le bois il entendit des pas
Et puis il vit rôder la torche de Judas.

Damit endet die Fassung von 1844.

Rilke braucht, um dieselbe dreigliedrige Handlung darzustellen, vierzehn Zeilen. Was eben als Vignys Exposition bezeichnet wurde, füllt bei Rilke die vier Zeilen des ersten Quartetts. Aber wie füllt es sie. Unvergleichlich sind Gegenständliches und Seelisches, Landschaft und Vorgang verschmolzen. Als einzige Farbe das Grau des Olivenlaubes, aufgenommen vom Grau des Staubes, der alle Farben auslöscht und zudeckt. Der hier, von Staub bedeckt, am Ende seines Weges angekommen ist und seine »Stirne voller Staub« nicht etwa in die heißen Hände, sondern in »das Staubigsein« der heißen Hände legt, ist wahrhaft aufgelöst. In dieser Landschaft gibt es keine Konturen mehr, dieser Körper kennt keine Gliedmaßen mehr, dieses Gehen hat keinen Willen mehr; es ist nichts mehr da als die Apathie der Erschöpfung. Auch wer von den Versuchen mancher Interpreten, mit bestimmten Lauten bestimmte Ausdruckswerte zu verknüpfen, nicht allzuviel hält, kann sich der suggestiven Monotonie der sich wiederholenden »au«s in den beiden ersten

[68] Heinrich Heine, *Sämtliche Werke*, hrsg. v. Ernst Elster (Leipzig und Wien, 1890), I,190.

[69] *Poésies complètes*, p. 175.

Zeilen schwerlich entziehen, dem »gr*au*en L*au*b ganz gr*au* und *au*fgelöst«, was dann im »St*au*b« der dritten und dem »St*au*bigsein« der vierten Zeile aufgenommen wird. Diese Wirkung wird durch die Stabreime und Assonanzen verstärkt: »auf*gelö*st im Öl*gel*ände«, »*St*irne voller *St*aub«, der »*h*eißen *H*ände«. Rilke kann, wenn er will, in den Raum von ein paar Zeilen ungeheuer viel hineinpressen; hier scheint es eher, daß er ihn entleert und einebnet. Etwas Gestaltloses entsteigt diesem grauen Staub, breitet sich aus und erfüllt die Zeilen. Rilke arbeitet hier mit ganz ähnlichen Mitteln wie in den Eingangsversen des *Panther*, wo die wiederkehrenden »Stäbe« dieselbe Funktion haben wie im *Ölbaum-Garten* der »Staub«, und in beiden Gedichten geht es ja auch darum, eine überwältigende Willenslähmung fühlbar zu machen. Keineswegs liegt das Entscheidende nur in der Wiederholung von ein paar Vokalen, sondern in den sehr präzisen Vorstellungen, die wir mit ganz bestimmten Worten verbinden. Grau, das ist die Nicht-Farbe; Staub, die Nicht-Gestalt. Staub ist zermahlene, zerriebene, zerfallene, verbrauchte, eingeäscherte Substanz. Es sind Wörter, die nicht nur Eigenschaften bezeichnen oder Gegenstände, sondern die darüber hinaus metaphorische Möglichkeiten besitzen, derer Rilke sich sehr bewußt war und die er zu gebrauchen verstand. Rilke nennt solche Worte, mit einem Ausdruck des norwegischen Dichters Sigbjörn Obstfelder »Signalworte«: »sie *beschwören herauf*«.[70] So, als »Signalworte« erscheinen die Wörter, mit denen wir es zu tun haben, tatsächlich in Rilkes Aufsatz über Obstfelder, wenn er von den Menschen spricht, die Obstfelder darstellt: »Die Unbekannten, die Scheuen, die Häßlichen, die Rätselhaften, die in den großen Städten sich bilden wie Staub, der in den Ecken entsteht, die Grauingrauen, die kein Stand sind, sondern viele einzelne, . . . die sah er.«[71]

Man fühlt sich an den *Malte* erinnert, wenn man diesen Satz liest, und dem *Malte* steht auch offensichtlich der *Ölbaum-Garten* näher als den Synoptikern. Was vom *Malte* gesagt worden ist: daß er auf Destruktion des »Helden« angelegt ist, auf die »Entthronung des Menschen als Subjekt, seine völlige Degradierung, sofern er sich als autonome Persönlichkeit behaupten will«,[72] gilt auch für den *Ölbaum-Garten*. Der Staub,

70 *Sämtliche Werke* V (Frankfurt, 1965), 660.

71 *Ibid.*, S. 663.

72 Ulrich Fülleborn, »Form und Sinn der Aufzeichnungen des ›Malte Laurids Brigge‹«, in: *Materialien zu Rainer Maria Rilke, ›Die Aufzeichnungen des Malte Laurids Brigge‹*, hrsg. v. Hartmut Engelhardt (Frankfurt, 1974), S. 189.

der diesen Ölbaumgarten zudeckt, hat auch den letzten Goldglanz der Heilsgeschichte ausgelöscht. Man vergleiche einen Augenblick, wie direkt und wie nahe an der biblischen Tradition Vigny diesen Teil seines Gedichts beginnt: »Jésus disait: ›O Père, encor laisse-moi vivre‹.« Dagegen nun die sonderbar diffusen Worte in Rilkes Gedicht, die, aus dem Staub der Alltagssprache aufgelesen, sich erst mühsam zu bilden scheinen: »Nach allem dies. Und dieses war der Schluß« (5). Der hier spricht, oder genauer, gleich sprechen wird, denn noch sind die Worte weder direkte Rede des »Helden«, noch entschiedener Bericht eines Erzählers; der hier spricht, hat auch keinen Namen. Weder hier noch sonst irgendwo im Gedicht. Ihm seinen biblischen Namen zu geben, würde bedeuten, ihm etwas von der Erhöhung mitzugeben, die ihm zweitausend Jahre christlicher Geschichte verliehen haben. Nicht einen Augenblick freilich kann ein Zweifel daran bestehen, von wem die Rede ist. Sofern jedoch hier Jesus spricht, spricht er als Mensch. An das Ringen mit Gott, das »Gebet« der mythologischen Szene freilich wird nur noch durch den Gegensatz erinnert. Denn immer lebt das »Du bist nicht« oder »Er ist nicht« dieser Szene ja davon, daß hier einmal der Sohn Gottes in großer Anfechtung zu seinem Vater sprach. Aus Jean Pauls Christus spricht das Entsetzen, diesen Vater nicht mehr zu finden, aus den Ausrufen Christi in Nervals Gedicht Revolte, Verzweiflung, Klage; selbst der forensische Glanz, der das Plädoyer von Vignys Christus umspielt, kann Jahrhunderte großer Kanzelreden nicht vergessen lassen. Für das »Der Du nicht bist« von Rilkes Gedicht erscheint das Wort »Gottesleugnung« fast schon zuviel. Hier gibt es weder Revolte noch Anklage, weder Schrecken noch Verzweiflung, auch keine Auseinandersetzungen; aus dem gedämpften Ton dieser Absage spricht höchstens Enttäuschung und eine grenzenlose Müdigkeit.

Aber damit ist das Gedicht ja noch nicht zu Ende. Denn ähnlich wie Vigny, nachdem er seinem Christus das Wort zur großen, nicht-biblischen Anklage gegeben hat, in die biblische Erzählung zurücklenkt, so erinnert auch Rilke ausdrücklich an den Bericht des Evangeliums, mit der Zeile, die so auffällig an sein Sonett anschließt und gleichzeitig den Auftakt zum zweiten Teil des Gedichts bildet: »Später erzählte man: ein Engel kam –« (15). Daß ein Engel kam, erzählt Lukas, als einziger unter den Evangelisten: »Es erschien ihm aber ein Engel vom Himmel und stärkte ihn« (Lukas 22.43). Rilke hat bekanntlich die Tröstungen nicht geliebt, und wenn er Bezug nimmt auf den überlieferten Text eines biblischen Berichts, so nur, um ihm seine Authentizität zu nehmen. Dies ist nicht Zeugnis, sondern Zutat, gibt die Zeile zu verstehen, und man mag sich fragen, ob das »später« nur darauf hinweist, daß die Berichte der Evangelisten ja erst längere Zeit nach den Ereignissen abgefaßt sind, oder ob es darauf anspielt, daß manche Kommentatoren der Meinung sind, die Erscheinung des Engels sei überhaupt erst eine spätere Hinzufügung. Und daß »man« es so erzählt, ist eine weitere Distanzierung. Kein offenkundiger Gewährsmann verbürgt das Geschehene, sondern der Erzähler erzählt, was man später erzählte, und schiebt damit das Berichtete weg ins eigentlich Ungreifbare.

Damit hätte es sein Bewenden haben können, aber sonderbarerweise wird das vage Gerücht sehr entschlossen im Bewußtsein festgehalten, indem es zuerst ausdrücklich in Zweifel gezogen wird – »Warum ein Engel?« – und dann, eingehender als man es einem bloßen Gerücht gegenüber für nötig halten würde, widerlegt wird. Auffallend ist der Ton. Das »Ach« in »Ach es kam die Nacht« ist kein Ach der Klage; auch mit großer Bemühung ließe es sich kaum so lesen; eher hat es einen wegwerfenden Ton und kommt dem »Ach« in einer Redensart wie »Ach was« gefährlich nahe. Was dann folgt ist ein concetto. Wenn von der Nacht gesagt wird, sie »blätterte« gleichgültig in den Bäumen, so liegt dem Vergleich die Beobachtung zugrunde, daß die raschelnde Bewegung der Blätter im Wind ja wohl ein Geräusch erzeugen mag, ähnlich dem, das beim Umblättern der Seiten eines Buches entsteht. Der unruhige Rhythmus der Zeile verstärkt die Impression. Nicht absichtslos wird die Vorstellung eines Buches hervorgerufen. Schwerlich jedoch wird sich der Gedanke an *irgendein* Buch einstellen. Liegt es nicht vielmehr nahe, hier an *das* Buch zu denken, das Buch der Bücher, dem wir den Bericht von den Ereignissen dieser Nacht verdanken? Und wird man beim »gleichgültigen« Blättern wirklich nur an die Nacht denken und nicht zugleich an die vielen, die gleichgültig in dem *Buch* blättern, das ihnen Mythen erzählt, denen sie keinen Glauben mehr schenken?

»Warum ein Engel?« Der Einwand und alles, was ihm an Einwänden folgt, scheint herausgefordert durch den Gedankenstrich der vorausgehenden fünfzehnten Zeile. »Ein Engel kam –«. Wer immer hier spricht, scheint zu zögern; es ist, als ob der Satz in der Schwebe bliebe, als ob unausgesprochene Zweifel in dieser Pause anklingen und zum Einhaken fast einladen. Unabweisbar ist dabei die Frage, welches lyrische oder erzählende Ich hier eigentlich spricht, und obwohl es natürlich sein kann, daß der Erzähler sich selber unterbricht, so scheint es doch kaum möglich, alles, was folgt, einem und demselben Sprecher zuzuweisen. Dazu ist es in der Stimmführung zu verschieden. Und dies heißt zugleich, daß die drei folgenden reflektierenden Strophen aus jeweils sehr verschiedenen Bewußtseinslagen heraus gesprochen sind. Nimmt man einen Augenblick an, Rilkes *Ölbaum-Garten* wäre der Text eines Oratoriums, so könnte man sich wohl vorstellen, daß der Komponist jede der drei Strophen einer anderen Stimme zuwiese. Nur schwer könnte man sich vorstellen, daß die erste Strophe mit ihrem abrupten Einsatz »Warum ein Engel?« und das abschließende Maestoso »Denn Engel kommen nicht zu solchen Betern« demselben Sprecher oder Sänger zuerteilt würde. Wenn hier von »abrupt« die Rede war, so liegt eine gewisse Eile, vielleicht sogar Voreiligkeit, ja schon im Einwurf, in der Unterbrechung als solcher. Sie liegt weiter im – möglicherweise verfrühten – Versuch, abschließend zu sein. Indem das zuerst Gesagte (16) am Schluß noch einmal gesagt wird (19), wird die Aussage gleichsam in sich selbst eingekreist, so als ob jede Widerrede ausgeschlossen sein sollte, während die fünfzehnte Zeile durch den Gedankenstrich offen ist. Ein beweglicher, unruhiger, zum Geistreichen neigender, seiner selbst sicherer Intellekt hat hier offenbar das Wort.

Die zweite Strophe (20–24) nimmt das Gesagte auf, aber in einer andern, mehr resignierenden Tonart. Man könnte sich, was gesagt wird, durch ein »Ja, es ist wahr« eingeleitet denken. Auch das wiederaufgenommene »ach« dieser Strophe (23) hat einen anderen Ton. Nicht nur die Verbindung mit »traurig« bewirkt das; auch das »ach« in »ach irgendeine« ist anders zu lesen als das »ach« der sechzehnten Zeile; mehr mit dem Unterton, ja, leider ist es so. Nicht im »Ungemeinen«, im Außerordentlichen der historischen Tragödie, sondern in der Gewöhnlichkeit, der Alltäglichkeit einer solchen Nacht liegt die Berechtigung, sie »traurig« zu nennen. Auch der Rhythmus ist viel ruhiger geworden.

Dann aber wechselt überraschenderweise der Ton noch einmal. Dem Unglauben an die tröstende Erscheinung des Engels, den die vorausgehenden Strophen kundgegeben haben, wird jetzt erst die eigentliche Begründung gegeben. Sie kommt aus einem viel tieferen Bereich und äußert sich mit ungleich größerer Eindringlichkeit. Ganz verständlich wird sie wohl erst im Licht von Rilkes religiösen Vorstellungen zur Zeit der Abfassung des *Ölbaum-Gartens.* Vor allem ein Gedanke ist hier wichtig, den Rilke sich im Anschluß an einen Aufsatz von Lou Andreas-Salomé gebildet hat. Es handelt sich um den Aufsatz »Jesus der Jude«, der im April 1896 in der *Neuen Deutschen Rundschau* erschienen ist.

In seinem ersten Brief an Lou Andreas-Salomé, vom 13. Mai 1897, hat Rilke die ungeheure Bedeutung hervorgehoben, die dieser Aufsatz für sein Denken gehabt hat.[73] Die These, die der Aufsatz vertrat, richtete sich gegen den anthropomorphischen Gottesbegriff der modernen Wissenschaft. Es genüge nicht, fand Lou Andreas-Salomé, zu betonen, wie die Gottheiten durch die Menschen entstanden seien. Das eigentliche religiöse Phänomen liege vielmehr in der *Rückwirkung* einer, gleichviel wie entstandenen, Gottheit auf den an sie glaubenden Menschen. Nicht also »wie ein Volk sich seinen Gott gestaltet oder ihn von andern übernommen hat, sondern nur in welcher Weise und in welchem Grade dieser Gott auf dieses Volk zurückwirkt«, bestimmt sein religiöses Dasein. Das religiöse Genie aber ist es, das den seelischen Widerspruch löst, der darin liegt, daß der Mensch vor dem menschenerschaffenen Gott, seinem eigenen Geschöpf, kniet.[74] Betrachtet man unter einem solchen Aspekt ein Gedicht wie Rilkes *Der Reliquienschrein,* in dem der Goldschmied zuletzt auf den Knien liegt vor dem herrlichen Behälter, den er angefertigt hat als Behausung der wundertätigen Reliquie, dann erkennt man unschwer, wie sehr sich Rilke im Einklang mit dem Denken Lou Andreas-Salomés befand. Doch auch *Der Ölbaum-Garten* läßt es erkennen. Sehr deutlich wird dies schon im *Judenfriedhof* ausgesprochen, einer der *Christus-Visionen* von 1896/1897, die sich als Vorstufe des *Ölbaum-Gartens* ansehen läßt. Hier erscheint der wiedergekommene Jesus auf dem alten Judenfriedhof in Prag, Jesus, »der arme Jude, nicht der Erlöser«,[75] und beginnt mit Gott zu rechten. Auch dieser Jesus hat den Himmel nach Gott durchsucht und ihn leer gefunden; auch er zieht die Folgerung, daß es diesen Gott nicht gibt:

So warst du niemals – oder warst nicht mehr,
als ich Unsel'ger auf die Erde kam.
Was kümmerte mich auch der Menschheit Gram,
wenn du, der Gott, die Menschen nicht mehr scharst
um deinen Thron. – Wenn gläubiges Gefleh
nur Irrsinn ist, du nie dich offenbarst,
weil du nicht bist. –[76]

Unverkennbar sind die Anklänge an Jean Pauls oder Nervals Thematik der Gottesleugnung und doch nicht so spezifisch, daß man mit Bestimmtheit sagen könnte, wo etwa Rilke dieser Tradition verpflichtet ist.

---

[73] Rainer Maria Rilke – Lou Andreas Salomé, *Briefwechsel,* hrsg. v. Ernst Pfeiffer (Zürich und Wiesbaden, 1952), S. 9 f.

[74] *Neue Deutsche Rundschau* VII (1896), S. 344.

[75] *Sämtliche Werke* III,157.

[76] *Ibid.*, S. 158.

Worin er von ihr abweicht, ist die Wendung, mit der Jesus die Nichtexistenz Gottes sich selbst als Schuld anrechnet:

> ... und wenn du niemals warst,
> so hätte meine Liebe und mein Weh
> dich schaffen müssen bei Gethsemane.

Was hier dem Jesus des Gedichts als Selbst-Anklage in den Mund gelegt ist, wird im *Ölbaum-Garten,* sprachlich gesteigert, zum abschließenden Urteil, unter dessen Härte die Ereignisse des Gedichts und Jesus selbst gestellt werden. Der Engel, der in dieser Nacht nicht kommt, *ist* nicht, weil der, der ihn braucht, ihn nicht erzeugen kann, sowenig wie er den Gott erschaffen kann, der ihn erhört. Wenn Jesus in einer anderen Christus-Vision müde zur verfallenen Kirche von Nago emporsteigt, und ihm gesagt wird:

> Aber heute bist du schon matt. Und dein Kleid
> ist bestaubt.
> Staubig dein Haupt,[77]

so gilt das auch für den Christus des *Ölbaum-Gartens.* Auch er ist ein »Ermatteter«. Keineswegs aber ist hier nur die einmalige, in den Evangelien überlieferte Geschichte nacherzählt; dieser Jesus steht vielmehr für alle Ermatteten, für alle, die ihren Glauben verloren haben, den Glauben an ihren Gott, ihre Sendung, ihre Aufgabe, ihre schöpferische Kraft. »Die sich-Verlierenden läßt alles los«: damit wird die Gültigkeit eines Gesetzes ausgesprochen, dem alle unterstellt sind. Es könnte sein, daß dies als Richtspruch gemeint ist, mit dem auch Malte gemessen wird und dem sich auch der Dichter in härtester Selbstbefragung immer wieder unterzieht. Das Schicksal aber, das dem »Sich-Verlierenden« in den zwei Schlußzeilen mit der Gewalt eines alt-testamentlichen Fluchs angedroht wird, ist ein Schicksal, das er, sich aus allen Bindungen lösend, als radikal Vereinzelter längst über sich gebracht hat. Sehr deutlich sind die verschiedenen Ebenen gegeneinander abgegrenzt, auf denen sich das Gedicht abspielt: es spricht der geschwächte, devitalisierte Christus des modernen Bibelverständnisses (6–14); es spricht die ungeduldige Skepsis der modernen Bibelkritik (16–19), und es spricht am Ende ein biblisches Pathos, zu dem sich paradoxerweise ein Gedicht steigert, das scheinbar mit aller biblischen Überlieferung gebrochen hat. Gerade in dieser Paradoxie aber liegt die unerwartete Tiefe, die sich an seinem Ende auftut.

---

[77] *Ibid.*, S. 162.

Henry H. H. Remak

Rilke and Valéry on Autumn: A Comparative Explication de Textes

I

The present essay attempts an intensive textual comparison of Rilke's poem, "Herbst" ("Die Blätter fallen ..."), written on September 11, 1902 in Paris and first published in the second edition of *Das Buch der Bilder* in December 1906, with Valéry's prose reflection, "Automne," the date of which is not certain; it was first printed in *Mélange* (1939).[1] It also wishes to serve methodological aims.

The approach chosen is in affectionate homage to Oskar Seidlin. It is he who has set a near perfect example for the practice of the immanent approach, the scrupulous respect, the delicate, differentiated empathy for the text, which after all is the primary raison d'être for literary scholarship. Rilke belongs to Oskar's first love, German literature. The comparison with a French author represents his second love, Comparative Literature.

My total preoccupation, in this essay, with textual evidence is a deliberate self-limitation to force a centripetal descent into the writer's language rather than succumbing to the temptation of following up the

---

1 Rainer Maria Rilke, *Werke in drei Bänden*, ed. Beda Allemann (Insel: Frankfurt a. M., 1966), I,156 (text), 541 (dating). "Automne" is contained in a volume entitled *Mélange de prose. Album plus ou moins illustré d'images sur cuivre de l'auteur*, an edition of one hundred copies printed in 1939 for and by the bibliophiles of the Automobile Club of France, with illustrations by the poet. The first edition available to the general public appeared, with some changes, in 1941 (Gallimard). I have used the text as it appears in Paul Valéry, *Oeuvres*, ed. Jean Hytier, Bibliothèque de la Pléiade, Nouvelle Revue Française (Gallimard: Paris, 1957), I,295. Bibliographical indications: ibid., 1697–8. The comparison of these two texts has intrigued me for over twelve years. At various stages of gestation it has been tried out on audiences at the Université de Lille, University of Illinois (Urbana), Hope College, University of Kansas, University of Utrecht, University of Amsterdam, Universität Hamburg, Washington University (St. Louis), University of Minnesota, University of Georgia, and University of Oregon. The list is far more than an expression of courtesy thanks: whatever merits this exercise has are based in large measure on opinions offered and criticisms voiced by my listeners, to whom I owe deep thanks.

many centrifugal leads that would, if temporarily, take us away from it. Nothing, however, could be further from my thoughts — and, I dare say, from Seidlin's — than to claim exclusive rights for this direction, though he and I would probably agree that it ought to precede all others.[2] A text presented by the author as a whole has the right to be treated as an artistic entity, and if the authors are named Rilke and Valéry, with the greatest of care.

But there are no predictable limits to the plausible immanent interpretation of a productive text. Hence strict limitation to this access in no way guarantees exhaustiveness even on that one basis. Furthermore, the total opus of an author combines many texts. A particular text provides and receives other dimensions from its position in the *Gesamtwerk* of the author. Umbilical cords run to and from many earlier, simultaneous, and subsequent works of other authors writing in the same idiom or in other languages, whether they knew of each other or not. The text has, in principle, the potential of harboring biographical, psychological, philosophical, religious, social, political, economic etc. connotations that open up additional dimensions. Within this natural habitat of a text there is room for a vast range of approaches and opinions, even when one discards, as one must, inferior works or those of simplistic structure and content. Any interpretation of a significant work, no matter how searching, must remain incomplete. The only question is: how incomplete? How true to the potential of the particular approach or combination of approaches chosen? The more significant, the more comprehensive the work, the greater the inherent justification for a pluralism of accesses.

These may seem — and are — truisms, but they can stand reaffirmation in view of the persistent hybris of scholars who often imply and sometimes state that their brainstorms will provide *the* rather than *a* key to a particular literary work or problem. It would be equally destructive of reasoned scholarship, however, to maintain that all approaches, even if carried out intelligently, are equally pertinent to all literary works of art. The immanent textual approach to a lyric poem (Rilke) and a 'philosophic', existential reflection clothed in literary prose (Valéry) carries a *prima facie* plausibility that it might not carry vis-à-vis a novel or a drama.

---

2 See his beautiful and fair "Apologia qua Praefatio: Interpretation als eine moralische Veranstaltung betrachtet," in Oskar Seidlin, *Klassische und moderne Klassiker* (Göttingen: Vandenhoeck und Ruprecht, 1972), pp. 9–19.

The non-utilization of other secondary scholarship in this essay necessitates another disclaimer. Although I have not been able to locate criticism comparing Rilke's poem with Valéry's prose rumination, there is undoubtedly much that could be gained from a perusal of studies comparing other facets of Rilke and Valéry, and from the vast Rilke and Valéry scholarship in general.[3] Again I must ask that the omission of secondary sources (though also caused by considerations of time and space) be clearly viewed as a preliminary step compelling independent, personal concentration on the text. It is the indispensable first stage only.

My specific aim is the reciprocal elucidation of two short pieces of artistic writing through comparison. Methodologically it represents an endeavor to extend the *explication de texte* to two texts, and to the realm of comparative literature. It hopes, in a small illustrative way, to strengthen efforts to maintain concern with literary texts — immanent criticism — within comparative literature as a counterweight to the many other directions that make of comparative literature a centrifugal rather than centripetal discipline. It is for this particular purpose and not for any reasons of principle that I deliberately shun other, perfectly relevant considerations that are and have every right to be used in comparative literature. Such are, e.g., the significant *personal links* between Rilke and Valéry: Rilke's discovery of Valéry's work in the spring of 1921, his sustained interest in and personal reverence for the French poet, their correspondence, their encounters and especially Valéry's two visits to Rilke (April 1924, September 1926) which the French writer has recollected in moving words. Such is *influence:* of Valéry's work on Rilke much more than vice versa. It cannot be accidental that one of the richest productive periods in Rilke's life, the completion of the *Duino Elegies*, the creation of the *Sonnets to Orpheus*, and the astonishing unfolding of Rilke's French poems, 'coincides' with his intense admiration for Valéry. There is, more than that, the most concrete and incontrovertible proof of influence possible between poets: the *translation* (here: transposition) of the one by the other. Rilke transposed seventeen of the twenty-one poems in Valéry's *Charmes*, among them *Le cimetière marin*, plus Valéry's *Tante Berthe* (prose), and two important dialogues by Valéry on dance and architecture.

---

[3] An excellent introduction to the poetic relationship between Rilke and Valéry is Judith Ryan's well-informed, perceptive and judicious "Creative Subjectivity in Rilke and Valéry," *Comparative Literature* XXV. no. 1, Winter 1973, 1–16.

These weighty relationships will be excluded from our consideration in order to focus on the potential of the 'pure comparison', the 'analogy-and-contrast' method. When specific cause-and-effect factors do not furnish the basis for the joining together of two authors and/or works (and there is no evidence known to me that would suggest that Valéry's reflection on autumm is directly related to Rilke's), I am under the obligation to justify the choice of the works I want to compare, that is, their *comparability*.

The best argument for the comparability of literary works is that the results obtained be good, that they will bear out the trouble of the effort made to attain them. The best theoretical defense of a comparison will be worth little if the results of the comparison are meagre. But they are bound to be meagre or absurd if a basis for comparison does not exist. What is the basis for my comparison? Valéry and Rilke were contemporaries (Valéry: 1871–1946; Rilke: 1875–1926), both lyric poets (though not only that) of the first order, part of the same poetic ambiance of Western Europe determined by the breakthrough of Symbolism. They produced their major works in the same four decades, the last of the nineteenth and the first three of the twentieth centuries, an extremely rich period for lyric poetry. You may rejoin: "But we do not have two poems. We have a Rilke poem and a Valéry prose 'fragment'." That certainly makes a difference. But the difference is not decisive. There is much embryonic poetry in the reflective prose of Valéry, and much reflection in the poem of Rilke. The length or rather brevity of both texts is about the same. The strongest argument is the identical topic: a reaction to the most regular, inevitable, normative phenomenon of nature in moderate northern climates: the season of the year. Here: Autumn.

II

Rilke, "Herbst"

Die Blätter fallen, fallen wie von weit,
als welkten in den Himmeln ferne Gärten;
sie fallen mit verneinender Gebärde.

Und in den Nächten fällt die schwere Erde
aus allen Sternen in die Einsamkeit.

Valéry, "Automne"

Feuilles mortes. La forêt plus *belle* après sa mort d'automne, par ses couleurs plus variées, plus sonores que celles de la vie. Parlera-t-on ici de "nature"? Il s'agit de choses mourantes et mortes, et cette splendeur résulte *comme elle peut*, de la dégradation d'organes d'où la *vie* s'est retirée.

Wir alle fallen. Diese Hand da fällt.
Und sieh dir andre an: es ist in allen.

Und doch ist Einer, welcher dieses Fallen
unendlich sanft in seinen Händen hält.

C'est l'abandon, la décomposition, l'oxydation lente qui emplissent nos yeux de valeurs positives puissantes. "Qui a fait ceci?" Ce sont choses qui se défont. Et je tombe dans une songerie, que j'appellerais "philosophique", sur le *faire* et le *défaire*, si je ne savais qu'il n'y a pas de philosophie, mais des variations intérieures sur le sens des mots . . .

Both texts begin with the same element, with the identical noun: "Die Blätter." "Feuilles." Valéry, however, drops the article. That marks a distinction. It exudes an abrupt though quiet definitiveness from which one derives no positive, at most a neutral meaning. The article preceding Rilke's "Blätter" appeases, from the outset, the phenomenon of autumn, gives it something intended, ordered, regular rather than disruptive. The absence of a verb, the telegram style of Valéry's initial two words give us a sentiment of dramatic resignation. Dramatic as well as resigned in its brevity, dramatic in the contrast between the caressing sound of "feuilles" immediately followed by the most overpowering, inevitable, definitive event of our existence, a word determined by the somber, hollow "o," the hard "r," and the distant, conclusive rumbling of the "tes": "mo — r — tes."

This finality is, however, not a stop-sign for the mind. It feeds a calm, puzzled, intrigued *intellectual* quandary: not an emotional and rather obvious resentment that leaves should be alive but are dead, but that dead leaves should be more beautiful than live ones, lovelier and 'livelier' than when 'living.' A logical paradox. And therefore interesting, productive, alive.

The leaves of Rilke may be metabolically closer to decomposition than Valéry's. They are off the trees or bushes (Rilke remains vague as to their specific origin) whereas Valéry's are presumably still part of the tree. But Rilke's leaves are moving, they do not seem nor are they called 'dead.' He catches them in the last manifestation of their existence, he seizes them in the moment between life and death, in the act of becoming rather than being. "Fallen" does not have the cuddling sound of "feuilles." But the acoustic sensation it provides is soft and engaging. It does not have the rigidity of "mortes": "l" for "r," the open "a" for the closed "o". "Fallen," capable of causing us anguish ('er fällt von einem Felsen', 'der Soldat fällt'), or conjuring up violation of the law ('der Gerichtsfall') or, in days of yore, of the moral code ('ein gefallenes

Mädchen'), gives us, when applied to leaves, a feeling of physical and esthetic satisfaction: miraculous liberation from terrestrial chains, momentary cancellation of the pull of gravity. There is something rending about the fall of an animal, e.g., a horse, of a man or a woman, whether physical or figurative, more so than about the fall of a child which still seems to be part of nature's laws of gravity, but much less of this in the silent, measured, rythmic dancing descent of a leaf. And yet, the term never loses entirely a touch of anxiety, an association with death.

It is around this word, "fallen," so simple, so supple, so balanced (consonant — vowel — double consonant — vowel — consonant), and as elementary as the other key words of Rilke's poem, that Rilke's "Herbst" revolves. It appears and reappears, in so brief a poem, no less than seven times, is repeated consecutively, to leave no doubt about it, in the very first line, and one remembers it additionally when one hears the rhyme words: "allen" — "alle" — "hält."

Wherever they come from, the leaves of Rilke do not drop from a tree rooted in our soil. There is no reference to 'Baum' or 'Wald' corresponding to Valéry's "forêt." In its place, we find the more romantic, more feminine connotation of "Gärten," compatible with "Blätter" but not as centrally so as "forêt." "Gärten" introduces a note of pluralism, of differentiation, of lack of specificity. Where are those gardens? Whence drop the leaves? They drop from very far. This is announced, even before "von weit," "Himmeln," and "fern," by the repetition of "fallen." "Fallen, fallen": the leaves must have traversed a long, long distance: the distance between the gardens of heaven and ourselves.

Why "wie von weit" rather than "von weit," why "welkten" rather than "welken"? Primarily because a flat, indicative statement would sound categorical whereas the qualifiers ("wie," subjunctive) introduce notes of probability or possibility more consonant with unmeasurable distance, with so different a dimension as heaven. Also, perhaps, because the notion of wilting is not in accord with the traditional concept of heaven's eternal youth, because it introduces the daring notion of seasonal change, maybe even of mortality into immortality.

Rilke's leaves are, then falling, falling from heaven, like autumn snow flakes; they are, one surmises, the manifestation of a divine will which Rilke, tactfully, does not call by name — at least not yet.

And these leaves fall with a negative gesture, "mit verneinender Gebärde." A gesture is a human motion that does not accord with the floral nature of a leaf. Rilke infuses the human-subjective into the natural-objective, the animate into the inanimate. Heavenly leaves liable to wilt thereby become eligible for human properties. The leaf, floating and spiraling from one side to the other, reminds us of someone shaking her head, gently, slowly, silently, persistently, in token of "no." But why the "no"? The leaves' "no" can be interpreted in two opposite ways. It could be taken as a self-denying refusal to hang on to their anterior timeless existence, to struggle against the divine will, an acquiescence with their natural destiny. More likely, however, it reveals their 'human' reluctance to leave heaven, to die, their fear of having become part of the earth's laws of gravity, of falling from heaven.

The anxiety of the light-weight leaves falling from the visible heavens is corroborated and aggravated by the falling of an incomparably heavier body, the earth, from nocturnal stars through the cosmic spaces into terrestrial loneliness. "*Ein*samkeit," which reminds us vocally of the "ver*nein*ender" preceding it two lines before, suggests cosmic dread. Standing in the center of the poem, the two lines "Und in den *Nächten* fällt die *schwere* Erde aus allen Sternen in die *Einsamkeit*"[4] represent the gravest aspect of cosmic existence, the point to which "fallen," "welkten," "verneinender" have worked up or down.

But this same center also points forward: to the forces from which this massive, collective, inanimate descent derives ("*alle* Sterne") corresponds an equally massive, collective but animate human participation, load-sharing: "*Wir alle* fallen." Inanimate and animate descent is as natural to cosmic and human existence as is the natural tendency of our hands to fall rather than to rise. "Es ist in *allen.*" And, similarly, the more (immediately) negative "*Ein*samkeit" will also be modified, balanced out, not canceled but superseded by the "*Ein*er" who controls this falling. *Our* hands may be falling, *His* hold this falling. Neither the falling nor the holding are jarring: the leaves fall, the earth falls, it falls from all stars, we all fall, all hands fall, but this falling, inanimate and animate, occurs within the orbit of the One whose hands encompass it: not called by name because naming Him would isolate Him from the cosmic unity. "Einer" is "one" of us, part of the "einer" — "andre" — "alle" trinity. His power and dimensions are such that they require no extravagant, awe-inspiring name, only the capitalizing of the first letter: "Einer." We have hands, He has hands, but there is that difference:

---

[4] Italicized by me. The same applies to all subsequent underlined words in Rilke's poem.

our hands fall, His hold. Both phenomena are necessary to form a balanced universe.

The dramatic fearfulness of "fallen" is thus cushioned, framed by epic providence and pluralistic solidarity. The explicit plural reassurance of "allen" is reinforced further by the intensive use of plurals: "Blätter," "Himmeln," "Gärten," "Nächten," "Sternen," "Händen." They are equilibrated by "Einer" but He stands for "alle."

There is little of this comforting collective reassurance in Valéry. Natural phenomena are *not* given human characteristics. They are, on the contrary, described in multisyllabic, semiscientific and scientific terms: "dégradation d'organes," "décomposition," "oxydation lente," "valeurs positives." The appropriateness of the very term, "nature," is called into question: "Parlera-t-on ici de 'nature'?" "Nature" is derived from "natus" — "born," yet the author is observing dying and dead things ("il s'agit de choses mourantes et mortes"), the degradation of organs from which life has *withdrawn.* And — again yet — the result of all this is something more intense than life. Death, on its own ("comme elle peut"), produces powerful positive visual ("ses couleurs plus variées") and even acoustic ("plus sonores") values, outside the 'birth' bounds of 'nature.' Valéry's uncompromising analytic glance, directed at the thing itself, is deflected by no interplay between 'einer' ("diese Hand da fällt"), "andre," "alle," and "Einer." There are no leaves linking heaven, earth, "Him," and us. Like Rilke, he raises the transcendental question: "Qui a fait ceci?"; but with a difference: he takes his distance from the question itself — let alone the answer — by putting it in quotation marks, as if to say: "At this point, someone else would ask: 'Who made this'?" His answer is radically different from Rilke's: instead of the One who holds this falling in His infinitely gentle hands, there is no "Einer," there are things that fall apart ("Ce sont choses qui se défont"), and in so undoing create beauty that cannot even be credited to 'nature.'

Rilke's poem has a closed ending, a definite answer. Conceptual combination has come up with a perfect synthesis. "Fällt" has been answered by "hält." Valéry's reflection is open-ended. Analytic thinking results in no solution to the riddle of autumn colors, of death-in-life and life-in-death, but — ironically — in daydreaming ("Et je tombe dans une songerie") about doing and un-doing ("le faire et le défaire"). As he has questioned before, and shunned 'easy' answers to, the relationship between death and beauty, nature and non-nature, creator and creation, so he questions at the end the very process of thinking ("philosophique," "philosophie") which *could* lead to answers, dubbing it a misnomer for semantic variations ("variations intérieures sur le sens des mots"). To the "Einsamkeit" that Rilke has conjured up and integrated in his poem correspond in Valéry the gratuitous unconnectedness of observable phenomena and the implied isolation of the human observer.

III

"Herbst" is written in iambic pentameters. Of the nine external rhymes, five are feminine, four masculine, but the first and last rhymes are both masculine. The rhyme pattern is abcca / deed. Internal rhythmic repetition is very pronounced: "fällt" or "fallen" occurs twice in the external rhyme, but five more times internally (four times as "fallen," once as "fällt"). "Alle" or "allen" occurs once in the external rhyme and twice more internally (in analogous locations). Coupling of internal and external rhymes and semi-rhymes strengthens the poem's rhythmic and acoustic cohesion through the 'er' combination: "f*er*ne," "G*är*ten," "v*er*neinende*r* Geb*är*de," "schw*ere* *Er*de," "St*er*ne"; through alliteration and quasi-alliteration: "*f*allen," "*f*allen," "*f*erne," "*f*allen," etc., "*w*ie von *w*eit," "als *w*elkten," "*s*anft in *s*einen *H*änden *h*ält," "als welkte*n* i*n* de*n* Himmel*n* fer*n*e Gärte*n* . . ., mit ver*nein*e*n*der Gebärde . . . U*nd* i*n* de*n* *N*ächte*n* . . . u*nen*dlich sa*n*ft i*n* sei*nen* Hä*n*de*n* . . ."; and through assonance: "f*a*llen, f*a*llen," "N*ä*chten f*ä*llt," "*a*lle f*a*llen," "H*a*nd d*a*," "*a*ndre" . . . *a*llen," "H*ä*nden h*ä*lt." Consonants, vowels, and vowel-consonant combinations are smooth, lithe, gentle, melodious, harmonious.

The vocabulary is simple. Only few words have more than two syllables. Syntax is equally simple. There are enough variations in the poem to keep it from being monotonous, but the combination of the regular meter, the balance of masculine and feminine rhymes, the rhyme pattern (except for the second line it is basically abba), internal rhyme, repetition of words, alliteration, assonance, vocabulary, and syntax corroborate the total thrust of the poem: pluralistic equilibrium, harmony.

One might be tempted to forgo looking for structure in a casual prose reflection of Valéry. But it pays not to underestimate Valéry on any score. His "Automne" starts with an observation, the "Feuilles mortes" statement and the paradoxical aesthetic consequences of that death. Then comes a question: "Parlera-t-on de 'nature'?" followed by an answer ("Il s'agit de . . . C'est . . ."). A second question: ("Qui a fait ceci?"), again followed by an answer ("Ce sont . . ."). And a final observation ("Et je tombe . . ."). There *is*, then, a structure: observation — question — answer — question — answer — observation. As the problematic center of Rilke's poem resides in the falling of our planet through the cosmic spaces, so Valéry's dramatic center resides in the subdued tension between the two questions: "Parlera-t-on de 'nature'?" and "'Qui a fait ceci'?" and their respective (non-)answers.

At closer inspection and upon vocal reading one also becomes aware of the sonorousness of Valéry's 'scientific' prose. The full, rounded, ominous 'o' and related sounds predominate: "mortes — forêt — mort — d'*au*tomne — sonores — t'on — choses mour*a*ntes — mortes — spl*en*deur — comme — dégradation d'organes — l'ab*a*ndon, la décomposition, l'oxydation lente qui *e*mplissent nos yeux de valeurs positives puiss*a*ntes . . . Ce sont choses qui se défont. Et je tombe d*a*ns une songerie . . . philosophique . . . philosophie . . . variations . . . sens des mots." To a lesser extent, there is use of alliteration: "*F*euilles . . . *f*orêt . . . *p*lus . . . a*p*rès . . . *p*ar . . . *p*lus . . . *p*lus . . . *v*ariées . . . *v*ie . . . *p*arlera . . . *s*onores . . . *c*elles . . . *m*ou*r*an*t*es et *m*or*t*es . . . *c*ette *s*plendeur . . . *d*egra*d*ation *d*'organes *d*'ou . . . *p*ositives *p*uissantes . . . *c*eci? *C*e . . . *s*i . . . *s*avais . . . *p*as de *p*hilosophie." Explosives and sibilants seem to dominate. Along with the somber sonorousness of the vowels they provide this piece of prose with a dramatic pomp that stands in curious and very effective contrast to its sober message. Perhaps Valéry lavishes such impressive acoustic fireworks on so casual, perplexing, and concise a reflection in order to derive from the sound of words some of the satisfaction he denies their meaning.

IV

Valéry starts with a curt fact, 'dead leaves,' placed at the very beginning in order to nip in the bud, it would seem, any possible illusions. Valéry will tolerate no heavens, no gardens, no stars, no "One" holding the All in His infinitely gentle hands. There will be thoughts, paradoxes raised by slow oxydation, by the decomposition of leaves. There is the paradox that the leaves, while alive, are more monotonous, less beautiful than at the moment of their death. "Mort" as a definitive term occurs thrice in the first four sentences of Valéry, plus the word "mourantes" (once). Rilke avoids the term completely: he will not go beyond the stylized 'wilting.' Valéry makes nothing romantic out of the paradox: no nights, no stars, no solitude. With him, an internal mono — or dialogue, thoughts, questions, doubts — an internal polemic. Can one speak of "nature" in explanation of death and dying? Can nature be dead? Does the notion of 'nature' not presuppose the notion of life? But life has *withdrawn* from the forest, degradation is in power and organizes a gratuitous, splendid spectacle to the best of its ability, a macabre feast which creates its own values, the values of non-life, the multicolored, sonorous, powerful positive values of death, reinforced by the disciplined structure (observation–questions–answers–observation) and the rich resonance of Valéry's diction. Non-life, death does its own thing.

Rilke poses no questions. Why should he? He has the answers, he knows. Valéry asks, or has some imaginary interlocutor ask, two questions ("Parlera-t-on de 'nature'"?; "'Qui a fait ceci?'") suggesting ready-made answers ('Well, that's nature's way'; 'God made it') which he rejects as inadequate. He questions, in answer, the very term, 'nature.' Rilke's answer to Valéry's imagined question: 'Who has made this?' is: 'The One.' Valéry again negates the question: it is not a matter of 'making,' of 'doing,' but of *un*making, of *un*doing. Life is doing, death is undoing. What are their respective roles? What is the relationship between these principles? Valéry dismisses the idea that philosophic reflection might get the better of this puzzle. He affirms that there is no such thing as philosophy, there are only internal variations on the meaning of words. How far we are from the teleological hierarchy of Rilke's cosmic harmony!

Both Rilke and Valéry *know*: Rilke that there *is*, all anxiety notwithstanding, a divine order in the universe; Valéry ("si je ne savais") that it is all a question of semantics.

If "falling" is the key word of Rilke, "undoing" and "dead" are those of Valéry. Rilke gives to "falling" a positive existentialist meaning, correcting the first, instinctively and empirically negative connotation of the word. Valéry faces a paradox, too, the paradox of life-in-death: he elucidates it, he aggravates it, going in the direction opposite to Rilke's. Valéry has no solutions, but he has insights.

Rilke's paradox is a philosophic, religious, human paradox from the beginning of the poem to its end. He tells us nothing about the color of the leaves. Valéry commences with the visual element, though it remains generalized, in preparation for subsequent generalizations ('the forest is beautiful, the colors are varied, there is a splendor, our eyes see positive values in the chemical disintegration of the leaves'). From the esthetic opposition between beauty and death Valéry goes to the "philosophic" question of "doing" and "un-doing," which he does not resolve because, he thinks, it is not resolvable, — that is, in this text. Rilke resolves the problem, — that is, in this text. But in both cases a dramatic paradox is the progenitor of their literary creation. Valéry's remains a paradox. Rilke's is resolved by a collective link ("alle") within the divine orbit ("Einer").

The phenomenon of 'fall' constitutes the elementary common denominator of both texts. The American designation for this season reflects the basis of both selections more directly than "Herbst" (= harvest) and "Automne" (etymology uncertain). Fall leads to the death or long sleep (often undistinguishable from each other until spring tells) of plants rather than, like spring, to the apex of their vitality. Associated with decay but also with such positive values as beauty and productivity, it is bound to appeal more than any other season to the philosophical poet. Regardless of the differences established between the two texts, the transitional nature of fall suggests that 'becoming' must somehow be part of both.

Rilke's poem is impregnated with 'becoming': "fallen, fallen, welkten, fallen, fällt, fallen, fällt, Fallen," but toward the end of the poem the verb shifts to 'being': "ist . . . ist," crowned at the destination of this cosmic descent by the definitive, monosyllabic "hält." The universe holds, because the One holds it. Valéry begins with 'being,' with what appears to be the most permanent state ("mortes"), repeats it immediately ("mort d'automne"), repeats it again in the fourth sentence ("choses mortes"), but this time he places "mourantes" before "mortes," and his key words thereafter reflect the accentuation of 'becoming': degradation, decomposition, doing and undoing. Un-becoming represents, after all, the same principle as becoming, though in the reverse direction. Decomposition is a form of life. Note that Valéry's leaves change internally, experience a metamorphosis, are active, whereas Rilke's leaves are passive manifestations of divine order and human characteristics. And while Valéry's conclusion is deeply sceptical, it is also open-ended, while Rilke's system is closed. Valéry begins with being and ends with becoming; Rilke begins with becoming and ends with being.

William H. Rey

Von des Himmels Höhen ... Gedanken zu Valentins Gebet in Thomas Manns *Der Zauberberg*

Wer hätte es denn gedacht, mein lieber Oskar, damals, vor fast 50 Jahren, als wir einander zum erstenmal im Germanischen (oder Historischen?) Seminar der Johann Wolfgang Goethe Universität zu Frankfurt am Main begegneten – wer hätte es auch nur im entferntesten ahnen können, daß ich heute in Seattle am Pazifischen Ozean die Feder ansetzen würde zu einem Aufsatz, der Dir, Deiner Leistung, Deinen Verdiensten und Deiner Freundschaft gewidmet ist. Du weißt am besten, wieviel mir diese Freundschaft während der letzten Jahrzehnte bedeutet hat. Zuweilen frage ich mich mit Bestürzung, was wohl ohne sie aus mir geworden wäre.

Wie entsetzlich, an die Tage unserer Trennung zurückzudenken, an jene unheilschwangeren Tage zu Beginn des Jahres 1933, als das große Grauen in Deutschland begann! Du gingst damals als Emigrant ins Ausland – und tatest gut daran. Ich blieb, irregeleitet von einer vermessenen Propaganda, die Hitler mit Kerenski vergleichen wollte und hinter ihm den Schatten eines deutschen Lenin aufsteigen sah! Mit den Enttäuschungen, Niederlagen, Erniedrigungen, Verfolgungen, die auf diese utopischen Hirngespinste folgten, brach für mich eine Welt zusammen. Wenn ich diesen Zusammenbruch innerlich überlebt habe (und alles, was danach kam), so war dies vor allem dem Wissen zuzuschreiben, daß es Dich gab, irgendwo da draußen in der Welt, und der Hoffnung, daß wir uns eines Tages wiedersehen könnten. Unser Wiedersehen – es kam zustande, gegen alle Wahrscheinlichkeit. Wie könnte ich je den Augenblick vergessen, als Du mich, den Heimatlosen, nach fast 15jähriger Trennung in einem New Yorker Mietshaus hart an der Grenze von Harlem aufsuchtest und mir mit offenen Armen entgegenkamst!

Damit bin ich bei meinem Thema angelangt. Denn was ich in Deinen

Augen las, war eben jene Güte und Liebe, von der im Schneekapitel des Zauberbergromans die Rede ist. In Deinem schönen Aufsatz über Mynheer Peeperkorn hast Du überzeugend dargelegt, das Hans Castorp die Lehre seines Traumes im Schnee keineswegs vergißt, daß sie vielmehr sein Verhältnis zu Clawdia und dem großen Peter bestimmt. Ich glaube, es ist durchaus in Deinem Sinne, wenn ich in diesem Beitrag das Thema der Menschlichkeit und Freundschaft im zweiten Teil des Romans noch etwas weiter verfolge. Nichts scheint mir dafür geeigneter zu sein als eine Untersuchung der Beziehung zwischen Hans Castorp und seinem Vetter Joachim.

Kein Zweifel, es handelt sich um eine einzigartige Beziehung in diesem so beziehungsreichen Roman. Einmal, weil sie nicht nur eine Episode darstellt, sondern sich durch die gesamte Handlung erstreckt: Joachim führt Hans Castorp in die »Unterwelt« des Berghofs ein, und, so dürfen wir schließen, Joachim erwartet ihn im Geiste am Tor zu jener Überwelt, in die Hans Castorp durch seinen Tod eingeht. Daraus ergibt sich, daß ihm eine Rolle zukommt, die der des Hermes, des Seelenführers im antiken Mythos oder der des Vergil in Dantes Göttlicher Komödie vergleichbar ist. Ihm fällt die Aufgabe zu, die irdischen Horizonte des Romans zu durchbrechen und den Blick zu öffnen auf jene unbetretbaren Gipfel des Ewigen, die die vielfältig angelegte Landschaft des Zeitlichen überragen.

Joachim ist also eigentlich viel mehr als »nur ein Stiefvetter« (191)[1] Hans Castorps von mütterlicher Seite. Von Anfang an betont der Erzähler das brüderliche Verhältnis, das trotz aller norddeutschen Sprödigkeit zwischen ihnen besteht. So wenn Hans Castorp gleich zu Beginn seines Besuchs scherzend vorschlägt, daß sie »tous des deux« zum Frühstück gehen (45). Natürlich hat es nicht an Stimmen gefehlt, die auf die homoerotischen Elemente in dieser Beziehung hinweisen. Mir scheint jedoch, daß das Erotische hier (im Gegensatz etwa zu Hans Castorps Verhältnis zu Hippe) zurücktritt zugunsten des Menschlichen. Dies betont denn auch Hans Castorp, als er dem Hofrat kurz vor Joachims Tod schildert, was Joachim für ihn bedeutet: »Ein so naher Verwandter und so guter Freund und mein Kamerad hier oben« (558). Behrens seinerseits bezeichnet die beiden als »Castorp und Pollux« (228) und weist durch diese mythische Anspielung auf ihre Unzertrennlichkeit hin.

---

[1] Die Zitate sind der zweibändigen Taschenbuchausgabe von Thomas Manns Roman entnommen (Frankfurt am Main 1967).

So läßt es sich wohl rechtfertigen, in Hans und Joachim eine Abwandlung der polaren Grundkonfiguration in Thomas Manns Werk zu sehen, die schon in Tonio Kröger und Hans Hansen in Erscheinung tritt. Allerdings handelt es sich hier um eine ironische Verkehrung des ursprünglichen Verhältnisses der Blonden und der Braunen. Joachim, der eigentlich Hans heißen und blond sein müßte, ist »von dem sehr braunen Typus, den seine blonde Heimat nicht selten hervorbringt« (10); er hat große schwarze sanfte Augen, die die geheimen Regungen seiner Seele offenbaren. Dem steht der Protagonist, der eigentlich gar nicht Hans heißen dürfte, »in seiner blonden Korrektheit« (34) gegenüber.

Hans Hansens bürgerliche Konventionalität ist bei Joachim ins Soldatisch-Heroische abgewandelt. Für den Erzähler ist er der gute, redliche, ehrenfeste Joachim, und er läßt keinen Zweifel daran, daß Hans Castorps Vetter, den Madame Chauchat »très étroit, très honnêtte, très allemand« (354) nennt, für die gefährlichen Erziehungsexperimente des Berghofs denkbar ungeeignet ist. Nein, der strenge Joachim interessiert sich nicht für die gewagten Abenteuer des Geistes, auf die sich Hans Castorp unter dem morbiden Einfluß von Madame Chauchat einläßt. Höher als die Freiheit der Erkenntnis schätzt er Ehre, Gehorsam, Disziplin. Gegen die endlose Dialektik in den Diskussionen zwischen Settembrini und Naphta wendet er ein, es komme »überhaupt nicht darauf an, was für Meinungen einer hat, sondern darauf, ob einer ein rechter Kerl ist. Am besten ist, man hat gleich gar keine Meinung, sondern tut seinen Dienst« (408). Hier zeigen sich gewisse Analogien zwischen dem soldatischen und dem mönchischen Lebensstil. In beiden Fällen wird die Erfüllung nicht in der individuellen Freiheit, sondern in der Eingliederung in ein autoritäres Ordnungssystem gesucht.

Der Erzähler weiß Joachims intellektuelle Enthaltsamkeit zu ehren, indem er ihn gegen alle romantische Versuchung zum Tode als den Repräsentanten des Pflichtgedankens, des Lebensbefehls darstellt. Als solcher nimmt er Züge des Getreuen Eckart, des mythischen Warners, an. Nirgends wird dies deutlicher als bei seiner eigenen Abreise ins Flachland. Vor der Abfahrt des Zuges durchbricht seine Sorge um den gefährdeten Vetter die Schranken der Sittensprödigkeit, so daß er ihn mit dem Vornamen anspricht, ihm »mit dringlicher Angst« die Hand drückt und »inständig« sagt: »Hans . . . komm bald nach!« (448).

Es versteht sich, daß Joachims Sorge nicht allein dem körperlichen und geistigen Wohlergehen seines Vetters gilt, sondern letzten Endes seinem Seelenheil. Bewegt von einer religiösen Angst, offenbart er sich hier als

Seel-Sorger, der Hans vor dem Sturz in die Hölle retten will. Die Haltung Joachims in der Abschiedsszene weist also voraus auf die Rolle des Schutzengels, die ihm nach Hans Castorps Wunschträumen in Valentins Gebet zukommt. Freilich kann Joachim diese Rolle nur spielen, weil er selber die Macht des Bösen nur zu gut kennt. Denn da ist ja die hübsche Marusja »von blühender Gesichtsfarbe und hoher Brust« (73 f.), die viel und gerne lacht und »ebenfalls Russisch, nur Russisch« spricht. Wir verstehen auch ohne diesen linguistischen Hinweis, daß Joachim in Marusja die gleiche Versuchung entgegentritt, die Madame Chauchat für Hans bedeutet. Und der ehrenfeste Joachim ist keineswegs unempfänglich dafür. Wie tief ihn die erotische Leidenschaft in Marusjas Gegenwart ergreift, deuten die »fleckige Färbung seines sonngebrannten Gesichts« (78), sein kläglich verzerrter Mund, seine ausgemacht zivilistische Haltung an. Aber, anders als Hans Castorp, widersteht Joachim dieser Versuchung. Er, der Tapfere, kämpft einen täglichen Kampf um seine Ehre, aber er siegt über die Versuchung nur, indem er vor ihr flieht. Auf Hans Castorp wirkt Joachims tägliche Flucht »zwar ehrenhaft, aber nichts weniger als beruhigend« (156). Obwohl er das Bedenkliche dieser Selbstbewahrung durch Selbstvermeidung einsieht, hält ihn Joachims Beispiel doch »in einiger Zucht und Ordnung« (220). Selbst wenn der Hofrat Joachims Abreise als »Desertion« (440) bezeichnet, und zwar paradoxerweise als Desertion »aufs Feld der Ehre« (568), selbst wenn die Verschwörung von Joachims Körper und Seele triumphiert, indem sie ihn zwingt, zum Berghof (und zu Marusja!) zurückzukehren, bleibt das Bild des jungen Offiziers doch rein. Erst im Schatten des Todes erlaubt er sich ein Gespräch (sein erstes und letztes) mit der Geliebten, das Hans Castorp erschüttert, weil es ihn »rücksichtslos hingegeben an die hochbrüstige Marusja« (562) zeigt. Danach stirbt er – »als Soldat und brav«.

Gehe ich zu weit, wenn ich die Schilderung von Joachims Sterben als einen der schönsten Teile des Romans bezeichne? Schön – weil hier mitten in der morbiden Atmosphäre des Berghofs das Schöne in Erscheinung tritt. Es ist von tiefer Bedeutung, daß es das Antlitz eines Toten verklärt, eines Toten, der »in Harmonie und Zufriedenheit mit sich selbst« (564) dahingegangen ist. Wenn sich im Augenblick des »knappen Übertritts« (567) eine »Verschönerung zu frühmännlicher Jugendlichkeit ... über unseres Joachims verstummtes Antlitz« (567) breitet, wenn sich das Gesicht des Toten danach »zu reinster, schweigender Form befestigt« (568), so will diese Schönheit als sichtbare Manifestation des

Ewigen in irdischer Form verstanden sein. Sie hat nicht allein ästhetische, sie hat auch eine religiöse Bedeutung, die Joachims Tod weit über das Sterben aller anderen Moribunden hinaushebt.

Gewiß, die Integration des Irdischen und Ewigen auf Joachims Gesicht ist nicht von Dauer. Bald schon zeigt sich die Macht der Vergänglichkeit in seinem »Lächeln«. Aber dieses Symptom des körperlichen Zerfalls kann die Botschaft seiner Todesschönheit nicht beeinträchtigen. Sie bezeugt den Frieden des Ewigen, und nur weil Joachim in diesen Frieden eingeht, kann er so wieder erscheinen, wie es das Kapitel »Fragwürdigstes« schildert. Man hat des öfteren auf die prophetischen Züge dieser Erscheinung aufmerksam gemacht, die sie mit undurchdringlichem Geheimnis umgeben. Da ist der schmucklose Waffenrock des deutschen Heeres im Ersten Weltkrieg, den Joachim trägt, da sind die Wickelgamaschen, da ist vor allem der Stahlhelm, der gegenüber der traditionellen Pickelhaube wie ein »Kochtopf« (721) wirkt. Für die Teilnehmer an der Séance liegen alle diese Dinge in der Zukunft, keiner von ihnen kann etwas davon ahnen. Joachims Ausrüstung muß vielmehr als Hinweis auf den kommenden Krieg und auf Hans Castorps wahrscheinlichen Tod in diesem Krieg verstanden werden. Denn Joachims Blick ist »still und freundlich spähend auf Hans Castorp, auf diesen allein, gerichtet« (720). Um Hans Castorps willen also ist der Revenant erschienen, er soll an sein kommendes Ende gemahnt werden und daran, daß der vorausgegangene Joachim ihn erwartet, so wie er ihn einst am Bahnhof von Davos-Dorf erwartet hat. Der »Ausdruck von Ernst und Strenge« (720), den das Gesicht der Erscheinung zeigt, hat seinen Sinn gewandelt: Der lebende Joachim gibt damit sein Ethos der irdischen Lebenspflicht kund, der Zurückgekehrte weist auf die erhabene Majestät des Überirdischen hin.

Daß es gerade Joachim ist, der hier als Bote aus der anderen Welt Hans Castorps Tod ankündigt, kann nicht überraschen. Er erfüllt damit die gleiche Funktion, die Hans Castorp gleich zu Beginn des Romans in Bezug auf Joachim zufällt. Denn der erste Traum, den Hans nach seiner Ankunft auf dem Berghof träumt, ist eine prophetische Vorwegnahme von Joachims Tod (22). Die Tränen, die Hans im Traum vergießt, werden Wirklichkeit nach Joachims Verscheiden. Hier zeigt sich die tiefe seelische Verbundenheit der beiden. Hans »weiß« mehr von Joachim als dieser selbst. Joachims Schicksal offenbart sich in Hans Castorps Unterbewußtsein, so wie umgekehrt sein eigenes Schicksal von der Erscheinung Joachims angezeigt wird. Sollte man in dieser intensiven gegenseitigen Anteilnahme nicht eine präexistente Identität dieser komplementären Gegenfiguren angedeutet finden, die ihr autobiographisches Equivalent in der Grundpolarität des Autors hat?

Die gegenseitige Anteilnahme Hans Castorps und Joachims, von der hier die Rede ist, geht jedoch über die geheimnisvolle Verbundenheit ihres Schicksals hinaus und findet ihren tiefsten Ausdruck in der menschlichen Sorge, die jeder der beiden für den anderen empfindet. Von Joachims Sorge um Hans war schon die Rede. Zu betonen ist nun die Tatsache, daß Hans die gleiche Haltung gegenüber dem todkranken Joachim einnimmt. Als er den »Ausdruck trüber Scheu« (560) in den Augen des Todgeweihten wahrnimmt, als er begreift, daß hier »die Lebensscham der Kreatur« (561) hervortritt, die sich ihres Sterbens schämt und daher »in ein Versteck schleicht, um zu verenden«, da schwillt ein »hochmenschliches Liebeserbarmen« auf in seiner Brust. Es kann sich nicht in Worten äußern, aber es findet seine eigene Gebärdensprache: Hans stützt den gebrechlichen Joachim hier und da auf ihren Spaziergängen. Ja, es kommt sogar dazu, daß er den Arm um ihn legt und »vergißt«, ihn wieder wegzunehmen, bis der allzu Spröde ihn halb ärgerlich »abschüttelt«.

Hier sind wir bei einer der rührendsten Episoden des Romans angelangt. Sprache und Gestik weisen darauf hin. Welch ein Wort: »Liebeserbarmen!« Was will es anders sagen, als daß hier Erbarmen, tätige Fürsorge aus Liebe geübt wird und somit Eros und Caritas zusammenfallen. Gewiß, dies geschieht nicht zum erstenmal in dem Roman. Hans Castorps Freundschaftspakt mit Madame Chauchat, sein Bruderbund mit Mynheer sind von ähnlichen Gefühlen inspiriert. Aber mir scheint, daß Hans Castorps Liebeserbarmen mit dem sterbenden Joachim noch tiefer geht als Freundschaft und Brüderlichkeit. Was ihn bewegt, ist der tragische Jammer um die Vergänglichkeit des Menschen – *dieses* Menschen, der ja sein *alter ego* ist. Das Ur-Mitleid des Lebenden mit dem Sterbenden bricht hier auf. Wie vielsagend ist doch Hans Castorps Gebärde, wenn er den Arm um den »Erdmann« (560) legt, so als ob er ihn, den Dahinschwindenden, halten, vor dem Tode beschützen könnte! Ist es die Vergeblichkeit dieser Geste, die sie zu einer so menschlichen, zu einer so »hochmenschlichen« macht? Wir wissen es nur allzu gut: Hans kann Joachim nicht halten, weil auf dieser Welt keiner den anderen halten kann. Aber indem er sich seiner erbarmt, erreicht er einen Gipfel der Menschlichkeit, der durch seine Vision im Kapitel »Schnee« und durch

sein späteres Verhältnis zu Madame Chauchat und zu Mynheer Peeperkon vorbereitet ist.
Nur aufgrund des oben Gesagten läßt sich die volle Bedeutung von Valentins Gebet aus Gounods Faust-Oper erfassen, das als die vierte von Hans Castorps Lieblingsplatten in dem Musikkapitel »Fülle des Wohllauts« zur Sprache kommt. Mir scheint, die neueren Analysen von Hans Castorps Lieblingsprogramm haben diese Gesangsnummer zugunsten des berühmten »Liedes« (Schuberts »Lindenbaum«) vernachlässigt. Gewiß, die Abkehr Hans Castorps von den Versuchungen der romantischen Todeswelt wird in den Ausführungen des Erzählers über das »Lied« ganz deutlich. Fragt man sich jedoch, was er denn dafür eintauscht, so genügt es nicht, auf das Ethos der Lebenspflicht hinzuweisen, das Joachim zu seinen Lebzeiten repräsentiert. Vielmehr besteht *eine* Voraussetzung für Hans Castorps Absage an die Tradition des romantischen Liebestodes darin, daß er ein neues Verhältnis zum Überirdischen, eine neue Frömmigkeit gewinnt, und eben dies wird in Valentins Gebet angedeutet.
Hat man bemerkt, daß alle Nummern in Hans Castops Lieblingsprogramm den Blick auf das Ewige öffnen – wenn auch auf ganz verschiedene Weise? In *Aida* erfährt Radames »das Entzücken endgültiger Vereinigung« (683) mit der Geliebten, und in ihrem Duett versichern die beiden, »nun öffne sich der Himmel und ihrem Sehnen erstrahle das Licht der Ewigkeit«. Wenn ihr Liebestod im Zeichen der Transzendenz steht, so erlebt Debussys Faun die »Unschuld der Zeitlosigkeit« (684) in einem flüchtigen Augenblick, dessen »wonnevoll-vollkommenes Genügen aber die Ewigkeit in sich trug«. Seine Entrückung über das Zeitliche in mystisch-musikalischer Naturverbundenheit kontrastiert wiederum mit dem verzweifelten Liebesbekenntnis Josés, der seine tragische Verfallenheit an Carmen gleichsam ins Unendliche projiziert: »Und ewig dir gehör' ich an!« (686).
Die bisherigen Interpreten haben mit Recht betont, daß diese Musikstücke musikalische Variationen von Erfahrungen darstellen, die Hans Castorp während seines Aufenthaltes auf dem Berghof gemacht hat und daß die Gestalten der Musik und der Wirklichkeit durch vielfältige Identifikationsmöglichkeiten miteinander verbunden sind. Dabei ist jedoch die besondere Bedeutung von Valentins Gebet nicht genügend gewürdigt worden. Zunächst einmal liegt hier nicht eine einfache Selbstidentifizierung vor wie im Falle Hans – Faun, sondern eher ein Wunschtraum des Protagonisten, der die religiöse Bedeutung seines Verhält-

nisses zu Joachim in Valentins Gebet dargestellt sehen möchte. Dazu ist er auch berechtigt, denn Valentins Sorge um das »holde Schwesterblut« (687) entspricht ja durchaus der Sorge, die Joachim für Hans im Herzen trägt. Daß Hans Castorp selbst die Rolle der Margarete übernimmt, darf uns nicht überraschen. Im Gegensatz zu dem sich streng bewahrenden Joachim erscheint er von Anfang an als eine zur Hingabe bereite, gefährdete, verwundbare und in diesem Sinne weibliche Natur. Die vielfältigen Assoziationen des Romans mit Goethes *Faust* werden damit um eine weitere Beziehung bereichert.

Was nun dieses Musikstück von allen anderen unterscheidet, ist die Tatsache, daß es sich um ein Gebet handelt. Der religiöse Aspekt tritt besonders in den beiden »Eckstrophen« hervor, die »frommen Charakters, ja, fast im Stile des protestantischen Chorals gehalten waren« (687). Die Haltung der Frömmigkeit kehrt aber auch in der Mittelstrophe wieder, die sich im übrigen »kriegerisch, leichtsinnig« gibt. Eben diese Mischung von Frömmigkeit und chevaleresker Keckheit wird als das »Französisch-Militärische daran« bezeichnet. Uns interessiert vor allem die Tatsache, daß der Erzähler durch den Hinweis auf den protestantischen Choral (man denke an Luther, an Paul Gerhardt) die Erwartung eines persönlichen Gottesverhältnisses erweckt. In der Tat richtet Valentin/Joachim sein Flehen »zum Herrn des Himmels« (687). Damit wird ein religiöses Motiv wieder aufgenommen, das in der Überschrift des Kapitels über Joachims Tod versteckt ist: »Als Soldat und brav.« Es handelt sich hier ja um den letzten Teil eines Verspaares aus Goethes *Faust*. Wie man sich erinnert, stirbt Goethes Valentin mit den Worten:

> Ich gehe durch den Todesschlaf
> Zu Gott ein als Soldat und brav.

Eigentlich liegt hier also eine doppelte Identifizierung vor. Während Hans Castorp Joachim in Gounods Valentin sieht, stellt der Verfasser eine Analogie zwischen Joachim und Goethes Valentin her. In beiden Fällen ist das Bindeglied die Haltung soldatischer Frömmigkeit, die ihren Ausdruck in persönlichem Gottvertrauen findet. Der »Herr des Himmels« erscheint gleichsam als der Oberste Befehlshaber, bei dem sich der Sterbende zur Stelle meldet. Trotz aller soldatischen Obertöne tritt jedoch die Bedeutung der biblischen Tradition für diese Gottesvorstellung klar hervor. Durch das Konzept eines persönlichen Gottes unterscheidet sie sich deutlich von den Meditationen Hans Castorps nach seinem Traum im Schnee: »Die große Seele, von der du nur ein Teilchen, träumt wohl mal durch dich, auf deine Art, von Dingen, die sie heimlich immer träumt ...« (521). An anderer Stelle nimmt der Erzähler diesen an die neuplatonische Tradition erinnernden Gedanken eines Wechselverhältnisses zwischen Allseele und Einzelseele wieder auf, indem er die Vermutung ausspricht, »es möchten Verbindungen und Zusammenhänge zwischen den untersten und lichtlosen Gegenden der Einzelseele und einer durchaus wissenden Allseele bestehen« (692).

Wenn nun aber das Göttliche in unserem Roman auch in ganz verschiedenen Aspekten erscheint (als »Allseele« und »Herr des Himmels«), so tritt doch ein dominierendes Charakteristikum hervor – die Eigenschaft der Güte und Liebe. Hans Castorps »anonymer« Traum ist von diesem Geist inspiriert, und Joachims/Valentins Gebet wäre völlig sinnlos, ohne die Annahme eines gütigen Gottes, der das Flehen des Menschen erhören kann. In diesem Zusammenhang ist es von besonderem Interesse, daß der Autor die Verheißung der Gebetserhörung in dem Namen des Betenden versteckt hat – das Wort Joachim stammt ja aus dem Hebräischen und bedeutet »Gott richtet auf«. Aus alldem geht hervor, daß die ethische Forderung des Romans religiös fundiert ist. Der Mensch soll gut sein, weil Gott die Güte ist, um es ganz lapidar zu sagen. Gounods Valentin ist gut, weil er nicht um Schutz für sich selbst, sondern für die geliebte Schwester bittet. Er zeigt damit die gleiche altruistische Haltung, die Joachim gegenüber Hans und Hans gegenüber Joachim einnimmt. Was alle drei miteinander verbindet, ist die Nächstenliebe, die Sorge um Leib und Seele eines nahestehenden Menschen. Es versteht sich wohl von selbst, daß das Ethische und das Religiöse, das persönliche Verhältnis zu dem Nächsten und das persönliche Verhältnis zu Gott, unauflöslich miteinander verbunden sind.

Auf diese Weise wird die Funktion des Schutzengels, die Joachim/Valentin in seinem Gebet übernehmen will, tiefer begründet. Die Fürsorge, die die Haltung des Lebenden bestimmt hat, soll die Grenzen des Zeitlichen überwinden und auch jenseits des Grabes wirksam sein. Der Tod, der sich in Thomas Manns Roman in so manchen Aspekten gezeigt hat, enthüllt seine höchste Bedeutung: In Joachim/Valentins Gebet erscheint er als das Tor zur Transzendenz, zu »Himmelshöhen« (687). Es ist dieser Gedanke einer Aufhebung der Schranken zwischen Zeitlichem und Ewigem durch die Macht der Liebe, der Hans Castorp »in tiefer Seele« (688) rührt. Es ist eben dieser Gedanke, der die geheimnisvolle Erscheinung Joachims während der Séance tiefer begründet. Gewiß, der moderne Erzähler muß darauf verzichten, sich solche unbeweisbaren Spekulationen zu eigen zu machen. Er beschränkt sich daher mit gutem Grund auf Hinweise durch vorgegebene Texte. Aber eben damit bezieht er eine uralte Frage in die Welt seines Romans ein, der ja ein Roman vom Stand des Menschen ist – eine Frage, die nur der Glaube beantworten kann: die der persönlichen Unsterblichkeit.

Walter H. Sokel

Demaskierung und Untergang wilhelminischer Repräsentanz

Zum Parallelismus der Inhaltsstruktur von *Professor Unrat* und »Tod in Venedig«

Kurz vor seinem Tod in Thomas Manns Novelle »Tod in Venedig« zieht Aschenbach die Bilanz seines unglücklichen und entwürdigenden Abenteuers, an dem er sterben wird, und kommt zum Schluß, daß das Künstlertum zu Würde und Repräsentanz nichts tauge.

> »Die Meisterhaltung unseres Stiles ist Lüge und Narrentum, unser Ruhm und Ehrenstand eine Posse, das Vertrauen der Menge zu uns höchst lächerlich, Volks- und Jugenderziehung durch die Kunst ein gewagtes, zu verbietendes Unternehmen. Denn wie sollte wohl der zum Erzieher taugen, dem eine unverbesserliche und natürliche Richtung zum Abgrunde eingeboren ist«. (VIII,522)[1]

Der Leser ist geneigt, Aschenbachs Standpunkt zu akzeptieren, da der Großteil der Erzählung einsinnig aus Aschenbachs Perspektive gesehen wird.[2] Es ist aber überzeugend dargelegt worden, daß Aschenbachs Standpunkt nicht der des Erzählers ist, daß vom Standpunkt Thomas Manns aus Aschenbach seine Schuld nicht richtig sieht.[3] Die Frage

[1] Thomas Mann, Gesammelte Werke in dreizehn Bänden. Zweite durchgesehene Auflage Bd. VIII, Frankfurt 1960, 1974. Alle Zitate und Hinweise aus Thomas Manns Werken beziehen sich auf diese Ausgabe und sind mit römischer Zahl für den Band und arabischer Zahl für die Seite unmittelbar nach dem Zitat, bzw. Hinweis, im Text selbst in Klammern angegeben.

[2] So auch Benno von Wiese, Die deutsche Novelle von Goethe bis Kafka, Bd. I, Düsseldorf 1963, 309; Erich Heller, The Ironic German: A Study of Thomas Mann, Boston-Toronto 1958, 114 f.; Klaus Schröter, Thomas Mann in Selbstzeugnissen und Bilddokumenten, Reinbek bei Hamburg 1964, 69.

[3] Vgl. Inge Diersen, Untersuchungen zu Thomas Mann, Berlin 1965 [1959], 123 f., und Hans W. Nicklas, Thomas Manns Novelle Der Tod in Venedig, Marburger Beiträge zur Germanistik, Marburg 1968, passim. Bereits 1944 sprach Georg Lukács in seinem Aufsatz »Auf der Suche nach dem Bürger« vom »unerbittlichen Selbstgericht« Thomas Manns, das im »Tod in Venedig« Gestalt wird und nennt dieses »Selbstgericht« »das Fazit von Thomas Manns Vorkriegsproduktion«. Deut-

könnte jedenfalls gestellt werden, ob seine Schuld nicht sosehr im Künstlertum an sich liegt, als in Aschenbachs Ideal eines repräsentativen Künstlertums und dem, was es repräsentiert.

Die Frage führt zunächst zum Problem von Thomas Manns Beziehung zur gesellschaftlichen Rolle der Literatur und seiner Idee der gesellschaftlichen Repräsentanz des Schriftstellers, die ihn außerordentlich beschäftigte.[3a] Der Entwicklung des Verhältnisses von Repräsentanz und Gesellschaftskritik bei Thomas Mann nachzugehen, wäre eine verlockende Aufgabe und die beste Weise, die von uns aufgeworfene Frage zu beantworten. Dies würde aber den Rahmen dieses Aufsatzes weit transzendieren.

Als kleiner, vorläufiger Beitrag zur Beantwortung sei der Vergleich gedacht, den wir hier zwischen »Tod in Venedig« und »Professor Unrat«, dem sieben Jahre älteren Roman Heinrich Manns, ziehen wollen. Trotz der offensichtlich enormen Verschiedenheit von Ton und Rang gibt es erstaunliche Strukturparallelen zwischen den beiden Erzählwerken, auf die bereits zweimal, in der Heinrich-Mann-Literatur, hingewiesen worden ist.[4] Die Parallele ist kurz wie folgt: Eine repräsen-

---

sche Literatur in zwei Jahrhunderten, George Lukács Werke, Bd. 7, Neuwied und Berlin 1964, 515. Vorher in: Thomas Mann, Berlin 1953, 21.
Zwischen den Mann mit Aschenbachs Standpunkt identifizierenden und den das »Selbstgericht« und die Verurteilung Aschenbachs betonenden Auffassungen vertreten André von Gronicka und Herbert Lehnert in höchst überzeugender Weise die Bipolarität (»the bifocal view of life«, von Gronicka, die Gleichzeitigkeit einer »steigenden« und einer »fallenden« »Strukturlinie«, Lehnert). (Vgl. André von Gronicka, »Myth plus Psychology: A Stylistic Analysis of *Death in Venice*«, in Thomas Mann: A Collection of Critical Essays, hrsg. von Henry Hatfield, Englewood Chriffs, N.J. 1964, 47, 57. (Zuerst veröffentlicht als »Myth plus Psychology« in Germanic Review, XXXI, 1956; Herbert Lehnert, Thomas Mann-Fiktion Mythos Religion, Stuttgart, Berlin, Köln, Mainz 1965, 109, 116, 134, 137.) – Affirmative und aburteilende Bewertung Aschenbachs seitens seines Schöpfers sieht T. R. Reed in zeitlicher Abfolge, wobei eine ursprünglich »hymnisch«-heroisierende Konzeption Aschenbachs sich zur negativ abwertenden wandelte. Thomas Mann: The Uses of Tradition, London 1974, 139 f., 144, 152, 154, 164–166.

3a Siehe bereits den Brief Thomas Manns an Walter Opitz vom 5. XII. 1903. Briefe 1889–1936, hrsg. von Erika Mann, [Frankfurt] 1962, 40.

4 Vgl. Ulrich Weisstein, Heinrich Mann: Eine historisch-kritische Einführung in sein dichterisches Werk, Tübingen 1962, 67, und Rolf N. Linn, Heinrich Mann, New York 1967, 44, der sich dabei auf Weisstein beruft. Renate Werner zieht Verbindungslinien von den »Göttinnen« zu »Tod in Venedig«. (Skeptizismus, Ästhetizismus, Aktivismus: Der frühe Heinrich Mann Düsseldorf 1972, 26.) Zur detaillierten Geschichte der Beziehungen der beiden Brüder s. Alfred Kantorowicz, Heinrich und Thomas Mann: Die persönlichen, literarischen und weltanschaulichen Beziehungen der Brüder (nebst Auswahl ihres Briefwechsels 1900–1927), Berlin 1956. Ebenso

tative Gestalt, kultur- und bildungspolitischer Vertreter des wilhelminischen Kaiserreichs, verwandelt sich durch eine unerwartete erotische Begegnung in das scheinbare Gegenteil dessen, was er repräsentiert hat. Aus dem Hüter von Zucht und Würde wird ein sittenloser Verbrecher, bzw. Komplize des Verbrechens, der in Entwürdigung und – äußerer oder innerer – Schmach untergeht. Wie zu zeigen sein wird, ist aber in beiden Fällen die Umkehrung des Wesens nur scheinbar und es entpuppt sich der Sturz in Unzucht und Verbrechen als Erfüllung der repressiven Tendenzen in diesen Vertretern des Kaiserreichs. Beide Helden repräsentieren auch gerade in und durch ihren Niedergang das Gesellschaftssystem, dem sie angehören, und nehmen damit vorweg, was sich in der Geschichte Deutschlands vom wilhelminischen Kaiserreich bis zum Dritten Reich tatsächlich ereignen sollte. Was die beiden Erzählwerke verbindet und ihnen die historische Bedeutung verleiht, ist der Begriff der repressiven Repräsentanz. Es ist dieser Begriff, von dem wir an unsere Aufgabe herangehen wollen.

Zunächst soll aber eine sehr wichtige thematische Verbindung zwischen »Professor Unrat« und dem Oeuvre Thomas Manns hergestellt werden,

---

André Banuls, Thomas Mann und sein Bruder Heinrich, Stuttgart, Berlin, Köln, Mainz 1968. Hans Mayer betont die »überraschenden Züge der Gemeinsamkeit« in der »Lebens- und Werkkurve der beiden großen Schriftsteller«. (Thomas Mann, Werk und Entwicklung, Volk und Welt o. J., 48 f. Thomas Mann selbst zitiert Lukács zustimmend, der den »Untertan« mit »Tod in Venedig« in Zusammenhang bringt (XI,239). Lehnert (137) versucht Thomas Manns eigenes Gefühl der Vergleichbarkeit seiner Novelle mit dem Werk seines Bruders allerdings mit dem Hinweis auf die »nur ganz grobe[n] inhaltliche[n] Gemeinsamkeiten« zu entwerten und nennt die »Zustimmung des Autors dazu . . . eine besonders auffallende simplifizierende Selbstinterpretation der vielschichtigen venezianischen Novelle«. Der Rangunterschied, die ganz andere Höhenlage und die völlig offensichtlichen stilistischen und formalen Unterschiede seien nicht nur ohne weiteres hier zugegeben, sondern hervorgehoben. Nichtsdestoweniger soll in dieser Arbeit die Gemeinsamkeit der *Inhaltsstruktur* zwischen dem »Tod in Venedig« und eben nicht dem »Untertan«, sondern »Professor Unrat« worin ein wesentliches Differenzierungsmoment zu Lukács Vergleich liegt, gezeigt werden. Hans Wysling, der Herausgeber des Briefwechsels der beiden Brüder druckt zwar »eine ganze Reihe von Vorwürfen« ab, die Thomas Mann gegen seinen Bruder nach der Lektüre des »Professor Unrat« erhoben hatte und die sich, wie Wysling bemerkt, »alle gegen Heinrichs ›Schnellfertigkeit‹ wenden«. (Thomas Mann – Heinrich Mann Briefwechsel 1900–1949, hrsg. von Hans Wysling, Frankfurt 1969, XXIV.) Das spricht aber keineswegs dagegen, die sehr auffallende Parallelität der Inhaltsstruktur näher ins Auge zu fassen. Wir dürfen nicht außer acht lassen, daß sich neben berechtigter Kritik der »Schnellfertigkeit« des Älteren gerade in jener Periode starke Neid- und Unlustgefühle wegen der eigenen Langsamkeit und verhältnismäßigen Sterilität der Produktion gegenüber den rapide aufeinanderfolgenden Büchern des Bruders sich in Thomas Mann bemerkbar machten.

die bisher wenig beachtet worden ist.[5] Im Schulkapitel seiner »Buddenbrooks« ging Thomas Mann seinem älteren Bruder in der Schulsatire um etliche Jahre voran. Bis in frappierende Einzelheiten antizipiert das Schulkapitel der »Buddenbrooks« Heinrich Manns Roman.[6] Hanno Buddenbrook und sein literarisch veranlagter Freund Kai erleben gewissermaßen einen kollektiven Professor Unrat in dem »Lehrkörper«, »eine Art Ungeheuer von widerlicher und phantastischer Gestaltung« (I,723). Das Schulsystem wird ein »Staat im Staat« genannt, in Analogie zur preußischen Armee, mit der es in nahe Beziehung gebracht wird. Ganz dezidiert zeigt Thomas Mann, daß es sich um eine aus Preußen importierte, neue Erziehungsmethode handelt,[7] die mit der Betonung von Disziplin, Autorität und Karriere kraß absticht vom früheren humanistischen Typ des Gymnasiums, wie er in der hanseatischen Republik bestanden hatte. Der neue Direktor, Dr. Wulicke, den man seiner an den alttestamentarischen Jehovah erinnernden Unberechenbarkeit und Rachsucht wegen »den lieben Gott« nennt, ist von einem preußischen Gymnasium hergekommen und invoziert gerne den kategorischen Imperativ des »preußischen Staatsphilosophen« Kant. Nicht nur die Lehrer, sondern sogar die Schüler fühlen sich in der neuen Schule als Beamte. Lehrer, die begeisterte Reserveoffiziere sind, und Schüler, die erklärt haben, den Offiziersberuf ergreifen zu wollen, erfreuen sich besonderer Begünstigung. Das für den frühen Thomas Mann so charakteristische Außenseiterproblem, das seiner Künstlerthematik ja den Rahmen verleiht, sollte nicht nur mit Nietzsche und Schopenhauer, sondern auch mit dem in Manns Kindheit sehr wichtigen Konflikt zwischen altbürgerlich-hanseatischer Tradition und der Invasion Lübecks durch neudeutsch-preußische Schneidigkeit und Militarisierung zusammengesehen werden.[8] Dieser Zusammenprall zweier Kulturen wird nicht nur in den »Buddenbrooks« – und da vor allem im Schulkapitel – evoziert. Schon der kleine Herr Friedemann ist das Opfer einer Dame,

---

[5] Weisstein, 66. Weisstein weist auf das »Buddenbrooks«-Kapitel »Ein Schultag« als eine der »Quellen des Romans« hin.

[6] Ibid.

[7] Vgl. Mayer, der auf den dominierenden preußischen Einfluß auf das Lübecker Gymnasium »seit der Reichsgründung von 1871« aufmerksam macht (38).

[8] Diersen kommt dem am nächsten (31). Helmut Haug sieht die Schulsatire im »Mißverhältnis zwischen persönlichem Sein und amtlicher Funktion« gründend. (Erkenntnisekel: Zum frühen Werk Thomas Manns, Tübingen 1969, 73). Doch betont Haug das metaphysische Durchschauen des »Lebens, wie es ist« (75 f.) gegenüber der Gesellschaft als Gegenstand der Satire.

die in der alten, bürgerlichen Stadt preußische Militärkaste und Besatzungsmacht repräsentiert. Erst in diesem gesellschaftlichen Zusammenhang verkörpert sie auch das siegreich-grausam-triumphierende »Leben«, wie es Nietzsche verherrlicht, das den verkrüppelten Sprößling alteingesessenen Bürgertums zurückstößt und in die Selbstauslöschung treibt. In »Buddenbrooks« stellen Hanno Buddenbrook und Kai die letzte Opposition gegen die siegreichen Ideen der neuen Schule dar.[9] Sie beide sind von der geschichtlichen Entwicklung überholt und passen nicht in das neue Deutschland. Hanno Buddenbrook, letzter, kränkelnder und todgeweihter Erbe hanseatischen Großbürgertums, und Kai, Sohn verlotterten und antiquierten Adels, sind die hoffnungslose Opposition, die kritischer Geist und Kunst gegen die robuste Lebensmacht bilden, wobei durch Kai, den angehenden Schriftsteller, allerdings auch ein Schimmer von Hoffnung für die Zukunft bleibt.[10] Die Freundschaft der beiden nimmt in vieler Hinsicht das Bündnis der Schüler Lohmann und von Ertzum aus Heinrich Manns Roman vorweg. Auch da die Opposition hanseatischen Großbürgertums und altmodischen Adels gegen den ortsfremden Schulbürokraten Professor Rath,[11] genannt »Unrat«, von dem angedeutet wird, daß er, wie Thomas Manns Direktor Wulicke, aus Preußen stammt, da er des heimischen Platts nicht mächtig, also kein Hanseate, und auch jedem anderen regionalen Dialekt fremd ist, also weder Süd- noch Westdeutscher zu sein scheint, und, worauf ausdrücklich hingewiesen wird, in Berlin studiert hat.

In »Buddenbrooks« geht die Perspektive von dem Außenseiter Hanno aus und das Thema ist das Märtyrium des sensiblen Schülers, Opfer eines Schulsystems, in dem sich auch die neue Staats- und Gesellschaftsordnung manifestiert. Dagegen geht im »Professor Unrat«, die Perspektive im wesentlichen vom Schultyrannen aus. Bei Heinrich Mann wird also

---

9 Helmut Koopmann zitiert Thomas Mann dahingehend, daß »das Leben, die Wirklichkeit und auch die Gesellschaft ... nur durch die Kunst« kritisiert werden können. »Die Kritik durch die Kunst ist sie denn nicht immer eine Kritik geübt von einem kleinen Hanno?« (Die Entwicklung des ›intellektualen Romans‹ bei Thomas Mann: Untersuchungen zur Struktur von »Buddenbrooks«, »Königliche Hoheit« und »Der Zauberberg«. 2. verb. und erw. Auflage, Bonn 1971, 20 f.)

10 Vgl. Haug, 36 f.

11 David Roberts bemerkt, daß in der Schüleropposition gegen Unrat die drei Hauptklassen der Gesellschaft vertreten sind – der Adel in Ertzum, das Bürgertum in Lohmann und die Arbeiterklasse in Kieselack. (Artistic Consciousness and Political Conscience: The Novels of Heinrich Mann 1900 to 1938, Australian-New Zealand Studies on the German Language and Literature, Bern/Frankfurt, 1971, 35, Fn. 18.) Die wichtigsten sind aber Lohmann und von Ertzum.

das unterdrückende System nicht passiv erlebt, sondern aus dem Blickwinkel des Gegenstands der Satire, von innen heraus, dargestellt, was auf die satirische Technik des »Untertan« vorausweist. Damit stellt sich aber auch das Thema als ein anderes. Es ist nicht mehr, jedenfalls nicht hauptsächlich, das Leiden der Schüler, sondern die Problematik des Typs Tyrann als Repräsentanten – und Außenseiters! – seiner Gesellschaft. Damit ist bereits die unmittelbare Verbindung zu Aschenbach gegeben.

Unrat und Aschenbach, der ja explizite als Preuße und Vertreter des Preußentums gezeigt wird,[12] sind beides Repräsentanten des preußisch-deutschen Reiches. Unrat ist es als Teil des Schulsystems, in welchem sich die Staatsautorität verkörpert, die für ihm der Sinn der Welt ist. In ihm als »Lehrer am hiesigen Gymnasium« spricht sich »Sinn und Gesetz der Welt aus« (PU, 415).[13] Wer den Professor beleidigt, beleidigt in ihm die Majestät des Staates. Wie Lohmann sagt, ist Unrat der Typ, der die Majestätsbeleidigung als Delikt erfunden hat. Unrat fühlt sich eins mit den Herrschenden. »Kein Bankier und kein Monarch war an der Macht stärker beteiligt, an der Erhaltung des Bestehenden mehr interessiert als Unrath.« Er ereiferte sich für alle Autoritäten, wütete in der Heimlichkeit seines Studierzimmers gegen die Arbeiter, die, wie der Erzähler ironisch hinzufügt, »wenn sie ihre Ziele erreicht hätten, wahrscheinlich bewirkt haben würden, daß auch Unrat etwas reichlicher entlohnt wäre« (PU, 403).

In Unrat ist der hohenzollernsche Machtstaat internalisiert.[14] Er lebt aus dessen Ideologie heraus. Da die Schule den Staat repräsentiert, kommt die Trägheit der Schüler der Verderblichkeit unnützer Bürger gleich, die als »Abschaum der Menschheit« es nicht verdienen, im Staat

---

12 Cf. Lukács, loc. cit. In einem Briefentwurf von 1944 beruft sich Thomas Mann auf Lukács, demzufolge im »Tod in Venedig« »dem preußischen Ethos ein Untergang von ironischer Tragik bereitet werde« (Briefe 1937–1947, hrsg. von Erika Mann [Frankfurt] 1963, 353). Aus ganz anderer Sicht als der marxistische Literaturtheoretiker kommt Oskar Seidlin in seiner bahnbrechenden »Stiluntersuchung an einem Thomas Mann-Satz« (Erstveröffentlichung »Monatshefte«, XXXIX, 1947) zu dem gleichen Ergebnis, was das »preußische« Wesen Aschenbachs und seines Werkes betrifft. (Seidlin, Von Goethe zu Thomas Mann: Zwölf Versuche, Göttingen 1963, 157.)

13 Alle Zitate und Hinweise sind der folgenden Ausgabe entnommen, die im Text als PU angeführt und mit entsprechender Seitenzahl versehen wird: Heinrich Mann, Im Schlaraffenland – Professor Unrat: Zwei Romane, Berlin und Hamburg 1966.

14 Roberts zitiert Heinrich Mann: »Die am häufigsten von mir durchgeführte Idee ist aber die der Macht« (13), und »Ich hatte, wo immer ich saß und fremde Zeitungen las, die Probleme des deutschen Kaiserreichs in mir« (35).

geduldet zu werden und ins Kabuff, jenen von Unrat persönlich erfundenen Vorläufer des KZ, gehören.[15] Jede Lockerung der Schuldisziplin bedeutet ein Rütteln an den Grundfesten der Gesellschaft, dem mit äußerster Wachsamkeit und Strenge zu begegnen ist. Jede in der Klasse losgehende Knallerbse symbolisiert die jederzeit drohende Revolution. Unrat hat das streng hierarchische Wertsystem des Staates zu seiner eigenen Perspektive gemacht. Für ihn bedingt das höhere Staatsexamen absoluten Rang und Wert des Menschen und ein »peinlicher Abstand« trennt für Unrat den, der es gemacht hat, von dem Unglücklichen, der es nicht geschafft hat. Seinen eigenen Sohn bedenkt Unrat nur mit tiefster Verachtung, weil er es nie zum höheren Staatsexamen gebracht hat. Nur Künstlerinnen wie Fräulein Rosa Fröhlich vom Blauen Engel können es auch ohne Staatsexamen zum höheren Menschentum bringen. Die Schüler hingegen stellen für Unrat das dar, was die niederen Volksklassen für einen auf Verdienst und Bildung beruhenden Staat sind.[16] Sie sind einfach »mausgraue, unterworfene Wesen« (PU, 388), die zu gehorchen und »das Ihre zu präparieren haben«. Ihre Dienstbarkeit gilt es aufs genaueste zu überwachen, ihre Pflichtausübung zu kontrollieren und bei dem geringsten Aufmucken sind sie ins Gefängnis, genannt Kabuff, zu senden. In Unrat verkörpert sich das Wesen des auf bloße Machterhaltung eingestellten Obrigkeitsstaates in reiner, und daher karikaturistisch wirkender Essenz als simpler, nackter Unterdrükkungswille.

Wie in den »Buddenbrooks« zeichnet sich auch im »Professor Unrat« die absinkende Entwicklung des hohenzollernschen Staates im Laufe des 19. Jahrhunderts ab an Hand der Degeneration seines Erziehungssystems, im Abfall nämlich des Gymnasiums von seinem ursprünglich intendierten Zweck klassisch-humanistischer Bildung und seiner Entartung zum sadistisch gebrauchten Machtinstrument, zum Unrat'schen »Fassen« und »Hereinlegen« der »Schüler, die Ihrs nicht präpariert« hatten. In grotesker Übertreibung, aber im Historisch-Wesentlichen stimmiger Genauigkeit stellt Professor Unrat die Fehlentwicklung des Humboldtschen Ideals dar, das das verjüngte Preußen im Geiste deut-

---

15 Vgl. Weisstein, »... könnte Unrat seinen Gefühlen freien Lauf lassen, er das Kabuff durch das Konzentrationslager oder gar die Gaskammer ersetzen würde, ...« (71).

16 Vgl. dazu Thomas Manns Rede »Meine Zeit«, gehalten in der Universität von Chicago im Mai 1950: »Imerhin ruhte es [das Reich] auf ›Bildung und Besitz‹, diesen Pfeilern der Bürgerlichkeit« (XI,308).

scher Klassik und Philosophie zur Führung Mitteleuropas berufen sehen wollte. Trotz ihrer absurden Formelhaftigkeit und Erstarrung ist Unrats Sprache noch immer die Sprache der Homerübersetzung, angefertigt zur Goethezeit im Zeichen ihres Griechenkults. Der Fehlschlag der Idee eines neupreußisch-deutschen Reiches, geboren aus dem Geist Winckelmanns, Goethes und Kants, tritt uns entgegen, bizarr, aber nicht ohne historisches Pathos, in den lächerlichen Flickformeln vossisch-homerischer Provenienz, den »traun fürwahrs«, »nun also denn dochs« und »immer mal wieders«, womit Unrat seine Rede spickt. Diese Formelhaftigkeit der Sprache des Tyrannen enthüllt das derivative, formale, unschöpferische Wesen der zur Fassade gewordenen klassischen Bildung und ihre funktionslose Fremdheit im zeitgenössischen Leben des Volkes. In Unrats Stadt kann sich das klassische Repertoire nur durch den »Pachtvertrag« mit den Behörden auf dem Theater behaupten. Diese Fremdheit zwischen der repräsentativen Ideologie des Staates und dem Leben seiner Bevölkerung ist in Unrat zum grotesken Extrem gesteigert. Repräsentant der Staatsautorität lebt Unrat in pathetischer Kontaktlosigkeit zu seiner Umgebung. Dieses Mißverhältnis zeigt sich vor allem in der sprachlichen Diskrepanz zwischen Unrat und seinen Mitbürgern, woraus sich die stärksten komischen Effekte des Romans ergeben. In diesem sprachlichen Mißverständnis offenbart sich eine abgrundtiefe geistige Fremdheit zwischen dem fanatischen Professor und der Menschheit, die an »Don Quixote« erinnert.

Die Analogie zu »Don Quixote« besteht darin, daß Unrat, in starrer Subjektivität befangen, seine Mitmenschen nicht versteht und von ihnen nicht verstanden wird. Dieses Nichtverstehen ist sowohl wörtlich als auch bildlich. Wörtlich, da Unrat »in 26 Jahren die Mundart nicht verstehen gelernt« hat (PU, 408), bildlich, da es zwischen seinem Denken und dem ihren keine Verständnisbasis gibt. Wie Don Quixote lebt Unrat aus einem Ethos und Motivierungen heraus, die aus einer ganz anderen Vorstellungswelt kommen als die, aus denen seine Umgebung lebt, und wie bei Don Quixote entstammt diese Fremdheit der Ideologie des Protagonisten, die einer abgelebten, vergangenen Gesellschaftsordnung angehört. Der große Unterschied ist aber der, daß in »Don Quixote« der einstige Träger der Ideologie, das Rittertum, längst verstorben ist, so daß seine Werte nun die Phantasie bezaubern können, während die Ideologie, die Unrat vertritt, trotz ihrer Überlebtheit an der Macht ist und diese Macht höchst energisch ausübt.

Die Unzeitgemäßheit der herrschenden Ideologie drückt sich in der feindseligen Spannung aus, die zwischen Schülern und Lehrer, d. h. Bürgern und Staat, waltet. »Auf allen Seiten [ist Unrat] bedroht von Feinden. ...« Die ganze Stadt ist eine »empörte Klasse von 50 000 Schülern« (PU, 396), die Unrat mit dem Haß und der Panik des bedrohten Tyrannen verfolgt. In brennpunktartiger Intensivierung stellt sich in Unrat die Unsicherheit, ja, die Angst der wilhelminischen Ordnung vor dem »inneren Feind« dar. Typisch für die Bismarcksche Reichsschöpfung war ja von Anfang an ihr Gefühl der Bedrohtheit, zunächst durch die Einkreisungsgefahr seitens des äußeren Feindes, dann auch durch die »zersetzenden« Ideen des inneren Feindes, des dem Staat entfremdeten sozialdemokratischen Arbeitertums.[17] Diese Angst vor dem »inneren Feind« war der Preis dafür, daß der Staat von einer Koalition von Privilegierten – ererbtem Vorrecht, Besitz und Bildung – gegründet, erhalten und getragen wurde. Unrat zählt sich stolz zu der Elite der Gebildeten. Ein »Abscheu« erfüllte ihn, »der aus seinem Innersten kam, vor Menschen, die nichts Gedrucktes vor die Augen nahmen, die in einem Konzert saßen und nicht das Programm gelesen hatten« (PU, 411/412). Von den schwelenden Aufruhrgelüsten der Ungebildeten und Unterprivilegierten fühlt er sich immer bedroht. Ja, sein Spitzname, der ihm an allen Ecken und Enden der Stadt nachgeschleudert wird, trifft ihn wie die Losung des Aufruhrs, der ihn überall konfrontiert und seine Macht in Frage stellt oder vielmehr zu stellen scheint. Denn ebenso wie in der inneren Situation des Reiches selbst ist es weniger die objektive, tatsächliche Gefahr einer Revolution als vielmehr die übertriebene Angst vor ihr, die die Lage kennzeichnet. In gutmütigem Spott wittert Unrat die drohende Revolte, der durch schleunigste und härteste Unterdrückungsmaßnahmen zuvorzukommen ist.

Es geht Unrat um die Eliminierung des inneren Feindes. Der innere Feind ist derjenige, der die Grenzen der Obrigkeit nicht als die Grenzen seiner Welt anerkennt, sondern der, wie der Schüler Lohmann, Information von draußen, von außerhalb des Machtgebiets des Lehrers bezieht und damit den Lehrer und durch ihn den Staat in Frage stellt. Es ist der kritische Geist per se, der Unrats Regime gefährlich wird, und

---

[17] In derselben Rede (siehe Fn. 16) spricht Thomas Mann von der Zeit seiner Kindheit und frühen Jugend: »Es war die Zeit ... der bedrohlich heranwachsenden Sozialdemokratie August Bebels, die damals – ich muß es aus lebendiger Erinnerung feststellen – in der Phantasie des Bürgers genau die Rolle spielte, die heute dem Bolschewismus zugefallen ist. Sozialdemokratie, das war der Umsturz, das äußerste Sansculottentum, die Enteignung der Besitzenden, die Kulturzerstörung, Zerstörung überhaupt ...« (XI,307).

den er in dem intellektuellen Schüler Lohmann mit abgründigem Haß verfolgt.[18] Es ist dies derselbe Haß, der ihn den Plan des Heinedenkmals mit seinem abwehrenden Bannfluch »Nie! Niemals!« belegen läßt. Was er in Heine abwehrt und in Lohmann verfolgt, ist der kritisch-ironische Geist der Literatur, des Schriftstellertums, im Gegensatz zur Dichtung oder der der Dichtung dienenden literarischen Gelehrsamkeit. Die Dichtung vertritt das Klassische, das Literatentum Lohmanns die zersetzende Moderne. Lohmann findet »die wenigen, wirklich poetischen Stellen bei Homer ... längst überboten. Der sterbende Hund, bei Odysseus' Heimkehr, befinde sich viel wirksamer in ›La Joie de vivre‹ von Zola« lästert er und setzt, das Maß der frechen Majestätsbeleidigung vollendend, hinzu: »Wenn Sie davon gehört haben, Herr Professor« (PU, 464). Lohmann hat sich Unrats Machtbereich entzogen, da er »durch die Erwerbung einer literarischen Bildung in Anspruch genommen, . . . der Schule nur wenig Aufmerksamkeit gewähren [konnte]« (PU, 381). Und der von Unrat idealisierten »Künstlerin« Fröhlich spricht Lohmann die Seele ab, denn »auf Seele kommt es bei dem, was sie momentan betreibt, nicht an« (PU, 480). Lohmann verhöhnt die Autorität in Unrat, er »zweifelt ihn an« (PU, 387–388). Kein Wunder also, daß der wilhelminische Repräsentant »gerade Lohmann zu beseitigen« sucht, »vor *diesem* Ansteckungsstoff die menschliche Gesellschaft zu behüten« trachtet (PU, 384), daß er den Staat von diesem »Elenden« – dasselbe Wort finden wir dann in einem parallelen Zusammenhang als Titel einer Novelle Aschenbachs – befreien möchte und im Kampf gegen ihn zum Verbrecher wird.

Um den modernen Geist skeptischer Widersetzlichkeit auszurotten, wird Unrat zum »Anarchisten«. Ja, eine Zeitlang schließt er sich sogar der verhaßten Sozialdemokratie an – wird also das Gegenteil seiner

[18] Vgl. Linn, 46. Lehnert glaubt in dem »intelligenten, aber faule[n] Schüler Lohmann« die »Züge des jungen Thomas Mann« zu entdecken. (Herbert Lehnert, »Die Künstler-Bürger-Brüder: Doppelorientierung in den frühen Werken Heinrich und Thomas Manns«, in Thomas Mann und die Tradition, hrsg. von Peter Pütz, Frankfurt/Main 1971, 41, 43.) Wenn auch die von Lehnert dafür angeführten Argumente nicht durchaus abzuweisen sind, besteht doch kein Zweifel, daß es vor allem Heinrich Manns Selbstporträt seiner Jugendjahre ist, das uns in Lohmann entgegentritt. Die Übereinstimmung mit Heinrichs eigener Biographie ist stärker als die mögliche lautliche »Anspielung«, die sich im Namen Lohmann »verbergen ... könnte«. Wie Lohmann verließ auch Heinrich Mann – und nicht Thomas – Vaterhaus und Heimatstadt, um als »Geschäftsvolontär« im »Ausland« zu arbeiten. (Dresden und Berlin konnten Lübeck gegenüber durchaus als »Ausland« gelten.) Vgl. Klaus Schröter, Heinrich Mann in Selbstzeugnissen und Bilddokumenten, Reinbek bei Hamburg 1967, 26.

selbst – nur um das liberale Großbürgertum, dem Lohmann entstammt, tödlich zu treffen und zu vernichten. Vorläufer der Nazi-Revolte gegen die bürgerlich-liberale Gesittung unterminiert Unrat die Gesellschaft, um die beleidigte Autorität zu retten und an dem inneren Feind zu rächen.

Hier tritt die Parallele zu Aschenbachs Charakter und Schicksal deutlich in Erscheinung. Auch Aschenbach bekämpft den inneren Feind und triumphiert über ihn zu seinem eigenen Verderben. Nur daß im Gegensatz zu Unrat bei Aschenbach der innere Feind in ihm selbst steckt. Aschenbachs Lohmann ist oder vielmehr war in einer früheren Phase seiner Laufbahn Aschenbach selbst.

Aschenbach repräsentiert das wilhelminische Kaiserreich in viel höherem Grade als Unrat. Denn während Unrat Schüler und Stadt gegen sich hat und Gegenstand der Geringschätzung ist, ist Aschenbach wirklicher Repräsentant der nationalen Elite,[19] deren Respekt und Bewunderung er in vollem Maße genießt.[20] Dennoch ist seine Beziehung zu dem tyrannischen Schulmeister eine viel nähere als man zunächst vermuten würde. Auch Aschenbach ist mit der Schule verbunden, denn seine Werke sind amtlich beförderte Schultexte und Stilmuster geworden und er versteht sich auch selbst genauso wie Unrat als Lehrer der Jugend.[21] Wie Unrat identifiziert sich auch Aschenbach mit der herrschenden Macht, wozu ihn bereits seine Herkunft aus einer alten preußisch-schlesischen Familie von »Beamten, Offizieren, Richtern, Verwaltungsfunktionären« »im Dienste des Königs« (VIII,450) prädisponiert. Dienst an der schönen Form sieht er als Fortsetzung des ihren an. Die Macht erkennt auch seine Dienste an und belohnt ihn für die Verherrlichung des preußisch-deutschen Nationalhelden, Friedrichs des Großen, mit der Verleihung der Nobilität. Wie uns der erste Satz mitteilt, ist Gustav Aschenbach Gustav von Aschenbach geworden. Die wichtige Rolle des Adelsprädikats wird also durch die Erwähnung im ersten Satz angezeigt – und Oskar Seidlin hat ja gezeigt, welchen Aufschluß über das Ganze ein

---

19 Vgl. Diersen, 97, und vor allem Lehnerts Zitat aus Manns 7. Notizbuch von 1905 über »die tragische Verirrung« eines Künstlers, der »die Neigung [hat], sich als nationaler Faktor, sich überhaupt national zu nehmen, [mit dem] Blick auf die Litteratur-Geschichte« (Lehnert, Fiktion . . ., 125).

20 Das obenerwähnte Zitat spricht weiters davon, daß dieser »nationale« Künstler »an den ehrgeizigen Ansprüchen, zu denen der Erfolg ihn verleitet und denen er zuletzt nicht gewachsen ist, zugrunde geht«.

21 Vgl. Reeds Zitat aus Thomas Manns Princeton Vortrag: »zugleich werden die pädagogischen Ansprüche gegeißelt, die sich etwa ins Künstler-Selbstgefühl einschleichen sollten« (Reed, 176).

Anfangssatz enthalten kann.[22] Noch wichtiger ist es, daß uns der Erzähler ausdrücklich versichert, daß die Nobilitierung Aschenbach »innerlich gemäß« war »und er [sie] nicht ab[lehnte]«. Damit wird deutlich darauf hingewiesen, wie sehr sich Aschenbach mit dem monarchischen Prinzip identifiziert – er wird auch an anderer Stelle mit Ludwig XIV. verglichen –, und daß er hätte anders handeln, daß er die Gabe des Fürsten hätte ablehnen können, was ebenso einer politischen Kundgebung gleichgekommen wäre wie seine dezidierte Annahme der Ehrung. Es gilt dies besonders hervorzuheben in Hinblick auf Thomas Manns ironische Einstellung zum monarchischen Prinzip im Roman »Königliche Hoheit«, drei Jahre vor dem »Tod in Venedig« erschienen, worin das Fortbestehen der Monarchie im zwanzigsten Jahrhundert ein »Affentheater« genannt wird (II,144). Der regierende Monarch Albrecht vergleicht sich mit Fimmelgottlieb, einem alten Rentner, der »nicht ganz bei Troste« und »überall dabei ist, wo etwas los ist«, obgleich seine Narrheit ihn außerhalb aller ernsthaften Beziehungen stellt.

> »Wenn ... der Mann mit der roten Mütze das Zeichen gibt, winkt Fimmelgottlieb dem Lokomotivführer mit der Hand, und der Zug geht ab. Aber Fimmelgottlieb bildet sich ein, daß der Zug auf sein Winken abgeht. Das bin ich.« (II,144)

Die Staatsform, die für den Monarchen des früheren Romans ein lächerlich-peinlicher Anachronismus geworden ist,[23] nimmt Aschenbach ernst. Er ist stolz darauf, als ihr Repräsentant zu gelten.

Jedoch kommt der Anachronismus, die innerlich schwache und hohle Position des monarchischen Reiches, in Aschenbach ebenso zum Vorschein wie in Unrat, in der im letzten Grunde defensiven und repressiven Haltung, die der Repräsentant dieses Reiches einzunehmen gezwungen ist.[24] Denn Aschenbach ist zur Würde gelangt, indem er die im buchstäblichen Sinne »innere Schwäche« dessen, was er darstellt, in sich selbst rücksichtslos zu bekämpfen und zu unterdrücken hatte. Das ironisch-zynische In-Frage-Stellen, das Unrat außerhalb seiner selbst,

---

22 Mit dem von Seidlin untersuchten Satz beginnt das zweite Kapitel der Novelle.

23 Cf. dazu Lukács, op. cit., 515, und Hans Mayer, 33, der »Königliche Hoheit« mit Heinrich Manns »Untertan« in Verbindung setzt.

24 Hanno Königs Buch über Heinrich Mann »betrachtet« »als zentrales Phänomen, als Quellgebiet aller Gestalten, als Schlüssel noch zu den sonderbarsten Situationen des Frühwerks« das Phänomen der »Lebensschwäche«. (Hanno König, Heinrich Mann: Dichter und Moralist, Tübingen 1972, 10.) Vgl. auch Lukács (516 f.): »Fontane und Thomas Mann sind die ersten und einzigen deutschen Schriftsteller, die die innere Gebrechlichkeit der ›preußischen Haltung‹ aufgedeckt haben.«

in dem widerspenstigen Intellektuellen Lohmann verfolgt, das mußte Aschenbach in sich selbst überwinden, ehe er der werden konnte, den »die Unterrichtsbehörde ... in die vorgeschriebenen Schul- und Lesebücher übernahm« (VIII,456). Der gewaltige Unterschied zwischen der karikaturistischen Gestaltungsweise von Heinrich Manns Roman und der mimetisch-tragischen des »Tod in Venedig« darf uns nicht darüber hinwegtäuschen, daß Aschenbach dieselbe Symbiose von klassisch-humanistischem Bildungsideal und preußischer »Zucht« darstellt, deren lächerlicher Entartung wir bei Unrat begegnet sind.[25] Beider Sprach- und Denkmuster sind ja dem klassischen Bildungsgut entlehnt,[26] was im Falle Aschenbachs ja Gegenstand ausgezeichneter Untersuchungen gewesen ist.[27] Nun ist es aber gerade diese klassische Form, die Aschenbach zu seinem Wesen gemacht hat, die auch Instrument subtiler Unterdrükkung ist. Aschenbachs Stil beruht auf gewaltsamer Ausmerzung des Umgangssprachlichen, der realistischen Wendung, der Modernität und Innovation, des derb-direkten Wortes. Er »entriet in späteren Jahren der unmittelbaren Kühnheiten, der subtilen und neuen Abschattungen, er wandelte sich ins Mustergültig-Feststehende und wie die Überlieferung es von Ludwig XIV. wissen will, so verbannte der Alternde aus seiner Sprachweise jedes gemeine Wort« (VIII,456). Der klassizistische Stil wird also teuer bezahlt.[28] Sein Preis ist die Beziehung zum zeitgenössischen Leben, der Wirklichkeitsgehalt, die schöpferische Lebendigkeit. In gewissem Sinne ist das, was der Erzähler als das »Mustergültig-Feststehende« bezeichnet, von der Formelhaftigkeit von Unrats Sprache gar nicht sehr weit entfernt, drückt jedenfalls eine ähnliche Tendenz aus zur Steifheit, zum »starren, kalten und leidenschaftlichen Dienst« (VIII,

---

25 Vgl. Diersen, 108. In einem Brief an Paul Amann vom 10.9.1915 nennt Thomas Mann das »Bildungs-Griechentum« Aschenbachs »nur Hilfsmittel und geistige Zuflucht des Erlebenden« und betont, daß der »Charakter des Ganzen« »ja eher protestantisch als antik« sei. Briefe an Paul Amann 1915–1952, hrsg. von Herbert Wegener, Veröffentlichungen der Stadtbibliothek Lübeck, Neue Reihe, Band 3, 1959, 32.

26 Vgl. dazu die Bemerkungen Erich Hellers und Herbert Lehnerts über den »parodistischen« Stil im »Tod in Venedig«. (Heller, 99, 100, 102; Lehnert, Fiktion ..., 129 und auch 114, 118–120).

27 Franz Mautner, »Die griechischen Anklänge in Thomas Manns ›Tod in Venedig‹«, Monatshefte, XLIV, 1952, 20–26, und Wolfgang F. Michael, »Stoff und Idee im Tod in Venedig«, Deutsche Vierteljahrsschrift für Literaturwissenschaft und Geistesgeschichte, XXXIII, 1959, 13–19. Siehe auch Manfred Dierks, Studien zu Mythos und Psychologie bei Thomas Mann, Thomas-Mann-Studien, Bd. 2, Bern und München 1972.

28 Vgl. Seidlin, 152. Auch Nicklas Deutung des Namens Aschenbach, 72.

448), der bei Aschenbach Dienst am Werk, bei Unrat Dienst an der Autorität ist.

Wie für Unrat verkörpert sich auch für Aschenbach im Literaten, d. h. hier in dem, was Aschenbach einst selbst gewesen war, alles das, was die wilhelminische Repräsentanz bedroht. Der »Tod in Venedig« zeigt Aschenbachs Entwicklung vom oppositionellen Literaten zum repräsentativen »Dichter« im traditionell-deutschen Sinn, wobei aber die Handlung der Novelle diese Entwicklung als tragische Fehlentwicklung darstellt.[29] Denn was die wilhelminische Repräsentanz in Aschenbach bedroht, ist die Wahrheit, die Erkenntnis, das kritische Wissen um die Wirklichkeit. Für Aschenbach galt es, die Augen zu schließen und sich abzuwenden von dem, was sein analytischer Intellekt gefunden hatte oder zu finden drohte. So kam es zu Aschenbachs Entschluß, »das Wissen zu leugnen, es abzulehnen, erhobenen Hauptes darüber hinwegzugehen, sofern es den Willen, die Tat, das Gefühl und selbst die Leidenschaft im geringsten zu lähmen, zu entmutigen, zu entwürdigen geeignet ist« (VIII,454/455). Der Einblick in die Wirklichkeit wird aufgegeben zugunsten der Wünschbarkeit, an die Stelle der analytischen Erkenntnis tritt die Heroisierung. Aschenbach erstrebt die Rückkehr zu einem einfacheren und festeren Welt- und Menschenbild, das sich befreit hat vom modernen Relativismus und den ungebrochenen Glauben an absolute Werte und damit die Möglichkeit zu resolutem Handeln wiedererlangt hat.[30] Mit dem Intellektualismus verwirft Aschenbach auch

---

[29] Die Ambivalenz Thomas Manns und sein dauerndes Schwanken zwischen dem kritischen, psychologisierenden und intellektuellen »Literaten«, den er später im »Zivilisationsliteraten« geißeln wird, und dem traditionellen deutschen Ideal des »Dichters« oder »Künstlers« charakterisieren besonders das Jahrzehnt von 1904 bis 1914, kurz nach der Niederschrift des »Tonio Kröger« bis zu den »Gedanken im Kriege«. Der »Tod in Venedig« ist aus dieser Ambivalenz zu verstehen. Besonders aufschlußreich sind hier Thomas Manns Notizen zu dem »Literatur-Essay« »Geist und Kunst«, dessen Titel er dann der Liste von Gustav Aschenbachs Werken überließ. Siehe »Geist und Kunst«: Thomas Manns Notizen zu einem »Literatur-Essay«. Ediert und kommentiert von Hans Wysling. In Paul Scherrer / Hans Wysling, Quellenkritische Studien zum Werk Thomas Manns, Thomas-Mann-Studien, Bd. 1, Bern 1967, 123–233. Vgl. auch daselbst Hans Wyslings »Ein Elender: Zu einem Novellenplan Thomas Manns«, 106–122, und Reeds Kapitel »Art and Intellect: Conflicts in German Culture, 1910« und »The Art of Ambivalence: *Der Tod in Venedig*«, 119–178.

[30] Dies sieht Thomas Mann als Fehlentwicklung selbst in der Periode seiner exaltiertesten Schilderhebung des »deutschen« »Dichters« und »Künstlers« und dezidiertesten Feindseligkeit gegen den »Literaten«, in den »Betrachtungen eines Unpolitischen«. »Ihn aber scheitern zu lassen, diesen ›neuen Willen‹ und dem Versuch einen skeptisch-pessimistischen Ausgang zu geben: eben dies schien mir *moralisch*

die Humanität. Denn er hat erkannt, daß der im modernen Denken enthaltene moralische Relativismus keine Rangordnungen mehr zuläßt und alle Werturteile aufhebt in einem Verständnis aller Positionen, das nur mehr die Humanität, das Mitleiden, die Verhinderung des Leidens als letzten und einzigen Wert übrigläßt. In der Nachfolge Nietzsches hat Aschenbach dieser Mitleidsmoral den Rücken gekehrt und verkündet »die Abkehr von allem moralischen Zweifelssinn, von jeder Sympathie mit dem Abgrund, die Absage an die Laxheit des Mitleidssatzes, daß alles verstehen alles verzeihen heiße« (VIII,455).
Der Einfluß Nietzsches auf Aschenbachs geistige Laufbahn ist offensichtlich.[31] Nietzsche hielt es für geboten, das Leben höher zu stellen als die Wahrheit und verlangte lebensfördernde Illusionen.

> Alles Lebendige braucht um sich eine Atmosphäre, einen geheimnisvollen Dunstkreis; wenn man ihm diese Hülle nimmt, ... so soll man sich über das schnelle Verdorren, Hart- und Unfruchtbarwerden nicht mehr wundern. Aber selbst jedes Volk, ja jeder Mensch, der *reif* werden will, braucht einen solchen umhüllenden Wahn, eine solche schützende und umschleiernde Wolke; jetzt aber haßt man das Reifwerden überhaupt, ... Ja, man triumphiert darüber, daß jetzt ›die Wissenschaft anfange, über das Leben zu herrschen‹: möglich, daß man das erreicht; aber gewiß ist ein derartig beherrschtes Leben nicht viel wert, weil es viel weniger *Leben* ist und viel weniger Leben für die Zukunft verbürgt als das ehemals nicht durch das Wissen, sondern durch Instinkte und kräftige Wahnbilder beherrschte Leben. (N. I,254)[32]

– wie es mir künstlerisch schien. Denn ich bin so beschaffen, daß der Zweifel, ja die Verzweiflung mir moralischer, anständiger und künstlerischer dünkt als irgendein Führer-Optimismus, geschweige denn als jener politisierende Optimismus, welcher partout durch den Glauben selig werden möchte, –« (XII,517). Zwar fügt er hinzu: »durch den Glauben woran? An die Demokratie!« Unter umgekehrtem politischem Vorzeichen wird aber selbst hier die Aschenbach'sche Grundhaltung verworfen.

31 Vgl. R. A. Nicholls, Nietzsche in the Early Work of Thomas Mann, University of California Publications in Modern Philology, Berkeley und Los Angeles 1955, 82 f. Freilich muß das Doppelantlitz Nietzsches gerade für Thomas Mann betont werden. Denn Nietzsche war es ja andrerseits, der für Mann als Antipode und Kritiker Wagners den Pol des kritisch-psychologisierenden und »auflösenden Literaten« par excellence darstellte. Vgl. dazu, Reed, 126 f., 137, 142.

32 Friedrich Nietzsche, Werke, hrsg. von Karl Schlechta, Bd. 1, München 1954, 254. Reed (145) führt Nietzsches »Epilog« zu »Nietzsche contra Wagner« als besonders aufschlußreich für Aschenbachs Wendung gegen den »unanständigen Psychologismus« an. Vgl. auch Nietzsches *»Tout comprendre – c'est tout mépriser«* (II,1016) mit Aschenbachs »Absage« an den »Mitleidssatz«, »daß alles verstehen alles verzeihen heiße«. Doch scheint mir in diesem Zusammenhang Thomas Manns Hinweis auf »die Lüge als geschichtsbildende Macht« in seinem Vortrag »Meine Zeit« (XI,317) noch mehr auf Nietzsches »geschichtliche« »Betrachtung« »Vom Nutzen und Nachteil der Historie für das Leben« hinzudeuten, aus der wir zitiert haben.

Nietzsche unterstreicht das Wort »reif« wie das Wort »Leben« und behauptet, daß die moderne Wissenschaft, die alles zu analysieren und zu verstehen trachtet, dadurch dem Menschen die Illusionen raube, seinen Lebenswillen untergrabe und den Willen zum Reifwerden verneine. Nun sehen wir bei Aschenbach, daß es eben die »Reife« des Künstlers ist, der »tiefe Entschluß des Meister gewordenen Mannes«, der ihn das Wissen leugnen und darüber hinweggehen hieß. Es ist der im schweren Kampf gegen sich selbst errungene Sieg über den eigenen »Zweifelssinn«, die »Zynismen« und die »Ironie« seiner Jugend, die das Resultat der auflösenden und hemmenden Erkenntnis, der analytisch-psychologisierenden Einsicht in »das fragwürdige Wesen der Kunst, des Künstlertums« (VIII,454) und also das In-Frage-Stellen seiner eigenen Existenz und Schöpferkraft gewesen waren. Das Anzweifeln der Macht, das in »Professor Unrat« von außen, vom widersetzlichen Schüler und rebellischen Untertan kommt, weil ja dort die Macht selbst als äußere Autorität gesehen wird, ist im »Tod in Venedig« verinnerlicht. Der Zweifler ist hier der eigene, analytische Verstand und die angezweifelte Macht ist die eigene Schöpferkraft. Bei Aschenbach handelt es sich also in erster Linie um Repression des »inneren Feindes« im wörtlichen Sinne. Seine Abwehr ist in erster Linie ein Kampf mit sich selbst.

Doch kann auch bei ihm dieser innere Kampf nicht getrennt werden von dem äußeren weltanschaulichen und im weitesten Sinne des Wortes politischen Kampf der Zeit. Er selbst sieht seinen »Dienst« am Werk als Fortsetzung der preußischen Eroberungspolitik, jener militärischen »Zucht«, »Willensdauer und Zähigkeit derjenigen ähnlich, die seine Heimatprovinz [für Preußen] eroberte« (VIII,452).[33] Aschenbachs Sehnsucht nach einer neuen Naivität, befreit von der Bürde der Erkenntnis, die sich ihm im »Wunder der wiedergeborenen Unbefangenheit« (VIII,455) erfüllt hatte, ist zweifelsohne dem Kern jenes reaktionären Irrationalismus verwandt, den Georg Lukács »Die Zerstörung der Vernunft« genannt hat und der spätestens im Zeitalter der Neuromantik die herrschende Ideologie des wilhelminischen Kaiserreichs wurde, später die Weimarer Republik mit unversöhnlichem Haß bekämpfte und das Dritte Reich gebar.[34] Von der »wiedergeborenen Unbefangenheit« zur »wiedergeborenen Barbarei« von Blut und Boden

[33] Seidlin (160) weist auf die enge Verbindung zwischen Aschenbachs »Geburtsort in Schlesien« und »dem Namen Friedrichs von Preußen« hin.

[34] Die Zerstörung der Vernunft, Georg Lukács Werke, Bd. 9, Neuwied am Rhein / Berlin-Spandau 1962 [1954].

ist zwar der Schritt noch immer groß, aber keineswegs so wesentlich weit, wie man aus Aschenbachs soignierter Kultur schließen könnte.[35] Nun ist der Antirationalismus und Vitalismus Aschenbachs ebenso Reaktion auf ein Gefühl der inneren Schwäche und Bedrohtheit wie Unrats fanatisches Aufspüren von Aufruhrsymptomen. Aschenbach kämpft ein heroisch-verzweifeltes Rückzugsmanöver gegen einen als fast unvermeidlich angesehenen historischen Prozeß. Er und sein Publikum fühlen, wie seinerzeit Thomas Buddenbrook,[36] daß ihre Möglichkeiten kurzbefristet sind, daß sie sich trotz ihrer heroischen Bemühungen wahrscheinlich nur »eine Zeitlang die Wirkungen der Größe abgewinnen« können werden (IX,454). Gerade in diesem Gefühl des immer drohenden Versagens und frühzeitigen Untergangs wird Aschenbach Repräsentant seiner Gesellschaft und spricht seine Leser am tiefsten an. Er findet sein treuestes Publikum in all denen, »die am Rande der Erschöpfung arbeiten, der Überbürdeten, schon Aufgeriebenen, sich noch Aufrechterhaltenden, all dieser Moralisten der Leistung« (VIII,453/454). Anstatt aber die Gründe dieser Schwäche zu untersuchen oder auch den Wert von Dienst und Leistungsethik im Licht einer so gefühlten inneren Wirklichkeit zu erfragen – Möglichkeiten durchaus gegeben durch die Situation – versuchen Aschenbach und sein Publikum die Wirklichkeit zu verdecken, zu übertünchen, in trotzigem Widerstand gegen sie »durchzuhalten«.[37] »Durchhalten« ist Aschenbachs Lieblingswort. Dem Leben seines verherrlichten Vorbilds, Friedrichs des Großen, entlehnt, ist es »nichts andres als die Apotheose dieses Befehlswortes, das ihm als der Inbegriff leidendtätiger Tugend erschien« (VIII,451).

Die Scheu vor der Wirklichkeit, die dem Verhalten von Aschenbach und Unrat zugrunde liegt, erklärt das eigenartige Paradox, daß diese Repräsentanten von Staat und Gesellschaft in seltsamer Isolierung leben. Unrats Isolierung haben wir bereits erwähnt. Sie liegt ja schon in dem Spottnamen beschlossen, den eine ganze Stadt über ihn verhängt hat. Bei Aschenbach liegt das Verhältnis von wilhelminischer Repräsentanz

[35] Thomas Mann selbst hat mehrmals auf die Verbindung zwischen Aschenbachs Ethos und dem späteren Nationalsozialismus aufmerksam gemacht. Vgl. »Leiden an Deutschland«, XII,708, »Bruder Hitler«, XII,850, und einen von Lehnert zitierten unveröffentlichten Brief an Agnes Meyer von 1938 (siehe Lehnert, »Fiktion ..., 134). Allerdings ist es Mann hier sehr darum zu tun klarzustellen, daß jene »Tendenzen der Zeit, die in der Luft lagen, lange bevor es das Wort ›Fascismus‹ gab«, in »der politischen Erscheinung kaum wiederzuerkennen sind«, obwohl sie »zu[r] moralischen Vorbereitung« des Fascismus »gedient« haben.

[36] Diersen (37 f.) verbindet Thomas Buddenbrooks »Haltung« mit Aschenbach.

[37] Vgl. auch Diersen, 98.

und Einsamkeit komplizierter. Trotz großen Erfolgs und breiter Wirkung wird Aschenbach in einer Kommunikationslosigkeit gezeigt, aus der er nie heraustritt. Ja, in dieser wortlosen Einsamkeit liegt der Verlauf jener erotischen Beziehung zu dem Knaben Tadzio beschlossen, die ihm Schicksal und tragischer Untergang wird. Hier gerade zeigt Thomas Mann die Rolle, die die Angst vor der Wirklichkeit und das Verschweigen der Wahrheit in dieser Tragik spielt. Denn es handelt sich nicht um das Erwachen der homo-erotischen Leidenschaft an sich, was Aschenbachs Tragik ausmacht,[38] sondern die lautlose Einsamkeit, in der sie vor sich geht und die sie im Grunde ist.[38a]

Der entscheidende Moment in der Entwicklung dieser Leidenschaft ist jene Stelle im vierten Kapitel, wo Aschenbach den Wunsch und die Möglichkeit hat, ja, wo sich ihm die Gelegenheit aufdrängt, Tadzio anzusprechen:

> Der Wunsch, der einfache Gedanke, die Gelegenheit zu nutzen und ... leichte, heitere Bekanntschaft zu machen, ihn anzureden, sich seiner Antwort, seines Blickes zu erfreuen, lag nahe und drängte sich auf. (VIII,493)

Aber Aschenbach tut es nicht. Er läßt die Gelegenheit ungenutzt vorbeistreichen, er redet Tadzio nicht an. Er unterdrückt das befreiende, aber auch ernüchternde Wort. Dazu bemerkt der Erzähler:

> Dieser Schritt, den zu tun er versäumte, er hätte sehr möglicherweise zum Guten, Leichten und Frohen, zu heilsamer Ernüchterung geführt. Allein es war wohl an dem, daß der Alternde die Ernüchterung nicht wollte, daß der Rausch ihm zu teuer war. (VIII,493/494)

Die Unterdrückung des Wortes setzt die Unterdrückung des Wissens fort, die Aschenbachs Entschluß zur Reife, »Männlichkeit« und »Meisterschaft« gewesen war.[39] Wie er im Werk seither die schöne Form, den mustergültigen Stil, die Idealisierung an die Stelle der Erkenntnis gesetzt und mit Ekel den »unanständigen Psychologismus der Zeit« verworfen hat, so setzt er nun an die Stelle der Bekanntschaft und Erkenntnis des realen Jungen ein ins Mythische und Göttliche stilisiertes und glorifiziertes Traumbild.[40] »Nicht ein Wort« versteht Aschenbach von

---

[38] Cf. Manns Brief an Carl Maria Weber, 4. VII. 1920 (Briefe 1881–1936, 176ff.).

[38a] Vgl. Anna Hellersberg-Wendriner, Mystik der Gottesferne: Eine Interpretation Thomas Manns, Bern 1960, 69. Siehe auch Graham Good, »The Death of Language in *Der Tod in Venedig*«, Mosaic V, 1971/72, N. 3, 43–52.

[39] Reed sieht die Verbindung (147, 164).

[40] Vgl. Fritz Martini, Das Wagnis der Sprache: Interpretationen deutscher Prosa von Nietzsche bis Benn, Stuttgart 1956 [1954], 216.

dem, was der wirkliche Knabe sagt, »... und mochte es das Alltäglichste sein, es war verschwommener Wohllaut in seinem Ohr. So erhob Fremdheit des Knaben Rede zur Musik« (VIII,489). Um der Illusion willen vermeidet Aschenbach die Kommunikation, das Kennenlernen des Menschen, der der Gegenstand seiner Liebe ist. Dem Nietzscheschen Rezept getreu, beschützt er sich vor der gefürchteten Zerstörung durch Erkenntnis, was ihm erlaubt, Tadzio als mythische Figur zu erleben, als lieblichen Phaidros, als Aschenbach widerspiegelnden Narziß,[40a] als Aphrodite in Knabengestalt, als Eros, als den Dionysos der »Bacchae«, und schließlich als Hermes Psychopompos, den Psychagogen, der der Seele den Weg ins Unendliche weist. Die Vergottung Tadzios erinnert an jenen anderen zur selben Zeit wie Aschenbach zu München residierenden Dichter, Stefan George, und dessen Vergottung Maximins.[41]

Auch hier fällt eine unerwartete Analogie zu Professor Unrat und der Chanteuse vom Blauen Engel auf. Unrat erhebt zwar die »hehre Künstlerin« Fröhlich nicht in den Mythos, aber in vulgarisierter Nachfolge Nietzsches ernennt er sie zum Ausnahmemenschen, zur Aristokratin jenseits der bürgerlichen Moral.

> Auf hehrer Höhe stand in ihrem grünseidenen Kleid, mit ihrem verbogenen Diadem die Künstlerin Fröhlich. (PU,452) Sie war kein entlaufener Schüler, der sich widersetzen wollte und sein Leben lang unter die Fuchtel gehörte; so waren alle in der Stadt, alle Bürger. Nein, sie war etwas Neues ... In ihr sammelte sich jetzt nachträglich der Geist und wehte ihn an: ein verwirrender Geist. Sie war eine fremde Macht und augenscheinlich fast gleichberechtigt. (PU,416)

Diese Verherrlichung Rosas durch Unrat entspricht der Mythisierung Tadzios durch Aschenbach. Bei beiden ist die scheinbare Umkehrung ihres Lebens, der die beiden asketisch-vereinsamten Protagonisten im späten Liebesabenteuer zum Opfer fallen, in Wirklichkeit Fortsetzung, Steigerung und Krönung ihres bisherigen Lebensprogramms.[42]

Unrat ernennt die Chanteuse zur »beinah Gleichberechtigten«, d.h. zur

---

40a Vgl. Martini, 219.

41 Obwohl George selbst die Novelle schärfstens ablehnte, da er darin »das Höchste in die Sphäre des Verfalls hinabgezogen« sah (Mann, Briefe 1889–1936, 179), sind die Parallelen öfters hervorgehoben worden. Siehe u.a. Henry Hatfield, Thomas Mann, The Makers of Modern Literature Series, Norfolk, Connecticut 1954, 63; Wiese, 317.

42 Vgl. Diersen (108), die dieses Sich-Gleichbleiben Aschenbachs trotz der augenscheinlichen totalen Umkehrung seines Lebens gesehen hat.

einzigen Mitgenießerin seiner Machtvollkommenheit, seines Übermenschentums, das er als »der Lehrer am hiesigen Gymnasium« und als innerlich freier, dem Klassischen und Schönen offener Geist darstellt, der sich über alles Mucker- und Frömmlertum erhaben fühlt. Vor allem aber dienen ihm die erotischen Attraktionen Rosa Fröhlichs dazu, seine Schüler und ehemaligen Schüler nicht nur wie bisher zu fassen und hereinzulegen, sondern auch moralisch und finanziell zu ruinieren und in ihrer bürgerlichen Existenz zu zerschmettern. Libertinage und Anarchie werden für Unrat wirksamstes Unterdrückungsinstrument. Es ist nicht so, daß aus dem Bürokraten und Pedanten in plötzlicher Verwandlung der Anarchist herausspringt, sondern die Anarchie, die er stiftet, ist ihm bloß Mittel, das Machtgefühl des tyrannischen Bürokraten ins Absolute zu erhöhen. Der elitäre Ästhetizismus seines Verhältnisses zu Rosa Fröhlich erweist sich als Stufe zur Verabsolutierung des Machttriebs. Was Heinrich Manns Roman zeigt, ist dies, daß die letzte Konsequenz des wilhelminischen Machtsystems die Auflösung der Gesellschaft, die Anarchie ist – aber nicht die Anarchie im Sinne des politischen Ideals der Herrschaftslosigkeit, sondern im physischen Sinn eines Zusammenbruchs und Untergangs aller menschlichen Bande. Nicht die totale Freiheit, sondern das totale Verbrechen kommt herauf als die logische Konsequenz der bürokratischen Tyrannis. Aus dem Gesichtswinkel einer Zeit, die 1945 hinter sich hat, ist »Professor Unrat« ein wahrhaft prophetisches Werk!

Wie bei Unrat endet auch bei Aschenbach die wilhelminische Repräsentanz im Willen zu Chaos und Anarchie, und dieser Wille ist nicht Gegenteil, sondern Konsequenz des ursprünglichen Lebensprogramms der Würde.[43] Ausschluß und Repression der Erkenntnis führen bei Aschenbach zunächst zur Repression der menschlichen Beziehung zu Tadzio, die ja die sinnliche einschließt. »Würde« bei Kant und Schiller ist die Repression der sinnlich-animalischen Natur des Menschen und die Alleingeltendmachung des geistigen Teiles seines Wesens. In den Worten Schillers ist Würde »ein Ausdruck des Widerstandes, den der selbständige Geist dem Naturtriebe leistet« (XX,297).[44] Das Repressive und

---

[43] Siehe Nicklas, 72, und J. R. McWilliams, »The Failure of a Repression: Thomas Mann's ›Der Tod in Venedig‹«, German Life and Letters, XX, 1967, 233–241.

[44] Schillers Werke, Nationalausgabe, Bd. 20, Philosophische Schriften, Erster Teil, unter Mitwirkung von Helmut Koopmann herausgegeben von Benno von Wiese, Weimar 1962, 297. Von nun an im Text als XX mit arabischer Seitenzahl in Klammern angeführt.

Herrscherliche an der Würde wird von Schiller besonders deutlich gemacht, wenn er sagt: »Bei der Würde ... führt sich der Geist in dem Körper als Herrscher auf, denn hier hat er seine Selbständigkeit gegen den gebieterischen Trieb [der sinnlichen Natur] zu behaupten« (XX,296).

Die Würde zeigt sich bei Aschenbach, der »in trotzigem Aufstieg« zu ihr »alle Hemmungen des Zweifels und der Ironie« zurückgelassen hat (VIII,454), in einem Lebens, das nur dem Geist und der geistigen Arbeit gewidmet ist.[45] Seit dem Tode seiner Frau, die nur eine kurze, flüchtige Rolle in seinem Leben gespielt hat, hat Aschenbach einen Lebenswandel geführt, der alles Privat-Emotionale und Erotische ausklammerte, jedenfalls nicht erwähnenswert erscheinen ließ, womit die untergeordnete Funktion der sinnlichen Sphäre angedeutet wird. Aschenbachs verheiratete Tochter, die getrennt von ihm lebt, wird nur ein einziges Mal erwähnt und taucht in Aschenbachs Gedanken niemals auf.

Auch in dieser Hinsicht besteht eine frappierende Analogie zu Professor Unrat. Auch Unrat ist sein langen Jahren Witwer, hat seit dem Tod seiner Frau asketisch gelebt, und hat ebenso wie Aschenbach ein einziges, längst erwachsenes Kind, einen Sohn, zu dem er keinerlei Beziehung aufrechterhält. In der Faszination, die die Chanteuse auf ihn ausübt, und somit in seinem Sturz, spielt die jahrelange Repression des Erotischen eine entscheidende Rolle, was aus vielen Details so offensichtlich hervorgeht, daß wir hier nicht weiter darauf eingehen müssen. Nur eines sei bemerkt: Unrat sucht den Blauen Engel zunächst auf, um der »Unsittlichkeit« Lohmanns auf die Spur zu kommen und ihn zu entlarven, und er läßt sich danach auf das »Abenteuer« ein, um Lohmann und andere Schüler bei der »Dame« Rosa Fröhlich zu verdrängen. Unrats Erotik ist also nicht bloß Ausbruch und Entspannung der unterdrückten Natur, sondern in viel größerem Maße Ausdehnung seines Unterdrückungswillens auf ein weiteres Gebiet und eine intimere Sphäre als sie die Schule gewährt.[46] Der Tyrann trachtet danach, das Sexualleben seiner Untertanen zu kontrollieren und zu frustrieren, da, ähnlich wie in

[45] Cf. Seidlins Formulierung: »Das Werk erdrückt den Mann, der Mensch Gustav Aschenbach ist nur ein Anhängsel, ein bescheidener, fast nebensächlicher Zusatz zu der literarischen Karriere des Künstlers Gustav Aschenbach ... der nur für eins und durch eins lebte: sein Künstlertum, hinter dem seine Privatexistenz völlig verschwand« (150).

[46] Zur Doppeldeutigkeit des »Ausbruchs« der Sexualität bei Unrat vgl. Roberts, 35. Weisstein dagegen (68) sieht nur »die künstlich unterdrückte Natur«, die sich »mit unwiderstehlichem Trieb Luft [macht] und ... ihre Fesseln [sprengt]«.

George Orwells »1984«, erotischer Genuß den totalen Herrschaftsanspruch der Machthaber unerträglich provoziert. Unrats Beziehung zu Rosa Fröhlich ist also weniger Befreiung lang unterdrückten Trieblebens, wofür man sie zunächst halten würde, als Steigerung der Politik sexueller Repression und Frustrierung.[47]

Ebenso setzt auch Aschenbach die Repression des sinnlichen Lebens in seinem erotischen »Abenteuer« fort, da er sich die Möglichkeit physischen Näherkommens zu Tadzio mit dem Unterlassen der Anrede verweigert. Dem Kantischen Dualismus gemäß, der den Menschen spaltet in sein sinnlich-animalisches und sein geistiges Wesen, entzieht Aschenbach den Eros der Verwirklichung im Sinnlichen und verweist ihn mit der Mythisierung Tadzios in die geistig-göttliche Sphäre. In einem Sinne erhebt er Eros damit zur Würde, die ja in der klassischen Formulierung des Begriffs bei Kant und Schiller Triumph über die sinnlich-animalische Natur des Menschen bedeutet. Zum anderen aber bedeutet die Unterdrückung der verbalen Kommunikation mit Tadzio auch die Verhinderung jeder klaren, menschlichen Beziehung zwischen dem Ich und dem Anderen und damit den Ausschluß der Moral, deren Inhalt ja die zwischenmenschliche Beziehung ist.

Kant fügte dem kategorischen Imperativ, der die Form moralischen Wollens angibt, den wichtigen inhaltlichen Imperativ des Humanismus hinzu:

> handle so, daß du die Menschheit, sowohl in deiner Person, als in der Person eines jeden Andern, jederzeit zugleich als Zweck, niemals blos als Mittel brauchst. (IV,277)[48]

Die Würde hingegen ist, wie Schiller erkannte, leere Form des Moralischen, die sich auch mit schlechtem, unmoralischem Inhalt füllen kann.

> Die Würde bezieht sich auf die Form und nicht auf den Inhalt des Affekts, daher es geschehen kann, daß ... nicht selten verwerfliche Affekte sich sogar dem Erhabenen nähern, sobald sie nur in ihrer Form Herrschaft des Geistes über seine Empfindungen zeigen. (XX,296)

Dies trifft auf Aschenbachs Würde zu. Sie erweist sich von Anfang an als bloße Form der Moral. Sein Entschluß, jedem »moralischen Zweifelssinn« zu entsagen und nicht alles zu verzeihen, schien zwar eine Entscheidung für moralisches Handeln zu sein und die im Relativismus ver-

---

47 Vgl. Roberts, loc. cit.

48 Immanuel Kant, Sämmtliche Werke, hrsg. von G. Hartenstein, Bd. 4, Leipzig 1867, 277.

lorengegangene Unterscheidung zwischen »gut« und »böse« wiederherzustellen. Was aber Aschenbach tatsächlich damit bewirkte, war eine bloße »Haltung« der Entschlossenheit, die *Form* also des moralischen Entschlusses, dem jeder menschliche *Inhalt,* jedes bestimmte Gebot, fehlte. Wie der Mitmensch zu behandeln sei, blieb aus dieser Attitüde scheinbar moralischer Entschlossenheit ausgeklammert. Aschenbachs Moral erinnert an Heideggers existentielle Entschlossenheit, die auch des spezifischen moralischen Inhalts im Grunde entbehrt. Eine solche Moral der Form, die nur die strenge und entschlossene Zucht stipuliert, aber nichts aussagt darüber, *was* mit dieser Haltung zu bewirken ist, gehört im Grunde nicht dem moralischen, sondern dem ästhetischen Bereich an. Sie ist schöne Form, wirkungsvolle Geste, edle Haltung, und dient somit der Selbstgefälligkeit. Von ihr gilt, was der Erzähler in einem seiner seltenen direkten Kommentare über Form überhaupt ausdrückt:

> ist sie nicht sittlich und unsittlich zugleich – sittlich als Ergebnis und Ausdruck der Zucht, unsittlich aber und selbst widersittlich, sofern sie von Natur aus eine moralische Gleichgültigkeit in sich schließt, ja wesentlich bestrebt ist, das Moralische unter ihr stolzes und unumschränktes Szepter zu beugen? (VIII,455)

Die Beziehung zu Tadzio macht nun das, was im expositorischen Teil der Novelle, dem zweiten Kapitel, angedeutet und behauptet wird, durch erzählte Handlung zum beispielhaften Geschehen. Indem Aschenbach Tadzio nicht anspricht, hält er zwar zunächst die bloße Form des Moralischen, die Würde ein, wird aber damit auf eine Bahn gedrängt, die in der Unmoral und in der Nachbarschaft des Verbrechens endet. Mit der Ansprache verzichtet er darauf, den wirklichen Menschen kennenzulernen, Tadzio nicht bloß als Gegenstand seines Begehrens und Mittel seiner Selbstbefriedigung anzusehen, sondern auch als autonome Person, als Selbstzweck zu behandeln. Statt dessen wird Tadzio Objekt der Imagination und Anlaß zu selbstgefälligen Träumen Aschenbachs. Ja, bei dem Gedanken, daß Tadzio »kränklich« ist, »wahrscheinlich nicht alt werden« wird, füllt sich Aschenbachs Herz (neben der »reinen Fürsorge« der Liebe) »zugleich mit einer ausschweifenden Genugtuung« (VIII,511). Bereits mit der Verinnerlichung der Beziehung, die das Schweigen mit sich bringt, verstößt Aschenbach also gegen die Kantische Moral und auch den konventionellen Moralbegriff, indem er den Anderen nicht als Subjekt zu behandeln versucht, sich nicht mit seiner Persönlichkeit, seinen Gedanken, seinem Wohlergehen, und seinen Wünschen zu befassen sucht, sondern sein eigenes Wohlgefallen an ihm in den Mittelpunkt all seines Trachtens stellt und Tadzio zum Mittel der Selbstsucht reduziert.[49]

Daß Aschenbachs Verhalten krasse Unmoral ist, erweist sich nach dem Ausbruch der Choleraepidemie, als Aschenbach sich nicht dazu entschließen kann, Tadzios Mutter zu warnen, und somit bereit ist, Tadzios Leben aufs Spiel zu setzen, um seinen eigenen Wunsch nach dem Verweilen des schönen Knaben zu befriedigen. Dieses neuerliche Vermeiden der Anrede ist ein echter Entschluß, das Ergebnis eines inneren Kampfes. Der Form nach also entspricht Aschenbachs Schweigen der Moral, die ja immer aus Entscheidungen bestehen muß. Dem Inhalt nach aber ist es das Gegenteil einer moralischen Entscheidung, ist ein Entschluß zur Unmoral. Die Tadzio-Handlung enthüllt damit das wahre Wesen der Würde, die Aschenbach zu seinem Lebensprogramm gemacht hat, da diese ja auch bloße Haltung und leere Form der Entschlossenheit war.

Die letzte Konsequenz von Aschenbachs würdevoller Unmoral ist das Verbrechen. Aschenbach kollaboriert mit den korrupten Behörden Venedigs und hilft ihnen, die Seuche geheimzuhalten. Er bleibt also nicht stehen bei dem Entschluß, das Leben des Geliebten für sein narzisstisches »Abenteuer« zu riskieren. Er gelangt zur totalen Verneinung der Moral, zur Verabsolutierung der Unmoral, im Wunsch nach den »Vorteilen des Chaos«.

> [Aschenbach], in seiner Umfangenheit war es zuweilen, als könne Flucht und Tod alles störende Leben in der Runde entfernen und er allein mit dem Schönen auf dieser Insel zurückbleiben – so schien das Ungeheuerliche ihm aussichtsreich und hinfällig das Sittengesetz. (VIII,518)

Dieser wüste Tagtraum entspricht derselben anarchischen Zerstörungssucht und Auflösung allen gesellschaftlichen Zusammenhalts, die wir als letzte Konsequenz der Repression bei Professor Unrat gesehen haben. In diesem Sinne ist der Tagtraum auch das genaue Gegenstück zu Aschenbachs dionysischem Nachttraum, in welchem sich »Unzucht und Raserei des Untergangs« in Aschenbachs »Seele« austoben (VIII,517).

Aber der Tagtraum übersteigt die dionysische Orgie und selbst Unrats Anschlag auf die Gesellschaft. Denn mit den gesellschaftlichen Banden negiert er den Fortbestand des Lebens. In seltsam-unheimlicher Weise antizipiert Aschenbachs Wunschtraum von der verödeten Insel und Lagunenstadt Adolf Hitlers grimmige Vision vom verödeten Erdball, dem

---

[49] Vgl. Hellersberg-Wendriner, 73.

»wieder wie einst vor Jahrmillionen menschenleer durch den Äther ziehen[den]« »Planeten«. Zwar postuliert Hitler das »Ende jeder gedanklich faßbaren Ordnung«, »Chaos« und »Untergang« »für die Bewohner dieses Sternes« als unerbittliche Rache der »ewige[n] Natur«, sollte »der Jude mit Hilfe seines marxistischen Glaubensbekenntnisses« siegen »über die Völker dieser Welt«.[50] Doch er selbst, in der Befolgung seines narzißtischen Traumes von der engsten, quasi-erotischen Symbiose von »femininem« Volkstum und herrischem Führer-Ich, war nahe daran, vor allem für das »geliebte« Deutschland, den Angsttraum zu verwirklichen.[51]

Wie »Professor Unrat« enthält also auch der »Tod in Venedig« jene aus unserer Sicht so prophetisch anmutende Handlungsstruktur, und zwar aus völlig analogen Gründen. Beide Werke zeigen die Konsequenzen einer Einstellung, die auf Erhaltung und Verherrlichung des Bestehenden ausgerichtet, infolge der dadurch nötigen Repression zum Gegenteil von Erhaltung, zu Selbstwiderlegung und Auflösung führt. In ganz unterschiedlichen Höhenlagen von Erzählkunst und geistiger Verfeinerung der Protagonisten zeigen beide Brüder diesen Prozeß am Beispiel zweier so ganz verschiedener und doch wieder ganz ähnliche Vertreter wilhelminischer Repräsentanz, nicht gar so lange bevor diese selbst, zu einem großen Teil wenigstens, in der historischen Wirklichkeit der Vorlage der Dichtung nachfolgen sollte. Die Beziehungen, die sich dabei zu »Doktor Faustus« ergeben, liegen ja auf der Hand.

Es wäre natürlich irrig, den Eindruck zu hinterlassen, als wäre mit dem hier unternommenen Vergleich der Sinn der beiden Werke erfaßt und mehr als *ein* Aspekt beleuchtet worden. Wie Empson unter anderen vor langem gezeigt hat, ist Doppel- und Mehrdeutigkeit ein wesentliches Element literarischer Kunst. In beiden Werken, besonders aber in der höchst komplexen Novelle Thomas Manns, finden wir auch die in den Text eingebaute affirmative Bewertung der Protagonisten, die in beiden Erzählwerken die von uns betonte negative weitgehend ergänzt und die selbst im »Professor Unrat« nicht völlig fehlt. In Thomas Manns Novelle könnte man dieses positive Element mit dem Symbol »Meer«, Ent-

50 Adolf Hitler, Mein Kampf, Bd. 1, München 1933 [1925], 69 f.

51 Vgl. dazu auch das vor kurzem erschienene Buch über Hitler von J. P. Stern, Hitler: The Führer and the People, Fontana 1975. Stern beleuchtet auch den inneren geistesgeschichtlichen Zusammenhang zwischen dem »Aschenbach Komplex«, wie er sich an dem affirmativen Pol von Manns Ambivalenz, im Friedrich-Essay, ausdrückt, und der »Selbststilisierung«, dem »Mythos« Hitlers (29–33).

grenzung, Unendlichkeit, Tod etikettieren.[52] Vom Meeressymbol sagt Thomas Mann, daß es zusammen mit der Musik den »Begriff« »Epik« für ihn bezeichnet hätte (XI,388).[53] In Heinrich Manns Roman aber, der in nächster Nachbarschaft zu dem im selben Jahre entstandenen Essay »Gustave Flaubert und George Sand« sich befindet, ist der affirmative Faktor die Liebe, deren das »alte Scheusal« Unrat fähig wird in seiner Beziehung zu der Chanteuse und demzufolge er aus einem Gegenstand reiner Satire zu einer Figur des Pathos wird.[54] Die Filmversion, die Heinrich Mann guthieß, hat ja dieses Pathos später weidlich ausgeschlachtet und in ihm das eigentliche Zentrum des Werkes gesehen. Den Kontrast zu entwickeln zwischen Thomas Manns metaphysischem Prinzip des »Meeres« und Heinrich Manns sentimentalem und ethischem Prinzip der »Liebe«,[55] an dem sich der grundsätzliche Gegensatz zwischen den Brüdern vielleicht am besten herauskristallisieren ließe, würde in dem hier gegebenen Rahmen zu weit führen.[56] Doch muß bemerkt werden, daß erst dann der Vergleich der beiden Erzählwerke ausgeschöpft wäre. Hier wollen wir uns mit dem Hinweis begnügen und enden, so wie Aschenbach selbst, mit einem Ausblick ins Offene, »ins Verheißungsvoll[e]«.

---

[52] Vgl. Martini, 182, 187, 196, und Lehnert 116, 135. Vgl. auch Reeds Zitat aus Thomas Manns Notizen: »Die Würde rettet allein der Tod (die ›Tragödie‹, das ›Meer‹ – Rat, Ausweg und Zuflucht aller höheren Liebe)« (168). Ob auch die »anderthalb Seiten erlesener Prosa«, die Aschenbach, vom Tadzio Erlebnis inspiriert, verfaßt, als zweiter positiver Pol, gewissermaßen als tragischer Sieg des Kunstprinzips aus dionysischem Antrieb gespeist, gelten kann, bleibe dahingestellt. (Vgl. Manfred Dierks, op. cit., und W. H. Rey, »Tragic Aspects of Thomas Mann's Work«, Modern Language Quarterly, XIX, 1958, 195–203.) Es ist jedenfalls bezeichnend, daß diese »anderthalb Seiten erlesener Prosa« am Rand des Meeres geschrieben werden. Die »steigende Strukturlinie« (Lehnert) des Werkes ist jedenfalls immer mit dem Meer verbunden. (S. Lehnert, Fiktion ... 116, 135.)

[53] Vgl. Martini, 187.

[54] Vgl. dazu Heinrich Manns Bemerkung: »Unrat, dieses lächerliche alte Scheusal fühlt doch wenigstens Liebe zur Künstlerin Fröhlich. ... Darum ist er menschlicher als die Herzogin. ...« Zitiert von A. Kantorowicz im Nachwort zu Heinrich Manns Die Göttinnen, Berlin 1957, 781. Siehe auch Schröters Hinweis auf Heinrich Manns Identifizierung mit Unrat und Unrats Liebesfähigkeit in seinem Bekenntnis zu seiner Geliebten Inez Schmied. (Schröter, Heinrich Mann, 62 f.)

[55] Vgl. König, 11: »Das ›Herz‹ aber wird für den späten Heinrich Mann zur Chiffre des höchsten Lebens. ...«

[56] Lehnert freilich will beide Brüder im »Maßstab« der »schlichten Liebe als Schätzung der menschlichen Person« (»Die Künstler« ..., 17) vereinigt wissen. Gewiß ergäbe diese Diskrepanz eine fruchtbare Diskussionsgrundlage für eine noch ausstehende vergleichende Erfassung der Grundtendenzen im Werk beider Brüder.

Oskar Seidlin

Geboren am 17. Februar 1911 in Königshütte/OS.

Erziehung:

Realgymnasium Beuthen/OS. 1922–29
Universität Freiburg/Br., Frankfurt/M., Berlin, Basel und Lausanne (Germanistik, Geschichte, Philosophie) 1929–38
Promotion *summa cum laude* an der Universität Basel 1935

Akademische Tätigkeit:

Lektor, Smith College (Massachusetts) 1939–41
Assistant Professor, Smith College 1941–46
Assistant Professor, Ohio State University 1946–48
Associate Professor, Ohio State University 1948–50
Professor, Ohio State University 1950–72
Professor, Indiana University 1972–
Gastprofessor, University of Washington, Seattle 1949
Fakultätsmitglied der German School des Middlebury College, im Sommer 1939, 1940, 1941, 1946, 1948, 1950, 1952, 1957
Mitherausgeber der *German Quaterly* 1952, 1957, 1958–63
Mitherausgeber der *Arcadia* 1966–72
Mitglied des Advisory Council, Princeton University 1962–
Mitglied des Editorial Advisory Board des *Lessing Yearbook* 1968–74
Mitglied des Editorial Advisory Board der *German Quarterly* 1971–
Mitglied des Editorial Advisory Board der *Michigan Germanic Studies* 1975–
Vorsitzender der »Modern German Literature Section« (1949), der »German Section« (1958) und von »German III« (1969) in der Modern Language Association
Vizepräsident der American Lessing Society 1968
Mitglied des Internationalen Germanistenverbandes, des Freien Deutschen Hochstifts, der Kleist-Gesellschaft und der International Humanities Research Association

Auszeichnungen und Ehren:

Ehrenliste der Universität Basel 1935
Gast der Bundesrepublik Deutschland, Sommer 1956
Phi Beta Kappa *(honoris causa)* 1957
Forschungsprofessor der Ford Foundation, Freie Universität Berlin, Sommer 1959

Ohio State University Distinguished Teaching Award 1960
Ohio State University Fraternity System Distinguished Teaching Award 1960
Eichendorff-Medaille des Eichendorff-Museums 1961
Guggenheim Fellow 1962–63
Goldene Goethe-Medaille 1963
Alfred J. Wright Award (Ohio State University) 1964
Präsident des Phi Beta Kappa Chapter der Ohio State University 1964
Erster Vizepräsident der Modern Language Association 1965
Good Teaching Award des Arts College der Ohio State University 1966
Regents Professor der Ohio State University 1966–72
Preis für Germanistik im Ausland der Deutschen Akademie für Sprache und Dichtung, Darmstadt 1968
Doctor of Humane Lettes (Ehrendoktor) der University of Michigan 1969
Wisdom Award of Honor 1970
The National Register of Prominent Americans 1971
Korrespondierendes Mitglied der Akademie der Wissenschaften in Göttingen (Historisch-philologischer Klasse) 1973
Von Gosen Eichendorff-Medaille der Eichendorff-Gesellschaft 1974
Distinguished Lecture Award des Deutschen Hauses und der Germanistic Society of America 1974
Mitglied der Academy of Literary Studies, The Johns Hopkins University 1974–
Oberschlesischer Kulturpreis der Landesregierung Nordrhein-Westfalen 1975

Die Schriften Oskar Seidlins

Zusammengestellt von Gerald Gillespie und Linda G. DeMichiel

A. *Buch- und Einzelveröffentlichungen*

1. *Otto Brahm als Theaterkritiker* (Autorenname: Oskar Koplowitz), Basler Beiträge zur Literatur- und Geistesgeschichte, Bd. 3, Zürich, Max Niehans 1936 (²1976, Bern, Herbert Lang).
2. *Pedronis muß geholfen werden* (Jugendbuch), Aarau, Sauerländer 1937.
3. *Mein Bilderbuch*. Gedichte. Zürich, Oprecht 1938.
4. *S.O.S., Geneva* (Jugendbuch – mit Richard Plant), New York, Viking Press 1939.
5. *S.O.S., Genf* (deutsche Fassung von Nr. 4), Zürich, Humanitas Verlag 1940.
6. *Der goldene Apfel* (Schulbuch-Ausgabe von Nr. 2, hrsg. von Elizabeth Mensel), New York, Crofts 1942.
7. *Green Wagons* (engl. Ausgabe von Nr. 2, übers. von Senta Rypins), Boston, Houghton Mifflin 1943 (spätere Ausgaben 1949 und Chicago 1951).
8. (Mitarbeit an) Werner Paul Friederich: *An Outline History of German Literature*. New York, Barnes & Noble 1945 (²1948, 3. erweitert u. verändert 1961; übers. in Hindi und Maharaschti 1972).
9. *Der Briefwechsel Arthur Schnitzler – Otto Brahm* (Hrsg.), Schriften der Gesellschaft für Theatergeschichte, Bd. 57, Berlin 1953.
10. *Essays in German and Comparative Literature*, Univ. of North Carolina Studies in Comparative Literature, Bd. 30, Chapel Hill/N.C. 1961 (²1966 – Johnson Reprint).
11. *Von Goethe zu Thomas Mann*. Zwölf Versuche. Göttingen, Vandenhoeck & Ruprecht 1963 (²1969).
12. *Versuche über Eichendorff*. Göttingen, Vandenhoeck & Ruprecht 1965.
13. *The History of the Department of German of the Ohio State University on the Occasion of the University's Centenary*. Columbus, The Ohio State University 1969 (hektographiert).
14. *Waldwyl und die Theaterleute* (Kurzfassung von Nr. 2). Aarau, Sauerländer 1969.
15. *Klassische und moderne Klassiker*. Göttingen, Vandenhoeck & Ruprecht 1972.
16. *Der Briefwechsel Arthur Schnitzler – Otto Brahm* (Hrsg.) (überarbeitete, kompl. Ausgabe von Nr. 9). Deutsche Texte 35, Tübingen, Niemeyer 1975.

B. *Aufsätze und Artikel*

1940

17. »Das Humane und der Dichter«. In: *Monatshefte für deutschen Unterricht* 32, S. 333–38.

1941

18. »Die romantische Seele. Zu dem Buch von Albert Béguin, *L'âme romantique et le rêve*«. In: *Monatshefte* 33, S. 217–20.

1942

19. »Georg Brandes, 1842–1927«. In: *Journal of the History of Ideas* 3, S. 415–42 (auch in Nr. 10).
20. »Eine Stilanalyse« (Gottfried Keller). In: *German Quarterly* 15, S. 12 bis 18.

1943

21. »Goethes Zauberflöte«. In: *Monatshefte* 35, S. 49–61 (auch in Nr. 11; auf Engl. auch in Nr. 10).
22. »Thomas Mann und die Demokratie«. In: *German Quarterly* 16, S. 117 bis 123.

1944

23. »Thomas Mann and Democracy« (engl. Fassung von Nr. 22). In: *South Atlantic Quarterly* 43, S. 27–33.
24. »Das Etwas und das Nichts. Versuch zur Neu-Interpretation einer Faust-Stelle«. In: *Germanic Review* 19, S. 170–75.

1946

25. »Frank Wedekind's German-American Parents«. In: *American-German Review* 12,vi, S. 24–26.
26. »Begegnung mit Ernst Wiechert«. In: *German Quarterly* 19, S. 270–73.
27. »Gerhart Hauptmann zum Gedenken«. In: *Monatshefte* 38, S. 332–37.
28. »Goethe über Goethe auf Französisch«. In: *Germanic Review* 21, S. 241 bis 246 (auf Engl. auch in Nr. 10).

1947

29. »Stiluntersuchung an einem Thomas Mann-Satz«. In: *Monatshefte* 39, S. 439–48 (auch in Nr. 11).
30. »Helena: Vom Mythos zur Person. Versuch einer Neuinterpretation des Helena-Aktes, *Faust II*«. In: *Publications of the Modern Language Association* 62, S. 183–212 (auch in Nr. 11).
31. »Laurence Sterne's *Tristram Shandy* and Thomas Mann's *Joseph the Provider*«. In: *Modern Language Quarterly* 8, S. 101–18 (auch in Nr. 10).
32. »Taking Leave of Gerhart Hauptmann« (engl. Fassung von Nr. 27). In: *South Atlantic Quarterly* 46, S. 359–64.

1948

33. »Franz Kafka – Lackland«. In: *Books Abroad* 22, S. 244–46.
34. »Hermann Hesses *Glasperlenspiel*«. In: *Germanic Review* 23, S. 263–73.
35. Dasselbe in: *Die Wandlung* 3, S. 298–308.

1949

36. »Goethe's *Iphigenia* and the Humane Ideal«. In: *Modern Language Quarterly* 10, S. 307–20 (auch in Nr. 10).
37. »Zur Mignon-Ballade«. In: *Monatshefte* 41, S. 255–38 (auch in Nr. 11).
38. »Is the ›Prelude in the Theatre‹ a Prelude to *Faust*?« In: *Publications of the Modern Language Association* 64, S. 462–70 (auch in Nr. 10).
39. »Die amerikanischen Staatsuniversitäten«. In: *Wiener Kurier,* 4. März 1949.

1950

40. »Hermann Hesse: The Exorcism of the Demon«. In: *Symposium* 4, S. 325–48 (auch in Nr. 10).
41. »Goethe's View of Education in a New World«. In: *Groton School Quarterly,* Frühjahr, S. 6–7.
42. »Zur Mignon-Ballade« (Nachdruck von Nr. 37). In: *Euphorion* 45, S. 83 bis 99.
43. »Klopstock«, »Stefan Zweig«, »Fritz von Unruh«. In: *Collier's Encyclopedia,* New York, Collier's 1950 (^{16}1965).

1951

44. »Picaresque Elements in Thomas Mann's Work«. In: *Modern Language Quarterly* 12, S. 183–200 (auch in Nr. 10).
45. »Zu Christian Dietrich Grabbes 150. Geburtstag«. In: *New Yorker Staatszeitung und Herold,* 9. Dezember 1951.

1952

46. »Ist das Vorspiel auf dem Theater ein Vorspiel zum *Faust*?« (deutsche Fassung von Nr. 38). In: *Euphorion* 46, S. 317–24 (auch in Nr. 11).

1953

47. »Hermann Hesse: The Exorcism of the Demon« (Nachdruck von Nr. 40). In: *New Directions Yearbook XIV,* New York, New Directions, S. 109 bis 131.
48. »Der Taugenichts ante portas. Interpretation einer Eichendorff-Stelle«. In: *Journal of English and Germanic Philology* 52, S. 509–24 (auch in Nr. 12).
49. »The Shroud of Silence«. In: *Germanic Review* 28, S. 254–61 (auch in Nr. 10).
50. »Erwiderung auf eine ›redliche Kritik‹«. In: *Euphorion* 47, S. 462–69.

1954

51. »Greatness and Decline of the Bourgeois: Dramas by Schiller and Dumas«. In: *Comparative Literature* 6, S. 123–29 (auch in Nr. 10).

1955

52. »Pikareske Züge im Werk Thomas Manns« (deutsche Fassung von Nr. 44). In: *Germanisch-Romanische Monatsschrift* 36, S. 22–40 (auch in Nr. 11).
53. »Silesia in Southern Swabia«. In: *American-German Review* 21,iii, S. 7–9.
54. »Goethes *Iphigenie* – verteufelt human?« (deutsche Fassung von Nr. 36). In: *Wirkendes Wort* 5, S. 272–80 (auch in Nr. 11).
55. »Zu Otto Brahms 100. Geburtstag«. In: *Fischer-Almanach auf das Jahr 1956*, Frankfurt/M., S. Fischer, S. 107–17.

1956

56. »Der Taugenichts ante portas. Interpretation einer Eichendorff-Stelle« (Nachdruck von Nr. 48). In: *Aurora* 16, S. 70–81.

1957

57. »Eichendorff's Symbolic Landscape«. In: *Publications of the Modern Language Association* 72, S. 645–61 (auch in Nr. 10).
58. »Eichendorffs ›Sehnsucht‹«. In: *Journal of English and Germanic Philology* 56, S. 511–27 (auch in Nr. 12).
59. »Die Orestie heute. Enthumanisierung des Mythos«. In: *Deutsche Rundschau* 83, S. 1163–74 (auch in Nr. 11).

1958

60. »1957: The Eichendorff Year«. In: *German Quarterly* 31, S. 183–87.
61. »›Ein Teil von jener Kraft‹. Eine Faustglosse anläßlich des 150. Jahrestages der Erstveröffentlichung von *Faust I*« (Nachdruck von Nr. 24). In: *Wirkendes Wort* 8, S. 213–16.
62. »Ironische Brüderschaft. Thomas Manns *Joseph der Ernährer* und Laurence Sternes *Tristram Shandy*« (deutsche Fassung von Nr. 31). In: *Orbis Litterarum* 13, S. 44–63 (auch in Nr. 11).
63. »Eine Weise von Liebe und Tod. Zu Schnitzlers *Liebelei*«. In: *Blätter der Bühnen der Stadt Köln*, S. 165–69.

1959

64. »Bettina von Brentano. Zu ihrem 100. Todestag«. In: *New Yorker Staatszeitung und Herold*, 18. Januar 1959.
65. »Eichendorffs ›Sehnsucht‹« (Nachdruck von Nr. 58). In: *Aurora* 19, S. 152 bis 164.
66. »Schiller's ›Treacherous Signs‹: The Function of the Letters in his Early Plays«. In: *Schiller 1759–1959* (hrsg. von John R. Frey), Univ. of Illinois Press, Urbana, S. 129–46 (auch in Nr. 10).

67. »The Oresteia Today: A Myth Dehumanized« (engl. Fassung von Nr. 59). In: *Thought* 34, S. 435–52 (auch in Nr. 10).
68. »Schiller und Dumas fils. Aufstieg und Fall des Bürgertums« (deutsche Fassung von Nr. 51). In: *Deutsche Rundschau* 85, S. 1101–09 (auch in Nr. 11).

1960

69. »Eichendorffs symbolische Landschaft« (deutsche Fassung von Nr. 57). In: *Eichendorff heute* (hrsg. von Paul Stöcklein), München, Schulbuch-Verlag, S. 218–41 ([2]1966, Wissenschaftliche Buchgesellschaft, Darmstadt). (Auch in Nr. 12).
70. »Eichendorffs zeitliche Perspektiven«. In: *Deutsche Vierteljahresschrift für Literatur und Geistesgeschichte* 34, S. 402–27 (auch in Nr. 12).
71. »Eichendorffs alter Garten«. In: *Euphorion* 54, S. 242–61 (auch in Nr. 12).
72. »Schillers ›trügerische Zeichen‹« (deutsche Fassung von Nr. 66). In: *Jahrbuch der deutschen Schillergesellschaft* 4, S. 247–69 (auch in Nr. 11).
73. »Werner Paul Friederich«. In: *Yearbook of General and Comparative Literature* 9, S. 77–79.
74. »Schiller: Poet of Politics«. In: *A Schiller Symposium* (hrsg. von Leslie Willson) Austin, Univ. of Texas Press, S. 31–48 (auch in Nr. 10).

1961

75. »Translated from the German ...«. In: *American-German Review* 27,v, S. 3–4.

1962

76. »In Memoriam Arthur Schnitzler«. In: *American-German Review* 28,iv, S. 4–6.
77. »Zu Arthur Schnitzlers *Liebelei.* Zum 100. Geburtstag des Dichters«. In: *German Quarterly* 35, S. 250–53.
78. »Eichendorffs Blick in die Geschichte«. In: *Publications of the Modern Language Association* 77, S. 544–60 (auch in Nr. 12).
79. »In the Beginning was ...? The Origin of Thomas Mann's *Joseph und seine Brüder*«. In: *Modern Language Notes* 77, S. 493–98.

1963

80. »Goethes *Iphigenie* – verteufelt human?« (Nachdruck von Nr. 54). In: *Wirkendes Wort,* Sammelband III, Düsseldorf, Schwann, S. 280–288.
81. »Eichendorffs ›Zwei Gesellen‹«. In *Germanic Review* 38, S. 66–90 (auch in Nr. 12).
82. »Wallenstein. Sein und Zeit«. In: *Der Monat* 15, S. 30–36 (auch in Nr. 11).
83. »Otto Brahm«. In: *German Quarterly* 36, S. 131–40.

1965

84. »Eichendorffs ›Die zwei Gesellen‹« (Nachdruck von Nr. 81). In: *Interpretationen I* (hrsg. von Jost Schillemeit), Frankfurt, Fischer-Bücherei, S. 173–97 ([6]1975).

1966

85. »Eine Weise von Liebe und Tod« (Nachdruck von Nr. 63). In: *Programmhefte des Zürcher Schauspielhauses,* September.
86. »Otto Brahm«. In: *Encyclopedia Judaica,* Tel-Aviv.

1967

87. »Der junge Joseph und der alte Fontane« (überarb. deutsche Fassung von Nr. 79). In: *Festschrift für Richard Alewyn* (hrsg. von Herbert Singer und Benno v. Wiese), Köln, Böhlau, S. 384–91.
88. »Eichendorff und das Problem der Innerlichkeit«. In: *Festschrift für Bernhard Blume* (hrsg. von E. Schwarz, E. Lohner u. H. Hannum), Göttingen, Vandenhoeck & Ruprecht, S. 126–45 (auch in Nr. 15).
89. »Stiluntersuchung an einem Thomas Mann-Satz« (Nachdruck von Nr. 29). In: *Die Werkinterpretation,* Darmstadt, Wissenschaftliche Buchgesellschaft, »Wege der Forschung« (hrsg. von Horst Enders), S. 336–48 ([2]1976).
90. »Der Lehrer Paul Tillich«. In: *Der Monat* 19, S. 88–90.
91. »Ein Brief nebst einer Brief-Interpretation«. In: *Festschrift für Werner Neuse* (hrsg. von H. Lederer u. J. Seyppel), Berlin, Die Diagonale, S. 135 bis 142.

1968

92. »Iphigenia and the Humane Ideal« (Nachdruck von Nr. 36). In: *Goethe,* 20th Century Views (hrsg. von Victor Lange), New York, Prentice Hall, S. 50–64.
93. »Bemerkungen zu einer neu-deutschen Poetik«. In: *German Quarterly* 41, S. 505–11.
94. »Meine Studenten und ich«. In: *Die Welt,* Hamburg.

1969

95. »Urmythus irgendwo um Berlin. Zu Gerhart Hauptmanns Doppeldrama der Mutter Wolffen«. In: *Deutsche Vierteljahresschrift für Literaturwissenschaft und Geistesgeschichte* 43, S. 126–46 (auch in Nr. 15).
96. »Interpretation als eine moralische Veranstaltung betrachtet«. In: *Jahrbuch 1968 der deutschen Akademie für Sprache und Dichtung,* S. 32–45 (auch in Nr. 15).
97. »Bemerkungen zu einer neu-deutschen Poetik« (Nachdruck von Nr. 93). In: *Zeitschrift für deutsche Sprache* 25, S. 184–87.
98. »Eichendorff und das Problem der Innerlichkeit« (Nachdruck von Nr. 88). In: *Aurora* 29, S. 7–22.

1970

99. »Eine Briefinterpretation« (überarb. Nachdruck von Nr. 91). In: *Musica* 24, S. 126–30 (auch in Nr. 15).
100. »Arthur Schnitzler in Retrospect«. In: *Festschrift für Detlev Schumann* (hrsg. von A. R. Schmitt), München, Delp, S. 319–24.
101. »Über Hermann und Dorothea: Ein Vortrag«. In: *Lebendige Form. Festschrift für Heinrich Henel* (hrsg. von J. L. Sammons u. E. Schürer), München, Fink Verlag, S. 101–20 (auch in Nr. 15).

1971

102. »Auch eine Logik der Dichtung. Zu Brentanos Spätfassung seines Märchens vom Fanferlieschen Schönefüßchen«. In: *Probleme des Erzählens. Festschrift für Käte Hamburger* (hrsg. von Fritz Martini), Stuttgart, Klett, S. 101–26. (auch in Nr. 15).
103. »The Lofty Game of Numbers. The Mynheer Peeperkorn Episode in Thomas Mann's *Der Zauberberg*«. In: *Publications of the Modern Language Association* 86, S. 924–39 (auf Deutsch auch in Nr. 15).

1972

104. »Goethe's *Iphigenia in Tauris:* A Modern Use of a Greek Dramatic Theme«. In: *The Endless Fountain. Festschrift for Clarence A. Forbes* (hrsg. von Mark Morford), Columbus, Ohio State Univ. Press, S. 127–35.
105. »Ironische Brüderschaft« (Nachdruck von Nr. 62). In: *Thomas Mann und die Tradition* (hrsg. von Peter Pütz), Frankfurt, Athenäum, S. 130 bis 150.
106. »Schillers ›trügerische Zeichen‹. Die Funktion der Briefe in seinen frühen Dramen« (Nachdruck von Nr. 72). In: *Schiller*, Darmstadt, Wissenschaftliche Buchgesellschaft, »Wege der Forschung« (hrsg. von K. L. Berghahn u. R. Grimm), S. 178–205.

106[a]. »A Reply«. In: *Publications of the Modern Language Association* 87, S. 517–18.

1973

107. »Das Vorspiel zu Schillers *Wilhelm Tell*«. In: *Untersuchungen zur Literatur als Geschichte. Festschrift für Benno v. Wiese* (hrsg. von H. Koopmann, P. Pütz u. H. J. Schrimpf), Berlin, Erich Schmidt, S. 112–28.
108. »Hesse: The Exorcism of the Demon« (Nachdruck von Nr. 40). In: *Hesse*, 20th Century Views (hrsg. von Th. Ziolkowski), New York, Prentice Hall, S. 51–75.
109. »Wirklich nur eine schöne Kunstfigur? Zu Brentanos Gockel-Märchen«. In: *Texte und Kontexte. Festschrift für Norbert Fuerst* (hrsg. von M. Durzak, E. Reichmann u. U. Weisstein), Bern, Francke, S. 235–48.

1974

110. »Das Etwas und das Nichts« (Nachdruck von Nr. 24). In: *Aufsätze zu Goethes Faust I*, Darmstadt, Wissenschaftliche Buchgesellschaft, »Wege der Forschung« (hrsg. von Werner Keller), S. 362–68.

1975

111. »Ein Jägerlied«. In: *Weitstrahlsinnig. Festgabe zu Albrecht Schönes 50. Geburtstag* (Unikat, hrsg. von H. L. Arnold), Göttingen.
112. »Ironische Brüderschaft« (Nachdruck von Nr. 62). In: *Thomas Mann*, Darmstadt, Wissenschaftliche Buchgesellschaft, »Wege der Forschung« (hrsg. von H. Koopmann), S. 140–64.
113. »Pikareske Züge im Werk Thomas Manns (Nachdruck von Nr. 52). In: *ebda.*, S. 79–104.
114. »Prag: deutsch-romantisch und habsburgsch-wienerisch«. In: *Austriaca. Festschrift für Heinz Politzer* (hrsg. von M. Kudszus u. H. Seeba), Tübingen, Niemeyer.

1976 (in Vorbereitung)

115. »What the Bell Tolls in Kleist's *Der zerbrochene Krug*«. In: *Wege der Worte. Festschrift für Wolfgang Fleischhauer* (hrsg. von Donald Riechel), Köln, Böhlau.
116. Dasselbe. In: *Deutsche Vierteljahresschrift für Literatur und Geistesgeschichte* 50.
117. »Brentanos Jägerlied« (Nachdruck von Nr. 111). In: *Euphorion* 70.
118. »Warum der Darsteller des Faust es nicht so schwer haben sollte, die Paktszene richtig zu sprechen«. In: *Versuche zu Goethe. Festschrift für Erich Heller* (hrsg. v. V. Dürr und G. von Molnár), Heidelberg, Striehm 1976.
119. »The Open Wound: Notes on Thomas Mann's *Doktor Faustus*«. In: *Michigan Germanic Studies* 1.
119[a]. »Clemens Brentano and the Art of Heraldry«. In: *Print Review* (Gedenkschrift für Wolfgang Stechow).
119[b]. »Ansprache bei der Entgegennahme des Oberschlesischen Kulturpreises des Landes Nordrhein-Westfalen 1975«. In: *Schlesien* 21 (März).

C. *Rezensionen*

Nicht aufgenommen sind die zahlreichen Feuilletons, Buch- und Filmkritiken, die unter der Chriffre »Sdn.« zwischen 1936 und 1939 in Schweizer Zeitungen, vor allem der *Basler National-Zeitung*, erschienen sind.

120. F. W. Kaufmann: *German Dramatists of the Nineteenth Century*. In: *Monatshefte* 33 (1941), S. 285–87.
121. Hans Rosenhaupt: *Der deutsche Dichter um die Jahrhundertwende und seine Abgelöstheit von der Gesellschaft*. In: *Modern Language Quarterly* 3 (1942), S. 158–59.
122. Carol K. Bang: *Maske und Gesicht in den Werken C. F. Meyers*. In: *Modern Language Quarterly* 3 (1942), S. 159–61.
123. Karl Viëtor: *Georg Büchner als Politiker*. In: *Monatshefte* 34 (1942), S. 340.
124. Ruth Hofrichter: *Three Poets of Reality*. In: *German Quarterly* 16 (1943), S. 220–21.
125. Pauline de Pange: *August Wilhelm Schlegel und Frau von Staël*. In: *Germanic Review* 18 (1943), S. 76–77.
126. Thomas Mann: *Selected Essays* (hrsg. v. U. Fehlau u. Ch. Rechenbach). In: *Monatshefte* 35 (1943), S. 47–48.
127. Herbert Steiner: *Begegnung mit Stefan George:* In: *Monatshefte* 37 (1945), S. 121–22.
128. Franz Werfel: *Poems* (übers. v. Edith A. Snow). In: *Germanic Review* 21 (1946), S. 152–53.
129. Harold S. Jantz: *Christian Lodowick of Newport and Leipzig*. In: *American-German Review* 12,vi (1946), S. 36.
130. May Seitz: *The History of the Hoffman Paper Mills in Maryland*. In: *William and Mary Quarterly* (Series 3), 3 (1946), S. 621–22.
131. Rainer Maria Rilke: *Briefe an Baronesse von Oe; Ewald Tragy* (hrsg. v. Richard v. Mises). In: *German Quarterly* 19 (1946), S. 296–97.
132. Hugo von Hofmannsthal: *Die Erzählungen*. In: *Monatshefte* 38 (1946), S. 442–43.
133. Herbert Tauber: *Franz Kafka. Eine Deutung seiner Werke*. In: *Monatshefte* 39 (1947), S. 415–16.
134. Fabian v. Schlabrendorff: *Offiziere gegen Hitler*. In: *Books Abroad* 21 (1947), S. 44–45.
135. Franz Kafka: *The Great Wall of China*. In: *Tomorrow* 6,viii (1947), S. 53–54.
136. Fritz Strich: *Goethe und die Weltliteratur*. In: *Germanic Review* 22 (1947), S. 150–51.
137. Max Brod: *Franz Kafka*. In: *Tomorrow* 7,i (1947), S. 56.
138. Hermann Hesse: *Berthold*. In: *Books Abroad* 21 (1947), S. 302–03.
139. Z. Oldenburgh: *The World Is Not Enough*. In: *New York Times Book Section*, 13.VI. 48.

140. Harvey W. Hewett-Thayer: *Hoffmann, Author of the Tales.* In: *ebda,* 29.VII.48.
141. Rainer Maria Rilke: *Briefe, Verse und Prosa* (hrsg. v. Richard v. Mises). In: *German Quarterly* 21 (1948), S. 138–39.
142. J. Alan Pfeffer: *The Proverb in Goethe.* In: *Monatshefte* 40 (1948), S. 362–63.
143. Franz Kafka: *Parables.* In: *Heritage* (Frühjahr 1949), S. 14–15.
144. Hugo von Hofmannsthal: *Gesammelte Werke* (hrsg. v. Herbert Steiner) und Richard Alewyn: *Hofmannsthals Wandlung.* In: *Monatshefte* 42 (1950), S. 52–53.
145. Hans Albert Maier: *Stefan George und Thomas Mann:* In: *Modern Language Notes* 65 (1950), S. 134–36.
146. Hermann Böschenstein: *Gottfried Keller.* In: *Modern Language Quarterly* 11 (1950), S. 375–77.
147. Paul Stöcklein: *Wege zum späten Goethe.* In: *Monatshefte* 42 (1950), S. 432–33.
148. Karl Viëtor: *Georg Büchner.* In: *Modern Language Notes* 65 (1950), S. 554–56.
149. Stuart Atkins: *The Testament of Werther in Poetry and Drama.* In: *Comparative Literature* 3 (1951), S. 79–81.
150. Karl Viëtor: *Goethe. Dichtung–Wissenschaft–Weltbild.* In: *Modern Language Notes* 66 (1951), S. 107–10.
151. Karl Korn: *Die Rheingauer Jahre.* In: *Books Abroad* 25 (1951), S. 55.
152. Hans-Ulrich Voser: *Individualität und Tragik in Goethes Dramen.* In: *Journal of English and Germanic Philology* 50 (1951), S. 129–30.
153. Hans Guggenbühl: *Ewald von Kleist.* In: *Books Abroad* 25 (1951), S. 153.
154. Gilbert J. Jordan (Hrsg.): *Southwest Goethe Festival* und James Boyd: *Notes to Goethe's Poems,* Bd. 2. In: *Symposium* 5 (1951), S. 125–27.
155. Kurt Hennecke: *Dichtung und Dasein.* In: *American-German Review* 17,v (1951), S. 34.
156. Wolfgang Borchert: *Collected Prose.* In: *New Leader* 35 (1952).
157. Willy Flach (Hrsg.): *Goethes amtliche Schriften,* Bd. I. In: *Modern Language Quarterly* 14 (1953), S. 224–25.
158. Bruno E. Werner: *Kannst du Europa vergessen?* In: *Books Abroad* 27 (1953), S. 173.
159. Herbert W. Reichert: *Basic Concepts in the Philosophy of Gottfried Keller.* In: *Modern Language Quarterly* 14 (1953), S. 124–25.
160. Donald P. Kent: *The Refugee Intellectual.* In: *Books Abroad* 28 (1954), S. 228.
161. Herman Salinger (Übers.): *Twentieth Century German Verse.* In: *Modern Language Quarterly* 15 (1954), S. 191.
162. Hans Eichner: *Thomas Mann.* In: *ebda,* S. 285.
163. Raymond M. Immerwahr: *The Esthetic Intent of Tieck's Phantastic Comedy.* In: *Journal of English and Germanic Philology* 53 (1954), S. 485–87.

164. Roy Pascal: *The German ›Sturm und Drang‹*. In: *Journal of Central European Affairs* 14 (1955), S. 389–91.
165. Oscar Fambach: *Goethe und seine Kritiker*. In: *Modern Language Quarterly* 16 (1955), S. 367–68.
166. Menno Spann u. C. R. Goedsche: *Deutsche Denker und Forscher*. In: *German Quarterly* 28 (1955), S. 202–03.
167. Klaus Dockhorn: *Deutscher Geist und angelsächsische Geistesgeschichte*. In: *Modern Language Notes* 71 (1956), S. 463–65.
168. Herbert Seidler: *Allgemeine Stilistik*. In: *Journal of English and Germanic Philology* 55 (1956), S. 675–78.
169. Franz Koch: *Idee und Wirklichkeit*. In: *Monatshefte* 50 (1958), S. 130–31.
170. Fritz Martini: *Das Wagnis der Sprache*. In: *Modern Language Quarterly* 19 (1958) S. 84–85.
171. Kurt Bergel (Hrsg.): *Georg Brandes und Arthur Schnitzler. Ein Briefwechsel*. In: *Journal of English and Germanic Philology* 57 (1958), S. 317 bis 319.
172. Bernhard Zeller (Hrsg.): *Schiller-Reden im Gedenkjahr 1955*. In: *Wirkendes Wort* 8 (1958), S. 377–78.
173. Fritz Martini (Hrsg.): *Jahrbuch der deutschen Schillergesellschaft*, Jg. I. In: *ebda* 9 (1959), S. 58–59.
174. Fritz Kaufmann: *Thomas Mann. The World as Will and Representation*. In: *Journal of English and Germanic Philology* 58 (1959), S. 357–59.
175. Matthijs Jolles: *Goethes Kunstanschauung*. In: *ebda*, S. 748–50.
176. Albrecht Schöne: *Säkularisation als sprachbildende Kraft*. In: *Göttingische Gelehrte Anzeigen* 213 (1959/60), S. 231–44.
177. Walther Rehm: *Jacob Burckhardt und Eichendorff*. In: *Germanic Review* 35 (1960), S. 300–01.
178. Dasselbe in: *Aurora* 21 (1961), S. 105–06.
179. Paul Stöcklein: *Wege zum späten Goethe* (Neu-Ausgabe). In: *Journal of English and Germanic Philology* 60 (1961), S. 527.
180. Rainer Maria Rilke: *Duino Elegies* (übers. v. C. F. MacIntyre) u. *Heinrich Heine* (übers. v. Ernst Feise). In: *New Mexico Quarterly* 32 (1962), S. 224–28.
181. Rudolf Haller: *Eichendorffs Balladenwerk* und Paul Stöcklein: *Eichendorff* (Rowohlt Monographie). In: *Journal of English and Germanic Philology* 63 (1964), S. 309–11.
182. Detlev Lüders (Hrsg.): *Jahrbuch des freien deutschen Hochstifts 1962*. In: *German Quarterly* 37 (1964), S. 269–71.
183. Fritz Martini (Hrsg.): *Otto Brahm. Kritiken und Essays*. In: *ebda* 38 (1965), S. 369–70.
184. Walther Rehm: *Späte Studien*. In: *ebda* 39 (1966), S. 91–93.
185. Walter Müller-Seidel: *Probleme der literarischen Wertung*. In: *ebda* 40 (1967), S. 123–26.
186. Hans Jürg Lüthi: *Dichtung und Dichter bei Eichendorff*. In: *ebda* 41 (1968), S. 108–10.

187. Werner P. Friederich: *Australia in Western Imaginative Prose Writing.* In: *Arcadia* 3 (1968), S. 216–17.
188. Harold S. Jantz: *The Soothsayings of Bakis.* In: *Modern Language Notes* 83 (1968), S. 486–88.
189. Alois Hofman: *Thomas Mann und die Welt der russischen Literatur.* In: *Comparative Literature Studies* 7 (1970), S. 125–28.
190. Heinz L. Arnold (Hrsg.): *Text + Kritik 26/27. Lessing contra Goeze.* In: *Lessing Yearbook* 3 (1971), S. 227–29.
191. Albrecht Schau: *Märchenformen bei Eichendorff.* In: *Journal of English and Germanic Philology* 71 (1972), S. 578–80.
192. Benno v. Wiese (Hrsg.): *Deutsche Dichter der Romantik.* In: *ebda* 72 (1973), S. 594–98.
193. Egon Schwarz: *Joseph von Eichendorff.* In: *German Quarterly* 46 (1973), S. 150–51.
194. Ilse Graham: *Goethe and Lessing. The Wellsprings of Creation.* In: *Journal of English and Germanic Philology* 74 (1975), S. 65–67.
195. J. T. Reed: *Thomas Mann. The Uses of Tradition.* In: *ebda* 74 (1975).
196. Ilse Graham: *Schiller's Drama, Talent and Integrity.* In: *German Quarterly* 49 (1976).

D. *Kleinere Beiträge und Miszellen*

Beiträge zu: »A Selective and Critical Bibliography of Studies in Prose Fiction for 1948«. In: *Journal of English and Germanic Philology* 48 (1949), S. 259–84.

der jährlichen »Bibliography Americana-Germanica«. In: *American-German Review,* 1950–59.

dem Symposium »My Debt to Goethe: A Testimonial Meeting«. In: *Books Abroad* 23 (1949), S. 346–49.

der Rundfrage »What's Wrong with the Nobel Prize?« In: *ebda* 25 (1951), S. 216–17.

Bericht: »Der II. Kongreß der Internationalen Vereinigung für vergleichende Literaturwissenschaft (Chapel Hill, N.C., 8.–12. IX. 1958)«. In: *Wirkendes Wort* 9 (1959), S. 125–26.

Programm-Notiz zu der Schallplattenaufnahme von Schnitzlers *Liebelei,* Amadeo, Wien 1959, AVRS 6021/22.

Übersetzung: Hermann Hesses »Im Nebel« und »Böse Zeit«. In: *Contemporary Poetry* 8,ii (1948), S. 4–5; Hermann Hesses »Bruder Tod«. In: *Monatshefte* 40 (1948), S. 204.

Tabula gratulatoria

HELLMUT AMMERLAHN
University of Washington

MAXIMILIAN AUE
Emory University

GERHARD AUSTIN
Goethe Institut, Schwäb. Hall

FRANK G. BANTA
Indiana University

ROBERT BAREIKIS
Indiana University

JEAN-PIERRE BARRICELLI
University of California at Riverside

GRAHAM BARTRAM
Clare College, Cambridge

JOHANNA BELKIN
Ohio State University

CLIFFORD A. BERND
University of California at Davis

EVA BERNHARDT
Indiana University

WERNER BETZ
Universität München

BETH BJORKLUND
Indiana University

RUTH BLATT
Caulsfield, Victoria

MORTON W. BLOOMFIELD
Harvard University

MICHAEL BÖHLER
Universität Zürich

PETER BOERNER
Indiana University

FRANK L. BORCHARDT
Duke University

BERNHARD BÖSCHENSTEIN
Universität Genf

HANS BRAENDLIN
Florida State University

JOHN T. BREWER
Washington State University

RICHARD BRINKMANN
Universität Tübingen

LUISE BRONNER
University of Massachusetts at Boston

JOHN L. BROWN
Catholic University, Washington, D.C.

GEORGE C. BUCK
University of Washington

JOHN R. CARY
Haverford College

ECKEHARD CATHOLY
University of Toronto

FREDERICK CHURCHILL
Hofstra University

AUGUST CLOSS
University of Bristol

VIRGINIA COOMBS
Indiana University

MARY C. CRICHTON
University of Michigan

JOHN CULLARS
Indiana University

KARL H. DANNER,
Musil-Archiv, Universitas Saraviensis, Saarbrücken

FRANCES L. DECKER
Indiana University

GERTRUDE R. DENNING
Mundelein College

LYNN DHORITY
University of Massachusetts at Boston

LISELOTTE DIECKMANN
Washington University, St. Louis

MAX DUFNER
University of Arizona

VOLKER DÜRR
Northwestern University

MARTIN DYCK
Massachusetts Institute of Technology

ILSEDORE EDSE
Ohio State University

ROBERT C. ELLIOTT
University of California at San Diego

WILHELM EMRICH
Freie Universität Berlin

CHARLOTTE BUFF EVANS
Central Michigan University

TAMARA EVANS
Gambier, Ohio

EUGENE H. FALK
University of North Carolina at Chapel Hill

WOLFGANG FLEISCHHAUER
Ohio State University

CLARENCE A. FORBES
Ohio State University

MARVIN FOX
Brandeis University

ARNOLD FRATZSCHER †

WERNER P. FRIEDERICH
University of North Carolina at Chapel Hill

WOLFGANG FRÜHWALD
Universität München

ALBERT FUCHS
Universität Strasbourg

ULRICH FÜLLEBORN
Universität Erlangen-Nürnberg

NORBERT FUERST
Indiana University

BARBARA FUERST-BRECH
München, BRD

JOE FUGATE
Kalamazoo College

CHRISTIAN GELLINEK
University of Florida at Gainesville

EMERY E. GEORGE
University of Michigan

PAUL GOTTWALD
Ohio State University

OTTO GRAF
University of Michigan

ESTHER L. GRANT
Kent State University

Harold J. Grimm
Ohio State University

André von Gronicka
University of Pennsylvania

Kurt Guddat
Ohio Wesleyan University

Doris Starr Guilloton
New York University

Ursula Haas
Wayne State University

Werner Haas
Ohio State University

Diether H. Haenicke
Wayne State University

Walther Hahn
University of Oregon

Helmut Hatzfeld
Emeritus, Catholic University
Washington, D.C.

Eckhard Heftrich
Westf. Wilhelms-Universität, Münster

Louis F. Helbig
Indiana University

Erich Heller
Northwestern University

Winfried Hellmann
Göttingen

Heinrich Henel
Yale University

Arthur Henkel
Universität Heidelberg

Peter Hertz
State University College, Oswego, N.Y.

Rudolf Hirsch
Universität Frankfurt

Charles W. Hoffmann
Ohio State University

Ernst Fedor Hoffmann
Hunter College

Ursula F. Hoffmann
Lehman College

Hans J. Högel
K.A.D.S., København

Albrecht und Marilyn Holschuh
Indiana University

Paul T. Hopper
Penn State University

Valentine Charles Hubbs
University of Michigan

Esther Hudgins
Marquette University

Drusilla Ice
Armstrong State College, Georgia

Harold Jantz
The Johns Hopkins University

Sister Lisa Jessel
Albertus Magnus College

Robert Joda S. J.
Marquette University

Sidney M. Johnson
Indiana University

Ilsedore und Klaus W. Jonas
University of Pittsburgh

Gerda R. Kaatz
University of Missouri at Kansas City

Ludwig W. Kahn
Columbia University

Sherry Keen
Brandeis University Library

Hans-Erich Keller
Ohio State University

Werner Keller
Universität Köln

JOSEF KELLINGER
Wilson College, Pennsylvania

HELMUT KREUZER
Gesamthochschule Siegen

ANNELIESE KUCHINKE-BACH
Universität Würzburg

LIESE KUEHN
Ohio State University

ALBERT KUHN
Ohio State University

HERBERT LEDERER
University of Connecticut

KATHERINE I. LEE
Ohio State University

HERBERT LEHNERT
University of California at Irvine

WOLFGANG LEPPMANN
University of Oregon

WILLIAM LILLYMAN
University of California at Irvine

JOHN D. LINDBERG
University of Nevada at Las Vegas

GISELA LUTHER
Case Western Reserve University

HANS JÜRG LÜTHI
Universität Bern

MAX LÜTHI
Universität Zürich

WILLIAM H. MCCLAIN
The Johns Hopkins University

DICK und MARIA MCCUTCHEN
Columbus, Ohio

MARGARET MCKENZIE
Vassar College

JAMES MCLEOD
Washington University, St. Louis

FRITZ MARTINI
Universität Stuttgart

ALBERTO MARTINO
Universitá di Pisa

GEORGE METCALF
Emeritus, University of Chicago

MICHAEL M. und ERIKA A. METZGER
State University of New York at Buffalo

WOLFGANG F. MICHAEL
University of Texas at Austin

BREON MITCHELL
Indiana University

GÉZA VON MOLNÁR
Northwestern University

KATHARINA und MOMME MOMMSEN
Stanford University

ROSMARIE THEE MOREWEDGE
State University of New York at Binghamton

GERHARD H. MÜLLER
Tübingen, BRD

JOHN NEUBAUER
University of Pittsburgh

EDUARD NEUMANN
Freie Universität Berlin

ERNA und WERNER NEUSE
Middlebury College – Douglass College

RUTH und LEONARD NEWMARK
University of California at San Diego

RUSSELL NEUSWANGER
Indiana University

HEINZ NICOLAI
Universität Hamburg

HENRY W. NORDMEYER
University of Michigan

ROGER C. NORTON
State University of New York at Binghamton

NORBERT OELLERS
Universität Bonn

Emmie Oprecht
Europa Verlag AG Zürich

Larry H. Peer
Brigham Young University

Jürgen Petersen
Köln-Rodenkirchen, BRD

Rosemarie Petrich
Texas Tech University

Leland und Ruth Phelps
Duke University

Ferdinand Piedmont
Indiana University

Burton Pike
Queens College

Richard Plant
New School for Social Research

Jane und Heinz Politzer
University of California at Berkeley

Clarence K. Pott
University of Michigan

Hugh Powell
Indiana University

Hermine Prahl
widow of Prof. A. T. Prahl
University of Maryland

Helmut Prang
Universität Erlangen-Nürnberg

Siegfried Puknat
University of California at Santa Cruz

Peter Pütz
Universität Bonn

Walter A. Reichart
University of Michigan

Eberhard Reichmann
Indiana University

Donald C. Riechel
Ohio State University

Donald und Frieda Rosenberg
University of Santa Clara

Olinde Roye
Columbus, Ohio

Haide Russell
German Consulate General, New York

Jeffrey L. Sammons
Yale University

Thomas G. Sauer
Indiana University

Annemarie Sauerlander
University of Washington

Hansjörg Schelle
University of Michigan

Jost Schillemeit
Techn. Universität Braunschweig

Marvin und Roslyn Schindler
Wayne State University

Gerd Schneider
Syracuse University

Heinrich Schnitzler
Wien, Österreich

Bernd Schoeller
Universität München

Adolf Schroeder
University of Missouri

Theo Schumacher
Universität Tübingen

H. Stefan Schultz
Durham, North Carolina

Siegfried A. Schulz
Catholic University, Washington, D.C.

Peter Seadle
Franklin and Marshall College

Ingo Seidler
University of Michigan

Karl-Ludwig Selig
Columbia University

Christine Sjögren
Oregon State University

Rolf Soellner
Ohio State University

Ingeborg Solbrig
University of Iowa

Robert Spaethling
University of Massachusetts at Boston

Peggy Burckhardt Stamon
San Diego, Californien

Harry Steinhauer
University of California at Santa Barbara

Erich W. Steiniger
Miami University, Ohio

Paul Stöcklein
Universität Salzburg

Josepha Strelka
State University of New York at Albany

Otto W. Tetzlaff
Angelo State University, Texas

Terence K. Thayer
Indiana University

James L. Thielman
Thielman-Books, Inc.

Royal L. Tinsley, Jr.
University of Arizona

J. Hermann Tisch
University of Tasmania/Australia

Myron Vent
U.S. Department of State

Gisela Vitt
Ohio State University

Bruce W. Wardropper
Duke University

Kenneth Weisinger
University of California at Berkeley

Robert Weiss
State University of New York at Binghamton

Ulrich Weisstein
Indiana University

Lynne und Larry Wells
State University of New York at Binghamton

Werner Welzig
Universität Wien

Stanley und Naomi Werbow
University of Texas at Austin

Kenneth Wilcox
Ohio State University

Barbara Drygulski Wright
University of Connecticut

Andrew Wright
University of California at San Diego

Gotthart Wunberg
Universität Tübingen

Hans Zassenhaus
Ohio State University

Michael Zassenhaus
Ohio State University

Carl Ziegler
Indiana University

Mary Lee C. Xanco
Cornell University Libraries

Institute und Bibliotheken:

Germanistisches Institut der RWTH Aachen, Lehrstuhl für Neuere Deutsche Literaturgeschichte

Aberdeen University

State University of New York at Binghamton

Germanistisches Seminar der Rheinischen Friedrich Wilhelms-Universität Bonn

Bowdoin College

Brandeis University Library

Brown University

Department of German, Bryn Mawr College

Ellen Clarke Bertrand Library, Bucknell University

University of California at Santa Cruz

The University Library, Canterbury, England

Central Washington State College Library

Department of Germanic Languages and Literatures, University of Chicago

Department of German, University of Colorado

Deutsches Haus, Columbia University

Eichendorff-Gesellschaft

Gettysburg College Library

John Simon Guggenheim Memorial Foundation

Harvard College Library

University of Houston Libraries

Boise State University Library

Department of German, University of Illinois at Chicago Circle

Indiana University

Department of German, University of California at Irvine

Landsmannschaft der Oberschlesier

Institute of Germanic Studies University of London

University College London

Miami University

Department of German and Russian, Michigan State University

Middlebury College Library

Institut für Vergleichende Literaturwissenschaft der Universität Mainz

Institut für Deutsche Philologie der Universität München

The German Department of Northwestern University

Department of German and Russian, Oberlin College

The Department of German of The Ohio State University

The Department of English of The Ohio State University

The Department of Romance Languages of The Ohio State University

The Ohio State University Libraries

The Foreign Language Graduate Library of The Ohio State University

The Ohio State University Press

University of Oregon Library

Seminario di Lingua e Letteratura Tedesca, Università di Pisa

Reis Library, Allegheny College

Department of German, Rice University

Smith College

Department of German Studies, Stanford University

Stanford University Library

University College of Swansea, Wales

German Department, Swarthmore College

Swarthmore College Library

Department of Germanic Languages, The University of Texas at Austin

Trinity College, Cambridge

Tutt Library, Colorado College

Victoria College Library

Washington University Libraries

Department of Romance and Germanic Languages and Literatures, Wayne State University

Junior Year in Freiburg (The University of Michigan, Wayne State University, Michigan State University, The University of Wisconsin)

Junior Year in Munich (Wayne State University, Detroit)

Western Michigan University Library

Germanistisches Institut Universität Wien

University of Wisconsin-Milwaukee